Truckreport

Die ersten Werbetrucks gab es weit vor 1990, meist als kleines Geschenk für Händler. Mit der Wiedervereinigung Deutschlands begann auch der „Kampf" der Getränkehersteller um die neuen Absatzgebiete.
Insbesondere die Brauereien lockten den Käufer mit sogenannten Kasten-Beigaben in Form von Gläsern, Kartenspielen u.s.w. und eben auch mit den Minitrucks. Anfänglich war das Interesse an den Fahrzeugen nicht allzu groß, oft wanderten sie in Spielzeugkisten oder in den Müll. Es gab nur wenige, sehr einfache Modelltypen und Gestaltungselemente.
Manche dieser Trucks sind mittlerweile echte „Schätze", wie z.B. die je vier leuchtfarbenen Trucks von Hösl, Sachsenquell und Zittau.

Bis 1998 war es ziemlich ruhig um die Trucks. Dann erschien ein neues Modell, der MB Actros von Highspeed China, zuerst von Sternquell Plauen, später von anderen Brauereien. Bierkäufer und Sammler waren überwältigt von der für den damaligen Zeitpunkt überragenden Machart des Trucks. Es begann der große „Truckboom", der bis heute anhält.

Was mit Brauerein begann, umfasst heute den gesamten Getränke- und Lebensmittelsektor. Viele Sammler, aber auch deren Bekannte, Verwandte, ja ganze Vereine dürfen Getränke konsumieren, egal ob sie den eigenen Geschmack treffen oder nicht, da es einen super Truck dazu gibt.

Brauereien, Getränkehändler und einige findige Geschäftsleute erkannten recht schnell in den Trucks eine neue Einnahmequelle und bieten ihre Trucks zur Freude der Sammler exklusiv zum Verkauf an. Daher gibt es auch so manche „erfundene" Brauerei..

In den letzten 4 Jahren haben sich immer mehr Modellhersteller und Werbefirmen auf dem Markt etabliert.

Die Modellvielfalt ist mittlerweile immens, der Detailreichtum kommt den „echten" Modellen immer näher und die Grafiker übertreffen sich sowohl in der Gestaltung der Fahrzeuge als auch der Verpackung gegenseitig.
Es erschienen seit dem letzen Katalog viele neue Trucks, u.a. Renault Magnum (Eisenach) und Premium Route (Altöttinger), DAF 95FX (Ahornberg), Mack Hauber (mit extra Spiegeln, Lohrer),

Scania 124L 400 Hauber (Diebels), Kenworth Flat Top (Roth). Neu sind auch der Scania mit Gabelstapler oder der MAN mit Schankwagen (beide Sternquell), der Büssing NAG500 mit Holzvergaser (Altenmünster), verschiedene Motorräder im Maßstab 1:18 (Holsten), Oldtimer-Feuerwehren (Sachsen Pils), Tankzüge mit Licht (Schnatterbach) usw.
Speziell erwähnt werden sollte noch der Trabant-Sattelzug von Löbau, die BMW-Isetta von Gilde, der Garant von Wernesgrüner und ganz neu der Bitburger Bus.

Wie schon früher angemerkt sind auch die „Exoten", wie Flugzeug (Brinkhoff), Straßenbahn (Spaten), Eisenbahnwaggon (Leikeim), Trabant (Trabbi-Bier), Rennwagen (Hachenburg), Bus (Kitzmann), Feuerwehr (Hartmannsdorf), Framo (Wernesgrüner) usw. begehrte Sammelobjekte.
Bei den XXL-Modellen gibt es mittlerweile verschiedene Modelltypen, weitere folgen.

Demnächst werden Trucks erscheinen, die Motorgeräusche machen. Wir haben bereits Muster gesehen.

Einige der abgebildeten Fahrzeuge gehören nicht unbedingt in den Katalog.
Das betrifft die Lledo und Matchbox Oldtimer sowie einige Coca-Cola Fahrzeuge, da sie im Spielwarenhandel erhältlich sind oder waren.
Ebenso betrifft es einige der am Ende des Buches unter Sonstige aufgeführten Fahrzeuge, wie die Erotik- und die Phantasietrucks.
Wir haben diese Fahrzeuge aber bewusst mit aufgenommen, da sie den gleichen Sammlerkreis ansprechen wie die Brauerei- und Getränkefahrzeuge.

Birgit Schneider und Andreas Stellbogen

Aufbau des Kataloges:

Name	Sortiernummer
Nähere Beschreibung	
Fahrzeugtyp	
H: Hersteller -	V:Vertrieb
Verpackung	
Preis	Auflage

Vorweg:
Um den Katalog nicht künstlich aufzublähen und um ehrlich von ca. 4540 verschiedenen Fahrzeugen sprechen zu können, bitten wir zwei Dinge zu beachten:

1. Wir haben besonders darauf geachtet, dass die abgebildeten Fahrzeuge wirklich im Umlauf sind (oder waren) und auch bei mehreren Sammlern im Besitz sind. Auf die Abbildung sämtlicher „Liebhaberstücke" (oft aus privaten Bastelstuben) mit Auflagen von vielleicht 5 Stück oder weniger wurde verzichtet.
2. Es gibt etliche Fahrzeuge von Golden (ADT) in Plastikschachteln, die bei identischem Auflieger mit 3 verschiedenen weißen Zugmaschinen ausgestattet sind:

- Mercedes Benz groß (NG 80 lang)

- US Hauber modern

- Volvo

Bei den meisten dieser Fahrzeuge ist nicht nachvollziehbar, ob sie wirklich in allen 3 Varianten vertrieben wurden oder ob die Zugmaschinen im nachhinein ausgetauscht wurden, um die Modellvielfalt zu erhöhen.
Wir haben jeweils nur ein Modell abgebildet, außer es gibt Unterschiede bei der Achsenanzahl und der Felgenform.

Name:
Die Sortierung erfolgt von A bis Z nach Namen Brauerei, Kelterei usw..
Dabei ist nicht immer ausschlaggebend, wie die Brauerei richtig heißt, sondern es wurde versucht, die Sortierung so vorzunehmen, dass auch der „unkundige" Leser die Fahrzeuge wiederfindet.
So findet man zum Beispiel Gerstelbräu unter G, obwohl es zu Henninger gehört.
Fahrzeuge, die Kombinationen (meist von Getränkemarkt und Brauerei) enthalten, findet man unter der in Sammlerkreisen üblichen Bezeichnung, z.B.:

-Hofbräu München und Neukauf,
-Hofbräu München und Solid

-Markgrafen Getränke und Almdudler
-Markgrafen Getränke und Paulaner

Sortiernummer:
Die Sortierung erfolgte, soweit bekannt, in der Reihenfolge des Erscheinens. Gleichzeitig soll die Nummer dem Sammler als Hilfsmittel zur Benennung beim Erfahrungsaustausch dienen.

In der Sortierreihenfolge existierende Lücken sind „historisch" bedingt und wir bitten den Leser, sie zu ignorieren.

Nähere Beschreibung:
Wir haben die Fahrzeuge diesmal sehr ausführlich beschrieben um speziell bei auf den ersten Blick gleich aussehenden Fahrzeugen die Unterschiede ersichtlich zu machen.

H: Hersteller:
Hersteller des Modelles, steht üblicherweise auf der Unterseite des Fahrzeuges.

V: Vertrieb:
Name der Firma, die auf der Verpackung steht, entweder auf dem Blister aufgedruckt oder oft bei Plastikschachteln als Aufkleber. Es ist nicht auszuschließen, dass bei nicht geblisterten Fahrzeugen die Angaben zum Hersteller falsch sind, da das Modell vielleicht umgepackt wurde.

Verpackung:
Sollte der Leser Fahrzeuge auf Blisterkarte haben, die hier als in Plastikschachtel verpackt angegeben sind, so bitten wir um Information.

Preis:
Die Preise schwanken regional sehr stark. Sie sind der Mittelwert von Recherchen bei Sammlern, Shops, Märkten und Börsen und als „Verhandlungsbasis" zu verstehen.
Bei Fahrzeugen ohne Preise liegt die Auflage unter 50 Stück oder die Echtheit ist nicht eindeutig geklärt.

Bild:
Manche als geblistert benannte Fahrzeuge sind ohne Originalverpackung abgebildet.

Birgit Schneider und Andreas Stellbogen

Brauerei- & Werbefahrzeuge

Abtshof (Magdeburg) 01
Das Original, Goldbrand, mit schräger Flasche
Mercedes-Benz Actros
H: Hümmer **V:** Hümmer (Teugn)
Verpackung: Blister
8,00 Euro

Ackermanns Fruchtsäfte (Ellefeld) 01
Natur pur, mit Landschaft in Mitte
Mercedes-Benz Actros
H: Highspeed (China) **V:** Grell (Bielefeld)
Verpackung: Blister
9,00 Euro

Ackermanns Fruchtsäfte (Ellefeld) 02
Glühwein, mit Weihnachtsmann auf Rentierschlitten in Winterlandschaft
Mercedes-Benz Actros
H: Highspeed (China) **V:** Grell (Bielefeld)
Verpackung: Blister
9,00 Euro

Adelbodner Mineral 01
Die ganze Kraft ..., mit schneebedeckten Bergen
Mercedes-Benz Actros
H: Hümmer **V:** Hümmer (Teugn)
Verpackung: Blister
12,00 Euro

Adler (Hundersingen/Donau) 01
Brauerei-Gasthof, mit 2 Logos
MAN TG-A
H: Wörlein (Cadolzburg) **V:** DGD (Nürnberg)
Verpackung: Plastikschachtel bedruckt oder mit Aufkleber
8,00 Euro

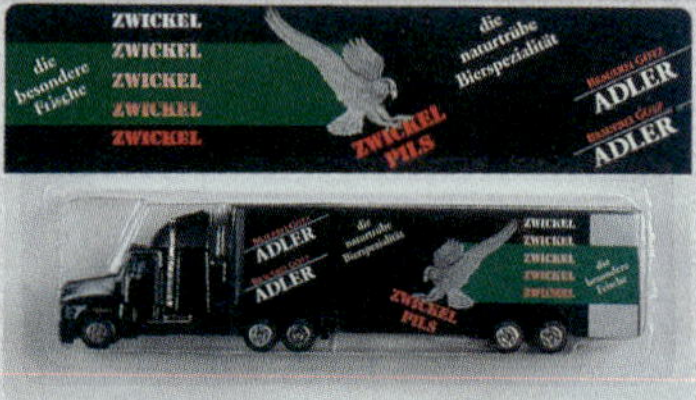

Adler Brauerei Götz 01

Zwickel Pils (mit Adler)

US modern (Hauber) (Kenworth T800)

H: Highspeed (China) **V:** Grell (Bielefeld)

Verpackung: Blister

40,00 Euro

Adler Brauerei Götz 02

Gutshofweizen

US modern (Hauber) (Kenworth T800)

H: Highspeed (China) **V:** Grell (Bielefeld)

Verpackung: Blister

35,00 Euro

Adler Brauerei Götz 03

Weihnachtsbier, 1999

US modern (Hauber) (Kenworth T800)

H: Highspeed (China) **V:** Grell (Bielefeld)

Verpackung: Blister

12,00 Euro

Adler Brauerei Götz 04

Fistal, 4. Modell

US modern (Hauber) (Kenworth T800)

H: Highspeed (China) **V:** Grell (Bielefeld)

Verpackung: Blister

8,00 Euro

Adler Brauerei Götz 05

Bartelsteiner Weisse, 5. Modell

US modern (Hauber) (Kenworth T800)

H: Highspeed (China) **V:** Grell (Bielefeld)

Verpackung: Blister

8,00 Euro

Adler Brauerei Götz 06

Exquisit, 6. Modell

US modern (Hauber) (Kenworth T800)

H: Highspeed (China) **V:** Grell (Bielefeld)

Verpackung: Blister

8,00 Euro

Adler Brauerei Götz 07

die Durstlöscher, 7. Modell, mit 7 Gläsern

Mercedes-Benz Actros

H: Highspeed (China) **V:** Grell (Bielefeld)

Verpackung: Blister

8,00 Euro

Adler Brauerei Götz 08

Zwickel Pils, mit liegender Flasche

Scania 124L 420

H: Grell (Bielefeld-China) **V:** Grell (Bielefeld)

Verpackung: Blister

8,00 Euro

Adlerbräu (Schlüsselfeld) 01

mit Logo und 2 Gläsern

Mercedes-Benz Actros

H: Vierke (Braunschweig) **V:** Vierke (Braunschweig)

Verpackung: Blister

8,00 Euro **Auflage:** 2.499

Afri Cola 01

mit Logo

Mercedes-Benz Actros

H: Highspeed (China) **V:** TRI PLEX (Gaukönigshofen)

Verpackung: Blister

10,00 Euro

Afri Cola 02
XXL, mit Logo

US modern (Hauber) (XXL)
H: Simba
Verpackung: Blister
40,00 Euro

Afri Cola 03
mit Logo

MAN F2000 Aero (Hochdach)
H: Wörlein (Cadolzburg) **V:** DGD (Nürnberg)
Verpackung: Blister
8,00 Euro

Afri Cola 04
mit Logo

Scania 164L 6580
H: Wörlein (Cadolzburg) **V:** DGD (Nürnberg)
Verpackung: Blister
8,00 Euro

Ahornberger Landbier 01
mit Logo

Mercedes-Benz klein (NG 80 mittel)
H: Made in China **V:** Hümmer (Teugn)
Verpackung: Blister
30,00 Euro

Ahornberger Landbier 02
mit Logo

Kenworth W900B (Hauber)
H: Welly **V:** NWH
Verpackung: Blister
30,00 Euro

Ahornberger Landbier 03

Ich bin ein Fan von, mit 2 schrägen Bügelflaschen, 2 Achsen, gelochte Felgen

Volvo F-12 Globetrotter

H: Made in China **V:** Elastoform (Sulzbach)

Verpackung: Plastikschachtel bedruckt oder mit Aufkleber

20,00 Euro

Ahornberger Landbier 04

Ich bin ein Fan von, mit 2 schrägen Bügelflaschen, 3 Achsen, gelochte Felgen

Volvo F-12 Globetrotter

H: Golden (ADT-Trucks) **V:** Elastoform (Sulzbach)

Verpackung: Plastikschachtel bedruckt oder mit Aufkleber

20,00 Euro

Ahornberger Landbier 05

Ich bin ein Fan von, mit 2 schrägen Bügelflaschen, 2 Achsen, volle Felgen

Mercedes-Benz groß (NG 80 lang)

H: Golden (ADT-Trucks) **V:** Elastoform (Hersbrück)

Verpackung: Plastikschachtel bedruckt oder mit Aufkleber

20,00 Euro

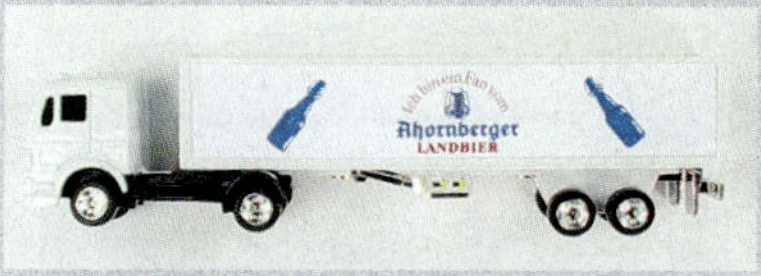

Ahornberger Landbier 06

mit Glas vor Gerstenfeld

Kenworth W900B (Hauber)

H: Welly **V:** NWH

Verpackung: Blister

20,00 Euro

Ahornberger Landbier 07

mit Logo vor Wald

Mercedes-Benz Actros

H: Highspeed (China) **V:** NWH

Verpackung: Blister

9,00 Euro

Ahornberger Landbier 08
mit Landschaft

US modern (Hauber) (Kenworth T800)
H: Highspeed (China) **V:** Gack
Verpackung: Blister
15,00 Euro

Ahornberger Landbier 09
mit tiefstehender Sonne über Wasser

Mercedes-Benz Actros
H: Wörlein (Cadolzburg) **V:** DGD (Nürnberg)
Verpackung: Blister
9,00 Euro

Ahornberger Landbier 10
mit tiefstehender Sonne über Wasser - Fehldruck, auf Göltzschtalblister !!!

Mercedes-Benz Actros
H: Wörlein (Cadolzburg) **V:** DGD (Nürnberg)
Verpackung: Blister
30,00 Euro **Auflage:** 80

Ahornberger Landbier 11
mit Mond in tiefblau bewölktem Himmel

MAN F2000 Aero (Hochdach)
H: Wörlein (Cadolzburg) **V:** DGD (Nürnberg)
Verpackung: Blister
8,00 Euro

Ahornberger Landbier 12
mit Hopfen

DAF 95 XF
H: Wörlein (Cadolzburg) **V:** DGD (Nürnberg)
Verpackung: Blister
8,00 Euro

Ahornberger Landbier 13
mit Eiszapfen

DAF 95 XF
H: Wörlein (Cadolzburg) **V:** DGD (Nürnberg)
Verpackung: Blister
8,00 Euro

Aktien (Bayreuther Bierbrauerei) 01
Pilsner, Das ist Bierkultur, mit 2 Logos

Mercedes-Benz Actros
H: Highspeed (China) **V:** Grell (Bielefeld)
Verpackung: Blister
12,00 Euro

Aktien (Bayreuther Bierbrauerei) 02
Pilsner, Das ist Bierkultur, mit 7 Personen (Nr. 2)

Mercedes-Benz Actros
H: Highspeed (China) **V:** Grell (Bielefeld)
Verpackung: Blister
10,00 Euro

Aktien (Bayreuther Bierbrauerei) 03
Herzog Radler

Mercedes-Benz Actros
H: Highspeed (China) **V:** Grell (Bielefeld)
Verpackung: Blister
8,00 Euro

Aktien (Bayreuther Bierbrauerei) 04
Grüne Weihnacht (2000)

Ford 9000 (Hauber)
H: Highspeed (China) **V:** Grell (Bielefeld)
Verpackung: Blister
9,00 Euro

Aktien (Bayreuther Bierbrauerei) 05

Art-Truck 2001, Frau mit Bierglas in 3 Farbvariationen

Scania 124L 420

H: Grell (Bielefeld-China) **V:** Grell (Bielefeld)

Verpackung: Blister

8,00 Euro

Aktien (Bayreuther Bierbrauerei) 06

Bayreuths kühle Blonde, Aktien hell, mit Frau

Freightliner FLD 120 (Hauber)

H: Grell (Bielefeld-China) **V:** Grell (Bielefeld)

Verpackung: Blister

8,00 Euro

Aktien (Bayreuther Bierbrauerei) 07

gator-party

Ford 9000 (Hauber)

H: Highspeed (China) **V:** Veranstalter

Verpackung: Blister

25,00 Euro **Auflage:** 222

Aktien (Bayreuther Bierbrauerei) 08

Grüne Weihnacht (2001), mit Schleife, Flasche und Glas

MAN TG-460

H: Grell (Bielefeld-China) **V:** Grell (Bielefeld)

Verpackung: Blister

8,00 Euro

Aktien (Bayreuther Bierbrauerei) 09

party-time, mit Logo, Frau und Glas

Renault Magnum

H: Grell (Bielefeld-China) **V:** Grell (Bielefeld)

Verpackung: Blister

8,00 Euro

Albi 01
Ihr Saftexperte

Mercedes-Benz Actros
H: Hümmer **V:** Hümmer (Teugn)
Verpackung: Blister
8,00 Euro

Albi 02
Acerola 2000, LKW mit schräger Flasche, Hänger mit Mann, Frau, Kind

Mercedes-Benz Actros
H: Hümmer **V:** Hümmer (Teugn)
Verpackung: Blister
8,00 Euro

Aldersbacher 01
mit Logo

US klassisch (Hauber)
H: Made in China **V:** keine Angabe
Verpackung: Plastikschachtel neutral
25,00 Euro

Aldersbacher 02
mit Logo, 2-Achser, gelochte Felgen

Mercedes-Benz Actros
H: Hümmer **V:** Hümmer (Teugn)
Verpackung: Blister
10,00 Euro

Aldersbacher 03
mit Logo, 3-Achser, volle Felgen

Mercedes-Benz Actros
H: Hümmer **V:** Hümmer (Teugn)
Verpackung: Blister
8,00 Euro

Aldersbacher 04

LKW mit Logo und 2 Flaschen, Hänger mit 6 Flaschen

Mercedes-Benz Actros

H: Hümmer **V:** Hümmer (Teugn)

Verpackung: Blister

8,00 Euro

Alkrather 01

Pilsener, mit 2 Logos, goldene Schrift

US klassisch (Hauber)

H: Yatming **V:** keine Angabe

Verpackung: Plastikschachtel neutral

200,00 Euro

Allersheimer 01

Urpils, mit Logo, Glas und Flasche

Mercedes-Benz Actros

H: Highspeed (China) **V:** Grell (Bielefeld)

Verpackung: Blister

10,00 Euro

Allersheimer 02

Bügel-Pils, mit schrägem Streifen, Flasche und Logo

Mercedes-Benz Actros

H: Vierke (Braunschweig) **V:** Vierke (Braunschweig)

Verpackung: Blister

8,00 Euro

Allgäuer Brauhaus 01

mit einzeiligem blauen Schriftzug

Ford Cargo

H: Golden (ADT-Trucks) **V:** Brauerei

Verpackung: Plastikschachtel neutral

20,00 Euro

Allgäuer Brauhaus 02

mit zweizeiligem dunklen Schriftzug

Ford Cargo

H: Golden (ADT-Trucks) **V:** Elastoform (Sulzbach)

Verpackung: Plastikschachtel bedruckt oder mit Aufkleber

10,00 Euro

Allgäuer Brauhaus 03

100 Jahre Teutsch Pils, mit schräger Flasche und Glas

Mercedes-Benz Actros

H: Wörlein (Cadolzburg) **V:** DGD (Nürnberg)

Verpackung: Blister

8,00 Euro

Allgäuer Mineralwasser (Oberstaufen) 01

Natürliches Mineralwasser, rote Schrift, mit Berg und Bayernraute

MAN M2000

H: Made in China **V:** keine Angabe

Verpackung: Plastikschachtel neutral

9,00 Euro **Auflage:** 100

Allgäuer Mineralwasser (Oberstaufen) 02

Medium, blaue Schrift, mit Berg und Bayernraute

MAN M2000

H: Made in China **V:** keine Angabe

Verpackung: Plastikschachtel neutral

9,00 Euro **Auflage:** 100

Almdudler Kräuterlimonade 01

mit Paar in Tracht vor Landschaft, graue Felgen

Mercedes-Benz Actros

H: Top-Style (Ebersdorf) **V:** Top-Style (Ebersdorf)

Verpackung: Blister

10,00 Euro

Almdudler Kräuterlimonade 02

mit Paar in Tracht vor Landschaft, Chromfelgen

Mercedes-Benz Actros

H: Top-Style (Ebersdorf) **V:** Top-Style (Ebersdorf)

Verpackung: Blister

8,00 Euro

Almdudler Kräuterlimonade 03

mit Paar in Tracht vor Landschaft, graue Felgen

Mercedes-Benz Actros

H: Gefra (Taunusstein) **V:** Gefra (Taunusstein)

Verpackung: Blister

8,00 Euro

Alpirsbacher 01

Klosterbräu, mit Logo

H: keine Angabe **V:** keine Angabe

Verpackung: - ohne

Alpirsbacher 02

mit eckigem Logo

US klassisch (Hauber)

H: Made in China **V:** Hümmer (Teugn)

Verpackung: Blister

50,00 Euro

Alpirsbacher 03

Kloster-Weisse, mit rundem Logo

Mercedes-Benz klein (NG 80 mittel)

H: Made in China **V:** Hümmer (Teugn)

Verpackung: Blister

35,00 Euro

A

Alpirsbacher 04

Klosterbräu, mit eckigem Logo

Mercedes-Benz klein (NG 80 mittel)

H: Made in China **V:** Hümmer (Teugn)

Verpackung: Blister

25,00 Euro

Alpirsbacher 05

Klosterbräu, mit rundem Logo vor Wald

Mercedes-Benz Actros

H: Hümmer **V:** Hümmer (Teugn)

Verpackung: Blister

9,00 Euro

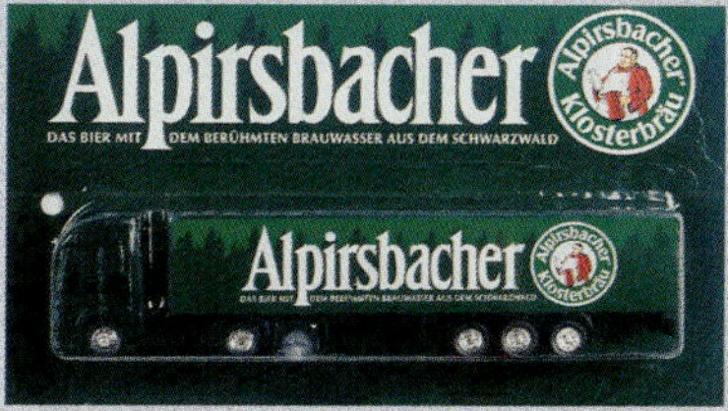

Alpirsbacher 06

Klosterbräu, mit Logo

Mercedes-Benz Actros

H: Hümmer **V:** Hümmer (Teugn)

Verpackung: Blister

8,00 Euro

Alsfelder 01

Als wär´s ein Stück vom Glück, mit Logo

US modern (Hauber) (Kenworth T800)

H: Made in China **V:** DGD (Nürnberg)

Verpackung: Blister

12,00 Euro

Alsfelder 02

Als wär´s die beste Erfindung seit dem Rad, mit Flasche

Mercedes-Benz Actros

H: Hümmer **V:** Hümmer (Teugn)

Verpackung: Blister

8,00 Euro

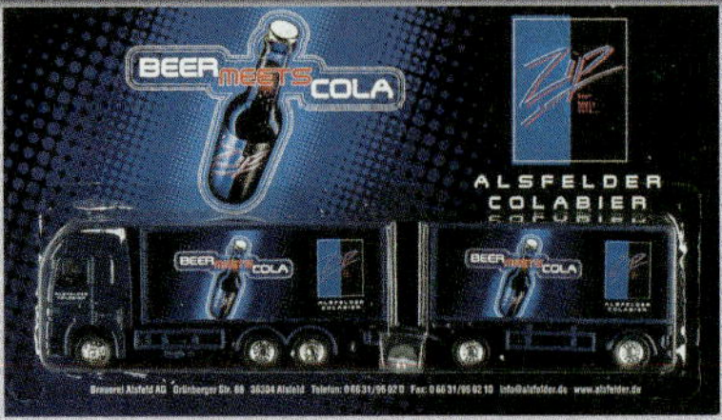

Alsfelder 03

ZIP Colabier, mit schräger Flasche

Mercedes-Benz Actros

H: Hümmer **V:** Hümmer (Teugn)

Verpackung: Blister

8,00 Euro

Alsfelder 04

Als wär´s nur für Anhänger..., mit 4 schrägen Flaschen und Logo

MAN TG-460

H: Grell (Bielefeld-China) **V:** Grell (Bielefeld)

Verpackung: Blister

8,00 Euro

Alsfelder 05

XXL, um so lieber ALS so gut, mit Flasche und Glas

Peterbilt Hauber (XXL)

H: Made in China **V:** Hümmer (Teugn)

Verpackung: Blister

35,00 Euro

Alsfelder 06

XXL, Als wär´s ein Stück vom Glück, mit Sternen und Logo

Peterbilt Hauber (XXL)

H: Made in China **V:** Hümmer (Teugn)

Verpackung: Blister

35,00 Euro

Altenauer Brauerei Paul Kolberg 01

Pils

Ford Cargo

H: Golden (ADT-Trucks) **V:** Müller (Chemnitz)

Verpackung: Plastikschachtel neutral

25,00 Euro

Altenauer Brauerei Paul Kolberg 02
Dunkel-Bier

Kenworth klassisch (Hauber)
H: Majorette **V:** Müller (Chemnitz)
Verpackung: Plastikschachtel neutral
9,00 Euro

Altenauer Brauerei Paul Kolberg 03
Bad Suderöder Dunkel

Kenworth klassisch (Hauber)
H: Majorette **V:** Müller (Chemnitz)
Verpackung: Plastikschachtel neutral
9,00 Euro

Altenberger Kräuterliköre 01
Tradition aus dem Erzgebirge, mit Logo

Scania 124L 420
H: Grell (Bielefeld-China) **V:** Grell (Bielefeld)
Verpackung: Blister
8,00 Euro

Altenburger 01
Premium

MAN F90
H: Made in China **V:** Hümmer (Teugn)
Verpackung: Blister
20,00 Euro

Altenburger 02
Premium

US klassisch (Hauber)
H: Made in China **V:** Hümmer (Teugn)
Verpackung: Blister
18,00 Euro

A

Altenburger 03
Premium

Mercedes-Benz Actros
H: Wörlein (Cadolzburg) **V:** DGD (Nürnberg)
Verpackung: Blister
8,00 Euro

Altenburger 04
Red Canny - Taste The Spirit Of Hanf!

Mercedes-Benz Actros
H: Wörlein (Cadolzburg) **V:** DGD (Nürnberg)
Verpackung: Blister
10,00 Euro

Altenburger 05
Radler, mit Etikett und Bügelflasche

Mercedes-Benz Actros
H: Wörlein (Cadolzburg) **V:** DGD (Nürnberg)
Verpackung: Blister
8,00 Euro

Altenburger 06
Wo, zum Teufel, ist Altenburg? mit 3 reitenden Cowboys

MAN TG-A
H: Wörlein (Cadolzburg) **V:** DGD (Nürnberg)
Verpackung: Blister
8,00 Euro

Altenburger 07
Urtyp Hell, mit Etikett und Flasche

Scania 164L 6580
H: Wörlein (Cadolzburg) **V:** DGD (Nürnberg)
Verpackung: Blister
8,00 Euro

Altenburger 08

Hast Du uns Altenburger bestellt? Mit 2 Leuten und Heißluftballon

MAN Phönix (Hauber)

H: Wörlein (Cadolzburg) **V:** DGD (Nürnberg)

Verpackung: Blister

8,00 Euro

Altenburger Destillerie und Likörfabrik 01

bleib flüssig! mit 2 schrägen Flaschen

Ford 9000 (Hauber)

H: Highspeed (China) **V:** Grell (Bielefeld)

Verpackung: Blister

10,00 Euro

Altenburger Destillerie und Likörfabrik 02

es gibt nur den Einen, mit 16 Flaschen

Mercedes-Benz Actros

H: Hümmer **V:** Hümmer (Teugn)

Verpackung: Blister

8,00 Euro

Altenburger Destillerie und Likörfabrik 03

bleib flüssig! mit 2 schrägen Flaschen

Kenworth klassisch (Hauber)

H: Majorette **V:** Müller (Chemnitz)

Verpackung: Plastikschachtel neutral

10,00 Euro

Altenburger Destillerie und Likörfabrik 04

Schwarzgebrannter, Kräuter-Elixier, mit 3 Flaschen

Ford 9000 (Hauber)

H: Highspeed (China) **V:** Grell (Bielefeld)

Verpackung: Blister

8,00 Euro

Altenmünster 01

und Oberdorfer... Sind die cool! Mit 3 Bügelflaschen

US klassisch (Hauber)

H: Made in China **V:** Hümmer (Teugn)

Verpackung: Blister

25,00 Euro

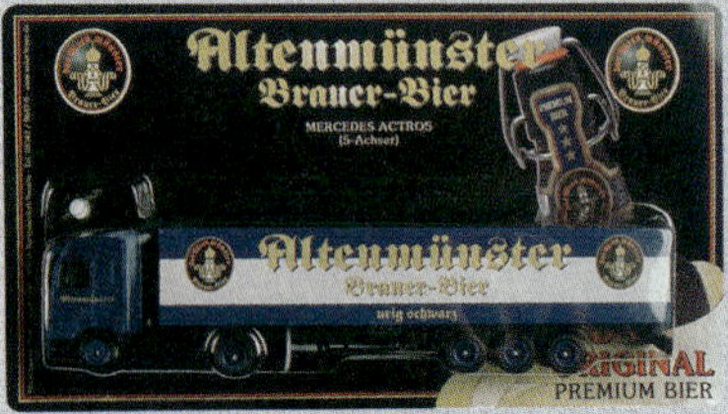

Altenmünster 02

Brauer-Bier, urig schwarz

Mercedes-Benz Actros

H: Highspeed (China) **V:** Grell (Bielefeld)

Verpackung: Blister

12,00 Euro

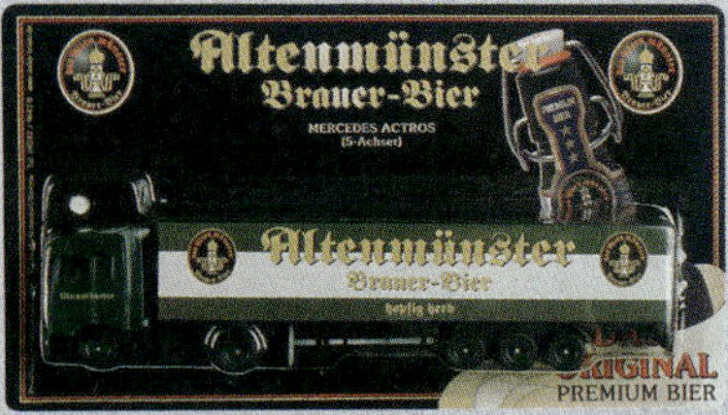

Altenmünster 03

Brauer-Bier, hopfig herb

Mercedes-Benz Actros

H: Highspeed (China) **V:** Grell (Bielefeld)

Verpackung: Blister

12,00 Euro

Altenmünster 04

Brauer-Bier, urig würzig

Mercedes-Benz Actros

H: Highspeed (China) **V:** Grell (Bielefeld)

Verpackung: Blister

12,00 Euro

Altenmünster 05

Brauerbier mit schräger Flasche und Glas

Mercedes-Benz Actros

H: Highspeed (China) **V:** Grell (Bielefeld)

Verpackung: Blister

8,00 Euro

Altenmünster 06

Brauerbier mit schräger Flasche und Glas

IFA W50 (Oldtimer)

H: Grell (Bielefeld-China) **V:** Grell (Bielefeld)

Verpackung: Blister

9,00 Euro

Altenmünster 07

Hefeweizen, mit Flasche

IFA W50 (Oldtimer)

H: Grell (Bielefeld-China) **V:** Grell (Bielefeld)

Verpackung: Blister

9,00 Euro

Altenmünster 08

mit austauschbarem Aufbau: 1. Bierkästen, 2. Plane

Kraz (Oldtimer)

H: Grell (Bielefeld-China) **V:** Grell (Bielefeld)

Verpackung: Blister

8,00 Euro

Altenmünster 09

Taiga-Truck, russische Schrift und Logo vor Wolken

Kraz (Oldtimer)

H: Grell (Bielefeld-China) **V:** Grell (Bielefeld)

Verpackung: Blister

15,00 Euro

Altenmünster 10

Winterbier

Kraz (Oldtimer)

H: Grell (Bielefeld-China) **V:** Grell (Bielefeld)

Verpackung: Blister

8,00 Euro

Altenmünster 11

mit 9 Bügelflaschen

Kraz (Oldtimer)

H: Grell (Bielefeld-China) **V:** Grell (Bielefeld)

Verpackung: Blister

8,00 Euro

Altenmünster 12

mit Sonnenaufgang

Kraz (Oldtimer)

H: Grell (Bielefeld-China) **V:** Grell (Bielefeld)

Verpackung: Blister

15,00 Euro

Altenmünster 13

mit austauschbarem Aufbau: 1. Bierkästen, 2. Plane

Kraz (Oldtimer)

H: Grell (Bielefeld-China) **V:** Grell (Bielefeld)

Verpackung: Blister

15,00 Euro

Altenmünster 14

Franz Joseph Jubelbier, mit 2 Bügelflaschen, Logo und weißem Rahmen

Kraz (Oldtimer)

H: Grell (Bielefeld-China) **V:** Grell (Bielefeld)

Verpackung: Blister

8,00 Euro

Altenmünster 15

Franz Joseph Jubelbier mit 2 Bügelflaschen, vorderes Drittel weiß

Kraz (Oldtimer)

H: Grell (Bielefeld-China) **V:** Grell (Bielefeld)

Verpackung: Blister

8,00 Euro

Altenmünster 16

Serien-Nr. 1, mit Logo

Krupp Mustang (Oldtimer)

H: Grell (Bielefeld-China) **V:** Grell (Bielefeld)

Verpackung: Blister

15,00 Euro

Altenmünster 17

mit Logo

MAN TG-460

H: Grell (Bielefeld-China) **V:** Grell (Bielefeld)

Verpackung: Blister

15,00 Euro

Altenmünster 18

Kraz (Oldtimer)

H: Grell (Bielefeld-China) **V:** Grell (Bielefeld)

Verpackung: Blister

9,00 Euro

Altenmünster 19

Die Truck Packs von Altenmünster, mit Logo, 3 Kartons und Bügelflasche

Kraz (Oldtimer)

H: Grell (Bielefeld-China) **V:** Grell (Bielefeld)

Verpackung: Blister

8,00 Euro

Altenmünster 20

Steinbier, mit Bügelflasche

Kraz (Oldtimer)

H: Grell (Bielefeld-China) **V:** Grell (Bielefeld)

Verpackung: Blister

8,00 Euro

Altenmünster 21

Serien-Nr. 2, mit Logo

MAN Büssing NAG500 (Oldtimer) mit Holzvergaser

H: Grell (Bielefeld-China) **V:** Grell (Bielefeld)

Verpackung: Blister

15,00 Euro

Altes Brauhaus (Steinbach) 01

mit 2 Gläsern

Scania 124L 420

H: Grell (Bielefeld-China) **V:** Grell (Bielefeld)

Verpackung: Blister

8,00 Euro

Altmühltaler Mineralbrunnen 01

MAN F2000 (Hochdach)

H: Wörlein (Cadolzburg) **V:** DGD (Nürnberg)

Verpackung: Blister

8,00 Euro

Altöttinger 01

Hell-Bräu, mit Ansiedlung, graue Felgen

Mercedes-Benz Actros

H: Top-Style (Ebersdorf) **V:** Top-Style (Ebersdorf)

Verpackung: Blister

8,00 Euro

Altöttinger 02

Hell-Bräu, mit Ansiedlung und Logo, goldene Felgen

Scania 124L ?

H: Gefra (Taunusstein) **V:** Allround Service (Wonsees)

Verpackung: Blister

8,00 Euro

Altöttinger 03
Hell-Bräu, mit Ansiedlung und Logo

Renault Premium Route
H: Top-Style (Ebersdorf) **V:** Allround Service (Wonsees)
Verpackung: Blister
8,00 Euro

Amecke Säfte (Menden) 01
Sanfte Säfte, mit 5 Flaschen und Früchten

Mercedes-Benz Actros
H: Wörlein (Cadolzburg) **V:** DGD (Nürnberg)
Verpackung: Blister
8,00 Euro **Auflage:** 500

Amecke Säfte (Menden) 02
Sanfte Säfte, mit 5 Flaschen und Früchten

MAN TG-A
H: Wörlein (Cadolzburg) **V:** Eurosun (Cadolzburg)
Verpackung: Blister
8,00 Euro

Amecke Säfte (Menden) 03
Vollfrucht

MAN Büssing 8000 (Oldtimer)
H: Wörlein (Cadolzburg) **V:** Eurosun (Cadolzburg)
Verpackung: Blister
8,00 Euro

Andreas 01
Pils, mit Logo und 3 Gläsern

US modern (Hauber) (Kenworth T800)
H: Highspeed (China) **V:** Grell (Bielefeld)
Verpackung: Blister
60,00 Euro

A

Andreas 02

Pils, mit Logo und 3 Gläsern

Mercedes-Benz Actros

H: Highspeed (China) **V:** Grell (Bielefeld)

Verpackung: Blister

45,00 Euro

Apoldaer 01

Das Bier aus Thüringen, mit Logo

MAN F90

H: Made in China **V:** keine Angabe

Verpackung: Plastikschachtel neutral

50,00 Euro

Apoldaer 02

Spezial, mit Glas und liegender Flasche

US modern (Hauber) (Kenworth T800)

H: Highspeed (China) **V:** Gack

Verpackung: Blister

20,00 Euro

Apoldaer 03

Glockenpils, mit Logo und 2 Gläsern, Heißluftballons auf Blister

Mercedes-Benz Actros

H: Highspeed (China) **V:** Gack

Verpackung: Blister

15,00 Euro

Apoldaer 04

jung, kreativ, geschmackvoll, mit 4 Damen und 6 Flaschen

Ford 9000 (Hauber)

H: Highspeed (China) **V:** Grell (Bielefeld)

Verpackung: Blister

10,00 Euro

A

Apoldaer 05
Fexerabend, mit Lagerfeuer und 4 Gläsern

MAN F2000 Aero (Hochdach)
H: Grell (Bielefeld-China) **V:** Grell (Bielefeld)
Verpackung: Blister
8,00 Euro

Apoldaer 06
los gehts! mit Hallenmotocross und Flaschen

Scania 124L 420
H: Grell (Bielefeld-China) **V:** Grell (Bielefeld)
Verpackung: Blister
8,00 Euro

Apoldaer 07
Glockenpils, mit Glockengießern und 3 Etiketten

MAN F2000 Aero (Hochdach)
H: Grell (Bielefeld-China) **V:** Brauerei
Verpackung: Blister
8,00 Euro

Apoldaer 08
Es läutet die Glocke - Apoldaer Bock, mit Leuten, Bock, Krug und 4 Flaschen

Mercedes-Benz Actros
H: Highspeed (China) **V:** Grell (Bielefeld)
Verpackung: Blister
8,00 Euro

Apoldaer 09
Tradition leben, mit versch. Etiketten

Renault Magnum
H: Grell (Bielefeld-China) **V:** Grell (Bielefeld)
Verpackung: Blister
8,00 Euro

2002

Apollinaris 01

mit 6 schrägen Flaschen

Mercedes-Benz Actros

H: Wörlein (Cadolzburg) **V:** DGD (Nürnberg)

Verpackung: Blister

8,00 Euro

Apollinaris 02

Big Apple, mit schräger Flasche

Scania 124L 420

H: Grell (Bielefeld-China) **V:** Grell (Bielefeld)

Verpackung: Blister

8,00 Euro

Apostel Bräu (Eichbaum) 01

mit 2 Wappen

US modern (Hauber) (Kenworth T800)

H: Made in China **V:** Promarketing GmbH (Mannheim)

Verpackung: Blister

25,00 Euro **Auflage:** 800

Apostelbräu (Hauzenberg) 01

Nr.1, 1.Original Dinkel-Bier, mit Etikett

Mercedes-Benz Actros

H: Top-Style (Ebersdorf) **V:** Allround Service (Wonsees)

Verpackung: Blister

8,00 Euro

Aqua Römer 01

mit 3 Flaschen und Leuten im PKW

Mercedes-Benz Actros

H: Wörlein (Cadolzburg) **V:** DGD (Nürnberg)

Verpackung: Blister

8,00 Euro

Arco Valley (Eichendorf) 01

Graf Arco Bier, Krone der Braukunst, mit Logo

Mercedes-Benz klein (NG 80 mittel)

H: Made in China **V:** Hümmer (Teugn)

Verpackung: Blister

30,00 Euro

Arco Valley (Eichendorf) 02

Valley Lager, mit schräger Flasche

Mercedes-Benz Actros

H: Hümmer **V:** Hümmer (Teugn)

Verpackung: Blister

8,00 Euro

Arco Valley (Eichendorf) 03

Graf Arco, Wintermärchen Festbier (2000), mit Logo

Mercedes-Benz Actros

H: Hümmer **V:** Hümmer (Teugn)

Verpackung: Blister

9,00 Euro

Arco Valley (Eichendorf) 04

Graf Arco Grafen Hell, mit 2 schrägen Gläsern, Flasche und Logo

Mercedes-Benz Actros

H: Hümmer **V:** Hümmer (Teugn)

Verpackung: Blister

8,00 Euro

Arcobräu (Moos) 01

Willkommen in der neuen Weissbier-Klasse, mit schräger Flasche und Logo

Mercedes-Benz Actros

H: Hümmer **V:** Hümmer (Teugn)

Verpackung: Blister

9,00 Euro

Arcobräu (Moos) 02

mit Waldlandschaft und Wolken

Mercedes-Benz Actros

H: Hümmer **V:** Hümmer (Teugn)

Verpackung: Blister

8,00 Euro

Arcobräu (Moos) 03

Schloss-Hell, mit gelbem Strich und Logo

Mercedes-Benz Actros

H: Hümmer **V:** Hümmer (Teugn)

Verpackung: Blister

8,00 Euro

Arcobräu (Moos) 04

Urfass, mit liegender Flasche

Mercedes-Benz Actros

H: Hümmer **V:** Hümmer (Teugn)

Verpackung: Blister

8,00 Euro

Arcobräu (Moos) 05

Willkommen in der neuen Weissbier-Klasse, mit schräger Flasche und Logo

Mercedes-Benz Actros

H: Hümmer **V:** Hümmer (Teugn)

Verpackung: Blister

8,00 Euro

Arcobräu (Moos) 06

Christkindl Weihnachts-Festbier (2001), mit Engel

Mercedes-Benz Actros

H: Hümmer **V:** Hümmer (Teugn)

Verpackung: Blister

8,00 Euro

Ardey Quelle 01
Eine Quelle für Alle! mit schräger Flasche

Mercedes-Benz Actros
H: Highspeed (China) **V:** Grell (Bielefeld)
Verpackung: Blister
8,00 Euro

Arnegger 01
Alkoholfrei, mit Logo

MAN F90
H: Made in China **V:** Hümmer (Teugn)
Verpackung: Blister
35,00 Euro

Arnstädter Stadtbrauerei 01
mit Logo

Framo V 501 (Oldtimer)
H: Wörlein (Cadolzburg) **V:** DGD (Nürnberg)
Verpackung: Blister
20,00 Euro

Arolser Hofbrauhaus 01
mit 7 Fässern (Arolser Pils und Waldecker Dunkel)

Pferdekutsche 2-Spänner
H: keine Angabe **V:** Lauterbach
Verpackung: Blister
8,00 Euro

Arolser Hofbrauhaus 02
Pils und Waldecker Dunkel, mit 2 Logos vor Landschaft

DAF 95 XF
H: Made in China **V:** Lauterbach
Verpackung: Blister
8,00 Euro

Arschleder Kräuter (Bad Liebenstein) 01

mit rot-gelber Schrift und Bergmännchen (04.2000)

Volvo F-12 Globetrotter

H: Made in China **V:** Elastoform (Sulzbach)

Verpackung: Plastikschachtel bedruckt oder mit Aufkleber

15,00 Euro **Auflage:** 50

Arschleder Kräuter (Bad Liebenstein) 02

mit rot-schwarzer Schrift, Wappen und Bergmännchen (06.2000)

Volvo F-12 Globetrotter

H: Made in China **V:** Elastoform (Sulzbach)

Verpackung: Plastikschachtel bedruckt oder mit Aufkleber

15,00 Euro **Auflage:** 200

Arschleder Kräuter (Bad Liebenstein) 03

mit gelber Schrift und Bergmännchen vor dunklem Gebäude (08.2000)

Volvo F-12 Globetrotter

H: Made in China **V:** Elastoform (Sulzbach)

Verpackung: Plastikschachtel bedruckt oder mit Aufkleber

15,00 Euro **Auflage:** 200

Arschleder Kräuter (Bad Liebenstein) 04

mit Eisbären (10.2000)

Volvo F-12 Globetrotter

H: Made in China **V:** Elastoform (Sulzbach)

Verpackung: Plastikschachtel bedruckt oder mit Aufkleber

15,00 Euro **Auflage:** 200

Arschleder Kräuter (Bad Liebenstein) 05

mit Weihnachtsmann (12.2000)

Kenworth T2000 (Hauber)

H: Made in China **V:** keine Angabe

Verpackung: Plastikschachtel neutral

15,00 Euro **Auflage:** 200

Arschleder Kräuter (Bad Liebenstein) 06

2001 mit Feuerwerk

Mercedes-Benz groß (NG 80 lang)

H: Made in China **V:** Melco (Bremen)

Verpackung: Plastikschachtel bedruckt oder mit Aufkleber

15,00 Euro **Auflage:** 200

Arschleder Kräuter (Bad Liebenstein) 07

mit Schachbrett (03.2001)

Volvo F-12 Globetrotter

H: Made in China **V:** Elastoform (Sulzbach)

Verpackung: Plastikschachtel bedruckt oder mit Aufkleber

15,00 Euro **Auflage:** 200

Arschleder Kräuter (Bad Liebenstein) 08

und Leikeim (auf Dach) Bergmannstag 07.07.01

Iveco Eurostar

H: Dickie (China) **V:** Truck Stop (Bad Liebenstein)

Verpackung: Plastikschachtel bedruckt oder mit Aufkleber

10,00 Euro **Auflage:** 200

Arschleder Kräuter (Bad Liebenstein) 09

XXL, Weihnacht 2001

Peterbilt Hauber (XXL)

H: Made in China **V:** Truck Stop (Bad Liebenstein)

Verpackung: Plastikschachtel bedruckt oder mit Aufkleber

30,00 Euro **Auflage:** 200

Arschleder Kräuter (Bad Liebenstein) 10

Frohe Ostern 2002, mit Pulli und Ostereiern (03.2002)

Scania 124L 420

H: Grell (Bielefeld-China) **V:** Truck Stop (Bad Liebenstein)

Verpackung: Plastikschachtel bedruckt oder mit Aufkleber

8,00 Euro **Auflage:** 200

Asco Cola 01

(Harzer Mineralquelle Blankenburg)

Mercedes-Benz Actros

H: Wörlein (Cadolzburg) **V:** DGD (Nürnberg)

Verpackung: Blister

8,00 Euro

Astra Bavaria - St. Pauli Brauerei 01

1.FC St. Pauli - Angriff - Mittelfeld - Abwehr

Reisebus

H: Adtruck **V:** Brauerei

Verpackung: Blister

10,00 Euro

Auer Bräu (Rosenheim) 01

Lockruf der Natur, mit Logo und Glas vor Landschaft

US klassisch (Hauber)

H: Hümmer **V:** Hümmer (Teugn)

Verpackung: Blister

15,00 Euro

Auer Bräu (Rosenheim) 02

Meine Heimat. Mein Geschmack. mit Logo und Glas vor Landschaft

US klassisch (Hauber)

H: Hümmer **V:** Hümmer (Teugn)

Verpackung: Blister

10,00 Euro

Auer Bräu (Rosenheim) 03

Nirwana on Tour

MAN TG-A

H: Hümmer **V:** Hümmer (Teugn)

Verpackung: Blister

9,00 Euro

Auerhahn 01
Bräu (Schlitz), mit Logo

US klassisch (Hauber)
H: Made in China **V:** Hümmer (Teugn)
Verpackung: Blister
75,00 Euro

Auerhahn 02
Bier (Schlitz), mit Logo

US modern (Hauber) (Kenworth T800)
H: Highspeed (China) **V:** Grell (Bielefeld)
Verpackung: Blister
25,00 Euro

Auerhahn 03
Das Bier mit dem außergewöhnlichen Ruf, mit Glas

Kenworth T2000 (Hauber)
H: Made in China **V:** DGD (Nürnberg)
Verpackung: Blister
10,00 Euro

Auerhahn 04
Bräu, mit Logo

MAN TG-A
H: Wörlein (Cadolzburg) **V:** DGD (Nürnberg)
Verpackung: Blister
8,00 Euro

Aufsesser (Rothenbach) 01
mit Logo und Bügelflasche

Mercedes-Benz Actros
H: Wörlein (Cadolzburg) **V:** DGD (Nürnberg)
Verpackung: Blister
10,00 Euro

Aufsesser (Rothenbach) 02

mit Logo und Bügelflasche

Mercedes-Benz Actros

H: Highspeed (China) **V:** Grell (Bielefeld)

Verpackung: Blister

9,00 Euro

Aufsesser (Rothenbach) 03

Guinness World Records 2001

MAN F2000 Aero (Hochdach)

H: Grell (Bielefeld-China) **V:** Grell (Bielefeld)

Verpackung: Blister

8,00 Euro

Aufsesser (Rothenbach) 04

Glukerla (Limonade), mit 3 Bügelflaschen

Ford 9000 (Hauber)

H: Highspeed (China) **V:** Grell (Bielefeld)

Verpackung: Blister

8,00 Euro

Aufsesser (Rothenbach) 05

Glukerla (Limonade), mit 3 Bügelflaschen

MAN F2000 Aero (Hochdach)

H: Grell (Bielefeld-China) **V:** Grell (Bielefeld)

Verpackung: Blister

8,00 Euro

Aufsesser (Rothenbach) 06

Premium Bier, mit 2 Bügelflaschen

Ford 9000 (Hauber)

H: Highspeed (China) **V:** Grell (Bielefeld)

Verpackung: Blister

8,00 Euro

A

Aufsesser (Rothenbach) 07
Premium Bier, mit Bügelflasche, Glas und 2 Logos

Scania 124L 420
H: Grell (Bielefeld-China) **V:** Grell (Bielefeld)
Verpackung: Blister
8,00 Euro

Aufsesser (Rothenbach) 08
Premium Regionalis, mit Glas vor Burg

MAN F2000 Aero (Hochdach)
H: Grell (Bielefeld-China) **V:** Grell (Bielefeld)
Verpackung: Blister
8,00 Euro

Aufsesser (Rothenbach) 09
Premium Regionalis, mit Logo

Freightliner FLD 120 (Hauber)
H: Grell (Bielefeld-China) **V:** Grell (Bielefeld)
Verpackung: Blister
8,00 Euro

Aufsesser (Rothenbach) 10
Premium Regionalis, mit Logo
Renault Magnum

H: Grell (Bielefeld-China) **V:** Grell (Bielefeld)
Verpackung: Blister
8,00 Euro

Augusta (Dasing) 01
Winzer-Schorle, mit 3 Flaschen

Mercedes-Benz groß (NG 80 lang)
H: Made in China **V:** Lauterbach
Verpackung: Blister
12,00 Euro

Augusta (Dasing) 02

mit blauen Weintrauben

Mercedes-Benz Actros

H: Hümmer **V:** Hümmer (Teugn)

Verpackung: Blister

8,00 Euro

Augusta (Dasing) 03

Glühwein

Mercedes-Benz Actros

H: Hümmer **V:** Hümmer (Teugn)

Verpackung: Blister

8,00 Euro

Aukofer Bräu (Kehlheim) 01

Klösterl-Weisse, mit 2 Logos

Kenworth klassisch (Hauber)

H: Majorette **V:** Müller (Chemnitz)

Verpackung: Plastikschachtel neutral

8,00 Euro

Auricher Süssmost 01

mit 3 Flaschen und vielen Früchten

MAN F2000 (Hochdach)

H: Wörlein (Cadolzburg) **V:** Eurosun (Cadolzburg)

Verpackung: Blister

8,00 Euro **Auflage:** 2.500

Autohof Hermsdorf 01

Restaurant - Pizzeria, mit Shell-Logo

Mercedes-Benz Actros

H: Highspeed (China) **V:** Grell (Bielefeld)

Verpackung: Blister

6,00 Euro

Ayinger 01
immer ein Anlaß, mit Logo

MAN F90
H: Made in China **V:** Hümmer (Teugn)
Verpackung: Blister
25,00 Euro

Ayinger 02
immer ein Anlaß, mit Logo

Mercedes-Benz Actros
H: Hümmer **V:** Hümmer (Teugn)
Verpackung: Blister
10,00 Euro

Ayinger 03

MAN 10.212F (Oldtimer)
H: Wörlein (Cadolzburg) **V:** DGD (Nürnberg)
Verpackung: Blister
8,00 Euro

Ayinger 04
Echte Bierkultur genießen, mit Logo

MAN TG-A
H: Wörlein (Cadolzburg) **V:** DGD (Nürnberg)
Verpackung: Blister
8,00 Euro

Ayinger 05
Echte Bierkultur genießen, mit Logo

DAF 95 XF
H: Wörlein (Cadolzburg) **V:** DGD (Nürnberg)
Verpackung: Blister
8,00 Euro

Bad Bernecker 01

Exportbierbrauerei, mit 2 Logos, 2 Achsen, gelochte Felgen

Mercedes-Benz groß

H: Made in China **V:** keine Angabe

Verpackung: Plastikschachtel neutral

15,00 Euro

Bad Brambacher 01

Vom Besten der Natur, mit 2 Logos

Mercedes-Benz Actros

H: Highspeed (China) **V:** Grell (Bielefeld)

Verpackung: Blister

8,00 Euro

Bad Brambacher 02

Hollerblüte..., mit Blüten und Logo

Scania 124L 420

H: Grell (Bielefeld-China) **V:** Grell (Bielefeld)

Verpackung: Blister

8,00 Euro

Bad Brambacher 03

Apfelschorle, mit 2 Äpfeln und Logo

MAN TG-460

H: Grell (Bielefeld-China) **V:** Grell (Bielefeld)

Verpackung: Blister

8,00 Euro

Bad Brambacher 04

1. Truckbörse des Feuerwehrvereines Wohlbach (Vogtland) 2001

Mercedes-Benz Actros

H: KamLun **V:** Feuerwehr

Verpackung: Plastikschachtel neutral

15,00 Euro

Bad Brückenauer 01

Mineralwasser, mit Logo und 2 Flaschen

Mercedes-Benz Actros

H: Hümmer **V:** Hümmer (Teugn)

Verpackung: Blister

12,00 Euro

Bad Brückenauer 02

Pocco, mit vielen Früchten und 4 schrägen Flaschen

Mercedes-Benz Actros Kühlzug

H: Vierke (Braunschweig) **V:** Vierke (Braunschweig)

Verpackung: Blister

8,00 Euro

Bad Driburger 01

mit 2 Flaschen, 2 Bildern (Baum und Radfahrer) und Logo

Mercedes-Benz Actros

H: KamLun **V:** Bad Driburger

Verpackung: Plastikschachtel bedruckt oder mit Aufkleber

10,00 Euro

Bad Dürrheimer 01

Die Kraft der Frische, mit sprudelnder Flasche

Ford 9000 (Hauber)

H: Highspeed (China) **V:** Grell (Bielefeld)

Verpackung: Blister

8,00 Euro

Bad Dürrheimer 02

Bodensee-Ernte, mit gezeichnetem Apfel

Mercedes-Benz Actros

H: Highspeed (China) **V:** Grell (Bielefeld)

Verpackung: Blister

8,00 Euro

B

Bad Harzburger 01

mit 2 roten Logos

Scania 124L 420

H: Grell (Bielefeld-China) **V:** Grell (Bielefeld)

Verpackung: Blister

9,00 Euro **Auflage:** 15.000

Bad Harzburger 02

Vital Jogurt Drink, mit Früchten

Scania 124L 420

H: Grell (Bielefeld-China) **V:** Grell (Bielefeld)

Verpackung: Blister

8,00 Euro **Auflage:** 15.000

Bad Liebenwerda 01

das Quellgesunde

Mercedes-Benz klein (NG 80 mittel)

H: Made in China **V:** Hümmer (Teugn)

Verpackung: Blister

12,00 Euro

Bad Liebenwerda 02

das Quellgesunde, Logo hinten, mit Flachdach

US modern (Hauber) (Kenworth T800)

H: keine Angabe **V:** HL (Mering)

Verpackung: auf Pappe mit Folie eingeschweißt

10,00 Euro

Bad Liebenwerda 03

das Quellgesunde, Logo hinten, mit schrägem Dach

US modern (Hauber) (Kenworth T800)

H: keine Angabe **V:** HL (Mering)

Verpackung: auf Pappe mit Folie eingeschweißt

10,00 Euro

Bad Liebenwerda 04
das Quellgesunde, Logo vorn, mit schrägem Dach

US modern (Hauber) (Kenworth T800)
H: keine Angabe **V:** HL (Mering)
Verpackung: auf Pappe mit Folie eingeschweißt
10,00 Euro

Bad Liebenwerda 05
Cherry Plus, mit Kirschen und 3 Flaschen

Mercedes-Benz Actros
H: Hümmer **V:** Hümmer (Teugn)
Verpackung: Blister
8,00 Euro

Bad Liebenwerda 06
Fiesta, hier kommt die Power, mit Früchten und 4 Flaschen

Mercedes-Benz Actros
H: Hümmer **V:** Hümmer (Teugn)
Verpackung: Blister
10,00 Euro

Bad Liebenwerda 07
XXL, mit Engel und Logo

Peterbilt Hauber (XXL)
H: Made in China **V:** Hümmer (Teugn)
Verpackung: Blister
45,00 Euro

Bad Liebenwerda 08
mit Logo

Scania 124L 420
H: Grell (Bielefeld-China) **V:** Grell (Bielefeld)
Verpackung: Blister
8,00 Euro

B
2002

Bad Liebenwerda 09

Hollerblüte, mit Flasche und 2 Holunderpflanzen

Scania 124L 420

H: Grell (Bielefeld-China) **V:** Grell (Bielefeld)

Verpackung: Blister

8,00 Euro

Bad Liebenwerda 10

Apfel-Kirsch-Hollerbeere, mit Früchten

Scania 124L ?

H: Hümmer **V:** Hümmer (Teugn)

Verpackung: Blister

8,00 Euro

Bad Nauheimer 01

Tut gut. Schmeckt gut! mit 2 Flaschen

US modern (Hauber) (Kenworth T800)

H: Highspeed (China) **V:** Grell (Bielefeld)

Verpackung: Blister

8,00 Euro **Auflage:** 15.000

Bad Vilbeler 01

Ur Quelle - Gut, daß es dieses Wasser gibt! mit Flasche

US klassisch (Hauber)

H: Made in China **V:** Hümmer (Teugn)

Verpackung: Blister

18,00 Euro

Bad Vilbeler 02

Ur Quelle - Gut, daß es dieses Wasser gibt, mit Flasche

Mercedes-Benz Actros

H: Hümmer **V:** Hümmer (Teugn)

Verpackung: Blister

8,00 Euro

Bad Wildunger Heilquellen 01

Mercedes-Benz groß (NG 80 lang)
H: Made in China **V:** keine Angabe
Verpackung: Plastikschachtel neutral
9,00 Euro

Baisinger (Rottenburg) 01
Das Bier unter uns! mit Glas

Mercedes-Benz Actros
H: Wörlein (Cadolzburg) **V:** Brauerei
Verpackung: Blister
15,00 Euro **Auflage:** 1.000

Bäko (Bad Honnef) 02
Saft und Schorle. Die Marke der Bäcker und Konditoren. mit Flaschen auf Eis

Mercedes-Benz Actros
H: Hümmer **V:** Hümmer (Teugn)
Verpackung: Blister
6,00 Euro

Ballantines Scotch Whisky 01
mit Mann und Flasche

US modern (Hauber) (Kenworth T800)
H: Highspeed (China) **V:** Grell (Bielefeld)
Verpackung: Blister
25,00 Euro

Bamberger Kaiserdom 01
Spezialitäten-Brauerei, mit Logo vor Stadtrelief

US modern (Hauber) (Kenworth T800)
H: Golden (ADT-Trucks) **V:** keine Angabe
Verpackung: Plastikschachtel neutral
20,00 Euro

Bamberger Kaiserdom 02

mit Logo vor Stadtrelief

Mercedes-Benz Actros

H: Highspeed (China) **V:** Grell (Bielefeld)

Verpackung: Blister

12,00 Euro

Bamberger Kaiserdom 03

Weißbier Weizenland, mit Logo vor Stadtrelief

Mercedes-Benz Actros

H: Highspeed (China) **V:** Grell (Bielefeld)

Verpackung: Blister

10,00 Euro

Bamberger Klosterbräu 01

Ächd Bambärchä Schwärzla

MAN M2000

H: Made in China **V:** keine Angabe

Verpackung: Plastikschachtel neutral

6,00 Euro **Auflage:** 300

Bamberger Klosterbräu 02

Bamberger Gold

Volvo FH16

H: Wörlein (Cadolzburg) **V:** keine Angabe

Verpackung: Plastikschachtel neutral

6,00 Euro **Auflage:** 300

Bamberger Klosterbräu 03

Ächd Bambärchä Schwärzla

Mercedes-Benz Actros

H: Hümmer **V:** Allround Service (Wonsees)

Verpackung: Plastikschachtel bedruckt oder mit Aufkleber

6,00 Euro **Auflage:** 300

Bamberger Klosterbräu 04
Bamberger Gold

Mercedes-Benz Actros
H: Hümmer **V:** Allround Service (Wonsees)
Verpackung: Plastikschachtel bedruckt oder mit Aufkleber
6,00 Euro **Auflage:** 300

Bamberger Klosterbräu 05
Ächd Bambärchä Schwärzla, mit gelbem Logo

Mercedes-Benz Actros
H: Wörlein (Cadolzburg) **V:** Allround Service (Wonsees)
Verpackung: Plastikschachtel bedruckt oder mit Aufkleber
6,00 Euro **Auflage:** 300

Bamberger Klosterbräu 06
Bamberger Gold, mit weißem Logo

Mercedes-Benz Actros
H: Wörlein (Cadolzburg) **V:** Allround Service (Wonsees)
Verpackung: Plastikschachtel bedruckt oder mit Aufkleber
6,00 Euro **Auflage:** 300

Bamberger Klosterbräu 07
Bamberger Gold

MAN M2000
H: Made in China **V:** keine Angabe
Verpackung: Plastikschachtel neutral
6,00 Euro **Auflage:** 300

Bamberger Klosterbräu 08
Ächd Bambärchä Schwärzla

Mercedes-Benz Actros
H: Top-Style (Ebersdorf) **V:** Top-Style (Ebersdorf)
Verpackung: Plastikschachtel bedruckt oder mit Aufkleber
6,00 Euro

Bamberger Mahr´s Bräu 01

Seit 1670 ... mit Kutsche und Logo

Mercedes-Benz Actros

H: Wörlein (Cadolzburg) **V:** DGD (Nürnberg)

Verpackung: Blister

15,00 Euro

Bamberger Weisse 01

US klassisch (Hauber)

H: Made in China **V:** Hümmer (Teugn)

Verpackung: Blister

18,00 Euro

Bambergs Brauereien 01

9er Set (Kloster, Schlenkerla, Herren, Kaiserdom, Maisel, Mahrs, Spezial. Greifenklau, Fässla) in Box

verschiedene Trucks und Oldtimer verschiedene

H: Wörlein (Cadolzburg) **V:** DGD (Nürnberg)

Verpackung: Showbox - Pappe und Plastik

80,00 Euro

Bärenbräu (Bayreuth) 01

mit Bären

Mercedes-Benz Actros

H: Highspeed China **V:** keine Angabe

Verpackung: Plastikschachtel neutral

20,00 Euro **Auflage:** 250

Bärenbräu (Herborn) 01

Herborner Bier Spezialitäten, mit Herz-Logo und Glas

US modern (Hauber) (Kenworth T800)

H: Highspeed (China) **V:** Grell (Bielefeld)

Verpackung: Blister

20,00 Euro

Bärenbräu (Herborn) 02
120 Jahre Herborner Bier

Mercedes-Benz Actros
H: Highspeed (China) **V:** Grell (Bielefeld)
Verpackung: Blister
12,00 Euro

Bärenbräu (Herborn) 03
Herborner Bier Spezialitäten

Mercedes-Benz Actros
H: Highspeed (China) **V:** Grell (Bielefeld)
Verpackung: Blister
9,00 Euro

Bärenbräu (Herborn) 04
Herborner Bier, mit Logo

IFA W50 (Oldtimer)
H: Grell (Bielefeld-China) **V:** Grell (Bielefeld)
Verpackung: Blister
9,00 Euro

Bärenbräu (Herborn) 05
ZIP - Colabier, mit Kasten und 3 Flaschen

Ford 9000 (Hauber)
H: Highspeed (China) **V:** Grell (Bielefeld)
Verpackung: Blister
8,00 Euro

Bärenbräu (Herborn) 06
Jubiläums Lager, 750 Jahre Stadt Herborn, mit Logo

Scania 124L 420
H: Grell (Bielefeld-China) **V:** Grell (Bielefeld)
Verpackung: Blister
8,00 Euro

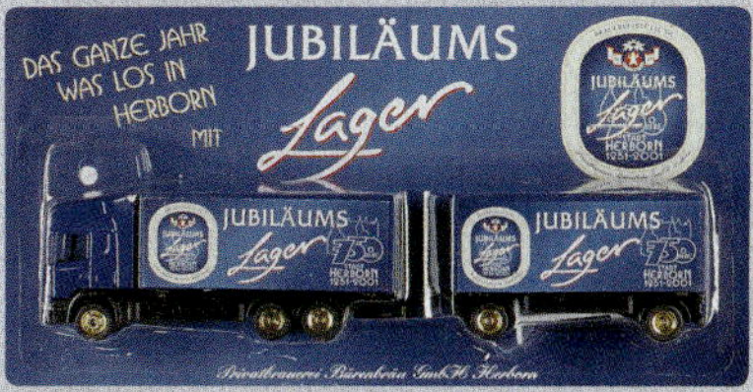

Bärenbräu (Herborn) 07
Herborner Bier, mit Weisse- und Russ- Logo und 2 Frauen

MAN F2000 Aero (Hochdach)
H: Grell (Bielefeld-China) **V:** Grell (Bielefeld)
Verpackung: Blister
8,00 Euro

Bärenbräu (Herborn) 08
Wir sorgen für Treibstoff, mit liegender Flasche und Logo

Freightliner FLD 120 (Hauber)
H: Grell (Bielefeld-China) **V:** Grell (Bielefeld)
Verpackung: Blister
8,00 Euro

Bärensteiner 01
im Trend der Natürlichkeit, mit großem Logo

US modern (Hauber) (Kenworth T800)
H: Highspeed (China) **V:** Grell (Bielefeld)
Verpackung: Blister
15,00 Euro

Bärensteiner 02
im Trend der Natürlichkeit, mit großem Logo

US modern (Hauber) (Kenworth T800)
H: Highspeed (China) **V:** Grell (Bielefeld)
Verpackung: Blister
15,00 Euro

Bärensteiner 03
Nr.3, Erdbeer-Sahne Drink, mit 3 Erdbeeren und Logo

Mercedes-Benz Actros
H: Highspeed (China) **V:** Grell (Bielefeld)
Verpackung: Blister
10,00 Euro

Bärensteiner	04
Nr.4, Frohe Weihnachten 1999	
Mercedes-Benz Actros	
H: Highspeed (China) **V:** Grell (Bielefeld)	
Verpackung: Blister	
10,00 Euro	

Bärensteiner	05
Früchtetrunk, mit vielen Früchten	
Mercedes-Benz Actros	
H: Hümmer **V:** Hümmer (Teugn)	
Verpackung: Plastikschachtel bedruckt oder mit Aufkleber	
8,00 Euro	

Bärensteiner	06
Nr.5, Früchtetrunk, mit vielen Früchten	
Mercedes-Benz Actros	
H: Highspeed (China) **V:** Grell (Bielefeld)	
Verpackung: Blister	
8,00 Euro	

Bärensteiner	07
Nr.6, Zilli-Milli-Truck, mit vielen Früchten	
Mercedes-Benz Actros	
H: Hümmer **V:** Hümmer (Teugn)	
Verpackung: Blister	
8,00 Euro	

Bärensteiner	08
Nr.7, mit 7 Bären vor Höhle	
Ford 9000 (Hauber)	
H: Highspeed (China) **V:** Grell (Bielefeld)	
Verpackung: Blister	
8,00 Euro	

Baron 01

Pils, mit Logo und Krone

Mercedes-Benz Actros

H: Highspeed (China) **V:** Grell (Bielefeld)

Verpackung: Blister

10,00 Euro **Auflage:** 2.500

Baron 02

Export, mit Logo und Krone

Mercedes-Benz Actros

H: Highspeed (China) **V:** Grell (Bielefeld)

Verpackung: Blister

10,00 Euro **Auflage:** 2.500

Baron 03

Weißbier, mit Logo und Krone

Mercedes-Benz Actros

H: Highspeed (China) **V:** Grell (Bielefeld)

Verpackung: Blister

10,00 Euro **Auflage:** 2.500

Barre Bräu 01

und Neumann Freienhufen, mit Logo

US modern (Hauber) (Kenworth T800)

H: Made in China **V:** Müller (Plessa)

Verpackung: Plastikschachtel neutral

8,00 Euro **Auflage:** 200

Barre Bräu 02

Farbe bekennen, mit Flaschen und Glas

Mercedes-Benz Actros

H: Highspeed (China) **V:** Grell (Bielefeld)

Verpackung: Blister

8,00 Euro

Barre Bräu 03

mit Logo, 3 Weihnachtsmänner auf Blister

MAN Büssing 7500S (Oldtimer)

H: Grell (Bielefeld-China) **V:** Brauerei

Verpackung: Blister

8,00 Euro

Bauer Bier (Leipzig) 01

Nr.1.1, mit Logo

MAN M2000

H: Made in China **V:** Lauterbach

Verpackung: Blister

10,00 Euro

Bauer Fruchtsäfte (Bad Liebenwerda) 01

Voll im Saft, goldene Felgen, mit Früchten

Mercedes-Benz Actros

H: Highspeed (China) **V:** Gack

Verpackung: Blister

10,00 Euro

Bauer Fruchtsäfte (Bad Liebenwerda) 02

Voll im Saft, grüne Felgen, Offizieller Lieferant der Bundesgartenschau 2001, mit Früchten

Mercedes-Benz Actros

H: Hümmer **V:** Hümmer (Teugn)

Verpackung: Blister

8,00 Euro

Baumgartner 01

Der reife Hochgenuß, mit Logo

US modern (Hauber) (Kenworth T800)

H: Highspeed (China) **V:** Grell (Bielefeld)

Verpackung: Blister

35,00 Euro

Baumgartner 02

Schärdinger Hex, mit Hexe auf Flasche

US modern (Hauber) (Kenworth T800)

H: Highspeed (China) **V:** Grell (Bielefeld)

Verpackung: Blister

35,00 Euro

Bavaria 8.6 01

Starkbier aus Holland, mit Logo

Mercedes-Benz Actros

H: Highspeed (China) **V:** Grell (Bielefeld)

Verpackung: Blister

10,00 Euro **Auflage:** 2.500

Bayerischer Hof Grünbach 01

1. Vogtländische Hausbrauerei, mit Logo

Mercedes-Benz Actros

H: Highspeed (China) **V:** Grell (Bielefeld)

Verpackung: Blister

10,00 Euro

Bayerischer Hof Grünbach 02

Ford Model T 1919 (Oldtimer)

H: Highspeed (China) **V:** Grell (Bielefeld)

Verpackung: Blister

8,00 Euro

Bayerischer Hof Grünbach 03

1. Vogtländische Hausbrauerei, mit Logo

IFA W50 (Oldtimer)

H: Grell (Bielefeld-China) **V:** Grell (Bielefeld)

Verpackung: Blister

8,00 Euro

Bayha Getränke-Center (Esslingen) 01
mit 2 Feuerwehrmännern

Mercedes-Benz Actros
H: Top-Style (Ebersdorf) **V:** Top-Style (Ebersdorf)
Verpackung: Blister
6,00 Euro

Bayla (Würzburg) 01
Der Apfel-Kirsch-Truck, mit Früchten und 4 Flaschen

Mercedes-Benz Actros
H: Highspeed (China) **V:** Gack
Verpackung: Blister
10,00 Euro

Bayla (Würzburg) 02
mit Früchten und 4 Flaschen
(nur an Getränkehändler ausgegeben)

Mercedes-Benz Actros
H: Highspeed (China) **V:** Grell (Bielefeld)
Verpackung: Blister
18,00 Euro **Auflage:** 1.000

Bayla (Würzburg) 03
Der Frühstücks-Truck, mit Früchten und 4 Flaschen

Mercedes-Benz Actros
H: Highspeed (China) **V:** Grell (Bielefeld)
Verpackung: Blister
8,00 Euro

Bayla (Würzburg) 04
Der Exotic Truck, mit Frau und 4 Flaschen

Volvo FH16
H: Wörlein (Cadolzburg) **V:** TRI PLEX (Gaukönigshofen)
Verpackung: Blister
8,00 Euro

Bayla (Würzburg) 05

Der Aktiba Truck, mit Früchten

Ford 9000 (Hauber)

H: Highspeed (China) **V:** Grell (Bielefeld)

Verpackung: Blister

8,00 Euro

Bayla (Würzburg) 06

Der Gesundheits-Truck, Biotic, mit 3 Früchten und 2 Flaschen

Ford 9000 (Hauber)

H: Highspeed (China) **V:** Grell (Bielefeld)

Verpackung: Blister

8,00 Euro

Becher Bräu (Bayreuth) 01

kantige Schrift, mit 2 Logos, 3 Achsen, gelochte Felgen

Mercedes-Benz groß (NG 80 lang)

H: Made in China **V:** keine Angabe

Verpackung: Plastikschachtel neutral

15,00 Euro

Becher Bräu (Bayreuth) 02

kantige Schrift, mit 2 Logos, 2 Achsen, gelochte Felgen

Mercedes-Benz groß (NG 80 lang)

H: Golden (ADT-Trucks) **V:** keine Angabe

Verpackung: Plastikschachtel neutral

15,00 Euro

Becher Bräu (Bayreuth) 03

kantige Schrift, mit 2 Logos, 2 Achsen, volle Felgen

Mercedes-Benz groß (NG 80 lang)

H: Golden (ADT-Trucks) **V:** keine Angabe

Verpackung: Plastikschachtel neutral

15,00 Euro

Becher Bräu (Bayreuth) 04

geschwungene Schrift, mit 2 Logos, 3 Achsen, gelochte Felgen

Volvo F-12 Globetrotter

H: Golden (ADT-Trucks) **V:** keine Angabe

Verpackung: Plastikschachtel neutral

25,00 Euro

Becher Bräu (Bayreuth) 05

geschwungene Schrift, mit 2 Logos, 2 Achsen, volle Felgen

Mercedes-Benz groß (NG 80 lang)

H: Golden (ADT-Trucks) **V:** Brauerei

Verpackung: Plastikschachtel neutral

15,00 Euro

Becher Bräu (Bayreuth) 06

geschwungene Schrift, mit 2 Logos, 3 Achsen, gelochte Felgen

Volvo F-12 Globetrotter

H: Golden (ADT-Trucks) **V:** Brauerei

Verpackung: Plastikschachtel neutral

15,00 Euro

Becher Bräu (Bayreuth) 08

kantige Schrift, 1 Logo

Mercedes-Benz Actros

H: Wörlein (Cadolzburg) **V:** keine Angabe

Verpackung: Plastikschachtel neutral

8,00 Euro

Becher Bräu (Bayreuth) 09

mit 2 Logos

Kenworth klassisch (Hauber)

H: Majorette **V:** keine Angabe

Verpackung: Plastikschachtel neutral

8,00 Euro

Beckers Bester 01

Ford Cargo

H: Golden (ADT-Trucks) **V:** Brauerei

Verpackung: Plastikschachtel bedruckt oder mit Aufkleber

15,00 Euro

Beckett´s (Dublin) 01

MAN F2000 (Hochdach)

H: Wörlein (Cadolzburg) **V:** MaHug (Kulmbach)

Verpackung: Plastikschachtel bedruckt oder mit Aufkleber

6,00 Euro

Becks 01

International Racing Club, mit Zielflagge und F1-Rennwagen

Mercedes-Benz Typ: ?

H: Majorette **V:** Brauerei

Verpackung: Plastikschachtel neutral

18,00 Euro

Becks 02

alkoholfrei, mit Logo

Volvo F-12 Globetrotter

H: Golden (ADT-Trucks) **V:** keine Angabe

Verpackung: Plastikschachtel neutral

10,00 Euro

Becks 03

Jaguar, International Racing Club,
mit Zielflagge und F1-Rennwagen

Mercedes-Benz Actros

H: Welly **V:** Zankel (Hamburg)

Verpackung: Plastikschachtel bedruckt oder mit Aufkleber

12,00 Euro

Becks	**04**
der neue Kasten, eine Klasse für sich, mit Bierkasten (mit durchnummeriertem Zertifikat)	
Mercedes-Benz Actros	
H: Welly	**V:** Zankel (Hamburg)
Verpackung: Pappschachtel bedruckt oder mit Aufkleber	
35,00 Euro	**Auflage:** 2.500

Behn Getränke (Eckenförde...)	**01**
Dithmarscher Pilsener	
Mercedes-Benz Actros	
H: Highspeed (China)	**V:** Grell (Bielefeld)
Verpackung: Blister	
9,00 Euro	

Behn Getränke (Eckernförde...)	**02**
Flensburger Pilsener	
Scania 124L 420	
H: Grell (Bielefeld-China)	**V:** Grell (Bielefeld)
Verpackung: Blister	
9,00 Euro	

Behn Getränke (Eckernförde...)	**03**
Hella Mineralbrunnen	
Mercedes-Benz Actros	
H: Highspeed (China)	**V:** Grell (Bielefeld)
Verpackung: Blister	
9,00 Euro	

Behn Getränke (Eckernförde...)	**04**
Paulaner Hefe-Weißbier	
MAN F2000 Aero (Hochdach)	
H: Grell (Bielefeld-China)	**V:** Grell (Bielefeld)
Verpackung: Blister	
9,00 Euro	

Behn Getränke (Eckernförde...) 05

Wittenseer Quelle

Mercedes-Benz Actros

H: Highspeed (China) **V:** Grell (Bielefeld)

Verpackung: Blister

9,00 Euro

Behn Getränke (Eckernförde...) 06

Veltins

Mercedes-Benz Actros

H: Highspeed (China) **V:** Grell (Bielefeld)

Verpackung: Blister

9,00 Euro

Behn Getränke (Eckernförde...) 07

Warsteiner

Mercedes-Benz Actros

H: Highspeed (China) **V:** Grell (Bielefeld)

Verpackung: Blister

9,00 Euro

Behn Originale 01

Küstennebel, Anis & Köm, mit 4 Flaschen und Glas

Scania 124L 420

H: Grell (Bielefeld-China) **V:** Grell (Bielefeld)

Verpackung: Blister

8,00 Euro

Behn Originale 02

Radeberger Bitter

MAN F2000 Aero (Hochdach)

H: Grell (Bielefeld-China) **V:** Grell (Bielefeld)

Verpackung: Blister

8,00 Euro

Bellheimer Lord 01
mit Logo, ohne grünen Rahmen

US klassisch (Hauber)
H: Made in China **V:** Hümmer (Teugn)
Verpackung: Blister
40,00 Euro

Bellheimer Lord 02
mit Logo und grünem Rahmen

US klassisch (Hauber)
H: Made in China **V:** Hümmer (Teugn)
Verpackung: Blister
30,00 Euro

Bellheimer Lord 03
mit liegender Flasche und Logo

Freightliner FLD 120 (Hauber)
H: Grell (Bielefeld-China) **V:** Grell (Bielefeld)
Verpackung: Blister
8,00 Euro

Bellheimer Lord und Brauerei zum Park (Pirmasens) 01
Die reine Pfalz, mit rotem Streifen

Mercedes-Benz Actros
H: Hümmer **V:** Hümmer (Teugn)
Verpackung: Blister
8,00 Euro

Bellheimer Lord und Brauerei zum Park (Pirmasens) 02
Die reine Pfalz, mit grünem Streifen

Mercedes-Benz Actros
H: Hümmer **V:** Hümmer (Teugn)
Verpackung: Blister
8,00 Euro

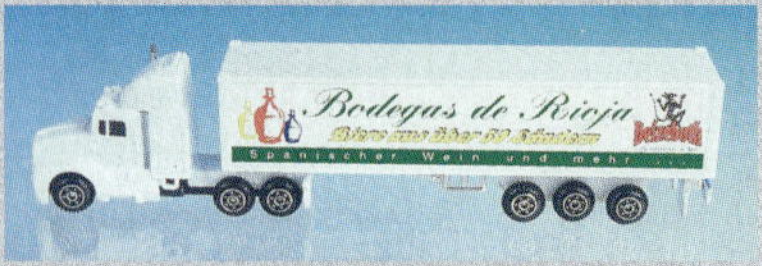

Belzebuth 01

Bodegas de Rioja, Bier aus über 50 Ländern...

US modern (Hauber) (Kenworth T800)

H: Golden (ADT-Trucks) **V:** Müller (Chemnitz)

Verpackung: Plastikschachtel neutral

18,00 Euro **Auflage:** 230

Berchtesgadener Hofbrauhaus 01

mit 2 Logos und 3 Bildern, 3 Achsen, gelochte Felgen

Volvo F-12 Globetrotter

H: Golden (ADT-Trucks) **V:** keine Angabe

Verpackung: Plastikschachtel neutral

35,00 Euro

Berchtesgadener Hofbrauhaus 02

mit 2 Logos und 3 Bildern, 2 Achsen, volle Felgen

US modern (Hauber) (Kenworth T800)

H: Golden (ADT-Trucks) **V:** keine Angabe

Verpackung: Plastikschachtel neutral

20,00 Euro

Berchtesgadener Hofbrauhaus 03

mit 2 Logos, 3 Achsen, gelochte Felgen

US modern (Hauber) (Kenworth T800)

H: Golden (ADT-Trucks) **V:** Müller (Chemnitz)

Verpackung: Plastikschachtel neutral

20,00 Euro

Berg Brauerei Ulrich Zimmermann 01

Ulrichs-Fest 1999

Ford Model T 1919 (Oldtimer)

H: Made in China **V:** Hümmer (Teugn)

Verpackung: Blister

35,00 Euro **Auflage:** 800

Berg Brauerei Ulrich Zimmermann 02
Wir brauen feine Bierspezialitäten (Ulrich-Markt2000)

Ford Model T 1919 (Oldtimer)
H: Golden (ADT-Trucks) **V:** Hümmer (Teugn)
Verpackung: Blister
25,00 Euro **Auflage:** 1.500

Berg Brauerei Ulrich Zimmermann 03
Das EinzigArtige, Ulrichfest 2001

Ford Model A mit Kästen (Oldtimer)
H: Highspeed (China) **V:** Grell (Bielefeld)
Verpackung: Blister
15,00 Euro

Sie können uns auch im Internet unter *www.platzbecker.com* besuchen und zum Beispiel die aktuellsten Börsentermine abrufen!! Ihre Börsentermine können Sie uns senden an *info@platzbecker.com* oder per Fax *02630/959152*

Bergbräu Uslar 01
Frisches Bier aus Uslar, mit Logo

MAN F90
H: Made in China **V:** Hümmer (Teugn)
Verpackung: Plastikschachtel neutral
20,00 Euro

Bergbräu Uslar 02
Frisches Bier aus Uslar, mit Logo, 3 Achsen, gelochte Felgen

Mercedes-Benz groß (NG 80 lang)
H: Golden (ADT-Trucks) **V:** keine Angabe
Verpackung: Plastikschachtel neutral
8,00 Euro

Berliner Bürgerbräu 01

US klassisch (Hauber)
H: Made in China **V:** DGD (Nürnberg)
Verpackung: Blister
12,00 Euro

Berliner Bürgerbräu 02
Rotkehlchen, mit 5 schrägen Flaschen

US klassisch (Hauber)
H: Made in China **V:** DGD (Nürnberg)
Verpackung: Blister
8,00 Euro

Berliner Kindl 01
mit Logo

Mercedes-Benz Actros
H: Made in China **V:** Hümmer (Teugn)
Verpackung: Blister
12,00 Euro

Berliner Kindl 02
mit Logo

MAN F90
H: Made in China **V:** Hümmer (Teugn)
Verpackung: Blister
12,00 Euro

Berliner Kindl 03
mit Logo

Mercedes-Benz 6600 (Oldtimer)
H: Hümmer **V:** Hümmer (Teugn)
Verpackung: Blister
9,00 Euro

Berliner Kindl 04

mit Logo

Mercedes-Benz Atego

H: Vierke (Braunschweig) **V:** Vierke (Braunschweig)

Verpackung: Blister

8,00 Euro

Berliner Kindl 05

Auf die Blumen dieser Welt,
zur Bundesgartenschau Potsdam 2001

Mercedes-Benz Actros

H: Wörlein (Cadolzburg) **V:** DGD (Nürnberg)

Verpackung: Blister

8,00 Euro

Berliner Kindl 07

mit 3 schrägen Gläsern vor Brandenburger Tor

Scania 164L 6580

H: Wörlein (Cadolzburg) **V:** DGD (Nürnberg)

Verpackung: Blister

8,00 Euro

Berliner Kindl 08

Märkischer Landmann, mit Logo

Mack Hauber

H: Vierke (Braunschweig) **V:** Brauerei

Verpackung: Blister

8,00 Euro

Berliner Pilsner 01

mit Logo (Etikett), Siebdruck

US modern (Hauber) (Kenworth T800)

H: Highspeed (China) **V:** Grell (Bielefeld)

Verpackung: Blister

60,00 Euro

B

Berliner Pilsner 02
mit Logo (Etikett)

US modern (Hauber) (Kenworth T800)
H: Highspeed (China) **V:** keine Angabe
Verpackung: Plastikschachtel neutral
50,00 Euro

Berliner Pilsner 03
Was gut ist, setzt sich durch, mit Logo (Etikett)

US modern (Hauber) (Kenworth T800)
H: Highspeed (China) **V:** Grell (Bielefeld)
Verpackung: Blister
25,00 Euro

Berliner Pilsner 04
Was gut ist setzt sich durch, mit Kronkorken

Mercedes-Benz Actros
H: Highspeed (China) **V:** Grell (Bielefeld)
Verpackung: Blister
12,00 Euro

Berliner Pilsner 05
Hänger mit liegender Flasche, silberne Felgen

Mercedes-Benz Actros
H: Highspeed (China) **V:** Grell (Bielefeld)
Verpackung: Blister
10,00 Euro

Berliner Pilsner 06
Hänger mit liegender Flasche, goldene Felgen

Mercedes-Benz Actros
H: Highspeed (China) **V:** Grell (Bielefeld)
Verpackung: Blister
8,00 Euro

Berliner Pilsner 07

Made in Berlin, mit schräger Flasche im Schnee

Mercedes-Benz Actros

H: Highspeed (China) **V:** Grell (Bielefeld)

Verpackung: Blister

8,00 Euro

Bernadett Brunnen (Ingolstadt) 01

Bürgerliches Brauhaus, mit Logo

Mercedes-Benz Actros

H: Hümmer **V:** Hümmer (Teugn)

Verpackung: Blister

8,00 Euro

Bernsdorfer 01

Echter..., Feiner Kräuterlikör, mit schräger Flasche

Mercedes-Benz Actros

H: Highspeed (China) **V:** Gack

Verpackung: Blister

9,00 Euro

Betz Brauerei (Winklarn) 01

mit 2 Logos

US modern (Hauber) (Kenworth T800)

H: Made in China **V:** Müller (Chemnitz)

Verpackung: Plastikschachtel neutral

9,00 Euro

Binding Lager 01

mit schräger Flasche auf Eis

US klassisch (Hauber)

H: Made in China **V:** keine Angabe

Verpackung: Plastikschachtel neutral

75,00 Euro

Binding Lager 02

mit liegender Flasche nach rechts, gelochte Felgen

US klassisch (Hauber)

H: Made in China **V:** Hümmer (Teugn)

Verpackung: Blister

30,00 Euro

Binding Lager 03

mit liegender Flasche nach rechts, Sternfelgen

US klassisch (Hauber)

H: Made in China **V:** Hümmer (Teugn)

Verpackung: Blister

30,00 Euro

Binding Lager 04

mit liegender Flasche nach rechts, volle Felgen

US klassisch (Hauber)

H: Hümmer **V:** Hümmer (Teugn)

Verpackung: Blister

10,00 Euro

Binding Lager 05

mit liegender Flasche nach links

US klassisch (Hauber)

H: Hümmer **V:** Hümmer (Teugn)

Verpackung: Blister

9,00 Euro

Binding Lager 06

mit liegender Flasche nach links

US klassisch (Hauber)

H: Hümmer **V:** Hümmer (Teugn)

Verpackung: Blister

9,00 Euro

Binding Lager 07
mit Frankfurter Skyline bei Nacht
Mercedes-Benz Actros
H: Hümmer **V:** Hümmer (Teugn)
Verpackung: Blister
8,00 Euro

Binding Lager 08
mit liegender Flasche nach links
US modern (Hauber)
H: Hümmer **V:** Brauerei
Verpackung: Blister
8,00 Euro

Birresborner Sprudel 01
mit 2 schrägen Flaschen
Mercedes-Benz Actros
H: Hümmer **V:** Hümmer (Teugn)
Verpackung: Blister
8,00 Euro

Bischhofshof 01
Bier, mit 2 Logos
Mercedes-Benz klein (NG 80 mittel)
H: keine Angabe **V:** Hümmer (Teugn)
Verpackung: Blister
65,00 Euro

Bischhofshof 02
Weißbier
Mercedes-Benz klein (NG 80 mittel)
H: Made in China **V:** Hümmer (Teugn)
Verpackung: Blister
55,00 Euro

Bischhofshof 03

Bier

Doppelstockbus

H: keine Angabe **V:** Hümmer (Teugn)

Verpackung: Blister

75,00 Euro

Bischoff (Winnweiler) 01

Premium, mit Landschaft links unten

MAN F90

H: Made in China **V:** Hümmer (Teugn)

Verpackung: Plastikschachtel bedruckt oder mit Aufkleber

25,00 Euro

Bischoff (Winnweiler) 02

mit unterschiedlichen Motiven und Farben rechts und links

Mercedes-Benz Actros

H: Hümmer **V:** Hümmer (Teugn)

Verpackung: Plastikschachtel bedruckt oder mit Aufkleber

12,00 Euro

Bissinger Auerquelle 01

mit 2 schrägen Flaschen vor Wasserfall

MAN TG-A

H: Hümmer **V:** Hümmer (Teugn)

Verpackung: Blister

8,00 Euro

Bitburger 01

Formel 1 Benneton (blau)

US modern (Hauber) (Kenworth T800)

H: Highspeed (China) **V:** Grell (Bielefeld)

Verpackung: Blister

75,00 Euro

Bitburger 02
Fußball WM 98

US modern (Hauber) (Kenworth T800)
H: Highspeed (China) **V:** Grell (Bielefeld)
Verpackung: Blister
60,00 Euro

Bitburger 03
mit liegender Flasche

Mercedes-Benz Actros
H: Highspeed (China) **V:** Grell (Bielefeld)
Verpackung: Blister
18,00 Euro

Bitburger 04
Millennium Truck

Mercedes-Benz Actros
H: Highspeed (China) **V:** Grell (Bielefeld)
Verpackung: Blister
12,00 Euro

Bitburger 05
mit 2 Logos

Mercedes-Benz Actros
H: Highspeed (China) **V:** Grell (Bielefeld)
Verpackung: Blister
15,00 Euro

Bitburger 06
Fußball-EM 2000, mit Ball und Stadion

Mercedes-Benz Actros
H: Highspeed (China) **V:** Grell (Bielefeld)
Verpackung: Blister
12,00 Euro

B

Bitburger 07
Olympia 2000, mit Oper von Sydney
Ford 9000 (Hauber)
H: Highspeed (China) **V:** Grell (Bielefeld)
Verpackung: Blister
10,00 Euro

Bitburger 08
Weihnachten 2000, mit Truck in Winterlandschaft
Ford 9000 (Hauber)
H: Highspeed (China) **V:** Grell (Bielefeld)
Verpackung: Blister
8,00 Euro

Bitburger 09
Kleiner Truck. Großer Geschmack. mit schräger Flasche
Ford 9000 (Hauber)
H: Highspeed (China) **V:** Grell (Bielefeld)
Verpackung: Blister
8,00 Euro

Bitburger 10
Ich bin ein Bitburger, mit MB-Geländewagen von hinten
Freightliner FLD 120 (Hauber)
H: Grell (Bielefeld-China) **V:** Brauerei
Verpackung: Blister
8,00 Euro

Bitburger 11
mit Jörg Wontorra, Fußball und Flasche
Freightliner FLD 120 (Hauber)
H: Grell (Bielefeld-China) **V:** Grell (Bielefeld)
Verpackung: Blister
8,00 Euro

Bitburger 12

Der handliche 11er Kasten, mit Bierkasten

Mercedes-Benz Actros

H: Highspeed (China) **V:** Grell (Bielefeld)

Verpackung: Blister

10,00 Euro

Bittenfelder Fruchtsäfte 01

Urschwäbische Saft- und Mostspezialitäten

Mercedes-Benz Actros

H: Top-Style (Ebersdorf) **V:** Top-Style (Ebersdorf)

Verpackung: Blister

8,00 Euro

Bizzl 01

schmeckt fantastisch fruchtig saftig (mit Türen)

US klassisch (Hauber)

H: Made in China **V:** Hümmer (Teugn)

Verpackung: Blister

20,00 Euro

Bizzl 02

schmeckt fantastisch fruchtig saftig (ohne Türen)

US klassisch (Hauber)

H: Made in China **V:** Hümmer (Teugn)

Verpackung: Blister

15,00 Euro

Bizzl 03

Ich bring´s! mit liegender Flasche

Mercedes-Benz Actros

H: Hümmer **V:** Hümmer (Teugn)

Verpackung: Blister

8,00 Euro

Blankenburger Wiesenquell 01

Die Harzer Frische

MAN F90

H: Made in China **V:** Remo (Köln)

Verpackung: Plastikschachtel bedruckt oder mit Aufkleber

12,00 Euro

Blue Water 01

prickelnd erfrischend, mit 2 Nixen

MAN Phönix (Hauber)

H: Wörlein (Cadolzburg) **V:** MaHug (Kulmbach)

Verpackung: Plastikschachtel bedruckt oder mit Aufkleber

8,00 Euro **Auflage:** 100

Bluna 01

mit Logo

Mercedes-Benz Actros

H: Highspeed (China) **V:** TRI PLEX (Gaukönigshofen)

Verpackung: Blister

9,00 Euro

Bluna 02

mit Logo

MAN F2000 Aero (Hochdach)

H: Wörlein (Cadolzburg) **V:** DGD (Nürnberg)

Verpackung: Blister

8,00 Euro

Bock Premium 01

Das köstliche Premium, mit rotem Logo und Glas

MAN Phönix (Hauber)

H: Wörlein (Cadolzburg) **V:** WMS (Thum)

Verpackung: Blister

8,00 Euro

Bockauer 01

Der Erzgebirgs-Kräuter, mit gezeichneter Landschaft

Mercedes-Benz Actros

H: Highspeed (China) **V:** Grell (Bielefeld)

Verpackung: Blister

8,00 Euro

Böhmisch Brauhaus (Großröhrsdorf) 01

mit Logo

MAN F90

H: Made in China **V:** Gack

Verpackung: Blister

30,00 Euro

Böhmisch Brauhaus (Großröhrsdorf) 02

mit schräger Flasche und Logo

Mercedes-Benz Actros

H: Highspeed (China) **V:** Grell (Bielefeld)

Verpackung: Blister

15,00 Euro

Böhmisch Brauhaus (Großröhrsdorf) 03

mit schräger Flasche und Logo

MAN TG-A

H: Wörlein (Cadolzburg) **V:** DGD (Nürnberg)

Verpackung: Blister

10,00 Euro

Boltens Spezialitäten 01

Ford Model T 1919 (Oldtimer)

H: Highspeed (China) **V:** Grell (Bielefeld)

Verpackung: Blister

25,00 Euro

B

Boltens Spezialitäten 02

Aufschrift auf Kästen: Boltens Rubin

Ford Model A mit Kästen (Oldtimer)

H: Highspeed (China) **V:** Grell (Bielefeld)

Verpackung: Blister

12,00 Euro

Boltens Spezialitäten 03

Ur-Weizen, mit 2 Logos

Krupp Mustang (Oldtimer)

H: Grell (Bielefeld-China) **V:** Grell (Bielefeld)

Verpackung: Blister

8,00 Euro

Borbecker 01

Helles Dampfbier

Ford Model T 1919 (Oldtimer)

H: Golden (ADT-Trucks) **V:** Grell (Bielefeld)

Verpackung: Blister

30,00 Euro

Bosch (Bad Laasphe) 01

3 für alle Fälle, mit 3 Flaschen

Mercedes-Benz Actros

H: Highspeed (China) **V:** Grell (Bielefeld)

Verpackung: Blister

15,00 Euro

Bosch (Bad Laasphe) 02

Verboten gut, mit schräger Flasche und Logo vor Blitzen

MAN F2000 (Hochdach)

H: Wörlein (Cadolzburg) **V:** Kamm (Dautphetal)

Verpackung: Blister

9,00 Euro

Bottle Profi 01

bottle & Co, Quelle für Qualität

Mercedes-Benz Actros

H: Highspeed (China) **V:** Pro-Innovation (Fürth)

Verpackung: Blister

6,00 Euro

Branik 01

Premier, Tschechisches Lagerbier

DAF 95 XF

H: Made in China **V:** Lauterbach

Verpackung: Blister

8,00 Euro

Brauerei zum Einhorn (Wetzlar) 01

mit 2 Logos

MAN F2000 Aero (Hochdach)

H: Wörlein (Cadolzburg) **V:** MaHug (Kulmbach)

Verpackung: Plastikschachtel bedruckt oder mit Aufkleber

6,00 Euro

Brauerei zum Park (Pirmasens) 01

mit liegender Flasche und Logo

Freightliner FLD 120 (Hauber)

H: Grell (Bielefeld-China) **V:** Grell (Bielefeld)

Verpackung: Blister

8,00 Euro

Braugold 01

mit 2 Logos

US klassisch (Hauber)

H: Made in China **V:** Hümmer (Teugn)

Verpackung: Blister

15,00 Euro

Braugold 02
mit Logo
Mercedes-Benz Actros
H: Highspeed (China) **V:** Grell (Bielefeld)
Verpackung: Blister
12,00 Euro

Braugold 03
24 Karat Pilsener, mit schräger goldener Flasche
Mercedes-Benz Actros
H: Highspeed (China) **V:** Grell (Bielefeld)
Verpackung: Blister
10,00 Euro

Braugold 05
IFA W50 (Oldtimer)
H: Wörlein (Cadolzburg) **V:** DGD (Nürnberg)
Verpackung: Blister
9,00 Euro

Braugold 06
24 Karat Pilsener, mit schräger goldener Flasche
Volvo FH16
H: Wörlein (Cadolzburg) **V:** DGD (Nürnberg)
Verpackung: Blister
9,00 Euro

Braugold 07
Radler mit Limette, mit Flasche, Dose und Limette auf Eis
Scania 124L 420
H: Grell (Bielefeld-China) **V:** Grell (Bielefeld)
Verpackung: Blister
8,00 Euro

Braugold 08
mit 2 schrägen Gläsern vor Inselberg

Ford 9000 (Hauber)
H: Highspeed (China) **V:** Grell (Bielefeld)
Verpackung: Blister
8,00 Euro

Braugold 09
mit 3 Gläsern vor den Drei Gleichen

Freightliner FLD 120 (Hauber)
H: Grell (Bielefeld-China) **V:** Grell (Bielefeld)
Verpackung: Blister
8,00 Euro

Braugold 10
mit Veste Heldburg

Mercedes-Benz Atego
H: Highspeed (China) **V:** Grell (Bielefeld)
Verpackung: Blister
8,00 Euro

Braugold 11
mit Weihnachtsmarkt Erfurt (2001) und 3 Gläsern

Freightliner FLD 120 (Hauber)
H: Grell (Bielefeld-China) **V:** Grell (Bielefeld)
Verpackung: Blister
8,00 Euro

Braugold 12
Die Währung wechselt, Ihr Bier bleibt. mit Euroscheinen

Renault Magnum
H: Grell (Bielefeld-China) **V:** Grell (Bielefeld)
Verpackung: Blister
8,00 Euro

B

2002

B

Brauhaus am Waldschlösschen (Dresden) 01

mit 5 Fotos

Kenworth klassisch (Hauber)

H: Majorette **V:** keine Angabe

Verpackung: Plastikschachtel neutral

8,00 Euro **Auflage:** 250

Brauhaus Döbler (Bad Windsheim) 01

mit 2 Logos

MAN M2000

H: Made in China **V:** Lauterbach

Verpackung: Blister

8,00 Euro

Bräuhaus Füssen 01

Bier aus Bayerns Königlichem Winkel, mit Logo

MAN TG-A

H: Wörlein (Cadolzburg) **V:** DGD (Nürnberg)

Verpackung: Blister

8,00 Euro

Brauhaus Oelsnitz 01

Genieß dein eigenes Bier, mit Logo (Wappen)

Kenworth klassisch (Hauber)

H: Majorette **V:** Müller (Chemnitz)

Verpackung: Plastikschachtel neutral

8,00 Euro

Brauhaus Oelsnitz 02

Genieß dein eigenes Bier, mit Logo (Wappen)

Kenworth klassisch (Hauber)

H: Majorette **V:** Müller (Chemnitz)

Verpackung: Plastikschachtel neutral

8,00 Euro

Brauhaus Pforzheim	01
Mercedes-Benz Actros	
H: Highspeed (China)	**V:** Grell (Bielefeld)
Verpackung: Blister	
8,00 Euro	

Brauhaus Spandau	01
Natur ist unser Bier	
Kenworth klassisch (Hauber)	
H: Majorette	**V:** Müller (Chemnitz)
Verpackung: Plastikschachtel neutral	
8,00 Euro	

Brauhaus Spandau	02
Potz-Blitz-Bier, Donner und Doria!	
Kenworth klassisch (Hauber)	
H: Majorette	**V:** Müller (Chemnitz)
Verpackung: Plastikschachtel neutral	
6,00 Euro	

Bräuhaus Ummendorf	01
Kenworth klassisch (Hauber)	
H: Majorette	**V:** Müller (Chemnitz)
Verpackung: Plastikschachtel neutral	
15,00 Euro	**Auflage:** 625

Braustolz (Chemnitz)	01
mit 2 Logos und 2 schrägen Flaschen, geriffelter Sattel	
US klassisch (Hauber)	
H: Made in China	**V:** Hümmer (Teugn)
Verpackung: Blister	
50,00 Euro	

Braustolz (Chemnitz) 02

mit Glas und Flasche

US klassisch (Hauber)

H: Made in China **V:** Hümmer (Teugn)

Verpackung: Blister

35,00 Euro

Braustolz (Chemnitz) 03

Sachsenring 98

Motorrad

H: Made in China **V:** keine Angabe

Verpackung: Blister

25,00 Euro

Braustolz (Chemnitz) 04

Das Bier wie wir (zum Sommerfest 1999), mit 2 Logos, 2 Flaschen und 2 Gläsern

Mercedes-Benz Actros

H: Highspeed (China) **V:** Grell (Bielefeld)

Verpackung: Blister

25,00 Euro **Auflage:** 2.500

Braustolz (Chemnitz) 05

Spezial (zum Sommerfest 1999), mit 2 Logos, 2 Flaschen und 2 Gläsern

Mercedes-Benz Actros

H: Highspeed (China) **V:** Grell (Bielefeld)

Verpackung: Blister

25,00 Euro **Auflage:** 2.500

Braustolz (Chemnitz) 06

Sachsenring 1999 (zum Sommerfest 1999), mit Rennmotorrad

Mercedes-Benz Actros

H: Highspeed (China) **V:** Grell (Bielefeld)

Verpackung: Blister

35,00 Euro **Auflage:** 2.500

Braustolz (Chemnitz) 07

Black Art (zum Sommerfest 1999)

Mercedes-Benz Actros

H: Highspeed (China) **V:** Grell (Bielefeld)

Verpackung: Blister

25,00 Euro **Auflage:** 2.500

Braustolz (Chemnitz) 08

Kappler Braumeister, mit Logo

IFA W50 (Oldtimer)

H: Wörlein (Cadolzburg) **V:** DGD (Nürnberg)

Verpackung: Blister

12,00 Euro

Braustolz (Chemnitz) 09

Caramel, Doppelter Geschmack, Doppelte Energie, mit liegender Flasche

Mercedes-Benz Actros

H: Wörlein (Cadolzburg) **V:** DGD (Nürnberg)

Verpackung: Blister

10,00 Euro

Braustolz (Chemnitz) 10

Braustolzfest 2000, Chemnitz feiert! (zum Sommerfest 2000), mit vielen Personen

Mercedes-Benz Actros

H: Wörlein (Cadolzburg) **V:** DGD (Nürnberg)

Verpackung: Blister

10,00 Euro

Braustolz (Chemnitz) 11

Sachsenring 2000 (zum Sommerfest 2000), mit Rennmotorrad

Mercedes-Benz Actros

H: Wörlein (Cadolzburg) **V:** DGD (Nürnberg)

Verpackung: Blister

15,00 Euro

Braustolz (Chemnitz)	12
Braustolz (zum Sommerfest 2000), mit 2 Gläsern	
Mercedes-Benz Actros	
H: Wörlein (Cadolzburg) **V:** DGD (Nürnberg)	
Verpackung: Blister	
10,00 Euro	

Braustolz (Chemnitz)	13
Black Art (zum Sommerfest 2000)	
Mercedes-Benz Actros	
H: Wörlein (Cadolzburg) **V:** DGD (Nürnberg)	
Verpackung: Blister	
10,00 Euro	

Braustolz (Chemnitz)	14
mit 2 Gläsern	
Mercedes-Benz Actros	
H: Wörlein (Cadolzburg) **V:** DGD (Nürnberg)	
Verpackung: Blister	
10,00 Euro	

Braustolz (Chemnitz)	15
mit Kronkorken	
Mercedes-Benz Actros	
H: Wörlein (Cadolzburg) **V:** DGD (Nürnberg)	
Verpackung: Blister	
8,00 Euro	

Braustolz (Chemnitz)	16
mit Logo	
Scania 124L 420	
H: Grell (Bielefeld-China) **V:** Grell (Bielefeld)	
Verpackung: Blister	
8,00 Euro	

Braustolz (Chemnitz) 17

Int. Enduro 2000, Zschopau, mit Motorrad

Mercedes-Benz Actros

H: Highspeed (China) **V:** Grell (Bielefeld)

Verpackung: Blister

10,00 Euro

Braustolz (Chemnitz) 18

Black Art

Scania 124L 420

H: Grell (Bielefeld-China) **V:** Grell (Bielefeld)

Verpackung: Blister

8,00 Euro

Braustolz (Chemnitz) 19

Kappler, mit liegender Flasche und Logo

MAN TG-460

H: Grell (Bielefeld-China) **V:** Grell (Bielefeld)

Verpackung: Blister

8,00 Euro

Braustolz (Chemnitz) 20

Kappler (zum Sommerfest 2001)

Ford Model A mit Kästen (Oldtimer)

H: Highspeed (China) **V:** Grell (Bielefeld)

Verpackung: Blister

9,00 Euro

Braustolz (Chemnitz) 21

Kappler (zum Sommerfest 2001)

Ford Model T 1919 (Oldtimer)

H: Highspeed (China) **V:** Grell (Bielefeld)

Verpackung: Blister

9,00 Euro

Braustolz (Chemnitz) 22
Black Art (zum Sommerfest 2001), mit liegender Flasche

Freightliner FLD 120 (Hauber)
H: Grell (Bielefeld-China) **V:** Grell (Bielefeld)
Verpackung: Blister
9,00 Euro

Braustolz (Chemnitz) 23
Bock (zum Sommerfest 2001), mit liegender Flasche

Freightliner FLD 120 (Hauber)
H: Grell (Bielefeld-China) **V:** Grell (Bielefeld)
Verpackung: Blister
9,00 Euro

Braustolz (Chemnitz) 24
10. Braustolzfest mit Ostrocklegende City
(zum Sommerfest 2001)

Freightliner FLD 120 (Hauber)
H: Grell (Bielefeld-China) **V:** Grell (Bielefeld)
Verpackung: Blister
10,00 Euro

Braustolz (Chemnitz) 25
Tankzug (zum Sommerfest 2001),
mit Logo und Schriftzug vor Brauerei

MAN TG-460
H: Grell (Bielefeld-China) **V:** Grell (Bielefeld)
Verpackung: Blister
12,00 Euro

Braustolz (Chemnitz) 26
Black Art, mit schräger Flasche

MAN TG-460
H: Grell (Bielefeld-China) **V:** Grell (Bielefeld)
Verpackung: Blister
8,00 Euro

Braustolz (Chemnitz) 27
Doppel Caramel, mit Kronkorken und schräger Flasche

MAN TG-460
H: Grell (Bielefeld-China) **V:** Grell (Bielefeld)
Verpackung: Blister
8,00 Euro

Braustolz (Chemnitz) 28
Lager, mit liegender Flasche

Freightliner FLD 120 (Hauber)
H: Grell (Bielefeld-China) **V:** Grell (Bielefeld)
Verpackung: Blister
8,00 Euro

Braustolz (Chemnitz) 29
Kappler, mit 2 Logos

Krupp Mustang (Oldtimer)
H: Grell (Bielefeld-China) **V:** Grell (Bielefeld)
Verpackung: Blister
8,00 Euro

Braustolz (Chemnitz) 30
Kappler Festbier (Weihnacht 2001),
mit schräger Flasche und Logo

Freightliner FLD 120 (Hauber)
H: Grell (Bielefeld-China) **V:** Grell (Bielefeld)
Verpackung: Blister
8,00 Euro

Braustolz (Chemnitz) 31
mit 2 Logos

Freightliner FLD 120 (Hauber)
H: Grell (Bielefeld-China) **V:** Grell (Bielefeld)
Verpackung: Blister
8,00 Euro

Braustolz (Chemnitz)	32
10. Internationales Oldie-Hallenfußballturnier 26.01.2002	
Renault Magnum	
H: Grell (Bielefeld-China) **V:** Grell (Bielefeld)	
Verpackung: Blister	
8,00 Euro	

Brennerei Hans Obendorfer (Weismain)	01
mit 2 Logos	
Volvo FH16	
H: Wörlein (Cadolzburg) **V:** Allround Service (Wonsees)	
Verpackung: Plastikschachtel bedruckt oder mit Aufkleber	
6,00 Euro	

Breznak	01
Bier aus Böhmen (Drinks Union Weimar), mit 2 verschiedenen Logos	
Mercedes-Benz Actros	
H: Highspeed (China) **V:** Grell (Bielefeld)	
Verpackung: Blister	
9,00 Euro	

Breznak	02
Bier aus Böhmen (Drinks Union Weimar), mit 2 Logos	
MAN TG-460	
H: Grell (Bielefeld-China) **V:** Grell (Bielefeld)	
Verpackung: Blister	
8,00 Euro	

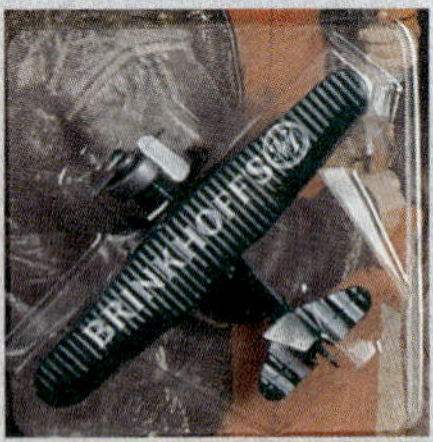

Brinkhoff´s	01
No 1, abgerundete Tragflächen	
Doppeldecker	
H: keine Angabe **V:** Brau und Brunnen	
Verpackung: Blister	
20,00 Euro	

Brinkhoff´s	02
No 1, trapezförmige Tragflächen	
Doppeldecker	
H: keine Angabe	**V:** Brau und Brunnen
Verpackung: Blister	
20,00 Euro	

Brinkhoff´s	03
No 1- Ein Meisterwerk, mit schrägem Bierglas	
US klassisch (Hauber)	
H: Made in China	**V:** keine Angabe
Verpackung: Plastikschachtel bedruckt oder mit Aufkleber	
75,00 Euro	

Brinkhoff´s	04
No 1, mit schrägem Bierglas	
US klassisch (Hauber)	
H: keine Angabe	**V:** keine Angabe
Verpackung: Pappschachtel bedruckt oder mit Aufkleber	
50,00 Euro	

Brinkhoff´s	05
No 1, mit schräger Flasche	
US klassisch (Hauber)	
H: keine Angabe	**V:** Brau und Brunnen
Verpackung: Pappschachtel bedruckt oder mit Aufkleber	
50,00 Euro	

Brinkhoff´s	06
No. 1, Mit ... auf die Nummer 1	
US klassisch (Hauber)	
H: keine Angabe	**V:** Hümmer (Teugn)
Verpackung: Pappschachtel bedruckt oder mit Aufkleber	
50,00 Euro	

Brinkhoff´s 07

No 1, mit 2 Schriftzügen, Flasche und Glas

Mercedes-Benz Actros

H: Highspeed (China) **V:** Grell (Bielefeld)

Verpackung: Blister

10,00 Euro

Brinkhoff´s 08

No 1, mit 14 Flaschen

Freightliner FLD 120 (Hauber)

H: Grell (Bielefeld-China) **V:** Grell (Bielefeld)

Verpackung: Blister

8,00 Euro

Bruch 01

Der Bierbrauer

Kenworth klassisch (Hauber)

H: Majorette **V:** Müller (Chemnitz)

Verpackung: Plastikschachtel neutral

8,00 Euro

Bruch 02

Der Bierbrauer, mit Logo

Mercedes-Benz Atego 18T

H: Vierke (Braunschweig) **V:** Vierke (Braunschweig)

Verpackung: Blister

8,00 Euro **Auflage:** 5.000

Bruno Premium 01

Altböhmisches Bier, mit Logo, Kirche und Mönch

Kenworth klassisch (Hauber)

H: Majorette **V:** DreamCars (Dresden)

Verpackung: Plastikschachtel bedruckt oder mit Aufkleber

7,00 Euro **Auflage:** 200

Bruno Premium 02

Altböhmisches Bier, mit Logo, Kirche und Mönch

Kenworth klassisch (Hauber)

H: Majorette **V:** DreamCars (Dresden)

Verpackung: Plastikschachtel bedruckt oder mit Aufkleber

7,00 Euro **Auflage:** 100

Bruno Premium 03

Altböhmisches Bier, mit Logo, Kirche und Mönch

Kenworth klassisch (Hauber)

H: Majorette **V:** DreamCars (Dresden)

Verpackung: Plastikschachtel bedruckt oder mit Aufkleber

7,00 Euro **Auflage:** 100

Bruno Premium 04

Altböhmisches Bier, mit Logo, Kirche und Mönch

Kenworth klassisch (Hauber)

H: Majorette **V:** DreamCars (Dresden)

Verpackung: Plastikschachtel bedruckt oder mit Aufkleber

7,00 Euro **Auflage:** 100

Budweiser 01

Budvar, Bier ohne Beispiel, mit Logo

US klassisch (Hauber)

H: Made in China **V:** keine Angabe

Verpackung: Plastikschachtel neutral

60,00 Euro

Budweiser 03

von Zwicker Gebesee, mit Logo

Mercedes-Benz Actros

H: Highspeed (China) **V:** Grell (Bielefeld)

Verpackung: Blister

12,00 Euro **Auflage:** 2.500

Budweiser 04
von Zwicker Gebesee, mit Logo
Scania 124L 420
H: Grell (Bielefeld-China) **V:** Grell (Bielefeld)
Verpackung: Blister
9,00 Euro **Auflage:** 2.500

Budweiser 05
mit vielen Flaschen
Ford 9000 (Hauber)
H: Highspeed (China) **V:** Grell (Bielefeld)
Verpackung: Blister
8,00 Euro

Budweiser 06
von Zwicker Gebesee, mit Logo
Ford 9000 (Hauber)
H: Highspeed (China) **V:** Grell (Bielefeld)
Verpackung: Blister
9,00 Euro **Auflage:** 2.500

Budweiser 07
mit schräger Flasche
GMC General (Hauber)
H: Highspeed (China) **V:** Grell (Bielefeld)
Verpackung: Blister
8,00 Euro

Budweiser 08
mit 4 schrägen Flaschen
Freightliner FLD 120 (Hauber)
H: Grell (Bielefeld-China) **V:** Grell (Bielefeld)
Verpackung: Blister
8,00 Euro

Bürger Bräu (Hof) 01

BB - die frische Freude, mit Logo

US klassisch (Hauber)

H: Made in China **V:** keine Angabe

Verpackung: Blister

40,00 Euro

Bürger Bräu (Hof) 02

BB - die frische Freude, mit Logo

US modern (Hauber) (Kenworth T800)

H: Golden (ADT-Trucks) **V:** keine Angabe

Verpackung: Plastikschachtel neutral

20,00 Euro

Bürger Bräu (Hof) 05

BB - die frische Freude, mit Logo

US modern (Hauber) (Kenworth T800)

H: Highspeed (China) **V:** Gack

Verpackung: Blister

15,00 Euro

Bürger Bräu (Hof) 06

BB - die frische Freude

Mercedes-Benz Actros

H: Hümmer **V:** Hümmer (Teugn)

Verpackung: Plastikschachtel bedruckt oder mit Aufkleber

12,00 Euro

Bürger Bräu (Hof) 07

BB - die frische Freude, mit Logo

US klassisch (Hauber)

H: Made in China **V:** DGD (Nürnberg)

Verpackung: Blister

9,00 Euro

Bürger Bräu (Hof) 08

BB - die frische Freude, mit Logo

MAN TG-A

H: Wörlein (Cadolzburg) **V:** DGD (Nürnberg)

Verpackung: Blister

8,00 Euro

Bürger-Bräu (Selb) 01

blaue Schrift, mit Logo, Siebdruck

Mercedes-Benz groß (NG 80 lang)

H: Golden (ADT-Trucks) **V:** keine Angabe

Verpackung: Plastikschachtel neutral

30,00 Euro

Bürgerbräu (Bayreuth) 01

mit Logo (Wappen)

Mercedes-Benz Actros

H: Highspeed (China) **V:** keine Angabe

Verpackung: Blister

10,00 Euro

Bürgerbräu (Bayreuth) 02

für jeden Geschmack! mit verschiedenen Biersorten

Mercedes-Benz Actros

H: Highspeed (China) **V:** Gack

Verpackung: Blister

8,00 Euro

Bürgerbräu (Bayreuth) 03

Weihnachts Edel-Pils

Mercedes-Benz Actros

H: Highspeed China **V:** keine Angabe

Verpackung: Plastikschachtel neutral

18,00 Euro **Auflage:** 500

Bürgerbräu (Bayreuth) 04
mit großem Logo (Wappen und Löwen)

MAN TG-A
H: Wörlein (Cadolzburg) **V:** DGD (Nürnberg)
Verpackung: Blister
8,00 Euro

Cannewitzer (Klaus Getränke Wurzen) 01
Serie 1, mit Logo und Glas

Mercedes-Benz Actros
H: Top-Style (Ebersdorf) **V:** Allround Service (Wonsees)
Verpackung: Blister
8,00 Euro **Auflage:** 2.500

Cannewitzer (Klaus Getränke Wurzen) 02
Serie 2, Gold-Quell, LKW: Logo, Hänger: 5 Flaschen

Mercedes-Benz Actros
H: Top-Style (Ebersdorf) **V:** Top-Style (Ebersdorf)
Verpackung: Blister
8,00 Euro **Auflage:** 3.000

Capri-Sonne 01
mit Früchten, gelochten Felgen

US klassisch (Hauber)
H: Made in China **V:** Hümmer (Teugn)
Verpackung: Blister
30,00 Euro

Capri-Sonne 02
mit Früchten, volle Felgen

US klassisch (Hauber)
H: Hümmer **V:** Hümmer (Teugn)
Verpackung: Blister
15,00 Euro

Capri-Sonne 03
Lemon, mit Trinkpack in Zitronenhälften

US klassisch (Hauber)
H: Hümmer **V:** Hümmer (Teugn)
Verpackung: Blister
8,00 Euro

Capri-Sonne 04
Big Energy, mit Trinkpack

US klassisch (Hauber)
H: Hümmer **V:** Hümmer (Teugn)
Verpackung: Blister
8,00 Euro

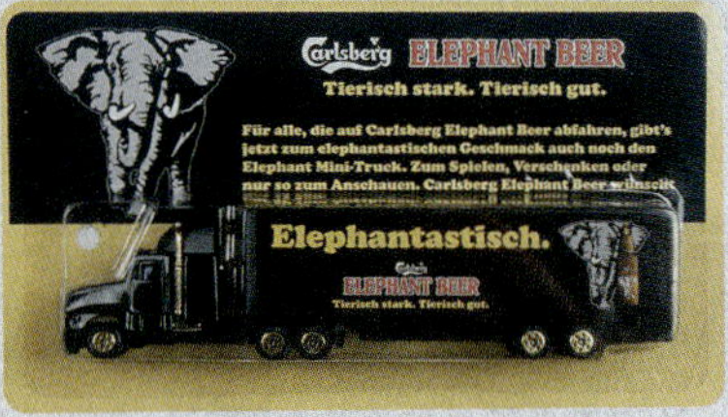

Carlsberg 01
Elephant Beer - Elephantastisch, mit Elephanten

US modern (Hauber) (Kenworth T800)
H: Highspeed (China) **V:** Grell (Bielefeld)
Verpackung: Blister
35,00 Euro

Carlsberg 02
Pilsener, auf Box Aufkleber: kein Verkauf an Personen unter 18 Jahren

VW Bulli
H: City (Made in China) **V:** Vitesse Group
Verpackung: Showbox - Hartplastik (PC-Vitrine)
40,00 Euro

Carolinen (Schlossbrunnen Wüllner) 01
mit schräger Flasche

Colani
H: Wörlein (Cadolzburg) **V:** DGD (Nürnberg)
Verpackung: Blister
20,00 Euro

Central Getränke (Wülfershausen) 01
Speedy Centralis ... zischt den Durst weg

Kenworth T2000 (Hauber)
H: Made in China **V:** DGD (Nürnberg)
Verpackung: Blister
10,00 Euro

Central Getränke (Wülfershausen) 02
Happy Birthday Central Getränke! 1990 - 2000

Kenworth T2000 (Hauber)
H: Made in China **V:** DGD (Nürnberg)
Verpackung: Blister
10,00 Euro

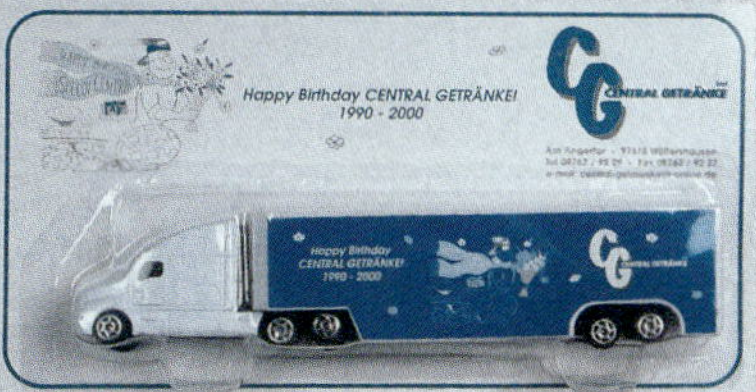

Charly Bräu (Augsburg) 01
mit Zirkusmotiv

Kenworth klassisch (Hauber)
H: Majorette **V:** Müller (Chemnitz)
Verpackung: Plastikschachtel neutral
8,00 Euro

Chemnitzer Stadtfest 01
6., 8.-10.9.2000 und Hasseröder

Kenworth klassisch (Hauber)
H: Majorette **V:** Müller (Chemnitz)
Verpackung: Plastikschachtel neutral
9,00 Euro

Chemnitzer Stadtfest 02
7., 2001 und Braustolz,
verschiedene Stadtreliefe links und rechts

Kenworth klassisch (Hauber)
H: Majorette **V:** Müller (Chemnitz)
Verpackung: Plastikschachtel neutral
8,00 Euro

C

Chiemseebräu (Grabenstätt) 01

mit Anfahrtsplan

Kenworth klassisch (Hauber)

H: Majorette **V:** Müller (Chemnitz)

Verpackung: Plastikschachtel neutral

8,00 Euro

Christian Merz (Bamberg) 01

Spezial Rauchbier, mit Logo, graue Felgen

Mercedes-Benz Actros

H: Wörlein (Cadolzburg) **V:** Allround Service (Wonsees)

Verpackung: Plastikschachtel bedruckt oder mit Aufkleber

6,00 Euro

Christian Merz (Bamberg) 02

Spezial Rauchbier, mit Logo

MAN F2000 (Hochdach)

H: Wörlein (Cadolzburg) **V:** MaHug (Kulmbach)

Verpackung: Plastikschachtel bedruckt oder mit Aufkleber

6,00 Euro

Christian Merz (Bamberg) 03

Spezial Rauchbier, mit Logo, silberne Felgen

Mercedes-Benz Actros

H: Top-Style (Ebersdorf) **V:** keine Angabe

Verpackung: Plastikschachtel neutral

6,00 Euro

Christinen Brunnen 01

Blaues Wunder zum Verlieben, Siebdruck,
mit schräger Flasche

Mercedes-Benz klein (NG 80 mittel)

H: Efsi (Holland) **V:** keine Angabe

Verpackung: Showbox - Pappe und Plastik

50,00 Euro

Christinen Brunnen 02

Blaues Wunder zum Verlieben, Siebdruck, mit schräger Flasche

Mercedes-Benz klein (NG 80 mittel)

H: Efsi (Holland) **V:** keine Angabe

Verpackung: Showbox - Pappe und Plastik

70,00 Euro

Christinen Brunnen 03

Das blaue Wunder, mit geflügelter Flasche und Logo vor Wolken

US modern (Hauber) (Kenworth T800)

H: Highspeed (China) **V:** Grell (Bielefeld)

Verpackung: Blister

9,00 Euro

Christinen Brunnen 04

Das blaue Wunder, mit Logo und geflügelter Flasche vor Wolken

Mercedes-Benz Actros

H: Highspeed (China) **V:** Grell (Bielefeld)

Verpackung: Blister

8,00 Euro

Club Mate 01

Der prickelnde Mate-Eistee

Mercedes-Benz Actros

H: Wörlein (Cadolzburg) **V:** DGD (Nürnberg)

Verpackung: Blister

9,00 Euro

Coca Cola 01

XXL, mit Weihnachtsmann -1999

US modern (Hauber) XXL

H: Simba **V:** Nordsee-Kette

Verpackung: Blister

35,00 Euro

C

Coca Cola 02

mit Weihnachtsmann -1999, Blister mit Weihnachtsmann

US modern (Hauber) (Kenworth T800)

H: Made in China **V:** Coca Cola

Verpackung: Blister

12,00 Euro

Coca Cola 03

Enjoy (oben), mit Weihnachtsmann -1999, österreichische Ausgabe, mit Lichterkette

US modern (Hauber) (Kenworth T800)

H: Golden (ADT-Trucks) **V:** keine Angabe

Verpackung: Plastikschachtel bedruckt oder mit Aufkleber

30,00 Euro

Coca Cola 04

Enjoy (rechts), mit Weihnachtsmann -1999, holländische Ausgabe, mit Lichterkette

US modern (Hauber) (Kenworth T800)

H: Made in China **V:** Coca Cola

Verpackung: Plastikschachtel bedruckt oder mit Aufkleber

30,00 Euro

Coca Cola 05

Gemeinsam schmeckts am besten, mit 3 Eisbären

US modern (Hauber) (Kenworth T800)

H: Made in China **V:** keine Angabe

Verpackung: Blister

9,00 Euro

Coca Cola 06

mit Weihnachtsmann -2000, Blister mit Truck

US modern (Hauber) (Kenworth T800)

H: Made in China **V:** Coca Cola

Verpackung: Blister

8,00 Euro

Coca Cola 07
Enjoy 2000

US modern (Hauber) (Kenworth T800)
H: Made in China **V:** Coca Cola
Verpackung: Blister
8,00 Euro

Coca Cola 08
mit Weihnachtsmann -2000,
Blister mit 4 Trucks und Weihnachtsmann

US modern (Hauber) (Kenworth T800)
H: Made in China **V:** HA-LO (Hamburg)
Verpackung: Blister
10,00 Euro

Coca Cola 09
mit Weihnachtsmann -2000, 24 cm lang

US modern (Hauber)
H: Coca Cola **V:** Coca Cola
Verpackung: Showbox - Pappe und Plastik
18,00 Euro

Coca Cola 10
1/4, Nostalgieserie (Schwimmerin)

US modern (Hauber) (Kenworth T800)
H: Made in China **V:** Coca Cola
Verpackung: Blister
8,00 Euro

Coca Cola 11
2/4, Nostalgieserie (Clown)

US modern (Hauber) (Kenworth T800)
H: Made in China **V:** Coca Cola
Verpackung: Blister
8,00 Euro

Coca Cola 12

3/4, Nostalgieserie (Frau in gelben Kleid)

US modern (Hauber) (Kenworth T800)

H: Made in China **V:** Coca Cola

Verpackung: Blister

8,00 Euro

Coca Cola 13

4/4, Nostalgieserie (2 Frauen in Uniform)

US modern (Hauber) (Kenworth T800)

H: Made in China **V:** Coca Cola

Verpackung: Blister

8,00 Euro

Coca Cola 14

mit liegender Flasche, 26 cm lang

US modern (Hauber) Kühlzug

H: Coca Cola **V:** Coca Cola

Verpackung: Showbox - Pappe und Plastik

18,00 Euro

Coca Cola 15

Weihnacht 2001 -1/3, mit Weihnachtsmann vor Kühlschrank, Blister mit Löchern

US modern (Hauber) (Kenworth T800)

H: Made in China **V:** Coca Cola

Verpackung: Blister

8,00 Euro

Coca Cola 16

Weihnacht 2001 -2/3, mit Weihnachtsmann im Sessel, Blister mit Löchern

US modern (Hauber) (Kenworth T800)

H: Made in China **V:** Coca Cola

Verpackung: Blister

8,00 Euro

Coca Cola 17

Weihnacht 2001 -3/3, mit Weihnachtsmann vor Weihnachtsbaum, Blister mit Löchern

US modern (Hauber) (Kenworth T800)

H: Made in China **V:** Coca Cola

Verpackung: Blister

8,00 Euro

Coca Cola 18

Weihnacht 2001 -1/3, mit Weihnachtsmann vor Kühlschrank, Blister ohne Löcher

US modern (Hauber) (Kenworth T800)

H: Made in China **V:** Coca Cola

Verpackung: Blister

8,00 Euro

Coca Cola 19

Weihnacht 2001 -2/3, mit Weihnachtsmann im Sessel, Blister ohne Löcher

US modern (Hauber) (Kenworth T800)

H: Made in China **V:** Coca Cola

Verpackung: Blister

8,00 Euro

Coca Cola 20

Weihnacht 2001 -3/3, mit Weihnachtsmann vor Weihnachtsbaum, Blister ohne Löcher

US modern (Hauber) (Kenworth T800)

H: Made in China **V:** Coca Cola

Verpackung: Blister

8,00 Euro

Coca Cola ED01

Chevrolet Corvette Cabrio

H: Edocar **V:** Spielwarenhandel

Verpackung: Showbox - Pappe und Plastik

10,00 Euro

Coca Cola ED02

Honda Civic

H: Edocar **V:** Spielwarenhandel

Verpackung: Showbox - Pappe und Plastik

10,00 Euro

Coca Cola ED03

VW Käfer (1300)

H: Edocar **V:** Spielwarenhandel

Verpackung: Showbox - Pappe und Plastik

10,00 Euro

Coca Cola ED04

VW Caravelle

H: Edocar **V:** Spielwarenhandel

Verpackung: Showbox - Pappe und Plastik

10,00 Euro

Coca Cola ED05

Toyota Celica

H: Edocar **V:** Spielwarenhandel

Verpackung: Showbox - Pappe und Plastik

10,00 Euro

Coca Cola ED06

rotes Logo auf Tür

Pick-up

H: Edocar **V:** Spielwarenhandel

Verpackung: Showbox - Pappe und Plastik

10,00 Euro

Coca Cola ED07
Coke

Porsche Boxter - Cabrio
H: Edocar **V:** Spielwarenhandel
Verpackung: Showbox - Pappe und Plastik
10,00 Euro

Coca Cola ED08

Porsche Boxter - Cabrio
H: Edocar **V:** Spielwarenhandel
Verpackung: Showbox - Pappe und Plastik
10,00 Euro

Coca Cola ED09

Porsche Boxter Cabrio
H: Edocar **V:** Spielwarenhandel
Verpackung: Showbox - Pappe und Plastik
10,00 Euro

Coca Cola ED10
Palm Springs (Miami-Serie)

Porsche 356A
H: Edocar **V:** Spielwarenhandel
Verpackung: Showbox - Pappe und Plastik
10,00 Euro

Coca Cola ED11
Atlanta (Miami-Serie)

VW Käfer (1300)
H: Edocar **V:** Spielwarenhandel
Verpackung: Showbox - Pappe und Plastik
10,00 Euro

Coca Cola ED12
Ice Cold (Miami-Serie)

Citroen 2CV
H: Edocar **V:** Spielwarenhandel
Verpackung: Showbox - Pappe und Plastik
10,00 Euro

Coca Cola ED13
Horse Power (Ice-Cold-Serie)

US-Car
H: Edocar **V:** Spielwarenhandel
Verpackung: Showbox - Pappe und Plastik
10,00 Euro

Coca Cola ED14
Cabrio (Ice-Cold-Serie)

US-Car Cabrio
H: Edocar **V:** Spielwarenhandel
Verpackung: Showbox - Pappe und Plastik
10,00 Euro

Coca Cola ED15
mit weißen Streifen und Sonne

Ford Explorer - Cabrio
H: Edocar **V:** Spielwarenhandel
Verpackung: Showbox - Pappe und Plastik
10,00 Euro

Coca Cola ED16
3er Set: CH-3 Powerboat/ Heli Set (Mercedes-Benz groß mit Speedboot auf Auflieger und Hubschrauber)

verschiedene
H: Edocar **V:** keine Angabe
Verpackung: Showbox - Pappe und Plastik
25,00 Euro

Coca Cola ED17

2er Set: CH-4 Delivery Set (US Hauber und Ford Econo Van)

verschiedene

H: Edocar **V:** keine Angabe

Verpackung: Showbox - Pappe und Plastik

25,00 Euro

Coca Cola ED18

4er Set: CH-5 Holiday Set (Suzuki SJ 413 Q, Peugeot 205 GTI auf gelben PKW-Hänger, Wohnwagen)

verschiedene PKW und Hänger verschiedene

H: Edocar **V:** keine Angabe

Verpackung: Showbox - Pappe und Plastik

20,00 Euro

Coca Cola ED19

mit Weihnachtsmann und Lichterkette auf Zugmaschine und Sattel

US modern (Hauber)

H: Edocar **V:** Edor (Niederlande)

Verpackung: Plastikschachtel bedruckt oder mit Aufkleber

20,00 Euro

Coca Cola ED20

mit weißem Schriftzug auf rotem Untergrund

Dodge Dakota

H: Edocar **V:** keine Angabe

Verpackung: Showbox - Pappe und Plastik

10,00 Euro

Coca Cola ED21

European Championchip, mit rotem Fußball

Volvo ?

H: Edocar **V:** Coca Cola

Verpackung: Showbox - Pappe und Plastik

25,00 Euro

Coca Cola	ED22
Beetle, Weihnacht 2001 1/6	
VW New Beetle	
H: Edocar (Maisto) **V:** Coca Cola	
Verpackung: Showbox - Pappe und Plastik	
8,00 Euro	

Coca Cola	ED23
Cruiser, Weihnacht 2001 2/6	
Crysler Panel Cruiser	
H: Edocar (Maisto) **V:** Coca Cola	
Verpackung: Showbox - Pappe und Plastik	
8,00 Euro	

Coca Cola	ED24
Transporter, Weihnacht 2001 3/6	
Chevrolet Express Van	
H: Edocar (Maisto) **V:** Coca Cola	
Verpackung: Showbox - Pappe und Plastik	
8,00 Euro	

Coca Cola	ED25
Delivery, Weihnacht 2001 4/6	
VW Caravelle	
H: Edocar (Maisto) **V:** Coca Cola	
Verpackung: Showbox - Pappe und Plastik	
8,00 Euro	

Coca Cola	ED26
Explorer, Weihnacht 2001 5/6	
Ford Escape	
H: Edocar (Maisto) **V:** Coca Cola	
Verpackung: Showbox - Pappe und Plastik	
8,00 Euro	

Coca Cola ED27
Travel, Weihnacht 2001 6/6

Chevrolet SSR
H: Edocar (Maisto) **V:** Coca Cola
Verpackung: Showbox - Pappe und Plastik
8,00 Euro

Coca Cola MB01
mit Eisbär (1:60)

Alfa Romeo 156
H: Matchbox **V:** Spielwarenhandel
Verpackung: Showbox - Pappe und Plastik
15,00 Euro

Coca Cola MB02
mit Logo (1:67)

Chevrolet Tahoe ´97
H: Matchbox **V:** Spielwarenhandel
Verpackung: Showbox - Pappe und Plastik

Coca Cola MB03
mit Eisbär (1:60)

Opel Calibra
H: Matchbox **V:** Spielwarenhandel
Verpackung: Showbox - Pappe und Plastik

Coca Cola MB04
mit Eisbär beim Billard (1:74)

Chevrolet Van 4 x 4
H: Matchbox **V:** Spielwarenhandel
Verpackung: Showbox - Pappe und Plastik

Coca Cola MB05
mit 3 Eisbären (1:62)

BMW 850i
H: Matchbox **V:** Spielwarenhandel
Verpackung: Showbox - Pappe und Plastik

Sie können uns auch im Internet unter *www.platzbecker.com* besuchen und zum Beispiel die aktuellsten Börsentermine abrufen!! Ihre Börsentermine können Sie uns senden an *info@platzbecker.com* oder per Fax *02630/959152*

Coca Cola MB06

mit Logo und 2 Eisbären

Mack CH 600 (Hauber)

H: Matchbox **V:** Spielwarenhandel

Verpackung: Showbox - Pappe und Plastik

8,00 Euro

Coca Cola MB07

mit laufendem (rechts) und surfenden (links) Eisbären

MC Coach

H: Matchbox **V:** Spielwarenhandel

Verpackung: Showbox - Pappe und Plastik

8,00 Euro

Coca Cola MB08

mit Kronkorken auf Flaschenhälsen

Peterbilt Hauber klasssisch

H: Matchbox (Mattel Wheels) **V:** Spielwarenhandel

Verpackung: Showbox - Pappe und Plastik

8,00 Euro

Coca Cola MB09

Edition 2001, Nr. 01/10, mit Eisbären und Logo

Alfa Romeo 155

H: Matchbox **V:** Spielwarenhandel

Verpackung: Showbox - Pappe und Plastik

3,00 Euro

Coca Cola MB10
Edition 2001, Nr. 02/10, mit Schriftzug und Logo

Chevrolet Tahoe
H: Matchbox **V:** Spielwarenhandel
Verpackung: Showbox - Pappe und Plastik
3,00 Euro

Coca Cola MB11
Edition 2001, Nr. 03/10, mit Schriftzug und Eisbären

Opel Calibra
H: Matchbox **V:** Spielwarenhandel
Verpackung: Showbox - Pappe und Plastik
3,00 Euro

Coca Cola MB12
Edition 2001, Nr. 04/10, mit Schriftzug und Eisbären beim Billard

Chevrolet Van 4x4
H: Matchbox **V:** Spielwarenhandel
Verpackung: Showbox - Pappe und Plastik
3,00 Euro

Coca Cola MB13
Edition 2001, Nr. 05/10, mit 3 Eisbären und Schriftzug

BMW 850i
H: Matchbox **V:** Spielwarenhandel
Verpackung: Showbox - Pappe und Plastik
3,00 Euro

Coca Cola MB14
Edition 2001, Nr. 06/10, mit Eisbär beim Eishockey und Schriftzug

Ford Transit
H: Matchbox **V:** Spielwarenhandel
Verpackung: Showbox - Pappe und Plastik
3,00 Euro

Coca Cola MB15

Edition 2001, Nr. 07/10, mit Schriftzug

MGF 1.8i

H: Matchbox **V:** Spielwarenhandel

Verpackung: Showbox - Pappe und Plastik

3,00 Euro

Coca Cola MB16

Edition 2001, Nr. 08/10, mit Logo

VW Concept 1Beetle Convertible

H: Matchbox **V:** Spielwarenhandel

Verpackung: Showbox - Pappe und Plastik

3,00 Euro

Coca Cola MB17

Edition 2001, Nr. 09/10, mit Schriftzug

Ford Mustang Convertible 1999

H: Matchbox **V:** Spielwarenhandel

Verpackung: Showbox - Pappe und Plastik

3,00 Euro

Coca Cola MB18

Edition 2001, Nr. 10/10, mit Schriftzug

Chevrolet Convertible, 1955

H: Matchbox **V:** Spielwarenhandel

Verpackung: Showbox - Pappe und Plastik

3,00 Euro

Coca Cola MJ01

mit skispringendem Eisbären

Volvo F-12 Globetrotter

H: Majorette **V:** Spielwarenhandel

Verpackung: Showbox - Plastik

12,00 Euro

Coca Cola MJ02
mit Sonne

Geländewagen 4 x 4
H: Majorette **V:** Spielwarenhandel
Verpackung: Blister
6,00 Euro

Coca Cola MJ03
mit Sonne

Geländewagen 4 x 4
H: Majorette **V:** Spielwarenhandel
Verpackung: Showbox - Plastik
6,00 Euro

Coca Cola MJ04
mit Coladose und Eiswürfel auf Dach

LKW 3 Achser
H: Majorette **V:** Spielwarenhandel
Verpackung: Blister
6,00 Euro

Coca Cola MJ05
mit Coladose und Eiswürfel auf Dach

LKW 3 Achser
H: Majorette **V:** Spielwarenhandel
Verpackung: Showbox - Plastik
6,00 Euro

Coca Cola MJ06
mit Sonne (1:87)

Neoplan 2 Achser
H: Majorette **V:** Spielwarenhandel
Verpackung: Showbox - Plastik
6,00 Euro

Coca Cola MJ07

mit Sonne (1:87)

Minibus 2 Achser

H: Majorette **V:** Spielwarenhandel

Verpackung: Showbox - Plastik

6,00 Euro

Coca Cola MJ08

mit Eiswürfel auf Plane (1:100)

Ford 2 Achser

H: Majorette **V:** Spielwarenhandel

Verpackung: Showbox - Plastik

6,00 Euro

Coca Cola MJ09

Speed Boot Transporter mit rot-weißem Boot

Kenworth modern (Hauber)

H: Majorette **V:** Spielwarenhandel

Verpackung: Blister

12,00 Euro

Coca Cola MJ10

mit Radio ? auf Dach

Chevrolet Corvette 58

H: Majorette **V:** Spielwarenhandel

Verpackung: Blister

6,00 Euro

Coca Cola MJ11

mit Schriftzug auf Seite und skispringendem Eisbären auf Dach

Geländewagen

H: Majorette **V:** Spielwarenhandel

Verpackung: Showbox - Plastik

6,00 Euro

Brauerei- & Werbefahrzeuge

Coca Cola MJ12
mit Sonne und Schriftzug

Campingcar deluxe Pritschenwagen mit Auflieger
H: Majorette **V:** Spielwarenhandel
Verpackung: Showbox - Plastik
8,00 Euro

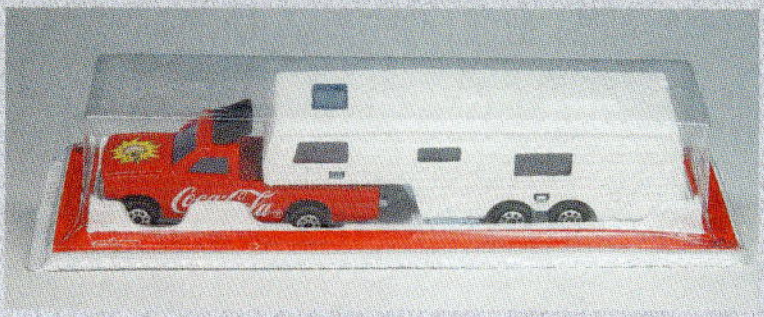

Coca Cola MJ13
mit Eiswürfel

LKW 3 Achser
H: Majorette **V:** Spielwarenhandel
Verpackung: Showbox - Plastik
6,00 Euro

Colbitzer Heidebrauerei 01
mit Logo

Volvo F-12 Globetrotter
H: Made in China **V:** Müller (Chemnitz)
Verpackung: Plastikschachtel neutral
8,00 Euro

Colbitzer Heidebrauerei 02
mit Logo

Kenworth klassisch (Hauber)
H: Majorette **V:** Müller (Chemnitz)
Verpackung: Plastikschachtel bedruckt oder mit Aufkleber
8,00 Euro

Coors Brewing Co. 01
mit 2 versch. Logos

Ford 9000 (Hauber)
H: Highspeed (China) **V:** Grell (Bielefeld)
Verpackung: Blister
8,00 Euro

Country & Trucker Festival Chemnitz 01
Sachsen-Allee 1999 (Hasseröder), 3 Achsen, gelochte Felgen
US modern (Hauber) (Kenworth T800)
H: Golden (ADT-Trucks) **V:** Müller (Chemnitz)
Verpackung: Plastikschachtel neutral
15,00 Euro **Auflage:** 250

Country & Trucker Festival Chemnitz 02
Sachsen-Allee 1999 (Hasseröder)
Mercedes-Benz O 303 RHD
H: Welly **V:** Müller (Chemnitz)
Verpackung: - ohne
15,00 Euro

Country & Trucker Festival Chemnitz 03
2., Sachsen-Allee 2000 (Wernesgrüner)
Kenworth klassisch (Hauber)
H: Majorette **V:** Müller (Chemnitz)
Verpackung: Plastikschachtel neutral
15,00 Euro

Country & Trucker Festival Radeburg 01
2. 28.7.-30.7.2000
US modern (Hauber) (Kenworth T800)
H: Golden (ADT-Trucks) **V:** Müller (Plessa)
Verpackung: Plastikschachtel bedruckt oder mit Aufkleber
9,00 Euro

Country & Truckfestival Jüterbog 01
2000, Getränke Briegel
Kenworth T2000 (Hauber)
H: Made in China **V:** Getränke Briegel
Verpackung: Plastikschachtel neutral
9,00 Euro

Country & Truckfestival Jüterbog 02

Truck und Countryfestival 2001, mit 2 Trucks vor Sonnenaufgang

Kenworth klassisch (Hauber)

H: Majorette **V:** Müller (Chemnitz)

Verpackung: Plastikschachtel neutral

12,00 Euro **Auflage:** 100

Country Open Air Naturbühne Greifensteine 01

1999, mit Pepsi

US modern (Hauber) (Kenworth T800)

H: Golden (ADT-Trucks) **V:** Müller (Chemnitz)

Verpackung: Plastikschachtel neutral

15,00 Euro **Auflage:** 330

Country Open Air Naturbühne Greifensteine 02

1999, mit Köstritzer

US modern (Hauber) (Kenworth T800)

H: Golden (ADT-Trucks) **V:** Müller (Chemnitz)

Verpackung: Plastikschachtel neutral

15,00 Euro **Auflage:** 460

Country Open Air Naturbühne Greifensteine 03

1999, mit Köstritzer

Mercedes-Benz O 303 RHD

H: Welly **V:** Müller (Chemnitz)

Verpackung: - ohne

15,00 Euro

Country Open Air Naturbühne Greifensteine 04

2000, mit Köstritzer

Kenworth klassisch (Hauber)

H: Majorette **V:** Müller (Chemnitz)

Verpackung: Plastikschachtel neutral

12,00 Euro **Auflage:** 780

Country Open Air Naturbühne Greifensteine 05
2001, mit Köstritzer

Kenworth klassisch (Hauber)
H: Majorette **V:** Müller (Chemnitz)
Verpackung: Plastikschachtel neutral
8,00 Euro

Creydt (Dassel) 01
Der Fruchtsaft, mit 3 Flaschen

Mercedes-Benz Actros
H: Highspeed (China) **V:** Grell (Bielefeld)
Verpackung: Blister
15,00 Euro

Creydt (Dassel) 02
mit schräger Apfelsaftflasche

Mercedes-Benz Actros
H: Wörlein (Cadolzburg) **V:** DGD (Nürnberg)
Verpackung: Blister
8,00 Euro

Cunnersdorfer Pils 01
Schulze Getränke

Mercedes-Benz Actros
H: Highspeed (China) **V:** Grell (Bielefeld)
Verpackung: Blister
12,00 Euro

Cunnersdorfer Pils 02
Schulze Getränke

Mercedes-Benz Actros
H: Highspeed (China) **V:** Grell (Bielefeld)
Verpackung: Blister
12,00 Euro

Cunnersdorfer Pils 03

US klassisch (Hauber)
H: Hümmer **V:** Hümmer (Teugn)
Verpackung: Plastikschachtel bedruckt oder mit Aufkleber
20,00 Euro

Cunnersdorfer Pils 04

Volvo F-12 Globetrotter
H: Made in China **V:** Müller (Plessa)
Verpackung: Plastikschachtel bedruckt oder mit Aufkleber
10,00 Euro **Auflage:** 204

Cunnersdorfer Pils 05

IFA W50 (Oldtimer)
H: Grell (Bielefeld-China) **V:** Grell (Bielefeld)
Verpackung: Blister
10,00 Euro

Cunnersdorfer Pils 06
mit Glas und Kastenstapel

MAN TG-A
H: Wörlein (Cadolzburg) **V:** Scherer (Michelau)
Verpackung: Blister
8,00 Euro

Cunnersdorfer Pils 07
mit 3 Flaschen und Logo

Scania Typ: ?
H: Dickie (China) **V:** keine Angabe
Verpackung: Plastikschachtel neutral
8,00 Euro

C

D

Cunnersdorfer Pils 08

mit Logo und Getränke Schulze auf Tür

Freightliner FLD 120 (Hauber)

H: Grell (Bielefeld-China) **V:** Grell (Bielefeld)

Verpackung: Blister

8,00 Euro

DAB 01

Pilsener, mit 2 Logos

US modern (Hauber) (Kenworth T800)

H: Highspeed (China) **V:** Grell (Bielefeld)

Verpackung: Blister

35,00 Euro

DAB 02

Pilsener, mit 1 Logo

US modern (Hauber) (Kenworth T800)

H: Highspeed (China) **V:** Grell (Bielefeld)

Verpackung: Blister

30,00 Euro

DAB 03

Pilsener, mit 1 Logo

Mercedes-Benz Actros

H: Highspeed (China) **V:** Grell (Bielefeld)

Verpackung: Blister

18,00 Euro

DAB 04

Zum Wohlsein gehört ..., mit Glas

US modern (Hauber) (Kenworth T800)

H: Highspeed (China) **V:** Grell (Bielefeld)

Verpackung: Blister

18,00 Euro

DAB 05

Braufrisches DAB, mit 2 Gläsern

Mercedes-Benz Actros

H: Highspeed (China) **V:** Grell (Bielefeld)

Verpackung: Blister

12,00 Euro

DAB 06

mit liegender Flasche auf Eis

Mercedes-Benz Actros

H: Highspeed (China) **V:** Grell (Bielefeld)

Verpackung: Blister

9,00 Euro

DAB 07

Strong, mit schrägem Kasten und Flasche

Ford 9000 (Hauber)

H: Highspeed (China) **V:** Grell (Bielefeld)

Verpackung: Blister

10,00 Euro

DAB 08

Die braufrischeste Actienanlage der Welt. mit Schankhahn, Glas und Logo

Mercedes-Benz Actros

H: Highspeed (China) **V:** Grell (Bielefeld)

Verpackung: Blister

9,00 Euro

DAB 09

und Getränke Koppe, mit 5 schrägen Gläsern

Mercedes-Benz Actros

H: Highspeed (China) **V:** Grell (Bielefeld)

Verpackung: Blister

8,00 Euro

DAB 10

Strong, mit 15 Flaschen

Mercedes-Benz Actros

H: Highspeed (China) **V:** Grell (Bielefeld)

Verpackung: Blister

8,00 Euro

DAB 11

Braufrische on Tour! mit 2 Gläsern

Ford 9000 (Hauber)

H: Highspeed (China) **V:** Grell (Bielefeld)

Verpackung: Blister

8,00 Euro

DAB 12

mit Vertriebssortiment (Flaschen, Packs, Dosen und Kästen)

Mercedes-Benz Actros

H: Highspeed (China) **V:** Grell (Bielefeld)

Verpackung: Blister

8,00 Euro

Dampfbierbrauerei Zwiesel 01

Dampfbier

Mercedes-Benz Actros

H: Hümmer **V:** Hümmer (Teugn)

Verpackung: Plastikschachtel bedruckt oder mit Aufkleber

10,00 Euro

Dampfbierbrauerei Zwiesel 02

Schalander Edition, mit 8 Flaschen, Glas, Logo und Karren mit Fässern

Scania 124L ?

H: Hümmer **V:** Hümmer (Teugn)

Verpackung: Blister

8,00 Euro

Dampfbierbrauerei Zwiesel 03
Schalander Edition, mit Pferdekutsche, Logo und Holzkasten

Scania 124L ?
H: Hümmer **V:** Hümmer (Teugn)
Verpackung: Blister
8,00 Euro

Dantscher (Teugn) 01
mit Logo

US klassisch (Hauber)
H: Hümmer **V:** Hümmer (Teugn)
Verpackung: Blister
8,00 Euro

Darguner Brauerei 01
mit Logo

Volvo F-12 Globetrotter
H: Golden (ADT-Trucks) **V:** Müller (Chemnitz)
Verpackung: Plastikschachtel neutral
9,00 Euro

Darmstädter 01
Die Lok lockt! mit Dampflok, liegender Flasche und Logo

Mercedes-Benz Actros
H: Hümmer **V:** Hümmer (Teugn)
Verpackung: Blister
8,00 Euro

Darmstädter 02
Die Lok lockt! mit Logo

Mercedes-Benz Actros
H: Hümmer **V:** Hümmer (Teugn)
Verpackung: Blister
8,00 Euro

Dauner 01

Aus dem Herzen der Vulkaneifel

US klassisch (Hauber)

H: Made in China **V:** DGD (Nürnberg)

Verpackung: Blister

8,00 Euro

Deininger Kronenbräu 01

mit 2 Logos, Siebdruck

US klassisch (Hauber)

H: Yatming **V:** keine Angabe

Verpackung: Blister

75,00 Euro

Deininger Kronenbräu 02

mit 2 Logos

US klassisch (Hauber)

H: Made in China **V:** Hümmer (Teugn)

Verpackung: Blister

50,00 Euro

Deit 01

Orange, Aus purer Lust am Genuss, mit Frau

MAN F2000 Aero (Hochdach)

H: Wörlein (Cadolzburg) **V:** DGD (Nürnberg)

Verpackung: Blister

8,00 Euro

Deit 02

Zitrone, Aus purer Lust am Genuss, mit Mann als Teufel

Scania 164L 6580

H: Wörlein (Cadolzburg) **V:** DGD (Nürnberg)

Verpackung: Blister

8,00 Euro

Dessauer Brauhaus 01
zur Eröffnung im Mai 2001,
mit Fürst Leopold v. Sachsen-Anhalt
Mercedes-Benz Atego 18T
H: Vierke (Braunschweig) **V:** Vierke (Braunschweig)
Verpackung: Blister
10,00 Euro **Auflage:** 10.000

Dessow 01
Das Bier der Mark, mit Logo
MAN F90
H: Made in China **V:** Hümmer (Teugn)
Verpackung: Plastikschachtel neutral
35,00 Euro

Dessow 02
Märkisches Bier, So ehrlich wie die Mark Brandenburg,
mit 4 Flaschen
Mercedes-Benz Actros
H: Hümmer **V:** Hümmer (Teugn)
Verpackung: Blister
20,00 Euro

Detmolder 01
Landbier, mit Glas und schräger Bügelflasche
vor vielen Logos
Ford 9000 (Hauber)
H: Highspeed (China) **V:** Grell (Bielefeld)
Verpackung: Blister
8,00 Euro

DGS 01
Truck 2000, einen guten Start ...,
mit Getränke Waldhoff (Erfurt)
Mercedes-Benz Actros
H: Highspeed (China) **V:** Grell (Bielefeld)
Verpackung: Blister
8,00 Euro

D

2002

DGS 02

und Getränke Sven Schüler, Lauchhammer

Volvo F-12 Globetrotter

H: Made in China **V:** Müller (Plessa)

Verpackung: Plastikschachtel bedruckt oder mit Aufkleber

8,00 Euro **Auflage:** 100

DGS 03

Weihnacht und prosit 2000! mit Weihnachtsmann, Rentier ...

Scania 124L 420

H: Grell (Bielefeld-China) **V:** Grell (Bielefeld)

Verpackung: Blister

8,00 Euro

DGS 04

20* im Norden, Nr.01, Apollinaris

MAN F2000 Aero (Hochdach)

H: Grell (Bielefeld-China) **V:** Grell (Bielefeld)

Verpackung: Blister

9,00 Euro **Auflage:** 2.500

DGS 05

20* im Norden, Nr.02, Flensburger Weizen

Scania 124L 420

H: Grell (Bielefeld-China) **V:** Grell (Bielefeld)

Verpackung: Blister

9,00 Euro **Auflage:** 2.500

DGS 06

20* im Norden, Nr.03, Punica

Mercedes-Benz Actros

H: Highspeed (China) **V:** Grell (Bielefeld)

Verpackung: Blister

9,00 Euro **Auflage:** 2.500

DGS 07

20* im Norden, Nr.04, Husumer Mineralwasser

Scania 124L 420

H: Grell (Bielefeld-China) **V:** Grell (Bielefeld)

Verpackung: Blister

9,00 Euro **Auflage:** 2.500

DGS 08

20* im Norden, Nr.05, Süssmosterei Steinmüller

Scania 124L 420

H: Grell (Bielefeld-China) **V:** Grell (Bielefeld)

Verpackung: Blister

9,00 Euro **Auflage:** 2.500

DGS 09

20* im Norden, Nr.06, Vilsa

Mercedes-Benz Actros

H: Highspeed (China) **V:** Grell (Bielefeld)

Verpackung: Blister

9,00 Euro **Auflage:** 2.500

DGS 10

20* im Norden, Nr.07, Hasseröder

MAN F2000 Aero (Hochdach)

H: Grell (Bielefeld-China) **V:** Grell (Bielefeld)

Verpackung: Blister

9,00 Euro **Auflage:** 2.500

DGS 11

20* im Norden, Nr.08, Beckers Bester

Mercedes-Benz Actros

H: Highspeed (China) **V:** Grell (Bielefeld)

Verpackung: Blister

8,00 Euro **Auflage:** 2.500

DGS	12
20* im Norden, Nr.09, Fosters	
Freightliner FLD 120 (Hauber)	
H: Grell (Bielefeld-China)	**V:** Grell (Bielefeld)
Verpackung: Blister	
9,00 Euro	**Auflage:** 2.500

DGS	13
20* im Norden, Nr.10, Lipton Ice Tea	
Freightliner FLD 120 (Hauber)	
H: Grell (Bielefeld-China)	**V:** Grell (Bielefeld)
Verpackung: Blister	
9,00 Euro	**Auflage:** 2.500

Diadem (Nordhausen)	01
mit schrägem Glas (rechts)	
US modern (Hauber) (Kenworth T800)	
H: Golden (ADT-Trucks)	**V:** Lauterbach
Verpackung: Blister	
12,00 Euro	

Diadem (Nordhausen)	02
mit schrägem Glas (links)	
Kenworth T2000 (Hauber)	
H: Made in China	**V:** Lauterbach
Verpackung: Blister	
8,00 Euro	

Diamant Quelle	01
mit Diamanten	
Mercedes-Benz Actros	
H: Hümmer	**V:** Hümmer (Teugn)
Verpackung: Blister	
12,00 Euro	

Diebels 01

Der Moment gehört Dir, mit Glas

US modern (Hauber) (Kenworth T800)

H: Highspeed (China) **V:** Grell (Bielefeld)

Verpackung: Blister

18,00 Euro

Diebels 02

Lust auf ein frisches Diebels, mit 3 Gläsern, ohne Actros Schriftzug auf Grill

Mercedes-Benz Actros

H: Wörlein (Cadolzburg) **V:** DGD (Nürnberg)

Verpackung: Blister

10,00 Euro

Diebels 03

Lust auf ein frisches Diebels, mit 3 Gläsern, mit Actros Schriftzug auf Grill

Mercedes-Benz Actros

H: Wörlein (Cadolzburg) **V:** Eurosun (Cadolzburg)

Verpackung: Blister

8,00 Euro

Diebels 04

Edition 2001, mit 7 Kronkorken, Der Glücksbringer (Blister)

MAN M2000

H: Made in China **V:** PromOcean (Duesseldorf)

Verpackung: Blister

8,00 Euro

Diebels 05

Edition 2001, mit 7 Kronkorken

MAN M2000

H: Made in China **V:** PromOcean (Duesseldorf)

Verpackung: Blister

8,00 Euro

Diebels 06

Edition 2001/2, Glück ist...,
mit vielen 6-eckigen Bierdeckeln

MAN TG-A

H: Vierke (Braunschweig) **V:** Vierke (Braunschweig)

Verpackung: Blister

8,00 Euro

Diebels 07

Edition 2001, Plato13, mit liegender Flasche

MAN TG-A

H: Vierke (Braunschweig) **V:** Vierke (Braunschweig)

Verpackung: Blister

10,00 Euro

Diebels 08

Edition 2002/1, Glück.., mit 6-eckigem Bierdeckel

Scania 124L 400 (Hauber)

H: Made in China **V:** PromOcean (Duesseldorf)

Verpackung: Blister

8,00 Euro

Diebels 09

Edition 2002, Plato13

Scania 124L 400 (Hauber)

H: Made in China **V:** PromOcean (Duesseldorf)

Verpackung: Blister

8,00 Euro

Diemeltaler Quelle 01

mit 2 Logos

US klassisch (Hauber)

H: Made in China **V:** Escha International Toys

Verpackung: Blister

65,00 Euro

Diemeltaler Quelle	02
mit schräger Flasche vor Waldbach	
Mercedes-Benz Actros	
H: Highspeed (China)	**V:** Grell (Bielefeld)
Verpackung: Blister	
15,00 Euro	

Diemeltaler Quelle	03
mit schräger Flasche und Blättern, 2. Edition	
Mercedes-Benz Actros	
H: Hümmer	**V:** Hümmer (Teugn)
Verpackung: Blister	
9,00 Euro	

Diemeltaler Quelle	04
mit 6 schrägen Flaschen vor Wolken	
MAN F2000 Aero (Hochdach)	
H: Grell (Bielefeld-China)	**V:** Grell (Bielefeld)
Verpackung: Blister	
8,00 Euro	

Dietenbronner	01
Das oberschwäbische Mineralwasser	
Mercedes-Benz Actros ohne Stern	
H: Made in China	**V:** Gerner (Maselheim)
Verpackung: Blister	
8,00 Euro	

Dietz Fruchtsäfte	01
Früchte zum Trinken, mit 2 schrägen Flaschen	
Ford 9000 (Hauber)	
H: Highspeed (China)	**V:** Grell (Bielefeld)
Verpackung: Blister	
8,00 Euro	

Dingslebener 01

Edel Pils, mit Logo

US modern (Hauber) (Kenworth T800)

H: Highspeed (China) **V:** Grell (Bielefeld)

Verpackung: Blister

20,00 Euro

Dingslebener 02

Lava Schwarzbier, mit Logo

Mercedes-Benz Actros

H: Highspeed (China) **V:** Grell (Bielefeld)

Verpackung: Blister

10,00 Euro

Dingslebener 03

AUBI -Autofahrerbier, mit Logo

IFA W50 (Oldtimer)

H: Grell (Bielefeld-China) **V:** Grell (Bielefeld)

Verpackung: Blister

10,00 Euro

Dingslebener 04

mit Mann und Bierkästen am Wasser
(10 Jahre Isabella´s Trinkparadies)

Mercedes-Benz Actros

H: Highspeed (China) **V:** Grell (Bielefeld)

Verpackung: Blister

10,00 Euro

Dingslebener 05

Nugget, mit Mann und Bierkästen am Wasser

Ford 9000 (Hauber)

H: Highspeed (China) **V:** Grell (Bielefeld)

Verpackung: Blister

8,00 Euro

Dingslebener 06

Bockige Zeiten, mit 2 Flaschen, Logo und Plüschtier vor Landschaft

MAN F2000 Aero (Hochdach)

H: Grell (Bielefeld-China) **V:** Grell (Bielefeld)

Verpackung: Blister

8,00 Euro

Dingslebener 07

Durst wird durch Bier erst schön, mit Mann und Kasten in Wüste

Freightliner FLD 120 (Hauber)

H: Grell (Bielefeld-China) **V:** Grell (Bielefeld)

Verpackung: Blister

8,00 Euro

Dingslebener 08

Thüringen, mit Logo und D vor schwarz-rot-gelben Streifen

MAN TG-A

H: Wörlein (Cadolzburg) **V:** DGD (Nürnberg)

Verpackung: Blister

8,00 Euro

Dingslebener 09

mit Logo

Scania 124L 420

H: Grell (Bielefeld-China) **V:** Grell (Bielefeld)

Verpackung: Blister

8,00 Euro

Dingslebener 10

Landbier, mit Brauereifoto

Freightliner FLD 120 (Hauber)

H: Grell (Bielefeld-China) **V:** Grell (Bielefeld)

Verpackung: Blister

8,00 Euro

D

Dinkelacker (Stuttgart) 01

Frische ist unser Bier, mit 2 Logos

Mercedes-Benz Actros

H: Hümmer **V:** Hümmer (Teugn)

Verpackung: Blister

15,00 Euro

Dinkelacker (Stuttgart) 02

mit Bierglas auf Tablett (2*)

Mercedes-Benz Actros

H: Hümmer **V:** Hümmer (Teugn)

Verpackung: Blister

8,00 Euro

Dino Bräu 01

mit 2 Saurier

Mercedes-Benz groß (NG 80 lang)

H: Golden (ADT-Trucks) **V:** keine Angabe

Verpackung: Plastikschachtel neutral

6,00 Euro

Distelhäuser (Tauberbischofsheim) 01

mit Logo

MAN F90

H: Made in China **V:** Hümmer (Teugn)

Verpackung: Plastikschachtel bedruckt oder mit Aufkleber

25,00 Euro

Distelhäuser (Tauberbischofsheim) 02

mit Logo

Mercedes-Benz Actros

H: Highspeed (China) **V:** Grell (Bielefeld)

Verpackung: Blister

12,00 Euro

Distelhäuser (Tauberbischofsheim) 03

mit Logo, in eingeschweißtem Blister

Mercedes-Benz Actros

H: Highspeed (China) **V:** Grell (Bielefeld)

Verpackung: Blister

8,00 Euro

Dithmarscher (Marne) 01

Pilsener, naturfrisch vom Land

Mercedes-Benz Actros

H: Wörlein (Cadolzburg) **V:** DGD (Nürnberg)

Verpackung: Blister

8,00 Euro

Dittmeyer´s Valensina 01

und DGS

US klassisch (Hauber)

H: Made in China **V:** Hümmer (Teugn)

Verpackung: Blister

18,00 Euro

Dittmeyer´s Valensina 02

Entweder frisch gepresst ... , mit 2 zweizeiligem Schriftzug

Mercedes-Benz Actros

H: Hümmer **V:** Hümmer (Teugn)

Verpackung: Blister

8,00 Euro

Dittmeyer´s Valensina 03

Entweder frisch gepresst ... , mit 1 einzeiligem Schriftzug

Mercedes-Benz Actros

H: Hümmer **V:** Hümmer (Teugn)

Verpackung: Blister

8,00 Euro

Dittmeyer´s Valensina 04

mit roter Festung vor Plantage am Meer (Zeichnung)

Mercedes-Benz Actros

H: Hümmer **V:** Hümmer (Teugn)

Verpackung: Blister

8,00 Euro

Döbelner Brauhaus 01

Pilsener, mit Döbelner Rathaus

US modern (Hauber) (Kenworth T800)

H: Highspeed (China) **V:** Grell (Bielefeld)

Verpackung: Blister

9,00 Euro

Döbelner Brauhaus 02

mit Glas und Foto eines Braukessels

Scania 124L 420

H: Grell (Bielefeld-China) **V:** Grell (Bielefeld)

Verpackung: Blister

8,00 Euro

Döbelner Brauhaus 03

Doppel-Bock, mit Bock und Rathaus

Freightliner FLD 120 (Hauber)

H: Grell (Bielefeld-China) **V:** Grell (Bielefeld)

Verpackung: Blister

8,00 Euro

Döbelner-Sammel-Truck-Börse 01

8.Sept.2001, mit Sparkasse und Anzeiger

Kenworth klassisch (Hauber)

H: Majorette **V:** Veranstalter

Verpackung: Plastikschachtel neutral

8,00 Euro

Donat Getränke (Nobitz)	01
Mercedes-Benz Actros	
H: Highspeed (China)	**V:** Grell (Bielefeld)
Verpackung: Blister	
9,00 Euro	

Dortmunder Union	01
mit Logo	
US klassisch (Hauber)	
H: keine Angabe	**V:** Brau und Brunnen
Verpackung: Pappschachtel bedruckt oder mit Aufkleber	
60,00 Euro	

Dortmunder Union	02
mit Logo und 2 Flaschen (Siegel-Pils und Export), mit schwarzer Sonnenblende	
Mercedes-Benz Actros	
H: Highspeed (China)	**V:** Grell (Bielefeld)
Verpackung: Blister	
9,00 Euro	

Dortmunder Union	03
mit Logo und 2 Flaschen (Siegel-Pils und Export), mit weißer Sonnenblende	
Mercedes-Benz Actros	
H: Hümmer	**V:** Hümmer (Teugn)
Verpackung: Blister	
8,00 Euro	

Dortmunder Union	04
Ritter First, Flaschenzug, mit liegender Flasche und Logo, Wir im Revier, Ritter Bier	
Scania 124L 420	
H: Grell (Bielefeld-China)	**V:** Grell (Bielefeld)
Verpackung: Blister	
8,00 Euro	

Dortmunder Union 05

Das Zeichen des guten Geschmacks. mit Glas und 2 Logos

Scania 124L 420

H: Grell (Bielefeld-China) **V:** Grell (Bielefeld)

Verpackung: Blister

8,00 Euro

Dortmunder Union 06

For U, mit Logo

Renault Magnum

H: Grell (Bielefeld-China) **V:** Grell (Bielefeld)

Verpackung: Blister

8,00 Euro

Dortmunder Union 07

mit 2 schrägen Flaschen (Siegel-Pils und Export) und Logo vor Sternenhimmel

Ford 9000 (Hauber)

H: Highspeed (China) **V:** Grell (Bielefeld)

Verpackung: Blister

8,00 Euro

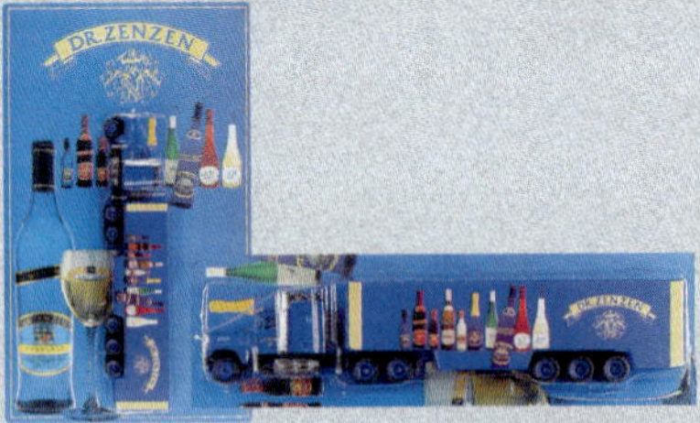

Dr. Zenzen 01

Wein, mit 10 verschiedenen Flaschen und Logo

Ford 9000 (Hauber)

H: Highspeed (China) **V:** Grell (Bielefeld)

Verpackung: Blister

8,00 Euro

Drachselrieder Schlossbräu 01

die 3 aus dem Zellertal, mit 3 schrägen Flaschen und Logo

MAN TG-A

H: Wörlein (Cadolzburg) **V:** DGD (Nürnberg)

Verpackung: Blister

8,00 Euro

Drachselsrieder Schlossbräu 02
mit 3 Flaschen, Logo und Glas

Mercedes-Benz Actros
H: Wörlein (Cadolzburg) **V:** Eurosun (Cadolzburg)
Verpackung: Blister
8,00 Euro **Auflage:** 5.000

Drei Kronen (Memmelsdorf), Brauerei-Gasthof 01
mit schräger Bügelflasche

Framo V 501 (Oldtimer)
H: Wörlein (Cadolzburg) **V:** Eurosun (Cadolzburg)
Verpackung: Blister
9,00 Euro

Drei-Kronen-Bräu (Zapfendorf) 01
mit 2 Logos

Volvo FH16
H: Wörlein (Cadolzburg) **V:** Allround Service (Wonsees)
Verpackung: Plastikschachtel bedruckt oder mit Aufkleber
6,00 Euro **Auflage:** 300

Drei-Kronen-Bräu (Zapfendorf) 02
mit 2 Logos

Mercedes-Benz Actros
H: Hümmer **V:** Hümmer (Teugn)
Verpackung: Plastikschachtel bedruckt oder mit Aufkleber
6,00 Euro

Dremel (Wattendorf) 01
mit Glas vor Wolken

MAN F2000 Aero (Hochdach)
H: Wörlein (Cadolzburg) **V:** DGD (Nürnberg)
Verpackung: Blister
8,00 Euro

D

Dresdner Felsenkeller 01

mit 2 Logos, ohne Spritzschutz, geriffelter Sattel

US klassisch (Hauber)

H: Made in China **V:** Hümmer (Teugn)

Verpackung: Blister

60,00 Euro

Dresdner Felsenkeller 02

mit 2 Logos, mit Spritzschutz, geriffelter Sattel

US klassisch (Hauber)

H: Made in China **V:** keine Angabe

Verpackung: Plastikschachtel neutral

75,00 Euro

Dresdner Stadtfest 01

2001, mit Radeberger und div. Wahrzeichen

Kenworth klassisch (Hauber)

H: Majorette **V:** Veranstalter

Verpackung: Plastikschachtel neutral

8,00 Euro

Drinks Union Weimar 01

mit 4 Logos tschechischer Biere, Merito, Breznak, Zlatopramen und Stara Muslivecka

Scania 124L 420

H: Grell (Bielefeld-China) **V:** Grell (Bielefeld)

Verpackung: Blister

8,00 Euro

Drinky (Dresden) 01

Getränkemarkt - Getränkelogistik

Mercedes-Benz Actros

H: Highspeed (China) **V:** Grell (Bielefeld)

Verpackung: Blister

10,00 Euro

Drinky (Dresden) 02
Erdinger Weißbier

Mercedes-Benz Actros
H: Highspeed (China) **V:** Grell (Bielefeld)
Verpackung: Blister
10,00 Euro

Drinky (Dresden) 03
Freiberger

Mercedes-Benz Actros
H: Highspeed (China) **V:** Grell (Bielefeld)
Verpackung: Blister
10,00 Euro

Drinky (Dresden) 04
Jever

Mercedes-Benz Actros
H: Highspeed (China) **V:** Grell (Bielefeld)
Verpackung: Blister
10,00 Euro

Drinky (Dresden) 05
Köstritzer

Mercedes-Benz Actros
H: Highspeed (China) **V:** Grell (Bielefeld)
Verpackung: Blister
10,00 Euro

Drinky (Dresden) 06
Lichtenauer

Mercedes-Benz Actros
H: Highspeed (China) **V:** Grell (Bielefeld)
Verpackung: Blister
10,00 Euro

D

Drinky (Dresden) 07
Margonwasser

Mercedes-Benz Actros
H: Highspeed (China) **V:** Grell (Bielefeld)
Verpackung: Blister
10,00 Euro

Drinky (Dresden) 08
Oppacher

Mercedes-Benz Actros
H: Highspeed (China) **V:** Grell (Bielefeld)
Verpackung: Blister
10,00 Euro

Drinky (Dresden) 09
Paulaner

Mercedes-Benz Actros
H: Highspeed (China) **V:** Grell (Bielefeld)
Verpackung: Blister
10,00 Euro

Drinky (Dresden) 10
Radeberger

Mercedes-Benz Actros
H: Highspeed (China) **V:** Grell (Bielefeld)
Verpackung: Blister
10,00 Euro

Drinky (Dresden) 11
Schlör

Mercedes-Benz Actros
H: Highspeed (China) **V:** Grell (Bielefeld)
Verpackung: Blister
10,00 Euro

Düsseldorfer Hirschbrauerei 01

Düssel Alt, Dieser Wagen fährt für Düssel durchs Dorf, mit 2 Logos

Mercedes-Benz Actros

H: Wörlein (Cadolzburg) **V:** DGD (Nürnberg)

Verpackung: Blister

8,00 Euro

Ebelsbacher Klosterbräu 01

Brauerei - Gasthof - Hotel, mit Logo

MAN F2000 Aero (Hochdach)

H: Wörlein (Cadolzburg) **V:** Allround Service (Wonsees)

Verpackung: Plastikschachtel bedruckt oder mit Aufkleber

6,00 Euro **Auflage:** 300

Ebelsbacher Klosterbräu 02

mit 2 Logos

Mercedes-Benz Actros

H: Wörlein (Cadolzburg) **V:** Allround Service (Wonsees)

Verpackung: Plastikschachtel bedruckt oder mit Aufkleber

6,00 Euro **Auflage:** 300

Ebelsbacher Klosterbräu 03

mit Logo

Mercedes-Benz Actros

H: Wörlein (Cadolzburg) **V:** MaHug (Kulmbach)

Verpackung: Plastikschachtel bedruckt oder mit Aufkleber

6,00 Euro

Ebelsbacher Klosterbräu 04

mit Logo

MAN TG-A

H: Wörlein (Cadolzburg) **V:** DGD (Nürnberg)

Verpackung: Plastikschachtel neutral

6,00 Euro

Eber Pils 01

schmeckt saugut! Mit Eber und Glas

US modern (Hauber) (Kenworth T800)

H: Highspeed (China) **V:** Grell (Bielefeld)

Verpackung: Blister

9,00 Euro

Eberhardt 01

Ein Schluck Freiheit, mit Landschaft

MAN F2000 Aero (Hochdach)

H: Wörlein (Cadolzburg) **V:** DGD (Nürnberg)

Verpackung: Blister

9,00 Euro

Eck 01

Wilderer Dunkel, mit Jäger (Gewehrlauf nach rechts) und Logo, 3 Achsen, gelochte Felge

Mercedes-Benz groß (NG 80 lang)

H: Golden (ADT-Trucks) **V:** Müller (Chemnitz)

Verpackung: Plastikschachtel neutral

18,00 Euro

Eck 02

Wilderer Dunkel, mit Jäger (Gewehrlauf nach links) und Logo, 3 Achsen, gelochte Felge

Volvo F-12 Globetrotter

H: Golden (ADT-Trucks) **V:** Müller (Chemnitz)

Verpackung: Plastikschachtel neutral

18,00 Euro

Eck 03

Wilderer Dunkel, mit Jäger (Gewehrlauf nach links) und Logo, 3 Achsen, volle Felge

US modern (Hauber) (Kenworth T800)

H: Golden (ADT-Trucks) **V:** keine Angabe

Verpackung: Plastikschachtel neutral

18,00 Euro

Eck 04

Ecker Bräu, mit 2 Logos, 3 Achsen, volle Felgen

Mercedes-Benz groß

H: Golden (ADT-Trucks) **V:** keine Angabe

Verpackung: Plastikschachtel neutral

18,00 Euro

Eck 05

Ecker Bräu, mit 2 Logos, 2 Achsen, gelochte Felgen

Volvo F-12 Globetrotter

H: Made in China **V:** Müller (Chemnitz)

Verpackung: Plastikschachtel neutral

18,00 Euro

Eck 06

Ecker Bräu, mit 2 Logos, 3 Achsen, gelochte Felgen

Mercedes-Benz groß (NG 80 lang)

H: Golden (ADT-Trucks) **V:** keine Angabe

Verpackung: Plastikschachtel neutral

18,00 Euro

Edeka 01

75 Jahre - Edeka ist Qualität ..., mit Logo

Mercedes-Benz Actros

H: Highspeed (China) **V:** Grell (Bielefeld)

Verpackung: Blister

8,00 Euro

Edeka 02

75 Jahre, mit Logo

Freightliner FLD 120 (Hauber)

H: Grell (Bielefeld-China) **V:** Grell (Bielefeld)

Verpackung: Blister

8,00 Euro

Edeka 03

täglich frisch, mit Logo

Mercedes-Benz Actros

H: Made in China **V:** Top-Style (Ebersdorf)

Verpackung: Blister

8,00 Euro

Edeka 04

seit 1907, mit Logo

Framo V 501 (Oldtimer)

H: Wörlein (Cadolzburg) **V:** DGD (Nürnberg)

Verpackung: Blister

8,00 Euro

Edeka 05

neukauf

Mercedes-Benz Actros

H: Wörlein (Cadolzburg) **V:** Wörlein (Cadolzburg)

Verpackung: Blister

8,00 Euro

Edeka 06

ist Qualität, täglich frisch, mit Logo

Mercedes-Benz Actros

H: Top-Style (Ebersdorf) **V:** Allround Service (Wonsees)

Verpackung: Blister

8,00 Euro

Edeka 07

neukauf U.Horst (Grünberg)

Mercedes-Benz Actros

H: **V:**

Verpackung: Plastikschachtel neutral

6,00 Euro

Edeka 07
täglich frisch, mit Logo (Baden-Würtenberg)

Mercedes-Benz Actros
H: Dickie (China) **V:** Pro-Innovation (Fürth)
Verpackung: Blister
8,00 Euro

Eder und Heylands (Großostheim) 01
Sport Malz, mit Flasche

Scania 124L 420
H: Grell (Bielefeld-China) **V:** Grell (Bielefeld)
Verpackung: Blister
8,00 Euro

Eder und Heylands (Großostheim) 02
Pilsener, mit Logo und liegender Flasche

Scania 124L 420
H: Grell (Bielefeld-China) **V:** Grell (Bielefeld)
Verpackung: Blister
8,00 Euro

Eder und Heylands (Großostheim) 03
mit farbiger Brauereizeichnung

Scania 124L 420
H: Grell (Bielefeld-China) **V:** Grell (Bielefeld)
Verpackung: Blister
8,00 Euro

Eders 01
mit Logo

MAN F90
H: Made in China **V:** Hümmer (Teugn)
Verpackung: Blister
40,00 Euro

E
2002

Eders 02

Brauen ist unser Handwerk, mit Logo

Mercedes-Benz klein (NG 80 mittel)

H: Made in China **V:** Hümmer (Teugn)

Verpackung: Blister

35,00 Euro

Eders 03

Brauen ist unser Handwerk, mit Logo, schwarze Trittbretter

US klassisch (Hauber)

H: Made in China **V:** Hümmer (Teugn)

Verpackung: Blister

30,00 Euro

Eders 04

Brauen ist unser Handwerk, mit Logo, weiße Trittbretter

US klassisch (Hauber)

H: Made in China **V:** Hümmer (Teugn)

Verpackung: Blister

40,00 Euro

Eders 05

on tour, mit Flasche vor Wolkenhimmel

US klassisch (Hauber)

H: Made in China **V:** Rastal Kobra

Verpackung: Blister

20,00 Euro

Eders 06

Brauen ist ..., mit Westernlandschaft

US klassisch (Hauber)

H: Made in China **V:** Rastal Kobra

Verpackung: Blister

20,00 Euro

Eders 07

on tour, mit Flasche vor Wolkenhimmel, 2 Achsen, volle Felge

US modern (Hauber) (Kenworth T800)

H: Golden (ADT-Trucks) **V:** keine Angabe

Verpackung: Plastikschachtel neutral

15,00 Euro

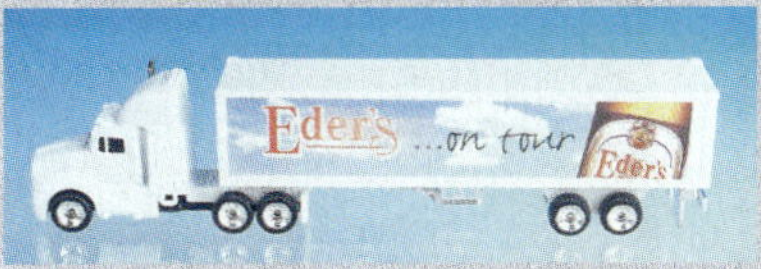

Eders 08

on tour, mit Flasche vor Wolkenhimmel, 3 Achsen, gelochte Felge

US modern (Hauber) (Kenworth T800)

H: Golden (ADT-Trucks) **V:** keine Angabe

Verpackung: Plastikschachtel neutral

15,00 Euro

Eders 09

Brauen ist ..., mit Westernlandschaft, 3 Achsen, gelochte Felge

US modern (Hauber) (Kenworth T800)

H: Golden (ADT-Trucks) **V:** keine Angabe

Verpackung: Plastikschachtel neutral

15,00 Euro

Eders 10

Brauen ist unser Handwerk, mit Logo und Nr. 53 auf Tür

US klassisch (Hauber)

H: Made in China **V:** Brauerei

Verpackung: Blister

35,00 Euro

Eders 11

mit anstoßenden Henkelgläsern

Mercedes-Benz Actros

H: Highspeed (China) **V:** Grell (Bielefeld)

Verpackung: Blister

15,00 Euro

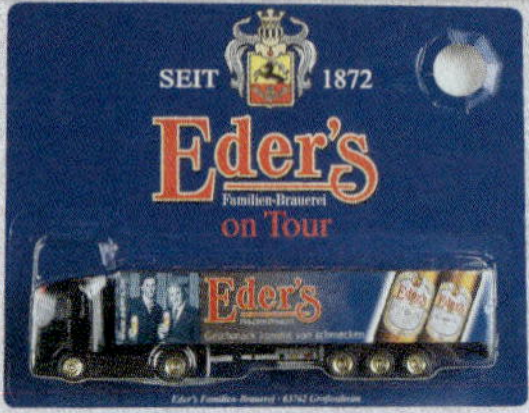

Eders 12

Geschmack kommt von schmecken,
mit 2 Personen und 2 Flaschen

Mercedes-Benz Actros

H: Highspeed (China) **V:** Grell (Bielefeld)

Verpackung: Blister

9,00 Euro

Eders 13

Bavaria, Der Name des Weizens,
mit schrägem Glas vor Alpensee

Mercedes-Benz Actros

H: Highspeed (China) **V:** Grell (Bielefeld)

Verpackung: Blister

8,00 Euro

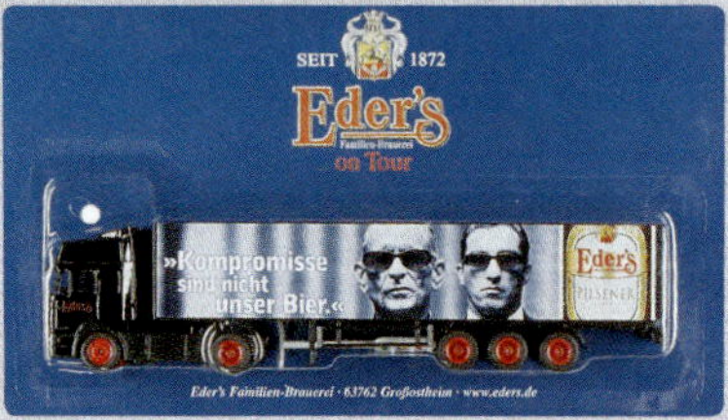

Eders 14

Kompromisse sind nicht unser Bier,
mit 2 Männerköpfen und Flasche

MAN F2000 Aero (Hochdach)

H: Grell (Bielefeld-China) **V:** Grell (Bielefeld)

Verpackung: Blister

8,00 Euro

Eders 15

XXL, Bavaria, schmeckt wie Urlaub in Bayern,
mit Glas vor Bergsee

US Hauber (XXL)

H: **V:**

Verpackung: Showbox - Pappe und Plastik

35,00 Euro

Eders 16

XXL, Brauen ist..., mit anstoßenden Henkelgläsern

US Hauber (XXL)

H: **V:**

Verpackung: Showbox - Pappe und Plastik

35,00 Euro

Egerer (Großköllnbach) 01

Privatbrauerei H. Egerer, mit Logo

Mercedes-Benz Actros

H: Hümmer **V:** Hümmer (Teugn)

Verpackung: Blister

8,00 Euro

Ehemalige Brauereien 01

Nr.01, Schöll Bier (Nürtingen), mit Logo

MAN F2000 Aero (Hochdach)

H: Wörlein (Cadolzburg) **V:** DGD (Nürnberg)

Verpackung: Blister

8,00 Euro **Auflage:** 2.500

Ehemalige Brauereien 02

Nr.02, Bräuchle (Metzingen), mit Logo

Mercedes-Benz Actros

H: Wörlein (Cadolzburg) **V:** DGD (Nürnberg)

Verpackung: Blister

8,00 Euro **Auflage:** 2.500

Ehemalige Brauereien 03

Nr.03, Schöll Biere (Nürtingen), mit Logo

Renault Magnum

H: Grell (Bielefeld-China) **V:** Grell (Bielefeld)

Verpackung: Blister

8,00 Euro **Auflage:** 2.500

Ehringsdorfer 01

Nr.01, Weimarer, mit Baumgruppe

Kenworth T2000 (Hauber)

H: Made in China **V:** DGD (Nürnberg)

Verpackung: Blister

15,00 Euro

Ehringsdorfer 02
Nr.02, mit Wiesenlandschaft

Ford 9000 (Hauber)
H: Highspeed (China) **V:** Grell (Bielefeld)
Verpackung: Blister
8,00 Euro

Ehringsdorfer 03
Nr.03, mit Sonnenaufgang über Wald

Ford 9000 (Hauber)
H: Highspeed (China) **V:** Grell (Bielefeld)
Verpackung: Blister
8,00 Euro

Ehringsdorfer 04
Nr.04, mit Sonnenaufgang über Bergen

Ford 9000 (Hauber)
H: Highspeed (China) **V:** Grell (Bielefeld)
Verpackung: Blister
8,00 Euro

Ehringsdorfer 05
Nr.1A, Sonderauflage zum Rosen-Brauereifest 11.8.2001, mit weiß-grauen Wolken

Freightliner FLD 120 (Hauber)
H: Grell (Bielefeld-China) **V:** Grell (Bielefeld)
Verpackung: Blister
15,00 Euro **Auflage:** 2.000

Ehringsdorfer 06
Nr.05, mit verschneiten Zweigen vor Bergen

Ford 9000 (Hauber)
H: Highspeed (China) **V:** Grell (Bielefeld)
Verpackung: Blister
8,00 Euro

Eibauer 01

Schwarzbier, mit Logo

US modern (Hauber) (Kenworth T800)

H: Highspeed (China) **V:** Grell (Bielefeld)

Verpackung: Blister

30,00 Euro

Eibauer 02

Schwarzbier, mit Logo

Mercedes-Benz Actros

H: Highspeed (China) **V:** Grell (Bielefeld)

Verpackung: Blister

18,00 Euro

Eibauer 03

Münch Bräu, mit Logo, echtes Modell

Garant (Oldtimer)

H: BeKa (Dresden) **V:** Spielwarenhandel

Verpackung: Plastikschachtel bedruckt oder mit Aufkleber

12,00 Euro

Eibauer 04

Nr.3, Premium Pilsner, mit Logo

IFA W50 (Oldtimer)

H: Grell (Bielefeld-China) **V:** Grell (Bielefeld)

Verpackung: Blister

10,00 Euro

Eibauer 05

Nr.4, Schwarzbier und Pilsener, mit 2 Etiketten und Logo

Mercedes-Benz Actros

H: Highspeed (China) **V:** Grell (Bielefeld)

Verpackung: Blister

9,00 Euro

Eibauer 06

Nr.5, Premium Schwarzbier, mit Logo

Ford 9000 (Hauber)

H: Highspeed (China) **V:** Grell (Bielefeld)

Verpackung: Blister

8,00 Euro

Eibauer 07

Nr.6, Premium, mit Logo

Scania 124L 420

H: Grell (Bielefeld-China) **V:** Grell (Bielefeld)

Verpackung: Blister

8,00 Euro

Eibauer 08

Nr.7, Premium, mit Logo

MAN F2000 Aero (Hochdach)

H: Grell (Bielefeld-China) **V:** Grell (Bielefeld)

Verpackung: Blister

8,00 Euro

Eibauer 09

Nr.8, Premium Pilsener, mit schräger Flasche und Logo

Scania 124L 420

H: Grell (Bielefeld-China) **V:** Grell (Bielefeld)

Verpackung: Blister

8,00 Euro

Eibauer 10

Nr.9, mit 2 Kronkorken, LKW: Pilsener Hänger: Schwarzbier

IFA W50 (Oldtimer)

H: Grell (Bielefeld-China) **V:** Grell (Bielefeld)

Verpackung: Blister

8,00 Euro

Eibauer 11

Münch Bräu, mit Logo, mit Fahrer, echtes Modell

Garant (Oldtimer)

H: BeKa (Dresden) **V:** Spielwarenhandel

Verpackung: Plastikschachtel neutral

10,00 Euro

Eibauer 12

Sachsens schwarze Kunst, mit Logo

Freightliner FLD 120 (Hauber)

H: Grell (Bielefeld-China) **V:** Grell (Bielefeld)

Verpackung: Blister

8,00 Euro

Eichbaum 01

Eichbaum braut die urigsten Biere, mit großem Logo

Mercedes-Benz klein (NG 80 mittel)

H: Made in China **V:** keine Angabe

Verpackung: Blister

100,00 Euro

Eichbaum 02

Premium Pils, mit kleinem Logo, 3 Achsen, gelochte Felge

Mercedes-Benz groß (NG 80 lang)

H: Golden (ADT-Trucks) **V:** keine Angabe

Verpackung: Pappschachtel bedruckt oder mit Aufkleber

35,00 Euro

Eichbaum 03

Premium Biere, mit Logo

US modern (Hauber) (Kenworth T800)

H:Golden (ADT-Trucks) **V:**Promarketing GmbH (Mannheim)

Verpackung: Blister

15,00 Euro

Eichbaum 04

Break The Ice, mit liegender Flasche auf Eis

US modern (Hauber) (Kenworth T800)

H: Made in China **V:** Promarketing GmbH (Mannheim)

Verpackung: Blister

12,00 Euro

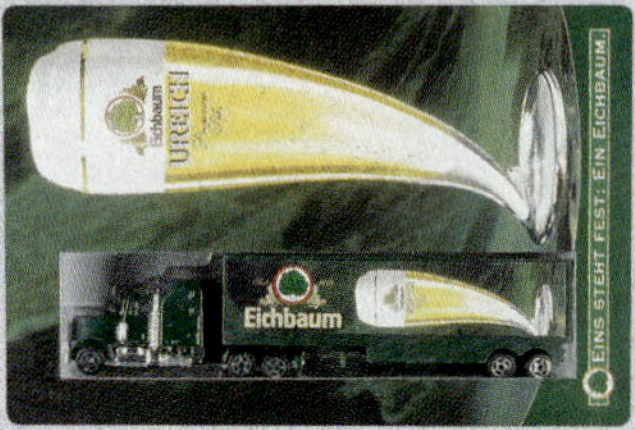

Eichbaum 05

mit liegendem Glas und Logo

US klassisch (Hauber)

H: Made in China **V:** DGD (Nürnberg)

Verpackung: Blister

8,00 Euro

Eichbaum 06

Weizen, mit gezeichneter Landschaft und Logo

US klassisch (Hauber)

H: Made in China **V:** DGD (Nürnberg)

Verpackung: Blister

8,00 Euro

Eichbaum 07

mit großem Glas und Leuchtschrift

Mercedes-Benz Actros

H: Hümmer **V:** Hümmer (Teugn)

Verpackung: Blister

8,00 Euro

Eichener 01

klar-würzig-frisch, mit 2 Logos

Ford Cargo

H: Golden (ADT-Trucks) **V:** Lauterbach

Verpackung: Blister

20,00 Euro

Eichener 02

Pils

MAN Büssing 8000 (Oldtimer)

H: Wörlein (Cadolzburg) **V:** DGD (Nürnberg)

Verpackung: Blister

9,00 Euro

Eichener 03

Dark Lager, mit Logo

Mercedes-Benz Actros

H: Highspeed (China) **V:** Grell (Bielefeld)

Verpackung: Blister

8,00 Euro

Eichener 04

Dark Lager, mit Logo, Glas und Flasche vor New Yorker Skyline

Ford 9000 (Hauber)

H: Highspeed (China) **V:** Grell (Bielefeld)

Verpackung: Blister

9,00 Euro

Eichener 05

In glänzender Verfassung, mit 2 Flaschen, Getränkeland auf Dach

Freightliner FLD 120 (Hauber)

H: Grell (Bielefeld-China) **V:** Grell (Bielefeld)

Verpackung: Blister

8,00 Euro

Eichhofener 01

Mercedes-Benz 6600 (Oldtimer)

H: Hümmer **V:** Hümmer (Teugn)

Verpackung: Blister

10,00 Euro

E

2002

Eichhofener 02

Eichator Doppelbock, mit Braumeister und Logo

Mercedes-Benz Actros

H: Hümmer **V:** Hümmer (Teugn)

Verpackung: Blister

8,00 Euro

Eichhorn (Dörfleins) 01

mit Adler und Strichzeichnung eines Hauses

Mercedes-Benz Actros

H: Top-Style (Ebersdorf) **V:** Allround Service (Wonsees)

Verpackung: Plastikschachtel bedruckt oder mit Aufkleber

6,00 Euro **Auflage:** 300

Eichhorn (Dörfleins) 02

mit Adler und Strichzeichnung eines Hauses

MAN M2000

H: Made in China **V:** Allround Service (Wonsees)

Verpackung: Plastikschachtel bedruckt oder mit Aufkleber

6,00 Euro **Auflage:** 300

Eichhorn (Dörfleins) 03

mit Adler und Strichzeichnung eines Hauses

Volvo FH16

H: Wörlein (Cadolzburg) **V:** Allround Service (Wonsees)

Verpackung: Plastikschachtel bedruckt oder mit Aufkleber

6,00 Euro **Auflage:** 300

Eichhorn (Dörfleins) 04

mit Adler und Strichzeichnung eines Hauses

Kenworth klassisch (Hauber)

H: Majorette **V:** keine Angabe

Verpackung: Plastikschachtel neutral

8,00 Euro

Eichhorn (Dörfleins) 05

Bock, mit 2 Logos

Kenworth klassisch (Hauber)

H: Majorette **V:** keine Angabe

Verpackung: Plastikschachtel neutral

8,00 Euro

Eichhorn (Dörfleins) 06

Bock, mit Logo

Mercedes-Benz Actros

H: Wörlein (Cadolzburg) **V:** Allround Service (Wonsees)

Verpackung: Plastikschachtel bedruckt oder mit Aufkleber

6,00 Euro

Einbecker 01

mit 2 Flaschen und 2 Gläsern

MAN TG-A

H: Hümmer **V:** Hümmer (Teugn)

Verpackung: Blister

8,00 Euro

Einsiedler 01

Brauhaus, mit Schwungrad

LKW

H: Made in China **V:** keine Angabe

Verpackung: - ohne

60,00 Euro

Einsiedler 02

Unvergleichlich, mit Glas, 3 Achsen, gelochte Felgen

Mercedes-Benz groß (NG 80 lang)

H: Golden (ADT-Trucks) **V:** keine Angabe

Verpackung: Plastikschachtel neutral

30,00 Euro

Einsiedler 03

Landbier, mit Glas und Flasche

US modern (Hauber) (Kenworth T800)

H: Highspeed (China) **V:** Grell (Bielefeld)

Verpackung: Blister

10,00 Euro

Einsiedler 04

Privat Pils, mit Glas, Flasche und Brauerei

US modern (Hauber) (Kenworth T800)

H: Highspeed (China) **V:** Grell (Bielefeld)

Verpackung: Blister

10,00 Euro

Einsiedler 05

Millennium Edition, mit Glas und Flasche vor Erde

US modern (Hauber) (Kenworth T800)

H: Highspeed (China) **V:** Grell (Bielefeld)

Verpackung: Blister

12,00 Euro

Einsiedler 06

1885-2000, 115 Jahre ..., mit Glas und Flasche

MAN F2000 Aero (Hochdach)

H: Grell (Bielefeld-China) **V:** Grell (Bielefeld)

Verpackung: Blister

8,00 Euro

Einsiedler 07

flying high mit ..., mit Glas und schräger Flasche

MAN F2000 Aero (Hochdach)

H: Grell (Bielefeld-China) **V:** Grell (Bielefeld)

Verpackung: Blister

8,00 Euro

Einsiedler	08
mit 9 Etiketten und Glas	
Freightliner FLD 120 (Hauber)	
H: Grell (Bielefeld-China)	**V:** Grell (Bielefeld)
Verpackung: Blister	
8,00 Euro	

Einsiedler	09
Das stärkste Chemnitzer, Doppel Bock, mit Flasche	
Freightliner FLD 120 (Hauber)	
H: Grell (Bielefeld-China)	**V:** Grell (Bielefeld)
Verpackung: Blister	
8,00 Euro	

Einsiedler	10
Feuerwehr 1/8	
Pferdekutsche 2-Spänner-Feuerwehr (1885)	
H: Highspeed (China)	**V:** Grell (Bielefeld)
Verpackung: Blister	
8,00 Euro	

Eisenacher	01
mit Logo, geriffelter Sattel	
US klassisch (Hauber)	
H: Made in China	**V:** Hümmer (Teugn)
Verpackung: Blister	
75,00 Euro	

Eisenacher	02
mit Logo, glatter Sattel	
US klassisch (Hauber)	
H: Made in China	**V:** Hümmer (Teugn)
Verpackung: Blister	
50,00 Euro	

Eisenacher 03

Schwarzer Drachen Schwarzbier, mit Logo

US modern (Hauber) (Kenworth T800)

H: Highspeed (China) **V:** Grell (Bielefeld)

Verpackung: Blister

18,00 Euro

Eisenacher 04

mit Logo

US modern (Hauber) (Kenworth T800)

H: Highspeed (China) **V:** Grell (Bielefeld)

Verpackung: Blister

18,00 Euro

Eisenacher 05

Schwarzer Drachen und DGS, mit 2 Logos

US modern (Hauber) (Kenworth T800)

H: Highspeed (China) **V:** Grell (Bielefeld)

Verpackung: Blister

15,00 Euro

Eisenacher 06

Drachen Starkbier Bock-Dunkel, mit Logo

US modern (Hauber) (Kenworth T800)

H: Highspeed (China) **V:** Grell (Bielefeld)

Verpackung: Blister

20,00 Euro

Eisenacher 07

Wartburg Pils 4 Flaschen und Logo

Mercedes-Benz Actros

H: Highspeed (China) **V:** Grell (Bielefeld)

Verpackung: Blister

15,00 Euro

Eisenacher 08

Schwarzer Drachen Schwarzbier, mit 2 Logos

Mercedes-Benz Actros

H: Highspeed (China) **V:** Grell (Bielefeld)

Verpackung: Blister

12,00 Euro

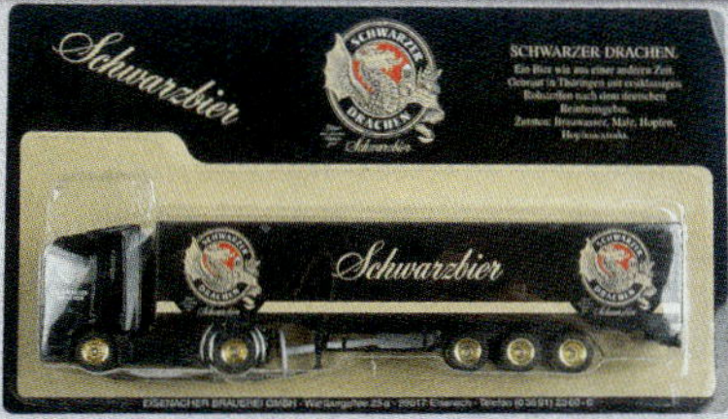

Eisenacher 09

mit Logo

IFA W50 (Oldtimer)

H: Grell (Bielefeld-China) **V:** Grell (Bielefeld)

Verpackung: Blister

12,00 Euro

Eisenacher 10

mit 4 Biersorten und Logo

Ford 9000 (Hauber)

H: Highspeed (China) **V:** Grell (Bielefeld)

Verpackung: Blister

10,00 Euro

Eisenacher 11

Wartburg Pils und fit-Getränke, mit 2 Flaschen

Mercedes-Benz Actros

H: Highspeed (China) **V:** Grell (Bielefeld)

Verpackung: Blister

10,00 Euro

Eisenacher 12

mit 4 Biersorten und Logo

Scania 124L 420

H: Grell (Bielefeld-China) **V:** Grell (Bielefeld)

Verpackung: Blister

10,00 Euro

Eisenacher 13

Wartburg Pils mit 2 Flaschen (von Zwicker Gebesee)

Mercedes-Benz Actros

H: Highspeed (China) **V:** Grell (Bielefeld)

Verpackung: Blister

10,00 Euro

Eisenacher 14

Schwarzer Drachen Schwarzbier,
mit Logo (von Zwicker Gebesee)

Mercedes-Benz Actros

H: Highspeed (China) **V:** Grell (Bielefeld)

Verpackung: Blister

10,00 Euro

Eisenacher 15

Wartburg Pils mit Wartburg und schrägem Glas

Ford 9000 (Hauber)

H: Highspeed (China) **V:** Grell (Bielefeld)

Verpackung: Blister

10,00 Euro

Eisenacher 16

Wartburg Pils mit Wartburg und schrägem Glas

Scania 124L 420

H: Grell (Bielefeld-China) **V:** Grell (Bielefeld)

Verpackung: Blister

8,00 Euro

Eisenacher 17

Schwarzer Drachen Schwarzbier, mit Logo

Freightliner FLD 120 (Hauber)

H: Grell (Bielefeld-China) **V:** Grell (Bielefeld)

Verpackung: Blister

8,00 Euro

Eisenacher	18
Rennsteig Spezial, mit schräger Flasche und Logo	
Freightliner FLD 120 (Hauber)	
H: Grell (Bielefeld-China)	**V:** Grell (Bielefeld)
Verpackung: Blister	
8,00 Euro	

Eisenacher	19
mit Logo	
MAN TG-460	
H: Grell (Bielefeld-China)	**V:** Grell (Bielefeld)
Verpackung: Blister	
8,00 Euro	

Eisenacher	20
Schwarzer Drachen, mit Logo	
MAN TG-460	
H: Grell (Bielefeld-China)	**V:** Grell (Bielefeld)
Verpackung: Blister	
8,00 Euro	

Eisenacher	21
mit Logo	
Renault Magnum	
H: Grell (Bielefeld-China)	**V:** Grell (Bielefeld)
Verpackung: Blister	
8,00 Euro	

Eittinger Fischerbräu	01
Bierspezialitäten aus dem Erdinger Moos, mit Logo	
MAN TG-A	
H: Made in China	**V:** DGD (Nürnberg)
Verpackung: Blister	
8,00 Euro	

EKU 01

Siebdruck - durchgehend genietet, mit Logo

US klassisch (Hauber)

H: Yatming **V:** keine Angabe

Verpackung: Blister

100,00 Euro

EKU 02

Siebdruck mir 2 Reihen Nieten, mit Logo

US klassisch (Hauber)

H: Yatming **V:** keine Angabe

Verpackung: Blister

30,00 Euro

EKU 03

Longneck, Das Bier für uns, mit schräger Flasche

US klassisch (Hauber)

H: Made in China **V:** Brauerei

Verpackung: Blister

12,00 Euro

EKU 04

und Edeka, lockt mit Geschmack, mit 5 EKU-Maskottchen, Glas und 2 Flaschen

Mercedes-Benz Actros

H: Highspeed (China) **V:** Grell (Bielefeld)

Verpackung: Blister

8,00 Euro

EKU 05

und Sagasser, lockt mit Geschmack, mit 5 EKU-Maskottchen, Glas und 2 Flaschen

Mercedes-Benz Actros

H: Highspeed (China) **V:** Grell (Bielefeld)

Verpackung: Blister

8,00 Euro

EKU 06

und Lippert, lockt mit Geschmack, mit 5 EKU-Maskottchen, Glas und 2 Flaschen

Mercedes-Benz Actros

H: Highspeed (China) **V:** Grell (Bielefeld)

Verpackung: Blister

8,00 Euro

EKU 07

und GLO, lockt mit Geschmack, mit 5 EKU-Maskottchen, Glas und 2 Flaschen

Mercedes-Benz Actros

H: Highspeed (China) **V:** Grell (Bielefeld)

Verpackung: Blister

8,00 Euro

EKU 08

und Spar, lockt mit Geschmack, mit 5 EKU-Maskottchen, Glas und 2 Flaschen

Mercedes-Benz Actros

H: Highspeed (China) **V:** Grell (Bielefeld)

Verpackung: Blister

8,00 Euro

EKU 09

und Rewe, lockt mit Geschmack, mit 5 EKU-Maskottchen, Glas und 2 Flaschen

Mercedes-Benz Actros

H: Highspeed (China) **V:** Grell (Bielefeld)

Verpackung: Blister

8,00 Euro

EKU 10

lockt mit Geschmack! Mit Fahrrad, 2 Einrad fahrenden EKU-Maskottchen, Glas und Flasche

Mercedes-Benz Actros

H: Highspeed (China) **V:** Grell (Bielefeld)

Verpackung: Blister

8,00 Euro

E

2002

EKU 11

50 Jahre Hausler Getränkemarkt, mit schräger Flasche

Mercedes-Benz Actros

H: Highspeed (China) **V:** Grell (Bielefeld)

Verpackung: Blister

8,00 Euro

EKU 12

Nr.1, Hell auf begeistert! mit liegender Flasche und 3 EKU-Maskottchen

MAN TG-460

H: Grell (Bielefeld-China) **V:** Brauerei

Verpackung: Blister

8,00 Euro

EKU 13

lockt mit Geschmack, mit 5 EKU-Maskottchen, Glas und 2 Flaschen

MAN F2000 Aero (Hochdach)

H: Grell (Bielefeld-China) **V:** Brauerei

Verpackung: Blister

8,00 Euro

EKU 14

Nr.2, Feste feiern! mit 7 Flaschen, Glas und 3 EKU-Maskottchen

MAN TG-460

H: Grell (Bielefeld-China) **V:** Brauerei

Verpackung: Blister

8,00 Euro

EKU 15

lockt mit Geschmack, mit Stoffhund, Glas und 2 Flaschen

MAN TG-460

H: Grell (Bielefeld-China) **V:** Brauerei

Verpackung: Blister

8,00 Euro

EKU 16

und Markgrafen, lockt mit Geschmack, mit 5 EKU-Maskottchen, Glas und 2 Flaschen

Mercedes-Benz Actros

H: Highspeed (China) **V:** Grell (Bielefeld)

Verpackung: Blister

8,00 Euro

Elster Auen Pils 01

Serie 1, mit Elstern am Wasser

Mercedes-Benz Actros

H: Wörlein (Cadolzburg) **V:** DGD (Nürnberg)

Verpackung: Blister

8,00 Euro **Auflage:** 2.500

Elster Auen Pils 02

Serie 2, mit grau-gelben Farbverlauf

MAN F2000 Aero (Hochdach)

H: Wörlein (Cadolzburg) **V:** DGD (Nürnberg)

Verpackung: Blister

8,00 Euro **Auflage:** 2.500

Elster Auen Pils 03

Serie 3, mit Spinne, Flasche und Schmetterling

Kenworth T2000 (Hauber)

H: Made in China **V:** DGD (Nürnberg)

Verpackung: Blister

8,00 Euro **Auflage:** 2.500

Elster Auen Pils 04

Serie 4, mit Urmenschen in Wüste

US klassisch (Hauber)

H: Made in China **V:** DGD (Nürnberg)

Verpackung: Blister

8,00 Euro **Auflage:** 2.500

Elster Auen Pils 05

Serie 5, mit Vögeln

MAN Büssing 8000 (Oldtimer)

H: Wörlein (Cadolzburg) **V:** DGD (Nürnberg)

Verpackung: Blister

8,00 Euro **Auflage:** 2.500

Elster Auen Pils 06

Serie 6, mit Regenbogen und trinkender Elster

Mercedes-Benz Actros

H: Wörlein (Cadolzburg) **V:** DGD (Nürnberg)

Verpackung: Blister

8,00 Euro **Auflage:** 2.500

Emmerberger (Österreich) 01

Öko-Pils

Kenworth klassisch (Hauber)

H: Majorette **V:** Müller (Chemnitz)

Verpackung: Plastikschachtel neutral

8,00 Euro

Emsland 01

Schüz Dich! ACE ... Tut gut. Schmeckt gut. mit 2 Flaschen

US klassisch (Hauber)

H: Hümmer **V:** Hümmer (Teugn)

Verpackung: Blister

15,00 Euro

Emsland 02

Emsland Sport - schmeckt toll, macht fit! mit schräger Flasche

US klassisch (Hauber)

H: Hümmer **V:** Hümmer (Teugn)

Verpackung: Blister

15,00 Euro

Emsland 03

Grüneberg Sport - schmeckt toll, macht fit! mit schräger Flasche

US klassisch (Hauber)

H: Hümmer **V:** Hümmer (Teugn)

Verpackung: Blister

15,00 Euro

Emsland 04

Sonne - Sommer.Sonne.Spaß!, mit schräger Flasche vor gelben Wassertropfen

US klassisch (Hauber)

H: Hümmer **V:** Hümmer (Teugn)

Verpackung: Blister

15,00 Euro

Emsland 06

Grüneberg Sport, Modell B, Was ist die leckerste Sportart? mit 2 Flaschen

Mercedes-Benz Actros

H: Hümmer **V:** Hümmer (Teugn)

Verpackung: Blister

8,00 Euro

Emsland 08

Emsland Sport, Modell A, Welcher Sport schmeckt am Besten? mit 2 schrägen Flaschen

Mercedes-Benz Actros

H: Hümmer **V:** Hümmer (Teugn)

Verpackung: Blister

8,00 Euro

Emsland 09

Emsland Sport, Modell B, Was ist die leckerste Sportart? mit 2 schrägen Flaschen

Mercedes-Benz Actros

H: Hümmer **V:** Hümmer (Teugn)

Verpackung: Blister

8,00 Euro

E

2002

Emsland 10

Emsland Sport, Modell C, Was macht fit...? mit schräger Flasche

Mercedes-Benz Actros

H: Hümmer **V:** Hümmer (Teugn)

Verpackung: Blister

8,00 Euro

Emsland 11

Nr. 1/3, Schütz Dich! ACE, mit schräger Flasche und gelben Spiralen

Mercedes-Benz Actros

H: Hümmer **V:** Hümmer (Teugn)

Verpackung: Blister

8,00 Euro

Emsland 12

Nr. 2/3, Schütz Dich! Vital, mit 2 schrägen Flaschen und blauen Spiralen

Mercedes-Benz Actros

H: Hümmer **V:** Hümmer (Teugn)

Verpackung: Blister

8,00 Euro

Emsland 13

Nr. 3/3, Schütz Dich! Vital, mit 2 schrägen Flaschen und roten Spiralen

Mercedes-Benz Actros

H: Hümmer **V:** Hümmer (Teugn)

Verpackung: Blister

8,00 Euro

Emsland 14

Sonne - Sommer.Sonne.Spaß!, mit schräger Flasche vor gelben Wassertropfen

Mercedes-Benz Actros

H: Hümmer **V:** Hümmer (Teugn)

Verpackung: Blister

8,00 Euro

Endres Brauerei Gasthof 01

mit 2 Adlern

Volvo FH16

H: Wörlein (Cadolzburg) **V:** Allround Service (Wonsees)

Verpackung: Plastikschachtel bedruckt oder mit Aufkleber

6,00 Euro **Auflage:** 300

Endres Brauerei Gasthof 02

mit Adler

Mercedes-Benz Actros

H: Wörlein (Cadolzburg) **V:** Allround Service (Wonsees)

Verpackung: Plastikschachtel bedruckt oder mit Aufkleber

6,00 Euro

Engel (Crailsheim) 01

mit 2 geflügelten Frauen vor weißem Hintergrund, 3 Achsen, gelochte Felgen

US modern (Hauber) (Kenworth T800)

H: Golden (ADT-Trucks) **V:** keine Angabe

Verpackung: Plastikschachtel neutral

15,00 Euro

Engel (Crailsheim) 02

mit 2 geflügelten Frauen vor blauem Hintergrund, 3 Achsen, gelochte Felgen

Volvo F-12 Globetrotter

H: Golden (ADT-Trucks) **V:** keine Angabe

Verpackung: Plastikschachtel neutral

15,00 Euro

Engel (Crailsheim) 03

mit 2 geflügelten Frauen vor blauem Hintergrund, 3 Achsen, volle Felgen

US modern (Hauber) (Kenworth T800)

H: Golden (ADT-Trucks) **V:** keine Angabe

Verpackung: Plastikschachtel neutral

15,00 Euro

Engel (Crailsheim) 04
Prost mein Engel

US modern (Hauber) (Kenworth T800)
H: Highspeed (China) **V:** Grell (Bielefeld)
Verpackung: Blister
15,00 Euro

Engel (Crailsheim) 05
mit 8 Flaschen, 2 Achsen, volle Felgen

Volvo F-12 Globetrotter
H: Golden (ADT-Trucks) **V:** keine Angabe
Verpackung: Plastikschachtel neutral
15,00 Euro

Engel (Crailsheim) 06
mit 8 Flaschen, 3 Achsen, gelochte Felgen

US modern (Hauber) (Kenworth T800)
H: Golden (ADT-Trucks) **V:** keine Angabe
Verpackung: Plastikschachtel neutral
12,00 Euro

Engel (Crailsheim) 07
Prost mein Engel

US modern (Hauber) (Kenworth T800)
H: Highspeed (China) **V:** Grell (Bielefeld)
Verpackung: Blister
12,00 Euro

Engel (Crailsheim) 08
Weihnachts-Engel, Festbier-Exclusiv (2000), mit Weihnachtsbaum

Mercedes-Benz Actros
H: Highspeed (China) **V:** Grell (Bielefeld)
Verpackung: Blister
9,00 Euro

Engel (Crailsheim)	09
Prost mein Engel, mit schräger Flasche vor Wolken	
Scania 124L 420	
H: Grell (Bielefeld-China)	**V:** Grell (Bielefeld)
Verpackung: Blister	
8,00 Euro	

Engel (Crailsheim)	10
First Lady, 5,9%, mit Glas, Flasche und 2 Scherenschnitten von Frauen	
Ford 9000 (Hauber)	
H: Highspeed (China)	**V:** Grell (Bielefeld)
Verpackung: Blister	
8,00 Euro	

Engel (Crailsheim)	11
mit Logo auf gezeichneter Landschaft	
Freightliner FLD 120 (Hauber)	
H: Grell (Bielefeld-China)	**V:** Grell (Bielefeld)
Verpackung: Blister	
8,00 Euro	

Engel (Crailsheim)	12
mit 2 Schriftzügen - Prost mein Engel	
MAN TG-460	
H: Grell (Bielefeld-China)	**V:** Grell (Bielefeld)
Verpackung: Blister	
8,00 Euro	

Engel (Crailsheim)	13
mit Frau (Engel) vor Wolken	
Ford 9000 (Hauber)	
H: Highspeed (China)	**V:** Grell (Bielefeld)
Verpackung: Blister	
8,00 Euro	

E

2002

Engel (Crailsheim) 14

Komm, wir machen blau!

Renault Magnum

H: Grell (Bielefeld-China) **V:** Grell (Bielefeld)

Verpackung: Blister

8,00 Euro

Engelbräu (Rettenberg) 01

Ein Bier so himmlisch ..., mit Logo

Mercedes-Benz groß (NG 80 lang)

H: Golden (ADT-Trucks) **V:** Müller (Chemnitz)

Verpackung: Plastikschachtel neutral

20,00 Euro

Engelbräu (Rettenberg) 02

Ein Bier so himmlisch ..., mit Logo

Mercedes-Benz Actros

H: KamLun **V:** Müller (Chemnitz)

Verpackung: Plastikschachtel neutral

8,00 Euro

Engelbräu (Rettenberg) 03

Ein Bier so himmlisch ..., mit Logo

Kenworth klassisch (Hauber)

H: Majorette **V:** Müller (Chemnitz)

Verpackung: Plastikschachtel neutral

8,00 Euro

Ensinger Mineral-Heilquellen 01

mit Logo, Mann und 2 Flaschen

Mercedes-Benz Actros

H: Hümmer **V:** Hümmer (Teugn)

Verpackung: Blister

8,00 Euro

Enzianbrennerei Grassl (Berchtesgaden) 01

mit 3 verschiedenen Logos

Mercedes-Benz klein (NG 80 mittel)

H: Made in China **V:** Hümmer (Teugn)

Verpackung: Plastikschachtel neutral

30,00 Euro

Enzianbrennerei Grassl (Berchtesgaden) 02

mit 3 verschiedenen Logos

US klassisch (Hauber)

H: Made in China **V:** Hümmer (Teugn)

Verpackung: Plastikschachtel neutral

30,00 Euro

Erbacher (Odenwald) 01

mit 4 Gläsern und Flasche vor Wald, gelochte Felgen

US klassisch (Hauber)

H: Made in China **V:** Hümmer (Teugn)

Verpackung: Blister

30,00 Euro

Erbacher (Odenwald) 02

mit 4 Gläsern und Flasche vor Wald, volle Felgen

US klassisch (Hauber)

H: Hümmer **V:** Hümmer (Teugn)

Verpackung: Blister

10,00 Euro

Erbacher (Odenwald) 03

mit Logo vor Wald

Mercedes-Benz 6600 (Oldtimer)

H: Hümmer **V:** Hümmer (Teugn)

Verpackung: Blister

10,00 Euro

Erbacher (Odenwald) 04

Nibelungen Truck, Odenwald im Quadrat, mit nacktem Rücken eines Mannes

Mercedes-Benz Actros

H: Hümmer **V:** Hümmer (Teugn)

Verpackung: Blister

8,00 Euro

Erbacher (Odenwald) 05

mit Glas, Flasche und Logo vor Wald

Mercedes-Benz Actros

H: Hümmer **V:** Hümmer (Teugn)

Verpackung: Blister

8,00 Euro

Erbacher (Odenwald) 06

mit Logo vor Wald

Scania 164L 6580

H: Wörlein (Cadolzburg) **V:** Eurosun (Cadolzburg)

Verpackung: Blister

8,00 Euro

Erbacher (Odenwald) 07

Nibelungen Truck, Odenwald im Quadrat, mit nacktem Rücken eines Mannes

Scania 164L 6580

H: Wörlein (Cadolzburg) **V:** Eurosun (Cadolzburg)

Verpackung: Blister

8,00 Euro

Erdinger 01

Weißbier, einmal landet jeder..., mit Logo, Siebdruck

Mercedes-Benz ähnlich wie MB-klein

H: PP Models **V:** keine Angabe

Verpackung: Plastikschachtel neutral

60,00 Euro

Erdinger 02

Weißbier, einmal landet jeder..., mit Logo, Siebdruck mit Nieten, Zm mit weißem Unterbau

US klassisch (Hauber)

H: Made in China **V:** keine Angabe

Verpackung: Plastikschachtel neutral

50,00 Euro

Erdinger 03

Weißbier, einmal landet jeder..., mit Logo, Zm mit blauem Unterbau

US klassisch (Hauber)

H: Made in China **V:** Hümmer (Teugn)

Verpackung: Blister

40,00 Euro

Erdinger 04

Weißbier, einmal landet jeder..., mit Logo

US modern (Hauber) (Kenworth T800)

H: Golden (ADT-Trucks) **V:** keine Angabe

Verpackung: Plastikschachtel neutral

15,00 Euro

Erdinger 05

Weißbier, einmal landet jeder..., mit Logo

Mercedes-Benz Actros

H: Wörlein (Cadolzburg) **V:** DGD (Nürnberg)

Verpackung: Plastikschachtel bedruckt oder mit Aufkleber

15,00 Euro

Erdinger 06

Schneeweiße, mit 3 Logos im Winterwald

Mercedes-Benz Actros

H: Wörlein (Cadolzburg) **V:** DGD (Nürnberg)

Verpackung: Blister

12,00 Euro

Erdinger 07
mit 8 Flaschen

Mercedes-Benz Actros
H: Wörlein (Cadolzburg) **V:** DGD (Nürnberg)
Verpackung: Blister
8,00 Euro

Erdinger 08
mit Logo

VW Beetle
H: Highspeed (China) **V:** DGD (Nürnberg)
Verpackung: Blister
15,00 Euro

Erdinger 09
mit 2 Logos auf Hänger

MAN Büssing 8000 (Oldtimer)
H: Wörlein (Cadolzburg) **V:** DGD (Nürnberg)
Verpackung: Blister
8,00 Euro

Erfurter Angerbräu 01
mit Logo (von Zwicker Gebesee)

MAN F2000 Aero (Hochdach)
H: Grell (Bielefeld-China) **V:** Grell (Bielefeld)
Verpackung: Blister
8,00 Euro

Erl-Bräu (Geiselhöring) 01
der landfrische Biergenuß, mit Glas und Flasche vor Ansiedlung

Ford Cargo
H: Golden (ADT-Trucks) **V:** keine Angabe
Verpackung: Plastikschachtel neutral
15,00 Euro

Erl-Bräu (Geiselhöring) 02

Der landfrische Biergenuß, mit 2 Logos

MAN TG-A

H: Hümmer **V:** Hümmer (Teugn)

Verpackung: Blister

8,00 Euro

Erlbacher Brauhaus 01

Grenztrunk, mit Logo

Mercedes-Benz Actros

H: Highspeed (China) **V:** Dickie (Fürth)

Verpackung: Blister

12,00 Euro **Auflage:** 2.000

Erlo 01

Getränke- u. Weinmarkt, Leipzig und Mülheim-Kärlich

Mercedes-Benz Actros

H: Highspeed (China) **V:** Grell (Bielefeld)

Verpackung: Blister

8,00 Euro

Erlo 02

Weintruck 1, Binger St. Rochuskapelle Rheinhessen, mit Landschaft

Mercedes-Benz Actros

H: Highspeed (China) **V:** Grell (Bielefeld)

Verpackung: Blister

8,00 Euro

Erlo 03

Weintruck 2, Landwein der Mosel, mit pastell Weingöttin

Mercedes-Benz Actros

H: Highspeed (China) **V:** Grell (Bielefeld)

Verpackung: Blister

8,00 Euro

Erlo 04

Weintruck 3, Rebenkelch, mit Pokal

Mercedes-Benz Actros

H: Highspeed (China) **V:** Grell (Bielefeld)

Verpackung: Blister

8,00 Euro

Erlo 05

Weintruck 4, Rheinischer Landwein Trocken

Mercedes-Benz Actros

H: Highspeed (China) **V:** Grell (Bielefeld)

Verpackung: Blister

8,00 Euro

Erzquell Brauerei (Bielstein und Siegen) 01

Zunft Kölsch, mit Logo

Mercedes-Benz Actros

H: Wörlein (Cadolzburg) **V:** DGD (Nürnberg)

Verpackung: Blister

8,00 Euro

Erzquell Brauerei (Bielstein und Siegen) 02

Pils, mit Logo

Mercedes-Benz Actros

H: Wörlein (Cadolzburg) **V:** DGD (Nürnberg)

Verpackung: Blister

8,00 Euro

Eschenbacher 01

klassische Kabine, mit Logo

US klassisch (Hauber)

H: Made in China **V:** DGD (Nürnberg)

Verpackung: Blister

15,00 Euro

Eschenbacher 02
Aerodyne-Kabine, mit Logo

US klassisch (Hauber)
H: Made in China **V:** DGD (Nürnberg)
Verpackung: Blister
12,00 Euro

Eschenbacher 03
mit schräger Flasche und Logo

Kenworth T2000 (Hauber)
H: Made in China **V:** DGD (Nürnberg)
Verpackung: Blister
9,00 Euro

Eschenbacher 04
mit Logo (nur auf Hänger)

MAN Büssing 8000 (Oldtimer)
H: Wörlein (Cadolzburg) **V:** DGD (Nürnberg)
Verpackung: Blister
10,00 Euro

Eschenbacher 05
mit Logo (nur auf Hänger)

Mercedes-Benz L322 (Oldtimer)
H: Wörlein (Cadolzburg) **V:** DGD (Nürnberg)
Verpackung: Blister
8,00 Euro

Eschenbacher 06
mit Logo (nur auf Hänger)

MAN 10.212F (Oldtimer)
H: Wörlein (Cadolzburg) **V:** DGD (Nürnberg)
Verpackung: Blister
8,00 Euro

Eschenbacher 07
mit schräger Flasche und Logo

MAN TG-A
H: Wörlein (Cadolzburg) **V:** DGD (Nürnberg)
Verpackung: Blister
8,00 Euro

Eschenbacher 08
mit Logo (nur auf Hänger)

MAN F8-LH (Oldtimer)
H: Wörlein (Cadolzburg) **V:** DGD (Nürnberg)
Verpackung: Blister
8,00 Euro

Eschenbacher 09
mit Logo (nur auf Hänger)

Mercedes-Benz LP333 (Oldtimer)
H: Wörlein (Cadolzburg) **V:** DGD (Nürnberg)
Verpackung: Blister
8,00 Euro

Eschenbacher 10
mit Logo

MAN 10.212FS (Oldtimer)
H: Wörlein (Cadolzburg) **V:** DGD (Nürnberg)
Verpackung: Blister
8,00 Euro

Eschweger 01
Klassiker

Oldtimer PKW
H: keine Angabe **V:** Hümmer (Teugn)
Verpackung: Blister
50,00 Euro

Eschweger 02
Klassiker

Oldtimer PKW
H: keine Angabe **V:** Hümmer (Teugn)
Verpackung: Blister
50,00 Euro

Eschweger 03
Klassiker

Oldtimer PKW
H: keine Angabe **V:** Hümmer (Teugn)
Verpackung: Blister
50,00 Euro

Eschweger 04
Klosterbräu, Lust auf Genuß, geriffelter Sattel

US klassisch (Hauber)
H: Made in China **V:** Hümmer (Teugn)
Verpackung: Blister
50,00 Euro

Eschweger 05
Klosterbräu, geriffelter Sattel

US klassisch (Hauber)
H: Made in China **V:** Hümmer (Teugn)
Verpackung: Blister
40,00 Euro

Eschweger 06
Klosterbräu

MAN F90
H: Made in China **V:** Hümmer (Teugn)
Verpackung: Blister
20,00 Euro

2002

E

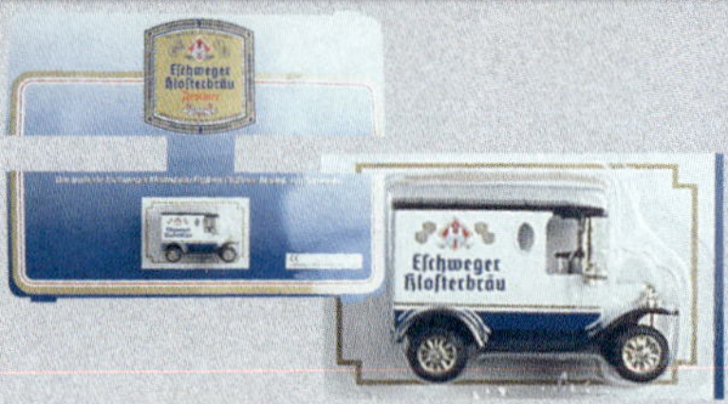

Eschweger 07

Klosterbräu

Ford Model T 1919 (Oldtimer)

H: Made in China **V:** Kreißler (Eschwege)

Verpackung: Blister

30,00 Euro

Eschweger 08

Jacobinus Bierspezialitäten, mit Mann, Glas, 2 Flaschen und Logo

Mercedes-Benz Actros

H: Hümmer **V:** Kreißler (Eschwege)

Verpackung: Blister

10,00 Euro

Eschweger 09

Kloster Radler, Sommer-Sonne-Radlerzeit, mit Etikett und Glas vor Wolken

Mercedes-Benz Actros

H: Hümmer **V:** Hümmer (Teugn)

Verpackung: Blister

10,00 Euro

Eschweger 10

Klosterbräu, mit Etikett und Gläsern

Mercedes-Benz Actros

H: Hümmer **V:** Hümmer (Teugn)

Verpackung: Blister

9,00 Euro

Eschweger 11

Festbier mit Flasche und Glas

Mercedes-Benz Actros

H: Hümmer **V:** Hümmer (Teugn)

Verpackung: Blister

8,00 Euro

Eschweger 12

Jacobinus Bierspezialität, mit großem, schrägliegenden Logo

Mercedes-Benz Actros

H: Hümmer **V:** Hümmer (Teugn)

Verpackung: Blister

8,00 Euro

Eschweger 13

Jacobinus Radler, mit Logo und Flasche

MAN TG-A

H: Hümmer **V:** Hümmer (Teugn)

Verpackung: Blister

8,00 Euro

Eschweger 14

Klosterbräu, Brauereifest 19. - 20. Mai 2001

MAN TG-A

H: Hümmer **V:** Hümmer (Teugn)

Verpackung: Blister

8,00 Euro

Eschweger 15

Festbier, mit historischem Pärchen beim Essen, 2 Gläsern und Etikett

Mercedes-Benz Actros

H: Gefra (Taunusstein) **V:** Gefra (Taunusstein)

Verpackung: Blister

8,00 Euro

Ettaler 01

Original - Klosterbiere, Kloster Liqueur, mit Glas und Flaschen

US modern (Hauber) (Kenworth T800)

H: Golden (ADT-Trucks) **V:** keine Angabe

Verpackung: Blister

15,00 Euro

Ettaler 02

Original - Klosterbiere, Kloster Liqueur, mit Glas und Flaschen

MAN M2000

H: Made in China **V:** Lauterbach

Verpackung: Blister

8,00 Euro

Eurotrink 01

DIE Getränke Adresse, mit grünem Logo

US modern (Hauber) (Kenworth T800)

H: Highspeed (China) **V:** Grell (Bielefeld)

Verpackung: Blister

10,00 Euro

Eurotrink 02

Köstritzer Schwarzbier

Mercedes-Benz Actros

H: Highspeed (China) **V:** Grell (Bielefeld)

Verpackung: Blister

9,00 Euro

Eurotrink 03

Thuringia Schwarzbier und Bock

US modern (Hauber) (Kenworth T800)

H: Highspeed (China) **V:** Grell (Bielefeld)

Verpackung: Blister

9,00 Euro

Eurotrink 04

Apollinaris, The Queen Of Table Waters

Mercedes-Benz Actros

H: Highspeed (China) **V:** Grell (Bielefeld)

Verpackung: Blister

8,00 Euro

Eurotrink 05
Gambrinus

Mercedes-Benz Actros
H: Highspeed (China) **V:** Grell (Bielefeld)
Verpackung: Blister
9,00 Euro

Eurotrink 06
Harzer Mineralbrunnen, Grafenquelle

Mercedes-Benz Actros
H: Highspeed (China) **V:** Grell (Bielefeld)
Verpackung: Blister
8,00 Euro

Eurotrink 07
Jever

Mercedes-Benz Actros
H: Highspeed (China) **V:** Grell (Bielefeld)
Verpackung: Blister
9,00 Euro

Eurotrink 08
Kleiner Feigling

Mercedes-Benz Actros
H: Highspeed (China) **V:** Grell (Bielefeld)
Verpackung: Blister
9,00 Euro

Eurotrink 09
Kuemmerling

Mercedes-Benz Actros
H: Highspeed (China) **V:** Grell (Bielefeld)
Verpackung: Blister
9,00 Euro

Eurotrink 10

Lauchstädter Heilbrunnen

Mercedes-Benz Actros

H: Highspeed (China) **V:** Grell (Bielefeld)

Verpackung: Blister

8,00 Euro

Eurotrink 11

Meeraner

Mercedes-Benz Actros

H: Highspeed (China) **V:** Grell (Bielefeld)

Verpackung: Blister

8,00 Euro

Eurotrink 12

Paulaner

Mercedes-Benz Actros

H: Highspeed (China) **V:** Grell (Bielefeld)

Verpackung: Blister

8,00 Euro

Eurotrink 13

Punica, mit Eisbär

Mercedes-Benz Actros

H: Highspeed (China) **V:** Grell (Bielefeld)

Verpackung: Blister

10,00 Euro

Eurotrink 14

Reudnitzer Pilsner

Mercedes-Benz Actros

H: Highspeed (China) **V:** Grell (Bielefeld)

Verpackung: Blister

9,00 Euro

Eurotrink 15
Riebeck Premium Pils

Mercedes-Benz Actros
H: Highspeed (China) **V:** Grell (Bielefeld)
Verpackung: Blister
9,00 Euro

Eurotrink 16
Rotkäppchen Sekt

Mercedes-Benz Actros
H: Highspeed (China) **V:** Grell (Bielefeld)
Verpackung: Blister
10,00 Euro

Eurotrink 17
Schweppes

Mercedes-Benz Actros
H: Highspeed (China) **V:** Grell (Bielefeld)
Verpackung: Blister
8,00 Euro

Eurotrink 18
Volvic

Mercedes-Benz Actros
H: Highspeed (China) **V:** Grell (Bielefeld)
Verpackung: Blister
8,00 Euro

Eurotrink 19
DIE Getränke Adresse, mit grünem Logo

Mercedes-Benz Actros
H: Highspeed (China) **V:** Grell (Bielefeld)
Verpackung: Blister
8,00 Euro

E

2002

Eurotrink	20
Ahornberger Landbier	
Mercedes-Benz Actros	
H: Highspeed (China)	**V:** Grell (Bielefeld)
Verpackung: Blister	
9,00 Euro	

Eurotrink	21
Felskrone	
Mercedes-Benz Actros	
H: Highspeed (China)	**V:** Grell (Bielefeld)
Verpackung: Blister	
8,00 Euro	

Eurotrink	22
Gerolsteiner	
Mercedes-Benz Actros	
H: Highspeed (China)	**V:** Grell (Bielefeld)
Verpackung: Blister	
8,00 Euro	

Eurotrink	23
Königsee	
Mercedes-Benz Actros	
H: Highspeed (China)	**V:** Grell (Bielefeld)
Verpackung: Blister	
9,00 Euro	

Eurotrink	24
Watzdorfer, nichts lieber als das!	
Mercedes-Benz Actros	
H: Highspeed (China)	**V:** Grell (Bielefeld)
Verpackung: Blister	
9,00 Euro	

Eurotrink 25
Christinen

Mercedes-Benz Actros
H: Highspeed (China) **V:** Grell (Bielefeld)
Verpackung: Blister
8,00 Euro

Eurotrink 26
Leikeim

Mercedes-Benz Actros
H: Highspeed (China) **V:** Grell (Bielefeld)
Verpackung: Blister
8,00 Euro

Eurotrink 27
Erdinger

Mercedes-Benz Actros
H: Highspeed (China) **V:** Grell (Bielefeld)
Verpackung: Blister
8,00 Euro

Eurotrink 28
Zunftherrn

Mercedes-Benz Actros
H: Highspeed (China) **V:** Grell (Bielefeld)
Verpackung: Blister
8,00 Euro

Eurotrink 29
Bechtheimer Pilgerpfad (Wein)

Mercedes-Benz Actros
H: Highspeed (China) **V:** Grell (Bielefeld)
Verpackung: Blister
8,00 Euro

E

2002

Eurotrink 30

DAB

Mercedes-Benz Actros

H: Highspeed (China) **V:** Grell (Bielefeld)

Verpackung: Blister

8,00 Euro

Eurotrink 31

Jack Daniel´s

Ford 9000 (Hauber)

H: Highspeed (China) **V:** Grell (Bielefeld)

Verpackung: Blister

15,00 Euro

Eurotrink 32

Kulmbacher

Mercedes-Benz Actros

H: Highspeed (China) **V:** Getex (Geesthacht)

Verpackung: Blister

8,00 Euro

Eurotrink 33

Eisenacher Schwarzer Drache

Mercedes-Benz Actros

H: Highspeed (China) **V:** Grell (Bielefeld)

Verpackung: Blister

9,00 Euro

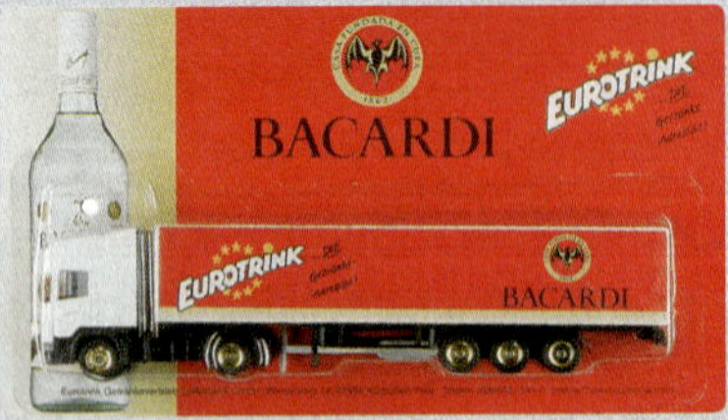

Eurotrink 34

Bacardi

Scania 124L 420

H: Grell (Bielefeld-China) **V:** Grell (Bielefeld)

Verpackung: Blister

9,00 Euro

Eurotrink 35
Budweiser
Ford 9000 (Hauber)
H: Highspeed (China) **V:** Grell (Bielefeld)
Verpackung: Blister
9,00 Euro

Eurotrink 36
Ballentine´s
Scania 124L 420
H: Grell (Bielefeld-China) **V:** Grell (Bielefeld)
Verpackung: Blister
9,00 Euro

Eurotrink 37
Chantrè
Scania 124L 420
H: Grell (Bielefeld-China) **V:** Grell (Bielefeld)
Verpackung: Blister
9,00 Euro

Eurotrink 38
Fernet-Branca, mit Adler
Scania 124L 420
H: Grell (Bielefeld-China) **V:** Grell (Bielefeld)
Verpackung: Blister
9,00 Euro

Eurotrink 39
Freixenet
Scania 124L 420
H: Grell (Bielefeld-China) **V:** Grell (Bielefeld)
Verpackung: Blister
8,00 Euro

Eurotrink 40
Jacobi 1880

Scania 124L 420
H: Grell (Bielefeld-China) **V:** Grell (Bielefeld)
Verpackung: Blister
9,00 Euro

Eurotrink 41
Johnnie Walker Red Label

Scania 124L 420
H: Grell (Bielefeld-China) **V:** Grell (Bielefeld)
Verpackung: Blister
9,00 Euro

Eurotrink 42
Sternburg

MAN F2000 Aero (Hochdach)
H: Grell (Bielefeld-China) **V:** Grell (Bielefeld)
Verpackung: Blister
8,00 Euro

Eurotrink 43
Underberg

Scania 124L 420
H: Grell (Bielefeld-China) **V:** Grell (Bielefeld)
Verpackung: Blister
8,00 Euro

Eurotrink 44
Wilthener Gebirgskräuter

Mercedes-Benz Actros
H: Highspeed (China) **V:** Grell (Bielefeld)
Verpackung: Blister
8,00 Euro

Eurotrink 45

Wilthener Goldkrone

Mercedes-Benz Actros

H: Highspeed (China) **V:** Grell (Bielefeld)

Verpackung: Blister

8,00 Euro

Eurotrink 46

Weinkellerei am Goldberg, Alsheimer Rheinblick

Mercedes-Benz Actros

H: Highspeed (China) **V:** Grell (Bielefeld)

Verpackung: Blister

8,00 Euro

Eurotrink 47

Lausitzer Früchte

MAN F2000 Aero (Hochdach)

H: Grell (Bielefeld-China) **V:** Grell (Bielefeld)

Verpackung: Blister

8,00 Euro

Eurotrink 48

Steffens Pilsener

MAN F2000 Aero (Hochdach)

H: Grell (Bielefeld-China) **V:** Grell (Bielefeld)

Verpackung: Blister

8,00 Euro

Eurotrink 49

10 Jahre, 1990 - 2000

IFA W50 (Oldtimer)

H: Grell (Bielefeld-China) **V:** Grell (Bielefeld)

Verpackung: Blister

8,00 Euro

E

Eurotrink 50

Dortmunder Siegel Pils

Mercedes-Benz Actros

H: Highspeed (China) **V:** Grell (Bielefeld)

Verpackung: Blister

8,00 Euro

Eurotrink 51

Hasseröder

MAN F2000 Aero (Hochdach)

H: Grell (Bielefeld-China) **V:** Grell (Bielefeld)

Verpackung: Blister

9,00 Euro

Eurotrink 52

Wicküler Pilsener

Mercedes-Benz Actros

H: Highspeed (China) **V:** Grell (Bielefeld)

Verpackung: Blister

9,00 Euro

Eurotrink 53

Creydt

Ford 9000 (Hauber)

H: Highspeed (China) **V:** Grell (Bielefeld)

Verpackung: Blister

8,00 Euro

Eurotrink 54

Echter Nordhäuser Korn

Scania 124L 420

H: Grell (Bielefeld-China) **V:** Grell (Bielefeld)

Verpackung: Blister

8,00 Euro

Eurotrink 55
Kulmbacher

MAN TG-460
H: Grell (Bielefeld-China) **V:** Grell (Bielefeld)
Verpackung: Blister
8,00 Euro

Eurotrink 56
Kapuziner Weißbier, mit 2 schrägen Gläsern

Mercedes-Benz Actros
H: Highspeed (China) **V:** Grell (Bielefeld)
Verpackung: Blister
8,00 Euro

Eurotrink 57
Pilsner Urquell, Echt schräg, mit schräger und stehender Flasche

Ford 9000 (Hauber)
H: Highspeed (China) **V:** Grell (Bielefeld)
Verpackung: Blister
8,00 Euro

Eurotrink 58
Thier Pils, mit 3 * 3 Gläsern

Ford 9000 (Hauber)
H: Highspeed (China) **V:** Grell (Bielefeld)
Verpackung: Blister
8,00 Euro

Eurotrink 59
Köstritzer, mit 2 Logos und 2 Schriftzügen

Freightliner FLD 120 (Hauber)
H: Grell (Bielefeld-China) **V:** Grell (Bielefeld)
Verpackung: Blister
8,00 Euro

Eurotrink 60

Paulaner, mit Glas, Flasche und Kronkorken

Ford 9000 (Hauber)

H: Highspeed (China) **V:** Grell (Bielefeld)

Verpackung: Blister

8,00 Euro

Eurotrink 61

Gambrinus on the road. mit 7 Flaschen auf Straße

Freightliner FLD 120 (Hauber)

H: Grell (Bielefeld-China) **V:** Grell (Bielefeld)

Verpackung: Blister

8,00 Euro

Eurotrink 62

DAB, mit 3 Paletten Bierdosen

Ford 9000 (Hauber)

H: Highspeed (China) **V:** Grell (Bielefeld)

Verpackung: Blister

8,00 Euro

Falken Bräu (Neustadt am Rennsteig) 01

mit Falken (von Getränkemarkt Heinz)

Ford 9000 (Hauber)

H: Highspeed (China) **V:** Grell (Bielefeld)

Verpackung: Blister

8,00 Euro

Falkensteiner 01

Premium Hefeweizen

Mercedes-Benz Actros

H: Wörlein (Cadolzburg) **V:** DGD (Nürnberg)

Verpackung: Plastikschachtel bedruckt oder mit Aufkleber

8,00 Euro

Falter (Hof) 01

Pils, mit Schmetterling

US modern (Hauber) (Kenworth T800)

H: Highspeed (China) **V:** Grell (Bielefeld)

Verpackung: Blister

30,00 Euro

Falter (Hof) 02

Pils, mit Schmetterling

Mercedes-Benz Actros

H: Highspeed (China) **V:** Grell (Bielefeld)

Verpackung: Blister

25,00 Euro

Falter (Hof) 03

Pils, Für Kenner ein Begriff, mit Logo

US modern (Hauber) (Kenworth T800)

H: Highspeed (China) **V:** Grell (Bielefeld)

Verpackung: Blister

18,00 Euro

Falter (Hof) 04

Weissbier, Glas in Oase und Logo

Ford 9000 (Hauber)

H: Highspeed (China) **V:** Grell (Bielefeld)

Verpackung: Blister

12,00 Euro

Falter (Hof) 05

Weihnachten 2000, mit Weihnachtsmann auf Schlitten und Logo

Ford 9000 (Hauber)

H: Highspeed (China) **V:** Grell (Bielefeld)

Verpackung: Blister

10,00 Euro

Falter (Hof) 06

mit Mann und Boot am Meer und Glas

Scania 124L 420

H: Grell (Bielefeld-China) **V:** Grell (Bielefeld)

Verpackung: Blister

8,00 Euro

Falter (Hof) 07

mit Blitzen und Glas

Scania 124L 420

H: Grell (Bielefeld-China) **V:** Grell (Bielefeld)

Verpackung: Blister

8,00 Euro

Falter (Hof) 08

Nr.1, 2.Falter Weißbierfest 2001, mit riesigem, liegendem Logo

Scania 124L 420

H: Grell (Bielefeld-China) **V:** Grell (Bielefeld)

Verpackung: Blister

8,00 Euro

Falter (Hof) 09

mit Mann und Glas vor Huskys im Schnee

MAN TG-460

H: Grell (Bielefeld-China) **V:** Grell (Bielefeld)

Verpackung: Blister

8,00 Euro

Falter J.B. (Regen) 01

Privatbrauerei Regen, Seit 350 Jahren, mit Logo

Volvo F-12 Globetrotter

H: Golden (ADT-Trucks) **V:** Müller (Chemnitz)

Verpackung: Plastikschachtel neutral

18,00 Euro

Falter J.B. (Regen) 02
mit 4 spänniger historischer Bierkutsche auf Waldwiese

Mercedes-Benz Actros
H: Wörlein (Cadolzburg) **V:** DGD (Nürnberg)
Verpackung: Blister
9,00 Euro

Falter J.B. (Regen) 03
mit Logo, 4 Flaschen und 4 Gläsern

MAN F2000 Aero (Hochdach)
H: Wörlein (Cadolzburg) **V:** DGD (Nürnberg)
Verpackung: Blister
8,00 Euro

Falterbräu (Drachselried) 01
mit 2 Schmetterlingen

Mercedes-Benz Actros
H: Top-Style (Ebersdorf) **V:** Allround Service (Wonsees)
Verpackung: Blister
8,00 Euro

Farny (Kißlegg-Dürren) 01
Edelweissbrauerei, mit Logo

US klassisch (Hauber)
H: Made in China **V:** Hümmer (Teugn)
Verpackung: Blister
45,00 Euro

Farny (Kißlegg-Dürren) 03
der Weißbierspezialist, mit Glas und Flasche

Volvo F-12 Globetrotter
H: Golden (ADT-Trucks) **V:** Lauterbach
Verpackung: Blister
50,00 Euro **Auflage:** 2.500

Farny (Kißlegg-Dürren) 04
Hofgutsbier, mit Glas und Flasche

Volvo F-12 Globetrotter
H: Golden (ADT-Trucks) **V:** Lauterbach
Verpackung: Blister
75,00 Euro **Auflage:** 1.000

Farny (Kißlegg-Dürren) 05
und Getränke Müller

Volvo F-12 Globetrotter
H: Golden (ADT-Trucks) **V:** keine Angabe
Verpackung: Plastikschachtel neutral
75,00 Euro

Farny (Kißlegg-Dürren) 06
und PAM

Volvo F-12 Globetrotter
H: Golden (ADT-Trucks) **V:** keine Angabe
Verpackung: Plastikschachtel neutral
75,00 Euro

Farny (Kißlegg-Dürren) 06
der Weißbierspezialist, mit großem Logo (Edelweiss)

Mercedes-Benz Actros
H: Top-Style (Ebersdorf) **V:** Top-Style (Ebersdorf)
Verpackung: Blister
8,00 Euro

Farny (Kißlegg-Dürren) 08
der Weißbierspezialist, mit Glas, Flasche und Kasten

Mercedes-Benz Actros
H: Top-Style (Ebersdorf) **V:** Top-Style (Ebersdorf)
Verpackung: Blister
10,00 Euro

Fässla (Bamberg) 01

Trink Fässla Bier, mit Zwerg und Fass

Mercedes-Benz groß (NG 80 lang)

H: Made in China **V:** Lauterbach

Verpackung: Blister

18,00 Euro

Fässla (Bamberg) 02

Weihnachtsbier (2000) mit Zwerg vor Stadt im Winter

MAN F2000 Aero (Hochdach)

H: Wörlein (Cadolzburg) **V:** Werbestudio Rüger (Bischberg)

Verpackung: Blister

9,00 Euro

Fässla (Bamberg) 03

Bambergator, mit Zwerg vor Stadtbild

MAN F2000 Aero (Hochdach)

H: Wörlein (Cadolzburg) **V:** Werbestudio Rüger (Bischberg)

Verpackung: Blister

9,00 Euro

Faust (Miltenberg) 01

mit Glas

US klassisch (Hauber)

H: Hümmer **V:** Hümmer (Teugn)

Verpackung: Blister

10,00 Euro

Faxe 01

mir großem Logo

Volvo F-12 Globetrotter

H: Golden (ADT-Trucks) **V:** Sammler-Oase

Verpackung: Plastikschachtel neutral

25,00 Euro

Faxe 02

mir großem Logo, mit dänischen Häusern auf Blister

Scania 124L 420

H: Grell (Bielefeld-China) **V:** Grell (Bielefeld)

Verpackung: Blister

15,00 Euro

Feldschlößchen (Dresden) 01

mit 2 Logos

Mercedes-Benz klein (NG 80 mittel)

H: Made in China **V:** keine Angabe

Verpackung: Plastikschachtel neutral

75,00 Euro

Feldschlößchen (Dresden) 02

mit 2 Logos

US klassisch (Hauber)

H: Made in China **V:** keine Angabe

Verpackung: Plastikschachtel neutral

60,00 Euro

Feldschlößchen (Dresden) 03

Sachsen zum Abfahren, mit Logo

US klassisch (Hauber)

H: Made in China **V:** DGD (Nürnberg)

Verpackung: Blister

12,00 Euro

Feldschlößchen (Dresden) 04

Niedersachsen zum Abfahren, mit Logo

US klassisch (Hauber)

H: Made in China **V:** DGD (Nürnberg)

Verpackung: Blister

12,00 Euro

Feldschlößchen (Dresden) 05
ich fahre für ... Gaststätte Weißnitz, lim. Nr. 4 von 99, mit Logo
US modern (Hauber) (Kenworth T800)
H: Golden (ADT-Trucks) **V:** keine Angabe
Verpackung: Plastikschachtel neutral
50,00 Euro **Auflage:** 99

Feldschlößchen (Dresden) 06
Sachsen zum Abfahren, Seitenverkleidung Zm weiß, mit 2 Logos
Mercedes-Benz Actros
H: Wörlein (Cadolzburg) **V:** DGD (Nürnberg)
Verpackung: Blister
12,00 Euro

Feldschlößchen (Dresden) 07
Sachsen zum Abfahren, Seitenverkleidung Zm grün, mit 2 Logos
Mercedes-Benz Actros
H: Hümmer **V:** Hümmer (Teugn)
Verpackung: Blister
8,00 Euro

Feldschlößchen (Dresden) 08
Feldschlösschen zum Abfahren, Seitenverkleidung Zm weiß, mit 2 Logos
Mercedes-Benz Actros
H: KamLun **V:** Rather Creativ
Verpackung: Blister
8,00 Euro

Feldschlößchen (Dresden) 09
31. Dixielandfestival Dresden, 2001
Iveco Eurostar
H: Dickie (China) **V:** Vierke (Braunschweig)
Verpackung: Plastikschachtel neutral
10,00 Euro **Auflage:** 500

Feldschlößchen (Dresden) 10
Export, mit liegender Flasche

Mercedes-Benz Atego
H: Made in China **V:** Hümmer (Teugn)
Verpackung: Blister
8,00 Euro

Feldschlößchen (Dresden) 11
Pilsener, mit liegender Flasche

Mercedes-Benz Atego
H: Made in China **V:** Hümmer (Teugn)
Verpackung: Blister
8,00 Euro

Feldschlößchen (Dresden) 12
Freu Dich drauf, mit Logo

Ford 9000 (Hauber)
H: Highspeed (China) **V:** Grell (Bielefeld)
Verpackung: Blister
8,00 Euro

Feldschlösschen (Hamminkeln) 01
Malz Klassik, mit 2 Logos

US modern (Hauber) (Kenworth T800)
H: Highspeed (China) **V:** Grell (Bielefeld)
Verpackung: Blister
20,00 Euro

Felsen Bräu (Thalmannsfeld) 01
mit schrägem Glas, Blister bierkastengroß

Mercedes-Benz Actros
H: Hümmer **V:** Hümmer (Teugn)
Verpackung: Blister
10,00 Euro

Felsen Bräu (Thalmannsfeld) 02

links: Rock 33, Gitarre und 2 Flaschen -rechts: Sänger, Logo und 2 Flaschen

Mercedes-Benz Actros

H: Hümmer **V:** keine Angabe

Verpackung: Plastikschachtel neutral

9,00 Euro

Felsenkeller (Weimar) 01

Gasthausbrauerei, mit Logo

Volvo F-12 Globetrotter

H: Golden (ADT-Trucks) **V:** Müller (Chemnitz)

Verpackung: Plastikschachtel neutral

30,00 Euro

Felsenkeller (Weimar) 02

Gasthausbrauerei, mit Logo

Kenworth klassisch (Hauber)

H: Majorette **V:** Müller (Chemnitz)

Verpackung: Plastikschachtel neutral

8,00 Euro

Felsenkeller (Weimar) 03

Deinhardt-Bräu Dunkel, mit Logo und Glas

MAN TG-A

H: Wörlein (Cadolzburg) **V:** DGD (Nürnberg)

Verpackung: Blister

8,00 Euro

Felsenkeller (Weimar) 04

Deinhardt-Bräu Hell, mit Logo und Glas

MAN F2000 (Hochdach)

H: Wörlein (Cadolzburg) **V:** DGD (Nürnberg)

Verpackung: Blister

8,00 Euro

Felsenkeller (Weimar) 05

Erste Thüringer Gasthaus Brauerei Weimar, mit Logo

IFA H6 (Oldtimer)

H: Made in China **V:** DGD (Nürnberg)

Verpackung: Blister

8,00 Euro

Felsenkeller (Weimar) 06

mit Logo und 2 Gläsern

Scania 124L 420

H: Grell (Bielefeld-China) **V:** Grell (Bielefeld)

Verpackung: Blister

8,00 Euro

Felsenkeller (Weimar) 07

mit kleinem und großem Logo

Ford Model T 1919 (Oldtimer)

H: Highspeed (China) **V:** Grell (Bielefeld)

Verpackung: Blister

8,00 Euro

Felsenkeller (Weimar) 08

Ford Model A mit Kästen (Oldtimer)

H: Highspeed (China) **V:** Grell (Bielefeld)

Verpackung: Blister

8,00 Euro

Feuer und Wasser Brauereigasthof 01

Hopfen und Malz-Serie Nr.4/4

Scania 164L 6580

H: Wörlein (Cadolzburg) **V:** Eurosun (Cadolzburg)

Verpackung: Blister

8,00 Euro

Fichtelgebirgshof 01
das besondere Wirtshaus
US modern (Hauber) (Kenworth T800)
H: Golden (ADT-Trucks) **V:** Gaststätte
Verpackung: Plastikschachtel neutral
10,00 Euro

Fiedler-Bräu (Scheibenberg) 01
mit 2 Logos, 3 Achsen, gelochte Felgen
US modern (Hauber) (Kenworth T800)
H: Golden (ADT-Trucks) **V:** keine Angabe
Verpackung: Plastikschachtel neutral
75,00 Euro **Auflage:** 50

Fiedler-Bräu (Scheibenberg) 02
mit 2 Logos, 2 Achsen, gelochte Felgen
US modern (Hauber) (Kenworth T800)
H: Golden (ADT-Trucks) **V:** keine Angabe
Verpackung: Plastikschachtel neutral
75,00 Euro

Fiedler-Bräu (Scheibenberg) 03
mit 2 Logos
Mercedes-Benz Actros
H: Highspeed (China) **V:** Grell (Bielefeld)
Verpackung: Blister
35,00 Euro **Auflage:** ges. 4.000

Fiedler-Bräu (Scheibenberg) 04
mit 2 Logos
Mercedes-Benz Actros
H: Made in China **V:** Grell (Bielefeld)
Verpackung: Blister
30,00 Euro **Auflage:** ges. 4.000

F
2002

Fiedler-Bräu (Scheibenberg) 05

mit Logo, grüne Schrift

IFA W50 (Oldtimer)

H: Grell (Bielefeld-China) **V:** Grell (Bielefeld)

Verpackung: Blister

25,00 Euro

Fiedler-Bräu (Scheibenberg) 06

mit Logo, rote Schrift

IFA W50 (Oldtimer)

H: Grell (Bielefeld-China) **V:** Grell (Bielefeld)

Verpackung: Blister

30,00 Euro

Fiedler-Bräu (Scheibenberg) 07

Dampflokbier, grüne Schrift, mit Dampflokzug

IFA W50 (Oldtimer)

H: Grell (Bielefeld-China) **V:** Grell (Bielefeld)

Verpackung: Blister

25,00 Euro

Fiedler-Bräu (Scheibenberg) 08

Dampflokbier, rote Schrift, mit Dampflokzug

IFA W50 (Oldtimer)

H: Grell (Bielefeld-China) **V:** Grell (Bielefeld)

Verpackung: Blister

30,00 Euro

Fiedler-Bräu (Scheibenberg) 09

mit 2 Gläsern und Logo vor Meer

Scania 124L 420

H: Grell (Bielefeld-China) **V:** Grell (Bielefeld)

Verpackung: Blister

10,00 Euro

Fiedler-Bräu (Scheibenberg) 10
mit Logo, Glas, Flasche und Bild

Ford 9000 (Hauber)
H: Highspeed (China) **V:** Grell (Bielefeld)
Verpackung: Blister
10,00 Euro

Fiener Fruchtsäfte 01
mit 3 Flaschen und vielen Früchten

MAN F2000 (Hochdach)
H: Wörlein (Cadolzburg) **V:** Eurosun (Cadolzburg)
Verpackung: Blister
8,00 Euro **Auflage:** 2.500

Finkbeiner Premium Pils 01
Finkbeiner Getränkemarkt (Ulm), mit Frau auf Kasten und schräger Flasche

MAN TG-A
H: Wörlein (Cadolzburg) **V:** DGD (Nürnberg)
Verpackung: Blister
8,00 Euro

Fischer´s Brauhaus (Mössingen) 01

Ford Model T 1919 (Oldtimer)
H: Highspeed (China) **V:** Grell (Bielefeld)
Verpackung: Blister
10,00 Euro

Fischer´s Stiftungsbräu Erding 01
mit Portrait eines Mannes und Logo

Mercedes-Benz Actros
H: Wörlein (Cadolzburg) **V:** DGD (Nürnberg)
Verpackung: Blister
8,00 Euro

F

Fischers Bräu 01

Gaststätte zur Birke, Kulmbach

MAN Phönix (Hauber)

H: Wörlein (Cadolzburg) **V:** Eurosun (Cadolzburg)

Verpackung: Blister

8,00 Euro

Fläminger Landbier 01

mit Mühle

MAN F90

H: Made in China **V:** keine Angabe

Verpackung: Plastikschachtel neutral

35,00 Euro

Flensburger 01

mit 2 Logos vor Hintergrund mit Tropfen

Mercedes-Benz Atego 18T

H: Vierke (Braunschweig) **V:** Vierke (Braunschweig)

Verpackung: Blister

8,00 Euro

Flensburger 02

VIP-Transport, mit 3 liegenden Flaschen vor Hintergrund mit Tropfen

Mercedes-Benz Actros

H: Highspeed (China) **V:** Grell (Bielefeld)

Verpackung: Blister

8,00 Euro

Flötzinger Bräu (Rosenheim) 01

Freiheit..., mit Glas, Flasche, Logo und Brauerei

Ford 9000 (Hauber)

H: Highspeed (China) **V:** Grell (Bielefeld)

Verpackung: Blister

10,00 Euro **Auflage:** 1.000

Flötzinger Bräu (Rosenheim) 02
1543 Hefe-Weisse, mit Flasche, Glas und Braumeister

Ford 9000 (Hauber)
H: Highspeed (China) **V:** Grell (Bielefeld)
Verpackung: Blister
8,00 Euro

Flötzinger Bräu (Rosenheim) 03
Hell, mit Logo

Ford 9000 (Hauber)
H: Highspeed (China) **V:** Grell (Bielefeld)
Verpackung: Blister
8,00 Euro

Formi-Bitter 01
Planitzer Kräutertropfen (Zwickau)

Mercedes-Benz Actros
H: Highspeed (China) **V:** Grell (Bielefeld)
Verpackung: Blister
8,00 Euro

Först (Drügendorf) 01
1/4

Scania 124L 420
H: Grell (Bielefeld-China) **V:** Grell (Bielefeld)
Verpackung: Blister
8,00 Euro

Först (Drügendorf) 02
2/4, Grüße aus Drügendorf, Goldener Löwe,
mit alter Postkarte

Scania 124L 420
H: Grell (Bielefeld-China) **V:** Grell (Bielefeld)
Verpackung: Blister
8,00 Euro

Först (Drügendorf) 03

3/4, Altfränkisches Lager Bier, Goldener Löwe, mit alter Papierrolle

Freightliner FLD 120 (Hauber)

H: Grell (Bielefeld-China) **V:** Grell (Bielefeld)

Verpackung: Blister

8,00 Euro

Först (Drügendorf) 04

4/4, Altfränkisches Lager Bier, mit alter Papierrolle

Scania 124L 420

H: Grell (Bielefeld-China) **V:** Grell (Bielefeld)

Verpackung: Blister

8,00 Euro

Förstina 01

Sprudel, Fun-Truck, mit Landschaft

US klassisch (Hauber)

H: Made in China **V:** Dittmann Prod. (Geroldshofen)

Verpackung: Blister

15,00 Euro

Förstina 02

frisch & fruchtig (mit vielen Flaschen)

US klassisch (Hauber)

H: Hümmer **V:** Hümmer (Teugn)

Verpackung: Blister

10,00 Euro

Förstina 03

und logo Getränke Fachmarkt

Mercedes-Benz Actros

H: Wörlein (Cadolzburg) **V:** DGD (Nürnberg)

Verpackung: Blister

8,00 Euro

Förstina 04

Auf die inneren Werte…,
mit Pärchen und 4 schrägen Flaschen

US klassisch (Hauber)

H: Made in China **V:** DGD (Nürnberg)

Verpackung: Blister

8,00 Euro

Franken Bräu (Mitwitz) 01

mit krügetragender Kellnerin

US klassisch (Hauber)

H: Made in China **V:** Hümmer (Teugn)

Verpackung: Blister

40,00 Euro

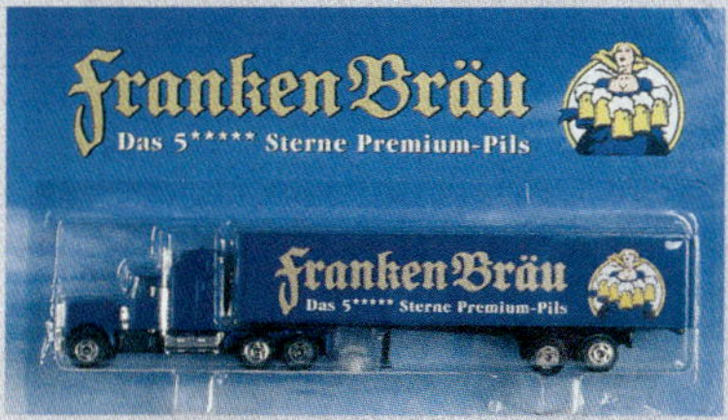

Franken Bräu (Mitwitz) 02

mit Bügelflasche

US klassisch (Hauber)

H: Made in China **V:** Hümmer (Teugn)

Verpackung: Blister

20,00 Euro

Franken Bräu (Mitwitz) 03

mit Bügelflasche

Mercedes-Benz Actros

H: Hümmer **V:** Hümmer (Teugn)

Verpackung: Blister

12,00 Euro

Franken Bräu (Mitwitz) 04

mit gelbem Kasten und Bügelflasche

Mercedes-Benz Actros

H: Hümmer **V:** Hümmer (Teugn)

Verpackung: Blister

10,00 Euro

Franken Bräu (Mitwitz) 05

mit Bügelflasche und gelbem Kastenstapel

MAN TG-A

H: Hümmer **V:** Hümmer (Teugn)

Verpackung: Blister

8,00 Euro

Franken Bräu (Mitwitz) 06

mit 20 Bügelflaschen

MAN TG-A

H: Hümmer **V:** Hümmer (Teugn)

Verpackung: Blister

8,00 Euro

Franken Bräu (Mitwitz) 07

mit gläsertragender Kellnerin und schräger Flasche

US modern (Hauber)

H: Hümmer **V:** Hümmer (Teugn)

Verpackung: Blister

8,00 Euro

Frankenbrunnen 01

Limit, mit grünen Händen und Flasche auf Eis

Mercedes-Benz Actros

H: Gefra (Taunusstein) **V:** Gefra (Taunusstein)

Verpackung: Blister

8,00 Euro

Frankenbrunnen 02

Mabella, mit vielen Früchten

Mercedes-Benz Actros

H: Gefra (Taunusstein) **V:** Gefra (Taunusstein)

Verpackung: Blister

8,00 Euro

Frankenbrunnen 03
Schorle, mit Äpfeln und Weintrauben vor grünen Wassertropfen

Mercedes-Benz Actros
H: Gefra (Taunusstein) **V:** Gefra (Taunusstein)
Verpackung: Blister
8,00 Euro

Frankenheim 01
Alt

Ford Model T 1919 (Oldtimer)
H: Made in China **V:** keine Angabe
Verpackung: Showbox - Pappe und Plastik
50,00 Euro

Frankenheim 02
blue, mit schräger Flasche

Peterbilt 378 (Hauber)
H: Made in China **V:** Dr. Lichtenberg (Essen)
Verpackung: Blister
8,00 Euro

Frankfurter (Oder) 01
Pilsener, Natürlich gebraut in..., mit rotem Siegel

Mercedes-Benz Actros
H: Highspeed (China) **V:** Grell (Bielefeld)
Verpackung: Blister
15,00 Euro

Franziskaner 01
Weissbier, mit Logo

Mercedes-Benz Actros
H: Wörlein (Cadolzburg) **V:** DGD (Nürnberg)
Verpackung: Plastikschachtel bedruckt oder mit Aufkleber
25,00 Euro

F
2002

F

Franziskaner 02

Weissbier, Alpenfrische zum Greifen nah, mit Glas vor Alpen

Mercedes-Benz Actros

H: Wörlein (Cadolzburg) **V:** DGD (Nürnberg)

Verpackung: Plastikschachtel bedruckt oder mit Aufkleber

9,00 Euro

Franziskaner 03

Das Frische an Bayern, mit Glas vor See in Alpen

Mercedes-Benz Actros

H: Wörlein (Cadolzburg) **V:** DGD (Nürnberg)

Verpackung: Blister

8,00 Euro

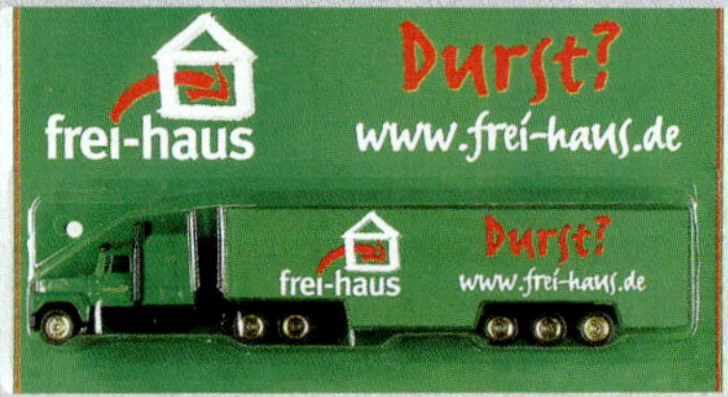

Frei-Haus Getränke 01

Durst? www.frei-haus.de

Ford 9000 (Hauber)

H: Highspeed (China) **V:** Grell (Bielefeld)

Verpackung: Blister

8,00 Euro

Freiberger 01

mit Glas und Flasche, (Blister bierkastengroß)

US klassisch (Hauber)

H: Made in China **V:** Hümmer (Teugn)

Verpackung: Blister

50,00 Euro

Freiberger 02

mit Glas und Flasche

US klassisch (Hauber)

H: Made in China **V:** Hümmer (Teugn)

Verpackung: Blister

30,00 Euro

Freiberger 03
mit 2 Gläsern (Blister bierkastengroß)

MAN F90
H: Made in China **V:** Hümmer (Teugn)
Verpackung: Blister
50,00 Euro

Freiberger 04
mit 2 Gläsern

MAN F90
H: Made in China **V:** Hümmer (Teugn)
Verpackung: Blister
30,00 Euro

Freiberger 05
Export, Trinken Sie´s, bevor ..., mit Logo

Mercedes-Benz Actros
H: Hümmer **V:** Hümmer (Teugn)
Verpackung: Blister
18,00 Euro

Freiberger 06
Premium Pils 2000, mit Etikett

Mercedes-Benz Actros
H: Hümmer **V:** Hümmer (Teugn)
Verpackung: Blister
10,00 Euro

Freiberger 07

und Volman Getränke

US modern (Hauber) (Kenworth T800)

H: Made in China **V:** Müller (Plessa)

Verpackung: Plastikschachtel bedruckt oder mit Aufkleber

18,00 Euro **Auflage:** 100

Freiberger 08

150 Jahre Freiberger Brauhaus. Soviel Zeit muß sein. mit Etikett

Mercedes-Benz Actros

H: Hümmer **V:** Hümmer (Teugn)

Verpackung: Blister

8,00 Euro

Freiberger 09

mit Glas und Ballon in Landschaft

MAN Phönix (Hauber)

H: Wörlein (Cadolzburg) **V:** DGD (Nürnberg)

Verpackung: Blister

10,00 Euro

Freiberger 10

Trägt zum Wochenende bei. mit Kasten.

MAN TG-A

H: Hümmer **V:** Hümmer (Teugn)

Verpackung: Blister

8,00 Euro

Freiberger 11

Trinkend empfohlen!

Mercedes-Benz Actros

H: Hümmer **V:** Hümmer (Teugn)

Verpackung: Blister

8,00 Euro

Freiberger 12

Online-Schänking, mit 14 Gläsern

Mercedes-Benz Actros

H: Hümmer **V:** Hümmer (Teugn)

Verpackung: Blister

8,00 Euro

Freiberger 13

Probieren Sie: Export, mit Kutsche und Glas

MAN TG-A

H: Hümmer **V:** Hümmer (Teugn)

Verpackung: Blister

9,00 Euro

Freiberger 14

3. Oldtimer-Treffen Brand Erbisdorf

Garant (Oldtimer)

H: BeKa (Dresden) **V:** keine Angabe

Verpackung: Plastikschachtel neutral

25,00 Euro **Auflage:** 100

Freiberger 15

Die Bayern sind zu schlagen, mit Etikett, Mann in bayerischer Tracht und Glas

Scania 124L ?

H: Hümmer **V:** Hümmer (Teugn)

Verpackung: Blister

8,00 Euro

Freiberger 16

Probieren Sie: Bock Dunkel, mit Bock und Glas

MAN TG-A

H: Hümmer **V:** Hümmer (Teugn)

Verpackung: Blister

8,00 Euro

Freiberger 17

Probieren Sie: Schwarzes Bergbier, mit Bergmann und Glas

MAN TG-A

H: Hümmer **V:** Hümmer (Teugn)

Verpackung: Blister

8,00 Euro

Freiberger 18

mit 2 Gläsern und Logo

US modern (Hauber)

H: Hümmer **V:** Hümmer (Teugn)

Verpackung: Blister

8,00 Euro

Freistädter (Österreich) 01

Bier

Kenworth klassisch (Hauber)

H: Majorette **V:** Müller (Chemnitz)

Verpackung: Plastikschachtel neutral

8,00 Euro

Fresh Getränke-Fachmarkt 01

Ihr Getränke-Spezialist, mit Delphin (Getränkeland Köthen)

Mercedes-Benz Actros

H: Highspeed (China) **V:** Grell (Bielefeld)

Verpackung: Blister

8,00 Euro

Friedenfels 01

Bier exclusiv, mit Logo

Mercedes-Benz Actros

H: Wörlein (Cadolzburg) **V:** DGD (Nürnberg)

Verpackung: Blister

12,00 Euro

Friedrichroda 01

Schlossquelle, mit Flasche

US klassisch (Hauber)

H: Made in China **V:** Hümmer (Teugn)

Verpackung: Blister

15,00 Euro

Friedrichroda 02

Schlossquelle Felsbrunn, jetzt auch natriumarm, mit Flasche

US klassisch (Hauber)

H: Hümmer **V:** Hümmer (Teugn)

Verpackung: Blister

12,00 Euro

Friedrichs Brauhaus (Chemnitz) 01

1 Jahr, 3 Achsen, gelochte Felgen

Volvo F-12 Globetrotter

H: Golden (ADT-Trucks) **V:** keine Angabe

Verpackung: Plastikschachtel neutral

25,00 Euro

Friedrichs Brauhaus (Chemnitz) 02

1 Jahr, 2 Weihnachtsmänner, 2 Achsen, gelochte Felgen

Volvo F-12 Globetrotter

H: Golden (ADT-Trucks) **V:** keine Angabe

Verpackung: Plastikschachtel neutral

25,00 Euro

Friedrichs Brauhaus (Chemnitz) 03

1 Jahr, laufender Weihnachtsmann 2 Achsen, volle Felgen

Mercedes-Benz groß (NG 80 lang)

H: Golden (ADT-Trucks) **V:** keine Angabe

Verpackung: Plastikschachtel neutral

25,00 Euro

F

Friedrichs Brauhaus (Chemnitz) 05

1 Jahr, laufender Weihnachtsmann 3 Achsen, gelochte Felgen

US modern (Hauber) (Kenworth T800)

H: Golden (ADT-Trucks) **V:** keine Angabe

Verpackung: Plastikschachtel neutral

25,00 Euro

Friedrichs Brauhaus (Chemnitz) 06

1 Jahr, Weihnachtsmann 3 Achsen, gelochte Felgen

Volvo F-12 Globetrotter

H: Golden (ADT-Trucks) **V:** keine Angabe

Verpackung: Plastikschachtel neutral

25,00 Euro

Friedrichs Brauhaus (Chemnitz) 07

1 Jahr, Weihnachtsmann 2 Achsen, volle Felgen

US modern (Hauber) (Kenworth T800)

H: Golden (ADT-Trucks) **V:** keine Angabe

Verpackung: Plastikschachtel neutral

25,00 Euro

Friedrichs Brauhaus (Chemnitz) 09

2 Jahre guter Geschmack (mit Echtheitszertifikat)

US modern (Hauber) (Kenworth T800)

H: Golden (ADT-Trucks) **V:** Brauerei

Verpackung: Plastikschachtel neutral

18,00 Euro **Auflage:** 400

Friedrichs Brauhaus (Chemnitz) 10

1999 (Weihnachten)

US modern (Hauber) (Kenworth T800)

H: Golden (ADT-Trucks) **V:** Müller (Chemnitz)

Verpackung: Plastikschachtel neutral

18,00 Euro **Auflage:** 500

Friedrichs Brauhaus (Chemnitz)	11
Millennium 2000	
US modern (Hauber) (Kenworth T800)	
H: Golden (ADT-Trucks) **V:** Müller (Chemnitz)	
Verpackung: Plastikschachtel neutral	
15,00 Euro	**Auflage:** 500

Fristo	01
Sonneberg, Fristo bringts	
MAN F90	
H: Made in China **V:** keine Angabe	
Verpackung: Plastikschachtel neutral	
25,00 Euro	

Fristo	02
mit 2 Logos	
Mercedes-Benz Actros	
H: Hümmer **V:** Hümmer (Teugn)	
Verpackung: Blister	
8,00 Euro	

Frucade	01
Übrigens, es ist Zeit, sich Zeit zu nehmen, mit Orange	
Mercedes-Benz Actros	
H: Hümmer **V:** Hümmer (Teugn)	
Verpackung: Blister	
8,00 Euro	

Frucade	02
Übrigens, der beste Moment ist immer jetzt. mit Orange	
MAN TG-A	
H: Hümmer **V:** Hümmer (Teugn)	
Verpackung: Blister	
8,00 Euro	

Frucht-Tiger 01

mit Comic-Tiger

US modern (Hauber) (Kenworth T800)

H: Made in China **V:** ESC International Toys

Verpackung: Blister

9,00 Euro

Fuchsberger 01

mit 2 Logos

Mercedes-Benz Actros Kühlzug

H: Vierke (Braunschweig) **V:** Vierke (Braunschweig)

Verpackung: Blister

8,00 Euro

Fuchsstadter Wolf Pils 01

mit Wappen

Mercedes-Benz Actros

H: Hümmer **V:** Hümmer (Teugn)

Verpackung: Blister

9,00 Euro

Fürst Bismarck Quelle 01

mit liegender Flasche

MAN M2000

H: Made in China **V:** Active Promotion (Stein)

Verpackung: Plastikschachtel bedruckt oder mit Aufkleber

8,00 Euro

Fürst Wallerstein 01

mit 6 Bügelflaschen und Logo

Kenworth T2000 (Hauber)

H: Made in China **V:** DGD (Nürnberg)

Verpackung: Blister

12,00 Euro

Fürst Wallerstein 02
Hell, mit 3 Flaschen

Kenworth T2000 (Hauber)
H: Made in China **V:** DGD (Nürnberg)
Verpackung: Blister
10,00 Euro

Fürst Wallerstein 03
mit Landsknecht und 3 Flaschen

Kenworth T2000 (Hauber)
H: Made in China **V:** DGD (Nürnberg)
Verpackung: Blister
9,00 Euro

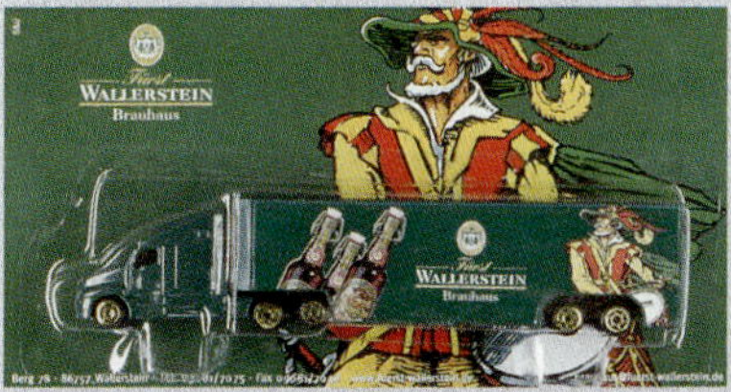

Fürst Wallerstein 04
mit 2 Logos und 6 schrägen Flaschen

MAN TG-A
H: Wörlein (Cadolzburg) **V:** DGD (Nürnberg)
Verpackung: Blister
8,00 Euro

Fürstenberg (Donaueschingen) 01
mit Logo, mit Türen, geriffelter Sattel

Mercedes-Benz klein (NG 80 mittel)
H: Made in China **V:** Hümmer (Teugn)
Verpackung: Blister
25,00 Euro

Fürstenberg (Donaueschingen) 02
mit Logo, ohne Türen

Mercedes-Benz klein (NG 80 mittel)
H: Made in China **V:** Hümmer (Teugn)
Verpackung: Blister
30,00 Euro

F

Fürstenberg (Donaueschingen) 03
mit Logo

Mercedes-Benz Actros
H: Highspeed (China) **V:** Grell (Bielefeld)
Verpackung: Blister
9,00 Euro

Fürstenberg (Donaueschingen) 04
mit Logo

MAN F2000 Aero (Hochdach)
H: Grell (Bielefeld-China) **V:** Grell (Bielefeld)
Verpackung: Blister
8,00 Euro

Fürstenberg (Donaueschingen) 05
mit Logo

Scania 124L 420
H: Grell (Bielefeld-China) **V:** Grell (Bielefeld)
Verpackung: Blister
8,00 Euro

Fürstlich-Drehnaer Schloßbräu 01
mit Logo

US modern (Hauber) (Kenworth T800)
H: Highspeed (China) **V:** Grell (Bielefeld)
Verpackung: Blister
25,00 Euro

Fürstlich-Drehnaer Schloßbräu 02
mit Bierglas und Logo

US modern (Hauber) (Kenworth T800)
H: Highspeed (China) **V:** Grell (Bielefeld)
Verpackung: Blister
15,00 Euro

Fürstlich-Drehnaer Schloßbräu 03
rechts: Schloss, links: Motorsportclub

Kenworth klassisch (Hauber)
H: Majorette **V:** Müller (Chemnitz)
Verpackung: Plastikschachtel neutral
8,00 Euro

Gaensefurther (Schlossbrunnen Wüllner) 01
mit schräger Flasche

Colani
H: Wörlein (Cadolzburg) **V:** DGD (Nürnberg)
Verpackung: Blister
18,00 Euro

Gaffel Kölsch 01
mit Etikettenteil, 2 Achsen, volle Felgen

US modern (Hauber) (Kenworth T800)
H: Golden (ADT-Trucks) **V:** keine Angabe
Verpackung: Plastikschachtel neutral
15,00 Euro

Gaffel Kölsch 02
mit Etikett

Ford 9000 (Hauber)
H: Highspeed (China) **V:** Grell (Bielefeld)
Verpackung: Blister
10,00 Euro

Gambrinus Weiden 01
Max Reger Dunkel, mit Portrait

Mercedes-Benz Atego 18T
H: Vierke (Braunschweig) **V:** Franz Meidinger
Verpackung: Blister
8,00 Euro **Auflage:** 5.000

Gampertbräu (Weissenbrunn) 01

jährlich DLG prämiert, mit Logo

MAN F90

H: Made in China **V:** Hümmer (Teugn)

Verpackung: Blister

20,00 Euro

Gampertbräu (Weissenbrunn) 02

mit Logo und stilisierten Nadelbäumen

Mercedes-Benz Atego

H: Highspeed (China) **V:** Grell (Bielefeld)

Verpackung: Blister

8,00 Euro

Gampertbräu (Weissenbrunn) 03

2001/1, mit Logo, schräger Flasche und stilisierten Bäumen

MAN TG-A

H: Hümmer **V:** Hümmer (Teugn)

Verpackung: Blister

8,00 Euro

Gampertbräu (Weissenbrunn) 04

2001/2, Förster-Weisse, mit Förster und schräger Flasche vor Landschaft

Mercedes-Benz Actros

H: Top-Style (Ebersdorf) **V:** Top-Style (Ebersdorf)

Verpackung: Blister

8,00 Euro

Ganser Kölsch 01

mit Logo hinten

Mercedes-Benz groß (NG 80 lang)

H: Golden (ADT-Trucks) **V:** keine Angabe

Verpackung: Plastikschachtel neutral

35,00 Euro

Ganser Kölsch 02

mit Logo vorn

Mercedes-Benz groß (NG 80 lang)

H: Golden (ADT-Trucks) **V:** keine Angabe

Verpackung: Plastikschachtel neutral

35,00 Euro

Ganter (Freiburg) 01

mit 2 Logos

Mercedes-Benz Actros

H: Highspeed (China) **V:** Grell (Bielefeld)

Verpackung: Blister

10,00 Euro

Garley (Gardelegen) 01

Auf das, was wir lieben, mit Glas

MAN F90

H: Made in China **V:** Hümmer (Teugn)

Verpackung: Blister

15,00 Euro

Garley (Gardelegen) 02

Premium (lt. Brauerei unlizensierte Fälschung)

US modern (Hauber) (Kenworth T800)

H: Golden (ADT-Trucks) **V:** keine Angabe

Verpackung: Plastikschachtel neutral

Garley (Gardelegen) 03

2000, mit Feuerwerk

US klassisch (Hauber)

H: Made in China **V:** DGD (Nürnberg)

Verpackung: Blister

12,00 Euro

Garley (Gardelegen) 04

Auf das, was wir lieben. mit 2 Gläsern

IFA W50 (Oldtimer)

H: Wörlein (Cadolzburg) **V:** DGD (Nürnberg)

Verpackung: Blister

10,00 Euro

Garley (Gardelegen) 05

Potzblitz, Bier und Himbeerbrause,
mit 2 Pickelhaubenköpfen

MAN F2000 Aero (Hochdach)

H: Wörlein (Cadolzburg) **V:** DGD (Nürnberg)

Verpackung: Blister

8,00 Euro

Garley (Gardelegen) 06

Altmärker Narrenbräu, mit Figur, Luftschlangen und Konfetti

Mercedes-Benz Actros

H: Wörlein (Cadolzburg) **V:** DGD (Nürnberg)

Verpackung: Blister

8,00 Euro

Garley (Gardelegen) 07

Bauwerke... Nr. 1, Salzwedeler Tor Gardelegen

Scania 124L 420

H: Grell (Bielefeld-China) **V:** Grell (Bielefeld)

Verpackung: Blister

8,00 Euro

Garley (Gardelegen) 08

Potzblitz, Bier und Zitronenbrause,
mit 2 Pickelhaubenköpfen

MAN TG-A

H: Wörlein (Cadolzburg) **V:** DGD (Nürnberg)

Verpackung: Blister

8,00 Euro

Garley (Gardelegen) 09
Altmärker Narrenbräu, mit Figur, Luftschlangen und Konfetti

MAN M2000
H: Made in China **V:** keine Angabe
Verpackung: Plastikschachtel neutral
10,00 Euro **Auflage:** 200

Garley (Gardelegen) 10
Weihnachten 2001,
mit schräger Flasche und Schnee vor Sternen

DAF 95 XF
H: Made in China **V:** DGD (Nürnberg)
Verpackung: Blister
8,00 Euro

Gasthof Thonberg (Kamenz) 01
mit historischer Postkarte

Framo V 501 (Oldtimer)
H: Wörlein (Cadolzburg) **V:** MaHug (Kulmbach)
Verpackung: Blister
9,00 Euro

Gasthof zum Adler (Burghaig) 01
mit Foto des Gasthofes und bewölktem Himmel

Scania 164L 6580
H: Wörlein (Cadolzburg) **V:** MaHug (Kulmbach)
Verpackung: Blister
8,00 Euro

Gatz (Düsseldorf) 01
Düsseldorfer Löschzug, mit Etikett

Scania Typ: ?
H: Made in China **V:** keine Angabe
Verpackung: Blister
9,00 Euro

Gedi Getränke Discount 01

(von Bad Harzburger)

Mercedes-Benz Actros

H: Highspeed (China) **V:** Grell (Bielefeld)

Verpackung: Blister

8,00 Euro **Auflage:** 5.000

Gefako Getränke 01

on tour, mit Zeichnung von Ansiedlung und Landschaft

Mercedes-Benz Actros

H: Hümmer **V:** Hümmer (Teugn)

Verpackung: Blister

8,00 Euro

Gefru 01

Fruchthandelsgesellschaft Gera

Mercedes-Benz Actros

H: Highspeed (China) **V:** Grell (Bielefeld)

Verpackung: Blister

8,00 Euro

Geißler Weisse 01

Nürnberger Weizenbierglasmuseum und Hausbrauerei, mit 2 Logos

Mercedes-Benz Actros

H: Highspeed (China) **V:** Allround Service (Wonsees)

Verpackung: Plastikschachtel bedruckt oder mit Aufkleber

10,00 Euro

Geißler Weisse 02

Nürnberger Weizenbierglasmuseum und Hausbrauerei, mit 2 Logos

Scania Typ: ?

H: Dickie (China) **V:** Allround Service (Wonsees)

Verpackung: Plastikschachtel bedruckt oder mit Aufkleber

10,00 Euro

Geißler Weisse 03

Nürnberger Weizenbierglasmuseum und Hausbrauerei

Iveco Eurostar

H: Dickie (China) **V:** Allround Service (Wonsees)

Verpackung: Plastikschachtel bedruckt oder mit Aufkleber

10,00 Euro

Geißler Weisse 04

Hausbrauerei Geißler im Nürnberger Weizenbierglasmuseum, mit Logo und Glas

MAN F2000 Aero (Hochdach)

H: Dickie (China) **V:** ÖPNV

Verpackung: Blister

8,00 Euro

Gentner Bräu 01

mit 4 Flaschen, Logo und Glas

US modern (Hauber) (Kenworth T800)

H: Made in China **V:** keine Angabe

Verpackung: Plastikschachtel neutral

30,00 Euro

Georg Bräu 01

mit Logo

Kenworth klassisch (Hauber)

H: Majorette **V:** Müller (Chemnitz)

Verpackung: Plastikschachtel neutral

8,00 Euro

German Beer 01

Export (von Vifra Getränke Großbardau)

Mercedes-Benz Actros

H: Wörlein (Cadolzburg) **V:** DGD (Nürnberg)

Verpackung: Blister

10,00 Euro

2002

G

Germania 01

Gambrinus, mit Logo und Medaillen

Mercedes-Benz Actros

H: Hümmer **V:** Hümmer (Teugn)

Verpackung: Blister

10,00 Euro

Germeta Quelle 01

Sprudelnde Lebensquelle

US klassisch (Hauber)

H: Made in China **V:** Hümmer (Teugn)

Verpackung: Blister

50,00 Euro

Germeta Quelle 02

mit schräger Flasche

Mercedes-Benz Actros

H: Highspeed (China) **V:** Grell (Bielefeld)

Verpackung: Blister

12,00 Euro

Germeta Quelle 03

mit 2 Flaschen und Früchten

Mercedes-Benz Actros

H: Hümmer **V:** Hümmer (Teugn)

Verpackung: Blister

8,00 Euro

Germeta Quelle 04

3. Edition, mit 6 Flaschen vor Wasser

MAN F2000 Aero (Hochdach)

H: Grell (Bielefeld-China) **V:** Grell (Bielefeld)

Verpackung: Blister

8,00 Euro

Gerolsteiner 01

LKW: 3 Flaschen an Luftballons in Wolken, Hänger: Dein Durst kann was erleben

Mercedes-Benz Actros

H: Hümmer **V:** Hümmer (Teugn)

Verpackung: Blister

8,00 Euro

Gerolsteiner 02

LKW: Foto vom Center Parks, Hänger: Die leichten Zwei ...

Mercedes-Benz Actros

H: Hümmer **V:** Hümmer (Teugn)

Verpackung: Blister

8,00 Euro

Gerolsteiner 03

mit Mann und Kind, Aus Freude am Wasser.

Mercedes-Benz Actros

H: Hümmer **V:** Hümmer (Teugn)

Verpackung: Blister

8,00 Euro

Gerolsteiner 04

Apfelschorle, mit 2 Flaschen und 2 Äpfeln

Mercedes-Benz Actros

H: Hümmer **V:** Hümmer (Teugn)

Verpackung: Blister

8,00 Euro

Gerolsteiner 05

mit 3 verschiedenen, schrägen Wasserflaschen

MAN TG-A Kühlzug

H: Vierke (Braunschweig) **V:** Vierke (Braunschweig)

Verpackung: Blister

8,00 Euro

G

2002

G

Gerstelbräu (Henninger) 01

alkoholfrei, 3 Achsen, gelochte Felgen

Volvo F-12 Globetrotter

H: Golden (ADT-Trucks) **V:** Elastoform (Sulzbach)

Verpackung: Plastikschachtel neutral

25,00 Euro

Gerstelbräu (Henninger) 02

alkoholfrei, mit liegender Flasche

Mercedes-Benz Actros

H: Hümmer **V:** Hümmer (Teugn)

Verpackung: Blister

9,00 Euro

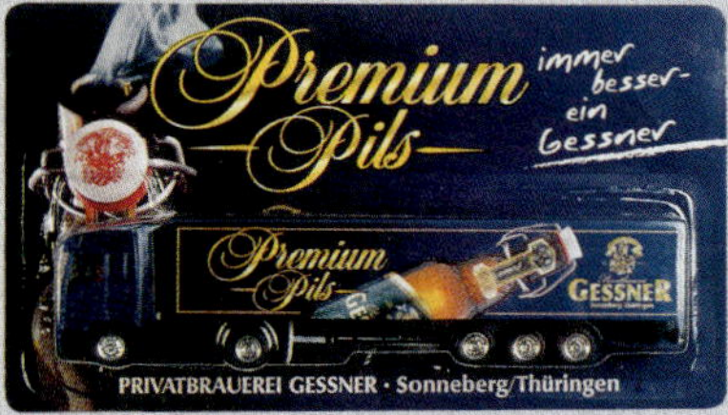

Gessner (Sonneberg) 01

Premium Pils, mit schräger Bügelflasche und Logo

Mercedes-Benz Actros

H: Highspeed (China) **V:** Grell (Bielefeld)

Verpackung: Blister

12,00 Euro

Gessner (Sonneberg) 02

2000, mit mehreren schrägen Bügelflaschen

Mercedes-Benz Actros

H: Highspeed (China) **V:** Grell (Bielefeld)

Verpackung: Blister

10,00 Euro

Gessner (Sonneberg) 03

Cool schmeckt´s am besten! Mit 4 Bügelflaschen (Limonade) und Früchten

Mercedes-Benz Actros

H: Highspeed (China) **V:** Grell (Bielefeld)

Verpackung: Blister

8,00 Euro

Gessner (Sonneberg) 04

Immer besser...ein Gessner, mit Vogel und 5 Bügelflaschen

Mercedes-Benz Actros

H: Highspeed (China) **V:** Grell (Bielefeld)

Verpackung: Blister

8,00 Euro

Gessner (Sonneberg) 05

teuflisch gut! Mit Frau als Teufel und 5 Bügelflaschen im Feuer

Mercedes-Benz Actros

H: Hümmer **V:** Hümmer (Teugn)

Verpackung: Blister

8,00 Euro

Gessner (Sonneberg) 06

Alle Jahre Gessner (2000), mit Weihnachtsmann und 5 Bügelflaschen vor Winterwald

Mercedes-Benz Actros

H: Hümmer **V:** Hümmer (Teugn)

Verpackung: Blister

8,00 Euro

Gessner (Sonneberg) 07

Echt cool! Echt erfrischend! mit Papagei, Früchten und Flasche vor Palme am Meer

Mercedes-Benz Actros

H: Highspeed (China) **V:** Grell (Bielefeld)

Verpackung: Blister

8,00 Euro

Gessner (Sonneberg) 08

Frühlingsgefühle, mit Frau auf Blumenwiese und 7 Bügelflaschen

Mercedes-Benz Actros

H: Hümmer **V:** Hümmer (Teugn)

Verpackung: Blister

8,00 Euro

Gessner (Sonneberg) 09

Come to Gessner! mit Las Vegas Plaza Leuchtreklame und 2 Bügelflaschen

US modern (Hauber)

H: Hümmer **V:** Hümmer (Teugn)

Verpackung: Blister

8,00 Euro

Gessner (Sonneberg) 10

Happy Christmas (2001), mit Weihnachtsfrau und 8 Bügelflaschen

MAN TG-A

H: Hümmer **V:** Hümmer (Teugn)

Verpackung: Blister

8,00 Euro

Gessner (Sonneberg) 11

Die exotischen Vier! Mit Frau und 4 Flaschen vor Palmeninsel

MAN TG-A

H: Hümmer **V:** Hümmer (Teugn)

Verpackung: Blister

8,00 Euro

Getränke Abholmarkt Am Heizhaus (Zschopau) 01

Weihnachts Edel-Pils

Mercedes-Benz Actros

H: Highspeed China **V:** keine Angabe

Verpackung: Plastikschachtel neutral

8,00 Euro

Getränke Andreas Gmbh (Rössuln) 01

und Köstritzer, mit 2 Logos

Volvo FH16

H: Wörlein (Cadolzburg) **V:** DGD (Nürnberg)

Verpackung: Blister

10,00 Euro

Getränke Basar (Berlin) 01

mit Sixpack und Transporter

Mercedes-Benz Actros

H: Wörlein (Cadolzburg) **V:** Eurosun (Cadolzburg)

Verpackung: Blister

8,00 Euro

Getränke Behrendt (Kist) 01

mit 2 joggenden Flaschen

Mercedes-Benz Actros

H: Wörlein (Cadolzburg) **V:** Leo´s Copy Shop (Kist)

Verpackung: Plastikschachtel bedruckt oder mit Aufkleber

8,00 Euro

Getränke Beier (Lauterbach) 01

10 Jahre, 1989 - 1999

MAN F90

H: Made in China **V:** Getränkemarkt

Verpackung: Plastikschachtel neutral

8,00 Euro

Getränke Beier (Lauterbach) 02

10 Jahre, 1989 - 1999

MAN F90

H: Made in China **V:** Getränkemarkt

Verpackung: Plastikschachtel neutral

8,00 Euro

Getränke Beier (Lauterbach) 03

10 Jahre, 1989 - 1999

MAN F90

H: Made in China **V:** Getränkemarkt

Verpackung: Plastikschachtel neutral

8,00 Euro

Getränke Beier (Lauterbach) 04

Die Quelle am Basalt, mit Burg Stolpen

Mercedes-Benz Actros

H: Highspeed (China) **V:** Getränkemarkt

Verpackung: Plastikschachtel neutral

8,00 Euro

Getränke Beier (Lauterbach) 05

Die Quelle am Basalt, mit Burg Stolpen

Mercedes-Benz Actros

H: Highspeed (China) **V:** Getränkemarkt

Verpackung: Plastikschachtel neutral

8,00 Euro

Getränke Beier (Lauterbach) 06

Die Quelle am Basalt, mit Burg Stolpen

Mercedes-Benz Actros

H: Highspeed (China) **V:** Getränkemarkt

Verpackung: Plastikschachtel neutral

8,00 Euro

Getränke Beier (Lauterbach) 07

10 Jahre, 1989 - 1999

Mercedes-Benz Actros

H: Hümmer **V:** Getränkemarkt

Verpackung: Plastikschachtel neutral

8,00 Euro

Getränke Beier (Lauterbach) 08

10 Jahre, 1989 - 1999

Ford Cargo

H: Golden (ADT-Trucks) **V:** Getränkemarkt

Verpackung: Plastikschachtel neutral

8,00 Euro

Getränke Beier (Lauterbach) 09

mit Landkarte

US modern (Hauber) (Kenworth T800)

H: Highspeed (China) **V:** Getränkemarkt

Verpackung: Plastikschachtel neutral

8,00 Euro

Getränke Beier (Lauterbach) 10

links: Die Oase in der Wüste

rechts: Winterwald

Mercedes-Benz Actros

H: Werbung Brauerei **V:** Wörlein (Cadolzburg)

Verpackung: Getränkemarkt

7,50 Euro

Getränke Burg (Bayreuth) 01

Förstina, Nr.1/6, Vital Tropic

US klassisch (Hauber)

H: Made in China **V:** MaHug (Kulmbach)

Verpackung: Blister

8,00 Euro **Auflage:** 2.500

Getränke Burg (Bayreuth) 02

Förstina, Nr.2/6, Vital B

US klassisch (Hauber)

H: Made in China **V:** MaHug (Kulmbach)

Verpackung: Blister

8,00 Euro **Auflage:** 2.500

Getränke Burg (Bayreuth) 03

Förstina, Nr.3/6, Vital Hollerbeere

US klassisch (Hauber)

H: Made in China **V:** MaHug (Kulmbach)

Verpackung: Blister

8,00 Euro **Auflage:** 2.500

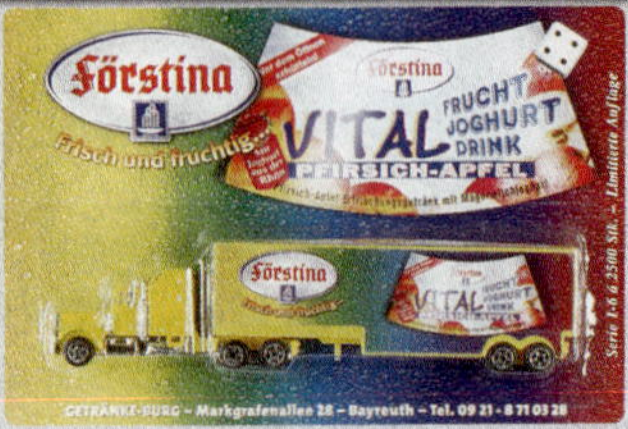

Getränke Burg (Bayreuth) 04

Förstina, Nr.4/6, Vital Frucht Jogurt

US klassisch (Hauber)

H: Made in China **V:** MaHug (Kulmbach)

Verpackung: Blister

8,00 Euro **Auflage:** 2.500

Getränke Burg (Bayreuth) 05

Förstina, Nr.5/6, Vital OK

US klassisch (Hauber)

H: Made in China **V:** MaHug (Kulmbach)

Verpackung: Blister

8,00 Euro **Auflage:** 2.500

Getränke Burg (Bayreuth) 06

Förstina, Nr.6/6, Vital 3

US klassisch (Hauber)

H: Made in China **V:** MaHug (Kulmbach)

Verpackung: Blister

8,00 Euro **Auflage:** 2.500

Getränke Burg (Bayreuth) 07

Nr.01, Förstina

MAN F2000 Aero (Hochdach)

H: Dickie (China) **V:** Franko (Bad Berneck)

Verpackung: Blister

8,00 Euro **Auflage:** 2.500

Getränke Burg (Bayreuth) 08

Nr.02, Nordbräu Ingolstadt, mit 10 Flaschen und Glas

MAN F2000 Aero (Hochdach)

H: Wörlein (Cadolzburg) **V:** Allround Service (Wonsees)

Verpackung: Blister

8,00 Euro **Auflage:** 2.500

Getränke Burg (Bayreuth) 09
Nr.03, Brannaburg Sekt, mit 3 schrägen Flaschen
MAN F2000 Aero (Hochdach)
H: Wörlein (Cadolzburg) **V:** Allround Service (Wonsees)
Verpackung: Blister
8,00 Euro **Auflage:** 2.500

Getränke Burg (Bayreuth) 10
Nr.04, Die 3 Kulmbacher (Kulmbacher, EKU, Mönchshof), mit 3 Kronkorken
MAN F2000 Aero (Hochdach)
H: Wörlein (Cadolzburg) **V:** Allround Service (Wonsees)
Verpackung: Blister
8,00 Euro **Auflage:** 2.500

Getränke Burg (Bayreuth) 11
Nr.05, Die 5 Bayreuther (Becher, Glank, Aktien, Maisel, Schinner), mit 5 Kronkorken
MAN F2000 Aero (Hochdach)
H: Wörlein (Cadolzburg) **V:** Allround Service (Wonsees)
Verpackung: Blister
8,00 Euro **Auflage:** 2.500

Getränke Burg (Bayreuth) 13
EKU Radler, mit liegender Flasche
Ford 9000 (Hauber)
H: Highspeed (China) **V:** Grell (Bielefeld)
Verpackung: Blister
8,00 Euro **Auflage:** 2.500

Getränke Burg (Bayreuth) 14
Afri-Cola (LKW) und Bluna (Hänger), jeweils mit liegender Flasche
MAN F2000 Aero (Hochdach)
H: Grell (Bielefeld-China) **V:** Grell (Bielefeld)
Verpackung: Blister
8,00 Euro

Getränke Burg (Bayreuth) 15

Nr.06, Frankenbrunnen - Mabella, mit vielen Früchten

Mercedes-Benz Actros

H: Top-Style (Ebersdorf) **V:** Allround Service (Wonsees)

Verpackung: Blister

8,00 Euro

Getränke Burg (Bayreuth) 16

Nr.07, Frankenbrunnen - Grosses Wasser, mit Frau und Logo

Mercedes-Benz Actros

H: Top-Style (Ebersdorf) **V:** Allround Service (Wonsees)

Verpackung: Blister

8,00 Euro

Getränke Burg (Bayreuth) 17

Nr.08, Weismainer Püls Bräu - Volle Drehzahl,
mit Flasche und Logo

Mercedes-Benz Actros

H: Top-Style (Ebersdorf) **V:** Allround Service (Wonsees)

Verpackung: Blister

8,00 Euro

Getränke Burg (Bayreuth) 18

Nr.09, Hölzel Neudrossenfeld, mit Glas und 2 Fotos

Mercedes-Benz Actros

H: Top-Style (Ebersdorf) **V:** Allround Service (Wonsees)

Verpackung: Blister

8,00 Euro

Getränke Burg (Bayreuth) 19

Förstina, mit Mann, Frau, 3 schrägen Flaschen und Logo

Ford 9000 (Hauber)

H: Highspeed (China) **V:** Grell (Bielefeld)

Verpackung: Blister

8,00 Euro **Auflage:** 2.500

Getränke Burg (Bayreuth) 20
Förstina, Vital-Familie, mit Logo

Scania 124L 420
H: Grell (Bielefeld-China) **V:** Grell (Bielefeld)
Verpackung: Blister
8,00 Euro

Getränke Burger (Mehlmeisel) 01
Israel-Serie, Nr.1/4, Goldstar, mit Stern und Glas

MAN TG-A
H: Wörlein (Cadolzburg) **V:** DGD (Nürnberg)
Verpackung: Blister
8,00 Euro

Getränke Burger (Mehlmeisel) 02
Israel-Serie, Nr.2/4, Maccabee, mit Glas

MAN TG-A
H: Wörlein (Cadolzburg) **V:** DGD (Nürnberg)
Verpackung: Blister
8,00 Euro

Getränke Ecke (Gefrees) 01
mit Stadtbild, auf Dach: BS-Airbrush-Design

Mercedes-Benz Actros
H: Highspeed (China) **V:** keine Angabe
Verpackung: Plastikschachtel neutral
8,00 Euro

Getränke Fellmeyer (Hernau) 01
Frühling, mit 2 Logos

MAN TG-A
H: Wörlein (Cadolzburg) **V:** Eurosun (Cadolzburg)
Verpackung: Blister
8,00 Euro

Getränke Fellmeyer (Hernau) 02

Sommer, Tangrinter Hell, mit Logo vor Waldwiese

MAN F2000 (Hochdach)

H: Wörlein (Cadolzburg) **V:** Eurosun (Cadolzburg)

Verpackung: Blister

8,00 Euro

Getränke Fellmeyer (Hernau) 03

Herbst, Tangrinter Hefeweizen, mit Logo vor Feld

Mercedes-Benz Actros

H: Wörlein (Cadolzburg) **V:** Eurosun (Cadolzburg)

Verpackung: Blister

8,00 Euro

Getränke Fellmeyer (Hernau) 04

Winter, mit Bach im Schnee

MAN Büssing 8000 (Oldtimer)

H: Wörlein (Cadolzburg) **V:** Eurosun (Cadolzburg)

Verpackung: Blister

8,00 Euro

Getränke Fellmeyer (Hernau) 05

4er Set (Frühling, Sommer, Herbst, Winter) in Box

verschiedene Trucks

H: Wörlein (Cadolzburg) **V:** Eurosun (Cadolzburg)

Verpackung: Showbox - Pappe und Plastik

30,00 Euro

Getränke Flack & Schwier 01

seit 1903

Mercedes-Benz groß (NG 80 lang)

H: Made in China **V:** Melco (Bremen)

Verpackung: Plastikschachtel bedruckt oder mit Aufkleber

8,00 Euro

Getränke Fritze 01

mit waagerechten Flammen

Mercedes-Benz Actros

H: Wörlein (Cadolzburg) **V:** DGD (Nürnberg)

Verpackung: Plastikschachtel bedruckt oder mit Aufkleber

8,00 Euro

Getränke Fritze 02

mit liegender Flasche

Mercedes-Benz Actros

H: Wörlein (Cadolzburg) **V:** DGD (Nürnberg)

Verpackung: Plastikschachtel bedruckt oder mit Aufkleber

8,00 Euro

Getränke Gibis (Kreuzberg/Freyung) 01

und Edeka, mit 2 Fotos der Ansiedlung

Mercedes-Benz Actros

H: Top-Style (Ebersdorf) **V:** Getränkemarkt

Verpackung: Plastikschachtel neutral

6,00 Euro

Getränke Gleichmann (Neuhaus) 01

mit Jever (liegende Flasche) auf Hänger

Mercedes-Benz Actros

H: Top-Style (Ebersdorf) **V:** keine Angabe

Verpackung: Plastikschachtel neutral

6,00 Euro

Getränke Hartmann (Hettenshausen) 01

1. Bayern-Bier-Express, mit 2 Gläsern

MAN M2000

H: Made in China **V:** Lauterbach

Verpackung: Blister

8,00 Euro

2002

G

Getränke Heil (Sinntal-Oberzell) 01

Getränke Heil Oberzell, mit Glas, Siebdruck

Mercedes-Benz klein (NG 80 mittel)

H: Made in China **V:** keine Angabe

Verpackung: Plastikschachtel neutral

20,00 Euro

Getränke Heil (Sinntal-Oberzell) 02

Getränkeoase, mit Palmen und Glas

Kenworth T2000 (Hauber)

H: Made in China **V:** keine Angabe

Verpackung: Plastikschachtel neutral

6,00 Euro

Getränke Heimdienst Knobloch (Reichenbach) 01

10 Jahre, und Landskron

MAN M2000

H: Made in China **V:** Elastoform (Hersbrück)

Verpackung: Plastikschachtel bedruckt oder mit Aufkleber

6,00 Euro

Getränke Heimservice Müller (Klitten) 01

flink, freundlich, frei Haus

Kenworth T2000 (Hauber)

H: Made in China **V:** keine Angabe

Verpackung: Plastikschachtel neutral

6,00 Euro

Getränke Heller (Fraureuth) 01

Oldtimertreffen Werdau 2001, mit Logo

IFA H6 (Oldtimer)

H: Made in China **V:** DGD (Nürnberg)

Verpackung: Blister

8,00 Euro

Getränke Hermann (Netzschkau) 01
10 Jahre (1990-2000)
US modern (Hauber) (Kenworth T800)
H: Golden (ADT-Trucks) **V:** Lauterbach
Verpackung: Blister
9,00 Euro

Getränke Hermann (Netzschkau) 02
mit Logo
Goliath Dreirad (Oldtimer)
H: Hümmer **V:** Hümmer (Teugn)
Verpackung: Blister
9,00 Euro

Getränke Hermann (Netzschkau) 03
und Wernesgrüner
Goliath Dreirad (Oldtimer)
H: Hümmer **V:** Hümmer (Teugn)
Verpackung: Blister
9,00 Euro

Getränke Höhne (Niemegk) 01
Getränke sind unser Bier
Mercedes-Benz Actros
H: Made in China **V:** keine Angabe
Verpackung: Plastikschachtel neutral
6,00 Euro

Getränke Höller 01
US klassisch (Hauber)
H: Made in China **V:** Elastoform (Hersbrück)
Verpackung: Plastikschachtel bedruckt oder mit Aufkleber
40,00 Euro

G

Getränke Langner 01

mit Landkarte

US modern (Hauber) (Kenworth T800)

H: Highspeed China **V:** Allround Service Wonsees

Verpackung: Plastikschachtel bedruckt oder mit Aufkleber

8,00 Euro

Getränke M.Hugo (Uder), Fachgroßhandel 01

Hofbräu München

MAN M2000

H: Made in China **V:** Lauterbach

Verpackung: Blister

8,00 Euro **Auflage:** 1.000

Getränke M.Hugo (Uder), Fachgroßhandel 02

Beckers Bester

MAN M2000

H: Made in China **V:** Lauterbach

Verpackung: Blister

8,00 Euro **Auflage:** 1.000

Getränke M.Hugo (Uder), Fachgroßhandel 03

Förstina Sprudel

MAN M2000

H: Made in China **V:** Lauterbach

Verpackung: Blister

8,00 Euro **Auflage:** 1.000

Getränke M.Hugo (Uder), Fachgroßhandel 04

Punica

MAN M2000

H: Made in China **V:** Lauterbach

Verpackung: Blister

8,00 Euro **Auflage:** 1.000

Getränke M.Hugo (Uder), Fachgroßhandel 05
Rhön Sprudel

MAN M2000
H: Made in China **V:** Lauterbach
Verpackung: Blister
8,00 Euro **Auflage:** 1.000

Getränke M.Hugo (Uder), Fachgroßhandel 06
Brinkhoffs No.1

MAN M2000
H: Made in China **V:** Lauterbach
Verpackung: Blister
8,00 Euro **Auflage:** 1.000

Getränke M.Hugo (Uder), Fachgroßhandel 07
Leikeim, Limonade und Premium

MAN M2000
H: Made in China **V:** Lauterbach
Verpackung: Blister
8,00 Euro **Auflage:** 1.000

Getränke M.Hugo (Uder), Fachgroßhandel 08
Tuborg

MAN M2000
H: Made in China **V:** Lauterbach
Verpackung: Blister
8,00 Euro **Auflage:** 1.000

Getränke M.Hugo (Uder), Fachgroßhandel 09
Paulaner

MAN M2000
H: Made in China **V:** Lauterbach
Verpackung: Blister
8,00 Euro **Auflage:** 1.000

2002

G

Getränke M.Hugo (Uder), Fachgroßhandel 10
Christinen

MAN M2000
H: Made in China **V:** Lauterbach
Verpackung: Blister
8,00 Euro **Auflage:** 1.000

Getränke M.Hugo (Uder), Fachgroßhandel 11
Wicküler

DAF 95 XF
H: Made in China **V:** Lauterbach
Verpackung: Blister
8,00 Euro **Auflage:** 1.000

Getränke Marco (Kulmbach) 01
trinken & genießen

Mercedes-Benz Actros
H: Highspeed (China) **V:** Grell (Bielefeld)
Verpackung: Blister
9,00 Euro **Auflage:** 2.500

Getränke Markt - Heimservice Müller 01
mit laufendem Bierkasten

MAN M2000
H: Made in China **V:** keine Angabe
Verpackung: Plastikschachtel neutral
8,00 Euro **Auflage:** 50

Getränke Markt Eisenschink 01
Die erfrischende Alternative, mit Wasser

Mercedes-Benz Actros
H: Hümmer **V:** Hümmer (Teugn)
Verpackung: Blister
8,00 Euro

Getränke Markt Eisenschink 02

Der Gipfel in Preis und Service, mit schneebedecktem Berg

Mercedes-Benz Actros

H: Hümmer **V:** Hümmer (Teugn)

Verpackung: Blister

8,00 Euro

Getränke Markt Eisenschink 03

Die Oase ganz in ihrer Nähe, mit Wüstenlandschaft

Mercedes-Benz Actros

H: Hümmer **V:** Hümmer (Teugn)

Verpackung: Blister

8,00 Euro

Getränke Markt Neuhof (Hof) 01

mit 2 Palmen auf Insel und Glas

Mercedes-Benz Actros

H: Wörlein (Cadolzburg) **V:** keine Angabe

Verpackung: Plastikschachtel neutral

6,00 Euro

Getränke Markt Neuhof (Hof) 02

mit 2 Palmen und 2 Sonnen

Mercedes-Benz Actros

H: Wörlein (Cadolzburg) **V:** keine Angabe

Verpackung: Plastikschachtel neutral

6,00 Euro

Getränke Metzner Glauchau (Großhandel) 01

mit Logo

Mercedes-Benz Actros

H: Highspeed (China) **V:** Grell (Bielefeld)

Verpackung: Blister

8,00 Euro

Getränke Penzkofer (Pfaffenberg) 01

50 Jahre, mit Glas und 2 Flaschen

MAN M2000

H: Made in China **V:** Lauterbach

Verpackung: Blister

8,00 Euro **Auflage:** 2.500

Getränke Power 01

Tag des dt. Bieres 2000, mit Logos von Einbeck, Köstritz, Weihenstephan und Heylands.

Mercedes-Benz groß (NG 80 lang)

H: Made in China **V:** Lauterbach

Verpackung: Blister

10,00 Euro

Getränke Power 02

10 Jahre Deutsche Einheit, 3. Oktober 2000, mit DDR-PKWs

Volvo FH16

H: Made in China **V:** WMS (Thum)

Verpackung: Blister

9,00 Euro

Getränke Power 03

Tag des dt. Bieres 2001, mit Logos von Licher, Franziskaner, Radeberger und Bavaria

MAN TG-A

H: Wörlein (Cadolzburg) **V:** DGD (Nürnberg)

Verpackung: Blister

8,00 Euro

Getränke Quelle 01

Thuringia Schwarzbier und Thuringia Bock

Mercedes-Benz Actros

H: Highspeed (China) **V:** Grell (Bielefeld)

Verpackung: Blister

9,00 Euro

Getränke Quelle 02

mit tropfenförmigem Hintergrund

Ford 9000 (Hauber)

H: Highspeed (China) **V:** Grell (Bielefeld)

Verpackung: Blister

8,00 Euro

Getränke Rausch (Kulmbach) 01

Huppendorfer, mit Logo

US modern (Hauber) (Kenworth T800)

H: Highspeed (China) **V:** Allround Service (Wonsees)

Verpackung: Plastikschachtel neutral

9,00 Euro

Getränke Rausch (Kulmbach) 02

Hübner Bräu (Steinfeld), mit Logo

Kenworth T2000 (Hauber)

H: Made in China **V:** Allround Service (Wonsees)

Verpackung: Plastikschachtel bedruckt oder mit Aufkleber

9,00 Euro

Getränke Rausch (Kulmbach) 03

Hönig (Tiefenellern), mit Logo

MAN F2000 Aero (Hochdach)

H: Wörlein (Cadolzburg) **V:** Allround Service (Wonsees)

Verpackung: Plastikschachtel bedruckt oder mit Aufkleber

8,00 Euro

Getränke Rausch (Kulmbach) 04

Reh Bier aus dem Ellertal, mit Logo

Mercedes-Benz Actros

H: Wörlein (Cadolzburg) **V:** Allround Service (Wonsees)

Verpackung: Plastikschachtel bedruckt oder mit Aufkleber

8,00 Euro

G

Getränke Rausch, Großhandel (Donndorf) 01

Siebdruck

? ?

H: Made in China **V:** keine Angabe

Verpackung: Plastikschachtel neutral

15,00 Euro

Getränke Schönherr (Fachgroßhandel) 01

mit Logo

Mercedes-Benz klein (NG 80 mittel)

H: Made in China **V:** keine Angabe

Verpackung: Plastikschachtel neutral

10,00 Euro

Getränke Schönherr (Fachgroßhandel) 02

mit Logo und schräger Flasche

US modern (Hauber) (Kenworth T800)

H: Highspeed (China) **V:** Getränkemarkt

Verpackung: Plastikschachtel neutral

8,00 Euro

Getränke Schönherr (Fachgroßhandel) 03

und Lausitzer Früchte (links) und 25 Jahre KC Lauchhammer (rechts)

Volvo F-12 Globetrotter

H: Made in China **V:** Müller (Plessa)

Verpackung: Plastikschachtel bedruckt oder mit Aufkleber

8,00 Euro **Auflage:** 1.000

Getränke Schoppe (Herzberg, Eisleben) 01

2000

Mercedes-Benz Actros

H: Highspeed (China) **V:** Grell (Bielefeld)

Verpackung: Blister

8,00 Euro

Getränke Service Deschl (Rödental) 01
auf Leikeim - Blister

Mercedes-Benz Actros
H: Hümmer **V:** Hümmer (Teugn)
Verpackung: Blister
8,00 Euro

Getränke Stadl Feldmochingen 01
mit 2 Achsen, gelochte Felgen

Mercedes-Benz groß (NG 80 lang)
H: Golden (ADT-Trucks) **V:** keine Angabe
Verpackung: Plastikschachtel neutral
8,00 Euro

Getränke Terminal (Erlangen, Nürnberg) 01
mit Bierkasten als LKW (Comic)

MAN F2000 (Hochdach)
H: Wörlein (Cadolzburg) **V:** DGD (Nürnberg)
Verpackung: Blister
8,00 Euro

Getränke Uttrodt (Langenhain) 01
Jever, mit Schaf, Leuchtturm und 2 Flaschen, Fanfarenzug Multicar-Waltershausen auf Blister

MAN M2000
H: Made in China **V:** Lauterbach
Verpackung: Blister
8,00 Euro

Getränke Uttrodt (Langenhain) 02
Brinkhoffs Nr.1, LKW: Angler, Hänger Wanderer, je mit Glas und Flasche, Fanfarenzug Multicar-Waltershausen auf Blister

MAN M2000
H: Made in China **V:** Lauterbach
Verpackung: Blister
8,00 Euro

Getränke Vertrieb Rommel 01

Gesundes neues Jahr 2001, mit Startrek Hintergrund, Zm mit Kulmbacher

Mercedes-Benz Actros
H: Highspeed (China) **V:** keine Angabe
Verpackung: Plastikschachtel neutral
6,00 Euro

Getränke Vertrieb Rommel 02

10 Jahre Betriebsjubiläum, mit Köstritzer auf Sonnenblende

Mercedes-Benz Actros
H: Highspeed (China) **V:** keine Angabe
Verpackung: Plastikschachtel neutral
6,00 Euro

G

Getränke Waldhoff 01

5. Thüringer Biermarkt, Erfurt 1999, mit Glas

US modern (Hauber) (Kenworth T800)
H: Highspeed (China) **V:** Grell (Bielefeld)
Verpackung: Blister
9,00 Euro

Getränke Waldhoff 02

6. Thüringer Biermarkt, Erfurt 2000, Truck Nr. 2, mit 2 Gläsern

Mercedes-Benz Actros
H: Highspeed (China) **V:** Grell (Bielefeld)
Verpackung: Blister
8,00 Euro

Getränke Waldhoff 03

6. Thüringer Biermarkt, Erfurt 2000, Truck Nr. 3, mit Glas

Mercedes-Benz Actros
H: Highspeed (China) **V:** Grell (Bielefeld)
Verpackung: Blister
8,00 Euro

Getränke Waldhoff 04

10 Jahre, mit Flasche und 2 Gläsern

Ford 9000 (Hauber)

H: Highspeed (China) **V:** Grell (Bielefeld)

Verpackung: Blister

8,00 Euro

Getränke Waldhoff 05

Oktoberfest 2000 mit Logos von Paulaner, HB, Spaten, Löwenbräu und Glas, Truck Nr. 6

Ford 9000 (Hauber)

H: Highspeed (China) **V:** Grell (Bielefeld)

Verpackung: Blister

10,00 Euro

Getränke Waldhoff 06

Nörten-Hardenberger Pils, Truck Nr. 7, mit liegender Flasche

Mercedes-Benz Actros

H: Highspeed (China) **V:** Grell (Bielefeld)

Verpackung: Blister

8,00 Euro

Getränke Waldhoff 07

Thier Pils, mit 2 Kastenhälften

Mercedes-Benz Actros

H: Highspeed (China) **V:** Grell (Bielefeld)

Verpackung: Blister

8,00 Euro

Getränke Waldhoff 08

Nr.9, Wicküler Pilsener, mit 2 Logos und 3 Flaschen

Freightliner FLD 120 (Hauber)

H: Grell (Bielefeld-China) **V:** Grell (Bielefeld)

Verpackung: Blister

8,00 Euro

Getränkewelt 01

Mauritius, mit schräger Flasche

US modern (Hauber) (Kenworth T800)

H: Highspeed (China) **V:** Grell (Bielefeld)

Verpackung: Blister

10,00 Euro

Getränkewelt 02

Pepsi, mit schräger Flasche

US modern (Hauber) (Kenworth T800)

H: Highspeed (China) **V:** Grell (Bielefeld)

Verpackung: Blister

10,00 Euro

Getränkewelt 03

Köstritzer, mit schräger Flasche

US modern (Hauber) (Kenworth T800)

H: Highspeed (China) **V:** Grell (Bielefeld)

Verpackung: Blister

10,00 Euro

Geussen (Neustadt b. Coburg) 01

Eisbär-Premium, mit Logo

Mercedes-Benz Actros

H: Wörlein (Cadolzburg) **V:** DGD (Nürnberg)

Verpackung: Blister

12,00 Euro

Geussen (Neustadt b. Coburg) 02

Der schwarze Bär, mit Logo und stilisierten Bäumen

MAN F2000 Aero (Hochdach)

H: Wörlein (Cadolzburg) **V:** DGD (Nürnberg)

Verpackung: Blister

8,00 Euro

Geussen (Neustadt b. Coburg) 03
Der Weisse Bär, mit Logo vor Bayernraute

MAN TG-A
H: Wörlein (Cadolzburg) **V:** DGD (Nürnberg)
Verpackung: Blister
8,00 Euro

Geussen (Neustadt b. Coburg) 04
Natur Bioland, mit Logo

Mercedes-Benz Actros
H: Wörlein (Cadolzburg) **V:** DGD (Nürnberg)
Verpackung: Blister
8,00 Euro

Geussen (Neustadt b. Coburg) 05
Vollmondbier, mit Mond, Sternen und Logo

US klassisch (Hauber)
H: Made in China **V:** DGD (Nürnberg)
Verpackung: Blister
8,00 Euro

Gick-Bräu 01
Premium 2000

US klassisch (Hauber)
H: Made in China **V:** Brauerei
Verpackung: Plastikschachtel neutral
30,00 Euro

Gick-Bräu 02
das Spezielle aus Burgkunstadt, mit 3 Flaschen und Logo

Mercedes-Benz Actros
H: Hümmer **V:** Hümmer (Teugn)
Verpackung: Blister
10,00 Euro

2002
G

Gick-Bräu 03
gickantisch gut! Mit Glas und Bügelflasche
Mercedes-Benz Actros
H: Top-Style (Ebersdorf) **V:** Top-Style (Ebersdorf)
Verpackung: Blister
8,00 Euro

Giessener Brauhaus 01
Denninghoff´s Spezialitäten-Brauerei
Ford Model T 1919 (Oldtimer)
H: Made in China **V:** Grell (Bielefeld)
Verpackung: Blister
40,00 Euro

Giessener Brauhaus 02
Der frische Genuß (links) und Meister Malz (rechts)
US modern (Hauber) (Kenworth T800)
H: Highspeed (China) **V:** Grell (Bielefeld)
Verpackung: Blister
12,00 Euro

Giessener Brauhaus 03
Der frische Genuß (links und rechts)
US modern (Hauber) (Kenworth T800)
H: Highspeed (China) **V:** Grell (Bielefeld)
Verpackung: Blister
12,00 Euro

Giessener Brauhaus 04
Denninghoff´s Spezialitäten, mit 2 Etiketten
Mercedes-Benz Actros
H: Highspeed (China) **V:** Grell (Bielefeld)
Verpackung: Blister
9,00 Euro

Giessener Brauhaus 05
Denninghoff´s Spezialitäten, mit Pelikan und 3 Gläsern vor Wiese
Mercedes-Benz Actros
H: Wörlein (Cadolzburg) **V:** DGD (Nürnberg)
Verpackung: Blister
8,00 Euro

Giessener Brauhaus 06
Denninghoff´s Spezialitäten, mit Pelikan und Logo vor Wassertropfen
Mercedes-Benz Actros
H: Wörlein (Cadolzburg) **V:** DGD (Nürnberg)
Verpackung: Blister
8,00 Euro

Gilde Brauerei (Hannover) 01
Gilde Ratskeller
Ford Model T 1919 (Oldtimer)
H: Made in China **V:** keine Angabe
Verpackung: - ohne
100,00 Euro **Auflage:** 200

Gilde Brauerei (Hannover) 02
Pilsener, Das Hopfenfrische, mit grünem Rahmen und Logo
Mercedes-Benz Actros
H: Highspeed (China) **V:** Grell (Bielefeld)
Verpackung: Blister
8,00 Euro

Gilde Brauerei (Hannover) 03
Löschzug
Ward Lafrance Feuerwehr (1939)
H: Highspeed (China) **V:** Grell (Bielefeld)
Verpackung: Blister
8,00 Euro

Gilde Brauerei (Hannover) 04

Ratskeller Premium Pils, das kühle Gold, mit gelbem Rahmen und Logo

Mercedes-Benz Actros

H: Highspeed (China) **V:** Grell (Bielefeld)

Verpackung: Blister

8,00 Euro

Gilde Brauerei (Hannover) 05

Pilsener, mit 3 Flaschen, 6 Flaschenhälsen und Glas

Ford 9000 (Hauber)

H: Highspeed (China) **V:** Grell (Bielefeld)

Verpackung: Blister

8,00 Euro

Gilde Brauerei (Hannover) 06

Lindener Spezial, mit Logo

MAN Büssing 8000 (Oldtimer)

H: Wörlein (Cadolzburg) **V:** Eurosun (Cadolzburg)

Verpackung: Blister

8,00 Euro

Gilde Brauerei (Hannover) 07

und Lindner, Hier kommen 2 starke Typen, mit 4 Gläsern

MAN F2000 Aero (Hochdach)

H: Grell (Bielefeld-China) **V:** Grell (Bielefeld)

Verpackung: Blister

8,00 Euro

Gilde Brauerei (Hannover) 08

Pilsener, Das Hopfenfrische, mit grünem Rahmen und Logo

Mercedes-Benz Actros

H: Wörlein (Cadolzburg) **V:** Eurosun (Cadolzburg)

Verpackung: Blister

8,00 Euro

Gilde Brauerei (Hannover) 09

Das Gildet

BMW Isetta (Oldtimer)

H: Made in China **V:** Eurosun (Cadolzburg)

Verpackung: Blister

8,00 Euro

Gilden Kölsch 01

mit schrägen Streifen (grün-gold-schwarz) und Logo

Mercedes-Benz Actros

H: Highspeed (China) **V:** Grell (Bielefeld)

Verpackung: Blister

8,00 Euro

Glashäger 01

Ein Wasser fürs Leben, mit 6 Flaschen

Mercedes-Benz Actros

H: Hümmer **V:** Hümmer (Teugn)

Verpackung: Blister

8,00 Euro

Glashäger 02

Ein Wasser fürs Leben, mit 2 Flaschen vor Meer

MAN TG-A Kühlzug

H: Vierke (Braunschweig) **V:** Vierke (Braunschweig)

Verpackung: Blister

8,00 Euro

Glenk-Bräu (Bayreuth) 01

Prost Freunde! lim. Auflage Nr. 1,
mit 2 Gläsern und 2 Flaschen

Mercedes-Benz Actros

H: Highspeed (China) **V:** Grell (Bielefeld)

Verpackung: Blister

10,00 Euro

2002

G

Gleumes 01

mit vielen Flaschen

US klassisch (Hauber)

H: keine Angabe **V:** keine Angabe

Verpackung: Plastikschachtel neutral

50,00 Euro

Gleumes 02

Die obergärige Spezialität..., mit schrägem Glas

US klassisch (Hauber)

H: Made in China **V:** keine Angabe

Verpackung: Plastikschachtel neutral

25,00 Euro

Gliech (Golßen) 01

Brauerei und Getränke Fachhandel

Mercedes-Benz Actros

H: Highspeed (China) **V:** Grell (Bielefeld)

Verpackung: Blister

8,00 Euro

GLS (Schmölln) 01

Wir löschen den Durst! mit Logo

US modern (Hauber) (Kenworth T800)

H: Highspeed (China) **V:** Grell (Bielefeld)

Verpackung: Blister

8,00 Euro

Glückauf Biere (Gersdorf) 01

mit Logo

US klassisch (Hauber)

H: Made in China **V:** Gack

Verpackung: Blister

25,00 Euro

Glückauf Biere (Gersdorf) 02

Motorrad
H: Made in China **V:** Gack
Verpackung: Blister
25,00 Euro

Glückauf Biere (Gersdorf) 03
Das Deputat, mit schräger Flasche, Glas uns Logo

US modern (Hauber) (Kenworth T800)
H: Highspeed (China) **V:** Grell (Bielefeld)
Verpackung: Blister
20,00 Euro

Glückauf Biere (Gersdorf) 04
Glückauf Kantine, Inh. Fam. Jacob, mit Logo

US modern (Hauber) (Kenworth T800)
H: Golden (ADT-Trucks) **V:** Gaststätte
Verpackung: Plastikschachtel neutral
15,00 Euro

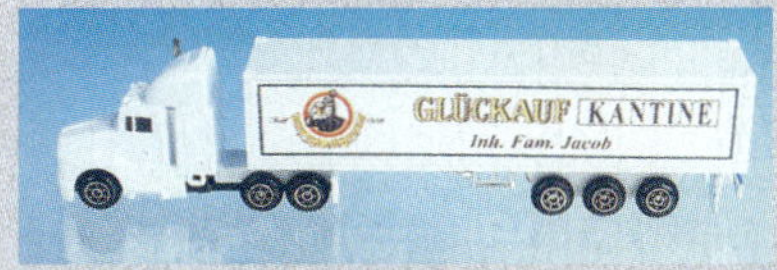

Glückauf Biere (Gersdorf) 06
Dirk Reißmann, Grand Prix-Sachsenring 1999, mit Motorrad und Logo

US modern (Hauber) (Kenworth T800)
H: Golden (ADT-Trucks) **V:** Müller (Chemnitz)
Verpackung: Plastikschachtel neutral
15,00 Euro **Auflage:** 520

Glückauf Biere (Gersdorf) 07
Dirk Reißmann, Internationaler dt. Motorradmeister, mit Motorrad und Logo

US modern (Hauber) (Kenworth T800)
H: Golden (ADT-Trucks) **V:** Müller (Chemnitz)
Verpackung: Plastikschachtel neutral
15,00 Euro **Auflage:** 330

Glückauf Biere (Gersdorf) 08

seit 1880, mit Glas, Flasche und Logo

Mercedes-Benz Actros

H: Hümmer **V:** Hümmer (Teugn)

Verpackung: Blister

12,00 Euro

Glückauf Biere (Gersdorf) 09

Dirk Reißmann, Int. dt. Meister 99, Team Yamaha, mit Motorrad und Logo

Kenworth klassisch (Hauber)

H: Majorette **V:** Müller (Chemnitz)

Verpackung: Plastikschachtel neutral

15,00 Euro **Auflage:** 370

Glückauf Biere (Gersdorf) 10

mit Mann, Saxophon spielender Frau, Glas und Flasche

Mercedes-Benz Actros

H: Hümmer **V:** Hümmer (Teugn)

Verpackung: Blister

10,00 Euro

Glückauf Biere (Gersdorf) 11

Das Deputat, mit Motorrad, schräger Flasche und Logo

US modern (Hauber) (Kenworth T800)

H: Made in China **V:** Müller (Chemnitz)

Verpackung: Plastikschachtel neutral

8,00 Euro

Glückauf Biere (Gersdorf) 12

Dirk Reißmann, Int. dt. Meister 99, Team Yamaha, mit Motorrad und Logo

Kenworth klassisch (Hauber)

H: Majorette **V:** Müller (Chemnitz)

Verpackung: Plastikschachtel neutral

15,00 Euro **Auflage:** 210

Glückauf Biere (Gersdorf) 13

120 Jahre Brautradition, mit Logo

Mercedes-Benz Actros

H: Highspeed (China) **V:** Grell (Bielefeld)

Verpackung: Blister

10,00 Euro

Glückauf Biere (Gersdorf) 14

Bock, mit liegender Flasche und Logo

Mercedes-Benz Actros

H: Hümmer **V:** Hümmer (Teugn)

Verpackung: Blister

9,00 Euro

Glückauf Biere (Gersdorf) 15

mit 5 Etiketten und Logo

Ford 9000 (Hauber)

H: Highspeed (China) **V:** Grell (Bielefeld)

Verpackung: Blister

8,00 Euro

Glückauf Biere (Gersdorf) 16

am Sachsenring dabei (2001), mit Motorrad und Logo

MAN Phönix (Hauber)

H: Wörlein (Cadolzburg) **V:** DGD (Nürnberg)

Verpackung: Blister

10,00 Euro

Glückauf Biere (Gersdorf) 17

mit 2 Logos

IFA H6 (Oldtimer)

H: Hümmer **V:** Hümmer (Teugn)

Verpackung: Blister

8,00 Euro

Glückauf Biere (Gersdorf) 18
mit Bergmannskapelle, Pferdewagen, Glas und Flasche

DAF 95 XF
H: Made in China **V:** Hümmer (Teugn)
Verpackung: Blister
8,00 Euro

Glückauf Biere (Gersdorf) 19
mit 2 Logos (alte Bierdeckel auf Blister)

MAN TG-A
H: Hümmer **V:** Hümmer (Teugn)
Verpackung: Blister
8,00 Euro

Glückauf Biere (Gersdorf) 20
und Pension Glückauf (Sellin), mit 2 Logos

Renault Premium Route
H: Top-Style (Ebersdorf) **V:** Allround Service (Wonsees)
Verpackung: Blister
8,00 Euro

Glückauf Biere (Gersdorf) 21
XXL, mit Logo und 7 Flaschen

Peterbilt Hauber (XXL)
H: Made in China **V:** Hümmer (Teugn)
Verpackung: Blister
35,00 Euro

Gold Ochsen (Ulm) 01
mit Logo, silberne Felgen

Mercedes-Benz Actros
H: Hümmer **V:** Hümmer (Teugn)
Verpackung: Blister
8,00 Euro

Gold Ochsen (Ulm) 02
mit Logo, Hänger: Weisse, goldene Felgen
Aus Platzgründen wurden die beiden Einzelkarten überlappend dargestellt (Teildarstellung).
Mercedes-Benz Actros
H: Wörlein (Cadolzburg) **V:** DGD (Nürnberg)
Verpackung: Blister
8,00 Euro

Goldene Ernte 01
Hopfen und Malz-Serie Nr.1/4, mit Glas vor Gerstenfeld
Mercedes-Benz Actros
H: Wörlein (Cadolzburg) **V:** Eurosun (Cadolzburg)
Verpackung: Blister
8,00 Euro

Goldschadt Bräu (Marktleuthen) 02
Nr. 2, Alt Fränkisch Dunkel
Freightliner FLD 120 (Hauber)
H: Grell (Bielefeld-China) **V:** Sammlertreff (Marktleuthen)
Verpackung: Blister
8,00 Euro

Goldschadt Bräu (Marktleuthen) 03
Nr. 3, Tafelbier
Freightliner FLD 120 (Hauber)
H: Grell (Bielefeld-China) **V:** Sammlertreff (Marktleuthen)
Verpackung: Blister
8,00 Euro

Goldschadt Bräu (Marktleuthen) 04
Nr. 4, Goldschadt Bräu
Freightliner FLD 120 (Hauber)
H: Grell (Bielefeld-China) **V:** Sammlertreff (Marktleuthen)
Verpackung: Blister
8,00 Euro

Goldschadt Bräu (Marktleuthen)	05
Nr. 5, Pilsener	
Freightliner FLD 120 (Hauber)	
H: Grell (Bielefeld-China) **V:** Sammlertreff (Marktleuthen)	
Verpackung: Blister	
8,00 Euro	

Goldschadt Bräu (Marktleuthen)	06
Nr. 6, Märzenbier	
Freightliner FLD 120 (Hauber)	
H: Grell (Bielefeld-China) **V:** Sammlertreff (Marktleuthen)	
Verpackung: Blister	
8,00 Euro	

Goldschadt Bräu (Marktleuthen)	07
Nr. 7, Vollbier	
Freightliner FLD 120 (Hauber)	
H: Grell (Bielefeld-China) **V:** Sammlertreff (Marktleuthen)	
Verpackung: Blister	
8,00 Euro	

Goldschadt Bräu (Marktleuthen)	08
Nr. 8, Goldschadt Bräu (Weihnacht 2001), mit Sternen	
Ford 9000 (Hauber)	
H: Highspeed (China) **V:** Grell (Bielefeld)	
Verpackung: Blister	
8,00 Euro	

Goldschadt Bräu (Marktleuthen)	09
Festbier (Weihnacht 2001), mit Weihnachtsmann auf Rentierschlitten	
Freightliner FLD 120 (Hauber)	
H: Grell (Bielefeld-China) **V:** Grell (Bielefeld)	
Verpackung: Blister	
9,00 Euro	**Auflage:** 1.000

Goldschadt Bräu (Marktleuthen) 10
Festbier (Weihnacht 2001), mit Weihnachtsmann auf Rentierschlitten
Ford 9000 (Hauber)
H: Highspeed (China) **V:** Grell (Bielefeld)
Verpackung: Blister
8,00 Euro

Göller (Zeil) 01
schwarze Felgen
Mercedes-Benz Actros
H: Highspeed (China) **V:** Grell (Bielefeld)
Verpackung: Blister
25,00 Euro

Göller (Zeil) 02
graue Felgen, LKW und Hänger auf 1 Blister
Mercedes-Benz Actros
H: Wörlein (Cadolzburg) **V:** DGD (Nürnberg)
Verpackung: Blister
12,00 Euro

Göller (Zeil) 03
graue Felgen, LKW und Hänger auf getrennten Blistern
Mercedes-Benz Actros
H: Wörlein (Cadolzburg) **V:** DGD (Nürnberg)
Verpackung: Blister
18,00 Euro

Göller (Zeil) 04
mit 3 Flaschen und Glas
MAN Phönix (Hauber)
H: Wörlein (Cadolzburg) **V:** DGD (Nürnberg)
Verpackung: Blister
10,00 Euro

Göller (Zeil) 05

schwarze Felgen

MAN F2000 Aero (Hochdach)

H: Grell (Bielefeld-China) **V:** Grell (Bielefeld)

Verpackung: Blister

8,00 Euro

Göller (Zeil) 06

Steinhauer Weisse, mit Bügelflasche und vielen Männern mit Hut und Schürze

Scania 164L 6580

H: Wörlein (Cadolzburg) **V:** DGD (Nürnberg)

Verpackung: Blister

8,00 Euro

Göller (Zeil) 07

Man trägt wieder blau, mit Kasten und Bügelflasche

MAN Phönix (Hauber)

H: Wörlein (Cadolzburg) **V:** DGD (Nürnberg)

Verpackung: Blister

8,00 Euro

Göller (Zeil) 08

mit Glas und Bügelflasche vor Winterlandschaft

Peterbilt 379 Ultracab

H: keine Angabe **V:** DGD (Nürnberg)

Verpackung: Blister

8,00 Euro

Göltzschtal 01

mit Zeichnung der Brücke

Volvo F-12 Globetrotter

H: Golden (ADT-Trucks) **V:** NWH

Verpackung: Plastikschachtel bedruckt oder mit Aufkleber

18,00 Euro

Göltzschtal 02

mit Zeichnung der Brücke

US klassisch (Hauber)

H: Made in China **V:** DGD (Nürnberg)

Verpackung: Blister

12,00 Euro

Göltzschtal 03

mit Zeichnung der Brücke

US modern (Hauber) (Kenworth T800)

H: Highspeed (China) **V:** Gack

Verpackung: Blister

10,00 Euro

Göltzschtal 04

mit Foto der Brücke

Mercedes-Benz Actros

H: Wörlein (Cadolzburg) **V:** DGD (Nürnberg)

Verpackung: Blister

9,00 Euro

Göltzschtal 05

mit 3 schrägen Flaschen

MAN TG-A

H: Wörlein (Cadolzburg) **V:** DGD (Nürnberg)

Verpackung: Blister

8,00 Euro

Göltzschtal 06

mit Foto der Brücke, Glas und Flasche

Scania 164L 6580

H: Wörlein (Cadolzburg) **V:** DGD (Nürnberg)

Verpackung: Blister

8,00 Euro

2002

G

Göltzschtal 07

mit Foto der Brücke, Glas und Flasche

MAN TG-A

H: Wörlein (Cadolzburg) **V:** DGD (Nürnberg)

Verpackung: Blister

8,00 Euro

Göltzschtal 08

Bierspezialitäten..., mit Logo

MAN F2000 Aero (Hochdach)

H: Wörlein (Cadolzburg) **V:** DGD (Nürnberg)

Verpackung: Blister

8,00 Euro

G

Gothaer Brauerei 01

Unser Bier, mit Logo

Mercedes-Benz Actros

H: Highspeed (China) **V:** Grell (Bielefeld)

Verpackung: Blister

15,00 Euro

Gottmannsgrüner (Koch´sche Brauerei) 01

Pils, mit Logo

Mercedes-Benz klein (NG 80 mittel)

H: Made in China **V:** Hümmer (Teugn)

Verpackung: Plastikschachtel bedruckt oder mit Aufkleber

25,00 Euro

Gottmannsgrüner (Koch´sche Brauerei) 02

Pils, mit Logo

US klassisch (Hauber)

H: Made in China **V:** keine Angabe

Verpackung: Plastikschachtel neutral

20,00 Euro

Gottmannsgrüner (Koch´sche Brauerei) 03
Pils, mit Logo

MAN F90
H: Made in China **V:** Hümmer (Teugn)
Verpackung: Plastikschachtel bedruckt oder mit Aufkleber
18,00 Euro

Gottmannsgrüner (Koch´sche Brauerei) 04
Das Schwarze Vollbier, mit Frau und Logo

US klassisch (Hauber)
H: Hümmer **V:** Hümmer (Teugn)
Verpackung: Blister
10,00 Euro

Gottmannsgrüner (Koch´sche Brauerei) 05
Pils, mit Frau und Logo

Mercedes-Benz Actros
H: Highspeed (China) **V:** Gack
Verpackung: Blister
9,00 Euro

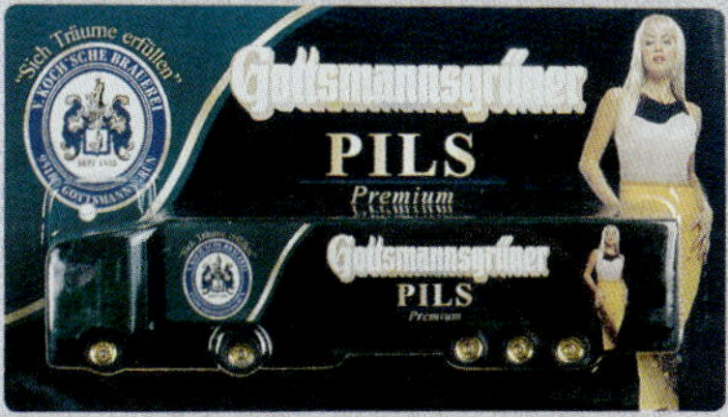

Gottmannsgrüner (Koch´sche Brauerei) 06
Hefe Weisse, mit Frau und Logo

Mercedes-Benz Actros
H: Hümmer **V:** Hümmer (Teugn)
Verpackung: Blister
8,00 Euro

Gottmannsgrüner (Koch´sche Brauerei) 07
Doppelbock

Mercedes-Benz 6600 (Oldtimer)
H: Hümmer **V:** Hümmer (Teugn)
Verpackung: Blister
8,00 Euro

Gottmannsgrüner (Koch´sche Brauerei) 08
Pils, mit Frau und Logo
Mercedes-Benz Actros
H: Hümmer **V:** Hümmer (Teugn)
Verpackung: Blister
8,00 Euro

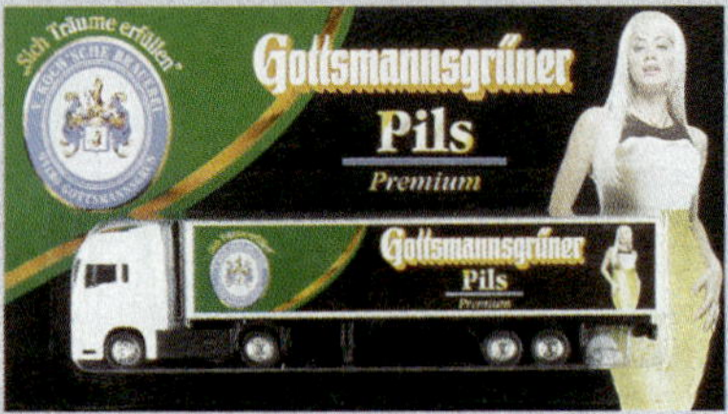

Gottmannsgrüner (Koch´sche Brauerei) 09
Pils, mit Frau und Logo
MAN TG-A
H: Hümmer **V:** Hümmer (Teugn)
Verpackung: Blister
8,00 Euro

Gottmannsgrüner (Koch´sche Brauerei) 10
mit blauem Streifen und Logo
Ford Model T 1919 (Oldtimer)
H: Golden (ADT-Trucks) **V:** Hümmer (Teugn)
Verpackung: Blister
9,00 Euro

Gottmannsgrüner (Koch´sche Brauerei) 11
mit goldener Schrift
Mercedes-Benz Actros
H: Hümmer **V:** Hümmer (Teugn)
Verpackung: Blister
8,00 Euro

Gottmannsgrüner (Koch´sche Brauerei) 12
mit 8 Flaschen und Frau mit Kasten
Scania 124L ?
H: Hümmer **V:** Hümmer (Teugn)
Verpackung: Blister
8,00 Euro

Gottmannsgrüner (Koch´sche Brauerei) 13

mit Weihnachtsmann auf Blister

Scania 124L ?

H: Hümmer **V:** Hümmer (Teugn)

Verpackung: Blister

8,00 Euro

Graeger Sekthaus (Bingen) 01

mit Logo und schräger Sektflasche (trocken)

Ford 9000 (Hauber)

H: Highspeed (China) **V:** Grell (Bielefeld)

Verpackung: Blister

8,00 Euro

Graf Toerring 01

Genuß der noblen Art, mit 2 Logos

MAN F90

H: Made in China **V:** keine Angabe

Verpackung: Plastikschachtel neutral

30,00 Euro

Graf Toerring 02

Genuß der noblen Art, mit 3 Logos

US klassisch (Hauber)

H: Hümmer **V:** Hümmer (Teugn)

Verpackung: Plastikschachtel neutral

35,00 Euro

Graf Toerring 03

Genuß der noblen Art, mit schräger Flasche

MAN TG-A

H: Hümmer **V:** Hümmer (Teugn)

Verpackung: Plastikschachtel bedruckt oder mit Aufkleber

8,00 Euro

Gräfs 01

Altfränkische, 2 fröhliche Tropfen, mit Pärchen

Mercedes-Benz Actros

H: Hümmer **V:** Hümmer (Teugn)

Verpackung: Blister

8,00 Euro

Gräfs 02

typisch Gräfs, mit Pullis vor Landschaft

Mercedes-Benz Actros

H: Hümmer **V:** Hümmer (Teugn)

Verpackung: Blister

8,00 Euro

Gralsquelle 01

mit stilisierten Feengrotten

Mercedes-Benz Actros

H: Highspeed (China) **V:** Grell (Bielefeld)

Verpackung: Blister

12,00 Euro

Grandauer 01

mit 2 Schriftzügen und Logo, 3 Achsen, gelochte Felgen

Mercedes-Benz groß (NG 80 lang)

H: Golden (ADT-Trucks) **V:** keine Angabe

Verpackung: Plastikschachtel neutral

40,00 Euro

Grandauer 02

mit 2 Schriftzügen und Logo, 2 Achsen, gelochte Felgen

Volvo F-12 Globetrotter

H: Golden (ADT-Trucks) **V:** keine Angabe

Verpackung: Plastikschachtel neutral

40,00 Euro

Greizer	01
Schloss Pils, mit Logo	
US klassisch (Hauber)	
H: Made in China **V:** Hümmer (Teugn)	
Verpackung: Blister	
35,00 Euro	

Greizer	02
mit Logo	
MAN F90	
H: Made in China **V:** Hümmer (Teugn)	
Verpackung: Blister	
25,00 Euro	

Greizer	03
Schloß Pils, mit schräger Flasche und Glas	
US modern (Hauber) (Kenworth T800)	
H: Highspeed (China) **V:** Grell (Bielefeld)	
Verpackung: Blister	
15,00 Euro	

Greizer	04
mit Glas	
Mercedes-Benz Actros	
H: Highspeed (China) **V:** Grell (Bielefeld)	
Verpackung: Blister	
12,00 Euro	

Greizer	05
Urbräu, mit Glas	
Mercedes-Benz Actros	
H: Wörlein (Cadolzburg) **V:** DGD (Nürnberg)	
Verpackung: Blister	881
9,00 Euro	

G

2002

Greizer	06
Nr.2000-1, Bierspezialitäten, mit Gläsern	
Mercedes-Benz Actros	
H: Wörlein (Cadolzburg) **V:** DGD (Nürnberg)	
Verpackung: Blister	
8,00 Euro	

Greizer	07
Nr.2000-2, Bierspezialitäten, mit 5 Bierdeckeln,	
Mercedes-Benz Actros	
H: Wörlein (Cadolzburg) **V:** DGD (Nürnberg)	
Verpackung: Blister	
8,00 Euro	

Greizer	08
Nr.2000-3, mit Logo	
Mercedes-Benz Actros	
H: Wörlein (Cadolzburg) **V:** DGD (Nürnberg)	
Verpackung: Blister	
8,00 Euro	

Greizer	09
Schloß Pils, mit Oberem Schloss und Glas	
Ford 9000 (Hauber)	
H: Highspeed (China) **V:** Grell (Bielefeld)	
Verpackung: Blister	
8,00 Euro	

Greizer	10
Nr.2001-1, Schloß Pils, mit liegender Flasche	
Ford 9000 (Hauber)	
H: Highspeed (China) **V:** Grell (Bielefeld)	
Verpackung: Blister	
8,00 Euro	

Greizer 11

Nr.2001-2, Schloß Pils, mit Gebäuden und Glas

Scania 124L 420

H: Grell (Bielefeld-China) **V:** Grell (Bielefeld)

Verpackung: Blister

8,00 Euro

Greizer 12

Nr.2001-3, mit schrägem Glas

Freightliner FLD 120 (Hauber)

H: Grell (Bielefeld-China) **V:** Grell (Bielefeld)

Verpackung: Blister

8,00 Euro

Greizer 13

Nr.2002-1, mit Schriftzug

Freightliner FLD 120 (Hauber)

H: Grell (Bielefeld-China) **V:** Grell (Bielefeld)

Verpackung: Blister

8,00 Euro

Grenzwald-Destillation Ficker (Crottendorf) 01

Kräuterlikör, mit Landschaftszeichnung

Ford 9000 (Hauber)

H: Highspeed (China) **V:** Grell (Bielefeld)

Verpackung: Blister

8,00 Euro

Griesbacher Brauhaus 01

Brauerei-Museum - Schnaps-Museum, mit Logo

Kenworth klassisch (Hauber)

H: Majorette **V:** Müller (Chemnitz)

Verpackung: Plastikschachtel neutral

8,00 Euro

Griesbacher Mineralwasser 01
First Class, mit 2 schrägen Flaschen

Mercedes-Benz Actros
H: Vierke (Braunschweig) **V:** Vierke (Braunschweig)
Verpackung: Blister
8,00 Euro

Grimbergen Abteibiere 01
mit Flasche und Glas

Ford 9000 (Hauber)
H: Highspeed (China) **V:** Grell (Bielefeld)
Verpackung: Blister
8,00 Euro **Auflage:** 5.000

Gritschenbräu (Schrobenhausen) 01
mit Logo und 5 Gläsern

MAN TG-A
H: Wörlein (Cadolzburg) **V:** DGD (Nürnberg)
Verpackung: Blister
8,00 Euro

Grohe Bier 01
mit Logo

Mercedes-Benz Actros
H: Hümmer **V:** Hümmer (Teugn)
Verpackung: Blister
8,00 Euro

Grosswald (Heusweiler) 01
mit 2 Logos

Mercedes-Benz Actros
H: Wörlein (Cadolzburg) **V:** DGD (Nürnberg)
Verpackung: Blister
9,00 Euro

Grosswald (Heusweiler) 02

mit Logo und schrägem Glas

Scania 164L 6580

H: Wörlein (Cadolzburg) **V:** DGD (Nürnberg)

Verpackung: Blister

8,00 Euro

Grünbacher Weissbier 01

mit 3 Gläsern und Logo

Mercedes-Benz Atego 18T

H: Vierke (Braunschweig) **V:** Vierke (Braunschweig)

Verpackung: Blister

8,00 Euro

Grützmacher´s 01

Stimmungs-Macher, Hasebrink (Essen), mit 10 Schnapspullis

Mercedes-Benz Actros

H: Highspeed (China) **V:** Grell (Bielefeld)

Verpackung: Blister

8,00 Euro

Günther Bräu 01

Gern getrunken- weils besser schmeckt! mit schräger Flasche und Logo

US klassisch (Hauber)

H: Made in China **V:** Hümmer (Teugn)

Verpackung: Plastikschachtel bedruckt oder mit Aufkleber

60,00 Euro **Auflage:** 1.000

Günther Bräu 02

2000, mit Erdkugel und Logo

Mercedes-Benz Actros

H: Hümmer **V:** Hümmer (Teugn)

Verpackung: Blister

15,00 Euro

Günther Bräu 03

mit 4 Etiketten

Mercedes-Benz Actros

H: Hümmer **V:** Hümmer (Teugn)

Verpackung: Blister

9,00 Euro

Günther Bräu 04

Premium Pilsener..., mit Glas

MAN TG-A

H: Hümmer **V:** Hümmer (Teugn)

Verpackung: Blister

8,00 Euro

Günther Bräu 05

Das Beste zum Fest (Weihnacht 2001), mit schräger Flasche

Mercedes-Benz Actros

H: Top-Style (Ebersdorf) **V:** Top-Style (Ebersdorf)

Verpackung: Blister

8,00 Euro

Guntrum Bräu 01

Das Bier der Bergstraße, mit 2 Logos

Volvo F-12 Globetrotter

H: Golden (ADT-Trucks) **V:** keine Angabe

Verpackung: Plastikschachtel neutral

75,00 Euro

Guntrum Bräu 02

Das Bier der Bergstraße, mit 2 Logos

Volvo F-12 Globetrotter

H: Golden (ADT-Trucks) **V:** keine Angabe

Verpackung: Plastikschachtel neutral

75,00 Euro

Gunzendorfer (Privatbrauerei Saurer) 01

mit Logo

Mercedes-Benz Actros

H: Wörlein (Cadolzburg) **V:** MaHug (Kulmbach)

Verpackung: Blister

8,00 Euro

Gust. Fink (Meder Coburg) 01

Hansen Pils, mit Logo

Mercedes-Benz Actros

H: Top-Style (Ebersdorf) **V:** Allround Service (Wonsees)

Verpackung: Blister

8,00 Euro **Auflage:** 4.000

Gust. Fink (Meder Coburg) 02

Hansen Pils, mit Logo

Renault Premium Route

H: Top-Style (Ebersdorf) **V:** Allround Service (Wonsees)

Verpackung: Blister

8,00 Euro

Güstrower Schlossquell 01

mit Logo

MAN F2000 Aero (Hochdach)

H: Wörlein (Cadolzburg) **V:** DGD (Nürnberg)

Verpackung: Blister

8,00 Euro

Güstrower Schlossquell 02

Medium, mit liegender Flasche

Aus Platzgründen wurden die beiden Einzelkarten überlappend dargestellt (Teildarstellung).

Mercedes-Benz Actros

H: KamLun **V:** Active Promotion (Stein)

Verpackung: Blister

8,00 Euro

Güstrower Schlossquell 03

Orangen Limonade, mit liegender Flasche
Aus Platzgründen wurden die beiden Einzelkarten überlappend dargestellt (Teildarstellung).

Mercedes-Benz Actros

H: KamLun **V:** Active Promotion (Stein)

Verpackung: Blister

8,00 Euro

Guts Quelle 01

Wir haben etwas gegen Ihren Durst!

US modern (Hauber) (Kenworth T800)

H: Highspeed (China) **V:** Gack

Verpackung: Blister

9,00 Euro

Haberstumpf (Trebgast) 01

Landskrönla, Blühs beü unns!, mit Dorfzeichnung

Mercedes-Benz Actros

H: Dickie (China) **V:** Franko (Bad Berneck)

Verpackung: Blister

8,00 Euro

Hachenburger Pils 01

Frisch wie der Westerwald

unbekannt

H: Made in China **V:** keine Angabe

Verpackung: - ohne

Hachenburger Pils 02

Frisch wie der Westerwald

US klassisch (Hauber)

H: Made in China **V:** keine Angabe

Verpackung: Plastikschachtel neutral

Hachenburger Pils 03

Schwarze, mit Wildschwein

US klassisch (Hauber)

H: Made in China **V:** keine Angabe

Verpackung: Plastikschachtel neutral

Hachenburger Pils 04

Urtrüb

US klassisch (Hauber)

H: Made in China **V:** keine Angabe

Verpackung: Plastikschachtel neutral

Hachenburger Pils 05

Braumobil, Frisch wie der Westerwald, schwarze Trittbretter

Ford Model T 1919 (Oldtimer)

H: Made in China **V:** keine Angabe

Verpackung: in Folie eingeschweißt

35,00 Euro

Hachenburger Pils 06

Braumobil, Frisch wie der Westerwald, weiße Trittbretter

Ford Model T 1919 (Oldtimer)

H: Golden (ADT-Trucks) **V:** Brauerei

Verpackung: Blister

25,00 Euro

Hachenburger Pils 07

Frisch wie der Westerwald, mit Logo

US klassisch (Hauber)

H: Hümmer **V:** Hümmer (Teugn)

Verpackung: Blister

10,00 Euro **Auflage:** 10.000

Hachenburger Pils 08

GP von Deutschland 2000, Nr. 2, 4 tolle Flitzer

Formel - Rennwagen

H: unausgepackt nicht zu erkennen **V:** Hümmer (Teugn)

Verpackung: Blister

25,00 Euro **Auflage:** 2.500

Hachenburger Pils 09

GP von Deutschland 2000, Nr. 3, 4 tolle Flitzer

Formel - Rennwagen

H: unausgepackt nicht zu erkennen **V:** Hümmer (Teugn)

Verpackung: Blister

25,00 Euro **Auflage:** 2.500

Hachenburger Pils 10

GP von Deutschland 2000, Nr. 4, 4 tolle Flitzer

Formel - Rennwagen

H: unausgepackt nicht zu erkennen **V:** Hümmer (Teugn)

Verpackung: Blister

25,00 Euro **Auflage:** 2.500

Hachenburger Pils 11

GP von Deutschland 2000, Nr. 28, 4 tolle Flitzer

Formel - Rennwagen

H: unausgepackt nicht zu erkennen **V:** Hümmer (Teugn)

Verpackung: Blister

25,00 Euro **Auflage:** 2.500

Hachenburger Pils 12

wird 140 Jahre alt! Mit Logo

MAN Büssing 8000 (Oldtimer)

H: Wörlein (Cadolzburg) **V:** DGD (Nürnberg)

Verpackung: Blister

10,00 Euro **Auflage:** 30.000

H

Hachenburger Pils 13

140 Jahre Tradition! Mit Logo

IFA H6 (Oldtimer)

H: keine Angabe **V:** DGD (Nürnberg)

Verpackung: Blister

10,00 Euro **Auflage:** 10.000

Hachenburger Pils 14

140 Jahre Tradition! mit Logo

MAN F8-LH (Oldtimer)

H: Wörlein (Cadolzburg) **V:** DGD (Nürnberg)

Verpackung: Blister

10,00 Euro **Auflage:** 30.000

Hachenburger Pils 15

rechts 5 Bügelflaschen, links Rewe Nistertal, es gibt viele verschiedene Ausführungen für Getränkemärkte.

MAN F2000 Aero (Hochdach)

H: Wörlein (Cadolzburg) **V:** DGD (Nürnberg)

Verpackung: Plastikschachtel bedruckt oder mit Aufkleber

8,00 Euro

Hachenburger Pils 16

rechts 5 Bügelflaschen, links Fang den Frischling

MAN F2000 Aero (Hochdach)

H: Wörlein (Cadolzburg) **V:** DGD (Nürnberg)

Verpackung: Plastikschachtel neutral

8,00 Euro

Hachenburger Pils 17

Frohe Weihnachten 2001, Plopp und Hopp, mit 5 Bügelflaschen

MAN F2000 Aero (Hochdach)

H: Wörlein (Cadolzburg) **V:** DGD (Nürnberg)

Verpackung: Blister

8,00 Euro

2002

H

Hachenburger Pils 18

rechts 5 Bügelflaschen, links Getränke Zirkus, es gibt viele verschiedene Ausführungen für Getränkemärkte.

MAN F2000 Aero (Hochdach)

H: Wörlein (Cadolzburg) **V:** DGD (Nürnberg)

Verpackung: Plastikschachtel bedruckt oder mit Aufkleber

8,00 Euro

Hacker-Pschorr (München) 01

mit 3 Gläsern

Mercedes-Benz Actros

H: Hümmer **V:** Hümmer (Teugn)

Verpackung: Blister

8,00 Euro

Hacker-Pschorr (München) 02

mit 2 schrägen Gläsern

MAN TG-A

H: Hümmer **V:** Hümmer (Teugn)

Verpackung: Blister

8,00 Euro

Hacklberg (Passau) 01

Ford Model T 1919 (Oldtimer)

H: Made in China **V:** MB Bruckner

Verpackung: Showbox - Pappe und Plastik

50,00 Euro

Hacklberg (Passau) 02

mit Logos von Redinger Mineralbrunnen, Hacklberg und Dachsberg Quelle

MAN F2000 Aero (Hochdach)

H: Wörlein (Cadolzburg) **V:** DGD (Nürnberg)

Verpackung: Blister

8,00 Euro

Hacklberg (Passau) 03

mit Logo

Mercedes-Benz Actros

H: Wörlein (Cadolzburg) **V:** DGD (Nürnberg)

Verpackung: Blister

8,00 Euro

Hacklberg (Passau) 04

Frohe Weihnachten (2001), mit Weihnachtsmann auf Schlitten

MAN TG-A

H: Wörlein (Cadolzburg) **V:** DGD (Nürnberg)

Verpackung: Blister

8,00 Euro

Haigerlocher Schloßbräu 01

HAI PI

Kenworth T2000 (Hauber)

H: Made in China **V:** Lauterbach

Verpackung: Blister

9,00 Euro

Haigerlocher Schloßbräu 02

Hefe Weizen, mit Zeichnung eines Festes und 2 Logos

Peterbilt 378 (Hauber)

H: Made in China **V:** Lauterbach

Verpackung: Blister

8,00 Euro

Haller Löwenbräu 01

Hällisch gut, mit Logo

Mercedes-Benz groß (NG 80 lang)

H: Golden (ADT-Trucks) **V:** keine Angabe

Verpackung: Plastikschachtel neutral

25,00 Euro

2002
H

Haller Löwenbräu 02

Hefe Weizen, mit Etikett, Flasche, vielen Gläsern und Logo

MAN Phönix (Hauber)

H: Wörlein (Cadolzburg) **V:** TRI PLEX (Gaukönigshofen)

Verpackung: Blister

8,00 Euro **Auflage:** 2.000

Haller Löwenbräu 03

Meistergold, mit Etikett, Flasche, vielen Gläsern und Logo

Mercedes-Benz Actros

H: Wörlein (Cadolzburg) **V:** TRI PLEX (Gaukönigshofen)

Verpackung: Blister

8,00 Euro

Haller Löwenbräu 04

Meistergold, mit Etikett, Flasche, vielen Gläsern und Logo

MAN TG-A

H: Wörlein (Cadolzburg) **V:** TRI PLEX (Gaukönigshofen)

Verpackung: Blister

8,00 Euro

Haller Löwenbräu 05

mit Weihnachtsmann vor Winterwald (Weihnacht 2001)

US klassisch (Hauber)

H: Made in China **V:** TRI PLEX (Gaukönigshofen)

Verpackung: Blister

8,00 Euro

Hannen Alt 01

Mercedes-Benz 6600 (Oldtimer)

H: Hümmer **V:** Hümmer (Teugn)

Verpackung: Blister

9,00 Euro

Hannen Alt 02

Na, wie wärs?, mit Glas. 4 türige moderne Feuerwehr mit Kastenaufbau

Feuerwehr unbekannt

H: keine Angabe **V:** Brauerei

Verpackung: Blister

8,00 Euro

Hansen-Bräu (Meder, Coburg) 01

mit 2 Logos

MAN 10.212F (Oldtimer)

H: Wörlein (Cadolzburg) **V:** DGD (Nürnberg)

Verpackung: Blister

8,00 Euro

Hansen-Bräu (Meder, Coburg) 02

mit Kirche und Glas

MAN TG-A

H: Wörlein (Cadolzburg) **V:** DGD (Nürnberg)

Verpackung: Blister

8,00 Euro

Hansen-Bräu (Meder, Coburg) 03

mit Logo und Glas

MAN Phönix (Hauber)

H: Wörlein (Cadolzburg) **V:** DGD (Nürnberg)

Verpackung: Blister

8,00 Euro

Hansen-Bräu (Meder, Coburg) 04

mit 2 Logos

Renault Premium Route

H: Top-Style (Ebersdorf) **V:** Top-Style (Ebersdorf)

Verpackung: Blister

8,00 Euro

Hardenberg 01

mit Wildsau

Mercedes-Benz Actros

H: Wörlein (Cadolzburg) **V:** Eurosun (Cadolzburg)

Verpackung: Plastikschachtel bedruckt oder mit Aufkleber

10,00 Euro

Hardenberg 02

Feige, mit schräger Flasche und Logo (von Zwicker Gebesee)

Ford 9000 (Hauber)

H: Highspeed (China) **V:** Grell (Bielefeld)

Verpackung: Blister

8,00 Euro

Hardenberg 03

Weizenkorn, mit schräger Flasche und Logo
(von Zwicker Gebesee)

Ford 9000 (Hauber)

H: Highspeed (China) **V:** Grell (Bielefeld)

Verpackung: Blister

8,00 Euro

Härke (Peine) 01

mit Logo

MAN F90

H: Made in China **V:** keine Angabe

Verpackung: Plastikschachtel neutral

35,00 Euro

Härke (Peine) 02

mit Logo

Mercedes-Benz Actros

H: Hümmer **V:** Hümmer (Teugn)

Verpackung: Plastikschachtel bedruckt oder mit Aufkleber

10,00 Euro

Härke (Peine) 03
mit Logo

US klassisch (Hauber)
H: Hümmer **V:** Hümmer (Teugn)
Verpackung: Blister
8,00 Euro

Hartmann (Würgau) 01
1550-2000, mit Etikett und Logo

Framo V 501 (Oldtimer)
H: Wörlein (Cadolzburg) **V:** Eurosun (Cadolzburg)
Verpackung: Blister
10,00 Euro

Hartmann (Würgau) 02
450 Jahre, 1550-2000, mit Etikett und Logo

Mercedes-Benz Actros
H: Wörlein (Cadolzburg) **V:** MaHug (Kulmbach)
Verpackung: Blister
8,00 Euro

Hartmannsdorfer 01
Pils

US modern (Hauber) (Kenworth T800)
H: Highspeed (China) **V:** Grell (Bielefeld)
Verpackung: Blister
18,00 Euro

Hartmannsdorfer 02
Mit vielen Flaschen

Mercedes-Benz Actros
H: Highspeed (China) **V:** Grell (Bielefeld)
Verpackung: Blister
12,00 Euro

2002

H

Hartmannsdorfer 03

Mit vielen Flaschen

Mercedes-Benz Actros

H: Highspeed (China) **V:** Grell (Bielefeld)

Verpackung: Blister

10,00 Euro

Hartmannsdorfer 04

Bier - Express

IFA W50 (Oldtimer)

H: Grell (Bielefeld-China) **V:** Grell (Bielefeld)

Verpackung: Blister

10,00 Euro

Hartmannsdorfer 05

Mit liegender Frau

Ford 9000 (Hauber)

H: Highspeed (China) **V:** Grell (Bielefeld)

Verpackung: Blister

9,00 Euro

Hartmannsdorfer 06

löscht den Durst seit 1887

Buffalo Feuerwehr (1924)

H: Highspeed (China) **V:** Grell (Bielefeld)

Verpackung: Blister

10,00 Euro

Hartmannsdorfer 07

Haltet aus, wir kommen. Mit schräger Flasche

Ford 9000 (Hauber)

H: Highspeed (China) **V:** Grell (Bielefeld)

Verpackung: Blister

8,00 Euro

Hartmannsdorfer 08
mit schräger Flasche

Scania 124L 420
H: Grell (Bielefeld-China) **V:** Grell (Bielefeld)
Verpackung: Blister
9,00 Euro

Hartmannsdorfer 09
mit 8 schrägen Flachen

Freightliner FLD 120 (Hauber)
H: Grell (Bielefeld-China) **V:** Grell (Bielefeld)
Verpackung: Blister
7,50 Euro

Hartmannsdorfer 10
mit liegender Flasche und Logo

Mercedes-Benz Actros
H: Highspeed (China) **V:** Grell (Bielefeld)
Verpackung: Blister
7,50 Euro

Härtsfelder Brauerei Hald (Dunstelkingen) 01
Erlebnis Natur

Mercedes-Benz Actros
H: Wörlein (Cadolzburg) **V:** DGD (Nürnberg)
Verpackung: Blister
8,00 Euro

Härtsfelder Brauerei Hald (Dunstelkingen) 02
Haldina, mit 4 Fruchtsaftkästen, Nr. 2

MAN TG-A
H: Wörlein (Cadolzburg) **V:** DGD (Nürnberg)
Verpackung: Blister
7,50 Euro

Harzer Grauhof Brunnen 01
Blaue Quellen

Mercedes-Benz Actros
H: Hümmer **V:** Hümmer (Teugn)
Verpackung: Blister
8,00 Euro

Harzer Kristall Brunnen 01

MAN F90
H: Made in China **V:** Hümmer (Teugn)
Verpackung: Plastikschachtel bedruckt oder mit Aufkleber
40,00 Euro

Harzer Kristall Brunnen 02

Mercedes-Benz Actros
H: KamLun **V:** Harzer Kristallbrunnen
Verpackung: Plastikschachtel bedruckt oder mit Aufkleber
10,00 Euro

Haselbacher 01
Heute ein Echtes! mit Logo

US modern (Hauber) (Kenworth T800)
H: Highspeed (China) **V:** Grell (Bielefeld)
Verpackung: Blister
17,50 Euro

Haselbacher 02
Schwarzbier

US modern (Hauber) (Kenworth T800)
H: Highspeed (China) **V:** Grell (Bielefeld)
Verpackung: Blister
15,00 Euro

Haselbacher 03
mit Brauerei und großem Logo

Scania 164L 6580
H: Wörlein (Cadolzburg) **V:** DGD (Nürnberg)
Verpackung: Blister
7,50 Euro

Hasen-Bräu (Augsburg) 01

US klassisch (Hauber)
H: Made in China **V:** Hümmer (Teugn)
Verpackung: Blister
30,00 Euro

Hasen-Bräu (Augsburg) 02
Ostern 2001, 1/4, mit Ei und Hase

MAN F2000 Aero (Hochdach)
H: Wörlein (Cadolzburg) **V:** Brauerei
Verpackung: Blister
10,00 Euro

Hasen-Bräu (Augsburg) 03
Ostern 2001, 2/4, mit 9 goldenen Eiern

MAN F2000 Aero (Hochdach)
H: Wörlein (Cadolzburg) **V:** Brauerei
Verpackung: Blister
10,00 Euro

Hasen-Bräu (Augsburg) 04
Ostern 2001, 3/4, mit 9 grauen Eiern

MAN F2000 Aero (Hochdach)
H: Wörlein (Cadolzburg) **V:** Brauerei
Verpackung: Blister
10,00 Euro

Hasen-Bräu (Augsburg) 05

Ostern 2001, 4/4, mit 5 Hasen

MAN F2000 Aero (Hochdach)

H: Wörlein (Cadolzburg) **V:** Brauerei

Verpackung: Blister

10,00 Euro

Hasen-Bräu (Augsburg) 06

mit Hasen

MAN TG-A

H: Wörlein (Cadolzburg) **V:** DGD (Nürnberg)

Verpackung: Blister

8,00 Euro

Hasen-Bräu (Augsburg) 07

mit Hasen

MAN F2000 Aero (Hochdach)

H: Wörlein (Cadolzburg) **V:** DGD (Nürnberg)

Verpackung: Blister

12,50 Euro

Hasen-Bräu (Augsburg) 08

Ostern 2002, 1/4, mit 2 goldenen Eiern

Renault Magnum

H: keine Angabe **V:** Brauerei

Verpackung: Blister

8,00 Euro

Hasen-Bräu (Augsburg) 09

Ostern 2002, 2/4, mit 2 liegenden Flaschen

Renault Magnum

H: keine Angabe **V:** Brauerei

Verpackung: Blister

8,00 Euro

Hasen-Bräu (Augsburg) 10
Ostern 2002, 3/4, mit Hasen

Scania 164L 6580
H: Wörlein (Cadolzburg) **V:** Brauerei
Verpackung: Blister
8,00 Euro

Hasen-Bräu (Augsburg) 11
Ostern 2002, 4/4, mit Hasen

Scania 164L 6580
H: Wörlein (Cadolzburg) **V:** Brauerei
Verpackung: Blister
8,00 Euro

Hasseröder 01
Premium Pils, mit Logo

Mercedes-Benz Actros
H: Highspeed (China) **V:** Grell (Bielefeld)
Verpackung: Blister
9,00 Euro

Hatz (Rastatt) 01
Wer hat der Hatz, mit Comicmann und liegendem Glas

Mercedes-Benz Actros
H: Wörlein (Cadolzburg) **V:** DGD (Nürnberg)
Verpackung: Blister
8,00 Euro

Haus der 131 Biere 01
Serengeti - Palm, Mango, Banane,
mit Elefant, Giraffe und Affe

Kenworth klassisch (Hauber)
H: Majorette **V:** keine Angabe
Verpackung: Plastikschachtel neutral
7,50 Euro

H

2002

Haus der 131 Biere 02

The Raven, Baltimore Washington, mit 2 Logos

Kenworth klassisch (Hauber)

H: Majorette **V:** keine Angabe

Verpackung: Plastikschachtel neutral

7,50 Euro

Haus der 131 Biere 03

The Raven, Baltimore Washington, Christmas Beer 2001

Kenworth klassisch (Hauber)

H: Majorette **V:** keine Angabe

Verpackung: Plastikschachtel neutral

7,50 Euro

Haus der 131 Biere 04

Halloween Beer from USA

Kenworth klassisch (Hauber)

H: Majorette **V:** keine Angabe

Verpackung: Plastikschachtel neutral

7,50 Euro **Auflage:** 250

Hebendanz (Forchheim) 01

Export Hefe-Weissbier, mit Logo

Mercedes-Benz Actros

H: Highspeed (China) **V:** Grell (Bielefeld)

Verpackung: Blister

17,50 Euro **Auflage:** 1.000

Hebendanz (Forchheim) 02

Who taste it, like it, Export Hell, mit Logo und US-Flagge

Ford 9000 (Hauber)

H: Highspeed (China) **V:** Grell (Bielefeld)

Verpackung: Blister

9,00 Euro

Hebendanz (Forchheim) 03
Export Hefe-Weissbier, mit Logo

MAN F2000 Aero (Hochdach)
H: Grell (Bielefeld-China) **V:** Grell (Bielefeld)
Verpackung: Blister
8,00 Euro

Hebendanz (Forchheim) 04
422 Jahre wer probt der lobt, mit 2 Logos

Scania 124L 420
H: Grell (Bielefeld-China) **V:** Grell (Bielefeld)
Verpackung: Blister
10,00 Euro

Heidelberger 01
1603 Pilsener

Mercedes-Benz klein (NG 80 mittel)
H: Made in China **V:** keine Angabe
Verpackung: Plastikschachtel neutral
125,00 Euro

Heidelberger 02
1603 Pilsener

Ford Model T 1919 (Oldtimer)
H: Made in China **V:** keine Angabe
Verpackung: Blister
35,00 Euro

Heidelberger 03
Bierspezialitäten, mit 2 Logos

US klassisch (Hauber)
H: Made in China **V:** DGD (Nürnberg)
Verpackung: Blister
8,00 Euro

Heidelberger 04

1603 Pilsener, mit verzerrtem Glas

Freightliner FLD 120 (Hauber)

H: Grell (Bielefeld-China) **V:** Grell (Bielefeld)

Verpackung: Blister

7,50 Euro

Heiloo 001

Linus Loos - Hartmannsdorf, Mineralwasserfabrik

Ford Model T 1919 (Oldtimer)

H: Highspeed (China) **V:** Grell (Bielefeld)

Verpackung: Blister

8,00 Euro

Heiloo 002

Rum, Nr. 01, Bermudez Dorado mit liegender Frau und 8 Flaschen

Scania 124L 420

H: Grell (Bielefeld-China) **V:** Grell (Bielefeld)

Verpackung: Blister

7,50 Euro

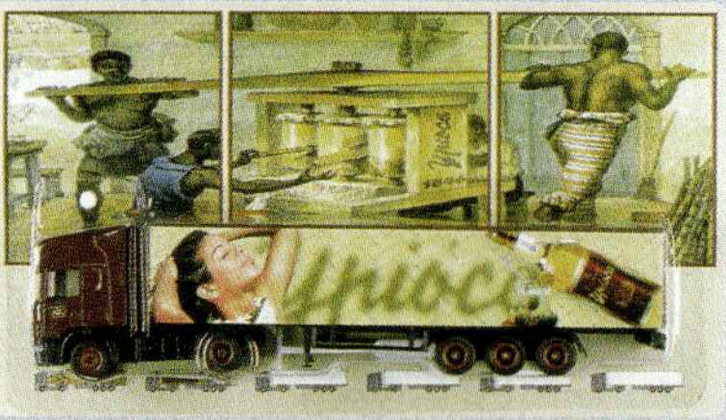

Heiloo 003

Rum, Nr. 02, Ypioca, mit Frau und schräger Flasche

Scania 124L 420

H: Grell (Bielefeld-China) **V:** Grell (Bielefeld)

Verpackung: Blister

7,50 Euro

Heiloo 004

Sweden Sunset: Mariestads

Scania 124L 420

H: Grell (Bielefeld-China) **V:** Grell (Bielefeld)

Verpackung: Blister

7,50 Euro **Auflage:** 1.250

Heiloo 005
Sweden Sunset: Pripps

Scania 124L 420
H: Grell (Bielefeld-China) **V:** Grell (Bielefeld)
Verpackung: Blister
7,50 Euro **Auflage:** 1.250

Heiloo 006
Sweden Sunset: Stella Artois

Scania 124L 420
H: Grell (Bielefeld-China) **V:** Grell (Bielefeld)
Verpackung: Blister
7,50 Euro **Auflage:** 1.250

Heiloo 007
Sweden Night: Falcon Bayerskt

Scania 124L 420
H: Grell (Bielefeld-China) **V:** Grell (Bielefeld)
Verpackung: Blister
7,50 Euro **Auflage:** 1.250

Heiloo 008
Sweden Night: Norrlands Guld

Scania 124L 420
H: Grell (Bielefeld-China) **V:** Grell (Bielefeld)
Verpackung: Blister
7,50 Euro **Auflage:** 1.250

Heiloo 009
Sweden Night: Spendrups

Scania 124L 420
H: Grell (Bielefeld-China) **V:** Grell (Bielefeld)
Verpackung: Blister
7,50 Euro **Auflage:** 1.250

Heiloo	010
Bayern Truck, mit Schloss Neuschwanstein	
Scania 124L 420	
H: Grell (Bielefeld-China)	**V:** Grell (Bielefeld)
Verpackung: Blister	
7,50 Euro	

Heiloo	011
Bayern Truck, mit Schloss Neuschwanstein	
Scania 124L 420	
H: Grell (Bielefeld-China)	**V:** Grell (Bielefeld)
Verpackung: Blister	
7,50 Euro	

Heiloo	012
Cider, mit vielen Flaschen	
Scania 124L 420	
H: Grell (Bielefeld-China)	**V:** Grell (Bielefeld)
Verpackung: Blister	
7,50 Euro	

Heiloo	013
Guinness	
Scania 124L 420	
H: Grell (Bielefeld-China)	**V:** Grell (Bielefeld)
Verpackung: Blister	
7,50 Euro	

Heiloo	014
Guinnes	
Scania 124L 420	
H: Grell (Bielefeld-China)	**V:** Grell (Bielefeld)
Verpackung: Blister	
7,50 Euro	

Heiloo 015
Heineken, mit 4 Etiketten

Scania 124L 420
H: Grell (Bielefeld-China) **V:** Grell (Bielefeld)
Verpackung: Blister
7,50 Euro

Heiloo 016
Heineken

Scania 124L 420
H: Grell (Bielefeld-China) **V:** Grell (Bielefeld)
Verpackung: Blister
7,50 Euro

Heiloo 017
Murphy´s, mit 3 Gläsern

Scania 124L 420
H: Grell (Bielefeld-China) **V:** Grell (Bielefeld)
Verpackung: Blister
7,50 Euro

Heiloo 018
Murphy´s, mit 2 Gläsern

Scania 124L 420
H: Grell (Bielefeld-China) **V:** Grell (Bielefeld)
Verpackung: Blister
7,50 Euro

Heiloo 019
Murphy´s, Irish Red

Scania 124L 420
H: Grell (Bielefeld-China) **V:** Grell (Bielefeld)
Verpackung: Blister
7,50 Euro

Heiloo 020

Pellegrino

Scania 124L 420

H: Grell (Bielefeld-China) **V:** Grell (Bielefeld)

Verpackung: Blister

7,50 Euro

Heiloo 021

Reichenbrander Bier

Scania 124L 420

H: Grell (Bielefeld-China) **V:** Grell (Bielefeld)

Verpackung: Blister

7,50 Euro

Heiloo 022

Sächs. Wahrzeichen auf Seiten, 10 sächs. Biersorten auf Blister, Nr. 1

Scania 124L 420

H: Grell (Bielefeld-China) **V:** Grell (Bielefeld)

Verpackung: Blister

7,50 Euro **Auflage:** 10.000

Heiloo 023

mit Elefanten

Scania 124L 420

H: Grell (Bielefeld-China) **V:** Grell (Bielefeld)

Verpackung: Blister

7,50 Euro

Heiloo 024

Reichenbrander Bier

Scania 124L 420

H: Grell (Bielefeld-China) **V:** Grell (Bielefeld)

Verpackung: Blister

7,50 Euro **Auflage:** 5.000

Heiloo 025

Monin (Sirup und Likör), mit Palme am Meer

Scania 124L 420

H: Grell (Bielefeld-China) **V:** Grell (Bielefeld)

Verpackung: Blister

7,50 Euro

Heiloo 026

Rum, Nr. 03, Bermudez, mit goldenem Schriftzug

Scania 124L 420

H: Grell (Bielefeld-China) **V:** Grell (Bielefeld)

Verpackung: Blister

7,50 Euro

Heiloo 027

Wild Fruit Cream, mit Elefanten und Früchten

Scania 124L 420

H: Grell (Bielefeld-China) **V:** Grell (Bielefeld)

Verpackung: Blister

7,50 Euro

Heiloo 028

Fratelli Averna (italienischer Halbbitter)

Scania 124L 420

H: Grell (Bielefeld-China) **V:** Grell (Bielefeld)

Verpackung: Blister

7,50 Euro

Heiloo 029

Vina Millaman, Corico, Chile, mit Logo

Scania 124L 420

H: Grell (Bielefeld-China) **V:** Grell (Bielefeld)

Verpackung: Blister

7,50 Euro

Heiloo 030
Weltbiere - Fosters, Australien, mit liegender Flasche (Serie1, Nr.1)
Scania 124L 420
H: Grell (Bielefeld-China) **V:** Grell (Bielefeld)
Verpackung: Blister
7,50 Euro **Auflage:** 2.500

Heiloo 031
Weltbiere - Bavaria, Holland, mit Etikett (Serie.1, Nr.2)
Scania 124L 420
H: Grell (Bielefeld-China) **V:** Grell (Bielefeld)
Verpackung: Blister
7,50 Euro **Auflage:** 2.500

Heiloo 032
Weltbiere - Grolsch, Holland (Serie 1, Nr.3)
Scania 124L 420
H: Grell (Bielefeld-China) **V:** Grell (Bielefeld)
Verpackung: Blister
7,50 Euro **Auflage:** 2.500

Heiloo 033
Weltbiere - Gold Blätter, Spanien, mit Hopfen (Serie1, Nr.4)
Scania 124L 420
H: Grell (Bielefeld-China) **V:** Grell (Bielefeld)
Verpackung: Blister
7,50 Euro **Auflage:** 2.500

Heiloo 034
Weltbiere - Koff, Finnland, mit Logo (Serie1, Nr.5)
Scania 124L 420
H: Grell (Bielefeld-China) **V:** Grell (Bielefeld)
Verpackung: Blister
7,50 Euro **Auflage:** 2.500

Heiloo 035

Whisky und ... - Long John, mit Logo (Serie 2, Nr.1)

Scania 124L 420

H: Grell (Bielefeld-China) **V:** Grell (Bielefeld)

Verpackung: Blister

7,50 Euro **Auflage:** 2.500

Heiloo 036

Bob Jackson, Nr.01, Castlemaine XXXX, mit schräger Flasche

Scania 124L 420

H: Grell (Bielefeld-China) **V:** Grell (Bielefeld)

Verpackung: Blister

7,50 Euro **Auflage:** 2.500

Heiloo 037

Bob Jackson, Nr.02, Adelscott, mit schräger Flasche

Scania 124L 420

H: Grell (Bielefeld-China) **V:** Grell (Bielefeld)

Verpackung: Blister

7,50 Euro **Auflage:** 2.500

Heiloo 038

Bob Jackson, Nr.03, Mc Ewans

Scania 124L 420

H: Grell (Bielefeld-China) **V:** Grell (Bielefeld)

Verpackung: Blister

7,50 Euro **Auflage:** 2.500

Heiloo 039

Bob Jackson, Nr.04, Icehouse, mit schräger Flasche

Scania 124L 420

H: Grell (Bielefeld-China) **V:** Grell (Bielefeld)

Verpackung: Blister

7,50 Euro **Auflage:** 2.500

Heiloo 040

Bob Jackson, Nr.05, Kilkenny, mit schräger Flasche

Scania 124L 420

H: Grell (Bielefeld-China) **V:** Grell (Bielefeld)

Verpackung: Blister

7,50 Euro **Auflage:** 2.500

Heiloo 041

Bob Jackson, Nr.06, Kirin Beer, mit schräger Flasche

Scania 124L 420

H: Grell (Bielefeld-China) **V:** Grell (Bielefeld)

Verpackung: Blister

7,50 Euro **Auflage:** 2.500

Heiloo 042

Bob Jackson, Nr.07, Brok, mit Damenbusen im Bikini

Scania 124L 420

H: Grell (Bielefeld-China) **V:** Grell (Bielefeld)

Verpackung: Blister

7,50 Euro **Auflage:** 2.500

Heiloo 043

Bob Jackson, Nr.08, John Martins, mit schräger Flasche

Scania 124L 420

H: Grell (Bielefeld-China) **V:** Grell (Bielefeld)

Verpackung: Blister

7,50 Euro **Auflage:** 2.500

Heiloo 044

Bob Jackson, Nr.09, Crystall, mit schräger Flasche

Scania 124L 420

H: Grell (Bielefeld-China) **V:** Grell (Bielefeld)

Verpackung: Blister

7,50 Euro **Auflage:** 2.500

Heiloo 045

Bob Jackson, Nr.10, Theresianer, mit Segelschiffen, Glas, 2 Flaschen

Scania 124L 420

H: Grell (Bielefeld-China) **V:** Grell (Bielefeld)

Verpackung: Blister

7,50 Euro **Auflage:** 2.500

Heiloo 046

Bob Jackson, Nr.11, Cass Fresh, mit schräger Flasche über Wasser

Scania 124L 420

H: Grell (Bielefeld-China) **V:** Grell (Bielefeld)

Verpackung: Blister

7,50 Euro **Auflage:** 2.500

Heiloo 047

Bob Jackson, Nr.12, Jupiler, mit Flasche und Glas

Scania 124L 420

H: Grell (Bielefeld-China) **V:** Grell (Bielefeld)

Verpackung: Blister

7,50 Euro **Auflage:** 2.500

Heiloo 048

Bob Jackson, Nr.13, Naebeh (russische Schrift), mit Logo und Flasche in Bergen

Scania 124L 420

H: Grell (Bielefeld-China) **V:** Grell (Bielefeld)

Verpackung: Blister

7,50 Euro **Auflage:** 2.500

Heiloo 049

Bob Jackson, Nr.14, Asahi, Super Dry, mit Blechflasche

Freightliner FLD 120 (Hauber)

H: Grell (Bielefeld-China) **V:** Grell (Bielefeld)

Verpackung: Blister

7,50 Euro **Auflage:** 2.500

Heiloo 050
Bob Jackson, Nr.14/1, Asahi Super Dry, mit 2 Flaschen

Mercedes-Benz Actros
H: Highspeed (China) **V:** Grell (Bielefeld)
Verpackung: Blister
7,50 Euro **Auflage:** 2.500

Heiloo 051
Bob Jackson, Nr.14/2, Asahi, mit liegender Flasche

Scania 124L 420
H: Grell (Bielefeld-China) **V:** Grell (Bielefeld)
Verpackung: Blister
7,50 Euro **Auflage:** 2.500

Heiloo 052
Jack Jackson, Nr.0, The World of Beer

Scania 124L 420
H: Grell (Bielefeld-China) **V:** Grell (Bielefeld)
Verpackung: Blister
7,50 Euro **Auflage:** 2.500

Heiloo 053
Jack Jackson, Nr.01, Giraf (Dänemark), mit 3 schrägen Flaschen vor Wüstenbaum
Scania 124L 420
H: Grell (Bielefeld-China) **V:** Grell (Bielefeld)
Verpackung: Blister
7,50 Euro **Auflage:** 2.500

Heiloo 054
Jack Jackson, Nr.01/1, Giraf, Dänemark, mit schräger Flasche

Freightliner FLD 120 (Hauber)
H: Grell (Bielefeld-China) **V:** Grell (Bielefeld)
Verpackung: Blister
7,50 Euro **Auflage:** 2.500

H

2002

Heiloo 055
Jack Jackson, Nr.02, Castello di Udine, mit Flasche und Frau

Scania 124L 420
H: Grell (Bielefeld-China) **V:** Grell (Bielefeld)
Verpackung: Blister
7,50 Euro **Auflage:** 2.500

Heiloo 056
Jack Jackson, Nr.03, Kwak, mit Logo, Flasche und Gerste

Scania 124L 420
H: Grell (Bielefeld-China) **V:** Grell (Bielefeld)
Verpackung: Blister
7,50 Euro **Auflage:** 2.500

Heiloo 057
Jack Jackson, Nr.04, Madison Biere, mit Flasche und Trompetenspieler

Scania 124L 420
H: Grell (Bielefeld-China) **V:** Grell (Bielefeld)
Verpackung: Blister
7,50 Euro

Heiloo 058
Jack Jackson, Nr.05, Jade, mit Mann im Getreide

Scania 124L 420
H: Grell (Bielefeld-China) **V:** Grell (Bielefeld)
Verpackung: Blister
7,50 Euro **Auflage:** 2.500

Heiloo 059
Jack Jackson, Nr.06, Hops USA, mit Hopfen

Scania 124L 420
H: Grell (Bielefeld-China) **V:** Grell (Bielefeld)
Verpackung: Blister
7,50 Euro **Auflage:** 2.500

Heiloo 060

Jack Jackson, Nr.07, Moretti, Italien, mit liegender Flasche

Scania 124L 420

H: Grell (Bielefeld-China) **V:** Grell (Bielefeld)

Verpackung: Blister

7,50 Euro **Auflage:** 2.500

Heiloo 061

Jack Jackson, Nr.08, Cardinal, mit 3 schrägen Flaschen

Scania 124L 420

H: Grell (Bielefeld-China) **V:** Grell (Bielefeld)

Verpackung: Blister

7,50 Euro **Auflage:** 2.500

Heiloo 062

Jack Jackson, Nr.09, Messina, mit schräger Flasche vor Wasser

Scania 124L 420

H: Grell (Bielefeld-China) **V:** Grell (Bielefeld)

Verpackung: Blister

7,50 Euro **Auflage:** 2.500

Heiloo 063

Jack Jackson, Nr.10, Nastro Azzurro Export Lager, mit Flasche

Freightliner FLD 120 (Hauber)

H: Grell (Bielefeld-China) **V:** Grell (Bielefeld)

Verpackung: Blister

7,50 Euro **Auflage:** 2.500

Heiloo 064

Jack Jackson, Nr.10/1, Nastro Azzurro, mit liegender Flasche

Scania 124L 420

H: Grell (Bielefeld-China) **V:** Grell (Bielefeld)

Verpackung: Blister

7,50 Euro **Auflage:** 2.500

Heiloo	065
Jack Jackson, Nr.10/2, Nastro Azzurro Export Lager, mit Flasche in Wasser	
Mercedes-Benz Actros	
H: Highspeed (China)	**V:** Grell (Bielefeld)
Verpackung: Blister	
7,50 Euro	**Auflage:** 2.500

Heiloo	066
Jack Jackson, Nr.11, Trafalgar, mit Logo und Etikett	
Scania 124L 420	
H: Grell (Bielefeld-China)	**V:** Grell (Bielefeld)
Verpackung: Blister	
7,50 Euro	**Auflage:** 2.500

Heiloo	067
Jack Jackson, Nr.12, Chimay, mit 4 Flaschen und Glas	
Scania 124L 420	
H: Grell (Bielefeld-China)	**V:** Grell (Bielefeld)
Verpackung: Blister	
7,50 Euro	**Auflage:** 2.500

Heiloo	068
Jack Jackson, Nr.13, Labatt Blue, mit schräger Flasche	
Scania 124L 420	
H: Grell (Bielefeld-China)	**V:** Grell (Bielefeld)
Verpackung: Blister	
7,50 Euro	**Auflage:** 2.500

Heiloo	069
Jack Jackson, Nr.14, Cass Fresh, mit schräger Flasche vor Sonnenuntergang	
Scania 124L 420	
H: Grell (Bielefeld-China)	**V:** Grell (Bielefeld)
Verpackung: Blister	
7,50 Euro	**Auflage:** 2.500

Heiloo 070

Rum, Nr. 05, Sangsters Old Jamaica Rum

Scania 124L 420

H: Grell (Bielefeld-China) **V:** Grell (Bielefeld)

Verpackung: Blister

7,50 Euro

Heiloo 071

Negra Modelo, Mexiko

Scania 124L 420

H: Grell (Bielefeld-China) **V:** Grell (Bielefeld)

Verpackung: Blister

7,50 Euro

Heiloo 072

Melchers Lager, mit Logo

Scania 124L 420

H: Grell (Bielefeld-China) **V:** Grell (Bielefeld)

Verpackung: Blister

7,50 Euro

Heiloo 073

Cobra, Indian Beer

Scania 124L 420

H: Grell (Bielefeld-China) **V:** Grell (Bielefeld)

Verpackung: Blister

7,50 Euro

Heiloo 074

Dorada Pilsen, Santa Cruz de Tenerife

Scania 124L 420

H: Grell (Bielefeld-China) **V:** Grell (Bielefeld)

Verpackung: Blister

7,50 Euro

Heiloo 075

Rum, Nr. 06, Conquering Lion, White Rum, mit Flasche

Scania 124L 420

H: Grell (Bielefeld-China) **V:** Grell (Bielefeld)

Verpackung: Blister

7,50 Euro

Heiloo 076

Tropical Cerveza

Scania 124L 420

H: Grell (Bielefeld-China) **V:** Grell (Bielefeld)

Verpackung: Blister

7,50 Euro

Heiloo 077

Lindemans, Nr.1, Peckeresse, mit Pfirsich und liegender Frau

Scania 124L 420

H: Grell (Bielefeld-China) **V:** Grell (Bielefeld)

Verpackung: Blister

7,50 Euro

Heiloo 078

Lindemans, Nr.2, Cherry Beer, mit liegender Flasche

Scania 124L 420

H: Grell (Bielefeld-China) **V:** Grell (Bielefeld)

Verpackung: Blister

7,50 Euro

Heiloo 079

Lindemans, Nr.3, Framboise, mit schräger Flasche

Scania 124L 420

H: Grell (Bielefeld-China) **V:** Grell (Bielefeld)

Verpackung: Blister

7,50 Euro

Heiloo 080

Wim Van De Boerg, Nr.1, Kingston, mit schräger Flasche

Scania 124L 420

H: Grell (Bielefeld-China) **V:** Grell (Bielefeld)

Verpackung: Blister

7,50 Euro

Heiloo 081

Wim Van De Boerg, Nr.2, Cerveza Guama (Cuba)

Scania 124L 420

H: Grell (Bielefeld-China) **V:** Grell (Bielefeld)

Verpackung: Blister

7,50 Euro

Heiloo 082

Wim Van De Boerg, Nr.3, Efes Pilsen, mit liegender Flasche

Scania 124L 420

H: Grell (Bielefeld-China) **V:** Grell (Bielefeld)

Verpackung: Blister

7,50 Euro

Heiloo 083

Wim Van De Boerg, Nr.4, Troy Pilsner, mit schräger Flasche vor Sonnenaufgang

Scania 124L 420

H: Grell (Bielefeld-China) **V:** Grell (Bielefeld)

Verpackung: Blister

7,50 Euro

Heiloo 084

Wim Van De Boerg, Nr.5, Efes Extra, mit Flugzeug und schräger Flasche

Scania 124L 420

H: Grell (Bielefeld-China) **V:** Grell (Bielefeld)

Verpackung: Blister

7,50 Euro

Heiloo	085
Nostalgie Nr.1, Braha-Bier	
IFA W50 (Oldtimer)	
H: Grell (Bielefeld-China)	**V:** Grell (Bielefeld)
Verpackung: Blister	
9,00 Euro	

Heiloo	086
Nostalgie Nr.2, Peniger Biere	
IFA W50 (Oldtimer)	
H: Grell (Bielefeld-China)	**V:** Grell (Bielefeld)
Verpackung: Blister	
9,00 Euro	

Heiloo	087
Nostalgie Nr.3, Stadtbrauerei Burgstädt	
IFA W50 (Oldtimer)	
H: Grell (Bielefeld-China)	**V:** Grell (Bielefeld)
Verpackung: Blister	
9,00 Euro	

Heiloo	089
Icehouse, mit Eisberg (Blisterrückseite Bob Jackson)	
Scania 124L 420	
H: Grell (Bielefeld-China)	**V:** Grell (Bielefeld)
Verpackung: Blister	
7,50 Euro	**Auflage:** 2.500

Heiloo	090
Rum, Nr.04, Coconut Rum, mit liegender Frau und Flasche vor Palmen und Meer	
Scania 124L 420	
H: Grell (Bielefeld-China)	**V:** Grell (Bielefeld)
Verpackung: Blister	
7,50 Euro	**Auflage:** 2.500

Heiloo 091

Rum, Nr.07, Ypioca, mit Frau und Flasche vor Meer

Scania 124L 420

H: Grell (Bielefeld-China) **V:** Grell (Bielefeld)

Verpackung: Blister

7,50 Euro **Auflage:** 2.500

Heiloo 092

Lindemans, Nr.?, Strongbow (Guinness), mit Flasche und Dose

Scania 124L 420

H: Grell (Bielefeld-China) **V:** Grell (Bielefeld)

Verpackung: Blister

7,50 Euro

Heiloo 094

Strup Ice Beer, mit 1 Pinguin (Andruckmuster ohne grauem Aufdruck auf Zm)

Scania 124L 420

H: Grell (Bielefeld-China) **V:** Grell (Bielefeld)

Verpackung: Blister

7,50 Euro

Heiloo 095

Strup Ice Beer, mit 3 Pinguinen (Andruckmuster ohne grauem Aufdruck auf Zm)

Scania 124L 420

H: Grell (Bielefeld-China) **V:** Grell (Bielefeld)

Verpackung: Blister

7,50 Euro

Heiloo 096

Strup Ice Beer, Nr.01, mit Seeadler

Scania 124L 420

H: Grell (Bielefeld-China) **V:** Grell (Bielefeld)

Verpackung: Blister

7,50 Euro

Heiloo 097
Strup Ice Beer, Nr.02, mit 2 Eisbären

Scania 124L 420
H: Grell (Bielefeld-China) **V:** Grell (Bielefeld)
Verpackung: Blister
7,50 Euro

Heiloo 098
Strup Ice Beer, Nr.03, mit 1 Pinguin

Scania 124L 420
H: Grell (Bielefeld-China) **V:** Grell (Bielefeld)
Verpackung: Blister
7,50 Euro

Heiloo 099
Strup Ice Beer, Nr.04, mit 3 Pinguinen

Scania 124L 420
H: Grell (Bielefeld-China) **V:** Grell (Bielefeld)
Verpackung: Blister
7,50 Euro

Heiloo 100
Strup Ice Beer, Nr.05, mit 2 Huskys

Scania 124L 420
H: Grell (Bielefeld-China) **V:** Grell (Bielefeld)
Verpackung: Blister
7,50 Euro

Heiloo 101
Strup Ice Beer, Nr.06, mit 1 Robbe (graublaues Fell)

Scania 124L 420
H: Grell (Bielefeld-China) **V:** Grell (Bielefeld)
Verpackung: Blister
7,50 Euro

Heiloo 102

Strup Ice Beier, Nr.07, mit 1 Robbe (weißes Fell)

Scania 124L 420

H: Grell (Bielefeld-China) **V:** Grell (Bielefeld)

Verpackung: Blister

7,50 Euro

Heiloo 103

Strup Ice Beer, Nr.08, mit 1 Seeelefanten

Scania 124L 420

H: Grell (Bielefeld-China) **V:** Grell (Bielefeld)

Verpackung: Blister

7,50 Euro

Heiloo 104

Strup Ice Beer, Nr.09, mit 1 Hund

Scania 124L 420

H: Grell (Bielefeld-China) **V:** Grell (Bielefeld)

Verpackung: Blister

7,50 Euro

Heiloo 105

Matusalem Rum, Behn Originale

Scania 124L 420

H: Grell (Bielefeld-China) **V:** Grell (Bielefeld)

Verpackung: Blister

7,50 Euro

Heiloo 106

Guinness

Freightliner FLD 120 (Hauber)

H: Grell (Bielefeld-China) **V:** Grell (Bielefeld)

Verpackung: Blister

7,50 Euro

Heinrich Franz Mineralbrunnen 01

mit 2 Flaschen und Landschaft (von Grokj Markengetränke)

MAN F90

H: Made in China **V:** Hümmer (Teugn)

Verpackung: Blister

25,00 Euro

Hella Mineralbrunnen 01

mit gezeichnetem Mann und schräger Flasche vor Wasserperlen

Ford 9000 (Hauber)

H: Highspeed (China) **V:** Grell (Bielefeld)

Verpackung: Blister

7,50 Euro

Hellmuth (Burgkunstadt) 01

Fraa Bier, mit Zeichnung alter Häuser, gelochte Felgen

Volvo F-12 Globetrotter

H: Made in China **V:** A.C.H.

Verpackung: Plastikschachtel bedruckt oder mit Aufkleber

20 Euro **Auflage:** 500

Hellmuth (Burgkunstadt) 02

Fraa Bier, mit 2 Logos, 3 Achsen, gelochte Felge

US modern (Hauber) (Kenworth T800)

H: Made in China **V:** A.C.H.

Verpackung: Plastikschachtel bedruckt oder mit Aufkleber

20 Euro **Auflage:** 500

Hellmuth (Burgkunstadt) 03

Fraa Bier, mit Zeichnung alter Häuser, graue Felgen

US modern (Hauber), unbekanntes Modell

H: Made in China **V:** A.C.H.

Verpackung: Plastikschachtel bedruckt oder mit Aufkleber

20 Euro **Auflage:** 500

Hennemann (Pommersfelden) 01

LKW: Bockbier, Hänger: Lagerbier, je mit schräger Bügelflasche

Mercedes-Benz Actros

H: Top-Style (Ebersdorf) **V:** Allround Service (Wonsees)

Verpackung: Blister

7,50 Euro

Hennemann (Pommersfelden) 02

LKW: Bockbier, Hänger: Lagerbier, je mit schräger Bügelflasche

Mercedes-Benz Actros

H: Top-Style (Ebersdorf) **V:** Allround Service (Wonsees)

Verpackung: Blister

7,50 Euro

Hennemann (Unterleiterbach) 01

Fränkische Edelobstbrennerei, mit 2 Logos

Volvo FH16

H: Wörlein (Cadolzburg) **V:** Allround Service (Wonsees)

Verpackung: Plastikschachtel bedruckt oder mit Aufkleber

6,50 Euro

Henninger 01

mit 2 Logos, 3 Achsen, gelochte Felge

Volvo F-12 Globetrotter

H: Golden (ADT-Trucks) **V:** Elastoform (Sulzbach)

Verpackung: Plastikschachtel bedruckt oder mit Aufkleber

25,00 Euro

Henninger 02

mit rot-goldenem Streifen und 2 Logos, 3 Achsen, gelochte Felge

Volvo F-12 Globetrotter

H: Golden (ADT-Trucks) **V:** Elastoform (Sulzbach)

Verpackung: Plastikschachtel bedruckt oder mit Aufkleber

25,00 Euro

Henninger 03

mit rot-goldenem Streifen und 2 Logos, 2 Achsen, gelochte Felge

Volvo F-12 Globetrotter

H: Made in China **V:** Elastoform (Sulzbach)

Verpackung: Plastikschachtel bedruckt oder mit Aufkleber

25,00 Euro

Henninger 05

Kaiser Premium, mit 2 Logos

US klassisch (Hauber)

H: Made in China **V:** Hümmer (Teugn)

Verpackung: Blister

50,00 Euro

Henninger 06

Kaiser Pilsner mit liegender Flasche und Logo

US klassisch (Hauber)

H: Hümmer **V:** Hümmer (Teugn)

Verpackung: Blister

10,00 Euro

Henninger 07

Kaiser Pilsner, mit 2 Logos

US klassisch (Hauber)

H: Made in China **V:** Hümmer (Teugn)

Verpackung: Blister

20,00 Euro

Henninger 08

Ich finde, jeder sollte ein paar kleine Laster haben, mit Frau und Flasche

Mercedes-Benz Actros

H: Hümmer **V:** Hümmer (Teugn)

Verpackung: Blister

8,00 Euro

Henninger 09

Radler mit 2 Flaschen, Turm und Logo

US modern (Hauber) (Kenworth T800)

H: Made in China **V:** Hümmer (Teugn)

Verpackung: Blister

8,00 Euro

Henninger 10

Highlander, Finest Whisky Malt Beer, mit Flasche vor Burg in Highlands

Mercedes-Benz Actros

H: Hümmer **V:** Hümmer (Teugn)

Verpackung: Blister

10,00 Euro

Henninger 11

Frankfurt Galaxy Edition, Nr.1, mit Cheerleader, Glas und Flasche

MAN TG-A

H: Hümmer **V:** Hümmer (Teugn)

Verpackung: Blister

7,50 Euro

Henninger 12

Frankfurt Galaxy Edition, Nr.2, mit 2 Footballspielern, Glas und Flasche

MAN TG-A

H: Hümmer **V:** Hümmer (Teugn)

Verpackung: Blister

7,50 Euro

Henninger 13

Frankfurt Galaxy Edition, Nr.3, mit 2 geschminkten Fans, Glas und Flasche

MAN TG-A

H: Hümmer **V:** Hümmer (Teugn)

Verpackung: Blister

7,50 Euro

Henninger 14

Mountainbike-World Cup Edition, Nr.1, mit 3 Radfahrern, Glas und Flasche

MAN TG-A

H: Hümmer **V:** Hümmer (Teugn)

Verpackung: Blister

7,50 Euro

Henninger 15

Mountainbike-World Cup Edition, Nr.2, mit 2 Radfahrern, Glas und Flasche

MAN TG-A

H: Hümmer **V:** Hümmer (Teugn)

Verpackung: Blister

7,50 Euro

Henninger 16

Henninger verbindet, mit 3 Fotos von Leuten und 2 Flaschen

Scania 124L ?

H: Hümmer **V:** Hümmer (Teugn)

Verpackung: Blister

7,50 Euro

Herbsthäuser Bier 01

mit 2 Logos

Mercedes-Benz klein (NG 80 mittel)

H: Made in China **V:** Hümmer (Teugn)

Verpackung: Plastikschachtel neutral

75,00 Euro

Herbsthäuser Bier 02

mit 2 Logos

MAN F90

H: Made in China **V:** Hümmer (Teugn)

Verpackung: Plastikschachtel neutral

40,00 Euro

Herbsthäuser Bier 03

mit 2 Logos

Mercedes-Benz Actros

H: Hümmer **V:** Hümmer (Teugn)

Verpackung: Plastikschachtel bedruckt oder mit Aufkleber

10,00 Euro

Herbsthäuser Bier 04

Edel Pils, mit Logo und abgeschnittenem Schriftzug

Mercedes-Benz Actros

H: Hümmer **V:** Hümmer (Teugn)

Verpackung: Plastikschachtel bedruckt oder mit Aufkleber

8,00 Euro

Herforder 01

Pils, mit Logo

US modern (Hauber) (Kenworth T800)

H: Highspeed (China) **V:** Grell (Bielefeld)

Verpackung: Blister

15,00 Euro

Herforder 02

Pils, mit Logo

Mercedes-Benz Actros

H: Highspeed (China) **V:** Grell (Bielefeld)

Verpackung: Blister

15,00 Euro

Herforder 03

alkoholfrei, mit Logo

US modern (Hauber) (Kenworth T800)

H: Highspeed (China) **V:** Grell (Bielefeld)

Verpackung: Blister

12,50 Euro

Herforder 04

Weihnacht (2000), mit Weihnachtsmann und Flasche

US modern (Hauber) (Kenworth T800)

H: Highspeed (China) **V:** Grell (Bielefeld)

Verpackung: Blister

9,00 Euro

Herforder 05

Pils, mit Logo

MAN F2000 Aero (Hochdach)

H: Grell (Bielefeld-China) **V:** Grell (Bielefeld)

Verpackung: Blister

7,50 Euro

Herforder 06

Sommer, mit Logo

MAN F2000 Aero (Hochdach)

H: Grell (Bielefeld-China) **V:** Grell (Bielefeld)

Verpackung: Blister

7,50 Euro

Herforder 07

mit schräger Flasche

MAN F2000 Aero (Hochdach)

H: Grell (Bielefeld-China) **V:** Grell (Bielefeld)

Verpackung: Blister

7,50 Euro

Herforder 08

Weihnacht (2001), mit schräger Flasche

MAN TG-460

H: Grell (Bielefeld-China) **V:** Grell (Bielefeld)

Verpackung: Blister

7,50 Euro

H

2002

H

Herforder 09

Maibock, mit schräger Flasche

MAN TG-460

H: Grell (Bielefeld-China) **V:** Grell (Bielefeld)

Verpackung: Blister

7,50 Euro

Herrenhäuser 01

mit Logo (von Großhandel Pero Wiederau)

Mercedes-Benz Actros

H: Wörlein (Cadolzburg) **V:** DGD (Nürnberg)

Verpackung: Blister

8,00 Euro

Herrenhäuser 02

Premium Pilsener, mit Logo

Mercedes-Benz Actros

H: Hümmer **V:** Hümmer (Teugn)

Verpackung: Blister

8,00 Euro

Herrmann (Ampferbach) 01

mit 2 Logos, graue Felgen

Mercedes-Benz Actros

H: KamLun **V:** keine Angabe

Verpackung: Plastikschachtel neutral

6,50 Euro

Herrmann (Ampferbach) 02

mit Logo und 3 Biersorten

Mercedes-Benz Actros

H: Hümmer **V:** Allround Service (Wonsees)

Verpackung: Plastikschachtel bedruckt oder mit Aufkleber

6,50 Euro

Herrmann (Ampferbach) 03
Bockbier, mit Logo, goldene Felgen

Mercedes-Benz Actros
H: Wörlein (Cadolzburg) **V:** Allround Service (Wonsees)
Verpackung: Plastikschachtel bedruckt oder mit Aufkleber
6,50 Euro

Herrnbräu (Ingolstadt) 01
Weißbier-Spezialitäten, mit Logo

US klassisch (Hauber)
H: Made in China **V:** Hümmer (Teugn)
Verpackung: Blister
25,00 Euro

Herrnbräu (Ingolstadt) 02
Weißbier-Spezialitäten, mit Logo

Mercedes-Benz Actros
H: Made in China **V:** Hümmer (Teugn)
Verpackung: Blister
12,50 Euro

Herrnbräu (Ingolstadt) 03
Ein Weißbier so individuell wie Sie! mit Logo

Mercedes-Benz Actros
H: Hümmer **V:** Hümmer (Teugn)
Verpackung: Blister
9,00 Euro

Herrnbräu (Ingolstadt) 04
Ein Weißbier so individuell wie Sie! mit Logo

MAN TG-A
H: Hümmer **V:** Hümmer (Teugn)
Verpackung: Blister
7,50 Euro

2002
H

Herrnbräu (Ingolstadt) 05
Schneewalzer, Winter-Weisse, mit goldenen Noten
MAN TG-A
H: Hümmer **V:** Hümmer (Teugn)
Verpackung: Blister
7,50 Euro

Hersbrucker 01
Das gönn´ ich mir, mit Logo und rotem Streifen
Mercedes-Benz Actros
H: Wörlein (Cadolzburg) **V:** DGD (Nürnberg)
Verpackung: Plastikschachtel bedruckt oder mit Aufkleber
7,50 Euro

Herva, Dohrn und Timm (Dietersdorf) 01
Mineralwasser, Schauen Sie nicht nur..., mit 2 Flaschen
Mercedes-Benz Actros
H: Wörlein (Cadolzburg) **V:** DGD (Nürnberg)
Verpackung: Blister
7,50 Euro

Herzog (Schloss Bräu Stamsried) 01
Export, Nr. 1
Mercedes-Benz Actros
H: Wörlein (Cadolzburg) **V:** MaHug (Kulmbach)
Verpackung: Blister
7,50 Euro **Auflage:** 2.500

Herzog (Schloss Bräu Stamsried) 02
Pilsener, Nr. 2
MAN F2000 Aero (Hochdach)
H: Wörlein (Cadolzburg) **V:** MaHug (Kulmbach)
Verpackung: Blister
7,50 Euro **Auflage:** 2.500

Herzog (Schloss Bräu Stamsried) 03
Lagerbier Hell, Nr. 3

Volvo FH16
H: Wörlein (Cadolzburg) **V:** MaHug (Kulmbach)
Verpackung: Blister
7,50 Euro **Auflage:** 2.500

Herzog (Schloss Bräu Stamsried) 04
Dunkler Bock, Nr. 4

MAN F2000 (Hochdach)
H: Wörlein (Cadolzburg) **V:** MaHug (Kulmbach)
Verpackung: Blister
7,50 Euro **Auflage:** 2.500

Herzog (Schloss Bräu Stamsried) 05
mit Foto vom Brauhaus, Nr. 5

US klassisch (Hauber)
H: Made in China **V:** MaHug (Kulmbach)
Verpackung: Blister
7,50 Euro **Auflage:** 2.500

Herzog (Schloss Bräu Stamsried) 06
mit Dorf-Zeichnung, Nr. 6

MAN F2000 Aero (Hochdach)
H: Wörlein (Cadolzburg) **V:** MaHug (Kulmbach)
Verpackung: Blister
7,50 Euro **Auflage:** 2.500

Herzog von Franken (Arnstein) 01
einfach Kult-urig, Weihnachtstruck 1999, mit Logo

Mercedes-Benz Actros
H: Highspeed (China) **V:** Grell (Bielefeld)
Verpackung: Blister
17,50 Euro

2002

H

Herzog von Franken (Arnstein) 02
Echt edel! mit Logo und Bügelflaschenhals

Mercedes-Benz Actros
H: Highspeed (China) **V:** Grell (Bielefeld)
Verpackung: Blister
8,00 Euro

Hessberger (Südthüringer Mineralbrunnen GmbH) 01
Mineralwasser, Thüringen auf seine reinste Art

Kenworth T2000 (Hauber)
H: Made in China **V:** DGD (Nürnberg)
Verpackung: Blister
8,00 Euro

Hessberger (Südthüringer Mineralbrunnen GmbH) 02
Tannenbräu, Spezial

Kenworth T2000 (Hauber)
H: Made in China **V:** DGD (Nürnberg)
Verpackung: Blister
8,00 Euro

Hessberger (Südthüringer Mineralbrunnen GmbH) 03
Tannen Bräu, VEB Vereinigte Brauerein Hildburghausen

IFA W50 (Oldtimer)
H: Wörlein (Cadolzburg) **V:** DGD (Nürnberg)
Verpackung: Blister
9,00 Euro

Hessberger (Südthüringer Mineralbrunnen GmbH) 04
Das Bier zum Fest

IFA H6 (Oldtimer)
H: Made in China **V:** DGD (Nürnberg)
Verpackung: Blister
9,00 Euro

Hessberger (Südthüringer Mineralbrunnen GmbH) 05
Tannen Bräu, Dunkel Grafen

IFA H6 (Oldtimer)
H: Made in China **V:** DGD (Nürnberg)
Verpackung: Blister
8,00 Euro

Hessberger (Südthüringer Mineralbrunnen GmbH) 06
Rennsteig Radler, die coole Erfrischung, mit Zeichnung des Rennsteiges

MAN M2000
H: Made in China **V:** Lauterbach
Verpackung: Blister
7,50 Euro

Hessberger (Südthüringer Mineralbrunnen GmbH) 07
Tannen Bräu, spezial

IFA W50 (Oldtimer)
H: Grell (Bielefeld-China) **V:** Grell (Bielefeld)
Verpackung: Blister
7,50 Euro

Hessisches Löwenbier (Malsfeld) 01
mit 2 Logos

Mercedes-Benz Actros
H: Highspeed (China) **V:** Grell (Bielefeld)
Verpackung: Blister
15,00 Euro **Auflage:** 1.000

Hetzel (Frauendorf) 01
mit Foto vom Dorf und Logo

Mercedes-Benz Actros
H: Top-Style (Ebersdorf) **V:** Allround Service (Wonsees)
Verpackung: Plastikschachtel bedruckt oder mit Aufkleber
6,50 Euro

Heubacher 01
mit Albquellwasser gebraut, mit Logo und Glas vor Wasser
Mercedes-Benz Actros
H: Wörlein (Cadolzburg) **V:** DGD (Nürnberg)
Verpackung: Blister
7,50 Euro

Heubacher 02
Altes Sudhaus, Dunkel, mit Logo und schräger Flasche
Mercedes-Benz Actros
H: Wörlein (Cadolzburg) **V:** DGD (Nürnberg)
Verpackung: Blister
7,50 Euro

Heuchelberg-Kellerei (Schwaigern) 01
Riesling, mit liegender Weinflasche
Mercedes-Benz Actros
H: Top-Style (Ebersdorf) **V:** Top-Style (Ebersdorf)
Verpackung: Blister
7,50 Euro

Heuchelberg-Kellerei (Schwaigern) 02
Trollinger, mit liegender Weinflasche
Mercedes-Benz Actros
H: Top-Style (Ebersdorf) **V:** Top-Style (Ebersdorf)
Verpackung: Blister
7,50 Euro

Heylands (Aschaffenburg) 01
Bier
LKW
H: Made in China **V:** keine Angabe
Verpackung: - ohne
60,00 Euro

Heylands (Aschaffenburg) 02
Durststrecke, mit 7 Gläsern und Logo

MAN F2000 Aero (Hochdach)
H: Grell (Bielefeld-China) **V:** Grell (Bielefeld)
Verpackung: Blister
7,50 Euro

Hiernickel Bier 01
mit Logo

Mercedes-Benz Actros
H: Wörlein (Cadolzburg) **V:** DGD (Nürnberg)
Verpackung: Blister
12,50 Euro

Hieronymus 01
natürlich unfiltriert

Kenworth klassisch (Hauber)
H: Majorette **V:** Müller (Chemnitz)
Verpackung: Plastikschachtel neutral
7,50 Euro

Hike (Marktsteft) 01
Weizle, weiß-blau, mit Logo und Medaillen vor Getreidefeld

Ford 9000 (Hauber)
H: Highspeed (China) **V:** Grell (Bielefeld)
Verpackung: Blister
7,50 Euro

Hike (Marktsteft) 02
Weizle, weiß-blau, mit Logo und Medaillen vor Getreidefeld

Mercedes-Benz Actros
H: Highspeed (China) **V:** Grell (Bielefeld)
Verpackung: Blister
7,50 Euro

H

Hike (Marktsteft) 03
Weizle, weiß-blau, mit Logo und Medaillen vor Getreidefeld
Scania 124L 420
H: Grell (Bielefeld-China) **V:** Grell (Bielefeld)
Verpackung: Blister
7,50 Euro

Hike (Marktsteft) 04
Weizle, weiß-blau, mit Logo und Medaillen vor Getreidefeld
Freightliner FLD 120 (Hauber)
H: Grell (Bielefeld-China) **V:** Grell (Bielefeld)
Verpackung: Blister
7,50 Euro

Hike (Marktsteft) 05
Haderlump, das urige Bock-Bier
Scania 124L 420
H: Grell (Bielefeld-China) **V:** Grell (Bielefeld)
Verpackung: Blister
7,50 Euro

Hike (Marktsteft) 06
Haderlump, das urige Bock-Bier, mit Mann
Ford 9000 (Hauber)
H: Highspeed (China) **V:** Grell (Bielefeld)
Verpackung: Blister
7,50 Euro

Hike (Marktsteft) 07
Haderlump, das urige Bock-Bier, mit Mann
Freightliner FLD 120 (Hauber)
H: Grell (Bielefeld-China) **V:** Grell (Bielefeld)
Verpackung: Blister
7,50 Euro

Hike (Marktsteft) 08

Haderlump, das urige Bock-Bier, mit Mann

Mercedes-Benz Actros

H: Highspeed (China) **V:** Grell (Bielefeld)

Verpackung: Blister

7,50 Euro

Himmelsberger 01

Mineralwasser, mit Sternenhimmel

Mercedes-Benz klein (NG 80 mittel)

H: Made in China **V:** Hümmer (Teugn)

Verpackung: Blister

17,50 Euro

Himmelsberger 02

Mineralbrunnen, mit 3 grünen stilisierten Bergen

Mercedes-Benz Actros

H: Hümmer **V:** Hümmer (Teugn)

Verpackung: Blister

7,50 Euro

Hirsch Brauerei Honer (Wurmlingen) 01

Hirsch Weisse, mit Logo

Mercedes-Benz Actros

H: Wörlein (Cadolzburg) **V:** DGD (Nürnberg)

Verpackung: Blister

10,00 Euro

Hirsch Brauerei Honer (Wurmlingen) 02

Das Gold unserer Heimat, mit Flasche, Glas und Hirsch vor Landschaft

Mercedes-Benz Actros

H: Wörlein (Cadolzburg) **V:** DGD (Nürnberg)

Verpackung: Blister

7,50 Euro

Hirschbräu (Sonthofen) 01
LKW: liegende Flasche, Hänger: 3 schräge Flaschen
Mercedes-Benz Actros
H: Highspeed (China) **V:** Grell (Bielefeld)
Verpackung: Blister
10,00 Euro

Hirschbräu (Sonthofen) 02
mit kleinem Landschaftsbild, Glas und Logo
Mercedes-Benz Actros
H: Wörlein (Cadolzburg) **V:** DGD (Nürnberg)
Verpackung: Blister
7,50 Euro

Hirschbräu (Sonthofen) 03
mit kleinem Landschaftsbild, Glas und Logo
MAN F2000 Aero (Hochdach)
H: Wörlein (Cadolzburg) **V:** DGD (Nürnberg)
Verpackung: Blister
8,00 Euro

Hirschbrauerei Schilling (Römerstein) 01
Boehringer Biere und Getränke Banzhaf, mit 3 schrägen Flaschen und Logo
MAN F2000 (Hochdach)
H: Wörlein (Cadolzburg) **V:** Jürgen Bürkle (Lahr)
Verpackung: Blister
7,50 Euro **Auflage:** 1.500

Hochdorfer 01
Ein Hoch-geschätztes Biererlebnis, mit Logo
Mercedes-Benz klein (NG 80 mittel)
H: Made in China **V:** Hümmer (Teugn)
Verpackung: Blister
75,00 Euro

Hochdorfer 02

Ein Hoch-geschätztes Biererlebnis, mit Logo, geriffelter Sattel

US klassisch (Hauber)

H: Made in China **V:** Hümmer (Teugn)

Verpackung: Blister

65,00 Euro

Hochdorfer 03

mit 8 Gläsern

US modern (Hauber) (Kenworth T800)

H: Highspeed (China) **V:** Grell (Bielefeld)

Verpackung: Blister

20,00 Euro

Hochdorfer 04

mit 4 Gläsern

Mercedes-Benz Actros

H: Highspeed (China) **V:** Grell (Bielefeld)

Verpackung: Blister

17,50 Euro

Hochdorfer 05

DaxMix, Cola-Weizen-Mix, mit Dachs

Scania 124L 420

H: Grell (Bielefeld-China) **V:** Grell (Bielefeld)

Verpackung: Blister

7,50 Euro

Hochdorfer 06

mit Logo und 6 Gläsern

US klassisch (Hauber)

H: Hümmer **V:** Hümmer (Teugn)

Verpackung: Blister

7,50 Euro

Hochdorfer	07
Weihnachtstraum, mit Logo vor Dorf im Schnee	
MAN TG-460	
H: Grell (Bielefeld-China)	**V:** Grell (Bielefeld)
Verpackung: Blister	
7,50 Euro	

Hochstift	01
Schwarzer Hahn und Hochstift Pils	
US modern (Hauber) (Kenworth T800)	
H: Highspeed (China)	**V:** Grell (Bielefeld)
Verpackung: Blister	
30,00 Euro	

Hochstift	02
Schwarzer Hahn, Original Rhöner Landbier, mit Hahn	
MAN TG-A	
H: Wörlein (Cadolzburg)	**V:** DGD (Nürnberg)
Verpackung: Blister	
7,50 Euro	

Hochstift	03
Pils, Premium der Region, mit Logo, Glas und Flasche	
MAN TG-A	
H: Wörlein (Cadolzburg)	**V:** DGD (Nürnberg)
Verpackung: Blister	
7,50 Euro	

Hochwald Sprudel	01
Das Höchste der Gefühle	
Mercedes-Benz Actros	
H: Highspeed (China)	**V:** Grell (Bielefeld)
Verpackung: Blister	
8,00 Euro	

Hoepfner (Karlsruhe) 02
Nr.2/4, Pilsner, mit schräger Flasche

Mercedes-Benz Actros
H: Made in China **V:** WHDC
Verpackung: Blister
7,50 Euro

Hofbräu München 01
mit 2 Logos

US klassisch (Hauber)
H: Made in China **V:** Hümmer (Teugn)
Verpackung: Blister
17,50 Euro

Hofbräu München 02
Münchner Kindl Weissbier, mit 2 Logos

US klassisch (Hauber)
H: Made in China **V:** Hümmer (Teugn)
Verpackung: Blister
20,00 Euro

Hofbräu München 03
Hofbräuhaus Original, mit Kasten, Flasche und Logo

Mercedes-Benz Actros
H: Hümmer **V:** Hümmer (Teugn)
Verpackung: Blister
9,00 Euro

Hofbräu München 04
Münchner Kindl Weissbier mit liegender Flasche, schrägem Glas und Logo

Mercedes-Benz Actros
H: Hümmer **V:** Hümmer (Teugn)
Verpackung: Blister
9,00 Euro

Hofbräu München 05

und 10 Jahre Getränke Mayer

Mercedes-Benz Actros

H: Hümmer **V:** Hümmer (Teugn)

Verpackung: Blister

8,00 Euro

Hofbräu München 06

und Otto Getränke

Mercedes-Benz Actros

H: Hümmer **V:** Hümmer (Teugn)

Verpackung: Blister

9,00 Euro

Hofbräu München 07

und Solid Querfurt

Mercedes-Benz Actros

H: Hümmer **V:** Hümmer (Teugn)

Verpackung: Blister

9,00 Euro

Hofbräu München 08

und neukauf Getränkemärkte

Mercedes-Benz Actros

H: Hümmer **V:** Hümmer (Teugn)

Verpackung: Blister

9,00 Euro

Hofbräu München 09

und Dursty, Getränkezirkus und Durstfabrik

Mercedes-Benz Actros

H: Hümmer **V:** Hümmer (Teugn)

Verpackung: Blister

9,00 Euro

Hofbräu München 10

Hofbräuhaus Original, mit Kasten, Flasche und Logo

Mercedes-Benz Actros

H: Hümmer **V:** Hümmer (Teugn)

Verpackung: Blister

9,00 Euro

Hofbräu München 11

Münchner Kindl Weissbier mit liegender Flasche, schrägem Glas und Logo

Mercedes-Benz Actros

H: Hümmer **V:** Hümmer (Teugn)

Verpackung: Blister

9,00 Euro

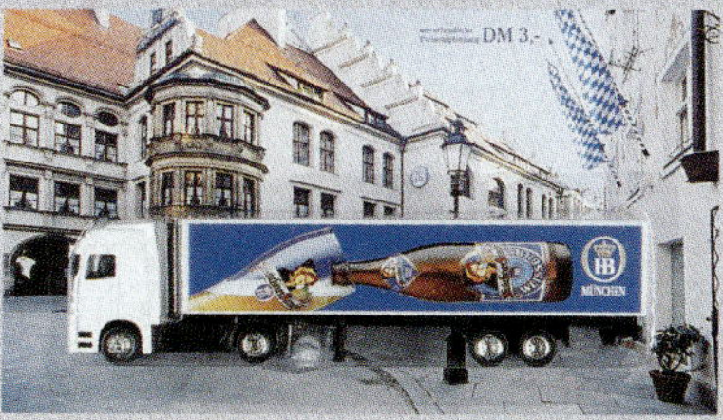

Hofbräu München 12

Oktoberfestbier, Stimmung die schmeckt, mit 2 schrägen Flaschen und Logo

Mercedes-Benz Actros

H: Hümmer **V:** Hümmer (Teugn)

Verpackung: Blister

9,00 Euro

Hofbräu München 13

und Heerbach Mineralbrunnen

Mercedes-Benz Actros

H: Hümmer **V:** Hümmer (Teugn)

Verpackung: Blister

9,00 Euro

Hofbräu München 14

und Orterer Getränke-Märkte

Mercedes-Benz Actros

H: Hümmer **V:** Hümmer (Teugn)

Verpackung: Blister

9,00 Euro

Hofbräu München 15

und Forster Spirituosen GmbH

Mercedes-Benz Actros

H: Hümmer **V:** Hümmer (Teugn)

Verpackung: Blister

9,00 Euro

Hofbräu München 16

Oktoberfestbier, Stimmung die schmeckt, mit 2 schrägen Flaschen und Logo

Mercedes-Benz Actros

H: Hümmer **V:** Hümmer (Teugn)

Verpackung: Plastikschachtel neutral

9,00 Euro

Hofbräu München 17

und Getränke Paradies

Mercedes-Benz Actros

H: Hümmer **V:** Hümmer (Teugn)

Verpackung: Blister

9,00 Euro

Hofbräu München 18

und Getränkeland, gelbe Schrift

Mercedes-Benz Actros

H: Hümmer **V:** Hümmer (Teugn)

Verpackung: Blister

9,00 Euro

Hofbräu München 19

und Getränkeland, blaue Schrift

Mercedes-Benz Actros

H: Hümmer **V:** Hümmer (Teugn)

Verpackung: Blister

9,00 Euro

Hofbräu München 20

und Getränke Pfeifer - Vielen Dank für die Partnerschaft

US klassisch (Hauber)

H: Hümmer **V:** Hümmer (Teugn)

Verpackung: Plastikschachtel bedruckt oder mit Aufkleber

12,50 Euro

Hofbräu München 21

und Getränke Markt Eisenschink - Wenn der große Durst kommt, mit Vulkanausbruch

Mercedes-Benz Actros

H: Hümmer **V:** Hümmer (Teugn)

Verpackung: Blister

9,00 Euro

Hofbräu München 22

und Getränke Pfeifer - 1. Oktoberfest in Chemnitz

US klassisch (Hauber)

H: Hümmer **V:** Hümmer (Teugn)

Verpackung: Plastikschachtel bedruckt oder mit Aufkleber

9,00 Euro

Hofbräu München 23

und Elbtal-Getränke GmbH

Mercedes-Benz Actros

H: Hümmer **V:** Hümmer (Teugn)

Verpackung: Blister

9,00 Euro

Hofbräu München 24

mit 8 nackten Füßen

MAN TG-A

H: Hümmer **V:** Hümmer (Teugn)

Verpackung: Blister

7,50 Euro

H

Hofbräu München 25

und Getränke Pfeifer, Gastronomieservice für Sachsen

Mercedes-Benz Actros

H: Hümmer **V:** Hümmer (Teugn)

Verpackung: Blister

9,00 Euro

Hofbräu München 26

Die Faschings-Gaudi, mit Holzmaske und vielen Händen

MAN TG-A

H: Hümmer **V:** Hümmer (Teugn)

Verpackung: Blister

7,50 Euro

Hofbräu München 27

mit schräger Flasche vor Wassertropfen, So kommt der Sommer in Fahrt

MAN TG-A

H: Hümmer **V:** Hümmer (Teugn)

Verpackung: Blister

7,50 Euro

Hofbräu München 28

und Otto, So kommt der Sommer in Fahrt

MAN TG-A

H: Hümmer **V:** Hümmer (Teugn)

Verpackung: Blister

9,00 Euro

Hofbräu München 29

und Getränke Bee, Ihr Getränkespezialist...

Mercedes-Benz Actros

H: Hümmer **V:** Hümmer (Teugn)

Verpackung: Blister

9,00 Euro

Hofbräu München 30

und GLS, Wir löschen den Durst!

Mercedes-Benz Actros

H: Hümmer **V:** Hümmer (Teugn)

Verpackung: Blister

9,00 Euro

Hofbräu München 31

Hofbräuhaus Original, mit schräger Flasche vor Kasten, So kommt der Sommer in Fahrt

MAN TG-A

H: Hümmer **V:** Hümmer (Teugn)

Verpackung: Blister

7,50 Euro

Hofbräu München 32

mit 2 Frauen und 1 Mann am Brunnen, Mit Vollgas in den Sommer

MAN TG-A

H: Hümmer **V:** Hümmer (Teugn)

Verpackung: Blister

7,50 Euro

Hofbräu München 33

Wilhelmine Reichard (Freital), 1. dt. Ballonfahrerin, mit 2 Ballons, 2 Logos

MAN TG-A

H: Hümmer **V:** Hümmer (Teugn)

Verpackung: Blister

7,50 Euro

Hofbräu München 34

mit vielen Leuten am Biertisch (auf zur Wiesn-Gaudi)

MAN TG-A

H: Hümmer **V:** Hümmer (Teugn)

Verpackung: Blister

7,50 Euro

Hofbräu München 35

auf zur Wiesen-Gaudi, mit vielen Fässern und blau-weißem Schmuck

Pferdekutsche 4-Spänner

H: keine Angabe **V:** TRI PLEX (Gaukönigshofen)

Verpackung: Blister

8,00 Euro

Hofbräu München 36

goldene Felgen, blaue Armaturen, mit Logo

Scania 124L ?

H: Hümmer **V:** Hümmer (Teugn)

Verpackung: Blister

9,00 Euro

Hofbräu München 37

und Sagasser, mit Gebäude bei Nacht vor Wassertropfen

MAN TG-A

H: Hümmer **V:** Hümmer (Teugn)

Verpackung: Blister

7,50 Euro

Hofbräu München 38

mit vielen Leuten an Biertischen

MAN TG-A

H: Hümmer **V:** Hümmer (Teugn)

Verpackung: Plastikschachtel bedruckt oder mit Aufkleber

7,50 Euro

Hofbräu München 39

Das wird ein Fest (Weihnacht 2001), mit Bier trinkendem Weihnachtsmann in Alpen

Scania 124L ?

H: Hümmer **V:** Hümmer (Teugn)

Verpackung: Blister

7,50 Euro

Hofbräu München 40
und toom getränkemarkt

MAN TG-A
H: Hümmer **V:** Hümmer (Teugn)
Verpackung: Blister
7,50 Euro

Hofbräu München 41
und Getränke Berlemann

Mercedes-Benz Actros
H: Hümmer **V:** Hümmer (Teugn)
Verpackung: Blister
7,50 Euro

Hofbräu München 42
und Lösch Depot, mit Feuerwehrmann

Mercedes-Benz Actros
H: Hümmer **V:** Hümmer (Teugn)
Verpackung: Blister
9,00 Euro

Hofbräu München 43
und Karl Lesswing Getränkegroßhandel

MAN TG-A
H: Hümmer **V:** Hümmer (Teugn)
Verpackung: Blister
7,50 Euro

Hofbräu München 44
silberne Felgen und Armaturen, mit Logo

Scania 124L ?
H: Hümmer **V:** Hümmer (Teugn)
Verpackung: Blister
7,50 Euro

Hofbräu München 45

und Iversen

Mercedes-Benz Actros

H: Hümmer **V:** Hümmer (Teugn)

Verpackung: Blister

7,50 Euro

Hofbräu München 46

Maibock, mit 3 schrägen Flaschen

US modern (Hauber)

H: Hümmer **V:** Hümmer (Teugn)

Verpackung: Blister

7,50 Euro

Hofheimer Raab Pils 01

Raabello, 3 Achsen, gelochte Felgen

Volvo F-12 Globetrotter

H: Golden (ADT-Trucks) **V:** keine Angabe

Verpackung: Plastikschachtel neutral

20,00 Euro

Hofmann (Aischgrund) 01

mit schräger Flasche

Mercedes-Benz Actros

H: Highspeed (China) **V:** Grell (Bielefeld)

Verpackung: Blister

10,00 Euro

Hofmann Fruchtsäfte (Nüdlingen) 01

Von Natur aus ein Genuß, mit 2 Flaschen

Mercedes-Benz Actros

H: Wörlein (Cadolzburg) **V:** DGD (Nürnberg)

Verpackung: Blister

8,00 Euro

Hofmann´s Getränkemarkt 01

10 Jahre

Mercedes-Benz Actros

H: Highspeed (China) **V:** Grell (Bielefeld)

Verpackung: Blister

8,00 Euro

Hofmark (Cham) 01

Original Weissbier, mit Gerste und 2 Gläsern

US klassisch (Hauber)

H: Made in China **V:** DGD (Nürnberg)

Verpackung: Blister

12,50 Euro

Hofmark (Cham) 02

Original Weissbier, mit Gerste und 2 Gläsern

US klassisch (Hauber)

H: Made in China **V:** DGD (Nürnberg)

Verpackung: Blister

7,50 Euro

Hofmark (Cham) 03

Bierspecialitäten, mit 3 schrägen Bügelflaschen

US klassisch (Hauber)

H: Made in China **V:** DGD (Nürnberg)

Verpackung: Blister

7,50 Euro

Hofmühl (Eichstätt) 01

Hell, darauf fahr´n wir ab! Mit Logo

MAN TG-A

H: Wörlein (Cadolzburg) **V:** DGD (Nürnberg)

Verpackung: Blister

8,00 Euro

H

2002

Hofstettner 01
Österreich

Kenworth klassisch (Hauber)
H: Majorette **V:** Müller (Chemnitz)
Verpackung: Plastikschachtel neutral
7,50 Euro

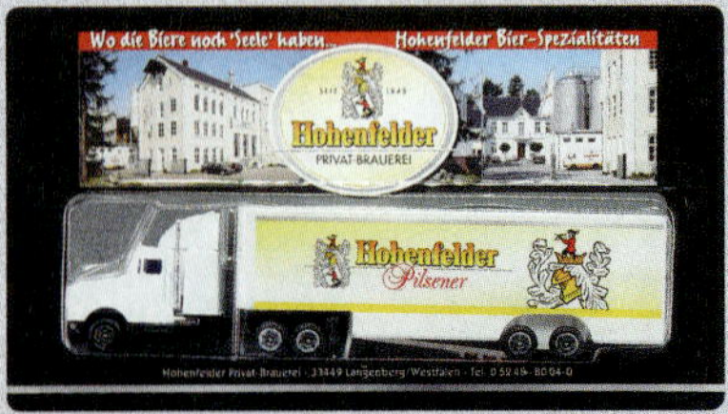

Hohenfelder 01
Pilsener

US modern (Hauber) (Kenworth T800)
H: Highspeed (China) **V:** Grell (Bielefeld)
Verpackung: Blister
25,00 Euro

Hohenfelder 02
Radler, Fit 4 Fun

US modern (Hauber) (Kenworth T800)
H: Highspeed (China) **V:** Grell (Bielefeld)
Verpackung: Plastikschachtel neutral
25,00 Euro

Hohenfelder 03
Lappmanns Dunkel

US modern (Hauber) (Kenworth T800)
H: Highspeed (China) **V:** Grell (Bielefeld)
Verpackung: Blister
25,00 Euro

Hohenfelder 04
Wintertraum

US modern (Hauber) (Kenworth T800)
H: Highspeed (China) **V:** Grell (Bielefeld)
Verpackung: Blister
30,00 Euro

Hohenfelder 05
7,8% Maximum Strongbeer

US modern (Hauber) (Kenworth T800)
H: Highspeed (China) **V:** Grell (Bielefeld)
Verpackung: Blister
25,00 Euro

Hohenfelder 06
Pilsener

Mercedes-Benz Actros
H: Highspeed (China) **V:** Grell (Bielefeld)
Verpackung: Blister
17,50 Euro

Hohenfelder 07
Radler, Fit 4 Fun

Mercedes-Benz Actros
H: Highspeed (China) **V:** Grell (Bielefeld)
Verpackung: Blister
17,50 Euro

Hohenfelder 08
Lappmanns Dunkel

Mercedes-Benz Actros
H: Highspeed (China) **V:** Grell (Bielefeld)
Verpackung: Blister
17,50 Euro

Hohenfelder 09
Wintertraum

Mercedes-Benz Actros
H: Highspeed (China) **V:** Grell (Bielefeld)
Verpackung: Blister
17,50 Euro

H

Hohenfelder 10

7,8% Maximum Strongbeer

Mercedes-Benz Actros

H: Highspeed (China) **V:** Grell (Bielefeld)

Verpackung: Blister

17,50 Euro

Hohenfelder 11

Pilsener, wo die Biere noch Seele haben

Mercedes-Benz Actros

H: Highspeed (China) **V:** Grell (Bielefeld)

Verpackung: Blister

15,00 Euro

Hohenfelder 12

Radler, mit 4 Personen beim Picknick

Mercedes-Benz Actros

H: Highspeed (China) **V:** Grell (Bielefeld)

Verpackung: Blister

15,00 Euro

Hohenfelder 13

Lappmanns Dunkel

Mercedes-Benz Actros

H: Highspeed (China) **V:** Grell (Bielefeld)

Verpackung: Blister

15,00 Euro

Hohenfelder 14

Wintertraum, wo die Biere noch Seele haben

Mercedes-Benz Actros

H: Highspeed (China) **V:** Grell (Bielefeld)

Verpackung: Blister

15,00 Euro

Hohenfelder 15
7,8% Maximum Starkbier
Mercedes-Benz Actros
H: Highspeed (China) **V:** Grell (Bielefeld)
Verpackung: Blister
15,00 Euro

Hohenfelder 16
Premium Pils, mit liegender Flasche
Ford 9000 (Hauber)
H: Highspeed (China) **V:** Grell (Bielefeld)
Verpackung: Blister
10,00 Euro

Hohenfelder 17
Radler, mit liegender Flasche
Ford 9000 (Hauber)
H: Highspeed (China) **V:** Grell (Bielefeld)
Verpackung: Blister
10,00 Euro

Hohenfelder 18
Lappmann, Das Schwarzbier, mit liegender Flasche
Ford 9000 (Hauber)
H: Highspeed (China) **V:** Grell (Bielefeld)
Verpackung: Blister
10,00 Euro

Hohenfelder 19
Maximum Strong - Das Starkbier, mit liegender Flasche
Ford 9000 (Hauber)
H: Highspeed (China) **V:** Grell (Bielefeld)
Verpackung: Blister
10,00 Euro

Hohenfelder	20
Winter Traum, mit liegender Flasche	
Ford 9000 (Hauber)	
H: Highspeed (China) **V:** Grell (Bielefeld)	
Verpackung: Blister	
10,00 Euro	

Hohenfelder	21
Bronx, mit liegender Flasche	
Ford 9000 (Hauber)	
H: Highspeed (China) **V:** Grell (Bielefeld)	
Verpackung: Blister	
10,00 Euro	

Hohenfelder	22
Pilsener, mit schräger Flasche	
Freightliner FLD 120 (Hauber)	
H: Grell (Bielefeld-China) **V:** Grell (Bielefeld)	
Verpackung: Blister	
7,50 Euro	

Hohenfelder	23
Radler, mit schräger Flasche	
Freightliner FLD 120 (Hauber)	
H: Grell (Bielefeld-China) **V:** Grell (Bielefeld)	
Verpackung: Blister	
7,50 Euro	

Hohenfelder	24
Lappmanns Dunkel, mit schräger Flasche	
Freightliner FLD 120 (Hauber)	
H: Grell (Bielefeld-China) **V:** Grell (Bielefeld)	
Verpackung: Blister	
7,50 Euro	

Hohenfelder 25

Bronx, mit schräger Flasche

Freightliner FLD 120 (Hauber)

H: Grell (Bielefeld-China) **V:** Grell (Bielefeld)

Verpackung: Blister

7,50 Euro

Hohenfelder 26

Maximum Strongbeer, mit schräger Flasche

Freightliner FLD 120 (Hauber)

H: Grell (Bielefeld-China) **V:** Grell (Bielefeld)

Verpackung: Blister

7,50 Euro

Hohenfelder 27

Wintertraum, mit schräger Flasche

Freightliner FLD 120 (Hauber)

H: Grell (Bielefeld-China) **V:** Grell (Bielefeld)

Verpackung: Blister

7,50 Euro

Hohenthanner 01

Spitzen-Bier vom Land, mit Logo

Mercedes-Benz Actros

H: Hümmer **V:** Hümmer (Teugn)

Verpackung: Blister

15,00 Euro

Hohenthanner 02

Mercedes-Benz 6600 (Oldtimer)

H: Hümmer **V:** Hümmer (Teugn)

Verpackung: Blister

9,00 Euro

Hohenthanner 03

Geschmack hat einen Namen, mit Logo

MAN TG-A

H: Wörlein (Cadolzburg) **V:** DGD (Nürnberg)

Verpackung: Blister

7,50 Euro

Hohes C 01

Reich an natürlichem Vitamin C, mit vielen Orangen

Mercedes-Benz klein (NG 80 mittel)

H: PP Models **V:** keine Angabe

Verpackung: Plastikschachtel neutral

40,00 Euro

Höhl Landkelterei (Hochstadt) 01

Mit 3 Flaschen und Logo

Mercedes-Benz Actros

H: Hümmer **V:** Hümmer (Teugn)

Verpackung: Blister

7,50 Euro

Höhl Landkelterei (Hochstadt) 02

Der alte Hochstädter (Apfelwein), mit Krug und Logo

Mercedes-Benz Actros

H: Hümmer **V:** Hümmer (Teugn)

Verpackung: Blister

7,50 Euro

Höhn (Memmelsdorf) 01

Brauerei-Gasthof, mit 2 Logos

Volvo FH16

H: Wörlein (Cadolzburg) **V:** Allround Service (Wonsees)

Verpackung: Plastikschachtel bedruckt oder mit Aufkleber

6,50 Euro **Auflage:** 300

Holledauer Weisses 01
mit Logo

MAN F90
H: Made in China **V:** Hümmer (Teugn)
Verpackung: Plastikschachtel bedruckt oder mit Aufkleber
30,00 Euro

Holledauer Weisses 02
mit 2 Logos

Mercedes-Benz Actros
H: Wörlein (Cadolzburg) **V:** DGD (Nürnberg)
Verpackung: Blister
10,00 Euro

Höllensprudel 01
Höllenkraft (Jahr 2000 Truck), mit schräger Flasche

Mercedes-Benz Actros
H: Highspeed (China) **V:** Grell (Bielefeld)
Verpackung: Blister
9,00 Euro

Höllensprudel 02
XXL, natriumarm, mit eingebautem Radio

US modern (Hauber) (XXL)
H: Golden (ADT-Trucks) **V:** Brauerei
Verpackung: Showbox mit Styropur
35,00 Euro

Höllensprudel 03
Höllen Holunder, mit liegender Flasche

Mercedes-Benz Actros
H: Hümmer **V:** Hümmer (Teugn)
Verpackung: Blister
8,00 Euro

Höllensprudel 04

MAN Büssing 8000 (Oldtimer)
H: Wörlein (Cadolzburg) **V:** DGD (Nürnberg)
Verpackung: Blister
9,00 Euro

Höllensprudel 05
mit Logo

Mercedes-Benz L322 (Oldtimer)
H: Wörlein (Cadolzburg) **V:** DGD (Nürnberg)
Verpackung: Blister
7,50 Euro

Holsten 01
Pilsener, mit Logo

Mercedes-Benz klein (NG 80 mittel)
H: keine Angabe **V:** Werbeagentur (Lüneburg)
Verpackung: Blister
75,00 Euro

Holsten 02
ohne Spritzschutz, mit Türen, geriffelter Sattel, mit 2 Logos

Mercedes-Benz klein (NG 80 mittel)
H: Made in China **V:** Hümmer (Teugn)
Verpackung: Blister
60,00 Euro

Holsten 03
mit Spritzschutz, ohne Türen, glatter Sattel, mit 2 Logos

Mercedes-Benz klein (NG 80 mittel)
H: Made in China **V:** keine Angabe
Verpackung: Blister
65,00 Euro

Holsten 04

mit 2 Logos, geriffelter Sattel

Mercedes-Benz klein (NG 80 mittel)

H: Made in China **V:** keine Angabe

Verpackung: Blister

60,00 Euro

Holsten 05

Pilsener Premium, graue Felgen, mit Logo

Mercedes-Benz Actros

H: Wörlein (Cadolzburg) **V:** DGD (Nürnberg)

Verpackung: Blister

12,50 Euro

Holsten 06

Pilsener Premium, silberne Felgen, beige, mit Logo

Mercedes-Benz Actros

H: Wörlein (Cadolzburg) **V:** DGD (Nürnberg)

Verpackung: Blister

9,00 Euro

Holsten 07

Pilsener Premium, silberne Felgen, hellbeige, mit Logo

Mercedes-Benz Actros

H: Hümmer **V:** Hümmer (Teugn)

Verpackung: Blister

8,00 Euro

Holsten 08

und Ducke Getränke

US klassisch (Hauber)

H: Hümmer **V:** Hümmer (Teugn)

Verpackung: Plastikschachtel neutral

8,00 Euro

2002 H

Holsten 09

Auf die Freundschaft - mit 2 liegenden Flaschen (ohne Logo auf Blister)

US klassisch (Hauber)

H: Hümmer **V:** Hümmer (Teugn)

Verpackung: Blister

7,50 Euro

Holsten 10

Auf die Freundschaft - mit 2 liegenden Flaschen (mit Logo auf Blister)

Peterbilt 378 (Hauber)

H: Made in China **V:** Rather Creativ

Verpackung: Blister

7,50 Euro

Holsten 11

Lim. Sonderedition, mit lfd. Nr. auf Spoiler (Nr. xxx von 2500)

Peterbilt 378 (Hauber)

H: Made in China **V:** Brauerei

Verpackung: Blister

40,00 Euro **Auflage:** 2.500

Holsten 12

Auf die Freundschaft , (gibts auch als Sondermodell 1:6 nur für Verlosungsaktion in Getränkemärkten)

BMW Cruiser R1200C

H: Welly **V:** Holsten

Verpackung: Showbox - Pappe und Plastik

10,00 Euro

Holsten 13

LKW: Schriftzug, Hänger: schräges Glas

Mercedes-Benz Atego

H: Made in China **V:** Welly

Verpackung: Blister

7,50 Euro

Holsten 14

BMW R1100 RS
H: Maisto **V:** Brauerei
Verpackung: Showbox - Pappe und Plastik
7,50 Euro

Holsten 15

Honda NR
H: Maisto **V:** Brauerei
Verpackung: Showbox - Pappe und Plastik
7,50 Euro

Holsten 16

Thriumph Thunderbird 900
H: Maisto **V:** Brauerei
Verpackung: Showbox - Pappe und Plastik
7,50 Euro

Holzkirchner Oberbräu 01
mit Glas, Flasche und Logo

Mercedes-Benz Actros
H: Highspeed (China) **V:** Grell (Bielefeld)
Verpackung: Blister
9,00 Euro

Homburger Brauhaus 01
1. Wirtshausbrauerei

US modern (Hauber) (Kenworth T800)
H: Golden (ADT-Trucks) **V:** Müller (Chemnitz)
Verpackung: Plastikschachtel neutral
7,50 Euro

Hönicka-Bräu (Wunsiedel) 01

Ford Cargo
H: Golden (ADT-Trucks) **V:** Lauterbach
Verpackung: Blister
12,50 Euro

Hönicka-Bräu (Wunsiedel) 02

Mercedes-Benz Actros
H: Hümmer **V:** Hümmer (Teugn)
Verpackung: Plastikschachtel bedruckt oder mit Aufkleber
25,00 Euro **Auflage:** 150

Hopf (Miesbach) 01
Weiße, mit Logo

MAN F2000 Aero (Hochdach)
H: Wörlein (Cadolzburg) **V:** DGD (Nürnberg)
Verpackung: Blister
9,00 Euro

Hopf (Miesbach) 02
White Hopf, Eisweissbier, mit Huskykopf

MAN TG-A
H: Wörlein (Cadolzburg) **V:** DGD (Nürnberg)
Verpackung: Blister
7,50 Euro

Höpfner Getränke 01
Löschzug

Mercedes-Benz Actros
H: Wörlein (Cadolzburg) **V:** DGD (Nürnberg)
Verpackung: Blister
7,50 Euro

Horber Gampert Bräu 01
mit Logo

Mercedes-Benz Actros
H: Highspeed (China) **V:** keine Angabe
Verpackung: Blister
12,50 Euro

Hörl Getränke (Vohburg) 01
Flasche leer?

Mercedes-Benz Actros
H: Highspeed (China) **V:** Dickie (Fürth)
Verpackung: Blister
7,50 Euro

Hornecker Bierspezialitäten 01
aus der Hallertau, mit 2 Logos
(von Getränke Agentur Gottschalk)

MAN M2000
H: Made in China **V:** Lauterbach
Verpackung: Blister
7,50 Euro

Hösl 01
\`s Hösl paßt! mit Logo und Resi-Logo

US klassisch (Hauber)
H: Made in China **V:** keine Angabe
Verpackung: Plastikschachtel neutral
200,00 Euro

2002

H

Hösl 02

`s Hösl paßt! Mit 2 Logos

US klassisch (Hauber)

H: Made in China **V:** keine Angabe

Verpackung: Plastikschachtel neutral

200,00 Euro

Hösl 03

`s Hösl paßt! Mit 2 Logos

US klassisch (Hauber)

H: Made in China **V:** keine Angabe

Verpackung: Plastikschachtel neutral

200,00 Euro

Hösl 04

`s Hösl paßt! Mit 2 Logos

US klassisch (Hauber)

H: Made in China **V:** keine Angabe

Verpackung: Plastikschachtel neutral

200,00 Euro

Hösl 05

`s Hösl paßt! mit Logo und Resi-Logo

Mercedes-Benz klein (NG 80 mittel)

H: Made in China **V:** keine Angabe

Verpackung: Plastikschachtel neutral

75,00 Euro

Hösl 06

`s Hösl paßt! mit 2 Flaschen und Logo

US klassisch (Hauber)

H: Made in China **V:** Hümmer (Teugn)

Verpackung: Blister

40,00 Euro

Hösl 07

Premium Weihnachtsbier 1997

Kenworth W900B (Hauber)

H: Welly **V:** DGD (Nürnberg)

Verpackung: Blister

35,00 Euro

Hösl 08

Weissbier Resi, mit Logo und Resi-Logo vor Wolken

Kenworth W900B (Hauber)

H: Welly **V:** DGD (Nürnberg)

Verpackung: Blister

35,00 Euro

Hösl 09

Süffikus Starkbier, mit Logo, 2 Achsen, volle Felgen

US modern (Hauber) (Kenworth T800)

H: Golden (ADT-Trucks) **V:** keine Angabe

Verpackung: Plastikschachtel neutral

17,50 Euro

Hösl 10

Süffikus Starkbier, mit Logo, 3 Achsen, gelochte Felgen

US modern (Hauber) (Kenworth T800)

H: Golden (ADT-Trucks) **V:** keine Angabe

Verpackung: Plastikschachtel neutral

17,50 Euro

Hösl 11

Urstoff, mit 2 Logos

US modern (Hauber) (Kenworth T800)

H: Highspeed (China) **V:** Gack

Verpackung: Blister

12,50 Euro

Hösl 12

Zwei Feste, ein Bier, mit 2000 und 2 Weihnachtsmännern

US modern (Hauber) (Kenworth T800)

H: Highspeed (China) **V:** Grell (Bielefeld)

Verpackung: Blister

12,50 Euro

Hösl 13

Weissbier Resi, mit Resi vor Wolken

US modern (Hauber) (Kenworth T800)

H: Highspeed (China) **V:** Grell (Bielefeld)

Verpackung: Blister

10,00 Euro

Hösl 14

Urstoff, mit Bügelflasche

US modern (Hauber) (Kenworth T800)

H: Highspeed (China) **V:** Grell (Bielefeld)

Verpackung: Blister

9,00 Euro

Hösl 15

Edelhell, mit 2 Logos

Kenworth T2000 (Hauber)

H: Made in China **V:** keine Angabe

Verpackung: Plastikschachtel neutral

9,00 Euro

Hösl 16

Edelhell, mit 2 Logos

Mercedes-Benz groß (NG 80 lang)

H: Made in China **V:** keine Angabe

Verpackung: Plastikschachtel neutral

10,00 Euro

Hösl 17

Felsen in Wüste

US modern (Hauber) (Kenworth T800)

H: Highspeed (China) **V:** Grell (Bielefeld)

Verpackung: Blister

9,00 Euro

Hösl 18

Sonnenuntergang am Parkstein

Mercedes-Benz Actros

H: Hümmer **V:** Hümmer (Teugn)

Verpackung: Blister

8,00 Euro

Hösl 19

Dreifaltigkeitkirche Kappel im Winter

Mercedes-Benz Actros

H: Top-Style (Ebersdorf) **V:** Top-Style (Ebersdorf)

Verpackung: Blister

7,50 Euro

Hösl 20

Sibyllenbad Neualbenreuth, mit 4 badenden Frauen

Mercedes-Benz Actros

H: Hümmer **V:** Hümmer (Teugn)

Verpackung: Blister

7,50 Euro

Hösl 21

Märzen, wunderbar süffig, mit Logo

Scania 124L 420

H: Grell (Bielefeld-China) **V:** Grell (Bielefeld)

Verpackung: Blister

7,50 Euro

Hösl 22

Tandem-Radler, mit Logo vor Waldwiese

MAN TG-A

H: Hümmer **V:** Hümmer (Teugn)

Verpackung: Blister

7,50 Euro

Hösl 23

mit großem roten Schriftzug

Ford 9000 (Hauber)

H: Highspeed (China) **V:** Grell (Bielefeld)

Verpackung: Blister

7,50 Euro

Hösl 24

mit vielen verschiedenen Etiketten

Freightliner FLD 120 (Hauber)

H: Grell (Bielefeld-China) **V:** Grell (Bielefeld)

Verpackung: Blister

7,50 Euro

Hösl 25

Winterbräu, mit 2 Logos und Kronkorken als Schneeflocken

MAN TG-460

H: Grell (Bielefeld-China) **V:** Grell (Bielefeld)

Verpackung: Blister

7,50 Euro

Hösl 26

Zaigl, unfiltriertes Bier

DAF 95 XF

H: Vierke (Braunschweig) **V:** Vierke (Braunschweig)

Verpackung: Blister

7,50 Euro

Hösl 27

Hösl-Bräu mit 4 historischen Etiketten

MAN Büssing 8000 (Oldtimer)

H: Wörlein (Cadolzburg) **V:** DGD (Nürnberg)

Verpackung: Blister

7,50 Euro

Hösl 28

Burg Falkenberg

Renault Premium Route

H: Top-Style (Ebersdorf) **V:** Allround Service (Wonsees)

Verpackung: Blister

7,50 Euro

Hösl 28

XXL, mit 2 Logos

Peterbilt Hauber (XXL)

H: Made in China **V:** Hümmer (Teugn)

Verpackung: Blister

35,00 Euro

Huber Weisses 01

Echt weissbärig! mit Logo und Wolken

Mercedes-Benz Actros

H: Hümmer **V:** Hümmer (Teugn)

Verpackung: Plastikschachtel bedruckt oder mit Aufkleber

10,00 Euro

Huber Weisses 02

Echt weissbärig! mit 2 Logos

MAN TG-A

H: Hümmer **V:** Hümmer (Teugn)

Verpackung: Plastikschachtel bedruckt oder mit Aufkleber

7,50 Euro

Hubertus 01

Jäger-Pils

MAN Phönix (Hauber)

H: Wörlein (Cadolzburg) **V:** MaHug (Kulmbach)

Verpackung: Plastikschachtel bedruckt oder mit Aufkleber

8,00 Euro **Auflage:** 100

Hubertus Bräu 01

Guter Geschmack ist unser Bier, mit Logo

Kenworth klassisch (Hauber)

H: Majorette **V:** keine Angabe

Verpackung: Plastikschachtel neutral

7,50 Euro

Hubertus Pils (Marktleuthen) 01

Goldschadt-Bräu, mit Logo

Kenworth T2000 (Hauber)

H: Made in China **V:** keine Angabe

Verpackung: Plastikschachtel neutral

10,00 Euro

Hubertus Pils (Marktleuthen) 02

Goldschadt-Bräu, mit Logo

Mercedes-Benz groß (NG 80 lang)

H: Made in China **V:** keine Angabe

Verpackung: Plastikschachtel neutral

10,00 Euro

Hubertus Pils (Marktleuthen) 03

mit Hirsch

MAN TG-460

H: Grell (Bielefeld-China) **V:** Grell (Bielefeld)

Verpackung: Blister

7,50 Euro

H

Hübner (Wattendorf) 01

Allzeit Zünftig-Altfränkisch gebraut, mit 2 Logos

Volvo FH16

H: Wörlein (Cadolzburg) **V:** Allround Service (Wonsees)

Verpackung: Plastikschachtel bedruckt oder mit Aufkleber

6,50 Euro **Auflage:** 300

Hübner (Wattendorf) 02

Allzeit Zünftig-Altfränkisch gebraut, mit 2 Logos

Mercedes-Benz Actros

H: KamLun **V:** keine Angabe

Verpackung: Pappschachtel neutral

6,50 Euro

Hübner (Wattendorf) 03

Allzeit Zünftig-Altfränkisch gebraut, mit 2 Logos

DAF 95 XF

H: Made in China **V:** keine Angabe

Verpackung: Plastikschachtel neutral

6,50 Euro

Hübner Bräu (Steinfeld) 01

Am Ursprung der Wisent, mit Logo

Volvo F-12 Globetrotter

H: Golden (ADT-Trucks) **V:** Elastoform (Sulzbach)

Verpackung: Plastikschachtel bedruckt oder mit Aufkleber

10,00 Euro **Auflage:** 100

Hübner Bräu (Steinfeld) 02

mit Logo

MAN F2000 (Hochdach)

H: Wörlein (Cadolzburg) **V:** Eurosun (Cadolzburg)

Verpackung: Blister

8,00 Euro

Hufeisen (Pottenstein) 01

mit Logo

Mercedes-Benz Actros

H: Highspeed (China) **V:** Grell (Bielefeld)

Verpackung: Blister

10,00 Euro

Hufeisen (Pottenstein) 02

mit Glas, 3 Flaschen und Logo

MAN F2000 Aero (Hochdach)

H: Grell (Bielefeld-China) **V:** Grell (Bielefeld)

Verpackung: Blister

7,50 Euro

Hummel-Bräu (Merkendorf) 01

mit Logo, 3 Achsen, gelochte Felgen

Mercedes-Benz groß (NG 80 lang)

H: Golden (ADT-Trucks) **V:** keine Angabe

Verpackung: Plastikschachtel neutral

25,00 Euro **Auflage:** 500

Hummel-Bräu (Merkendorf) 02

2 Achsen, gelochte Felge

Volvo F-12 Globetrotter

H: Golden (ADT-Trucks) **V:** keine Angabe

Verpackung: Plastikschachtel neutral

15,00 Euro

Hummel-Bräu (Merkendorf) 03

Brauerei Hummel, mit Logo

Mercedes-Benz Actros

H: Wörlein (Cadolzburg) **V:** keine Angabe

Verpackung: Plastikschachtel neutral

12,50 Euro

Hummel-Bräu (Merkendorf) 04

mit Logo

Mercedes-Benz groß (NG 80 lang)

H: Golden (ADT-Trucks) **V:** keine Angabe

Verpackung: Plastikschachtel neutral

10,00 Euro

Hümmer (Breitengüßbach) 01

mit Logo

Mercedes-Benz Actros

H: Dickie (China) **V:** Franko (Bad Berneck)

Verpackung: Blister

10,00 Euro

Huppendorfer (Königsfeld) 01

mit Logo

Ford Cargo

H: Golden (ADT-Trucks) **V:** keine Angabe

Verpackung: Plastikschachtel neutral

10,00 Euro

Huppendorfer (Königsfeld) 02

Mercedes-Benz Actros

H: Wörlein (Cadolzburg) **V:** DGD (Nürnberg)

Verpackung: Blister

7,50 Euro

Huppendorfer (Königsfeld) 03

Zwergla, mit schräger Flasche und 2 Zwerge

Freightliner FLD 120 (Hauber)

H: Grell (Bielefeld-China) **V:** Grell (Bielefeld)

Verpackung: Blister

7,50 Euro

Huppendorfer (Königsfeld) 04

Zwergla, mit schräger Flasche und 2 Zwerge

MAN F2000 Aero (Hochdach)

H: Grell (Bielefeld-China) **V:** Grell (Bielefeld)

Verpackung: Blister

7,50 Euro

Huppendorfer (Königsfeld) 05

Bier, mit Logo und schräger Flasche

Scania 124L 420

H: Grell (Bielefeld-China) **V:** Grell (Bielefeld)

Verpackung: Blister

7,50 Euro

Huppendorfer (Königsfeld) 06

Bier, mit Logo und schräger Flasche

Ford 9000 (Hauber)

H: Highspeed (China) **V:** Grell (Bielefeld)

Verpackung: Blister

7,50 Euro

Huster Getränke 01

Tiger Truck

Mercedes-Benz Actros

H: Highspeed (China) **V:** Grell (Bielefeld)

Verpackung: Blister

12,50 Euro

Huster Getränke 02

Power Truck

Mercedes-Benz Actros

H: Highspeed (China) **V:** Grell (Bielefeld)

Verpackung: Blister

12,50 Euro

Huster Getränke 03

Big Beer

Mercedes-Benz Actros

H: Highspeed (China) **V:** Grell (Bielefeld)

Verpackung: Blister

12,50 Euro

Huster Getränke 04

online

Mercedes-Benz Actros

H: Highspeed (China) **V:** Grell (Bielefeld)

Verpackung: Blister

12,50 Euro

Huster Getränke 05

2000 - The Truck for the Future

Mercedes-Benz Actros

H: Highspeed (China) **V:** Grell (Bielefeld)

Verpackung: Blister

12,50 Euro

Huster Getränke 06

Ice

Mercedes-Benz Actros

H: Highspeed (China) **V:** Grell (Bielefeld)

Verpackung: Blister

12,50 Euro

Huster Getränke 07

MAN Power-Truck

Mercedes-Benz Actros

H: Highspeed (China) **V:** Grell (Bielefeld)

Verpackung: Blister

10,00 Euro

Huster Getränke	08
Truck Racing	
Mercedes-Benz Actros	
H: Highspeed (China) **V:** Grell (Bielefeld)	
Verpackung: Blister	
10,00 Euro	

Huster Getränke	09
Traditionstruck	
Mercedes-Benz Actros	
H: Highspeed (China) **V:** Grell (Bielefeld)	
Verpackung: Blister	
12,50 Euro	

Huster Getränke	10
Skatparade	
Mercedes-Benz Actros	
H: Highspeed (China) **V:** Grell (Bielefeld)	
Verpackung: Blister	
10,00 Euro	

Huster Getränke	11
deftig würzig	
Mercedes-Benz Actros	
H: Highspeed (China) **V:** Grell (Bielefeld)	
Verpackung: Blister	
10,00 Euro	

Huster Getränke	12
100 Jahre Horch Automobile	
Mercedes-Benz Actros	
H: Highspeed (China) **V:** Grell (Bielefeld)	
Verpackung: Blister	
10,00 Euro	

Huster Getränke 13

Erzgebirgs-Truck, mit Lichterbogen und Nussknacker

Mercedes-Benz Actros

H: Highspeed (China) **V:** Grell (Bielefeld)

Verpackung: Blister

9,00 Euro

Huster Getränke 14

Weinlese, für Kenner

Mercedes-Benz Actros

H: Highspeed (China) **V:** Grell (Bielefeld)

Verpackung: Blister

8,00 Euro

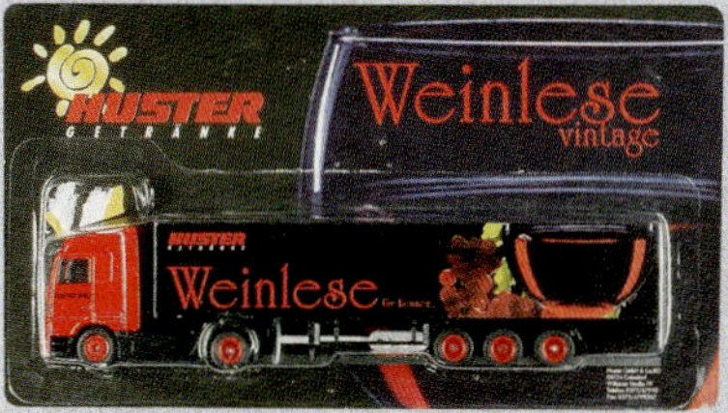

Huster Getränke 15

Das deutsche Reinheitsgebot...

Mercedes-Benz Actros

H: Highspeed (China) **V:** Grell (Bielefeld)

Verpackung: Blister

8,00 Euro

Huster Getränke 16

Männer-Tagträume, mit Gummipuppe

Mercedes-Benz Actros

H: Highspeed (China) **V:** Grell (Bielefeld)

Verpackung: Blister

8,00 Euro

Huster Getränke 17

Team Power (EC Crimmitschau)

Mercedes-Benz Actros

H: Highspeed (China) **V:** Grell (Bielefeld)

Verpackung: Blister

9,00 Euro

Huster Getränke 18

Apfel on Tour

MAN F2000 Aero (Hochdach)

H: Grell (Bielefeld-China) **V:** Grell (Bielefeld)

Verpackung: Blister

7,50 Euro

Huster Getränke 19

Bockbier-Truck, mit Ziegenbock

MAN F2000 Aero (Hochdach)

H: Grell (Bielefeld-China) **V:** Grell (Bielefeld)

Verpackung: Blister

7,50 Euro

Huster Getränke 20

Sächsische Biere, mit Logos von 8 sächsischen Brauerein vor Landkarte

MAN F2000 Aero (Hochdach)

H: Grell (Bielefeld-China) **V:** Grell (Bielefeld)

Verpackung: Blister

7,50 Euro

Huster Getränke 21

aktuell und immer druckfrisch, mit 4 Hauszeitungen

Mercedes-Benz Actros

H: Highspeed (China) **V:** Grell (Bielefeld)

Verpackung: Blister

7,50 Euro

Huster Getränke 22

seit 1924, mit 2 Bügelflaschen und Glas

Mercedes-Benz Actros

H: Highspeed (China) **V:** Grell (Bielefeld)

Verpackung: Blister

7,50 Euro

Huster Getränke 23

Präsente Truck, mit Adventskalender (Blister)

MAN F2000 Aero (Hochdach)

H: Grell (Bielefeld-China) **V:** Grell (Bielefeld)

Verpackung: Blister

7,50 Euro

Huster Getränke 24

Euro Truck, mit Euro-Scheinen

MAN F2000 Aero (Hochdach)

H: Grell (Bielefeld-China) **V:** Grell (Bielefeld)

Verpackung: Blister

7,50 Euro

Hütt (Braunatal) 01

Luxus Pils, mit Etikett

Mercedes-Benz Actros

H: Hümmer **V:** Hümmer (Teugn)

Verpackung: Blister

10,00 Euro **Auflage:** 2.500

Hütt (Braunatal) 02

mit Etikett, Getränke Gerke und Lieberwirths Allerlei

Kenworth klassisch (Hauber)

H: Majorette **V:** keine Angabe

Verpackung: Plastikschachtel neutral

7,50 Euro

Hütt (Braunatal) 03

mit Etikett, Getränke Gerke und Lieberwirths Allerlei

Kenworth klassisch (Hauber)

H: Majorette **V:** keine Angabe

Verpackung: Plastikschachtel neutral

7,50 Euro

Hütten Bier (Oberwarmensteinach) 01

mit 2 Logos

US modern (Hauber) (Kenworth T800)

H: Made in China **V:** Allround Service (Wonsees)

Verpackung: Plastikschachtel neutral

15,00 Euro

Hütten Bier (Oberwarmensteinach) 02

mit großem Logo

MAN TG-A

H: Wörlein (Cadolzburg) **V:** DGD (Nürnberg)

Verpackung: Blister

7,50 Euro

Hütten Bier (Oberwarmensteinach) 03

mit Logo

Ford Cargo

H: Golden (ADT-Trucks) **V:** keine Angabe

Verpackung: Plastikschachtel neutral

7,50 Euro

Hutthurmer Bayerwald 01

mit gezeichneten Bäumen und Logo

Mercedes-Benz Actros

H: Wörlein (Cadolzburg) **V:** DGD (Nürnberg)

Verpackung: Blister

7,50 Euro

Iblacker (Weiden) 01

Die drei Bügelriesen, mit 3 Bügelflaschen

Mercedes-Benz Actros

H: Wörlein (Cadolzburg) **V:** Eurosun (Cadolzburg)

Verpackung: Blister

7,50 Euro

Ileburger 01

Ein Stück Heimat, mit blauer Landschaft

Mercedes-Benz Actros

H: Top-Style (Ebersdorf) **V:** Top-Style (Ebersdorf)

Verpackung: Blister

9,00 Euro

Ilmenauer 01

Altes Ilmenauer Pils, mit Etikett

Mercedes-Benz Actros

H: Highspeed (China) **V:** Grell (Bielefeld)

Verpackung: Blister

35,00 Euro **Auflage:** 1.000

Ilmenauer 02

Altes Ilmenauer Pils

(von Getränkehandel Schoewest Manebach)

Framo V 501 (Oldtimer)

H: Wörlein (Cadolzburg) **V:** DGD (Nürnberg)

Verpackung: Blister

25,00 Euro **Auflage:** 2.500

Ingobräu Ingolstadt 01

Hell, Lust auf guten Geschmack,

mit Flasche und Glas vor Stadtrelief

MAN TG-A

H: Wörlein (Cadolzburg) **V:** DGD (Nürnberg)

Verpackung: Blister

7,50 Euro

Ingobräu Ingolstadt 02

Lust auf guten Geschmack, mit schrägem Weizenglas

Mercedes-Benz Actros

H: Wörlein (Cadolzburg) **V:** DGD (Nürnberg)

Verpackung: Blister

7,50 Euro

Innstadt 01

Speed Car

Formel - Rennwagen

H: Highspeed (China) **V:** keine Angabe

Verpackung: Blister

35,00 Euro

Innstadt 02

Volvo F-12 Globetrotter

H: Made in China **V:** keine Angabe

Verpackung: Blister

20,00 Euro

Innstadt 03

US modern (Hauber) (Kenworth T800)

H: Golden (ADT-Trucks) **V:** Kobra - Rastal

Verpackung: Blister

20,00 Euro

Innstadt 04

Mit 3 Bügelflaschen

US klassisch (Hauber)

H: Hümmer **V:** Hümmer (Teugn)

Verpackung: Blister

9,00 Euro

Innstadt 05

Mit 3 Bügelflaschen

Mercedes-Benz Actros

H: Hümmer **V:** Hümmer (Teugn)

Verpackung: Blister

9,00 Euro

Innstadt 06
Mit Bügelflasche

Mercedes-Benz Actros
H: Hümmer **V:** Hümmer (Teugn)
Verpackung: Blister
9,00 Euro

Innstadt 07
mit 11 Flaschen

MAN TG-A
H: Hümmer **V:** Hümmer (Teugn)
Verpackung: Blister
7,50 Euro

Innstadt 08
mit 11 Flaschen

US modern (Hauber)
H: Hümmer **V:** Hümmer (Teugn)
Verpackung: Blister
7,50 Euro

Internationale Biermeile 01
21. - 24. Mai 99, Dresden

US modern (Hauber) (Kenworth T800)
H: Golden (ADT-Trucks) **V:** Müller (Chemnitz)
Verpackung: Plastikschachtel neutral
15,00 Euro **Auflage:** 225

Internationale Biermeile 03
31.Mai - 4.Juni 2000, Magdeburg, mit Schultheiss

Kenworth klassisch (Hauber)
H: Majorette **V:** Müller (Chemnitz)
Verpackung: Plastikschachtel neutral
8,00 Euro

Internationale Biermeile 04

9. - 12.Juni 2000, Dresden, mit Lausitzer Porter

Kenworth klassisch (Hauber)

H: Majorette **V:** Müller (Chemnitz)

Verpackung: Plastikschachtel neutral

8,00 Euro

Internationale Biermeile 05

01. - 04. Juni 2001, Dresden, mit Guinness

Kenworth klassisch (Hauber)

H: Majorette **V:** Müller (Chemnitz)

Verpackung: Plastikschachtel neutral

7,50 Euro

Irlbacher 01

Premium, mit Logo

Mercedes-Benz Actros

H: Hümmer **V:** Hümmer (Teugn)

Verpackung: Blister

7,50 Euro

Irlbacher 02

mit Glas, 3 schrägen Flaschen und Logo

MAN TG-A

H: Hümmer **V:** Hümmer (Teugn)

Verpackung: Blister

7,50 Euro

Iserlohner 01

Natürlich, Das Pils für gewisse Stunden, mit Logo

US klassisch (Hauber)

H: keine Angabe **V:** keine Angabe

Verpackung: Pappschachtel neutral

60,00 Euro

Iserlohner 02

Natürlich, Das Pils für gewisse Stunden, mit Logo, 2 Achser, gelochte Felgen (nur als Volvo!!!)

Volvo F-12 Globetrotter

H: Made in China **V:** Elastoform (Sulzbach)

Verpackung: Plastikschachtel bedruckt oder mit Aufkleber

20,00 Euro

Iserlohner 03

Natürlich, Das Pils für gewisse Stunden, mit Logo, 3 Achser, gelochte Felgen, zu kleiner Aufkleber (nur als Volvo!!!)

Volvo F-12 Globetrotter

H: Made in China **V:** Elastoform (Sulzbach)

Verpackung: Plastikschachtel bedruckt oder mit Aufkleber

20,00 Euro

Iserlohner 04

Natürlich, Das Pils für gewisse Stunden, mit Logo. (lt. Brauerei Fälschung)

Mercedes-Benz groß (NG 80 lang)

H: Golden (ADT-Trucks) **V:** keine Angabe

Verpackung: Pappschachtel neutral

5,00 Euro

Iserlohner 05

Natürlich Iserlohner, mit Wappen und Logo

Mercedes-Benz Actros

H: Highspeed (China) **V:** Grell (Bielefeld)

Verpackung: Blister

9,00 Euro

Iserlohner 06

1899, Dunkle Bierspezialitäten

Mercedes-Benz Actros

H: Highspeed (China) **V:** Grell (Bielefeld)

Verpackung: Blister

9,00 Euro

Iserlohner 07

Sauerländer Winter, Seiten lila, mit Logo, Glas und Flasche vor Dorf im Winter, Ausgabe 2000 (geringe Auflage)

Mercedes-Benz Actros
H: Highspeed (China) **V:** Grell (Bielefeld)
Verpackung: Blister
25,00 Euro

Iserlohner 08

Sauerländer Winter, Seiten dunkelblau, mit Logo, Glas und Flasche vor Dorf im Winter, Ausgabe 2001 (hohe Auflage)

Mercedes-Benz Actros
H: Highspeed (China) **V:** Grell (Bielefeld)
Verpackung: Blister
9,00 Euro

Iserlohner 09

mit Logo

Scania 124L 420
H: Grell (Bielefeld-China) **V:** Grell (Bielefeld)
Verpackung: Blister
7,50 Euro

Iserlohner 10

1899, Dunkle Bierspezialitäten

Scania 124L 420
H: Grell (Bielefeld-China) **V:** Grell (Bielefeld)
Verpackung: Blister
7,50 Euro

Iserlohner 11

Sauerländer Winter, mit Logo,
Glas und Flasche vor Dorf im Winter

Scania 124L 420
H: Grell (Bielefeld-China) **V:** Grell (Bielefeld)
Verpackung: Blister
7,50 Euro

J.P. Chenet 01
Wein, mit schräger und 5 stehenden Flaschen

Ford 9000 (Hauber)
H: Highspeed (China) **V:** Grell (Bielefeld)
Verpackung: Blister
7,50 Euro

Jacob (Familienbrauerei) 01
Bodenwöhrer Weissbier, mit Logo

MAN F2000 Aero (Hochdach)
H: Wörlein (Cadolzburg) **V:** Eurosun (Cadolzburg)
Verpackung: Blister
10,00 Euro

Jacob (Familienbrauerei) 02
Lust auf Bodenwöhrer, Weisse Weihnacht 2000, mit Logo

MAN Phönix (Hauber)
H: Wörlein (Cadolzburg) **V:** Eurosun (Cadolzburg)
Verpackung: Blister
10,00 Euro

Jacob (Familienbrauerei) 03
Bier

Mercedes-Benz 6600 (Oldtimer)
H: Hümmer **V:** Hümmer (Teugn)
Verpackung: Blister
7,50 Euro

Jacob (Familienbrauerei) 04
Bodenwöhrer Winterweisse, Blister bierkastengroß

DAF 95 XF
H: Made in China **V:** Lauterbach
Verpackung: Blister
7,50 Euro

Jägermeister 01
mit 4 Logos

MAN TG-A
H: Vierke (Braunschweig) **V:** Vierke (Braunschweig)
Verpackung: Blister
12,50 Euro **Auflage:** 10.000

Jahns Bräu (Ludwigsstadt) 01
mit Logo

US modern (Hauber) (Kenworth T800)
H: Highspeed (China) **V:** Grell (Bielefeld)
Verpackung: Blister
12,50 Euro

Jahns Bräu (Ludwigsstadt) 02
Falkensteiner Hefeweizen, mit Falken und Glas

US modern (Hauber) (Kenworth T800)
H: Highspeed (China) **V:** Grell (Bielefeld)
Verpackung: Blister
12,50 Euro

Jahns Bräu (Ludwigsstadt) 03
Original Bayrische Radler Halbe, mit Bild,
2 Flaschen und 3 Kästen

US modern (Hauber) (Kenworth T800)
H: Highspeed (China) **V:** Grell (Bielefeld)
Verpackung: Blister
12,50 Euro

Jahns Bräu (Ludwigsstadt) 04
Vita, die Mineralstoffquelle, mit Kasten

Mercedes-Benz Actros
H: Highspeed (China) **V:** Grell (Bielefeld)
Verpackung: Blister
12,50 Euro

Jahns Bräu (Ludwigsstadt) 05

Jahns Bräu, mit Logo

Mercedes-Benz Actros

H: Highspeed (China) **V:** Grell (Bielefeld)

Verpackung: Blister

10,00 Euro

Jahns Bräu (Ludwigsstadt) 06

Brandmeister Trunk, mit 2 Feuerwehrmännern

US modern (Hauber) (Kenworth T800)

H: Highspeed (China) **V:** Grell (Bielefeld)

Verpackung: Blister

12,50 Euro

Jahns Bräu (Ludwigsstadt) 07

Falkensteiner Hefeweizen, mit Falken und Glas

Mercedes-Benz Actros

H: Highspeed (China) **V:** Grell (Bielefeld)

Verpackung: Blister

10,00 Euro

Jahns Bräu (Ludwigsstadt) 08

Burgbräu, mit Burg Lauenstein

US modern (Hauber) (Kenworth T800)

H: Highspeed (China) **V:** Grell (Bielefeld)

Verpackung: Blister

10,00 Euro

Jahns Bräu (Ludwigsstadt) 09

1. FC Nürnberg Fan Bier

US modern (Hauber) (Kenworth T800)

H: Highspeed (China) **V:** Grell (Bielefeld)

Verpackung: Blister

12,50 Euro

J

Jahns Bräu (Ludwigsstadt) 10

Lehestener Biere, mit Logo

IFA W50 (Oldtimer)

H: Grell (Bielefeld-China) **V:** Grell (Bielefeld)

Verpackung: Blister

10,00 Euro

Jahns Bräu (Ludwigsstadt) 11

Fußball-EM 2000, mit je 8 Flaggen der Teilnehmer pro Seite

US modern (Hauber) (Kenworth T800)

H: Highspeed (China) **V:** Grell (Bielefeld)

Verpackung: Blister

10,00 Euro

Jahns Bräu (Ludwigsstadt) 12

Olympia 2000 Sydney

US modern (Hauber) (Kenworth T800)

H: Highspeed (China) **V:** Grell (Bielefeld)

Verpackung: Blister

10,00 Euro

Jahns Bräu (Ludwigsstadt) 13

Brandmeister Trunk - Wir löschen alles, mit Flammen

Mercedes-Benz Actros

H: Hümmer **V:** Grell (Bielefeld)

Verpackung: Blister

9,00 Euro

Jahns Bräu (Ludwigsstadt) 14

Fussball WM 2006, Die Welt blickt auf Deutschland

US modern (Hauber) (Kenworth T800)

H: Highspeed (China) **V:** Grell (Bielefeld)

Verpackung: Blister

9,00 Euro

Jahns Bräu (Ludwigsstadt) 15
Faschings-Parade (2001)

Scania 124L 420
H: Grell (Bielefeld-China) **V:** Grell (Bielefeld)
Verpackung: Blister
7,50 Euro

Jahns Bräu (Ludwigsstadt) 16
Ostern 2001, mit Hasen und Flasche vor Landschaft

Ford 9000 (Hauber)
H: Highspeed (China) **V:** Grell (Bielefeld)
Verpackung: Blister
7,50 Euro

Jahns Bräu (Ludwigsstadt) 17
Und der Sommer wird heiss !!! mit nackter Frau am Strand

Scania 164L 6580
H: Wörlein (Cadolzburg) **V:** DGD (Nürnberg)
Verpackung: Blister
7,50 Euro

Jahns Bräu (Ludwigsstadt) 18
Falkensteiner Premiumbiere, mit Falken und Glas

MAN TG-460
H: Grell (Bielefeld-China) **V:** Grell (Bielefeld)
Verpackung: Blister
7,50 Euro

Jahns Bräu (Ludwigsstadt) 19
Vita, mit 6 verschiedenen Sorten

DAF 95 XF
H: Gefra (Taunusstein) **V:** Gefra (Taunusstein)
Verpackung: Blister
7,50 Euro

J

Jahns Bräu (Ludwigsstadt) 20

DAF 95 XF

H: Gefra (Taunusstein) **V:** Gefra (Taunusstein)

Verpackung: Blister

7,50 Euro

Jahns Bräu (Ludwigsstadt) 21

Christophs Zwickl und Keller-Gold, mit 3 schrägen Bügelflaschen

Freightliner FLD 120 (Hauber)

H: Grell (Bielefeld-China) **V:** Grell (Bielefeld)

Verpackung: Blister

7,50 Euro

Jesuiten Quelle 01

Wir löschen den Durst, mit liegender Flasche vor Wassertropfen

Mercedes-Benz Actros

H: Highspeed (China) **V:** Grell (Bielefeld)

Verpackung: Blister

8,00 Euro

Jever 01

Wie das Land..., mit Logo

Mercedes-Benz Actros

H: Wörlein (Cadolzburg) **V:** Eurosun (Cadolzburg)

Verpackung: Plastikschachtel bedruckt oder mit Aufkleber

15,00 Euro

Jever 02

mit Logo

Mercedes-Benz Actros

H: Highspeed (China) **V:** Grell (Bielefeld)

Verpackung: Blister

9,00 Euro

Kabas-Müller Getränkeheimdienst 01

mit 12 versch. Brauereilogos

Mercedes-Benz Actros

H: Top-Style (Ebersdorf) **V:** Allround Service (Wonsees)

Verpackung: Blister

7,50 Euro **Auflage:** 2.500

Kaiser (Grasmannsdorf) 01

mit 2 Logos

Kenworth klassisch (Hauber)

H: Majorette **V:** keine Angabe

Verpackung: Plastikschachtel neutral

7,50 Euro

Kaiser (Grasmannsdorf) 02

mit Brauereizeichnung

Volvo FH16

H: Wörlein (Cadolzburg) **V:** Allround Service (Wonsees)

Verpackung: Plastikschachtel bedruckt oder mit Aufkleber

6,50 Euro

Kaiser (Grasmannsdorf) 03

mit 2 Logos

Volvo FH16

H: Wörlein (Cadolzburg) **V:** Allround Service (Wonsees)

Verpackung: Plastikschachtel bedruckt oder mit Aufkleber

6,50 Euro

Kaiser Bier (Österreich) 01

Österreichische Brau-Tradition

Kenworth klassisch (Hauber)

H: Majorette **V:** Müller (Chemnitz)

Verpackung: Plastikschachtel neutral

7,50 Euro

K

Kaiser Brauerei 01

Kaiser-Pils, mit Zeichnung und Logo

MAN M2000

H: Made in China **V:** Allround Service (Wonsees)

Verpackung: Plastikschachtel bedruckt oder mit Aufkleber

6,50 Euro **Auflage:** 300

Kaiser Brauerei 02

Weißbier, mit Zeichnung und Logo

MAN M2000

H: Made in China **V:** Allround Service (Wonsees)

Verpackung: Plastikschachtel bedruckt oder mit Aufkleber

6,50 Euro **Auflage:** 300

Kaiser Brauerei 03

Bockbier, mit Zeichnung und Logo

MAN M2000

H: Made in China **V:** Allround Service (Wonsees)

Verpackung: Plastikschachtel bedruckt oder mit Aufkleber

6,50 Euro **Auflage:** 300

Kaiser Wilhelm II. 01

Premium Pils, Tönsmann Bierspezialitäten,
mit Portrait und Logo

Volvo F-12 Globetrotter

H: Made in China **V:** Müller (Plessa)

Verpackung: Plastikschachtel bedruckt oder mit Aufkleber

30,00 Euro **Auflage:** 216

Kaiser-Brauerei Kumpf (Geislingen) 01

Ein Kult-iges Fest! 2000), Mit Bäumen im Schnee und Logo

Mercedes-Benz Actros

H: Highspeed (China) **V:** Grell (Bielefeld)

Verpackung: Blister

9,00 Euro

Kaiser-Brauerei Kumpf (Geislingen) 02
Frühlings-Märzen, mit liegender Flasche und Logo

Mercedes-Benz Actros
H: Wörlein (Cadolzburg) **V:** DGD (Nürnberg)
Verpackung: Blister
7,50 Euro

Kaiser-Brauerei Kumpf (Geislingen) 03
Kult! mit grünem F1-Auto und Logo

Mercedes-Benz Actros
H: Wörlein (Cadolzburg) **V:** DGD (Nürnberg)
Verpackung: Blister
9,00 Euro

Kaiser-Brauerei Kumpf (Geislingen) 04
mit Weihnachtsmann auf Bierflasche und Rentieren

DAF 95 XF
H: Made in China **V:** DGD (Nürnberg)
Verpackung: Blister
7,50 Euro

Kaiser-Brauerei Kumpf (Geislingen) 05
mit Weihnachtsmann auf Bierflasche und Rentieren,
mit Getränke Beer

DAF 95 XF
H: Made in China **V:** DGD (Nürnberg)
Verpackung: Blister
7,50 Euro **Auflage:** 1.000

Kaiser-Brauerei Kumpf (Geislingen) 06
mit Weihnachtsmann auf Bierflasche und Rentieren,
mit Karl Köpf

DAF 95 XF
H: Made in China **V:** DGD (Nürnberg)
Verpackung: Blister
7,50 Euro **Auflage:** 1.000

Kaiserhof Getränkeabholmarkt 01
am Crinitzberg, mit Zeichnung
US modern (Hauber) (Kenworth T800)
H: Golden (ADT-Trucks) **V:** keine Angabe
Verpackung: Plastikschachtel neutral
7,50 Euro

Kaiserhof Kronach 01
Pilsner, mit Etikett vor Wassertropfen
MAN F2000 Aero (Hochdach)
H: Wörlein (Cadolzburg) **V:** DGD (Nürnberg)
Verpackung: Blister
7,50 Euro

Kaiserhof Kronach 02
Schwedentrunk, mit 2 Etiketten
Volvo FH16
H: Wörlein (Cadolzburg) **V:** DGD (Nürnberg)
Verpackung: Blister
7,50 Euro

K

Kaiserhof Kronach 03
Lucas Cranach Lagerbier, mit Etikett
Mercedes-Benz Actros
H: Wörlein (Cadolzburg) **V:** Allround Service (Wonsees)
Verpackung: Blister
7,50 Euro

Kaiserhof Kronach 04
Serie 1, Kronator, mit Bock und Logo
Mercedes-Benz Actros
H: Top-Style (Ebersdorf) **V:** Allround Service (Wonsees)
Verpackung: Blister
7,50 Euro **Auflage:** 2.500

Kaiserhof Kronach 05
Serie 1, Schwarzer Kaiser, mit Kaiser

Mercedes-Benz Actros
H: Top-Style (Ebersdorf) **V:** Allround Service (Wonsees)
Verpackung: Blister
7,50 Euro **Auflage:** 2.500

Kaiserhof Kronach 06
Serie 1, Russischer Kaiser, mit Krone

Mercedes-Benz Actros
H: Top-Style (Ebersdorf) **V:** Allround Service (Wonsees)
Verpackung: Blister
7,50 Euro **Auflage:** 2.500

Kaiserhof Kronach 07
Kaiserhof Brauerei, Lucas Cranach Lagerbier, mit Etikett

Mercedes-Benz Actros
H: Wörlein (Cadolzburg) **V:** Allround Service (Wonsees)
Verpackung: Plastikschachtel bedruckt oder mit Aufkleber
7,50 Euro

Kaiserhof Kronach 08
Serie 1, Lukas Chranach, Hopfenfrisches Lagerbier, mit Portrait und Glas

Mercedes-Benz Actros
H: Top-Style (Ebersdorf) **V:** Allround Service (Wonsees)
Verpackung: Blister
7,50 Euro **Auflage:** 2.500

Kaiserhof Kronach 09
Dunkler Doppelbock, mit 2 Ziegenböcken

MAN F2000 Aero (Hochdach)
H: Wörlein (Cadolzburg) **V:** DGD (Nürnberg)
Verpackung: Blister
12,50 Euro

Kaiserhof Kronach 10

Pilsner, mit Logo

Mercedes-Benz Actros

H: Wörlein (Cadolzburg) **V:** DGD (Nürnberg)

Verpackung: Blister

10,00 Euro

Kaiserhof Kronach 11

Serie 1, Schwarzer Kaiser, mit Logo und Kaiser

Scania 164L 6580

H: Wörlein (Cadolzburg) **V:** Oelschlegel (Heinsdorfergrund)

Verpackung: Blister

7,50 Euro

Kaiserhof Kronach 12

Weisser Kaiser, mit Logo

Mercedes-Benz Actros

H: Wörlein (Cadolzburg) **V:** DGD (Nürnberg)

Verpackung: Blister

7,50 Euro

Kaiserhof Kronach 13

Lucas Cranach, mit Portrait und Logo

MAN Phönix (Hauber)

H: Wörlein (Cadolzburg) **V:** DGD (Nürnberg)

Verpackung: Blister

7,50 Euro

Kaiserhof Kronach 14

LKW: Lucas Cranach, Hänger: Schwarzer Kaiser

Mercedes-Benz Actros

H: Top-Style (Ebersdorf) **V:** Top-Style (Ebersdorf)

Verpackung: Blister

7,50 Euro **Auflage:** 2.500

Kaiserhof Kronach 15

Schützenbier, mit Pfeilen und Zielscheibe

MAN Phönix (Hauber)

H: Wörlein (Cadolzburg) **V:** Oelschlegel (Heinsdorfergrund)

Verpackung: Blister

7,50 Euro **Auflage:** 2.500

Kaiserhof Kronach 16

mit liegender nackter Frau mit blauen Strümpfen und 2 Logos

DAF 95 XF

H: Wörlein (Cadolzburg) **V:** DGD (Nürnberg)

Verpackung: Blister

7,50 Euro **Auflage:** 2.500

Kaiserhof Kronach 17

Schwarzer Kaiser, Einfach kaiserlich, mit Logo und Glas vor Alpen und Weihnachtsmann auf Blister

Freightliner FLD 120 (Hauber)

H: Grell (Bielefeld-China) **V:** Grell (Bielefeld)

Verpackung: Blister

7,50 Euro **Auflage:** 2.500

Kaiserhof Kronach 18

mit 2 schrägen Gläsern und 2 Logos

Mercedes-Benz Actros

H: Top-Style (Ebersdorf) **V:** Top-Style (Ebersdorf)

Verpackung: Blister

7,50 Euro **Auflage:** 2.500

Kanone Schnaittach 01

Mercedes-Benz Actros

H: Wörlein (Cadolzburg) **V:** DGD (Nürnberg)

Verpackung: Blister

9,00 Euro

Kapplerbräu (Altomünster) 01

mit 2 Logos

Mercedes-Benz groß (NG 80 lang)

H: Golden (ADT-Trucks) **V:** keine Angabe

Verpackung: Plastikschachtel neutral

15,00 Euro

Kapplerbräu (Altomünster) 02

mit Logo und Gebäude

Kenworth klassisch (Hauber)

H: Majorette **V:** Müller (Chemnitz)

Verpackung: Plastikschachtel neutral

7,50 Euro

Kapuziner Weizen (Kulmbach) 01

mit Glas (links) und Logo

Mercedes-Benz Actros

H: Highspeed (China) **V:** Grell (Bielefeld)

Verpackung: Blister

7,50 Euro

Kapuziner Weizen (Kulmbach) 02

mit schräger Flasche und Logo

Mercedes-Benz Actros

H: Highspeed (China) **V:** Grell (Bielefeld)

Verpackung: Blister

7,50 Euro

Kapuziner Weizen (Kulmbach) 03

mit 3 schrägen Gläsern

Mercedes-Benz Actros

H: Highspeed (China) **V:** Brauerei

Verpackung: Blister

7,50 Euro

K

Kapuziner Weizen (Kulmbach) 04
und Getränke Schlemmer, mit 2 schrägen Gläsern

Mercedes-Benz Actros
H: Highspeed (China) **V:** Kulmbacher Brauerei AG
Verpackung: Blister
7,50 Euro

Kapuziner Weizen (Kulmbach) 05
mit 3 verschiedenen Flaschen und Logo

MAN TG-460
H: Grell (Bielefeld-China) **V:** Kulmbacher Brauerei AG
Verpackung: Blister
7,50 Euro

Kapuziner Weizen (Kulmbach) 06
Jetzt tragen unsere Kapuziner etwas ..., mit 5 verschiedenen Flaschen

MAN TG-460
H: Grell (Bielefeld-China) **V:** Kulmbacher Brauerei AG
Verpackung: Blister
7,50 Euro

Kapuziner Weizen (Kulmbach) 07
Weiße Weihnacht (2001),
mit 2 Flaschen vor Schneelandschaft

MAN TG-460
H: Grell (Bielefeld-China) **V:** Brauerei
Verpackung: Blister
7,50 Euro

Kapuziner Weizen (Kulmbach) 08
Wer kann sich da zurückhalten! mit 3 Flaschen und Glas

MAN TG-460
H: Grell (Bielefeld-China) **V:** Kulmbacher Brauerei AG
Verpackung: Blister
7,50 Euro

Karamalz (Henninger) 01

mit 2 Flaschen (Lemon und Apple)

Mercedes-Benz Actros

H: Hümmer **V:** Hümmer (Teugn)

Verpackung: Blister

7,50 Euro

Karena 01

IFA Trabant 601 Limosine

H: Maisto **V:** keine Angabe

Verpackung: Showbox - Pappe und Plastik

30,00 Euro

Karena 02

IFA Trabant 601 Limosine

H: Maisto **V:** keine Angabe

Verpackung: Showbox - Pappe und Plastik

30,00 Euro

Karena 03

IFA Trabant 601 Limosine

H: Maisto **V:** keine Angabe

Verpackung: Showbox - Pappe und Plastik

30,00 Euro

Karena 04

IFA Trabant 601 Limosine

H: Maisto **V:** keine Angabe

Verpackung: Showbox - Pappe und Plastik

30,00 Euro

Karena 05
mit großer Apfelsinenhälfte
MAN TG-A
H: Wörlein (Cadolzburg) **V:** WMS (Thum)
Verpackung: Blister
7,50 Euro

Karlsberg 01
Ur-Pils
unbekannt
H: Made in China **V:** keine Angabe
Verpackung: Blister
60,00 Euro

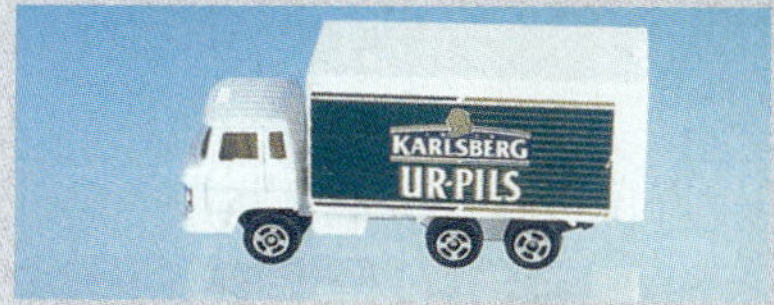

Karlsberg 02
Gründel´s Alkoholfrei, alles Gute vom Pils, geriffelter Sattel
Mercedes-Benz klein (NG 80 mittel)
H: Made in China **V:** Hümmer (Teugn)
Verpackung: Blister
75,00 Euro

Karlsberg 03
Gründel´s Alkoholfrei
US klassisch (Hauber)
H: Made in China **V:** Hümmer (Teugn)
Verpackung: Blister
75,00 Euro

Karlsberg 04
Ur-Pils
Mercedes-Benz klein (NG 80 mittel)
H: Made in China **V:** Hümmer (Teugn)
Verpackung: Blister
75,00 Euro

Karlsberg 05
Ur-Pils, Das Bier für den Mann im Mann, geriffelter Sattel
US klassisch (Hauber)
H: Made in China **V:** keine Angabe
Verpackung: Blister
100,00 Euro

Karlsberg 06
Ur-Pils (mit Türen)
US klassisch (Hauber)
H: Made in China **V:** Hümmer (Teugn)
Verpackung: Blister
30,00 Euro

Karlsberg 07
Black Baron (mit Türen), alter Blister
US klassisch (Hauber)
H: Made in China **V:** Hümmer (Teugn)
Verpackung: Blister
50,00 Euro

K

Karlsberg 08
Black Baron (mit Türen), neuer Blister
US klassisch (Hauber)
H: Made in China **V:** Hümmer (Teugn)
Verpackung: Blister
30,00 Euro

Karlsberg 09
Mixery Bier + Cola (mit Türen)
US klassisch (Hauber)
H: Made in China **V:** Hümmer (Teugn)
Verpackung: Blister
30,00 Euro

Karlsberg 10

Ur-Pils (ohne Türen)

US klassisch (Hauber)

H: Made in China **V:** Hümmer (Teugn)

Verpackung: Blister

25,00 Euro

Karlsberg 11

Black Baron (ohne Türen)

US klassisch (Hauber)

H: Made in China **V:** Hümmer (Teugn)

Verpackung: Blister

25,00 Euro

Karlsberg 12

Mixery Bier + Cola (ohne Türen)

US klassisch (Hauber)

H: Made in China **V:** Hümmer (Teugn)

Verpackung: Blister

25,00 Euro

Karlsberg 13

Ur-Pils (grüne Schrift auf Dachspoiler)

US modern (Hauber) (Kenworth T800)

H: Highspeed (China) **V:** Grell (Bielefeld)

Verpackung: Blister

12,50 Euro

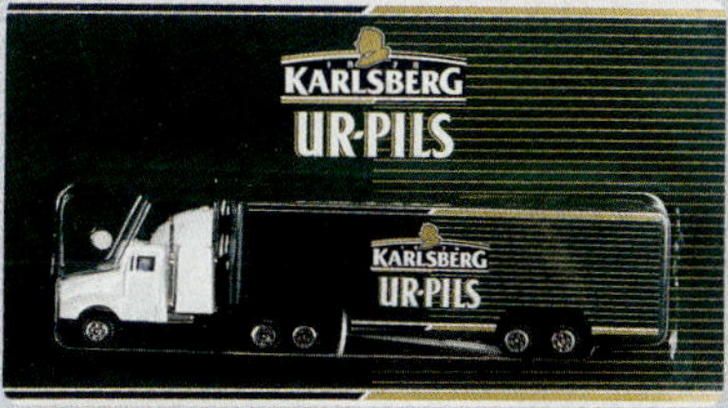

Karlsberg 14

Black Baron

US modern (Hauber) (Kenworth T800)

H: Highspeed (China) **V:** Grell (Bielefeld)

Verpackung: Blister

12,50 Euro

Karlsberg 15
Mixery Bier + Cola

US modern (Hauber) (Kenworth T800)
H: Highspeed (China) **V:** Grell (Bielefeld)
Verpackung: Blister
12,50 Euro

Karlsberg 16
Urpils (blaue Schrift auf Dachspoiler)

US modern (Hauber) (Kenworth T800)
H: Highspeed (China) **V:** Grell (Bielefeld)
Verpackung: Blister
20,00 Euro

Karlsberg 17
Ur-Pils

Mercedes-Benz Actros
H: Highspeed (China) **V:** Grell (Bielefeld)
Verpackung: Blister
7,50 Euro

Karlsberg 18
Black Baron

Mercedes-Benz Actros
H: Highspeed (China) **V:** Grell (Bielefeld)
Verpackung: Blister
7,50 Euro

Karlsberg 19
Mixery Bier + Cola

Mercedes-Benz Actros
H: Highspeed (China) **V:** Grell (Bielefeld)
Verpackung: Blister
7,50 Euro

K

Karlsberg 20

Urpils, Pures Pils - Das hat was

Mercedes-Benz Actros

H: Highspeed (China) **V:** Grell (Bielefeld)

Verpackung: Blister

7,50 Euro

Karmeliter 01

Ein gutes Stück Heimat! Lim. Edition Nr. 1

MAN F2000 Aero (Hochdach)

H: Wörlein (Cadolzburg) **V:** DGD (Nürnberg)

Verpackung: Blister

9,00 Euro

Kaßberg-Fest 01

1999 (6.) Wernesgrüner, Heiloo

US modern (Hauber) (Kenworth T800)

H: Golden (ADT-Trucks) **V:** Müller (Chemnitz)

Verpackung: Plastikschachtel neutral

15,00 Euro **Auflage:** 460

Kaßberg-Fest 02

1999 (6.) Wernesgrüner, Heiloo

Mercedes-Benz O 303 RHD

H: Welly **V:** Müller (Chemnitz)

Verpackung: - ohne

15,00 Euro

Kasseler 01

Premium Pils, mit 2 Logos (Martini)

MAN TG-A

H: Hümmer **V:** Hümmer (Teugn)

Verpackung: Blister

7,50 Euro

Kaufbeurer 01
Original 1308, mit Logo

US klassisch (Hauber)
H: Made in China **V:** Hümmer (Teugn)
Verpackung: Blister
17,50 Euro

Kaufbeurer 02
Festbier 2000, mit schräger Flasche vor Feuerwerk

MAN M2000
H: Made in China **V:** Design Modellbau (Pförzen)
Verpackung: Plastikschachtel bedruckt oder mit Aufkleber
10,00 Euro **Auflage:** 1.000

Kaufbeurer 03
Frisch wie das Allgäu, mit Logo vor Dorfzeichnung

MAN TG-A
H: Hümmer **V:** Hümmer (Teugn)
Verpackung: Blister
7,50 Euro

Kauzen Bräu (Ochsenfurt) 01
mit Logo (links), Blister kastengross

US modern (Hauber) (Kenworth T800)
H: Highspeed (China) **V:** Grell (Bielefeld)
Verpackung: Blister
20,00 Euro

Kauzen Bräu (Ochsenfurt) 02
Premium Pils, mit 2 Logos

US modern (Hauber) (Kenworth T800)
H: Highspeed (China) **V:** Grell (Bielefeld)
Verpackung: Blister
17,50 Euro

Kauzen Bräu (Ochsenfurt) 03
Nr.3, wünscht ein frohes Fest (1999), mit 2 Logos vor Sternen
US modern (Hauber) (Kenworth T800)
H: Highspeed (China) **V:** Grell (Bielefeld)
Verpackung: Blister
12,50 Euro

Kauzen Bräu (Ochsenfurt) 04
Nr.4, Besuchen Sie uns: www.kauzen.de, mit vielen Logos
Mercedes-Benz Actros
H: Highspeed (China) **V:** Grell (Bielefeld)
Verpackung: Blister
10,00 Euro

Kauzen Bräu (Ochsenfurt) 05
Nr.5, mit Logo
IFA W50 (Oldtimer)
H: Grell (Bielefeld-China) **V:** Grell (Bielefeld)
Verpackung: Blister
10,00 Euro

Kauzen Bräu (Ochsenfurt) 06
Nr.6, mit 2 Partyfässern, 3 Gläsern und Logo
Ford 9000 (Hauber)
H: Highspeed (China) **V:** Grell (Bielefeld)
Verpackung: Blister
8,00 Euro

Kauzen Bräu (Ochsenfurt) 07
Nr.7, mit Logo
Scania 124L 420
H: Grell (Bielefeld-China) **V:** Grell (Bielefeld)
Verpackung: Blister
7,50 Euro

2002

K

Kauzen Bräu (Ochsenfurt) 08

Nr.8, mit historischer Brauerei-/ Stadtzeichnung

MAN F2000 Aero (Hochdach)

H: Grell (Bielefeld-China) **V:** Grell (Bielefeld)

Verpackung: Blister

7,50 Euro

Kauzen Bräu (Ochsenfurt) 09

Kauzen Bier, aus der Klosterbrauerei Ochsenfurt

Krupp Mustang (Oldtimer)

H: Grell (Bielefeld-China) **V:** Grell (Bielefeld)

Verpackung: Blister

8,00 Euro

Kauzen Bräu (Ochsenfurt) 10

mit 2 Gläsern und Logo

Ford 9000 (Hauber)

H: Highspeed (China) **V:** Grell (Bielefeld)

Verpackung: Blister

7,50 Euro

Kauzen Bräu (Ochsenfurt) 11

Nr.11, mit Logo und 10 Gläsern

Mercedes-Benz Actros

H: Highspeed (China) **V:** Grell (Bielefeld)

Verpackung: Blister

7,50 Euro

Kauzen Bräu (Ochsenfurt) 12

Nr.12, mit historischer Brauerei-/ Stadtzeichnung

Ford 9000 (Hauber)

H: Highspeed (China) **V:** Grell (Bielefeld)

Verpackung: Blister

7,50 Euro

Kauzen Bräu (Ochsenfurt) 13

Festbier (Weihnacht 2001), mit 2 x Winterwald und Logo

Ford 9000 (Hauber)

H: Highspeed (China) **V:** Grell (Bielefeld)

Verpackung: Blister

7,50 Euro

Kauzen Bräu (Ochsenfurt) 14

Scania CT19 (Hauber)

H: Grell (Bielefeld-China) **V:** Grell (Bielefeld)

Verpackung: Blister

7,50 Euro

Kekila-Fruchtsäfte (Lauba) 01

Gutes aus der Oberlausitz, mit stilisierter Landschaft

Mercedes-Benz Actros

H: Highspeed (China) **V:** Grell (Bielefeld)

Verpackung: Blister

8,00 Euro

Kela Fruchtsäfte (Hurlach) 01

mit ganzem und geteiltem Apfel

Mercedes-Benz Actros

H: Hümmer **V:** Hümmer (Teugn)

Verpackung: Blister

7,50 Euro

Kela Fruchtsäfte (Hurlach) 02

Exotic, mit vielen Früchten und Papagei

Mercedes-Benz Actros

H: Hümmer **V:** Hümmer (Teugn)

Verpackung: Blister

7,50 Euro

K

Kelterei Neubert (Rothenburg) 01
mit 5 Flaschen und laufendem Apfel

Mercedes-Benz Actros
H: Wörlein (Cadolzburg) **V:** DGD (Nürnberg)
Verpackung: Blister
8,00 Euro

Kelterei Walther (Arnsdorf) 01
mit Früchten

MAN F2000 Aero (Hochdach)
H: Dickie (China) **V:** Dickie (Fürth)
Verpackung: Blister
8,00 Euro

Kesselring 01
In aller Munde, mit Logo, gelochte Felgen

US klassisch (Hauber)
H: Made in China **V:** Hümmer (Teugn)
Verpackung: Blister
20,00 Euro

Kesselring 02
In aller Munde, mit Logo, volle Felgen

US klassisch (Hauber)
H: Hümmer **V:** Hümmer (Teugn)
Verpackung: Blister
9,00 Euro

Kesselring 03
Urfränkisches Landbier, mit Fachwerkbau

Mercedes-Benz Actros
H: Top-Style (Ebersdorf) **V:** Top-Style (Ebersdorf)
Verpackung: Blister
7,50 Euro

Kesselring 04

Schlemmer Weißbier, mit 2 Logos

MAN TG-A

H: Wörlein (Cadolzburg) **V:** DGD (Nürnberg)

Verpackung: Blister

7,50 Euro

Kesselring 05

Fränkische Weihnacht, mit 2 Logos

DAF 95 XF

H: Wörlein (Cadolzburg) **V:** DGD (Nürnberg)

Verpackung: Blister

7,50 Euro

Ketterer (Hornberg) 01

Ketterer sind netterer, mit historischer und 2 modernen Personen

Mercedes-Benz Actros

H: Wörlein (Cadolzburg) **V:** DGD (Nürnberg)

Verpackung: Blister

7,50 Euro

Kirchdorfer Edelbier 01

Getränke Süss, mit Kirche und 2 Logos

Kenworth klassisch (Hauber)

H: Majorette **V:** Müller (Chemnitz)

Verpackung: Plastikschachtel neutral

7,50 Euro

Kirchdorfer Edelbier 02

Frohe Weihnachten 2000

Kenworth klassisch (Hauber)

H: Majorette **V:** Müller (Chemnitz)

Verpackung: Plastikschachtel neutral

7,50 Euro

Kirchers (Drebkau) 01

mit 2 Logos

US klassisch (Hauber)

H: Made in China **V:** keine Angabe

Verpackung: Plastikschachtel neutral

75,00 Euro

Kirchers (Drebkau) 02

Premium Pils, mit Logo

US modern (Hauber) (Kenworth T800)

H: Highspeed (China) **V:** Grell (Bielefeld)

Verpackung: Blister

25,00 Euro

Kirchers (Drebkau) 03

Landbier, mit Sonne

US modern (Hauber) (Kenworth T800)

H: Highspeed (China) **V:** Grell (Bielefeld)

Verpackung: Blister

20,00 Euro

Kirkeler Wald-Quelle 01

Stilles natürliches Mineralwasser, mit Burg

Mercedes-Benz Actros

H: KamLun **V:** keine Angabe

Verpackung: Plastikschachtel neutral

7,50 Euro

Kirner 01

mit 2 Logos, klassisches Dach, klassischer Sattel

US klassisch (Hauber)

H: Made in China **V:** keine Angabe

Verpackung: Plastikschachtel neutral

40,00 Euro

Kirner 02

mit 2 Logos, Dach mit Windabweiser, Sattel tiefgezogen

US klassisch (Hauber)

H: Made in China **V:** keine Angabe

Verpackung: Plastikschachtel neutral

15,00 Euro

Kirner 03

1798, Bier des Jahres 2001, mit 2 schrägen Gläsern

Scania 164L 6580

H: Wörlein (Cadolzburg) **V:** DGD (Nürnberg)

Verpackung: Blister

7,50 Euro

Kitzmann (Erlangen) 01

mit 2 Logos

Doppelstockbus

H: keine Angabe **V:** Hümmer (Teugn)

Verpackung: - ohne

50,00 Euro

Kitzmann (Erlangen) 02

mit Logo

Mercedes-Benz klein (NG 80 mittel)

H: Made in China **V:** Hümmer (Teugn)

Verpackung: Blister

30,00 Euro

Kitzmann (Erlangen) 03

mit Logo

US klassisch (Hauber)

H: Hümmer **V:** Hümmer (Teugn)

Verpackung: Blister

9,00 Euro

2002

K

K

Klaus Fruchtsäfte (Wurzen) 01

mit Früchten, 2 Flaschen und Logo, Serie 1

Mercedes-Benz Actros

H: Top-Style (Ebersdorf) **V:** Allround Service (Wonsees)

Verpackung: Blister

7,50 Euro **Auflage:** 2500

Klausner Pils 01

mit Logo

US modern (Hauber) (Kenworth T800)

H: Highspeed (China) **V:** Grell (Bielefeld)

Verpackung: Blister

10,00 Euro

Klausner Pils 02

und Trink Paradies, mit Glas

Mercedes-Benz Actros

H: Wörlein (Cadolzburg) **V:** DGD (Nürnberg)

Verpackung: Blister

7,50 Euro

Klindworth Fruchtsäfte (Sittensen) 01

mit Flasche, Glas und Früchten

Mercedes-Benz Actros

H: Highspeed (China) **V:** Gack

Verpackung: Blister

9,00 Euro

Klindworth Fruchtsäfte (Sittensen) 02

mit Pärchen auf Palme am Strand, Früchten und 2 Flaschen

Scania 124L 420

H: Grell (Bielefeld-China) **V:** Grell (Bielefeld)

Verpackung: Blister

7,50 Euro

Klosterbrauerei Kemnath 01
mit Logo

Mercedes-Benz Atego
H: Highspeed (China) **V:** Grell (Bielefeld)
Verpackung: Blister
10,00 Euro

Klosterbrauerei Münnerstadt 01
Doppelbock, Serie 1, mit Böcken

Mercedes-Benz L322 (Oldtimer)
H: Wörlein (Cadolzburg) **V:** DGD (Nürnberg)
Verpackung: Blister
9,00 Euro **Auflage:** 2.500

Klosterbrauerei Münnerstadt 02
Kloster Pils, Serie 1, mit Brettern und Logo

MAN F2000 Aero (Hochdach)
H: Wörlein (Cadolzburg) **V:** DGD (Nürnberg)
Verpackung: Blister
7,50 Euro **Auflage:** 2.500

Klosterbrauerei Münnerstadt 03
Lager-Bier, Serie 1, mit stilisiertem Kloster vor Nachthimmel

Mercedes-Benz Actros
H: Wörlein (Cadolzburg) **V:** DGD (Nürnberg)
Verpackung: Blister
7,50 Euro **Auflage:** 2.500

Klosterbrauerei Münnerstadt 04
Kloster Pils, Serie 2, mit 2 Gläsern und Logo

Mercedes-Benz Actros
H: Top-Style (Ebersdorf) **V:** Allround Service (Wonsees)
Verpackung: Blister
7,50 Euro **Auflage:** 2.500

Klosterbrauerei Münnerstadt 05

Kloster Urstoff, Serie 2, mit altem Holz und Logo

Scania 164L 6580

H: Wörlein (Cadolzburg) **V:** WMS (Thum)

Verpackung: Blister

7,50 Euro

Klosterbrauerei Münnerstadt 06

LKW: Urstoff, Hänger: Lager, jeweils mit Glas

Mercedes-Benz Actros

H: Top-Style (Ebersdorf) **V:** Top-Style (Ebersdorf)

Verpackung: Blister

7,50 Euro

Klosterbrauerei Münnerstadt 07

Lager-Bier, Doppelbock, Urstoff, mit 2 Logos

MAN Phönix (Hauber)

H: Wörlein (Cadolzburg) **V:** Oelschlegel (Heinsdorfergrund)

Verpackung: Blister

7,50 Euro **Auflage:** 2.500

Klosterbrauerei Münnerstadt 08

mit auf 3 Fässern liegender Frau in weißem Top und Hot Pants

DAF 95 XF

H: Wörlein (Cadolzburg) **V:** DGD (Nürnberg)

Verpackung: Blister

7,50 Euro **Auflage:** 2.500

Klosterbrauerei Münnerstadt 09

Urstoff, mit 3 Glocken, Flasche, Glas und Sternen (Weihnacht 2001)

Freightliner FLD 120 (Hauber)

H: Grell (Bielefeld-China) **V:** Grell (Bielefeld)

Verpackung: Blister

7,50 Euro **Auflage:** 2.500

Klosterbrauerei Münnerstadt 10
Kloster Pils, mit Glas vor Eis, blonde Frau auf Blister

Mercedes-Benz Actros
H: Top-Style (Ebersdorf) **V:** Top-Style (Ebersdorf)
Verpackung: Blister
7,50 Euro **Auflage:** 2.500

Klosterbrauerei Raitenhaslach 01
Klosterweiße, mit Logo

US modern (Hauber) (Kenworth T800)
H: Highspeed (China) **V:** Gack
Verpackung: Blister
20,00 Euro

Klosterbrauerei Raitenhaslach 02
Urtrunk-Hell, Premium-Export, mit Logo

Renault Premium Route
H: Top-Style (Ebersdorf) **V:** Allround Service (Wonsees)
Verpackung: Blister
7,50 Euro

Klosterbrauerei Raitenhaslach 03
Kloster Schwarze, mit Logo

Mercedes-Benz Actros
H: Top-Style (Ebersdorf) **V:** Allround Service (Wonsees)
Verpackung: Blister
7,50 Euro

Klosterbrauerei Reutberg (Sachsenkam) 01
mit Logo

MAN F2000 Aero (Hochdach)
H: Wörlein (Cadolzburg) **V:** DGD (Nürnberg)
Verpackung: Blister
8,00 Euro

K

Klosterbrauerei Weissenohe 01
mit Logo

MAN F2000 (Hochdach)
H: Wörlein (Cadolzburg) **V:** DGD (Nürnberg)
Verpackung: Blister
7,50 Euro

Knappen Bräu (Werdau) 01
Nr. 1, Pilsner aus dem Erzgebirge, mit 2 Flaschen und Logo

Mercedes-Benz Actros
H: Highspeed (China) **V:** Grell (Bielefeld)
Verpackung: Blister
20,00 Euro

Knappen Bräu (Werdau) 02
Nr. 2, Pilsner aus dem Erzgebirge, mit Flasche und Logo

IFA W50 (Oldtimer)
H: Grell (Bielefeld-China) **V:** Grell (Bielefeld)
Verpackung: Blister
20,00 Euro

Knappen Bräu (Werdau) 03
Nr. 3, Alles Gold der Welt, mit 2 Gläsern und Logo

Mercedes-Benz Atego
H: Highspeed (China) **V:** Grell (Bielefeld)
Verpackung: Blister
20,00 Euro

Knappen Bräu (Werdau) 04
Nr. 4, Pilsner, mit Frau

Mercedes-Benz Actros
H: Highspeed (China) **V:** Grell (Bielefeld)
Verpackung: Blister
20,00 Euro

Knoblach (Schammelsdorf) 01
mit 5 Flaschen, 2 Gläsern, 2 Krügen und Hopfen

DAF 95 XF
H: Made in China **V:** Lauterbach
Verpackung: Blister
7,50 Euro

Kondrauer 01
Mineral- und Heilbrunnen, gelochte Felgen

Mercedes-Benz Actros
H: Hümmer **V:** Hümmer (Teugn)
Verpackung: Blister
12,50 Euro

Kondrauer 02
Mineral- und Heilbrunnen, volle Felgen

Mercedes-Benz Actros
H: Hümmer **V:** Hümmer (Teugn)
Verpackung: Blister
9,00 Euro

Kondrauer 03
Königlich bayrischer Hoflieferant

Mercedes-Benz Actros
H: Hümmer **V:** Hümmer (Teugn)
Verpackung: Blister
8,00 Euro

König (Duisburg) 01
Pilsener

Mercedes-Benz groß (NG 80 lang)
H: Made in China **V:** keine Angabe
Verpackung: Blister
15,00 Euro

K

König (Duisburg) 02
Das König der Biere, mit Wassertropfen

MAN TG-A
H: Hümmer **V:** Hümmer (Teugn)
Verpackung: Blister
8,00 Euro

König (Duisburg) 03
Kelts, ganz bewußt... (alkoholfrei), mit Glas

MAN TG-A
H: Hümmer **V:** Hümmer (Teugn)
Verpackung: Blister
8,00 Euro

König (Duisburg) 04
Heute ein König, mit großem Glas und verschwommenem großen Glas

MAN TG-A
H: Hümmer **V:** Hümmer (Teugn)
Verpackung: Blister
7,50 Euro

K

König Ludwig 01
Dunkel, mit 2 Logos

Mercedes-Benz Actros
H: Made in China **V:** Hümmer (Teugn)
Verpackung: Plastikschachtel bedruckt oder mit Aufkleber
25,00 Euro

König Ludwig 02
Dunkel, mit 2 Logos

Mercedes-Benz Actros
H: Hümmer **V:** Hümmer (Teugn)
Verpackung: Blister
15,00 Euro

König Ludwig 03
Dunkel, mit 2 Logos und Fristo auf Bordwand

Mercedes-Benz Actros
H: Hümmer **V:** Hümmer (Teugn)
Verpackung: Blister
15,00 Euro

König Ludwig 04
Dunkel, mit 2 Logos und Gefako auf Bordwand

Mercedes-Benz Actros
H: Hümmer **V:** Hümmer (Teugn)
Verpackung: Blister
15,00 Euro

König Ludwig 05
Prinzregent Luitpold Weißbier, mit 2 Logos

Mercedes-Benz Actros
H: Hümmer **V:** Hümmer (Teugn)
Verpackung: Blister
9,00 Euro

König Ludwig 06
Kaltenberger Ritterturnier (2000), mit 5 reitenden Rittern

Mercedes-Benz Actros
H: Hümmer **V:** Hümmer (Teugn)
Verpackung: Blister
9,00 Euro

König Ludwig 07
Königl. Festtags-Bier (Weihnachten 2000), mit Schloss

US klassisch (Hauber)
H: Hümmer **V:** Hümmer (Teugn)
Verpackung: Blister
8,00 Euro

König Ludwig 08

Kaltenberger Ritterturnier (2001), mit reitendem Ritter

Mercedes-Benz Actros

H: Hümmer **V:** Hümmer (Teugn)

Verpackung: Blister

7,50 Euro

König Ludwig 09

Königl. Festtags-Bier (Weihnachten 2001), mit Logo und Schloss

US modern (Hauber)

H: Hümmer **V:** Hümmer (Teugn)

Verpackung: Blister

7,50 Euro

König Otto Sprudel 01

mit Logo

MAN F90

H: Made in China **V:** Hümmer (Teugn)

Verpackung: Blister

30,00 Euro

König Otto Sprudel 02

mit Logo

Mercedes-Benz Actros

H: Hümmer **V:** Hümmer (Teugn)

Verpackung: Blister

9,00 Euro

König Otto Sprudel 03

mit tropischen Früchten im Wasser

Mercedes-Benz Actros

H: Hümmer **V:** Hümmer (Teugn)

Verpackung: Blister

7,50 Euro

Königsbacher 01

mit Logo, geriffelter Sattel

US klassisch (Hauber)

H: Made in China **V:** keine Angabe

Verpackung: Plastikschachtel neutral

60,00 Euro

Königsbacher 02

mit Logo, geriffelter Sattel

US klassisch (Hauber)

H: Made in China **V:** keine Angabe

Verpackung: Blister

60,00 Euro

Königsbacher 03

mit Logo

US klassisch (Hauber)

H: Made in China **V:** Hümmer (Teugn)

Verpackung: Blister

45,00 Euro

Königsbacher 04

mit Logo

US modern (Hauber) (Kenworth T800)

H: Highspeed (China) **V:** Grell (Bielefeld)

Verpackung: Blister

20,00 Euro

Königsbacher 05

Zischke, Naturfrisches Kellerbier

US modern (Hauber) (Kenworth T800)

H: Highspeed (China) **V:** Grell (Bielefeld)

Verpackung: Blister

10,00 Euro

Königsbacher 06

Hier kommts! mit schräger Flasche

US modern (Hauber) (Kenworth T800)

H: Highspeed (China) **V:** Grell (Bielefeld)

Verpackung: Blister

9,00 Euro

Königsbacher 07

Täglich geöffnet! mit schräger Flasche

Mercedes-Benz Actros

H: Highspeed (China) **V:** Grell (Bielefeld)

Verpackung: Blister

7,50 Euro

Königsbacher 08

Zischke, Naturfrisches Kellerbier, mit 9 Gläsern

Mercedes-Benz Actros

H: Highspeed (China) **V:** Grell (Bielefeld)

Verpackung: Blister

7,50 Euro

Königsbräu (Heidenheim) 01

mit Sorgfalt gebraut, mit Logo

US klassisch (Hauber)

H: Made in China **V:** Hümmer (Teugn)

Verpackung: Plastikschachtel bedruckt oder mit Aufkleber

50,00 Euro

Königsbräu (Heidenheim) 02

mit Logo

US klassisch (Hauber)

H: Made in China **V:** DGD (Nürnberg)

Verpackung: Blister

12,50 Euro

Königsbräu (Heidenheim) 03
King, mit schräger Flasche

Kenworth T2000 (Hauber)
H: Made in China **V:** DGD (Nürnberg)
Verpackung: Blister
9,00 Euro

Königsbräu (Heidenheim) 04
mit Burg im Schnee und Logo (Weihnachten 2000)

MAN F2000 Aero (Hochdach)
H: Wörlein (Cadolzburg) **V:** DGD (Nürnberg)
Verpackung: Blister
8,00 Euro

Königsbräu (Heidenheim) 05
King 2000, mit stilisierter Krone und Logo

MAN TG-A
H: Wörlein (Cadolzburg) **V:** DGD (Nürnberg)
Verpackung: Blister
7,50 Euro

Königsee 01
Schwarzburg Premium

MAN F90
H: Made in China **V:** keine Angabe
Verpackung: Plastikschachtel neutral
Auflage: 100 ?

Königsee 02
Schwarzburg Schwarzbier, mit Logo und Glas

US klassisch (Hauber)
H: Made in China **V:** keine Angabe
Verpackung: Blister
35,00 Euro

Königsee 03

\`ne Ecke stärker

US klassisch (Hauber)

H: Made in China **V:** Hümmer (Teugn)

Verpackung: Blister

40,00 Euro

Königsee 04

Schraub sie auf ..., mit 7 Flaschen

US modern (Hauber) (Kenworth T800)

H: Highspeed (China) **V:** Grell (Bielefeld)

Verpackung: Blister

17,50 Euro

Königsee 05

Schwarzburg Schwarzbier, mit Logo und Glas

US modern (Hauber) (Kenworth T800)

H: Highspeed (China) **V:** Grell (Bielefeld)

Verpackung: Blister

17,50 Euro

Königsee 06

Schraub sie auf ..., 800 Jahre (1999), mit 7 Flaschen

Mercedes-Benz Actros

H: Highspeed (China) **V:** Grell (Bielefeld)

Verpackung: Blister

30,00 Euro **Auflage:** 800

Königsee 07

Galaktisch im Geschmack, Bier of the Year 2000,
mit 7 Flaschen

US klassisch (Hauber)

H: Hümmer **V:** Hümmer (Teugn)

Verpackung: Blister

12,50 Euro

Königsee 08

`ne Ecke stärker

Mercedes-Benz Actros

H: Highspeed (China) **V:** Grell (Bielefeld)

Verpackung: Blister

9,00 Euro

Königsee 09

Schwarzataler Säfte und Nektare, mit Früchten

Mercedes-Benz Actros

H: Highspeed (China) **V:** Grell (Bielefeld)

Verpackung: Blister

8,00 Euro

Königsee 10

Export Bierbrauerei Aug. Peter

Mercedes-Benz 6600 (Oldtimer)

H: Hümmer **V:** Hümmer (Teugn)

Verpackung: Blister

9,00 Euro

Königsee 11

VEB Brauerei Königsee

IFA H6 (Oldtimer)

H: Hümmer **V:** Hümmer (Teugn)

Verpackung: Blister

9,00 Euro

Königsee 12

`ne Ecke stärker

MAN F2000 Aero (Hochdach)

H: Wörlein (Cadolzburg) **V:** DGD (Nürnberg)

Verpackung: Blister

8,00 Euro

K

2002

Königsee 13

XXL, mit Waldsee

Peterbilt Hauber (XXL)

H: Made in China **V:** Hümmer (Teugn)

Verpackung: Blister

45,00 Euro

Königsee 14

XXL, 10. Getränke-Hausmesse 2001, mit 38 Kronkorken verschiedenster Brauereien

Peterbilt Hauber (XXL)

H: Made in China **V:** Hümmer (Teugn)

Verpackung: Blister

40,00 Euro

Königsee 15

Brauereifest 2001, mit 2 Schraubflaschen

US klassisch (Hauber)

H: Hümmer **V:** Hümmer (Teugn)

Verpackung: Blister

7,50 Euro

Königsee 16

Brauereifest 2001, Cliff on Tour

US klassisch (Hauber)

H: Hümmer **V:** Hümmer (Teugn)

Verpackung: Blister

7,50 Euro

Königsee 17

Brauereifest 2001, Swagger on Tour

US klassisch (Hauber)

H: Hümmer **V:** Hümmer (Teugn)

Verpackung: Blister

7,50 Euro

Königsee	18
mit großem goldenem Schriftzug	
MAN F2000 Aero (Hochdach)	
H: Wörlein (Cadolzburg) **V:** DGD (Nürnberg)	
Verpackung: Blister	
7,50 Euro	

Königsee	19
mit großem goldenem Schriftzug vor Waldsee	
MAN F2000 Aero (Hochdach)	
H: Wörlein (Cadolzburg) **V:** DGD (Nürnberg)	
Verpackung: Blister	
7,50 Euro	

Königsee	20
Cool Lager, mit Eisbär	
US modern (Hauber)	
H: Hümmer **V:** Hümmer (Teugn)	
Verpackung: Blister	
7,50 Euro	

Königsee	21
XXL, Cool Lager, mit Eisbär	
Peterbilt Hauber (XXL)	
H: Made in China **V:** Hümmer (Teugn)	
Verpackung: Blister	
30,00 Euro	

Königsegger Härle Brauerei	01
Premium, mit Logo	
US klassisch (Hauber)	
H: Hümmer **V:** Hümmer (Teugn)	
Verpackung: Blister	
10,00 Euro	

Köppel (Marktleuthen) 01
mit 2 Wappen

MAN M2000
H: Made in China **V:** Lauterbach
Verpackung: Blister
7,50 Euro **Auflage:** 2.500

Köppel (Marktleuthen) 02
Heller Bock, mit Bock und Logo

MAN M2000
H: Made in China **V:** Lauterbach
Verpackung: Blister
7,50 Euro **Auflage:** 2.500

Köppel (Marktleuthen) 03
mit 2 Wappen

MAN M2000
H: Made in China **V:** Lauterbach
Verpackung: Blister
7,50 Euro **Auflage:** 2.500

Köppel (Marktleuthen) 04
Heller Bock, mit Bock und Logo

MAN M2000
H: Made in China **V:** Lauterbach
Verpackung: Blister
7,50 Euro **Auflage:** 2.500

Köstritzer 01
Schwarzbier, mit Logo

Mercedes-Benz Actros
H: Highspeed (China) **V:** Grell (Bielefeld)
Verpackung: Blister
10,00 Euro

Köstritzer 02

Schwarzbier und Heiloo, mit 2 Logos

Mercedes-Benz Actros

H: Hümmer **V:** Hümmer (Teugn)

Verpackung: Blister

15,00 Euro

Köstritzer 03

Schwarzbier und 10 Jahre Getränke Bürger Fischbach (nur links), mit 2 Logos, in von hinten aufgeschnittenem Blister

Mercedes-Benz Actros

H: Highspeed (China) **V:** Grell (Bielefeld)

Verpackung: Blister

7,50 Euro

Köstritzer 04

Schwarzbier, mit Logo

Ford 9000 (Hauber)

H: Highspeed (China) **V:** Grell (Bielefeld)

Verpackung: Blister

15,00 Euro **Auflage:** 1.000

Köstritzer 05

Edel, mit Kronkorken

Ford 9000 (Hauber)

H: Highspeed (China) **V:** Grell (Bielefeld)

Verpackung: Blister

7,50 Euro

Köstritzer 06

mit 2 schrägen Flaschen

Freightliner FLD 120 (Hauber)

H: Grell (Bielefeld-China) **V:** Grell (Bielefeld)

Verpackung: Blister

7,50 Euro

K

Köstritzer 07

Diät, mit Kronkorken

Freightliner FLD 120 (Hauber)

H: Grell (Bielefeld-China) **V:** Grell (Bielefeld)

Verpackung: Blister

7,50 Euro

Köthener 01

mit 3 Logos

US klassisch (Hauber)

H: Hümmer **V:** Hümmer (Teugn)

Verpackung: Blister

20,00 Euro

Köthener 02

Hubertus, mit Logo und schräger Flasche

Mercedes-Benz Actros

H: Hümmer **V:** Hümmer (Teugn)

Verpackung: Blister

12,50 Euro

Köthener 03

Hubertus Bock, Nr. 2, mit schräger Flasche und Logo

Mercedes-Benz Actros

H: Hümmer **V:** Hümmer (Teugn)

Verpackung: Blister

10,00 Euro

Köthener 04

1. Truck-Tauschbörse Pfriemsdorf (2000), mit Logo und Zertifikat

Mercedes-Benz Actros

H: Hümmer **V:** Hümmer (Teugn)

Verpackung: Blister

12,50 Euro **Auflage:** 1150

K

Köthener 05

Nr. 2, mit 8 roten Kästen und Logo

Mercedes-Benz Actros

H: Hümmer **V:** Hümmer (Teugn)

Verpackung: Blister

8,00 Euro

Köthener 06

Hubertus Schwarzbier, Nr. 3, mit schräger Flasche und Logo

Mercedes-Benz Actros

H: Hümmer **V:** Hümmer (Teugn)

Verpackung: Blister

8,00 Euro

Köthener 07

Zm: Flaschen, Hänger 3 verschiedene Kronkorken

MAN F2000 Aero (Hochdach)

H: Wörlein (Cadolzburg) **V:** DGD (Nürnberg)

Verpackung: Blister

8,00 Euro

Köthener 08

Das Premium Pils..., mit schräger Flasche, Nr. 5

Framo V 501 (Oldtimer)

H: Wörlein (Cadolzburg) **V:** DGD (Nürnberg)

Verpackung: Blister

9,00 Euro

Köthener 09

Hubertus Schwarzbier, Actien-Brauerei Köthen, Nr. 6

Scania 164L 6580

H: Wörlein (Cadolzburg) **V:** DGD (Nürnberg)

Verpackung: Blister

9,00 Euro

2002

K

Köthener	10
mit Zielscheibe und 18 Flaschen	
Freightliner FLD 120 (Hauber)	
H: Grell (Bielefeld-China)	**V:** Grell (Bielefeld)
Verpackung: Blister	
7,50 Euro	

Kraus (Hirschaid)	01
Brauereigasthof	
MAN TG-A	
H: Wörlein (Cadolzburg) **V:** DGD (Nürnberg)	
Verpackung: Blister	
7,50 Euro	**Auflage:** 2.500

Kraus (Hirschaid)	02
Brauereigasthof, mit Glas	
MAN TG-A	
H: Wörlein (Cadolzburg) **V:** DGD (Nürnberg)	
Verpackung: Blister	
7,50 Euro	

Krautheimer Bier (Düll, Volkach)	01
Das Bier von der Mainschleife, mit Logo	
Mercedes-Benz Actros	
H: Top-Style (Ebersdorf) **V:** Top-Style (Ebersdorf)	
Verpackung: Blister	
7,50 Euro	

Krombacher	01
mit Wald-, Wasserlandschaft und Glas, ohne Actrosaufdruck auf Kühlergrill	
Mercedes-Benz Actros	
H: Highspeed (China)	**V:** Grell (Bielefeld)
Verpackung: Blister	
17,50 Euro	

Krombacher 03
mit Wald-, Wasserlandschaft und Glas

Scania 124L 420
H: Grell (Bielefeld-China) **V:** Grell (Bielefeld)
Verpackung: Blister
9,00 Euro

Krombacher 04
mit Wald-, Wasserlandschaft und Glas

MAN F2000 Aero (Hochdach)
H: Grell (Bielefeld-China) **V:** Grell (Bielefeld)
Verpackung: Blister
9,00 Euro

Krombacher 05
Fairlight, Das leichte Pilsener

Scania 124L 420
H: Grell (Bielefeld-China) **V:** Grell (Bielefeld)
Verpackung: Blister
8,00 Euro

Krombacher 06
mit Wald-, Wasserlandschaft und großer Flasche

Mercedes-Benz Actros
H: Highspeed (China) **V:** Grell (Bielefeld)
Verpackung: Blister
7,50 Euro

Krombacher 07
Partner des Sports, mit rotem F1-Rennwagen vor Zielflagge

MAN TG-460
H: Grell (Bielefeld-China) **V:** Grell (Bielefeld)
Verpackung: Blister
7,50 Euro

Krombacher 08

Edition Formel 1, mit rotem F1-Rennwagen

Scania 124L 420

H: Grell (Bielefeld-China) **V:** Grell (Bielefeld)

Verpackung: Blister

15,00 Euro

Krombacher 09

Edition Sport, mit Biathlon und Fußball

Mercedes-Benz Actros

H: Highspeed (China) **V:** Grell (Bielefeld)

Verpackung: Blister

15,00 Euro

Krombacher 10

Edition Fußball, mit 2 Fußbällen

MAN F2000 Aero (Hochdach)

H: Grell (Bielefeld-China) **V:** Grell (Bielefeld)

Verpackung: Blister

15,00 Euro

Krombacher 11

Edition Promotion, mit schrägem Glas

Freightliner FLD 120 (Hauber)

H: Grell (Bielefeld-China) **V:** Grell (Bielefeld)

Verpackung: Blister

15,00 Euro

Krombacher 12

4er Set (Formel 1, Fußball, Sport, Promotion)

verschiedene Trucks

H: Grell (Bielefeld-China) **V:** Grell (Bielefeld)

Verpackung: Blister

30,00 Euro

Kronen Bräu (Rehau) 01

mit 2 Logos

Mercedes-Benz groß (NG 80 lang)

H: Made in China **V:** keine Angabe

Verpackung: Plastikschachtel neutral

15,00 Euro

Kronen Pilsener 01

mit Logo

Ford Model T 1919 (Oldtimer)

H: Highspeed (China) **V:** Grell (Bielefeld)

Verpackung: Blister

25,00 Euro

Kronen und Wagner (Offenburg) 01

mit 2 verschied. Logos

MAN F90

H: Made in China **V:** Hümmer (Teugn)

Verpackung: Plastikschachtel bedruckt oder mit Aufkleber

75,00 Euro

Kronia Quelle 01

mit Krone und Flasche

Mercedes-Benz Actros

H: Wörlein (Cadolzburg) **V:** DGD (Nürnberg)

Verpackung: Blister

8,00 Euro

Krug-Bräu (Breitenlesau) 01

Das Bier der fränkischen Schweiz! mit Fachwerkhaus

Mercedes-Benz Actros

H: Wörlein (Cadolzburg) **V:** MaHug (Kulmbach)

Verpackung: Blister

8,00 Euro

K

Krug-Bräu (Breitenlesau) 02
Gaas-Seidla, Biermischgetränk, mit schräger Flasche

Mercedes-Benz Actros
H: Wörlein (Cadolzburg) **V:** MaHug (Kulmbach)
Verpackung: Blister
8,00 Euro

Krug-Bräu (Breitenlesau) 03
Das Bier der fränkischen Schweiz! mit Fachwerkhaus

Freightliner FLD 120 (Hauber)
H: Grell (Bielefeld-China) **V:** Grell (Bielefeld)
Verpackung: Blister
7,50 Euro

Krug-Bräu (Breitenlesau) 04
Pilsner, mit Fachwerkhaus

Scania 124L 420
H: Grell (Bielefeld-China) **V:** Grell (Bielefeld)
Verpackung: Blister
7,50 Euro

Krumbach (Bad Überkingen) 01
Apfelschorle, mit liegender Flasche und Äpfeln

Mercedes-Benz Actros
H: KamLun **V:** Active Promotion (Stein)
Verpackung: Blister
7,50 Euro

Krumbach (Bad Überkingen) 02
von Natur aus sanft

MAN F2000 Aero (Hochdach)
H: Wörlein (Cadolzburg) **V:** DGD (Nürnberg)
Verpackung: Blister
7,50 Euro

Krumbach (Bad Überkingen)	03
von Natur aus sanft	
Scania 164L 6580	
H: Wörlein (Cadolzburg) **V:** DGD (Nürnberg)	
Verpackung: Blister	
7,50 Euro	

Kuemmerling	01
der sanfte Bitter, mit 3 Logos	
Mercedes-Benz Actros	
H: Highspeed (China) **V:** Grell (Bielefeld)	
Verpackung: Blister	
15,00 Euro	

Kühbacher Bier	01
der Meistertrunk, mit Logo	
Mercedes-Benz Atego	
H: Highspeed (China) **V:** Grell (Bielefeld)	
Verpackung: Blister	
10,00 Euro	

Kulmbacher	01
Pils, mit schrägem Glas	
MAN F90	
H: Made in China **V:** Brauerei	
Verpackung: Blister	
10,00 Euro	

Kulmbacher 02
Pils, mit schrägem Glas

US klassisch (Hauber)
H: Made in China **V:** Hümmer (Teugn)
Verpackung: Blister
15,00 Euro

Kulmbacher 03
Pils, mit schrägem Glas

MAN F90
H: Made in China **V:** Brauerei
Verpackung: Showbox - Pappe und Plastik
20,00 Euro

Kulmbacher 04
Pilsnacht, Das Schweigen der Männer

Mercedes-Benz Actros
H: Highspeed (China) **V:** Brauerei
Verpackung: Blister
10,00 Euro

Kulmbacher 05
Pilsnacht, Der Name der Dose

Mercedes-Benz Actros
H: Highspeed (China) **V:** Brauerei
Verpackung: Blister
10,00 Euro

Kulmbacher 06
Pilsnacht, Du lebst nur einmal

Mercedes-Benz Actros
H: Highspeed (China) **V:** Brauerei
Verpackung: Blister
10,00 Euro

Kulmbacher 07
Pilsnacht, Saturday Night Fever

Mercedes-Benz Actros
H: Highspeed (China) **V:** Brauerei
Verpackung: Blister
10,00 Euro

Kulmbacher 08
Pilsnacht, Edward mit den schweren Händen

Mercedes-Benz Actros
H: Highspeed (China) **V:** Brauerei
Verpackung: Blister
10,00 Euro

Kulmbacher 09
Aus der heimlichen Hauptstadt ..., mit liegender Flasche

Mercedes-Benz Actros
H: Highspeed (China) **V:** Brauerei
Verpackung: Blister
8,00 Euro

Kulmbacher 10
Aus der heimlichen Hauptstadt ..., mit 11 Flaschen

MAN F2000 Aero (Hochdach)
H: Grell (Bielefeld-China) **V:** Grell (Bielefeld)
Verpackung: Blister
7,50 Euro

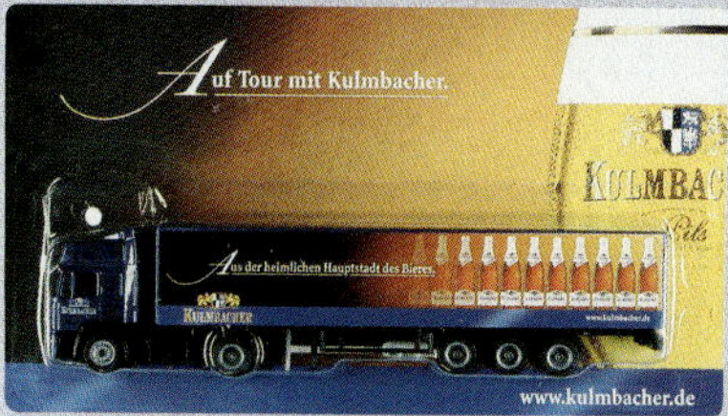

Kulmbacher 11
und Getränke Hoffmann, mit schrägem Glas

Mercedes-Benz Actros
H: Highspeed (China) **V:** Grell (Bielefeld)
Verpackung: Blister
7,50 Euro

Kulmbacher 12

Bayern München Edition Nr.1, mit 10 Spielern in weiß-rotem Trikot

MAN TG-460

H: Grell (Bielefeld-China) **V:** Brauerei

Verpackung: Blister

9,00 Euro

Kulmbacher 13

Bayern München Edition Nr.2, mit 9 Spielern in rot-blauem Trikot und 2 Trainern

MAN TG-460

H: Grell (Bielefeld-China) **V:** Brauerei

Verpackung: Blister

9,00 Euro

Kulmbacher 14

Bayern München Edition Nr.3, mit 4 Spielern, 3 Tormännern und 2 anderen Personen in verschiedenen Trikots

MAN TG-460

H: Grell (Bielefeld-China) **V:** Grell (Bielefeld)

Verpackung: Blister

8,00 Euro

Kulmbacher 15

Festbiere, mit Glas und 4 Flaschen, zur Bierwoche 2001

MAN TG-460

H: Grell (Bielefeld-China) **V:** Brauerei

Verpackung: Blister

7,50 Euro

Kulmbacher 16

Bayern München Champions-League Nr.1, mit 9 Spielern in roten Trikots

MAN TG-460

H: Grell (Bielefeld-China) **V:** Brauerei

Verpackung: Blister

7,50 Euro

Kulmbacher 17
Zugabe! mit 4 Flaschen (Antenne Bayern auf Blister)

MAN TG-460
H: Grell (Bielefeld-China) **V:** Brauerei
Verpackung: Blister
15,00 Euro **Auflage:** 1.000

Kulmbacher 18
Beach Clubbing, mit 7 Flaschen (Antenne Bayern auf Blister)

MAN TG-460
H: Grell (Bielefeld-China) **V:** Brauerei
Verpackung: Blister
15,00 Euro **Auflage:** 1.000

Kulmbacher 19
und 10 Jahre Getränkeland, mit schrägem Glas

Mercedes-Benz Actros
H: Highspeed (China) **V:** Grell (Bielefeld)
Verpackung: Blister
7,50 Euro

Kulmbacher 20
Bayern München Champions-League Nr.2,
mit 10 Spielern in roten Trikots

Scania 124L 420
H: Grell (Bielefeld-China) **V:** Grell (Bielefeld)
Verpackung: Blister
7,50 Euro

Kulmbacher Katzenbräu 01
mit 2 Katzen und Burg, Fantasie-Truck

Mercedes-Benz Actros
H: Wörlein (Cadolzburg) **V:** Eurosun (Cadolzburg)
Verpackung: Blister
7,50 Euro

2002

K

Kulmbacher Katzenbräu 02

Lager Frankonian Beer, Fantasie-Truck

Scania 164L 6580

H: Wörlein (Cadolzburg) **V:** MaHug (Kulmbach)

Verpackung: Blister

7,50 Euro

Kulmbacher Katzenbräu 03

Katzen-Weisse, mit 2 schrägen Gläsern vor Wolken

Renault Premium Route

H: Top-Style (Ebersdorf) **V:** Allround Service (Wonsees)

Verpackung: Blister

7,50 Euro

Kulmbacher Mönchshof 01

Kulmbachs sympathische Brauerei, mit 2 Logos

Mercedes-Benz klein (NG 80 mittel)

H: Made in China **V:** Hümmer (Teugn)

Verpackung: Plastikschachtel bedruckt oder mit Aufkleber

70,00 Euro

Kulmbacher Mönchshof 03

Kulmbachs sympathische Brauerei, mit 2 Logos, Sattel mit schwarzem Unterbau

US klassisch (Hauber)

H: Made in China **V:** keine Angabe

Verpackung: Blister

60,00 Euro

Kulmbacher Mönchshof 04

Auch Mönche haben Laster, mit Logo und 2 Flaschen

MAN TG-460

H: Grell (Bielefeld-China) **V:** Brauerei

Verpackung: Blister

7,50 Euro

Kulmbacher Mönchshof 05

Weihnachtsbier, Frohe Weihnachten (2001), mit Glocken und 2 Flaschen

MAN TG-460

H: Grell (Bielefeld-China) **V:** Brauerei

Verpackung: Blister

7,50 Euro

Kumpf Saft (Markgröningen) 01

mit kleinen grünen Früchten

Mercedes-Benz Actros

H: Wörlein (Cadolzburg) **V:** DGD (Nürnberg)

Verpackung: Blister

8,00 Euro

Kumpf Saft (Markgröningen) 02

Naturkunde, mit Orange und Flasche

MAN F2000 (Hochdach)

H: Wörlein (Cadolzburg) **V:** DGD (Nürnberg)

Verpackung: Blister

7,50 Euro

Küppers Kölsch 01

mit Logo, Zm: kurzer Auspuff, Aufkleber schmaler wie Sattel, geriffelter Sattel

US klassisch (Hauber)

H: keine Angabe **V:** Brau und Brunnen

Verpackung: Pappschachtel bedruckt oder mit Aufkleber

50,00 Euro

Küppers Kölsch 02

mit Logo, Zm: langer Auspuff, Aufkleber kürzer wie Sattel, geriffelter Sattel

US klassisch (Hauber)

H: Made in China **V:** keine Angabe

Verpackung: Plastikschachtel neutral

45,00 Euro

Küppers Kölsch 03

mit Logo und Gläser tragendem Mann

Mercedes-Benz Actros

H: Highspeed (China) **V:** Grell (Bielefeld)

Verpackung: Blister

9,00 Euro

Küppers Kölsch 04

mit Logo

Ford 9000 (Hauber)

H: Highspeed (China) **V:** Grell (Bielefeld)

Verpackung: Blister

7,50 Euro

Küppers Kölsch 05

mit Logo und 4 * Gläser tragendem Mann
in verschiedenen Farben

Scania 124L 420

H: Grell (Bielefeld-China) **V:** Grell (Bielefeld)

Verpackung: Blister

10,00 Euro

Küppers Kölsch 06

LKW: Kästen, Hänger: Weihnachtsmann, mit Logo

Mercedes-Benz Atego

H: Gabotex (Lüdenscheid) **V:** Gabotex (Lüdenscheid)

Verpackung: Blister

7,50 Euro

Kürzdorfer 01

Lindenhardter Bier, mit 2 Logos

Mercedes-Benz Actros Kühlzug

H: Vierke (Braunschweig) **V:** Vierke (Braunschweig)

Verpackung: Blister

9,00 Euro

Labertaler 01
Natur von ihrer besten Seite, mit Logo

Mercedes-Benz Actros
H: Highspeed (China) **V:** Grell (Bielefeld)
Verpackung: Blister
8,00 Euro

Lahnsteiner St. Martin 01
1/8, Zwickelbier - Alt Lahnsteiner - Jäger Bock - Lahnsteiner Spezialitäten

MAN TG-A
H: Wörlein (Cadolzburg) **V:** DGD (Nürnberg)
Verpackung: Blister
7,50 Euro **Auflage:** 2.500

Lahnsteiner St. Martin 02
2/8, Zwickelbier - Lahnsteiner Spezialitäten - Jäger Bock - Alt Lahnsteiner

Scania 164L 6580
H: Wörlein (Cadolzburg) **V:** DGD (Nürnberg)
Verpackung: Blister
7,50 Euro **Auflage:** 2.500

Lahnsteiner St. Martin 03
3/8, Zwickelbier - Lahnsteiner Spezialitäten - Jäger Bock - Alt Lahnsteiner

DAF 95 XF
H: Wörlein (Cadolzburg) **V:** DGD (Nürnberg)
Verpackung: Blister
7,50 Euro **Auflage:** 2.500

Lahnsteiner St. Martin 04
4/8, Black Lahneck

MAN Phönix (Hauber)
H: Wörlein (Cadolzburg) **V:** DGD (Nürnberg)
Verpackung: Blister
7,50 Euro **Auflage:** 2.500

2002

L

Lahnsteiner St. Martin 05

5/8, Lahnsteiner Spezialitäten, mit Logo

MAN Büssing 8000 (Oldtimer)

H: Wörlein (Cadolzburg) **V:** DGD (Nürnberg)

Verpackung: Blister

7,50 Euro **Auflage:** 2.500

Lahnsteiner St. Martin 06

6/8, Lahnsteiner Spezialitäten, mit Logo

MAN 10.212F (Oldtimer)

H: Wörlein (Cadolzburg) **V:** DGD (Nürnberg)

Verpackung: Blister

7,50 Euro **Auflage:** 2.500

Lahnsteiner St. Martin 07

7/8, Lahnsteiner Spezialitäten, mit Logo

Mercedes-Benz LP333 (Oldtimer)

H: Wörlein (Cadolzburg) **V:** DGD (Nürnberg)

Verpackung: Blister

7,50 Euro **Auflage:** 2.500

Lahnsteiner St. Martin 08

8/8, Lahnsteiner Spezialitäten, mit Logo

MAN Diesel 156/F6 LH (Oldtimer)

H: Wörlein (Cadolzburg) **V:** DGD (Nürnberg)

Verpackung: Blister

7,50 Euro **Auflage:** 2.500

Lammbrauerei Hilsenbeck (Gruibingen) 01

mit Logo

MAN TG-A

H: Wörlein (Cadolzburg) **V:** DGD (Nürnberg)

Verpackung: Blister

7,50 Euro

Länderbier (Schuster Lommatzsch) 01

Nr.01, Sachsen, mit Goldenem Reiter Dresden

MAN F2000 Aero (Hochdach)

H: Grell (Bielefeld-China) **V:** Grell (Bielefeld)

Verpackung: Blister

7,50 Euro

Länderbier (Schuster Lommatzsch) 02

Nr.02, Sachsen-Anhalt, mit Magdeburger Dom

MAN F2000 Aero (Hochdach)

H: Grell (Bielefeld-China) **V:** Grell (Bielefeld)

Verpackung: Blister

7,50 Euro

Länderbier (Schuster Lommatzsch) 03

Nr.03, Thüringen, mit Wartburg Eisenach

MAN F2000 Aero (Hochdach)

H: Grell (Bielefeld-China) **V:** Grell (Bielefeld)

Verpackung: Blister

7,50 Euro

Länderbier (Schuster Lommatzsch) 04

Nr.04, Brandenburg, mit Schloss Sanssouci

MAN F2000 Aero (Hochdach)

H: Grell (Bielefeld-China) **V:** Grell (Bielefeld)

Verpackung: Blister

7,50 Euro

Länderbier (Schuster Lommatzsch) 05

Nr.05, Berlin, mit Brandenburger Tor

MAN F2000 Aero (Hochdach)

H: Grell (Bielefeld-China) **V:** Grell (Bielefeld)

Verpackung: Blister

7,50 Euro

Länderbier (Schuster Lommatzsch) 06

Nr.06, Mecklenburg-Vorpommern, mit Schloss Schwerin

MAN F2000 Aero (Hochdach)

H: Grell (Bielefeld-China) **V:** Grell (Bielefeld)

Verpackung: Blister

7,50 Euro

Länderbier (Schuster Lommatzsch) 07

Nr.07, Bayern, mit Schloss Neuschwanstein (Einsiedler Logo auf Blister)

MAN F2000 Aero (Hochdach)

H: Grell (Bielefeld-China) **V:** Grell (Bielefeld)

Verpackung: Blister

7,50 Euro

Länderbier (Schuster Lommatzsch) 08

Nr.08, Baden-Württemberg, mit Schloss Ludwigsburg (Einsiedler Logo auf Blister)

MAN F2000 Aero (Hochdach)

H: Grell (Bielefeld-China) **V:** Grell (Bielefeld)

Verpackung: Blister

7,50 Euro

Länderbier (Schuster Lommatzsch) 09

Nr.09, Hessen, mit Frankfurter Skyline (Einsiedler Logo auf Blister)

MAN F2000 Aero (Hochdach)

H: Grell (Bielefeld-China) **V:** Grell (Bielefeld)

Verpackung: Blister

7,50 Euro

Länderbier (Schuster Lommatzsch) 10

Nr.01, Sachsen, mit Goldenem Reiter Dresden (Einsiedler Logo auf Blister)

MAN F2000 Aero (Hochdach)

H: Grell (Bielefeld-China) **V:** Grell (Bielefeld)

Verpackung: Blister

7,50 Euro

Länderbier (Schuster Lommatzsch) 11
Nr.02, Sachsen-Anhalt, mit Magdeburger Dom
(Einsiedler Logo auf Blister)

MAN F2000 Aero (Hochdach)
H: Grell (Bielefeld-China) **V:** Grell (Bielefeld)
Verpackung: Blister
7,50 Euro

Länderbier (Schuster Lommatzsch) 12
Nr.03, Thüringen, mit Wartburg Eisenach
(Einsiedler Logo auf Blister)

MAN F2000 Aero (Hochdach)
H: Grell (Bielefeld-China) **V:** Grell (Bielefeld)
Verpackung: Blister
7,50 Euro

Länderbier (Schuster Lommatzsch) 13
Nr.04, Brandenburg, mit Schloss Sanssouci
(Einsiedler Logo auf Blister)

MAN F2000 Aero (Hochdach)
H: Grell (Bielefeld-China) **V:** Grell (Bielefeld)
Verpackung: Blister
7,50 Euro

Länderbier (Schuster Lommatzsch) 14
Nr.05, Berlin, mit Brandenburger Tor
(Einsiedler Logo auf Blister)

MAN F2000 Aero (Hochdach)
H: Grell (Bielefeld-China) **V:** Grell (Bielefeld)
Verpackung: Blister
7,50 Euro

Länderbier (Schuster Lommatzsch) 15
Nr.06, Mecklenburg-Vorpommern, mit Schloss Schwerin
(Einsiedler Logo auf Blister)

MAN F2000 Aero (Hochdach)
H: Grell (Bielefeld-China) **V:** Grell (Bielefeld)
Verpackung: Blister
7,50 Euro

Länderbier (Schuster Lommatzsch) 16
Nr.10, Nordrhein-Westfalen, mit Kölner Dom
(Einsiedler Logo auf Blister)

MAN F2000 Aero (Hochdach)
H: Grell (Bielefeld-China) **V:** Grell (Bielefeld)
Verpackung: Blister
7,50 Euro

Länderbier (Schuster Lommatzsch) 17
Nr.11, Niedersachsen, mit Eulenspiegel-Denkmal
(Einsiedler Logo auf Blister)

MAN F2000 Aero (Hochdach)
H: Wörlein (Cadolzburg) **V:** Grell (Bielefeld)
Verpackung: Blister
7,50 Euro

Länderbier (Schuster Lommatzsch) 18
Nr.12, Saarland, mit Saarschleife bei Mettlach
(Einsiedler Logo auf Blister)

MAN F2000 Aero (Hochdach)
H: Grell (Bielefeld-China) **V:** Grell (Bielefeld)
Verpackung: Blister
7,50 Euro

Länderbier (Schuster Lommatzsch) 19
Nr.13, Bremen, mit Bremer Altstadt
(Einsiedler Logo auf Blister)

MAN F2000 Aero (Hochdach)
H: Grell (Bielefeld-China) **V:** Grell (Bielefeld)
Verpackung: Blister
7,50 Euro

Landhaus Heinrichshof 01
Getränkemarkt und Pension (Jütebog),
mit 2 Logos

MAN M2000
H: Made in China **V:** Getränkemarkt
Verpackung: Plastikschachtel neutral
7,50 Euro

Landsberger 01

Heimat im Glas, mit 2 Flaschen und 2 Gläsern auf Tablett

US klassisch (Hauber)

H: Hümmer **V:** Hümmer (Teugn)

Verpackung: Blister

10,00 Euro

Landsberger 02

DAF 95 XF

H: Vierke (Braunschweig) **V:** Vierke (Braunschweig)

Verpackung: Blister

7,50 Euro

Landshuter Brauhaus 01

Weissbierspezialitäten, 500 Jahre Brautradition, mit Logo

Mercedes-Benz Actros

H: Wörlein (Cadolzburg) **V:** Eurosun (Cadolzburg)

Verpackung: Blister

9,00 Euro

Landskron 01

Pils, mit Logo

Mercedes-Benz klein (NG 80 mittel)

H: Made in China **V:** Hümmer (Teugn)

Verpackung: Blister

35,00 Euro

Landskron 02

Dunkel, mit Logo

Mercedes-Benz klein (NG 80 mittel)

H: Made in China **V:** Hümmer (Teugn)

Verpackung: Blister

25,00 Euro

Landskron 03
Pro Millennium 2000
Mercedes-Benz Actros
H: Wörlein (Cadolzburg) **V:** DGD (Nürnberg)
Verpackung: Blister
10,00 Euro

Landskron 05
und Getränke Schenker, mit 3 schrägen Flaschen
Mercedes-Benz Actros
H: Wörlein (Cadolzburg) **V:** DGD (Nürnberg)
Verpackung: Blister
12,50 Euro

Landskron 06
Lausitzer Kindl, mit Logo
MAN F2000 Aero (Hochdach)
H: Wörlein (Cadolzburg) **V:** DGD (Nürnberg)
Verpackung: Blister
8,00 Euro

Landskron 07
Winterhopfen, mit Bierkästen auf Pferdeschlitten im Schnee
MAN TG-A
H: Wörlein (Cadolzburg) **V:** DGD (Nürnberg)
Verpackung: Blister
7,50 Euro

Landskron 08
Lieber ein Landskron, mit Logo
Volvo FH16
H: Wörlein (Cadolzburg) **V:** DGD (Nürnberg)
Verpackung: Blister
7,50 Euro

Landskron 09

mit liegender Flasche im Schnee

Scania 164L 6580

H: Wörlein (Cadolzburg) **V:** DGD (Nürnberg)

Verpackung: Blister

7,50 Euro

Landskron 10

Energie Cottbus

US klassisch (Hauber)

H: Made in China **V:** DGD (Nürnberg)

Verpackung: Blister

10,00 Euro

Lang (Waltershausen) 01

mit Logo

MAN F90

H: Made in China **V:** Hümmer (Teugn)

Verpackung: Plastikschachtel bedruckt oder mit Aufkleber

30,00 Euro

Lang (Waltershausen) 02

Pils - Das Original, mit Logo

Kenworth T2000 (Hauber)

H: Made in China **V:** DGD (Nürnberg)

Verpackung: Blister

12,50 Euro

Lang (Waltershausen) 03

Mephisto Weisse, mit 2 Logos

Kenworth T2000 (Hauber)

H: Made in China **V:** DGD (Nürnberg)

Verpackung: Blister

12,50 Euro

Lang (Waltershausen) 04
Original Lang future edition

Kenworth T2000 (Hauber)
H: Made in China **V:** DGD (Nürnberg)
Verpackung: Blister
9,00 Euro

Lang (Waltershausen) 05
Fränkisches Kupferbier, das urige Dunkel

Kenworth T2000 (Hauber)
H: Made in China **V:** DGD (Nürnberg)
Verpackung: Blister
9,00 Euro

Lang (Waltershausen) 06
und Mellrichstädter Getränkemarkt (Central Getränke)

Kenworth T2000 (Hauber)
H: Made in China **V:** DGD (Nürnberg)
Verpackung: Blister
9,00 Euro

Lang (Waltershausen) 07
Jahrtausend 2000 Bier, mit Logo

Kenworth T2000 (Hauber)
H: Made in China **V:** DGD (Nürnberg)
Verpackung: Blister
9,00 Euro

Lang (Waltershausen) 08
Oase in Sicht, mit 4 Flaschen und Kamelen in Wüste

MAN TG-A
H: Wörlein (Cadolzburg) **V:** DGD (Nürnberg)
Verpackung: Blister
7,50 Euro

Lang (Waltershausen) 09
Der beste Fang wartet an Land,
mit 2 Tauchern im Meer und Flasche

MAN TG-A
H: Wörlein (Cadolzburg) **V:** DGD (Nürnberg)
Verpackung: Blister
7,50 Euro

Lang (Waltershausen) 10
Das Ziel vor Augen, mit 4 Flaschen vor 4 Leuten auf Boot

MAN TG-A
H: Wörlein (Cadolzburg) **V:** DGD (Nürnberg)
Verpackung: Blister
7,50 Euro

Lang-Bräu (Schönbrunn) 01
150 Jahre Privatbrauerei, mit Logo,
3 Achsen, gelochte Felgen

Volvo F-12 Globetrotter
H: Golden (ADT-Trucks) **V:** Elastoform (Sulzbach)
Verpackung: Plastikschachtel neutral
25,00 Euro

Lang-Bräu (Schönbrunn) 02
150 Jahre Privatbrauerei, mit Logo,
2 Achsen, gelochte Felgen

Volvo F-12 Globetrotter
H: Golden (ADT-Trucks) **V:** keine Angabe
Verpackung: Plastikschachtel neutral
25,00 Euro

Lang-Bräu (Schönbrunn) 03
150 Jahre Privatbrauerei, mit Logo, 2 Achsen, volle Felgen

US modern (Hauber) (Kenworth T800)
H: Golden (ADT-Trucks) **V:** keine Angabe
Verpackung: Plastikschachtel neutral
25,00 Euro

Lang-Bräu (Schönbrunn) 04
Schönbrunner Weißbier, mit Glas, Flasche und Logo

Mercedes-Benz Actros
H: Highspeed (China) **V:** Grell (Bielefeld)
Verpackung: Blister
9,00 Euro

Lang-Bräu (Schönbrunn) 05
Nr.02, mit Hopfen und Logo

Mercedes-Benz Actros
H: Highspeed (China) **V:** Grell (Bielefeld)
Verpackung: Blister
9,00 Euro

Lang-Bräu (Schönbrunn) 06
Nr.03, mit Logo

Ford 9000 (Hauber)
H: Highspeed (China) **V:** Grell (Bielefeld)
Verpackung: Blister
7,50 Euro

Lang-Bräu (Schönbrunn) 07
Nr.04, mit Hopfen, Glas, Gerste und Logo

Ford 9000 (Hauber)
H: Highspeed (China) **V:** Grell (Bielefeld)
Verpackung: Blister
7,50 Euro

Lang-Bräu (Schönbrunn) 08
Nr.05, mit 3 Gläsern und Logo

Ford 9000 (Hauber)
H: Highspeed (China) **V:** Grell (Bielefeld)
Verpackung: Blister
8,00 Euro

Lang-Bräu (Schönbrunn) 09

Nr.06, Edles Festbier..., mit 2 Schneeflocken

Freightliner FLD 120 (Hauber)

H: Grell (Bielefeld-China) **V:** Grell (Bielefeld)

Verpackung: Blister

7,50 Euro

Lapin-Kulta 01

Premium

US klassisch (Hauber)

H: Made in China **V:** Hümmer (Teugn)

Verpackung: Plastikschachtel bedruckt oder mit Aufkleber

25,00 Euro

Lauchstädter Heilbrunnen 01

mit rotem Logo, Siebdruck

MAN F90

H: Made in China **V:** keine Angabe

Verpackung: Plastikschachtel neutral

75,00 Euro

Lauchstädter Heilbrunnen 02

mit rotem Logo

MAN F90

H: Made in China **V:** keine Angabe

Verpackung: Plastikschachtel neutral

35,00 Euro

Lauchstädter Heilbrunnen 03

mit ovalem Bild

MAN F90

H: Made in China **V:** Hümmer (Teugn)

Verpackung: Plastikschachtel bedruckt oder mit Aufkleber

15,00 Euro

Lauchstädter Heilbrunnen 04
mit ovalem Bild
Mercedes-Benz Actros
H: Highspeed (China) **V:** Grell (Bielefeld)
Verpackung: Blister
8,00 Euro

Lauchstädter Heilbrunnen 05
mit ovalem Bild
Mercedes-Benz Actros
H: Highspeed (China) **V:** Grell (Bielefeld)
Verpackung: Blister
8,00 Euro

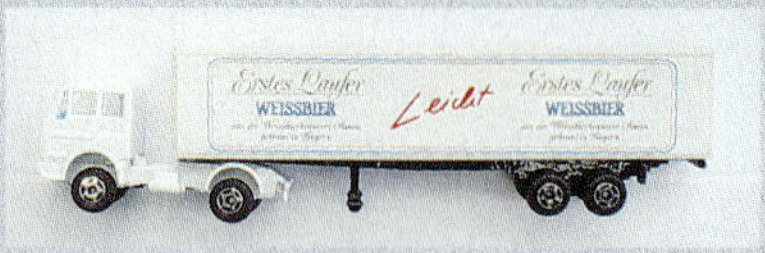

Laufer Weissbier 01
Erstes Laufer Weissbier, Leicht, geriffelter Auflieger
Mercedes-Benz klein (NG 80 mittel)
H: Made in China **V:** keine Angabe
Verpackung: Plastikschachtel neutral
75,00 Euro

Laufer Weissbier 02
Erstes Laufer Weissbier
Mercedes-Benz Actros
H: Wörlein (Cadolzburg) **V:** DGD (Nürnberg)
Verpackung: Blister
15,00 Euro

L

Laufer Weissbier 03
Himmlisch süffig! mit Logo und Wolken
MAN F2000 Aero (Hochdach)
H: Wörlein (Cadolzburg) **V:** DGD (Nürnberg)
Verpackung: Blister
7,50 Euro

Laufer Weissbier 04
Die schwarze Kuni, Weizenbock, mit Glas und Flasche

MAN TG-A
H: Wörlein (Cadolzburg) **V:** DGD (Nürnberg)
Verpackung: Blister
7,50 Euro

Lausitzer Früchte 01
läßt Früchte besser schmecken, mit Früchten

Mercedes-Benz Actros
H: Highspeed (China) **V:** Grell (Bielefeld)
Verpackung: Blister
9,00 Euro

Lauterbacher (Ehnle) 01
mit 2 Logos und grünem Rahmen

US klassisch (Hauber)
H: Made in China **V:** Hümmer (Teugn)
Verpackung: Blister
75,00 Euro

Lauterbacher (Ehnle) 02
mit 2 Logos

US klassisch (Hauber)
H: Made in China **V:** Hümmer (Teugn)
Verpackung: Blister
60,00 Euro

Lauterbacher (Ehnle) 03
Bayrischer Hiasl, mit Wappen und Glas

US modern (Hauber) (Kenworth T800)
H: Highspeed (China) **V:** Grell (Bielefeld)
Verpackung: Blister
12,50 Euro

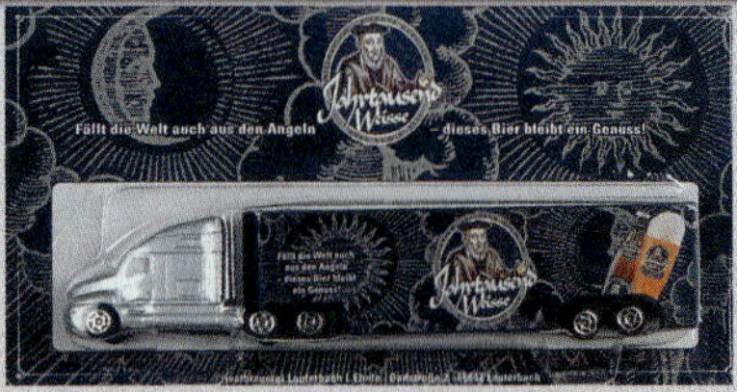

Lauterbacher (Ehnle) 04
Jahrtausend Weisse, mit Portrait, Flasche und Glas

Kenworth T2000 (Hauber)
H: Made in China **V:** DGD (Nürnberg)
Verpackung: Blister
10,00 Euro

Lauterbacher (Ehnle) 05
Weißer Bock, mit Bock, Flasche und Glas

Kenworth T2000 (Hauber)
H: Made in China **V:** DGD (Nürnberg)
Verpackung: Blister
9,00 Euro

Lauterbacher (Ehnle) 06
Blitz Weissbier Radler, mit 2 Gläsern

US modern (Hauber) (Kenworth T800)
H: Highspeed (China) **V:** Grell (Bielefeld)
Verpackung: Blister
8,00 Euro

Lauterbacher (Ehnle) 07
Bier Spezialitäten, 350 Jahre, Edition 2001

MAN TG-A
H: Wörlein (Cadolzburg) **V:** DGD (Nürnberg)
Verpackung: Blister
7,50 Euro

Lauterbacher (Ehnle) 08
Weissbier Spezialitäten, 350 Jahre, Edition 2001,
mit schräger Flasche

MAN TG-A
H: Wörlein (Cadolzburg) **V:** DGD (Nürnberg)
Verpackung: Blister
7,50 Euro

Lauterbacher (Ehnle) 09
Schlanke Weisse, 350 Jahre, Edition 2001, mit schräger Flasche
MAN TG-A
H: Wörlein (Cadolzburg) **V:** DGD (Nürnberg)
Verpackung: Blister
7,50 Euro

Lauterbacher (Marienberg) 01
Tropfen (Magenbitter), Nr. 1, mit Flasche vor Ansiedlung
Mercedes-Benz Actros
H: Highspeed (China) **V:** Grell (Bielefeld)
Verpackung: Blister
7,50 Euro

Lauterbacher (Vogelsberg) 01
mit Logo
US modern (Hauber) (Kenworth T800)
H: Highspeed (China) **V:** Grell (Bielefeld)
Verpackung: Blister
30,00 Euro

Lauterbacher (Vogelsberg) 02
Aus lauter Freude, mit 2 Gläsern
MAN TG-A
H: Wörlein (Cadolzburg) **V:** DGD (Nürnberg)
Verpackung: Blister
9,00 Euro

Lauterecker Brauhaus 01
Veldenz-Bräu, mit 2 Blumen, großem und 3 kleinen Gläsern
MAN TG-A
H: Hümmer **V:** Hümmer (Teugn)
Verpackung: Blister
7,50 Euro

L

2002

Lederer 01

Premium Pils, mit liegender Flasche

MAN TG-A

H: Wörlein (Cadolzburg) **V:** DGD (Nürnberg)

Verpackung: Blister

8,00 Euro

Lederer 02

mit Krokodil

MAN TG-A

H: Wörlein (Cadolzburg) **V:** DGD (Nürnberg)

Verpackung: Blister

8,00 Euro

Lederer 03

Premium Pils, mit liegender Flasche

MAN TG-A

H: Wörlein (Cadolzburg) **V:** DGD (Nürnberg)

Verpackung: Plastikschachtel bedruckt oder mit Aufkleber

7,50 Euro

Lederer 04

mit Krokodil

MAN TG-A

H: Wörlein (Cadolzburg) **V:** DGD (Nürnberg)

Verpackung: Plastikschachtel bedruckt oder mit Aufkleber

7,50 Euro

Leibinger 01

mit schrägen Streifen und Logo

US modern (Hauber) (Kenworth T800)

H: Highspeed (China) **V:** Grell (Bielefeld)

Verpackung: Blister

12,50 Euro

Leibinger 02
Max, mit liegender Flasche,
Aufkleber Hänger auf dem Kopf stehend

Mercedes-Benz Actros
H: Top-Style (Ebersdorf) **V:** Top-Style (Ebersdorf)
Verpackung: Blister
7,50 Euro

Leibinger 03
Schwarzer Beri (Bockbier), mit Logo

Mercedes-Benz Actros
H: Highspeed (China) **V:** Grell (Bielefeld)
Verpackung: Blister
7,50 Euro

Leicht (Pferdsfeld) 01
mit Logo

Mercedes-Benz Actros
H: Top-Style (Ebersdorf) **V:** Allround Service (Wonsees)
Verpackung: Plastikschachtel bedruckt oder mit Aufkleber
6,50 Euro **Auflage:** 300

Leikeim 01
Premium, mit Bügelflasche

MAN F90
H: Made in China **V:** Hümmer (Teugn)
Verpackung: Blister
20,00 Euro

Leikeim 02
Premium, mit Bügelflasche, ohne Spritzschutz

US klassisch (Hauber)
H: Made in China **V:** Hümmer (Teugn)
Verpackung: Blister
17,50 Euro

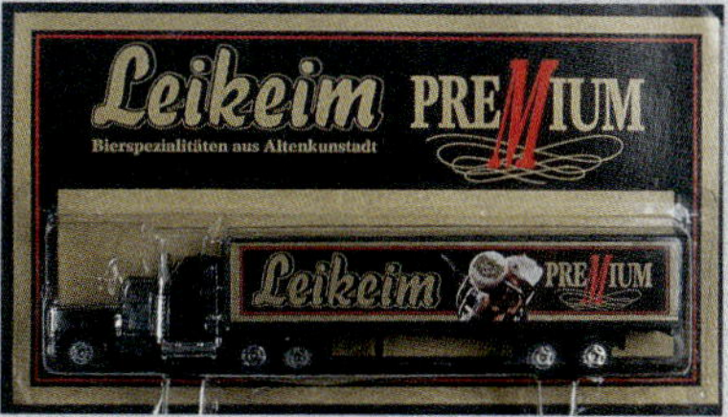

2002 L

Leikeim 03
Premium, mit Bügelflasche, mit Spritzschutz

US klassisch (Hauber)
H: Made in China **V:** Hümmer (Teugn)
Verpackung: Blister
20,00 Euro

Leikeim 04
Premium, mit Bügelflasche, gelochte Felgen

Mercedes-Benz Actros
H: Made in China **V:** Hümmer (Teugn)
Verpackung: Blister
8,00 Euro

Leikeim 05
Premium, mit Bügelflasche

Güterwagen
H: Hümmer **V:** Hümmer (Teugn)
Verpackung: Showbox - Pappe und Plastik
10,00 Euro

Leikeim 06
Limonaden, mit schräger Bügelflasche

MAN TG-A
H: Wörlein (Cadolzburg) **V:** DGD (Nürnberg)
Verpackung: Blister
7,50 Euro

Leikeim 07
Premium, mit Bügelflasche, volle Felgen

Mercedes-Benz Actros
H: Hümmer **V:** Hümmer (Teugn)
Verpackung: Blister
10,00 Euro

Leikeim 08
Premium-Weisse, Frisch geweisst. mit schräger Bügelflasche

MAN TG-A
H: Hümmer **V:** Hümmer (Teugn)
Verpackung: Blister
8,00 Euro

Leikeim 09
ein feiner Zug, mit 4 Bügelflaschen

Scania 124L ?
H: Hümmer **V:** Hümmer (Teugn)
Verpackung: Blister
7,50 Euro

Leisslinger Mineralbrunnen 01
mit Logo

Mercedes-Benz groß (NG 80 lang)
H: Made in China **V:** Lauterbach
Verpackung: Blister
17,50 Euro

Leisslinger Mineralbrunnen 02
mit Logo

Mercedes-Benz Actros
H: Hümmer **V:** Hümmer (Teugn)
Verpackung: Blister
8,00 Euro

Leisslinger Mineralbrunnen 03
mit 2 Logos

Mercedes-Benz Actros
H: Highspeed (China) **V:** Grell (Bielefeld)
Verpackung: Blister
7,50 Euro

Leopold´s Brauhaus (Berlin) 01

US modern (Hauber) (Kenworth T800)

H: Made in China **V:** Müller (Chemnitz)

Verpackung: Plastikschachtel neutral

7,50 Euro

Leopoldsgruppe 01

Leopold´s Kindl-Boulevard

Kenworth klassisch (Hauber)

H: Majorette **V:** keine Angabe

Verpackung: Plastikschachtel neutral

7,50 Euro **Auflage:** 250

Leopoldsgruppe 02

Paulaner´s im Spreebogen

Kenworth klassisch (Hauber)

H: Majorette **V:** keine Angabe

Verpackung: Plastikschachtel neutral

7,50 Euro **Auflage:** 250

Libehna Fruchtsäfte (Raguhn) 01

125 Jahre, mit liegender Flasche

MAN TG-A

H: Wörlein (Cadolzburg) **V:** DGD (Nürnberg)

Verpackung: Blister

7,50 Euro

Libella 01

IFA Trabant 601 Limosine

H: Maisto **V:** Dr. Ottmüller (Hamburg)

Verpackung: Showbox - Pappe und Plastik

30,00 Euro

L

Libella	02
IFA Trabant 601 Limosine	
H: Maisto	**V:** Dr. Ottmüller (Hamburg)
Verpackung: Showbox - Pappe und Plastik	
30,00 Euro	

Libella	03
IFA Trabant 601 Limosine	
H: Maisto	**V:** Dr. Ottmüller (Hamburg)
Verpackung: Showbox - Pappe und Plastik	
30,00 Euro	

Libella	04
mit Kind und Flasche	
MAN F90	
H: Made in China	**V:** Hümmer (Teugn)
Verpackung: Blister	
10,00 Euro	

Libella	05
Apfelschorle, mit Frau und Flasche	
US klassisch (Hauber)	
H: Made in China	**V:** Hümmer (Teugn)
Verpackung: Blister	
10,00 Euro	

Libella	06
Cola-Mix, mit Mann und Flasche, 2-Achser	
Mercedes-Benz Actros	
H: Hümmer	**V:** Hümmer (Teugn)
Verpackung: Blister	
9,00 Euro	

Libella 07

Cola-Mix, mit Mann und Flasche, 3-Achser

Mercedes-Benz Actros

H: Hümmer **V:** Hümmer (Teugn)

Verpackung: Blister

8,00 Euro

Libella 08

mit Kind, Frau und Mann

IFA W50 (Oldtimer)

H: Wörlein (Cadolzburg) **V:** DGD (Nürnberg)

Verpackung: Blister

10,00 Euro

Libella 09

Cola-Mix, mit Mann und Flasche

Hubschrauber

H: Made in China **V:** Hümmer (Teugn)

Verpackung: Blister

9,00 Euro

Libella 10

mit Frau im Ballkleid und Flasche

Mercedes-Benz 6600 (Oldtimer), große Plane

H: Hümmer **V:** Hümmer (Teugn)

Verpackung: Blister

7,50 Euro

Libella 11

Zitronenlimonade, mit Frau und Flasche, Edition 2001

MAN TG-A

H: Hümmer **V:** Hümmer (Teugn)

Verpackung: Blister

7,50 Euro

Licher 01
Aus dem Herzen der Natur, mit Kronkorken und Flaschen

Mercedes-Benz groß (NG 80 lang)
H: Golden (ADT-Trucks) **V:** keine Angabe
Verpackung: Plastikschachtel neutral
20,00 Euro

Licher 02
mit 2 Rahmen und 2 Logos

Mercedes-Benz Actros
H: Highspeed (China) **V:** Grell (Bielefeld)
Verpackung: Blister
9,00 Euro

Licher 04
mit 2 Rahmen und 2 Logos, Schriftzug Mayer auf Tür

Mercedes-Benz Actros
H: Highspeed (China) **V:** Grell (Bielefeld)
Verpackung: Blister
12,50 Euro

Licher 05
mit 1 Tropfen (links) und Glas (rechts)

MAN F2000 Aero (Hochdach)
H: Wörlein (Cadolzburg) **V:** Eurosun (Cadolzburg)
Verpackung: Blister
8,00 Euro

Licher 06
Winter-Edition, mit Schnee und Logo

MAN TG-A
H: Hümmer **V:** Hümmer (Teugn)
Verpackung: Blister
7,50 Euro

2002 L

Licher 07

Frühlings-Actros, mit Kasten im Gras

Mercedes-Benz Actros

H: Hümmer **V:** Hümmer (Teugn)

Verpackung: Blister

7,50 Euro

Licher 08

mit 3 Kronkorken

Mercedes-Benz Actros

H: Wörlein (Cadolzburg) **V:** Eurosun (Cadolzburg)

Verpackung: Blister

7,50 Euro

Licher 09

Himmlische Zeiten, mit Kronkorken als Sternschnuppe

Scania 164L 6580

H: Wörlein (Cadolzburg) **V:** Eurosun (Cadolzburg)

Verpackung: Blister

7,50 Euro

Licher 10

Winter-Edition, Etwas Grünes braucht der Mensch, mit Flaschen im Iglu

Mercedes-Benz Actros

H: Hümmer **V:** Hümmer (Teugn)

Verpackung: Blister

7,50 Euro

Lichtenauer Mineralquelle 01

und Kunz Zwickau

US klassisch (Hauber)

H: Made in China **V:** Hümmer (Teugn)

Verpackung: Blister

60,00 Euro

Lichtenauer Mineralquelle 02

Mercedes-Benz Actros ohne Stern
H: Made in China **V:** Lichtenauer
Verpackung: Blister
7,50 Euro

Lichtensteiner 01
Die Nummer 1, Video-Center und Getränkemarkt

US modern (Hauber) (Kenworth T800)
H: Golden (ADT-Trucks) **V:** Getränkemarkt
Verpackung: Plastikschachtel neutral
10,00 Euro

Lichtensteiner 02
Video-Center und Getränkemarkt

Mercedes-Benz groß (NG 80 lang)
H: Golden (ADT-Trucks) **V:** Getränkemarkt
Verpackung: Plastikschachtel neutral
10,00 Euro

Lindner (Fichtelberg) 01
Gebirgs-Doppelbock

Mercedes-Benz L322 (Oldtimer-LKW)
H: Wörlein (Cadolzburg) **V:** keine Angabe
Verpackung: Blister
50,00 Euro **Auflage:** 100

Lindner (Fichtelberg) 02
Edelmärzen

IFA W50
H: Wörlein (Cadolzburg) **V:** DGD (Nürnberg)
Verpackung: Plastikschachtel auf Pappe aufgeklebt
40,00 Euro **Auflage:** 100

Lindner (Fichtelberg) 03
Vollbier, mit Logo

MAN Büssing 8000 (Oldtimer)
H: Wörlein (Cadolzburg) **V:** keine Angabe
Verpackung: Blister
40,00 Euro **Auflage:** 100

Linke Fruchtsäfte (Neugersdorf) 01
mit Schriftzug vor Sonne

US modern (Hauber) (Kenworth T800)
H: Highspeed (China) **V:** Grell (Bielefeld)
Verpackung: Blister
10,00 Euro

Linke Fruchtsäfte (Neugersdorf) 02
Tradition seit 1931, mit Schriftzug vor Sonne

Ford 9000 (Hauber)
H: Highspeed (China) **V:** Grell (Bielefeld)
Verpackung: Blister
7,50 Euro

Linke Fruchtsäfte (Neugersdorf) 03
mit 3 Flaschen, auf Blister Ronny Linke, Suzuki 650 ccm

Freightliner FLD 120 (Hauber)
H: Grell (Bielefeld-China) **V:** Grell (Bielefeld)
Verpackung: Blister
7,50 Euro

Lippert - Der Getränke-Spezialist 01
Lippert Premium Pils

Mercedes-Benz Actros
H: Highspeed (China) **V:** Dickie (Fürth)
Verpackung: Blister
8,00 Euro

Lippert - Der Getränke-Spezialist 02
Thier Pils, mit 3 Gläsern

Mercedes-Benz Actros
H: Highspeed (China) **V:** Grell (Bielefeld)
Verpackung: Blister
8,00 Euro

Lippert - Der Getränke-Spezialist 03
DAB, mit Glas

Mercedes-Benz Actros
H: Highspeed (China) **V:** Grell (Bielefeld)
Verpackung: Blister
8,00 Euro

Lippert - Der Getränke-Spezialist 04
Stifts Pils, mit 3 Flaschen

Mercedes-Benz Actros
H: Highspeed (China) **V:** Grell (Bielefeld)
Verpackung: Blister
8,00 Euro

Lippert - Der Getränke-Spezialist 05
Kronen Pilsener, mit Glas

Mercedes-Benz Actros
H: Highspeed (China) **V:** Grell (Bielefeld)
Verpackung: Blister
8,00 Euro

Lippert - Der Getränke-Spezialist 06
EKU mit Flasche

Mercedes-Benz Actros
H: Highspeed (China) **V:** Grell (Bielefeld)
Verpackung: Blister
8,00 Euro

2002

L

Lipton Ice Tea 01

Das Original, mit 2 schrägen Flaschen

Mercedes-Benz Actros

H: Hümmer **V:** Hümmer (Teugn)

Verpackung: Blister

8,00 Euro

Lipton Ice Tea 02

Das Original, mit liegender Flasche

Mercedes-Benz Actros

H: Hümmer **V:** Hümmer (Teugn)

Verpackung: Blister

8,00 Euro

Lipton Ice Tea 03

Flaschenzug, mit 2 schrägen Flaschen

MAN TG-A

H: Hümmer **V:** Hümmer (Teugn)

Verpackung: Blister

8,00 Euro

Lipton Ice Tea 04

Flaschenzug, mit Kasten und Flasche

MAN TG-A

H: Hümmer **V:** Hümmer (Teugn)

Verpackung: Blister

8,00 Euro

Lledo - Carlsberg 01

Ford Model A Van (Oldtimer)

H: Lledo (London) **V:** keine Angabe

Verpackung: Showbox - Pappe und Plastik

25,00 Euro

Lledo - Cinzano 01
London Transport

AEC Regent Double Decker Bus
H: Lledo (London) **V:** keine Angabe
Verpackung: Showbox - Pappe und Plastik
25,00 Euro

Lledo - Croft Original 01
The Cherry of Distinction

Dennis Parcels Van
H: Lledo (London) **V:** keine Angabe
Verpackung: Showbox - Pappe und Plastik
25,00 Euro

Lledo - Grolsch 01

Scammell 6 Wheeler
H: Lledo (London) **V:** keine Angabe
Verpackung: Showbox - Pappe und Plastik
25,00 Euro

Lledo - Krombacher 01
Schadeberg Brauerei

VW T2 (Bully)
H: Lledo (London) **V:** Brauerei
Verpackung: Showbox - Pappe und Plastik
25,00 Euro

Lledo - Krombacher 02
Schadeberg Brauerei

Opel Blitz
H: Lledo (London) **V:** Brauerei
Verpackung: Showbox - Pappe und Plastik
25,00 Euro

Lledo - Krombacher 03

Schadeberg Brauerei, mit Bierkästen

Chevrolet Bottle Delivery Vehicle

H: Lledo (London) **V:** Brauerei

Verpackung: Showbox - Pappe und Plastik

25,00 Euro

Lledo - Krombacher 04

Schadeberg Brauerei

Ford 3-Tonner

H: Lledo (London) **V:** Brauerei

Verpackung: Showbox - Pappe und Plastik

25,00 Euro

Lledo - Pepsi 06

Discriminating People Drink ...

Ford Model T Van (Oldtimer)

H: Lledo (London) **V:** keine Angabe

Verpackung: Showbox - Pappe und Plastik

25,00 Euro

Lledo - Pepsi 11

He laughs best who drinks ...

Pferdekutsche 2-Spänner

H: Lledo (London) **V:** keine Angabe

Verpackung: Showbox - Pappe und Plastik

25,00 Euro

Lledo - Pepsi 13

It PEPSI you up!

Ford Model A Van (Oldtimer)

H: Lledo (London) **V:** keine Angabe

Verpackung: Showbox - Pappe und Plastik

25,00 Euro

Lledo - Pepsi 21

I love it´s flavor

Chevrolet Van

H: Lledo (London) **V:** keine Angabe

Verpackung: Showbox - Pappe und Plastik

25,00 Euro

Lledo - Pepsi 26

Famous for over 30 Years

Chevrolet Bottle Delivery Vehicle

H: Lledo (London) **V:** keine Angabe

Verpackung: Showbox - Pappe und Plastik

25,00 Euro

Lledo - Pepsi 49

General - Drink Delicious

AEC Renown Doppelstock

H: Lledo (London) **V:** keine Angabe

Verpackung: Showbox - Pappe und Plastik

25,00 Euro

Lledo - Pepsi 50

Drink ... it will satisfy you

Morris Bull-nose Van

H: Lledo (London) **V:** keine Angabe

Verpackung: Showbox - Pappe und Plastik

25,00 Euro

Lledo - Pepsi 52

Tops

Morris Parcels Van

H: Lledo (London) **V:** keine Angabe

Verpackung: Showbox - Pappe und Plastik

25,00 Euro

Lledo - Pepsi 70

Hits the spot

Ford Plane

H: Lledo (London) **V:** keine Angabe

Verpackung: Showbox - Pappe und Plastik

25,00 Euro

Lledo - Pepsi 71

Be Sociable ... have a Pepsi

Morris LD 150 VAN

H: Lledo (London) **V:** keine Angabe

Verpackung: Showbox - Pappe und Plastik

25,00 Euro

Lledo - Pepsi 73

Take Home ... in the size you prefer

VW Kambi Van (Bully)

H: Lledo (London) **V:** keine Angabe

Verpackung: Showbox - Pappe und Plastik

25,00 Euro

Lledo - Perrier 01

Chevrolet Bottle Delivery Vehicle

H: Lledo (London) **V:** keine Angabe

Verpackung: Showbox - Pappe und Plastik

25,00 Euro

Lledo - Schweppes 26

Dry Ginger Ale

Chevrolet Bottle Delivery Vehicle

H: Lledo (London) **V:** keine Angabe

Verpackung: Showbox - Pappe und Plastik

25,00 Euro

Lledo - Seven Up 13

Lithiated LEMON SODA

Ford Model A Van (Oldtimer)

H: Lledo (London) **V:** keine Angabe

Verpackung: Showbox - Pappe und Plastik

25,00 Euro

Lledo - Seven Up 44

Stop thirst right now

Scammell 6 Wheeler

H: Lledo (London) **V:** keine Angabe

Verpackung: Showbox - Pappe und Plastik

25,00 Euro

Lledo - Seven Up 58

You like it - it likes you

Morris Z Van

H: Lledo (London) **V:** keine Angabe

Verpackung: Showbox - Pappe und Plastik

25,00 Euro

Lledo - Seven Up 59

You like it - Fresh Up

Bedford

H: Lledo (London) **V:** keine Angabe

Verpackung: Showbox - Pappe und Plastik

25,00 Euro

Lledo - Seven Up 61

You like it - it likes you

Pontiac Van

H: Lledo (London) **V:** keine Angabe

Verpackung: Showbox - Pappe und Plastik

25,00 Euro

Lledo - Seven Up 68
Fresh up ... General

AEC Regent Open Top
H: Lledo (London) **V:** keine Angabe
Verpackung: Showbox - Pappe und Plastik
25,00 Euro

Lledo - Seven Up 71
In Cans - light handy

Morris LD 150 Van
H: Lledo (London) **V:** keine Angabe
Verpackung: Showbox - Pappe und Plastik
25,00 Euro

Lledo - Seven Up 73
Fresh Up with ...

VW Kombi Van (Bully)
H: Lledo (London) **V:** keine Angabe
Verpackung: Showbox - Pappe und Plastik
25,00 Euro

Lledo - Stuttgarter Hofbräu 01
mit Logo

Ford Model T Van (Oldtimer)
H: Lledo (London) **V:** keine Angabe
Verpackung: Showbox - Pappe und Plastik
25,00 Euro

Lledo - Tuborg 01
mit Bierkästen

Chevrolet Bottle Delivery Vehicle
H: Lledo (London) **V:** keine Angabe
Verpackung: Showbox - Pappe und Plastik
25,00 Euro

Lledo - Ty-Phoo 01

Quality Leaf Tea

Mack Canvas Back Truck

H: Lledo (London) **V:** keine Angabe

Verpackung: Showbox - Pappe und Plastik

25,00 Euro

Löbauer Bergquell 01

das feine Biererlebnis, mit Logo

Mercedes-Benz klein (NG 80 mittel)

H: Made in China **V:** Hümmer (Teugn)

Verpackung: Blister

65,00 Euro

Löbauer Bergquell 02

das feine Biererlebnis, mit Logo

US klassisch (Hauber)

H: Made in China **V:** keine Angabe

Verpackung: Plastikschachtel neutral

50,00 Euro

Löbauer Bergquell 03

mit Logo und Glas

US modern (Hauber) (Kenworth T800)

H: Highspeed (China) **V:** Grell (Bielefeld)

Verpackung: Blister

25,00 Euro

Löbauer Bergquell 04

Lausitzer Porter, sagenhaft süffiges Bergquell

Mercedes-Benz Actros

H: Highspeed (China) **V:** Grell (Bielefeld)

Verpackung: Blister

15,00 Euro

Löbauer Bergquell 05

Erstes Lausitzer Weizenbier, mit Logo, Glas, Flasche und Gerste vor Sonne

US modern (Hauber) (Kenworth T800)

H: Highspeed (China) **V:** Grell (Bielefeld)

Verpackung: Blister

9,00 Euro

Löbauer Bergquell 06

Lausitzer Porter

IFA Trabant 601 Limosine

H: Maisto **V:** Grell (Bielefeld)

Verpackung: Blister

10,00 Euro

Löbauer Bergquell 07

immer wieder, mit Getränke Schulze Cunnersdorf auf Rückwand

IFA W50 (Oldtimer)

H: Grell (Bielefeld-China) **V:** Grell (Bielefeld)

Verpackung: Blister

9,00 Euro

Löbauer Bergquell 08

immer wieder

IFA W50 (Oldtimer)

H: Grell (Bielefeld-China) **V:** Grell (Bielefeld)

Verpackung: Blister

8,00 Euro

Löbauer Bergquell 09

Erstes Lausitzer Weizenbier

IFA Trabant 601 Limosine

H: Maisto **V:** Grell (Bielefeld)

Verpackung: Blister

7,50 Euro

Löbauer Bergquell 10
Lausitzer Porter

Ford Model A mit Kästen (Oldtimer)
H: Highspeed (China) **V:** Grell (Bielefeld)
Verpackung: Blister
8,00 Euro

Löbauer Bergquell 11
Lausitzer Porter, schwarzes, mit Glas und Flasche

Ford 9000 (Hauber)
H: Highspeed (China) **V:** Grell (Bielefeld)
Verpackung: Blister
7,50 Euro

Löbauer Bergquell 12
Bergquell, mit Logo auf Tür

Ahrens-Fox Feuerwehr (1954)
H: Highspeed (China) **V:** Grell (Bielefeld)
Verpackung: Blister
7,50 Euro

Löbauer Bergquell 13
Lausitzer Porter, mit Logo

Scania 124L 420
H: Grell (Bielefeld-China) **V:** Grell (Bielefeld)
Verpackung: Blister
7,50 Euro

Löbauer Bergquell 14
XXL, Lausitzer Porter, Weihnacht 2001

Peterbilt Hauber (XXL)
H: Made in China **V:** Hümmer (Teugn)
Verpackung: Blister
30,00 Euro **Auflage:** 500

Löbauer Bergquell 15

Lausitzer Porter, mit Logo, Modell des echten Löbauer Trabbi-Sattelzuges

IFA Trabant 601 Sattelzug

H: Hümmer **V:** Hümmer (Teugn)

Verpackung: Plastikschachtel bedruckt oder mit Aufkleber

10,00 Euro

Löbauer Bergquell 16

Erstes Lausitzer Weizenbier, mit Logo, Glas, Flasche und Gerste vor Sonne

Freightliner FLD 120 (Hauber)

H: Grell (Bielefeld-China) **V:** Grell (Bielefeld)

Verpackung: Blister

7,50 Euro

Löbauer Bergquell 17

Lausitzer Porter, mit Logo, Modell des echten Löbauer Trabbi-Sattelzuges

IFA Trabant 601 Sattelzug

H: Hümmer **V:** Hümmer (Teugn)

Verpackung: Blister

10,00 Euro

L

Lobensteiner 01

Turm-Pils, mit Logo

Mercedes-Benz Actros

H: Highspeed (China) **V:** Grell (Bielefeld)

Verpackung: Blister

9,00 Euro **Auflage:** 3.000

Lohrer Bier 01

Bierspezialitäten aus dem Naturpark Spessart, mit Logo

Mercedes-Benz klein (NG 80 mittel)

H: Made in China **V:** Hümmer (Teugn)

Verpackung: Plastikschachtel neutral

60,00 Euro

Lohrer Bier 02

120 Jahre, mit 2 verschiedenen Logos

MAN F90

H: Made in China **V:** Hümmer (Teugn)

Verpackung: Blister

30,00 Euro

Lohrer Bier 03

Keiler Weißbier, saugut! mit Flasche, 8 Gläsern und Keiler

Mercedes-Benz Actros

H: Wörlein (Cadolzburg) **V:** DGD (Nürnberg)

Verpackung: Blister

9,00 Euro

Lohrer Bier 04

Keiler Weißbier, saugut! mit 2 Flaschen, Glas und Keiler

Mercedes-Benz Actros

H: Wörlein (Cadolzburg) **V:** DGD (Nürnberg)

Verpackung: Blister

9,00 Euro

Lohrer Bier 05

Das gute Lohrer Bier

Mercedes-Benz 6600 (Oldtimer)

H: Hümmer **V:** Hümmer (Teugn)

Verpackung: Blister

8,00 Euro

Lohrer Bier 06

Böckle, mit Bügelflasche und Bock

Mercedes-Benz Actros

H: Wörlein (Cadolzburg) **V:** DGD (Nürnberg)

Verpackung: Blister

8,00 Euro

2002

L

Lohrer Bier 07
Urtyp 1878, mit Bügelflasche

Mercedes-Benz Atego 18T
H: Vierke (Braunschweig) **V:** Vierke (Braunschweig)
Verpackung: Blister
7,50 Euro **Auflage:** 40.000

Lohrer Bier 08
Pils, mit schräger Flasche

MAN TG-A
H: Wörlein (Cadolzburg) **V:** DGD (Nürnberg)
Verpackung: Blister
7,50 Euro

Lohrer Bier 09
Schwarze, mit 4 Etiketten

Mack Hauber
H: keine Angabe **V:** Vierke (Braunschweig)
Verpackung: Blister
7,50 Euro

Lohrer Bier 10
Winter Keiler, mit Schlitten fahrendem Keiler

Mack Hauber
H: keine Angabe **V:** Vierke (Braunschweig)
Verpackung: Blister
7,50 Euro

Loscher Bier (Munchsteinach) 01
aus dem Steigerwald, mit Logo

Mercedes-Benz Actros
H: Wörlein (Cadolzburg) **V:** DGD (Nürnberg)
Verpackung: Blister
9,00 Euro

L

Louny (CSR) 01

Lager, mit liegender Flasche, Zm links

Ford 9000 (Hauber)

H: Highspeed (China) **V:** Grell (Bielefeld)

Verpackung: Blister

7,50 Euro

Louny (CSR) 02

Fürst (Schwarzbier), mit liegender Flasche, Zm rechts

Ford 9000 (Hauber)

H: Highspeed (China) **V:** Grell (Bielefeld)

Verpackung: Blister

7,50 Euro

Löwen-Bräu Hennemann (Stublang) 01

mit 2 Logos

MAN F2000 Aero (Hochdach)

H: Wörlein (Cadolzburg) **V:** Allround Service (Wonsees)

Verpackung: Plastikschachtel bedruckt oder mit Aufkleber

6,50 Euro **Auflage:** 300

Löwen-Bräu Hennemann (Stublang) 02

mit 2 Logos

MAN F2000 Aero (Hochdach)

H: Wörlein (Cadolzburg) **V:** Allround Service (Wonsees)

Verpackung: Plastikschachtel bedruckt oder mit Aufkleber

6,50 Euro **Auflage:** 300

Löwen-Bräu Hennemann (Stublang) 03

mit 2 Logos

Mercedes-Benz Actros

H: Wörlein (Cadolzburg) **V:** Allround Service (Wonsees)

Verpackung: Plastikschachtel bedruckt oder mit Aufkleber

6,50 Euro **Auflage:** 300

Löwen-Bräu Hennemann (Stublang) 04

Landbrauerei - Gasthof - Pension, mit Foto

Mercedes-Benz Actros

H: Wörlein (Cadolzburg) **V:** Allround Service (Wonsees)

Verpackung: Plastikschachtel bedruckt oder mit Aufkleber

6,50 Euro **Auflage:** 300

Löwen-Bräu Hennemann (Stublang) 05

Landbrauerei - Gasthof - Pension, mit Foto

Volvo FH16

H: Wörlein (Cadolzburg) **V:** Allround Service (Wonsees)

Verpackung: Plastikschachtel bedruckt oder mit Aufkleber

6,50 Euro **Auflage:** 300

Löwen-Bräu Hennemann (Stublang) 06

mit biertrinkendem Löwen

Volvo FH16

H: Wörlein (Cadolzburg) **V:** Allround Service (Wonsees)

Verpackung: Plastikschachtel bedruckt oder mit Aufkleber

6,50 Euro **Auflage:** 300

Löwenbräu (Marktleuthen) 01

mit 2 Logos

Mercedes-Benz groß (NG 80 lang)

H: Made in China **V:** Lauterbach

Verpackung: Plastikschachtel bedruckt oder mit Aufkleber

10,00 Euro

Löwenbräu (München) 01

Schwarzbier Urtyp

MAN F90

H: Made in China **V:** keine Angabe

Verpackung: Plastikschachtel neutral

50,00 Euro

Löwenbräu (München) 02
ICE-BEER

US klassisch (Hauber)
H: Made in China **V:** keine Angabe
Verpackung: Plastikschachtel neutral
35,00 Euro

Löwenbräu (München) 03
Radler

US klassisch (Hauber)
H: Made in China **V:** keine Angabe
Verpackung: Plastikschachtel neutral
30,00 Euro

Löwenbräu (München) 04
mit Logo

US klassisch (Hauber)
H: Made in China **V:** keine Angabe
Verpackung: Plastikschachtel neutral
20,00 Euro

Löwenbräu (München) 05
Ein Bier wie Bayern, mit Luftballon in Wolken

Mercedes-Benz Actros
H: Wörlein (Cadolzburg) **V:** DGD (Nürnberg)
Verpackung: Plastikschachtel bedruckt oder mit Aufkleber
7,50 Euro

Löwenbräu (München) 06
Ein Bier wie Bayern, mit 2 sitzenden Personen vor Alpen

Mercedes-Benz Actros
H: Wörlein (Cadolzburg) **V:** Eurosun (Cadolzburg)
Verpackung: Plastikschachtel bedruckt oder mit Aufkleber
7,50 Euro

Löwenbräu (München) 07

Ein Bier wie Bayern, mit Waden eines Wanderers vor Alpen

Mercedes-Benz Actros

H: Wörlein (Cadolzburg) **V:** DGD (Nürnberg)

Verpackung: Plastikschachtel bedruckt oder mit Aufkleber

7,50 Euro

Löwenbräu (München) 08

Ein Bier wie Bayern, mit Segelboot auf Alpensee

Scania 164L 6580

H: Wörlein (Cadolzburg) **V:** DGD (Nürnberg)

Verpackung: Plastikschachtel bedruckt oder mit Aufkleber

7,50 Euro

Löwenbräu (München) 09

Ein Bier wie Bayern, mit 6-spänniger Bierkutsche vor Alpen

DAF 95 XF

H: Wörlein (Cadolzburg) **V:** DGD (Nürnberg)

Verpackung: Plastikschachtel bedruckt oder mit Aufkleber

7,50 Euro

Löwenbräu (München) 10

Hefe Weissbier, mit 2 schrägen Flaschen

MAN TG-A

H: Wörlein (Cadolzburg) **V:** DGD (Nürnberg)

Verpackung: Plastikschachtel bedruckt oder mit Aufkleber

7,50 Euro

Löwenbräu (München) 11

mit 2 Männern an Lagerfeuer und Frau auf Schlauchboot

Scania 164L 6580

H: Wörlein (Cadolzburg) **V:** DGD (Nürnberg)

Verpackung: Blister

7,50 Euro

Löwenbräu (München) 12

Dunkel, mit schrägem Glas

Framo V 501 (Oldtimer)

H: Wörlein (Cadolzburg) **V:** DGD (Nürnberg)

Verpackung: Blister

7,50 Euro

Löwenbrauerei (Passau) 01

Wenn der Durst am schönsten ist, mit 2 Logos

MAN F2000 Aero (Hochdach)

H: Wörlein (Cadolzburg) **V:** Eurosun (Cadolzburg)

Verpackung: Blister

9,00 Euro

Löwenbrauerei (Passau) 02

Wenn der Durst am schönsten ist, mit Logo

MAN F2000 Aero (Hochdach)

H: Wörlein (Cadolzburg) **V:** Eurosun (Cadolzburg)

Verpackung: Blister

7,50 Euro

Löwenbrauerei (Passau) 03

Wenn der Durst am schönsten ist, mit 3 Gläsern

MAN TG-A

H: Wörlein (Cadolzburg) **V:** Eurosun (Cadolzburg)

Verpackung: Blister

7,50 Euro

Lübzer Pils 01

mit 2 Logos

Volvo F-12 Globetrotter

H: Golden (ADT-Trucks) **V:** Müller (Chemnitz)

Verpackung: Plastikschachtel neutral

25,00 Euro

L

L

Lübzer Pils 02

mit 2 Logos

Mercedes-Benz Actros

H: Hümmer **V:** Hümmer (Teugn)

Verpackung: Blister

20,00 Euro

Lübzer Pils 03

2 Jahre Annett´s Getränke Center Wittgensdorf, mit 2 Logos

Volvo F-12 Globetrotter

H: Golden (ADT-Trucks) **V:** Müller (Chemnitz)

Verpackung: Plastikschachtel neutral

10,00 Euro

Lübzer Pils 04

Zeit für Lübzer, mit Kronkorken vor Steg, Zm: weiße Seitenverkleidung

Mercedes-Benz Actros

H: Wörlein (Cadolzburg) **V:** DGD (Nürnberg)

Verpackung: Blister

9,00 Euro

Lübzer Pils 05

Zeit für Lübzer, mit Kronkorken vor Steg, Zm: schwarze Seitenverkleidung

Mercedes-Benz Actros

H: Hümmer **V:** Hümmer (Teugn)

Verpackung: Blister

7,50 Euro

Lübzer Pils 06

mit Logo

Mercedes-Benz Actros

H: KamLun **V:** Rather Creativ

Verpackung: Blister

7,50 Euro

Lübzer Pils 07

gratuliert GetränkeLand zum 10-jährigen 2001

Mercedes-Benz Actros

H: KamLun **V:** Rather Creativ

Verpackung: Blister

7,50 Euro

Lübzer Pils 08

mit Logo

Mercedes-Benz Atego

H: Made in China **V:** Hümmer (Teugn)

Verpackung: Blister

7,50 Euro

Lübzer Pils 09

Zeit für Lübzer, mit Leuchtturm

Mercedes-Benz Actros

H: KamLun **V:** Rather Creativ

Verpackung: Blister

7,50 Euro

Lübzer Pils 10

mit 2 Logos, volle Felgen

Mercedes-Benz Actros

H: Hümmer **V:** keine Angabe

Verpackung: Plastikschachtel neutral

6,50 Euro

Luisen Bräu (Berlin) 01

mit 2 Logos

US modern (Hauber) (Kenworth T800)

H: Made in China **V:** Müller (Chemnitz)

Verpackung: Plastikschachtel neutral

7,50 Euro

Magdeburger Rathausfest 01

11. (2001), mit Hasseröder und Foto des Rathauses

Kenworth klassisch (Hauber)

H: Majorette **V:** Müller (Chemnitz)

Verpackung: Plastikschachtel bedruckt oder mit Aufkleber

7,50 Euro **Auflage:** 200

Magnus (Norderstedt) 01

Imperial Mineralwasser, Natriumarm, mit liegender Flasche vor Wassertropfen

Mercedes-Benz Actros

H: Wörlein (Cadolzburg) **V:** DGD (Nürnberg)

Verpackung: Blister

7,50 Euro

Maisacher Brauerei Sedlmayr 01

444 Jahre, mit Logo

Mercedes-Benz Actros

H: Wörlein (Cadolzburg) **V:** DGD (Nürnberg)

Verpackung: Blister

9,00 Euro

Maisel-Bräu Bamberg 01

mit Logo und schräger Bügelflasche

MAN TG-A

H: Wörlein (Cadolzburg) **V:** DGD (Nürnberg)

Verpackung: Blister

7,50 Euro

Maisel´s (Bayreuth) 01

Das Bier auf seine schönste Weisse, mit Logo (Siebdruck)

Mercedes-Benz

H: PP Models **V:** Brauerei

Verpackung: Plastikschachtel neutral

35,00 Euro

Maisel´s (Bayreuth) 02

Weisse - ein Wintertraum, mit Wintermotiv und Logo (Weihnachten 1999)

Mercedes-Benz Actros

H: Highspeed (China) **V:** Grell (Bielefeld)

Verpackung: Blister

15,00 Euro

Maisel´s (Bayreuth) 03

Edelhopfen Diät-Pilsener, mit 2 Flaschen und Glas

Mercedes-Benz Actros

H: Highspeed (China) **V:** Grell (Bielefeld)

Verpackung: Blister

10,00 Euro

Maisel´s (Bayreuth) 04

Das Bier auf seine schönste Weisse, mit Logo

Mercedes-Benz Actros

H: Highspeed (China) **V:** Grell (Bielefeld)

Verpackung: Blister

9,00 Euro

Maisel´s (Bayreuth) 05

Das Bier auf seine schönste Weisse, mit Flaschen

Mercedes-Benz Actros

H: Highspeed (China) **V:** Grell (Bielefeld)

Verpackung: Blister

8,00 Euro

Maisel´s (Bayreuth) 06

Weisse - ein Wintertraum, mit Wintermotiv und Logo (Weihnachten 2000)

MAN F2000 Aero (Hochdach)

H: Grell (Bielefeld-China) **V:** Grell (Bielefeld)

Verpackung: Blister

8,00 Euro

Maisel´s (Bayreuth) 07

Für Haimliche Geniesser, mit Haiflosse in orange Wasser und Logo

Scania 124L 420

H: Grell (Bielefeld-China) **V:** Grell (Bielefeld)

Verpackung: Blister

7,50 Euro

Maisel´s (Bayreuth) 08

Reihenweise... Flaschenweise, mit vielen Flaschen und Logo

Scania 124L 420

H: Grell (Bielefeld-China) **V:** Grell (Bielefeld)

Verpackung: Blister

7,50 Euro

Maisel´s (Bayreuth) 09

Weisse - mit Weihnachtsmann auf Snowboard und Logo (Weihnachten 2001)

Scania 124L 420

H: Grell (Bielefeld-China) **V:** Grell (Bielefeld)

Verpackung: Blister

7,50 Euro

Maisel´s (Bayreuth) 10

Genuss auf seine schönste Weisse, mit Logo

MAN TG-460

H: Grell (Bielefeld-China) **V:** Grell (Bielefeld)

Verpackung: Blister

7,50 Euro

Maisel´s (Bayreuth) 11

Genuss auf seine schönste Weisse, mit Sagasser und Getränke Marco

MAN TG-460

H: Grell (Bielefeld-China) **V:** Grell (Bielefeld)

Verpackung: Blister

7,50 Euro

Maisel´s (Bayreuth) 12

Edelhopfen Diät-Pilsner, mit Logo vor Hintergrund wie Bier

Renault Magnum

H: Grell (Bielefeld-China) **V:** Grell (Bielefeld)

Verpackung: Blister

7,50 Euro

Maisel´s (Bayreuth) 13

Guten Geschmack können Sie ruhig zeigen, mit Logo

Renault Magnum

H: Grell (Bielefeld-China) **V:** Grell (Bielefeld)

Verpackung: Blister

7,50 Euro

Maitre Kanter La Reserve 01

mit Logo

Mercedes-Benz Actros

H: Wörlein (Cadolzburg) **V:** Eurosun (Cadolzburg)

Verpackung: Plastikschachtel bedruckt oder mit Aufkleber

7,50 Euro

Maitre Kanter La Reserve 02

mit Logo

MAN F2000 Aero (Hochdach)

H: Wörlein (Cadolzburg) **V:** Eurosun (Cadolzburg)

Verpackung: Plastikschachtel bedruckt oder mit Aufkleber

7,50 Euro

Maitre Kanter La Reserve 03

mit Logo

Mercedes-Benz groß (NG 80 lang)

H: Made in China **V:** keine Angabe

Verpackung: Plastikschachtel neutral

7,50 Euro

Majora´s Getränkeshop 01

Volvo F-12 Globetrotter
H: Golden (ADT-Trucks) **V:** Elastoform (Sulzbach)
Verpackung: Plastikschachtel bedruckt oder mit Aufkleber
12,50 Euro **Auflage:** 100

Mall-Bräu 01
das gute Heimatbier, seit 1870, mit Logo

Mercedes-Benz groß (NG 80 lang)
H: Golden (ADT-Trucks) **V:** keine Angabe
Verpackung: Plastikschachtel neutral
75,00 Euro

Mammut (Sangerhausen) 01
Ur-Pils, mit Logo

US klassisch (Hauber)
H: Made in China **V:** Hümmer (Teugn)
Verpackung: Blister
30,00 Euro

Mammut (Sangerhausen) 02
Export, Ein starker Schluck! mit Glas und Flasche

US modern (Hauber) (Kenworth T800)
H: Highspeed (China) **V:** Grell (Bielefeld)
Verpackung: Blister
12,50 Euro

Mammut (Sangerhausen) 03
Nr. 2, Ur-Pils, mit Glas und Flasche

US modern (Hauber) (Kenworth T800)
H: Highspeed (China) **V:** Grell (Bielefeld)
Verpackung: Blister
10,00 Euro

Mammut (Sangerhausen) 04
Nr. 3, Ur-Bock, mit Logo

US modern (Hauber) (Kenworth T800)
H: Highspeed (China) **V:** Grell (Bielefeld)
Verpackung: Blister
9,00 Euro

Mammut (Sangerhausen) 05
Black is beautyfoul, Schwarzbier,
mit Logo und schräger Flasche

Ford 9000 (Hauber)
H: Highspeed (China) **V:** Grell (Bielefeld)
Verpackung: Blister
7,50 Euro

Mammut (Sangerhausen) 06
Nr. 4, mit 5 Flaschen und 3 Gläsern

MAN F2000 Aero (Hochdach)
H: Grell (Bielefeld-China) **V:** Grell (Bielefeld)
Verpackung: Blister
7,50 Euro

Mammut (Sangerhausen) 07
Radler, erfrischend spritzig

Ford 9000 (Hauber)
H: Highspeed (China) **V:** Grell (Bielefeld)
Verpackung: Blister
7,50 Euro

Marburger Bierspezialitäten 01
mit Logo und 2 Bügelflaschen vor Stadtrelief

MAN F90
H: Made in China **V:** Allround Service (Wonsees)
Verpackung: Plastikschachtel bedruckt oder mit Aufkleber
7,50 Euro

Marburger Bierspezialitäten 02
mit 2 Logos und 2 Bügelflaschen vor Stadtrelief

MAN TG-A
H: Wörlein (Cadolzburg) **V:** DGD (Nürnberg)
Verpackung: Blister
7,50 Euro

Marburger Bierspezialitäten 03
mit Logo und 2 Bügelflaschen vor Stadtrelief

Mercedes-Benz Actros
H: Made in China **V:** Allround Service (Wonsees)
Verpackung: Plastikschachtel bedruckt oder mit Aufkleber
6,50 Euro

Margonwasser 01
mit Glas, Flasche und Logo vor Wassertropfen

Mercedes-Benz klein (NG 80 mittel)
H: Made in China **V:** Hümmer (Teugn)
Verpackung: Blister
12,50 Euro

Margonwasser 02
mit 2 schrägen Flaschen und Logo vor Wolken

Mercedes-Benz Actros
H: Hümmer **V:** Hümmer (Teugn)
Verpackung: Blister
7,50 Euro

Margonwasser 03
mit Logo und 2 schrägen Flaschen vor Wassertropfen

MAN TG-A Kühlzug
H: Vierke (Braunschweig) **V:** Vierke (Braunschweig)
Verpackung: Blister
7,50 Euro

Markgrafen Getränke 01
25 Jahre

MAN F90
H: Made in China **V:** Brauerei
Verpackung: Showbox - Pappe und Plastik
20,00 Euro

Markgrafen Getränke 02
und Getränkemarkt Warnke Kaulsdorf

US modern (Hauber) (Kenworth T800)
H: Highspeed (China) **V:** Grell (Bielefeld)
Verpackung: Blister
9,00 Euro

Markgrafen Getränke 03

Mercedes-Benz Actros
H: Highspeed (China) **V:** Grell (Bielefeld)
Verpackung: Blister
8,00 Euro

Markgrafen Getränke 04
und Getränke Köhler Eckersdorf

US modern (Hauber) (Kenworth T800)
H: Golden (ADT-Trucks) **V:** Allround Service (Wonsees)
Verpackung: Plastikschachtel bedruckt oder mit Aufkleber
8,00 Euro

Markgrafen Getränke 05
Niehoffs Vaihinger

Mercedes-Benz Actros
H: Highspeed (China) **V:** Grell (Bielefeld)
Verpackung: Blister
8,00 Euro **Auflage:** 5.000

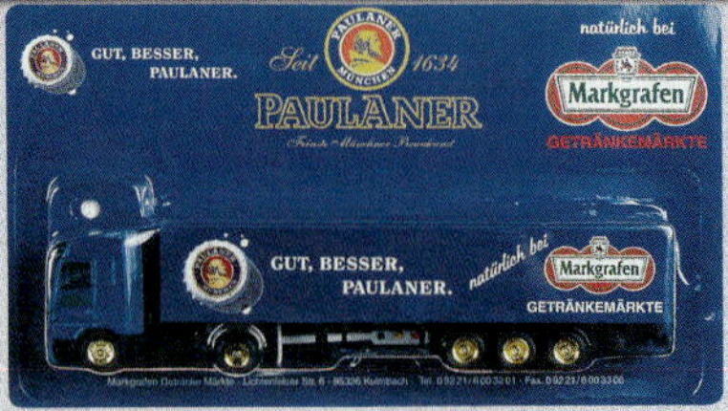

Markgrafen Getränke	06
Paulaner	
Mercedes-Benz Actros	
H: Highspeed (China)	**V:** Grell (Bielefeld)
Verpackung: Blister	
8,00 Euro	**Auflage:** 8.000

Markgrafen Getränke	07
Plassenburger Fruchtsäfte	
Mercedes-Benz Actros	
H: Highspeed (China)	**V:** Grell (Bielefeld)
Verpackung: Blister	
8,00 Euro	**Auflage:** 3.000

Markgrafen Getränke	08
Almdudler	
Mercedes-Benz Actros	
H: Highspeed (China)	**V:** Grell (Bielefeld)
Verpackung: Blister	
8,00 Euro	**Auflage:** 5.000

Markgrafen Getränke	09
Dietz Säfte	
Mercedes-Benz Actros	
H: Highspeed (China)	**V:** Grell (Bielefeld)
Verpackung: Blister	
8,00 Euro	**Auflage:** 2.000

Markgrafen Getränke	10
Punica	
Mercedes-Benz Actros	
H: Highspeed (China)	**V:** Grell (Bielefeld)
Verpackung: Blister	
8,00 Euro	**Auflage:** 3.000

Markgrafen Getränke 11
Jever

Mercedes-Benz Actros
H: Highspeed (China) **V:** Grell (Bielefeld)
Verpackung: Blister
8,00 Euro **Auflage:** 3.000

Markgrafen Getränke 12
Jesuiten Quelle

Mercedes-Benz Actros
H: Highspeed (China) **V:** Grell (Bielefeld)
Verpackung: Blister
8,00 Euro **Auflage:** 3.000

Markgrafen Getränke 13
Schlör

Mercedes-Benz Actros
H: Highspeed (China) **V:** Grell (Bielefeld)
Verpackung: Blister
8,00 Euro **Auflage:** 3.000

Markgrafen Getränke 14
Apoldaer

Mercedes-Benz Actros
H: Highspeed (China) **V:** Grell (Bielefeld)
Verpackung: Blister
8,00 Euro **Auflage:** 3.000

Markgrafen Getränke 15
Apollinaris

Mercedes-Benz Actros
H: Highspeed (China) **V:** Grell (Bielefeld)
Verpackung: Blister
8,00 Euro **Auflage:** 3.000

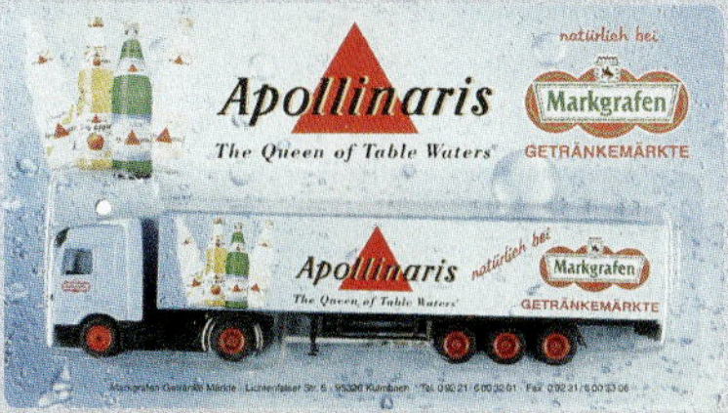

2002

M

Markgrafen Getränke 16
Crystali Brunnen

Mercedes-Benz Actros
H: Highspeed (China) **V:** Grell (Bielefeld)
Verpackung: Blister
8,00 Euro **Auflage:** 3.000

Markgrafen Getränke 17
Dreykorn Bräu

Mercedes-Benz Actros
H: Highspeed (China) **V:** Grell (Bielefeld)
Verpackung: Blister
8,00 Euro **Auflage:** 3.000

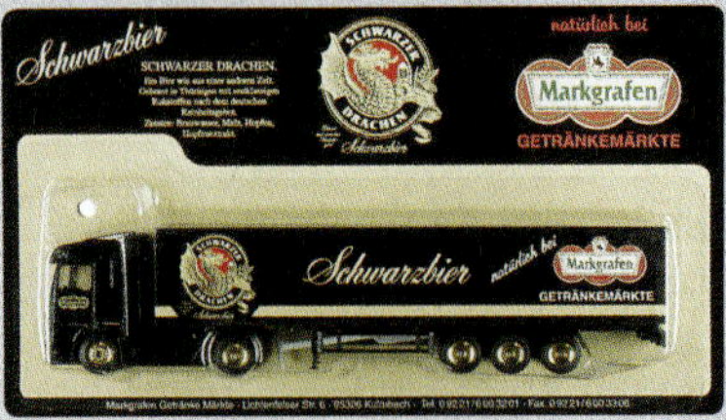

Markgrafen Getränke 18
Eisenacher Schwarzer Drachen

Mercedes-Benz Actros
H: Highspeed (China) **V:** Grell (Bielefeld)
Verpackung: Blister
8,00 Euro **Auflage:** 3.000

Markgrafen Getränke 19
Kapuziner Weizen

Mercedes-Benz Actros
H: Highspeed (China) **V:** Grell (Bielefeld)
Verpackung: Blister
8,00 Euro

Markgrafen Getränke 20
Mabella

Mercedes-Benz Actros
H: Highspeed (China) **V:** Grell (Bielefeld)
Verpackung: Blister
8,00 Euro **Auflage:** 3.000

Markgrafen Getränke	21
Scheidmantel (Coburg)	
Mercedes-Benz Actros	
H: Highspeed (China) **V:** Grell (Bielefeld)	
Verpackung: Blister	
8,00 Euro	**Auflage:** 3.000

Markgrafen Getränke	22
Volvic	
Mercedes-Benz Actros	
H: Highspeed (China) **V:** Grell (Bielefeld)	
Verpackung: Blister	
8,00 Euro	**Auflage:** 3.000

Markgrafen Getränke	23
Fernet-Branca	
Ford 9000 (Hauber)	
H: Highspeed (China) **V:** Grell (Bielefeld)	
Verpackung: Blister	
12,50 Euro	**Auflage:** 3.000

Markgrafen Getränke	24
Jack Daniels	
Ford 9000 (Hauber)	
H: Highspeed (China) **V:** Grell (Bielefeld)	
Verpackung: Blister	
12,50 Euro	**Auflage:** 3.000

Markgrafen Getränke	25
Bacardi	
Ford 9000 (Hauber)	
H: Highspeed (China) **V:** Grell (Bielefeld)	
Verpackung: Blister	
12,50 Euro	**Auflage:** 3.000

2002 2002

M

Markgrafen Getränke 26
Ballantine´s Finest

Ford 9000 (Hauber)
H: Highspeed (China) **V:** Grell (Bielefeld)
Verpackung: Blister
12,50 Euro **Auflage:** 3.000

Markgrafen Getränke 27
Limit

Mercedes-Benz Actros
H: Highspeed (China) **V:** Grell (Bielefeld)
Verpackung: Blister
8,00 Euro

Markgrafen Getränke 28
Nostalgie-Serie: Markgrafen Bräu, mit Logo

MAN Büssing 8000 (Oldtimer)
H: Wörlein (Cadolzburg) **V:** DGD (Nürnberg)
Verpackung: Blister
8,00 Euro **Auflage:** 4.000

Markgrafen Getränke 29
Nostalgie-Serie: Reichelbräu Kulmbach, mit Logo

MAN Büssing 8000 (Oldtimer)
H: Wörlein (Cadolzburg) **V:** DGD (Nürnberg)
Verpackung: Blister
8,00 Euro **Auflage:** 4.000

Markgrafen Getränke 30
Nostalgie-Serie: Kulmbacher Rizzibock, mit Logo

MAN Büssing 8000 (Oldtimer)
H: Wörlein (Cadolzburg) **V:** DGD (Nürnberg)
Verpackung: Blister
8,00 Euro **Auflage:** 4.000

Markgrafen Getränke 31

Nordhäuser Korn

Ford 9000 (Hauber)

H: Highspeed (China) **V:** Grell (Bielefeld)

Verpackung: Blister

8,00 Euro **Auflage:** 3.000

Markgrafen Getränke 32

Underberg

Ford 9000 (Hauber)

H: Highspeed (China) **V:** Grell (Bielefeld)

Verpackung: Blister

8,00 Euro **Auflage:** 3.000

Markgrafen Getränke 33

Kaiserhof Pils

Mercedes-Benz Actros

H: Highspeed (China) **V:** Grell (Bielefeld)

Verpackung: Blister

8,00 Euro **Auflage:** 5.000

Markgrafen Getränke 34

Nostalgie-Serie: Sandlerbräu, mit Logo

MAN 10.212F (Oldtimer)

H: Wörlein (Cadolzburg) **V:** DGD (Nürnberg)

Verpackung: Blister

8,00 Euro **Auflage:** 4.000

Markgrafen Getränke 35

Küstennebel, Einer wie keiner

Ford 9000 (Hauber)

H: Highspeed (China) **V:** Grell (Bielefeld)

Verpackung: Blister

8,00 Euro

Markgrafen Getränke 36

Getränke Polonäse (Fasching 2001)

Ford 9000 (Hauber)

H: Highspeed (China) **V:** Grell (Bielefeld)

Verpackung: Blister

7,50 Euro

Markgrafen Getränke 37

Dimpfl Bräu

Mercedes-Benz Actros

H: Highspeed (China) **V:** Grell (Bielefeld)

Verpackung: Blister

7,50 Euro **Auflage:** 3.000

Markgrafen Getränke 38

Ostern 2001, mit Osterhasen und 5 Küken.
Hier legen Sie richtig.

Ford 9000 (Hauber)

H: Highspeed (China) **V:** Grell (Bielefeld)

Verpackung: Blister

7,50 Euro

Markgrafen Getränke 39

Sternquell

Mercedes-Benz Actros

H: Highspeed (China) **V:** Grell (Bielefeld)

Verpackung: Blister

7,50 Euro

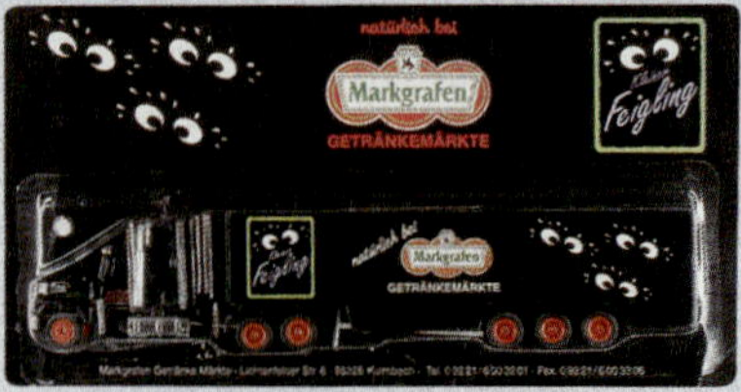

Markgrafen Getränke 40

Kleiner Feigling

Ford 9000 (Hauber)

H: Highspeed (China) **V:** Grell (Bielefeld)

Verpackung: Blister

7,50 Euro

Markgrafen Getränke 41
Wilthener Goldkrone

Ford 9000 (Hauber)
H: Highspeed (China) **V:** Grell (Bielefeld)
Verpackung: Blister
7,50 Euro **Auflage:** 3.000

Markgrafen Getränke 42
DAB, mit Glas und Schankhahn

Mercedes-Benz Actros
H: Highspeed (China) **V:** Grell (Bielefeld)
Verpackung: Blister
7,50 Euro **Auflage:** 3.000

Markgrafen Getränke 43
Bad Brambacher, mit Foto einer Ansiedlung

MAN F2000 Aero (Hochdach)
H: Grell (Bielefeld-China) **V:** Grell (Bielefeld)
Verpackung: Blister
7,50 Euro

Markgrafen Getränke 44
Erdinger

Mercedes-Benz Actros
H: Highspeed (China) **V:** Grell (Bielefeld)
Verpackung: Blister
7,50 Euro **Auflage:** 3.000

Markgrafen Getränke 45
Rhön Sprudel, außen leicht...

Scania 124L 420
H: Grell (Bielefeld-China) **V:** Grell (Bielefeld)
Verpackung: Blister
7,50 Euro

Markgrafen Getränke 46
Braustolz

MAN F2000 Aero (Hochdach)
H: Wörlein (Cadolzburg) **V:** DGD (Nürnberg)
Verpackung: Blister
12,50 Euro

Markgrafen Getränke 47
Paulaner

MAN F2000 Aero (Hochdach)
H: Wörlein (Cadolzburg) **V:** DGD (Nürnberg)
Verpackung: Blister
12,50 Euro

Markgrafen Getränke 48
Deutschland - Bayern, mit versch. Wahrzeichen

Scania 124L 420
H: Grell (Bielefeld-China) **V:** Grell (Bielefeld)
Verpackung: Blister
7,50 Euro

Markgrafen Getränke 49
Deutschland - Sachsen, mit versch. Wahrzeichen

Scania 124L 420
H: Grell (Bielefeld-China) **V:** Grell (Bielefeld)
Verpackung: Blister
7,50 Euro

Markgrafen Getränke 50
Deutschland - Thüringen, mit versch. Wahrzeichen

Scania 124L 420
H: Grell (Bielefeld-China) **V:** Grell (Bielefeld)
Verpackung: Blister
7,50 Euro

Markgrafen Getränke 51
Erste Culmbacher Actien-Brauerei

Mercedes-Benz LP333 (Oldtimer)
H: Wörlein (Cadolzburg) **V:** DGD (Nürnberg)
Verpackung: Blister
7,50 Euro

Markgrafen Getränke 52
Deutschland - Oberfranken, mit versch. Wahrzeichen

Scania 124L 420
H: Grell (Bielefeld-China) **V:** Grell (Bielefeld)
Verpackung: Blister
7,50 Euro

Markgrafen Getränke 53
Deutschland - Mittelfranken, mit versch. Wahrzeichen

Scania 124L 420
H: Grell (Bielefeld-China) **V:** Grell (Bielefeld)
Verpackung: Blister
7,50 Euro

Markgrafen Getränke 54
Deutschland - Unterfranken, mit versch. Wahrzeichen

Scania 124L 420
H: Grell (Bielefeld-China) **V:** Grell (Bielefeld)
Verpackung: Blister
7,50 Euro

Markgrafen Getränke 55
Paulaner, mit Glas vor marschierenden Kellnerinnen

MAN F2000 Aero (Hochdach)
H: Wörlein (Cadolzburg) **V:** DGD (Nürnberg)
Verpackung: Blister
7,50 Euro

Markgrafen Getränke 56

Motzel, Weine mit Tradition, mit 2 schrägen Flaschen

MAN F2000 Aero (Hochdach)

H: Grell (Bielefeld-China) **V:** Grell (Bielefeld)

Verpackung: Blister

7,50 Euro

Markgrafen Getränke 57

Angermann, mit gezeichnetem Mann und Frau in Trachten in Landschaft

Scania 124L 420

H: Grell (Bielefeld-China) **V:** Grell (Bielefeld)

Verpackung: Blister

7,50 Euro

Markgrafen Getränke 58

Braustolz, mit liegender Flasche

Mercedes-Benz Actros

H: Highspeed (China) **V:** Grell (Bielefeld)

Verpackung: Blister

7,50 Euro

Markgrafen Getränke 59

Mönchshof-Bräu Kulmbach Bayern

MAN 10.212F (Oldtimer)

H: keine Angabe **V:** DGD (Nürnberg)

Verpackung: Blister

7,50 Euro

Markgrafen Getränke 60

Deutschland - Berlin, mit versch. Wahrzeichen

Scania 124L 420

H: Grell (Bielefeld-China) **V:** Grell (Bielefeld)

Verpackung: Blister

7,50 Euro

Markgrafen Getränke 61
Chantre, mit Flasche und Glas

Ford 9000 (Hauber)
H: Highspeed (China) **V:** Grell (Bielefeld)
Verpackung: Blister
8,00 Euro

Markgrafen Getränke 62
Tucher, mit Etikett

Mercedes-Benz Actros
H: Highspeed (China) **V:** Grell (Bielefeld)
Verpackung: Blister
8,00 Euro

Markgrafen Getränke 63
Maisels Weisse, mit schrägem Glas

Scania 124L 420
H: Grell (Bielefeld-China) **V:** Grell (Bielefeld)
Verpackung: Blister
7,50 Euro

Markgrafen Getränke 64
Deutschland - Oberpfalz, mit versch. Wahrzeichen

Scania 124L 420
H: Grell (Bielefeld-China) **V:** Grell (Bielefeld)
Verpackung: Blister
7,50 Euro

Markgrafen Getränke 65
Oberbrambacher

Krupp Mustang (Oldtimer)
H: Grell (Bielefeld-China) **V:** Grell (Bielefeld)
Verpackung: Blister
8,00 Euro

Markgrafen Getränke 66
Kondrauer, mit 6 schrägen Flaschen vor Wasser

Scania 124L 420
H: Grell (Bielefeld-China) **V:** Grell (Bielefeld)
Verpackung: Blister
7,50 Euro

Markgrafen Getränke 67
Jack Daniels, mit schräger Flasche

MAN TG-460
H: Grell (Bielefeld-China) **V:** Grell (Bielefeld)
Verpackung: Blister
8,00 Euro

Markgrafen Getränke 68
und EKU

Mercedes-Benz Actros
H: Highspeed (China) **V:** Grell (Bielefeld)
Verpackung: Blister
9,00 Euro

Markgrafen Getränke 68
die letzte Mark rollt, mit 1 DM im Tank

MAN TG-460
H: Grell (Bielefeld-China) **V:** Grell (Bielefeld)
Verpackung: Blister
8,00 Euro

Markgrafen Getränke 69
Kleiner Feigling

Renault Premium Route
H: Top-Style (Ebersdorf) **V:** Allround Service (Wonsees)
Verpackung: Blister
7,50 Euro

Markusbrunnen 01
sonst fehlt uns was! mit 3 Flaschen

Mercedes-Benz Actros
H: Hümmer **V:** Hümmer (Teugn)
Verpackung: Blister
9,00 Euro

Markusbrunnen 02
Mit 3 Flaschen mit Weihnachtsmützen im Schnee (Weihnacht 2001)

Scania 164L 6580
H: Wörlein (Cadolzburg) **V:** DGD (Nürnberg)
Verpackung: Blister
7,50 Euro

Martini Meister Pils (Kassel) 01
mit aufgehender Sonne, geriffelter Sattel

US klassisch (Hauber)
H: Made in China **V:** Remo (Köln)
Verpackung: Blister
80,00 Euro

Martinsbräu (Marktheidenfeld) 01
Alles Gute: Dein Martin, mit liegendem Glas

US klassisch (Hauber)
H: Made in China **V:** DGD (Nürnberg)
Verpackung: Blister
10,00 Euro

Martinsbräu (Marktheidenfeld) 02
mit Logo

MAN Büssing 8000 (Oldtimer)
H: Wörlein (Cadolzburg) **V:** DGD (Nürnberg)
Verpackung: Blister
9,00 Euro

2002

M

Martinsbräu (Marktheidenfeld) 03

Alles Gute: Dein Martin, mit liegender Flasche

Mercedes-Benz Actros

H: Wörlein (Cadolzburg) **V:** DGD (Nürnberg)

Verpackung: Blister

7,50 Euro

Matchbox - Great Beers of the World 01

Castlemaine XXXX, Queensland (Australien)

Ford Model A Van (Oldtimer)

H: Matchbox **V:** Spielwarenhandel

Verpackung: Showbox - Modell auf Platte

40,00 Euro

Matchbox - Great Beers of the World 02

Beck & Co, Exportbrauerei Bremen, ohne Seitenfenster

Ford Van - TT (Oldtimer)

H: Matchbox **V:** Becks (Holland)

Verpackung: Showbox - Modell auf Platte

40,00 Euro

Matchbox - Great Beers of the World 03

Swan (West-Australien)

Atkinson Dampf-Wagen (Oldtimer)

H: Matchbox **V:** Spielwarenhandel

Verpackung: Showbox - Modell auf Platte

40,00 Euro

Matchbox - Great Beers of the World 04

Fullers Griffen Brewery (England)

Morris Light Van (Oldtimer)

H: Matchbox **V:** Spielwarenhandel

Verpackung: Showbox - Modell auf Platte

40,00 Euro

Matchbox - Great Beers of the World 05
Carlsberg

Ford Model AA Van (Oldtimer)
H: Matchbox **V:** Spielwarenhandel
Verpackung: Showbox - Modell auf Platte
40,00 Euro

Matchbox - Great Beers of the World 06
Holsten, Hamburg

Mercedes-Benz L5 (Oldtimer)
H: Matchbox **V:** Spielwarenhandel
Verpackung: Showbox - Modell auf Platte
40,00 Euro

Matchbox - Great Beers of the World 08
Steinlager (Neuseeland)

GMC Van (Oldtimer)
H: Matchbox **V:** Spielwarenhandel
Verpackung: Showbox - Modell auf Platte
40,00 Euro

Matchbox - Great Beers of the World 09
Moosehead (Kanada)

Mack AC (Oldtimer)
H: Matchbox **V:** Spielwarenhandel
Verpackung: Showbox - Modell auf Platte
40,00 Euro

Matchbox - Great Beers of the World 10
South Pacific Breweries, Port Moresby (Neu Guinea)

Talbot Van (Oldtimer)
H: Matchbox **V:** Spielwarenhandel
Verpackung: Showbox - Modell auf Platte
40,00 Euro

Matchbox - Great Beers of the World 12

Löwenbräu, München

Yorkshire Dampf-Wagen (Oldtimer)

H: Matchbox **V:** Spielwarenhandel

Verpackung: Showbox - Modell auf Platte

40,00 Euro

Matchbox - Great Beers of the World 13

Anchor, San Francisco (USA)

Ford TT Van (Oldtimer)

H: Matchbox **V:** Spielwarenhandel

Verpackung: Showbox - Modell auf Platte

40,00 Euro

Matchbox - Great Beers of the World 14

Kirin (Japan)

Ford Model T Van (Oldtimer)

H: Matchbox **V:** Spielwarenhandel

Verpackung: Showbox - Modell auf Platte

40,00 Euro

Matchbox - Great Beers of the World 15

Flowers, Stratford (England)

Garrett Dampf-Wagen (Oldtimer)

H: Matchbox **V:** Spielwarenhandel

Verpackung: Showbox - Modell auf Platte

40,00 Euro

Matchbox - Great Beers of the World 16

Corona (Mexiko)

Ford Model AA Van (Oldtimer)

H: Matchbox **V:** Spielwarenhandel

Verpackung: Showbox - Modell auf Platte

40,00 Euro

Matchbox - Great Beers of the World 17
Henninger, Frankfurt/M.

Mercedes-Benz L5 (Oldtimer)
H: Matchbox **V:** Spielwarenhandel
Verpackung: Showbox - Modell auf Platte
40,00 Euro

Matchbox - Great Beers of the World 21
DAB, Dortmund

Mercedes-Benz L5 (Oldtimer)
H: Matchbox **V:** Spielwarenhandel
Verpackung: Showbox - Modell auf Platte
40,00 Euro

Matchbox - Great Beers of the World 22
Beamish, Cork (Irland)

Atkinson Dampf-Wagen (Oldtimer)
H: Matchbox **V:** Spielwarenhandel
Verpackung: Showbox - Modell auf Platte
40,00 Euro

Matchbox - Models of Yesterday 01
Carlsberg

Crossley (Oldtimer)
H: Matchbox **V:** Spielwarenhandel
Verpackung: Showbox - Pappe und Plastik
15,00 Euro

Mauritius (Zwickau) 01
Pilsener, mit 2 Logos

US klassisch (Hauber)
H: Made in China **V:** Hümmer (Teugn)
Verpackung: Blister
60,00 Euro

Mauritius (Zwickau) 02
und Heiloo Getränke, mit Logo, geriffelter Sattel
US klassisch (Hauber)
H: Made in China **V:** Hümmer (Teugn)
Verpackung: Blister
45,00 Euro

Mauritius (Zwickau) 03
und Kunz Zwickau, mit Logo
US klassisch (Hauber)
H: Made in China **V:** Hümmer (Teugn)
Verpackung: Blister
45,00 Euro

Mauritius (Zwickau) 04
proBIERs, mit 2 Flaschen
Mercedes-Benz groß (NG 80 lang)
H: Golden (ADT-Trucks) **V:** Lauterbach
Verpackung: Blister
15,00 Euro

Mauritius (Zwickau) 05
proBIERs und EBRU
Mercedes-Benz groß (NG 80 lang)
H: Golden (ADT-Trucks) **V:** Lauterbach
Verpackung: Blister
15,00 Euro

Mauritius (Zwickau) 06
proBIERs und Getränke Mayer
Mercedes-Benz groß (NG 80 lang)
H: Golden (ADT-Trucks) **V:** Lauterbach
Verpackung: Blister
15,00 Euro

Mauritius (Zwickau) 07
proBIERs und Getränkemarkt Gärtner

Mercedes-Benz groß (NG 80 lang)
H: Golden (ADT-Trucks) **V:** Lauterbach
Verpackung: Blister
15,00 Euro

Mauritius (Zwickau) 08
proBIERs und Huster Getränke

Mercedes-Benz groß (NG 80 lang)
H: Golden (ADT-Trucks) **V:** Lauterbach
Verpackung: Blister
15,00 Euro

Mauritius (Zwickau) 09
proBIERs und K&K Getränke

Mercedes-Benz groß (NG 80 lang)
H: Made in China **V:** Lauterbach
Verpackung: Blister
15,00 Euro

Mauritius (Zwickau) 10
proBIERs, mit Flasche

Mercedes-Benz Actros
H: Highspeed (China) **V:** Grell (Bielefeld)
Verpackung: Blister
15,00 Euro

Mauritius (Zwickau) 11
proBIERs und DreHa

Mercedes-Benz Actros
H: Highspeed (China) **V:** Grell (Bielefeld)
Verpackung: Blister
15,00 Euro

Mauritius (Zwickau) 12

proBIERs und EBRU

Mercedes-Benz Actros

H: Highspeed (China) **V:** Grell (Bielefeld)

Verpackung: Blister

15,00 Euro

Mauritius (Zwickau) 13

proBIERs und Eurotrink

Mercedes-Benz Actros

H: Highspeed (China) **V:** Grell (Bielefeld)

Verpackung: Blister

15,00 Euro

Mauritius (Zwickau) 14

proBIERs und Getränke Gerber

Mercedes-Benz Actros

H: Highspeed (China) **V:** Grell (Bielefeld)

Verpackung: Blister

15,00 Euro

Mauritius (Zwickau) 15

proBIERs und Getränke Mayer

Mercedes-Benz Actros

H: Highspeed (China) **V:** Grell (Bielefeld)

Verpackung: Blister

15,00 Euro

Mauritius (Zwickau) 16

proBIERs und Getränke Weck

Mercedes-Benz Actros

H: Highspeed (China) **V:** Grell (Bielefeld)

Verpackung: Blister

15,00 Euro

Mauritius (Zwickau) 17
proBIERs und Getränkemarkt Gärtner
Mercedes-Benz Actros
H: Highspeed (China) **V:** Grell (Bielefeld)
Verpackung: Blister
15,00 Euro

Mauritius (Zwickau) 18
proBIERs und GLS
Mercedes-Benz Actros
H: Highspeed (China) **V:** Grell (Bielefeld)
Verpackung: Blister
15,00 Euro

Mauritius (Zwickau) 19
proBIERs und Heiloo
Mercedes-Benz Actros
H: Highspeed (China) **V:** Grell (Bielefeld)
Verpackung: Blister
15,00 Euro

Mauritius (Zwickau) 20
proBIERs und Huster
Mercedes-Benz Actros
H: Highspeed (China) **V:** Grell (Bielefeld)
Verpackung: Blister
15,00 Euro

Mauritius (Zwickau) 21
proBIERs und TRINKS
Mercedes-Benz Actros
H: Highspeed (China) **V:** Grell (Bielefeld)
Verpackung: Blister
15,00 Euro

Mauritius (Zwickau) 22

proBIERs und Volpert

Mercedes-Benz Actros

H: Highspeed (China) **V:** Grell (Bielefeld)

Verpackung: Blister

15,00 Euro

Mauritius (Zwickau) 23

proBIERs und Globus Zwickau

Mercedes-Benz Actros

H: Highspeed (China) **V:** Grell (Bielefeld)

Verpackung: Blister

15,00 Euro

Mauritius (Zwickau) 24

proBIERs und Getränke Metzner Glauchau

Mercedes-Benz Actros

H: Highspeed (China) **V:** Grell (Bielefeld)

Verpackung: Blister

15,00 Euro

Mauritius (Zwickau) 25

proBIERs und Getränke Jakob Wiesenburg

Mercedes-Benz Actros

H: Highspeed (China) **V:** Grell (Bielefeld)

Verpackung: Blister

15,00 Euro

Mauritius (Zwickau) 26

proBIERs und Bilgro

Mercedes-Benz Actros

H: Highspeed (China) **V:** Grell (Bielefeld)

Verpackung: Blister

15,00 Euro

Mauritius (Zwickau) 27

Frische Edit. Nr. 1, Mit frischem Zug ins nächste Jahrtausend, mit 2 schrägen Flaschen

US klassisch (Hauber)

H: Hümmer **V:** Hümmer (Teugn)

Verpackung: Blister

12,50 Euro

Mauritius (Zwickau) 28

Frische Edit. Nr. 2, Die frische und hopfenherbe Bierspezialität, mit 2 schrägen Flaschen

US klassisch (Hauber)

H: Hümmer **V:** Hümmer (Teugn)

Verpackung: Blister

12,50 Euro

Mauritius (Zwickau) 29

Frische Edit. Nr. 3, Bockstark! proBIER´s! mit schräger Flasche

IFA W50 (Oldtimer)

H: Wörlein (Cadolzburg) **V:** DGD (Nürnberg)

Verpackung: Blister

10,00 Euro

Mauritius (Zwickau) 30

Frische Edit. Nr. 4, Das frische Mauritius aus Zwickau, mit 2 schrägen Flaschen

IFA W50 (Oldtimer)

H: Wörlein (Cadolzburg) **V:** DGD (Nürnberg)

Verpackung: Blister

9,00 Euro

Mauritius (Zwickau) 31

Frische Edit. Nr. 5, Das frische Mauritius aus Zwickau, mit Frau

Mercedes-Benz Actros

H: Highspeed (China) **V:** Grell (Bielefeld)

Verpackung: Blister

8,00 Euro

Mauritius (Zwickau) 32

Frische Edit. Nr. 6, Bock Dunkel, mit Logo

Ford Model T 1919 (Oldtimer)

H: Highspeed (China) **V:** Grell (Bielefeld)

Verpackung: Blister

10,00 Euro

Mauritius (Zwickau) 33

Frische Edit. Nr. 7, Auf ein frisches 2001! Schwarzes Gold

Ford Model A mit Kästen (Oldtimer)

H: Highspeed (China) **V:** Grell (Bielefeld)

Verpackung: Blister

10,00 Euro

Mauritius (Zwickau) 34

Heimat-Edit. Nr. 1, Bock Dunkel, mit Logo und 2 Flaschen

Mercedes-Benz Actros

H: Wörlein (Cadolzburg) **V:** DGD (Nürnberg)

Verpackung: Blister

7,50 Euro

Mauritius (Zwickau) 35

Heimat-Edit. Nr. 2. Zwickauer Urtyp, mit Brauer und Logo

Ford 9000 (Hauber)

H: Highspeed (China) **V:** Grell (Bielefeld)

Verpackung: Blister

7,50 Euro

Mauritius (Zwickau) 36

Heimat-Edit. Nr. 3, mit 2 liegenden Flaschen, LKW: Schwarzes Gold, Hänger: Urtyp

Mercedes-Benz 6600 (Oldtimer)

H: Hümmer **V:** Hümmer (Teugn)

Verpackung: Blister

7,50 Euro

Mauritius (Zwickau) 37
Heimat-Edit. Nr. 4, Bock-Stark, mit liegender Flasche

Krupp Mustang (Oldtimer)
H: Grell (Bielefeld-China) **V:** Grell (Bielefeld)
Verpackung: Blister
7,50 Euro

Mauritius (Zwickau) 38
Frohes Fest (Weihnacht 2001),
mit 4 verschiedenen schrägen Flaschen

Freightliner FLD 120 (Hauber)
H: Grell (Bielefeld-China) **V:** Grell (Bielefeld)
Verpackung: Blister
7,50 Euro

Mauritius (Zwickau) 39
Zwickauer Bier (VEB Zwickauer Brauereien)

IFA H6 (Oldtimer)
H: Hümmer **V:** Hümmer (Teugn)
Verpackung: Blister
7,50 Euro

Mauritius (Zwickau) 40
Die frischen Vier von hier, mit 4 schrägen Flaschen

Scania 124L 420
H: Grell (Bielefeld-China) **V:** Grell (Bielefeld)
Verpackung: Blister
7,50 Euro

Mauritius (Zwickau) 41
Heimat-Edit. Nr. 5, Ein tierischer Genuss.
mit 4 schrägen Flaschen

US modern (Hauber)
H: Hümmer **V:** Hümmer (Teugn)
Verpackung: Blister
7,50 Euro

Max Werner (Ampferbach) 01

LKW: Max Logo, Hänger: Werner Logo

Mercedes-Benz Actros

H: Hümmer **V:** Hümmer (Teugn)

Verpackung: Plastikschachtel bedruckt oder mit Aufkleber

6,50 Euro

Max Werner (Ampferbach) 02

mit 2 Logos

MAN TG-A

H: Wörlein (Cadolzburg) **V:** Allround Service (Wonsees)

Verpackung: Plastikschachtel bedruckt oder mit Aufkleber

6,50 Euro

Maximilians Brauwiesen (Lahnstein) 01

mit roten Mohnblumen

MAN M2000

H: Made in China **V:** Lauterbach

Verpackung: Blister

7,50 Euro **Auflage:** 2.500

Maximilians Brauwiesen (Lahnstein) 02

mit Mohnblumenfeld

MAN M2000

H: Made in China **V:** Lauterbach

Verpackung: Blister

7,50 Euro **Auflage:** 2.500

Maxlrainer Schlossbrauerei 01

Unsereiner trinkt Maxlrainer, mit Logo

MAN F2000 Aero (Hochdach)

H: Wörlein (Cadolzburg) **V:** DGD (Nürnberg)

Verpackung: Blister

8,00 Euro

2002 2002 2002

M

Maxlrainer Schlossbrauerei 02

Erntebier, mit schrägem Glas und Schloss vor Landschaft

MAN TG-A

H: Wörlein (Cadolzburg) **V:** DGD (Nürnberg)

Verpackung: Blister

7,50 Euro

Maxlrainer Schlossbrauerei 03

mit vielen Fässern und blau-gelbem Schmuck

Pferdekutsche 4-Spänner

H: keine Angabe **V:** TRI PLEX (Gaukönigshofen)

Verpackung: Blister

7,50 Euro

Mayerbräu (Oggersheim) 01

mit Logo

Mercedes-Benz Atego 18T

H: Vierke (Braunschweig) **V:** Vierke (Braunschweig)

Verpackung: Blister

8,00 Euro **Auflage:** 5.000

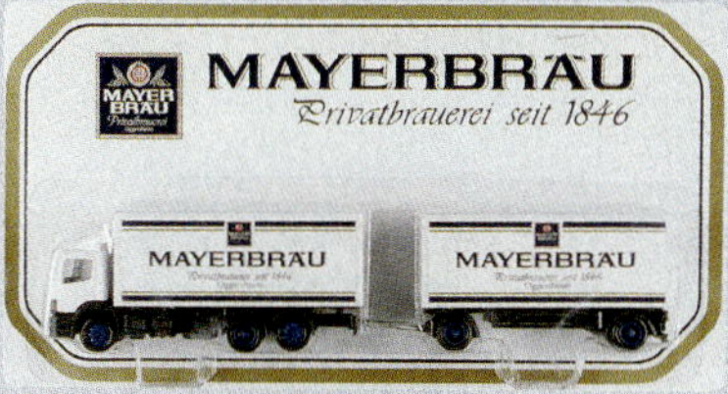

Meckatzer 01

Löwenbräu, mit Landschaft und Glas

Mercedes-Benz klein (NG 80 mittel)

H: Made in China **V:** Hümmer (Teugn)

Verpackung: Blister

40,00 Euro

Meckatzer 02

Löwenbräu, mit Landschaft, Glas und Logo

Mercedes-Benz klein (NG 80 mittel)

H: Made in China **V:** Hümmer (Teugn)

Verpackung: Blister

30,00 Euro

M

2002

Meckatzer 03

Löwenbräu, mit Landschaft, Glas und Logo

US klassisch (Hauber)

H: Hümmer **V:** Hümmer (Teugn)

Verpackung: Blister

20,00 Euro

Meckatzer 04

Geht´s ums Bier - sind wir Meckatzer, mit Glas und Logo

MAN F2000 Aero (Hochdach)

H: Wörlein (Cadolzburg) **V:** DGD (Nürnberg)

Verpackung: Blister

9,00 Euro

Meckatzer 05

Geht´s ums Bier - sind wir Meckatzer, mit Glas und Logo

Framo V 501 (Oldtimer)

H: Wörlein (Cadolzburg) **V:** DGD (Nürnberg)

Verpackung: Blister

7,50 Euro

Meckatzer 06

Geht´s ums Bier - sind wir Meckatzer, mit Glas vor Landschaft und Logo

Mercedes-Benz Actros

H: Made in China **V:** Brauerei

Verpackung: Blister

7,50 Euro

Mehringer (Neunburg) 01

Altbayrisches Weißbier, mit 2 Logos, 2 Achsen, volle Felgen

US modern (Hauber) (Kenworth T800)

H: Golden (ADT-Trucks) **V:** keine Angabe

Verpackung: Plastikschachtel neutral

15,00 Euro

Mehringer (Neunburg) 02
Altbayrisches Weißbier, mit 2 Logos, 2 Achsen, gelochte Felgen
Volvo F-12 Globetrotter
H: Made in China **V:** keine Angabe
Verpackung: Plastikschachtel neutral
15,00 Euro

Mehringer (Neunburg) 03
Altbayrisches Weißbier, mit 2 Logos, 3 Achsen, gelochte Felgen
Mercedes-Benz groß (NG 80 lang)
H: Golden (ADT-Trucks) **V:** keine Angabe
Verpackung: Plastikschachtel neutral
15,00 Euro

Mehringer (Neunburg) 04
Altbayrisches Weißbier, mit 2 Logos
Kenworth klassisch (Hauber)
H: Majorette **V:** keine Angabe
Verpackung: Plastikschachtel neutral
10,00 Euro

Mehringer (Neunburg) 05
Ostern 2001, mit Hasen, Glas und Logo, Nr. 1/6,
Mercedes-Benz Actros
H: Top-Style (Ebersdorf) **V:** Allround Service (Wonsees)
Verpackung: Blister
7,50 Euro

Mehringer (Neunburg) 06
Dunkel, Altbayrisches Weissbier, mit Glas und Logo, Nr. 2/6
Scania 164L 6580
H: Wörlein (Cadolzburg) **V:** DGD (Nürnberg)
Verpackung: Blister
7,50 Euro

Mehringer (Neunburg) 07

Ruprechtus, Weissbier-Bock, mit Glas und Logo, Nr. 3/6

MAN TG-A

H: Wörlein (Cadolzburg) **V:** DGD (Nürnberg)

Verpackung: Blister

7,50 Euro

Mehringer (Neunburg) 08

Hussitten Weisse, mit Ritter auf Pferd und Logo, Nr. 4/6

MAN Phönix (Hauber)

H: Wörlein (Cadolzburg) **V:** DGD (Nürnberg)

Verpackung: Blister

7,50 Euro

Mehringer (Neunburg) 09

Leichte Weisse, Nr.5/6

Mercedes-Benz Actros

H: Wörlein (Cadolzburg) **V:** DGD (Nürnberg)

Verpackung: Blister

7,50 Euro

Mehringer (Neunburg) 10

Weißbier, Altbayrisches, mit Glas und Logo, Nr. 6/6

DAF 95 XF

H: Wörlein (Cadolzburg) **V:** DGD (Nürnberg)

Verpackung: Blister

7,50 Euro

Meininger 01

Frische Brauspezialitäten, mit Logo

Mercedes-Benz klein (NG 80 mittel)

H: Made in China **V:** keine Angabe

Verpackung: Plastikschachtel neutral

75,00 Euro **Auflage:** 3.000

Meininger 02

Frische Brauspezialitäten, mit Logo

US klassisch (Hauber)

H: Made in China **V:** keine Angabe

Verpackung: Plastikschachtel neutral

70,00 Euro **Auflage:** 3.000

Meininger 03

mit Flasche, 2 Gläsern und Logo

US modern (Hauber) (Kenworth T800)

H: Highspeed (China) **V:** Grell (Bielefeld)

Verpackung: Blister

15,00 Euro **Auflage:** 10.000

Meininger 04

Frohes Fest 1999, mit Raben im Schnee, Logo und 2 Gläsern

US modern (Hauber) (Kenworth T800)

H: Highspeed (China) **V:** Grell (Bielefeld)

Verpackung: Blister

15,00 Euro **Auflage:** 30.000

Meininger 05

Das Bier aus bestem Hause

Mercedes-Benz Actros

H: Highspeed (China) **V:** Grell (Bielefeld)

Verpackung: Blister

10,00 Euro **Auflage:** 30.000

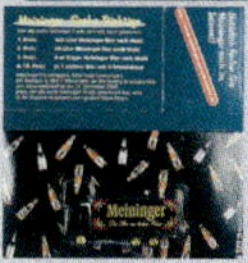

Meininger 06

Maibock, mit Raben auf Wiese, Ortsschild, Gläsern und Logo

Mercedes-Benz Actros

H: Highspeed (China) **V:** Brauerei

Verpackung: Blister

10,00 Euro **Auflage:** 30.000

Meininger 07
mit Foto von Pärchen

US modern (Hauber) (Kenworth T800)
H: Highspeed (China) **V:** Brauerei
Verpackung: Blister
10,00 Euro **Auflage:** 30.000

Meininger 08
Banana Jack, mit Raben, Logo und 2 Gläsern

US modern (Hauber) (Kenworth T800)
H: Highspeed (China) **V:** Brauerei
Verpackung: Blister
10,00 Euro **Auflage:** 30.000

Meininger 09
Rennsteigkeule, zum 100. Deutschen Wandertag

IFA W50 (Oldtimer)
H: Grell (Bielefeld-China) **V:** Grell (Bielefeld)
Verpackung: Blister
10,00 Euro **Auflage:** 10.000

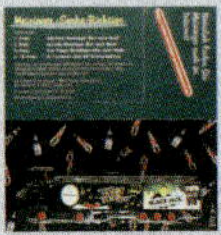

Meininger 10
Black Jack und Honky Tonk, mit Raben, Logo und 2 Gläsern

Mercedes-Benz Actros
H: Highspeed (China) **V:** Grell (Bielefeld)
Verpackung: Blister
9,00 Euro **Auflage:** 30.000

M

Meininger 11
Auch der Engel will´s (Weihnacht 2000), mit Engel,
MIT LICHT

MAN F2000 Aero (Hochdach)
H: Wörlein (Cadolzburg) **V:** DGD (Nürnberg)
Verpackung: Blister
10,00 Euro **Auflage:** 5.000

Meininger 12
Winterbock, mit Bock im Schneelandschaft,
9 Gläsern und Logo

Scania 124L 420
H: Grell (Bielefeld-China) **V:** Brauerei
Verpackung: Blister
8,00 Euro **Auflage:** 30.000

Meininger 13
Jack Snowboard, mit Raben im Schnee,
2 Flaschen und Logo

Mercedes-Benz Actros
H: Highspeed (China) **V:** Grell (Bielefeld)
Verpackung: Blister
7,50 Euro **Auflage:** 15.000

Meininger 14
Frohe Ostern ... (2001), mit Hasen, Glas und Flaschen in
Blumenwiese

Mercedes-Benz Actros
H: Top-Style (Ebersdorf) **V:** Top-Style (Ebersdorf)
Verpackung: Blister
7,50 Euro **Auflage:** 30.000

Meininger 15
Maibock - 2001, mit 3 Flaschen, Bock und Logo

MAN F2000 Aero (Hochdach)
H: Grell (Bielefeld-China) **V:** Grell (Bielefeld)
Verpackung: Blister
7,50 Euro **Auflage:** 30.000

Meininger 16
Jack wünscht guten Schwung! Mit Raben und 2 Flaschen

Freightliner FLD 120 (Hauber)
H: Grell (Bielefeld-China) **V:** Grell (Bielefeld)
Verpackung: Blister
7,50 Euro

Meininger 17

Frisch für 2, mit 2 nackten Frauen und Rabe, Logo und Flasche

Freightliner FLD 120 (Hauber)

H: Grell (Bielefeld-China) **V:** Grell (Bielefeld)

Verpackung: Blister

7,50 Euro

Meininger 18

und Getränke Heublein, mit blauem Transporter

Volvo FH16

H: Wörlein (Cadolzburg) **V:** Müller (Ransbach)

Verpackung: Plastikschachtel bedruckt oder mit Aufkleber

9,00 Euro **Auflage:** 500

Meininger 19

Black Jack, mit großem und 4 kleinen Raben und Logo, Brauereifest Sept. 2001

Mercedes-Benz Actros

H: Top-Style (Ebersdorf) **V:** Grell (Bielefeld)

Verpackung: Blister

7,50 Euro

Meininger 20

Die Meininger kommen! Truckedition 2001, mit Logo

Freightliner FLD 120 (Hauber)

H: Grell (Bielefeld-China) **V:** Grell (Bielefeld)

Verpackung: Blister

7,50 Euro

Meininger 21

Die Meininger kommen! mit 7 stehenden, 1 liegender Flasche und Gebäude

MAN F2000 Aero (Hochdach)

H: Grell (Bielefeld-China) **V:** Grell (Bielefeld)

Verpackung: Blister

7,50 Euro

Meininger 22
Frohes Fest! (Weihnacht 2001), mit Logo und 2 Flaschen vor Stadtrelief mit Sternen

Scania 124L 420
H: Grell (Bielefeld-China) **V:** Grell (Bielefeld)
Verpackung: Blister
7,50 Euro

Meininger 23
Edition 01/2002, Valentinstag, mit Paar und 2 Rosen

MAN F2000 Aero (Hochdach)
H: Grell (Bielefeld-China) **V:** Grell (Bielefeld)
Verpackung: Blister
7,50 Euro

Meininger Getränkevertriebs GmbH 01
Paulaner

Mercedes-Benz Actros
H: Highspeed (China) **V:** Grell (Bielefeld)
Verpackung: Blister
10,00 Euro

Meininger Getränkevertriebs GmbH 02
Kauzen

Mercedes-Benz Actros
H: Highspeed (China) **V:** Grell (Bielefeld)
Verpackung: Blister
10,00 Euro

Meissner Schwerter Brauerei 01
mit 2 Logos

Mercedes-Benz Actros
H: Highspeed (China) **V:** Grell (Bielefeld)
Verpackung: Blister
17,50 Euro

Meissner Schwerter Brauerei 02

German Porter, mit schrägen dt. Flaggen und 2 gekreuzten Schwertern

Mercedes-Benz Actros

H: Highspeed (China) **V:** Grell (Bielefeld)

Verpackung: Blister

10,00 Euro

Meissner Schwerter Brauerei 03

und Meißner Frucht- u. Getränkegroßhandel, mit Foto von Schloss und Logo

Mercedes-Benz Actros

H: Wörlein (Cadolzburg) **V:** DGD (Nürnberg)

Verpackung: Blister

10,00 Euro

Memminger 01

mit Gebirgsfluss und Logo (B E Biere)

US modern (Hauber) (Kenworth T800)

H: Highspeed (China) **V:** Grell (Bielefeld)

Verpackung: Blister

30,00 Euro

Memminger 02

mit Gebirgsfluss und Logo

US modern (Hauber) (Kenworth T800)

H: Highspeed (China) **V:** Grell (Bielefeld)

Verpackung: Blister

20,00 Euro

Memminger 03

Lager schwarz, mit 2 Gläsern und Logo

US modern (Hauber) (Kenworth T800)

H: Highspeed (China) **V:** Grell (Bielefeld)

Verpackung: Blister

15,00 Euro

Memminger 04

mit blauen Streifen und Logo

Mercedes-Benz Actros

H: Top-Style (Ebersdorf) **V:** Top-Style (Ebersdorf)

Verpackung: Blister

7,50 Euro

Merklein (Stübig) 01

Brau-Gaststätte, Hänger mit Fass

Mercedes-Benz Actros

H: Wörlein (Cadolzburg) **V:** Allround Service (Wonsees)

Verpackung: Plastikschachtel bedruckt oder mit Aufkleber

6,50 Euro **Auflage:** 300

Merklein (Stübig) 02

Brau-Gaststätte, mit Faß

Volvo FH16

H: Wörlein (Cadolzburg) **V:** Allround Service Wonsees

Verpackung: Plastikschachtel bedruckt oder mit Aufkleber

6,50 Euro

Merklein (Stübig) 03

Brau-Gaststätte, mit Fass

MAN M2000

H: Made in China **V:** keine Angabe

Verpackung: Plastikschachtel neutral

6,50 Euro

Merzinger 01

mir vielen Früchten

Mercedes-Benz Actros

H: Highspeed (China) **V:** Grell (Bielefeld)

Verpackung: Blister

7,50 Euro

M

2002

Met-Bräu (Zeutern) 01

Ein Bienenstarkes Bier, mit Biene, 2 Achsen, volle Felge

US modern (Hauber) (Kenworth T800)

H: Golden (ADT-Trucks) **V:** keine Angabe

Verpackung: Plastikschachtel neutral

20,00 Euro

Met-Bräu (Zeutern) 03

Ein Bienenstarkes Bier, mit Biene, 3 Achsen, gelochte Felge

US modern (Hauber) (Kenworth T800)

H: Golden (ADT-Trucks) **V:** keine Angabe

Verpackung: Plastikschachtel neutral

20,00 Euro

Mettlacher Abtei-Bräu 01

Das Biolandbier von der Saar, mit 2 Logos

Kenworth klassisch (Hauber)

H: Majorette **V:** Müller (Chemnitz)

Verpackung: Plastikschachtel neutral

7,50 Euro

Mettlacher Abtei-Bräu 02

mit 3 Gläsern, Logo und Braukessel vor Gasthof

Scania 124L ?

H: Hümmer **V:** Hümmer (Teugn)

Verpackung: Blister

7,50 Euro

Michael (Weißenstadt) 01

limitierte und nummerierte Auflage, mit Logo

Mercedes-Benz Actros

H: Wörlein (Cadolzburg) **V:** 24Indesign (Fichtelberg)

Verpackung: Plastikschachtel auf Pappe aufgeklebt

30,00 Euro **Auflage:** 200

Michael (Weißenstadt) 02
mit 2 Logos

Mercedes-Benz groß (NG 80 lang)
H: Made in China **V:** keine Angabe
Verpackung: Plastikschachtel neutral
6,50 Euro **Auflage:** 300

Michael (Weißenstadt) 03
Pilsener, mit Etikett

Mercedes-Benz Actros
H: Wörlein (Cadolzburg) **V:** Allround Service (Wonsees)
Verpackung: Plastikschachtel bedruckt oder mit Aufkleber
6,50 Euro **Auflage:** 300

Michael (Weißenstadt) 04
See-Weisse, mit Etikett

Mercedes-Benz Actros
H: Wörlein (Cadolzburg) **V:** Allround Service (Wonsees)
Verpackung: Plastikschachtel bedruckt oder mit Aufkleber
6,50 Euro **Auflage:** 300

Michael (Weißenstadt) 05
M. Lager

Mercedes-Benz Actros
H: Wörlein (Cadolzburg) **V:** Allround Service (Wonsees)
Verpackung: Plastikschachtel bedruckt oder mit Aufkleber
6,50 Euro **Auflage:** 300

Michael (Weißenstadt) 06
Egerthaler Leicht, mit 2 Logos

MAN F2000 Aero (Hochdach)
H: Wörlein (Cadolzburg) **V:** Allround Service (Wonsees)
Verpackung: Plastikschachtel bedruckt oder mit Aufkleber
6,50 Euro **Auflage:** 300

Michael (Weißenstadt) 07

Michael Kellerbier, mit 2 Logos

Mercedes-Benz Actros

H: Wörlein (Cadolzburg) **V:** Eurosun (Cadolzburg)

Verpackung: Plastikschachtel bedruckt oder mit Aufkleber

6,50 Euro **Auflage:** 300

Michael (Weißenstadt) 08

Michael Kellerbier, mit 2 Logos

MAN F2000 Aero (Hochdach)

H: Wörlein (Cadolzburg) **V:** Allround Service (Wonsees)

Verpackung: Plastikschachtel bedruckt oder mit Aufkleber

6,50 Euro **Auflage:** 300

Michael (Weißenstadt) 09

Michael Radler, mit Glas und 2 Radfahrern

MAN F2000 Aero (Hochdach)

H: Wörlein (Cadolzburg) **V:** Eurosun (Cadolzburg)

Verpackung: Plastikschachtel bedruckt oder mit Aufkleber

6,50 Euro **Auflage:** 300

Michael (Weißenstadt) 10

Pilsener, mit Etikett

Mercedes-Benz Actros

H: Top-Style (Ebersdorf) **V:** Allround Service (Wonsees)

Verpackung: Plastikschachtel bedruckt oder mit Aufkleber

6,50 Euro **Auflage:** 300

Michael (Weißenstadt) 11

See-Weisse, mit Etikett

Mercedes-Benz Actros

H: Top-Style (Ebersdorf) **V:** Allround Service (Wonsees)

Verpackung: Plastikschachtel bedruckt oder mit Aufkleber

6,50 Euro **Auflage:** 300

Michael (Weißenstadt)	12
M. Lager	
Mercedes-Benz Actros	
H: Top-Style (Ebersdorf) **V:** Allround Service (Wonsees)	
Verpackung: Plastikschachtel bedruckt oder mit Aufkleber	
6,50 Euro	**Auflage:** 300

Michael (Weißenstadt)	13
Kellerbier, mit Etikett	
Mercedes-Benz Actros	
H: Wörlein (Cadolzburg) **V:** Eurosun (Cadolzburg)	
Verpackung: Plastikschachtel bedruckt oder mit Aufkleber	
6,50 Euro	**Auflage:** 300

Michael (Weißenstadt)	14
Michael Radler, mit Glas und 2 Radfahrern	
Mercedes-Benz Actros	
H: Wörlein (Cadolzburg) **V:** Eurosun Cadolzburg	
Verpackung: Plastikschachtel bedruckt oder mit Aufkleber	
65,00 Euro	**Auflage:** 300

Michael (Weißenstadt)	15
Egerthaler Leicht, mit 2 Logos	
Mercedes-Benz Actros	
H: Wörlein (Cadolzburg) **V:** Allround Service Wonsees	
Verpackung: Plastikschachtel bedruckt oder mit Aufkleber	
6,50 Euro	**Auflage:** 300

Michael (Weißenstadt)	16
Pilsener, mit Etikett	
MAN F2000 Aero (Hochdach)	
H: Wörlein (Cadolzburg) **V:** Allround Service Wonsees	
Verpackung: Plastikschachtel bedruckt oder mit Aufkleber	
6,50 Euro	**Auflage:** 300

Michael (Weißenstadt) 17

See-Weisse, mit Etikett

MAN F2000 Aero (Hochdach)

H: Wörlein (Cadolzburg) **V:** Allround Service Wonsees

Verpackung: Plastikschachtel bedruckt oder mit Aufkleber

6,50 Euro **Auflage:** 300

Michael (Weißenstadt) 18

M. Lager

MAN F2000 Aero (Hochdach)

H: Wörlein (Cadolzburg) **V:** Allround Service Wonsees

Verpackung: Plastikschachtel bedruckt oder mit Aufkleber

6,50 Euro **Auflage:** 300

Michael (Weißenstadt) 19

Weißenstädter Wiesenfest 2001, mit Gasthaus Egertal

Mercedes-Benz Actros

H: Hümmer **V:** Hümmer (Teugn)

Verpackung: Plastikschachtel bedruckt oder mit Aufkleber

6,50 Euro **Auflage:** 300

Michael (Weißenstadt) 20

Michael Kellerbier, mit 2 Logos

US modern (Hauber)

H: Hümmer **V:** Hümmer (Teugn)

Verpackung: Plastikschachtel bedruckt oder mit Aufkleber

6,50 Euro

Michaelsbräu (Babenhausen) 01

Michel´s Kellerbier, mit 8 Bügelflaschen und Logo

Mercedes-Benz Actros

H: Highspeed (China) **V:** Grell (Bielefeld)

Verpackung: Blister

10,00 Euro

Mietke - Mercura 01

10 Jahre Pressegroßhandel und 5 Jahre Gewerbecenter

Mercedes-Benz Actros

H: Dickie (China) **V:** keine Angabe

Verpackung: Plastikschachtel neutral

6,50 Euro

Mittweidaer Löwenbräu 01

Black Lion, mit Logo

US modern (Hauber) (Kenworth T800)

H: Highspeed (China) **V:** Grell (Bielefeld)

Verpackung: Blister

15,00 Euro

Mittweidaer Löwenbräu 02

Black Lion, mit Logo

Mercedes-Benz Actros

H: Highspeed (China) **V:** Grell (Bielefeld)

Verpackung: Blister

12,50 Euro

Mittweidaer Löwenbräu 04

mit Logo

IFA W50 (Oldtimer)

H: Grell (Bielefeld-China) **V:** Grell (Bielefeld)

Verpackung: Blister

10,00 Euro

Mittweidaer Löwenbräu 05

mit Logo

Ford Model T 1919 (Oldtimer)

H: Highspeed (China) **V:** Grell (Bielefeld)

Verpackung: Blister

10,00 Euro

Mittweidaer Löwenbräu 06

Löschzug

Pirsch Feuerwehr (1919)

H: Highspeed (China) **V:** Grell (Bielefeld)

Verpackung: Blister

9,00 Euro

Mittweidaer Löwenbräu 07

Ford Model A mit Kästen (Oldtimer)

H: Highspeed (China) **V:** Grell (Bielefeld)

Verpackung: Blister

8,00 Euro

Mittweidaer Löwenbräu 08

mit Löwen, Flasche, Glas und Logo

Freightliner FLD 120 (Hauber)

H: Grell (Bielefeld-China) **V:** Grell (Bielefeld)

Verpackung: Blister

8,00 Euro

Mittweidaer Löwenbräu 09

mit goldener Schrift

Pferdekutsche 2-Spänner

H: Highspeed (China) **V:** Grell (Bielefeld)

Verpackung: Blister

8,00 Euro

Mittweidaer Löwenbräu 10

Black Lion, Das feine Schwarzbier, mit 2 Logos

Freightliner FLD 120 (Hauber)

H: Grell (Bielefeld-China) **V:** Grell (Bielefeld)

Verpackung: Blister

7,50 Euro

Mittweidaer Löwenbräu 11
mit 2 Logos

Krupp Mustang (Oldtimer)
H: Grell (Bielefeld-China) **V:** Grell (Bielefeld)
Verpackung: Blister
8,00 Euro

Mocker (Thierstein) 01
hefe-trüb, mit Logo

MAN Phönix (Hauber)
H: Wörlein (Cadolzburg) **V:** Oelschlegel (Heinsdorfergrund)
Verpackung: Blister
7,50 Euro

Mocker (Thierstein) 02
Hefetrübe Bockbierspezialität, mit Logo

MAN Phönix (Hauber)
H: Wörlein (Cadolzburg) **V:** Oelschlegel (Heinsdorfergrund)
Verpackung: Blister
7,50 Euro

Mocker (Thierstein) 03
(Weihnacht 2001) mit verschneitem Bock und 3 Fässern

Freightliner FLD 120 (Hauber)
H: Grell (Bielefeld-China) **V:** Oelschlegel (Heinsdorfergrund)
Verpackung: Blister
7,50 Euro **Auflage:** 2.500

Mocker (Thierstein) 04
mit 2 großen und kleinem Fass, liegende Frau auf Blister

Mercedes-Benz Actros
H: Top-Style (Ebersdorf) **V:** Top-Style (Ebersdorf)
Verpackung: Blister
7,50 Euro **Auflage:** 2.500

2002

M

Mocker (Thierstein)	05
Pferdekutsche 2-Spänner	
H: Highspeed (China) **V:** Grell (Bielefeld)	
Verpackung: Blister	
7,50 Euro	**Auflage:** 2.500

Mohr Fruchtsäfte (Langenburg)	01
mit dunklem Streifen	
MAN F2000 (Hochdach)	
H: Wörlein (Cadolzburg) **V:** DGD (Nürnberg)	
Verpackung: Blister	
7,50 Euro	

Mönchsambacher Privatbrauerei Zehendner	01
mit 2 Mönchen	
Volvo FH16	
H: Wörlein (Cadolzburg) **V:** DGD (Nürnberg)	
Verpackung: Plastikschachtel bedruckt oder mit Aufkleber	
6,50 Euro	

Mönchsambacher Privatbrauerei Zehendner	02
Hefe-Weizen, mit Mönch	
Volvo FH16	
H: Wörlein (Cadolzburg) **V:** DGD (Nürnberg)	
Verpackung: Plastikschachtel bedruckt oder mit Aufkleber	
6,50 Euro	

Mönchskrug	01
mit Glas und aufgehender Sonne	
MAN F2000 Aero (Hochdach)	
H: Wörlein (Cadolzburg) **V:** WMS (Thum)	
Verpackung: Blister	
9,00 Euro	

Mönchskrug 02

Nr.2, mit Frau in roten Dessous und Logo

MAN Phönix (Hauber)

H: Wörlein (Cadolzburg) **V:** WMS (Thum)

Verpackung: Blister

8,00 Euro **Auflage:** 2.500

Mönchskrug 03

mit Frau in roten Dessous und Logo (lim. und nummerierte Sonderauflage von 219 Stück)

MAN F2000 Aero (Hochdach)

H: Wörlein (Cadolzburg) **V:** DGD (Nürnberg)

Verpackung: Plastikschachtel bedruckt oder mit Aufkleber

15,00 Euro **Auflage:** 219

Mönchskrug 04

mit Blitzen und Logo

MAN F2000 Aero (Hochdach)

H: Wörlein (Cadolzburg) **V:** WMS (Thum)

Verpackung: Blister

7,50 Euro

Mönchskrug 05

mit Blitzen und Logo

MAN F2000 Aero (Hochdach)

H: Wörlein (Cadolzburg) **V:** WMS (Thum)

Verpackung: Blister

7,50 Euro

Mönchskrug 06

Weihnacht (2001), mit Frau im Weihnachtsmannmantel und Logo

DAF 95 XF

H: Wörlein (Cadolzburg) **V:** WMS (Thum)

Verpackung: Blister

7,50 Euro **Auflage:** 5.000

Mönchskrug 07

Weihnacht (2001), mit Frau im Weihnachtsmannmantel und Logo

DAF 95 XF

H: Wörlein (Cadolzburg) **V:** WMS (Thum)

Verpackung: Blister

7,50 Euro **Auflage:** 5.000

Mönchskrug 08

Ford Model T 1919 (Oldtimer)

H: Highspeed (China) **V:** Grell (Bielefeld)

Verpackung: Blister

7,50 Euro **Auflage:** 2.500

Mönchskrug 09

Ford Model T 1919 (Oldtimer)

H: Highspeed (China) **V:** Grell (Bielefeld)

Verpackung: Blister

7,50 Euro **Auflage:** 2.500

Moosbacher 01

Für jeden Geschmack ...

Mercedes-Benz Actros

H: Highspeed (China) **V:** Dickie (Fürth)

Verpackung: Blister

10,00 Euro

Moosbacher 02

mit Pinguinen, Schnell Jungs...

Mercedes-Benz Actros

H: Highspeed (China) **V:** Dickie (Fürth) und AHA Werbeag

Verpackung: Blister

9,00 Euro

Moosbacher	03
ohne Moos nix los! mit 3 Flaschen	
Mercedes-Benz Actros	
H: Highspeed (China) **V:** Dickie (Fürth)	
Verpackung: Blister	
8,00 Euro	

Moosbacher	04
Festbier, mit Weihnachtsmotiv (2000)	
Mercedes-Benz Actros	
H: Highspeed (China) **V:** keine Angabe	
Verpackung: Plastikschachtel neutral	
12,50 Euro	**Auflage:** 1.000

Moosbacher	05
mit Krokodil und Logo	
Mercedes-Benz Actros	
H: Highspeed (China) **V:** keine Angabe	
Verpackung: Plastikschachtel neutral	
12,50 Euro	**Auflage:** 1.000

Moosbacher	06
3 Korn-Weisse, mit Flasche vor Wolken	
Mercedes-Benz Actros	
H: Highspeed (China) **V:** Dickie (Fürth)	
Verpackung: Blister	
8,00 Euro	

Moosbacher	07
Bissfest! Trinkfest! mit Krokodil und Flasche (Andruckmuster)	
MAN F2000 Aero (Hochdach)	
H: Wörlein (Cadolzburg) **V:** Allround Service (Wonsees)	
Verpackung: Blister	

2002

M

Moosbacher 08

Stoßfest! Trinkfest? Mit See-Elefanten

Mercedes-Benz Actros

H: Top-Style (Ebersdorf) **V:** Top-Style (Ebersdorf)

Verpackung: Blister

7,50 Euro

Moosbacher 09

Bissfest! Trinkfest? Mit Krokodil und Flasche

MAN F2000 Aero (Hochdach)

H: Wörlein (Cadolzburg) **V:** MaHug (Kulmbach)

Verpackung: Blister

7,50 Euro

Moosbacher 10

Hol mir mal ..., mit 6 Steingötzen, 1/5

Mercedes-Benz Actros

H: Top-Style (Ebersdorf) **V:** Allround Service (Wonsees)

Verpackung: Blister

7,50 Euro

Moosbacher 11

Hol mir mal ..., mit chinesischer Statue, 2/5

Mercedes-Benz Actros

H: Top-Style (Ebersdorf) **V:** Allround Service (Wonsees)

Verpackung: Blister

7,50 Euro

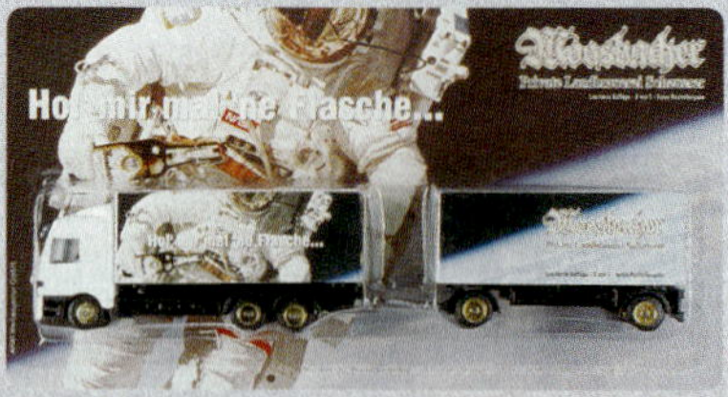

Moosbacher 12

Hol mir mal ..., mit Astronauten, 3/5

Mercedes-Benz Actros

H: Top-Style (Ebersdorf) **V:** Allround Service (Wonsees)

Verpackung: Blister

7,50 Euro

Moosbacher 13

Hol mir mal ..., mit goldenen Buddhas, 4/5

Mercedes-Benz Actros

H: Top-Style (Ebersdorf) **V:** Top-Style (Ebersdorf)

Verpackung: Blister

7,50 Euro

Moosbacher 14

Hol mir mal ..., mit Freiheitsstatue New York, 5/5

Mercedes-Benz Actros

H: Top-Style (Ebersdorf) **V:** Top-Style (Ebersdorf)

Verpackung: Blister

7,50 Euro

Mühlenbräu (Jena) 01

Papiermühle, mit Logo

US modern (Hauber) (Kenworth T800)

H: Golden (ADT-Trucks) **V:** keine Angabe

Verpackung: Plastikschachtel neutral

12,50 Euro

Mühlenbräu (Jena) 02

Papiermühle, mit Logo

Mercedes-Benz Actros

H: Wörlein (Cadolzburg) **V:** Brauerei

Verpackung: Plastikschachtel neutral

10,00 Euro

Mühlenbräu (Jena) 03

Alt Jenaer Bock Hell, mit Logo und Bock

Mercedes-Benz Actros

H: Wörlein (Cadolzburg) **V:** Brauerei

Verpackung: Plastikschachtel neutral

10,00 Euro

2002

M

Mühlenbräu (Jena) 04

Premium Dunkel, mit Logo

Mercedes-Benz Actros

H: Wörlein (Cadolzburg) **V:** Brauerei

Verpackung: Plastikschachtel neutral

10,00 Euro

Mühlenbräu (Jena) 05

Schellenbier, mit Logo, 3 Achsen, gelochte Felgen

US modern (Hauber) (Kenworth T800)

H: Made in China **V:** Merchandising (Jena)

Verpackung: Plastikschachtel bedruckt oder mit Aufkleber

10,00 Euro

Mühlenbräu Merklein (Mühlendorf) 01

mit Logo

Mercedes-Benz Actros

H: Wörlein (Cadolzburg) **V:** Allround Service (Wonsees)

Verpackung: Plastikschachtel bedruckt oder mit Aufkleber

6,50 Euro **Auflage:** 300

Mühlenbräu Merklein (Mühlendorf) 02

mit Logo, goldene Felgen

Volvo FH16

H: Wörlein (Cadolzburg) **V:** Allround Service (Wonsees)

Verpackung: Plastikschachtel bedruckt oder mit Aufkleber

6,50 Euro

Mühlenbräu Merklein (Mühlendorf) 03

mit Logo

US modern (Hauber)

H: Hümmer **V:** Hümmer (Teugn)

Verpackung: Plastikschachtel bedruckt oder mit Aufkleber

6,50 Euro

Mühlhäuser Brauhaus Zum Löwen 01
mit Logo und Bild, 3 Achsen, gelochte Felgen

Mercedes-Benz groß (NG 80 lang)
H: Golden (ADT-Trucks) **V:** Müller (Chemnitz)
Verpackung: Plastikschachtel neutral
25,00 Euro **Auflage:** 250

Mühlhäuser Brauhaus Zum Löwen 02
mit Logo und Bild, 3 Achsen, volle Felgen

US modern (Hauber) (Kenworth T800)
H: Golden (ADT-Trucks) **V:** keine Angabe
Verpackung: Plastikschachtel neutral
25,00 Euro

Müllerbräu (Pfaffenhofen) 01
1/6, mit 2 Logos, Verkehrsschild hinter Zm

US klassisch (Hauber)
H: Hümmer **V:** Hümmer (Teugn)
Verpackung: Blister
10,00 Euro

Müllerbräu (Pfaffenhofen) 02
2/6, mit 2 Logos, Blisterrückseite überklebt (2 von 6 statt 1 von 6), Verkehrsschild hinter Sattel

US klassisch (Hauber)
H: Hümmer **V:** Hümmer (Teugn)
Verpackung: Blister
8,00 Euro

Mundelsheimer Weingärtnergenossenschaft 01
Classic, mit schräger Flasche

Mercedes-Benz Actros
H: Top-Style (Ebersdorf) **V:** Top-Style (Ebersdorf)
Verpackung: Blister
7,50 Euro

2002

M

Münz (Günzburg) 01

Noch klassisch gebraut, mit schräger Flasche

Kenworth T2000 (Hauber)

H: Made in China **V:** DGD (Nürnberg)

Verpackung: Blister

7,50 Euro

Murauer Bier (Österreich) 01

mit Logo

MAN F90

H: Made in China **V:** Hümmer (Teugn)

Verpackung: Blister

25,00 Euro

Mylauer 01

Fruchtsäfte, Fruchtweine und Zitronenwürze aus dem Vogtland, mit Flaschen

Mercedes-Benz Actros

H: Highspeed (China) **V:** Grell (Bielefeld)

Verpackung: Blister

8,00 Euro

Mylauer 02

Exotica, mit vielen Früchten und Vogel

Ford 9000 (Hauber)

H: Highspeed (China) **V:** Grell (Bielefeld)

Verpackung: Blister

7,50 Euro

Nailaer (Wohn Bier) 01

Fichtenzäpfla

Mercedes-Benz Actros

H: Highspeed (China) **V:** Grell (Bielefeld)

Verpackung: Blister

8,00 Euro

Nailaer (Wohn Bier) 02
Bier, mit liegender Flasche

MAN TG-460
H: Grell (Bielefeld-China) **V:** Grell (Bielefeld)
Verpackung: Blister
7,50 Euro

Nassauer 01
150 Jahre, mit 2 Logos

Mercedes-Benz klein (NG 80 mittel)
H: Made in China **V:** keine Angabe
Verpackung: Plastikschachtel neutral
75,00 Euro

Nassauer 02
Kellerpils - Naturtrüb ungefiltert, mit Logo

US modern (Hauber) (Kenworth T800)
H: Highspeed (China) **V:** Grell (Bielefeld)
Verpackung: Blister
25,00 Euro

Nattheimer Ochsen Bräu 01
mit Logo

Mercedes-Benz Actros
H: Wörlein (Cadolzburg) **V:** Jürgen Bürkle (Lahr)
Verpackung: Blister
30,00 Euro **Auflage:** 320

Nattheimer Ochsen Bräu 02
mit Logo

Mercedes-Benz Actros
H: Wörlein (Cadolzburg) **V:** Jürgen Bürkle (Lahr)
Verpackung: Blister
9,00 Euro

Nattheimer Ochsen Bräu 03

Bier braucht Heimat

MAN TG-A

H: Gefra (Taunusstein) **V:** Gefra (Taunusstein)

Verpackung: Blister

7,50 Euro

Neder (Forchheim) 01

Klassik, Neder Pils - jeder will's, mit 2 verschiedenen Logos

MAN F2000 Aero (Hochdach)

H: Wörlein (Cadolzburg) **V:** MaHug (Kulmbach)

Verpackung: Blister

7,50 Euro

Nescafe 01

Xpress, Immer schön wach bleiben, mit 2 Dosen

MAN F2000 Aero (Hochdach)

H: Wörlein (Cadolzburg) **V:** DGD (Nürnberg)

Verpackung: Blister

10,00 Euro

Nesquik 01

weils prima schmeckt, mit Hasen und Glas,
kurzer blauer Strich

US klassisch (Hauber)

H: Made in China **V:** Hümmer (Teugn)

Verpackung: Blister

30,00 Euro

Nesquik 02

weils prima schmeckt, mit Hasen und Glas,
durchgehender blauer Strich

US klassisch (Hauber)

H: Made in China **V:** Hümmer (Teugn)

Verpackung: Blister

35,00 Euro

Nesquik 03

weils prima schmeckt, mit Hasen (erhobener Daumen), durchgehender blauer Strich

US klassisch (Hauber)

H: Made in China **V:** keine Angabe

Verpackung: Plastikschachtel neutral

30,00 Euro

Nesquik 04

weils prima schmeckt, mit Hasen

MAN F2000 Aero (Hochdach)

H: Schuco **V:** keine Angabe

Verpackung: Showbox - Pappe und Plastik

15,00 Euro

Nette Edel Pils 01

mit Logo

US modern (Hauber) (Kenworth T800)

H: Highspeed (China) **V:** Grell (Bielefeld)

Verpackung: Blister

10,00 Euro

Nette Edel Pils 02

Nette Typen unterwegs! mit 5 Gläsern

Mercedes-Benz Actros

H: Highspeed (China) **V:** Grell (Bielefeld)

Verpackung: Blister

7,50 Euro

Neu´s Fruchtsäfte (Freinsheim) 01

mit div. Kannen und Gläsern

Mercedes-Benz Actros

H: Wörlein (Cadolzburg) **V:** Eurosun (Cadolzburg)

Verpackung: Blister

7,50 Euro

N

Neue Cola 01

mit schräger Flasche (von Getränke Zwicker Gebesee)

Mercedes-Benz Actros

H: Highspeed (China) **V:** Grell (Bielefeld)

Verpackung: Blister

10,00 Euro

Neuendorfer Landbrauerei 01

Demmert Bräu, mit 2 Logos

US modern (Hauber) (Kenworth T800)

H: Golden (ADT-Trucks) **V:** Müller (Chemnitz)

Verpackung: Plastikschachtel neutral

7,50 Euro

Neufang-Jaenisch (Saarbrücken) 01

Neufang Bier, mit Logo und 3 Flaschen

Mercedes-Benz 6600 (Oldtimer)

H: Hümmer **V:** Hümmer (Teugn)

Verpackung: Blister

7,50 Euro

Neumarkter Lammsbräu 01

Zzzisch, mit schräger Flasche

Mercedes-Benz Actros

H: Highspeed (China) **V:** Gack

Verpackung: Blister

12,50 Euro

Neumarkter Lammsbräu 02

MAN Büssing 8000 (Oldtimer)

H: Wörlein (Cadolzburg) **V:** DGD (Nürnberg)

Verpackung: Blister

12,50 Euro

Neunspringe (Worbis) 01
egal welcher Durst, mit 2 schrägen Flaschen und Logo, 2 Achsen, volle Felgen
Mercedes-Benz groß (NG 80 lang)
H: Golden (ADT-Trucks) **V:** Brauerei
Verpackung: Plastikschachtel neutral
20,00 Euro

Neunspringe (Worbis) 03
egal welcher Durst, mit 2 schrägen Flaschen und Logo, 2 Achsen, gelochte Felgen
Mercedes-Benz groß (NG 80 lang)
H: Golden (ADT-Trucks) **V:** Brauerei
Verpackung: Plastikschachtel neutral
20,00 Euro

Neunspringe (Worbis) 04
egal welcher Durst, mit 2 schrägen Flaschen und Logo, 3 Achsen, gelochte Felgen
US modern (Hauber) (Kenworth T800)
H: Golden (ADT-Trucks) **V:** Brauerei
Verpackung: Plastikschachtel neutral
20,00 Euro

Neunspringe (Worbis) 05
Pilsner, mit 2 Logos
US modern (Hauber) (Kenworth T800)
H: Golden (ADT-Trucks) **V:** Lauterbach
Verpackung: Blister
20,00 Euro

Neunspringe (Worbis) 06
Doppelkaramel, mit gelbem Rahmen und 2 Logos
Mercedes-Benz Actros
H: Wörlein (Cadolzburg) **V:** DGD (Nürnberg)
Verpackung: Blister
9,00 Euro

Neunspringe (Worbis) 07

Cola Sport, mit Radfahrer und Kanuten

MAN TG-A

H: Wörlein (Cadolzburg) **V:** DGD (Nürnberg)

Verpackung: Blister

7,50 Euro

Neuselters Mineralquelle 01

Taunus für Verliebte..., mit Blume und schräger Flasche

MAN M2000

H: Made in China **V:** Active Promotion (Stein)

Verpackung: Plastikschachtel bedruckt oder mit Aufkleber

7,50 Euro

Neuzeller Kloster-Bräu 01

mit 2 Logos, 3 Achsen, gelochte Felge

Mercedes-Benz groß (NG 80 lang)

H: Golden (ADT-Trucks) **V:** Müller (Chemnitz)

Verpackung: Plastikschachtel neutral

10,00 Euro

Neuzeller Kloster-Bräu 03

Christmas Edition 1999, mit Logo, 2 Achsen, volle Felge

US modern (Hauber) (Kenworth T800)

H: Golden (ADT-Trucks) **V:** Müller (Chemnitz)

Verpackung: Plastikschachtel neutral

15,00 Euro **Auflage:** 920

Neuzeller Kloster-Bräu 04

Christmas Edition 1999, mit Logo, 3 Achsen, gelochte Felge

US modern (Hauber) (Kenworth T800)

H: Golden (ADT-Trucks) **V:** Müller (Chemnitz)

Verpackung: Plastikschachtel bedruckt oder mit Aufkleber

15,00 Euro

Neuzeller Kloster-Bräu 05

Christmas Edition 1999, mit Logo, 2 Achsen, gelochte Felge

US modern (Hauber) (Kenworth T800)

H: Golden (ADT-Trucks) **V:** Müller (Chemnitz)

Verpackung: Plastikschachtel neutral

15,00 Euro

Neuzeller Kloster-Bräu 06

Schwarzer Abt, mit schräger Flasche und Glas

Kenworth klassisch (Hauber)

H: Majorette **V:** Müller (Chemnitz)

Verpackung: Plastikschachtel neutral

10,00 Euro

Neuzeller Kloster-Bräu 07

Himmelspforte, mit Logo

Kenworth klassisch (Hauber)

H: Majorette **V:** Müller (Chemnitz)

Verpackung: Plastikschachtel neutral

10,00 Euro

Neuzeller Kloster-Bräu 08

Bibulibus, die 6 Genußregeln, mit Logo

Kenworth klassisch (Hauber)

H: Majorette **V:** Müller (Chemnitz)

Verpackung: Plastikschachtel neutral

10,00 Euro

Neuzeller Kloster-Bräu 09

10 Jahre Privatisierung, mit 4 Fotos und Logo

DAF 95 XF

H: Gefra (Taunusstein) **V:** Gefra (Taunusstein)

Verpackung: Blister

10,00 Euro

Neuzeller Kloster-Bräu 10

mit 2 Logos

Kenworth klassisch (Hauber)

H: Majorette **V:** keine Angabe

Verpackung: Plastikschachtel neutral

7,50 Euro

Niehoffs Vaihinger 01

mit Logo

Mercedes-Benz groß (NG 80 lang)

H: Golden (ADT-Trucks) **V:** Nussbeck (Steinhagen)

Verpackung: Plastikschachtel bedruckt oder mit Aufkleber

17,50 Euro

Niehoffs Vaihinger 02

mit Marabu, Glas, Früchten und Logo

Ford 9000 (Hauber)

H: Highspeed (China) **V:** Grell (Bielefeld)

Verpackung: Blister

8,00 Euro

Niehoffs Vaihinger 03

mit Glas, Früchten und Logo

MAN TG-A

H: Adtruck **V:** Niehoffs Vaihinger

Verpackung: Blister

7,50 Euro

N

Nittenauer (J. Jakob) 01

Brauhaus Bier

MAN M2000

H: Made in China **V:** Lauterbach

Verpackung: Blister

7,50 Euro **Auflage:** 2.500

Nittenauer (J. Jakob) 02
Geisterbier

MAN M2000
H: Made in China **V:** Lauterbach
Verpackung: Blister
7,50 Euro **Auflage:** 2.500

Nittenauer (J. Jakob) 03
mit 2 Logos

Mercedes-Benz Actros
H: Top-Style (Ebersdorf) **V:** Top-Style (Ebersdorf)
Verpackung: Blister
7,50 Euro

Nordbrand Nordhausen 01
Altmeister Kräuterlikör, mit schräger Flasche

Mercedes-Benz Actros
H: Highspeed (China) **V:** Grell (Bielefeld)
Verpackung: Blister
10,00 Euro

Nordbrand Nordhausen 02
Goldkrone

IFA W50 (Oldtimer)
H: Grell (Bielefeld-China) **V:** Grell (Bielefeld)
Verpackung: Blister
10,00 Euro

Nordbrand Nordhausen 03
Nordgold Eierlikör, mit schräger Flasche und Etikett

Mercedes-Benz Actros
H: Highspeed (China) **V:** Grell (Bielefeld)
Verpackung: Blister
10,00 Euro

Nordbrand Nordhausen 04

Nordgold Eierlikör, mit schräger Flasche und Etikett

Scania 124L 420

H: Grell (Bielefeld-China) **V:** Grell (Bielefeld)

Verpackung: Blister

10,00 Euro

Nordbrand Nordhausen 05

Goldene Aue Weizenkorn, mit schräger Flasche

Scania 124L 420

H: Grell (Bielefeld-China) **V:** Grell (Bielefeld)

Verpackung: Blister

8,00 Euro

Nordbrand Nordhausen 06

Die Fruchtigen, mit 3 Flaschen vor blühenden Obstbäumen

Scania 124L 420

H: Grell (Bielefeld-China) **V:** Grell (Bielefeld)

Verpackung: Blister

8,00 Euro

Nordbrand Nordhausen 07

mit 5 schrägen Flaschen

MAN F2000 Aero (Hochdach)

H: Grell (Bielefeld-China) **V:** Grell (Bielefeld)

Verpackung: Blister

8,00 Euro

Nordbrand Nordhausen 08

Klosterberg Kräuterlikör, mit schräger Flasche

MAN F2000 Aero (Hochdach)

H: Grell (Bielefeld-China) **V:** Grell (Bielefeld)

Verpackung: Blister

8,00 Euro

Nordbrand Nordhausen 09
mit 3 Geschenkpackungen

MAN TG-460
H: Grell (Bielefeld-China) **V:** Grell (Bielefeld)
Verpackung: Blister
8,00 Euro

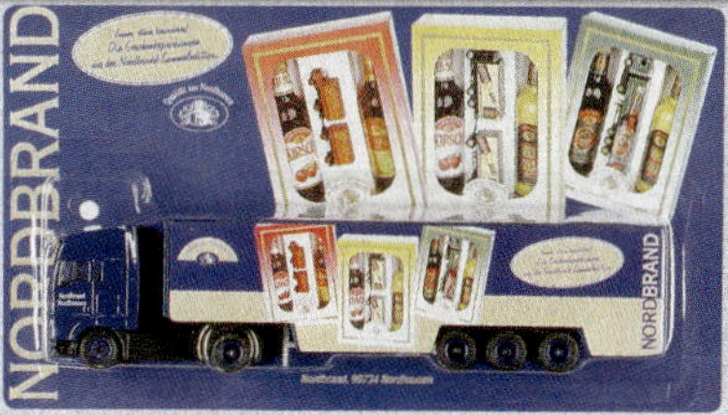

Nordbrand Nordhausen 10
Goldbrand Mild, mit schräger Flasche

Ford 9000 (Hauber)
H: Highspeed (China) **V:** Grell (Bielefeld)
Verpackung: Blister
8,00 Euro

Nordbrand Nordhausen 11
Goldkrone, mit schräger Altmeister-Flasche

Ford 9000 (Hauber)
H: Highspeed (China) **V:** Grell (Bielefeld)
Verpackung: Blister
8,00 Euro

Nordbrand Nordhausen 12
Nordbrand Minis, mit 4 Pullis

Ford 9000 (Hauber)
H: Highspeed (China) **V:** Grell (Bielefeld)
Verpackung: Blister
8,00 Euro

Nordbrand Nordhausen 13
Pfefferminz Likör, mit schräger Flasche

Ford 9000 (Hauber)
H: Highspeed (China) **V:** Grell (Bielefeld)
Verpackung: Blister
8,00 Euro

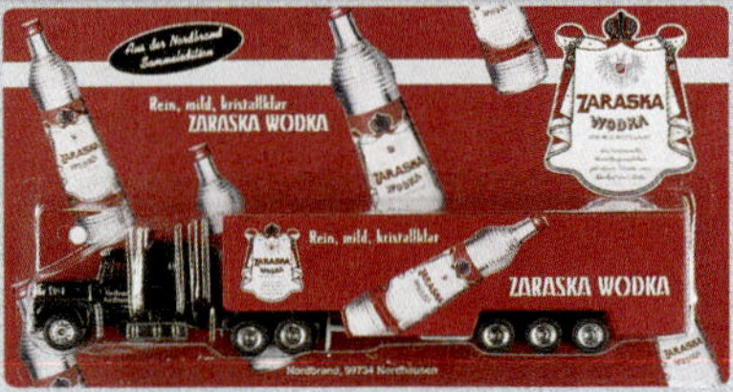

Nordbrand Nordhausen 14

Zaraska Wodka, mit schräger Flasche

Ford 9000 (Hauber)

H: Highspeed (China) **V:** Grell (Bielefeld)

Verpackung: Blister

8,00 Euro

Nordbrand Nordhausen 15

Goldene Aue Klarer, mit schräger Flasche

GMC General (Hauber)

H: Highspeed (China) **V:** Grell (Bielefeld)

Verpackung: Blister

8,00 Euro

Nordbrand Nordhausen 16

Goldkrone, mit schräger Flasche

GMC General (Hauber)

H: Highspeed (China) **V:** Grell (Bielefeld)

Verpackung: Blister

8,00 Euro

Nordbrand Nordhausen 17

Altmeister, mit 2 Logos und schräger Flasche

MAN TG-460

H: Grell (Bielefeld-China) **V:** Grell (Bielefeld)

Verpackung: Blister

10,00 Euro

Nordbrand Nordhausen 18

Doppelkorn, mit Flasche und Huhn

Mercedes-Benz Actros

H: Highspeed (China) **V:** Grell (Bielefeld)

Verpackung: Blister

10,00 Euro

Nordbrand Nordhausen 19

Goldkrone, mit schräger Flasche

MAN TG-460

H: Grell (Bielefeld-China) **V:** Grell (Bielefeld)

Verpackung: Blister

10,00 Euro

Nordbrand Nordhausen 20

Die Klaren, mit 3 schrägen Flaschen

MAN TG-460

H: Grell (Bielefeld-China) **V:** Grell (Bielefeld)

Verpackung: Blister

10,00 Euro

Nordbrand Nordhausen 21

Goldene Aue - Saurer Apfel, mit Flasche und 3 Äpfeln

Freightliner FLD 120 (Hauber)

H: Grell (Bielefeld-China) **V:** Grell (Bielefeld)

Verpackung: Blister

9,00 Euro

Nordbrand Nordhausen 22

Frohe Weihnachten, mit Winterlandschaft

Freightliner FLD 120 (Hauber)

H: Grell (Bielefeld-China) **V:** Grell (Bielefeld)

Verpackung: Blister

9,00 Euro

Nordbrand Nordhausen 23

Goldbrand und Goldkrone, mit 2 schrägen Flaschen, anlässlich der 1. Tauschbörse 2001

Freightliner FLD 120 (Hauber)

H: Grell (Bielefeld-China) **V:** Grell (Bielefeld)

Verpackung: Blister

9,00 Euro

2002

N

Nordbrand Nordhausen	24
Korn, anlässlich der 1. Tauschbörse 2001	
Pferdekutsche 2-Spänner	
H: Highspeed (China) **V:** Grell (Bielefeld)	
Verpackung: Blister	
10,00 Euro	**Auflage:** 5.000

Nordbrand Nordhausen	25
Arktika - Doppelter Eis-Korn, mit 2 Logos	
Ford 9000 (Hauber)	
H: Highspeed (China) **V:** Grell (Bielefeld)	
Verpackung: Blister	
8,00 Euro	

Nordbrand Nordhausen	26
Altmeister Kräuterlikör, mit 2 Logos und 4 Flaschen	
Freightliner FLD 120 (Hauber)	
H: Grell (Bielefeld-China) **V:** Grell (Bielefeld)	
Verpackung: Blister	
9,00 Euro	

Nordbrand Nordhausen	27
Nordgold Eierlikör, mit schräger Flasche und Etikett	
Scania 124L 420	
H: Grell (Bielefeld-China) **V:** keine Angabe	
Verpackung: Plastikschachtel neutral	
8,00 Euro	

Nordbräu (Ingolstadt)	01
mit schräger Flasche vor Landschaft	
Mercedes-Benz Actros	
H: Hümmer **V:** Hümmer (Teugn)	
Verpackung: Blister	
9,00 Euro	

Nördlinger 01
mit 3 schrägen Flaschen und Logo
US modern (Hauber) (Kenworth T800)
H: Highspeed (China) **V:** Grell (Bielefeld)
Verpackung: Blister
9,00 Euro

Nördlinger 02
Weihnachts Bier (2001), mit Logo
MAN TG-A
H: Wörlein (Cadolzburg) **V:** DGD (Nürnberg)
Verpackung: Blister
7,50 Euro

Noris Getränke (Bad Windsheim) 01
Owango, mit 3 Flaschen, 1/7
Ford 9000 (Hauber)
H: Highspeed (China) **V:** Grell (Bielefeld)
Verpackung: Blister
7,50 Euro **Auflage:** 2.500

Nothelfer 01
Trunk, mit Dom in ovalem Logo
Volvo F-12 Globetrotter
H: Made in China **V:** Elastoform (Sulzbach)
Verpackung: Plastikschachtel bedruckt oder mit Aufkleber
7,50 Euro **Auflage:** 200

Nothelfer 02
vom heiligen Berg, mit 2 Logos
Mercedes-Benz Actros
H: Hümmer **V:** Allround Service (Wonsees)
Verpackung: Plastikschachtel bedruckt oder mit Aufkleber
7,50 Euro **Auflage:** 200

Nothelfer 03

Biere, mit Logo (links), Die Bierspezialitäten aus der Brauerei Trunk, mit Logo (rechts), 3 Achsen, gelochte Felgen

Volvo F-12 Globetrotter

H: Made in China **V:** A.C.H.

Verpackung: Plastikschachtel bedruckt oder mit Aufkleber

7,50 Euro **Auflage:** 200

Nothelfer 04

vom heiligen Berg, mit 2 Logos

US modern (Hauber)

H: Hümmer **V:** Hümmer (Teugn)

Verpackung: Plastikschachtel bedruckt oder mit Aufkleber

6,50 Euro

Nothhaft (Marktredwitz) 01

mit Logo

Mercedes-Benz Actros

H: Hümmer **V:** Hümmer (Teugn)

Verpackung: Blister

8,00 Euro

Obendorfer Privatbrauerei (Weissmain) 01

mit 2 Logos, graue Felgen

MAN M2000

H: Made in China **V:** Allround Service (Wonsees)

Verpackung: Plastikschachtel bedruckt oder mit Aufkleber

6,50 Euro

Obendorfer Privatbrauerei (Weissmain) 02

mit 2 Logos, goldene Felgen

Volvo FH16

H: Wörlein (Cadolzburg) **V:** Allround Service (Wonsees)

Verpackung: Plastikschachtel bedruckt oder mit Aufkleber

6,50 Euro

Oberndorfer Bier	01
Das gute Bier frisch von hier, mit Logo	
Kenworth T2000 (Hauber)	
H: Made in China **V:** DGD (Nürnberg)	
Verpackung: Blister	
10,00 Euro	

Oberselters (Bad Camberg)	01
mit Flasche	
Mercedes-Benz Actros	
H: Wörlein (Cadolzburg) **V:** DGD (Nürnberg)	
Verpackung: Blister	
7,50 Euro	

Odenwald Quelle	01
Mineralreich, mit Landschaft vor Wolken	
Mercedes-Benz Actros	
H: Hümmer **V:** Hümmer (Teugn)	
Verpackung: Blister	
9,00 Euro	

Oechsner (Ochsenfurt)	01
mit Etikett	
Mercedes-Benz Actros	
H: Wörlein (Cadolzburg) **V:** DGD (Nürnberg)	
Verpackung: Blister	
9,00 Euro	

Oechsner (Ochsenfurt)	02
Das fränkische Vergnügen, mit 5 Leuten und Glas	
Mercedes-Benz Actros	
H: Wörlein (Cadolzburg) **V:** DGD (Nürnberg)	
Verpackung: Blister	
7,50 Euro	

0

Oechsner (Ochsenfurt) 03

Ein feiner Zug! mit 3 schrägen Flaschen vor Wolken

MAN TG-A

H: Wörlein (Cadolzburg) **V:** DGD (Nürnberg)

Verpackung: Blister

7,50 Euro

Oechsner (Ochsenfurt) 04

Die schwarze Perle, Schwarzbier, mit 3 schrägen Flaschen

MAN TG-A

H: Wörlein (Cadolzburg) **V:** DGD (Nürnberg)

Verpackung: Blister

7,50 Euro

Oelschlegel 01

Serie 3, mit stilisiertem Aquarium

Kenworth T2000 (Hauber)

H: Made in China **V:** DGD (Nürnberg)

Verpackung: Blister

8,00 Euro **Auflage:** 2.500

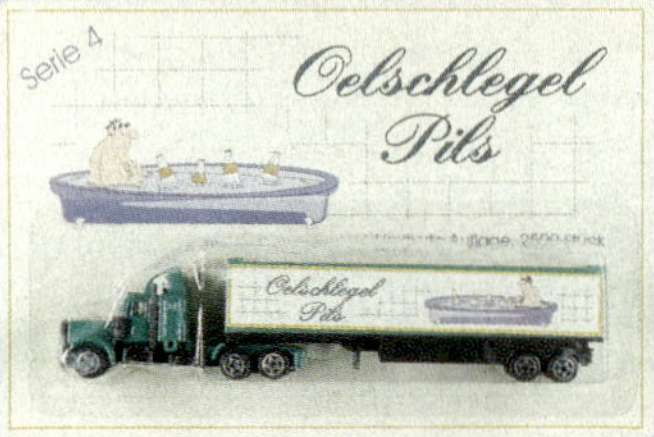

Oelschlegel 02

Serie 4, mit Mann in Badewanne

US klassisch (Hauber)

H: Made in China **V:** DGD (Nürnberg)

Verpackung: Blister

8,00 Euro **Auflage:** 2.500

Oelschlegel 03

Serie 2, mit Hügellandschaft

MAN F2000 Aero (Hochdach)

H: Wörlein (Cadolzburg) **V:** DGD (Nürnberg)

Verpackung: Blister

8,00 Euro **Auflage:** 2.500

Oelschlegel 04
Serie 1, mit 3 Affen

Mercedes-Benz Actros
H: Wörlein (Cadolzburg) **V:** DGD (Nürnberg)
Verpackung: Blister
8,00 Euro **Auflage:** 2.500

Oelschlegel 05
Serie 6, mit Fuchs in Winterlandschaft

MAN F2000 Aero (Hochdach)
H: Wörlein (Cadolzburg) **V:** DGD (Nürnberg)
Verpackung: Blister
8,00 Euro **Auflage:** 2.500

Oelschlegel 06
Serie 5, mit Kometen am Nachthimmel

Volvo FH16
H: Wörlein (Cadolzburg) **V:** DGD (Nürnberg)
Verpackung: Blister
7,50 Euro **Auflage:** 2.500

Oelschlegel 07
Premium Pils, Das Gute aus dem Vogtland, mit 2 verschiedenen Gläsern auf LKW und Hänger

Mercedes-Benz Actros
H: Top-Style (Ebersdorf) **V:** Oelschlegel (Heinsdorfergrund)
Verpackung: Blister
7,50 Euro **Auflage:** 2.500

Oelschlegel 08
Urtyp Pils, Das Gute aus dem Vogtland, mit Glas und Flasche

Mercedes-Benz Actros
H: Top-Style (Ebersdorf) **V:** Oelschlegel (Heinsdorfergrund)
Verpackung: Blister
7,50 Euro **Auflage:** 2.500

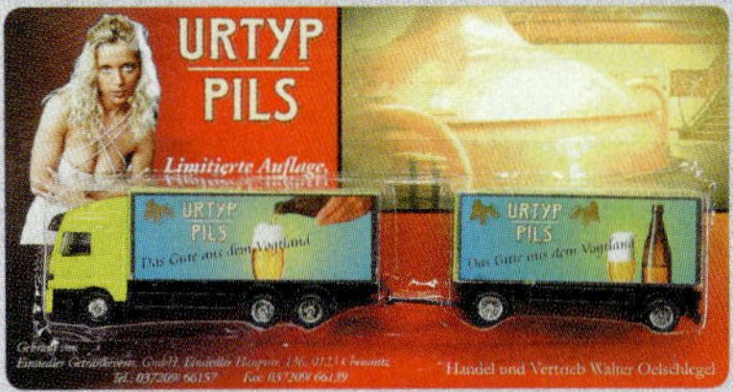

Oelschlegel 09
Premium Pils, mit auf Bauch liegender Frau in schwarzem Bikini, Logo und Fass

Scania 164L 6580
H: Wörlein (Cadolzburg) **V:** DGD (Nürnberg)
Verpackung: Blister
7,50 Euro

Oelschlegel 10
Urtyp Pils

Framo V 501 (Oldtimer)
H: Wörlein (Cadolzburg) **V:** DGD (Nürnberg)
Verpackung: Blister
7,50 Euro

Oelschlegel 11
Premium Pils, mit liegender Frau in schwarzem Bikini und Glas

Scania 164L 6580
H: Wörlein (Cadolzburg) **V:** DGD (Nürnberg)
Verpackung: Blister
7,50 Euro

Oelschlegel 12
Urtyp Pils, mit stehender Frau in weißem Bikini und Fass

DAF 95 XF
H: Wörlein (Cadolzburg) **V:** DGD (Nürnberg)
Verpackung: Blister
7,50 Euro

Oelschlegel 13
Urtyp Pils, mit Mann und Mähdrescher auf Feld

Scania 164L 6580
H: Wörlein (Cadolzburg) **V:** DGD (Nürnberg)
Verpackung: Blister
7,50 Euro

Oelschlegel 14
Premium Pils, mit kniender Frau in weißer Unterwäsche
MAN F2000 Aero (Hochdach)
H: Wörlein (Cadolzburg) **V:** DGD (Nürnberg)
Verpackung: Blister
7,50 Euro

Oelschlegel 15
Premium Pils, mit Glas unter Fass mit Zapfhahn und Landschaft
MAN Phönix (Hauber)
H: Wörlein (Cadolzburg) **V:** Oelschlegel (Heinsdorfergrund)
Verpackung: Blister
7,50 Euro **Auflage:** 2.500

Oelschlegel 16
Urtyp Pils - Urig gut, mit 2 Gläsern
MAN Phönix (Hauber)
H: Wörlein (Cadolzburg) **V:** Oelschlegel (Heinsdorfergrund)
Verpackung: Blister
7,50 Euro **Auflage:** 2.500

Oelschlegel 17
Premium Pils, Alles Gute kommt von hier (Weihnacht 2001), mit Baum und Glocke
Freightliner FLD 120 (Hauber)
H: Grell (Bielefeld-China) **V:** Grell (Bielefeld)
Verpackung: Blister
7,50 Euro **Auflage:** 2.500

Oelschlegel 18
Urtyp Pils, Zum Fest, mit schrägem Glas und Kugeln, Weihnachtsmann auf Blister
Freightliner FLD 120 (Hauber)
H: Grell (Bielefeld-China) **V:** Grell (Bielefeld)
Verpackung: Blister
7,50 Euro **Auflage:** 2.500

Oelschlegel 19

Premium Pils, Frohes Fest (2001), mit 2 schrägen Flaschen und Weihnachtsmann auf Rentierschlitten

Freightliner FLD 120 (Hauber)

H: Grell (Bielefeld-China) **V:** Grell (Bielefeld)

Verpackung: Blister

7,50 Euro **Auflage:** 2.500

Oelschlegel 20

Urtyp Pils, 2002, mit schrägem Glas

Freightliner FLD 120 (Hauber)

H: Grell (Bielefeld-China) **V:** Grell (Bielefeld)

Verpackung: Blister

7,50 Euro **Auflage:** 2.500

Oelschlegel 21

Premium Pils, mit Wildbach im Wald

Mercedes-Benz Actros

H: Top-Style (Ebersdorf) **V:** Top-Style (Ebersdorf)

Verpackung: Blister

7,50 Euro **Auflage:** 2.500

Oelschlegel 22

Urtyp Pils, mit 5 Flaschen vor Wasser,
Blister mit liegender Frau

Mercedes-Benz Actros

H: Top-Style (Ebersdorf) **V:** Top-Style (Ebersdorf)

Verpackung: Blister

7,50 Euro **Auflage:** 2.500

Oelschlegel 23

Gut, besser, Urtyp, Blister mit Frau in blauen Dessous

Mercedes-Benz Actros

H: Top-Style (Ebersdorf) **V:** Top-Style (Ebersdorf)

Verpackung: Blister

7,50 Euro **Auflage:** 2.500

Oelschlegel 24

Premium Pils, mit Feuerwerk

Mercedes-Benz Actros

H: Top-Style (Ebersdorf) **V:** Top-Style (Ebersdorf)

Verpackung: Blister

7,50 Euro

Oktoberfest München 01

16.9.-3.10.2000

Mercedes-Benz Actros

H: Hümmer **V:** Hümmer (Teugn)

Verpackung: Blister

10,00 Euro **Auflage:** 3.000

Olbernhauer 01

Bierspezialitäten, mit Logo

US modern (Hauber) (Kenworth T800)

H: Highspeed (China) **V:** Grell (Bielefeld)

Verpackung: Blister

20,00 Euro

Olbernhauer 02

Bierspezialitäten aus dem Herzen des Erzgebirges, mit Logo

Mercedes-Benz Actros

H: Highspeed (China) **V:** Grell (Bielefeld)

Verpackung: Blister

17,50 Euro

Olbernhauer 03

Stülpner-Bräu - Prosit 2000, mit 2 Logos

Mercedes-Benz Actros

H: Highspeed (China) **V:** Grell (Bielefeld)

Verpackung: Blister

17,50 Euro

Olbernhauer 04

Erzgebirgs Premium Pils, mit Logo

IFA W50 (Oldtimer)

H: Grell (Bielefeld-China) **V:** Grell (Bielefeld)

Verpackung: Blister

12,50 Euro

Olbernhauer 05

Erzgebirgisches Weihnachtsbier (2000), mit schräger Flasche und Sternen

Ford 9000 (Hauber)

H: Highspeed (China) **V:** Grell (Bielefeld)

Verpackung: Blister

12,50 Euro

Olbernhauer 06

Bock, einfach stark, mit schräger Flasche

Ford 9000 (Hauber)

H: Highspeed (China) **V:** Grell (Bielefeld)

Verpackung: Blister

9,00 Euro

Olbernhauer 07

105 Jahre, mit Logo und Brauerei

Scania 124L 420

H: Grell (Bielefeld-China) **V:** Grell (Bielefeld)

Verpackung: Blister

7,50 Euro

Olbernhauer 08

Bernstein Lager, mit Glas und Etikett

MAN F2000 Aero (Hochdach)

H: Grell (Bielefeld-China) **V:** Grell (Bielefeld)

Verpackung: Blister

7,50 Euro

Olympia	01
Apfelschorle und ACE, mit 2 Flaschen	
Mercedes-Benz Actros	
H: Hümmer	**V:** Hümmer (Teugn)
Verpackung: Blister	
8,00 Euro	

Open Air 2000 (Ziegenrück)	01
IFA W50 (Oldtimer)	
H: Wörlein (Cadolzburg)	**V:** Allround Service (Wonsees)
Verpackung: Plastikschachtel bedruckt oder mit Aufkleber	
15,00 Euro	**Auflage:** 200

Oppacher Mineralbrunnen	01
mit Bauernhaus	
Mercedes-Benz Actros	
H: Hümmer	**V:** Hümmer (Teugn)
Verpackung: Blister	
9,00 Euro	

Oppacher Mineralbrunnen	02
Yogi - Der Wellness-Drink!	
Mercedes-Benz Actros	
H: Hümmer	**V:** Hümmer (Teugn)
Verpackung: Blister	
8,00 Euro	

Oppacher Mineralbrunnen	03
mit geflügeltem Pferd vor Wassertropfen	
Mercedes-Benz Actros	
H: Hümmer	**V:** Hümmer (Teugn)
Verpackung: Blister	
8,00 Euro	

Original Bayerisch Malz 01
mit Glas und Flasche

US modern (Hauber) (Kenworth T800)
H: Highspeed (China) **V:** Grell (Bielefeld)
Verpackung: Blister
15,00 Euro

Original Bayerisch Malz 02
der Sofort-FITmacher! mit liegender Flasche

Kenworth T2000 (Hauber)
H: Made in China **V:** DGD (Nürnberg)
Verpackung: Blister
9,00 Euro

Original Bayerisch Malz 03
Rhön Radler, Jetzt mit neuem Geschmack!

Kenworth T2000 (Hauber)
H: Made in China **V:** DGD (Nürnberg)
Verpackung: Blister
9,00 Euro

Original Bayerisch Malz 04
der Sofort Fitmacher, mit Kästen, Kind und Inlineskater

MAN TG-A
H: Wörlein (Cadolzburg) **V:** DGD (Nürnberg)
Verpackung: Blister
7,50 Euro

Original Bayerisch Malz 05
Rhön Radler, mit 4 Logos von Biermischgetränken

MAN TG-A
H: Wörlein (Cadolzburg) **V:** DGD (Nürnberg)
Verpackung: Blister
7,50 Euro

Osser Bier 01

(Späth-Bräu Lohberg), mit Logo

Mercedes-Benz Actros

H: Highspeed (China) **V:** Dickie (Fürth)

Verpackung: Blister

9,00 Euro

Osta Cola (Dingsleben) 01

mit Sonne

US modern (Hauber) (Kenworth T800)

H: Highspeed (China) **V:** Grell (Bielefeld)

Verpackung: Blister

10,00 Euro

Osta Cola (Dingsleben) 02

XXL, mit Schnee und Palmen, Heublein Truck Nr.2

Kenworth Aerodyne (XXL)

H: Made in China **V:** Hümmer (Teugn)

Verpackung: Blister

25,00 Euro **Auflage:** 500

Ott (Heiligenstadt) 01

Original Obaladara, mit ovalem Bild

MAN F2000 Aero (Hochdach)

H: Wörlein (Cadolzburg) **V:** Eurosun (Cadolzburg)

Verpackung: Blister

8,00 Euro

Oxford - Küppers Kölsch 01

mit Fässern

Oldtimer LKW Pritsche

H: Oxford die cast **V:** keine Angabe

Verpackung: Showbox - Pappe und Plastik

25,00 Euro

Palmbräu (Kranichgau) 01

Urmärzen, mit Logo

MAN F90

H: Made in China **V:** Hümmer (Teugn)

Verpackung: Blister

35,00 Euro

Paradies Quell (Crimmitschau) 01

mit 5 Flaschen

Mercedes-Benz Actros

H: Hümmer **V:** Hümmer (Teugn)

Verpackung: Plastikschachtel bedruckt oder mit Aufkleber

6,50 Euro

Patrizier Bräu 01

mit 6 Fässern auf Ladefläche

Ford Pritsche (Oldtimer)

H: Made in China **V:** Dr. Ottmüller (Hamburg)

Verpackung: - ohne

60,00 Euro

Paulaner 02

Original Münchner, mit Stadtbild

Mercedes-Benz Actros

H: Hümmer **V:** Hümmer (Teugn)

Verpackung: Blister

8,00 Euro

Paulaner 03

Hefe-Weißbier, mit feiernden Leuten und 4 Bäumen vor Alpen (Zeichnung)

Mercedes-Benz Actros

H: Hümmer **V:** Hümmer (Teugn)

Verpackung: Blister

8,00 Euro

P

Paulaner 04
Das Bier zum Leben! mit Stadtbild
Mercedes-Benz Actros
H: Hümmer **V:** Hümmer (Teugn)
Verpackung: Blister
8,00 Euro

Paulaner 05
Highway To Hell, mit Bild und Flasche
MAN TG-A
H: Hümmer **V:** Hümmer (Teugn)
Verpackung: Blister
7,50 Euro

Paulaner 06
Hefe-Weißbier, mit feiernden Leuten und 4 Bäumen vor Alpen (Zeichnung)
MAN TG-A
H: Hümmer **V:** Hümmer (Teugn)
Verpackung: Blister
7,50 Euro

Paulaner 07
Salvator
US modern (Hauber)
H: Hümmer **V:** Hümmer (Teugn)
Verpackung: Blister
7,50 Euro

Paulaner 08
mit vielen Fässern auf Ladefläche und Logo auf Plane
MAN F8-LH (Oldtimer)
H: Hümmer **V:** Hümmer (Teugn)
Verpackung: Blister
7,50 Euro

Paulaner 09

Der Wintergenuss, mit Zeichnung von München im Winter

MAN TG-A

H: Hümmer **V:** Hümmer (Teugn)

Verpackung: Blister

7,50 Euro

Peniger 01

Premium Pils, mit 2 Logos

US klassisch (Hauber)

H: Made in China **V:** Hümmer (Teugn)

Verpackung: Blister

65,00 Euro

Peniger 03

mit schräger Bügelflasche

US klassisch (Hauber)

H: Hümmer **V:** Hümmer (Teugn)

Verpackung: Blister

17,50 Euro

Peniger 04

Weihnachtstraum (1999),
mit schräger Bügelflasche und Sternen

US klassisch (Hauber)

H: Hümmer **V:** Hümmer (Teugn)

Verpackung: Blister

17,50 Euro

Peniger 05

Spezial, mit schräger Bügelflasche

US klassisch (Hauber)

H: Hümmer **V:** Hümmer (Teugn)

Verpackung: Blister

12,50 Euro

Peniger 06
life, mit 4 Bügelflaschen

Mercedes-Benz Actros
H: Hümmer **V:** Hümmer (Teugn)
Verpackung: Blister
9,00 Euro

Peniger 07
Ratsherren Original, mit Rathaus, Mann und Siegel

Mercedes-Benz Actros
H: Hümmer **V:** Hümmer (Teugn)
Verpackung: Blister
8,00 Euro

Peniger 08
The Famous Beer, mit berühmten Bauwerken

Mercedes-Benz Actros
H: Hümmer **V:** Hümmer (Teugn)
Verpackung: Blister
8,00 Euro

Peniger 09
Faszination Geschmack, mit Glas

Mercedes-Benz Actros
H: Hümmer **V:** Hümmer (Teugn)
Verpackung: Blister
7,50 Euro

Peniger 10
Spezial, mit Augustusburg und 3 Flaschen

Mercedes-Benz Actros
H: Hümmer **V:** Hümmer (Teugn)
Verpackung: Blister
7,50 Euro

Peniger 11
Edel Bock, mit Rochsburg und 3 Flaschen

Mercedes-Benz Actros
H: Hümmer **V:** Hümmer (Teugn)
Verpackung: Blister
7,50 Euro

Peniger 12
Pilsener, mit Burg Gnandstein und 3 Flaschen

Mercedes-Benz Actros
H: Hümmer **V:** Hümmer (Teugn)
Verpackung: Blister
7,50 Euro

Peniger 13
Schwarzer Miskus, mit Mann und 2 Gläsern

Mercedes-Benz Actros
H: Hümmer **V:** Hümmer (Teugn)
Verpackung: Blister
9,00 Euro

Peniger 14
Weihnachtstraum, mit Seiffen und schräger Flasche mit Schnee und Früchten

Mercedes-Benz Actros
H: Hümmer **V:** Hümmer (Teugn)
Verpackung: Blister
7,50 Euro

Peniger 15
Edel Bock, mit Burg Kriebstein und 3 Flaschen

Mercedes-Benz Actros
H: Hümmer **V:** Hümmer (Teugn)
Verpackung: Blister
7,50 Euro

Peniger 16
mit verschied. Bügelflaschen und Blister mit 5 sächs. Burgen

MAN TG-460
H: Grell (Bielefeld-China) **V:** Grell (Bielefeld)
Verpackung: Blister
7,50 Euro

Penninger Hausbrennerei (Hauzenberg) 01
Echter Blutwurz, Das flüssige Gold des Bayerwaldes, mit schräger Flasche

Ford 9000 (Hauber)
H: Highspeed (China) **V:** Grell (Bielefeld)
Verpackung: Blister
7,50 Euro

Penninger Hausbrennerei (Hauzenberg) 02
Echter Blutwurz..., mit schräger Flasche und DLV Logistik

MAN TG-460
H: Grell (Bielefeld-China) **V:** Grell (Bielefeld)
Verpackung: Blister
7,50 Euro

Penninger Hausbrennerei (Hauzenberg) 03
Echter Bayerwald Bärwurz, mit schräger Flasche

Freightliner FLD 120 (Hauber)
H: Grell (Bielefeld-China) **V:** Grell (Bielefeld)
Verpackung: Blister
7,50 Euro

Pepsi 01
Cola

Ford Model A (Oldtimer)
H: Matchbox **V:** Spielwarenhandel
Verpackung: - ohne
10,00 Euro

Pepsi 02

mit Logo (Siebdruck)

US klassisch (Hauber)

H: Made in China **V:** Elastoform (Hersbrück)

Verpackung: Plastikschachtel bedruckt oder mit Aufkleber

65,00 Euro

Pepsi 03

Max, mit Logo (Siebdruck)

US klassisch (Hauber)

H: Made in China **V:** Elastoform (Hersbrück)

Verpackung: Plastikschachtel bedruckt oder mit Aufkleber

60,00 Euro

Pepsi 04

mit Logo (Siebdruck)

Kenworth klassisch (Hauber)

H: Mattel **V:** keine Angabe

Verpackung: Plastikschachtel neutral

30,00 Euro

Pepsi 05

Team Suziki

DAF

H: Matchbox **V:** Spielwarenhandel

Verpackung: Plastikschachtel neutral

15,00 Euro

Pepsi 06

mit Logo

US modern (Hauber) (Kenworth T800)

H: Golden (ADT-Trucks) **V:** HK Marketing (Bad Honnef)

Verpackung: Plastikschachtel bedruckt oder mit Aufkleber

30,00 Euro

Pepsi 07
mit Logo

US klassisch (Hauber)
H: Made in China **V:** Tramondi (Friedrichshafen)
Verpackung: Blister
10,00 Euro

Pepsi 08
mit 6 Dosen auf Eis

US modern (Hauber) (Kenworth T800)
H: Golden (ADT-Trucks) **V:** Game Ab (Mölndal-Schweden)
Verpackung: Blister
20,00 Euro

Pepsi 09
mit 6 Dosen auf Eis

US modern (Hauber) (Kenworth T800)
H: Golden (ADT-Trucks) **V:** Game Ab (Mölndal-Schweden)
Verpackung: Blister
20,00 Euro

Pepsi 10
mit Logo und Dose

US modern (Hauber) (Kenworth T800)
H: Golden (ADT-Trucks) **V:** Game Ab (Mölndal-Schweden)
Verpackung: Blister
20,00 Euro

Pepsi 11
mit Logo und Dose

US modern (Hauber) (Kenworth T800)
H: Golden (ADT-Trucks) **V:** Game Ab (Mölndal-Schweden)
Verpackung: Blister
20,00 Euro

Pepsi 12

mit Logo

US modern (Hauber)

H: Maisto **V:** Spielwarenhandel

Verpackung: Showbox - Pappe und Plastik

9,00 Euro

Pepsi 13

Big Brother, mit 4 Teilnehmern der 2. Staffel

US klassisch (Hauber)

H: Made in China **V:** Tramondi (Friedrichshafen)

Verpackung: Blister

15,00 Euro

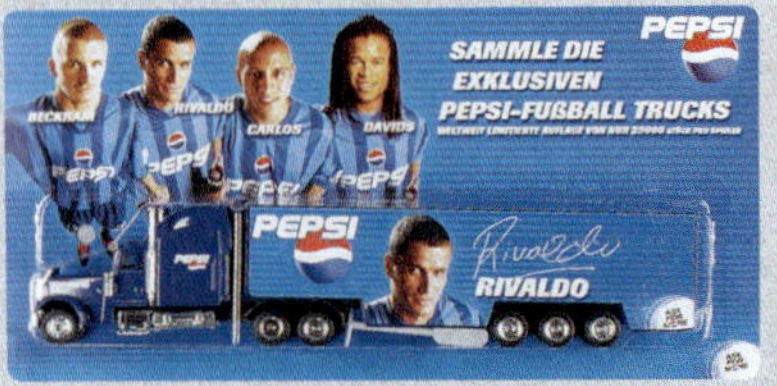

Pepsi 14

Fußballserie - Rivaldo

Freightliner FLD 120 (Hauber)

H: Grell (Bielefeld-China) **V:** Grell (Bielefeld)

Verpackung: Blister

10,00 Euro **Auflage:** 25.000

Pepsi 15

Fußballserie - Carlos

Freightliner FLD 120 (Hauber)

H: Grell (Bielefeld-China) **V:** Grell (Bielefeld)

Verpackung: Blister

10,00 Euro **Auflage:** 25.000

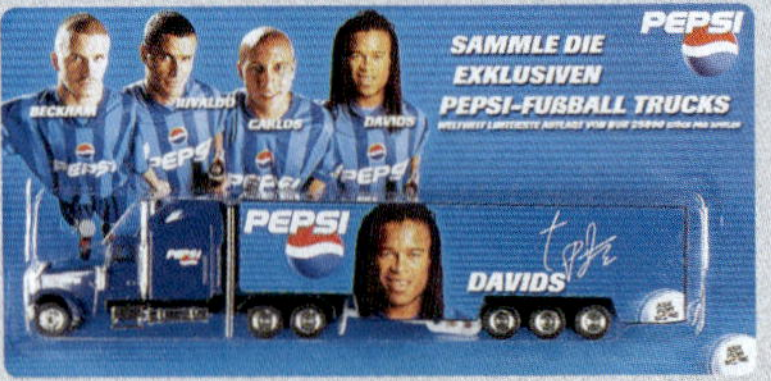

Pepsi 16

Fußballserie - Davids

Freightliner FLD 120 (Hauber)

H: Grell (Bielefeld-China) **V:** Grell (Bielefeld)

Verpackung: Blister

10,00 Euro **Auflage:** 25.000

Pepsi 17
Fußballserie - Beckham

Freightliner FLD 120 (Hauber)
H: Grell (Bielefeld-China) **V:** Grell (Bielefeld)
Verpackung: Blister
10,00 Euro **Auflage:** 25.000

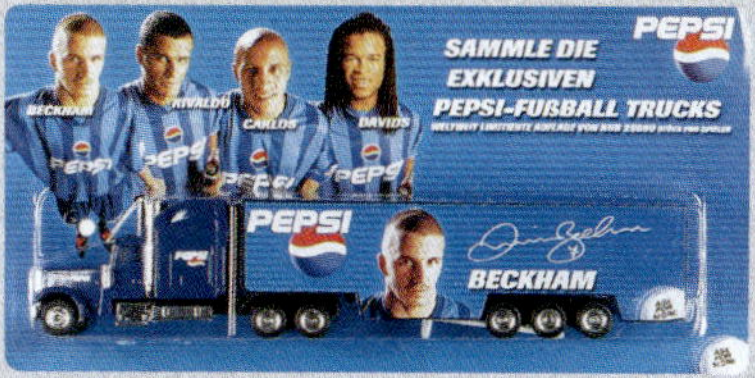

Pepsi 18
Lara Croft - Tomb Raider - ab Sommer im Kino

Peterbilt 378 (Hauber)
H: Made in China **V:** Tramondi (Friedrichshafen)
Verpackung: Blister
8,00 Euro

Pepsi 19
mit schräger Flasche im Wasser

Peterbilt 378 (Hauber)
H: Made in China **V:** Tramondi (Friedrichshafen)
Verpackung: Blister
7,50 Euro

Pepsi 20
ASK OR MORE - freeze edition, mit Schneemann und Logo

Scania 164L 6580
H: Wörlein (Cadolzburg) **V:** FGI (Nürnberg)
Verpackung: Blister
7,50 Euro

Pepsi 21
Britney Spears

Freightliner FLD 120 (Hauber)
H: Grell (Bielefeld-China) **V:** Grell (Bielefeld)
Verpackung: Blister
8,00 Euro **Auflage:** 30.000

2002

P

Pepsi 22

Light, Britney Spears

Freightliner FLD 120 (Hauber)

H: Grell (Bielefeld-China) **V:** Grell (Bielefeld)

Verpackung: Blister

8,00 Euro **Auflage:** 30.000

Perrier 01

MAN ?

H: Corgi **V:** keine Angabe

Verpackung: Plastikschachtel neutral

10,00 Euro

Pfaffenberger (Stöttner) 01

Weisse, Original leichte Dunkle, mit schräger Flasche

MAN TG-A

H: Hümmer **V:** Hümmer (Ieugn)

Verpackung: Blister

7,50 Euro **Auflage:** 5.000

Pfanner 01

Ice Tea, mit schrägem Glas und Eiswürfeln

US klassisch (Hauber)

H: Hümmer **V:** Hümmer (Teugn)

Verpackung: Blister

7,50 Euro

Pfungstädter 01

Zum Glück gibst, mit 2 Biergläsern

Mercedes-Benz Actros

H: Highspeed (China) **V:** Gack

Verpackung: Blister

15,00 Euro

Pfungstädter 02

Zum Glück gibts, mit liegender Flasche und Logo

Mercedes-Benz Actros

H: Hümmer **V:** Hümmer (Teugn)

Verpackung: Blister

10,00 Euro

Pfungstädter 03

Glücksgriff, mit Bierkasten

Mercedes-Benz Actros

H: Hümmer **V:** Hümmer (Teugn)

Verpackung: Blister

9,00 Euro

Pfungstädter 04

Sommerfrische (Radler), mit schräger Flasche

Mercedes-Benz Actros

H: Hümmer **V:** Hümmer (Teugn)

Verpackung: Blister

7,50 Euro

Pfungstädter 05

Nachschub, mit schräger Flasche

Mercedes-Benz Actros

H: Hümmer **V:** Hümmer (Teugn)

Verpackung: Blister

7,50 Euro

Pfungstädter 06

Wintertraum, mit schräger Flasche vor Sternen, gelber Rahmen

Mercedes-Benz Actros

H: Hümmer **V:** Hümmer (Teugn)

Verpackung: Blister

7,50 Euro

Pill´s (Velmar) 01

Die Brauerei in ..., mit Logo, Flasche und Glas

US modern (Hauber) (Kenworth T800)

H: Golden (ADT-Trucks) **V:** Müller (Chemnitz)

Verpackung: Plastikschachtel neutral

20,00 Euro

Pilsner Urquell 01

Das erste Pils der Welt, mit Siegel

US modern (Hauber) (Kenworth T800)

H: Highspeed (China) **V:** Grell (Bielefeld)

Verpackung: Blister

17,50 Euro

Pilsner Urquell 02

Echt abgefahren, mit F1 Jordan

US modern (Hauber) (Kenworth T800)

H: Highspeed (China) **V:** Grell (Bielefeld)

Verpackung: Blister

15,00 Euro

Pilsner Urquell 03

Echt umwerfend, mit liegender Flasche

US modern (Hauber) (Kenworth T800)

H: Highspeed (China) **V:** Grell (Bielefeld)

Verpackung: Blister

8,00 Euro

Pilsner Urquell 04

Echt schräg, mit schräger und stehender Flasche

US modern (Hauber) (Kenworth T800)

H: Highspeed (China) **V:** Grell (Bielefeld)

Verpackung: Blister

7,50 Euro

Pilsner Urquell 05

On Tour, mit 4 angeschnallten Flaschen

US modern (Hauber) (Kenworth T800)

H: Highspeed (China) **V:** Grell (Bielefeld)

Verpackung: Blister

7,50 Euro

Pilsner Urquell 06

Echt vollgepackt, mit vielen Flaschen

Ford 9000 (Hauber)

H: Highspeed (China) **V:** Grell (Bielefeld)

Verpackung: Blister

7,50 Euro

Pilsner Urquell 07

On Tour, mit Bierflaschen als Musikband

US modern (Hauber) (Kenworth T800)

H: Highspeed (China) **V:** Grell (Bielefeld)

Verpackung: Blister

7,50 Euro

Pinkus 01

mit 2 Logos

Kenworth klassisch (Hauber)

H: Majorette **V:** Müller (Chemnitz)

Verpackung: Plastikschachtel neutral

7,50 Euro

Plank (Laaber) 01

mit Logo vor Himmel, 1/3

Mercedes-Benz Actros

H: Top-Style (Ebersdorf) **V:** Allround Service (Wonsees)

Verpackung: Blister

7,50 Euro

2002

P

Plank (Laaber) 02
Hefeweizen, mit Glas und Flasche vor Wolken, 2/3

Mercedes-Benz Actros
H: Wörlein (Cadolzburg) **V:** DGD (Nürnberg)
Verpackung: Blister
7,50 Euro

Plank (Laaber) 03
Red Lion, mit schräger Flasche und Löwenkopf, 3/3

MAN F2000 Aero (Hochdach)
H: Wörlein (Cadolzburg) **V:** DGD (Nürnberg)
Verpackung: Blister
7,50 Euro

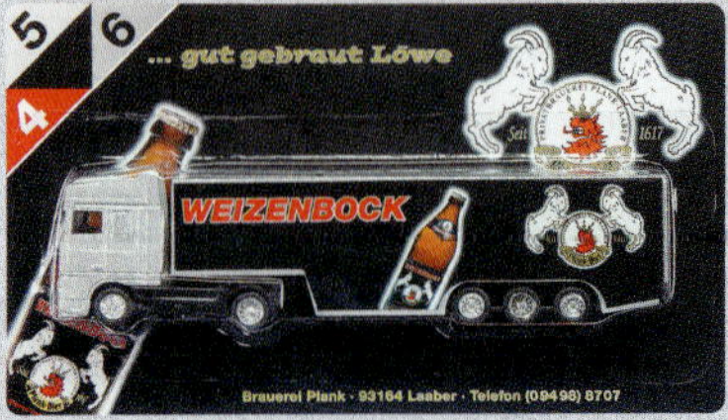

Plank (Laaber) 04
Weizenbock, mit schräger Flasche und Logo, 4/6

DAF 95 XF
H: Wörlein (Cadolzburg) **V:** DGD (Nürnberg)
Verpackung: Blister
7,50 Euro

Plank (Laaber) 05
Hefeweizen leicht, mit schräger Flasche und Logo vor Wolken, 5/6

Scania 164L 6580
H: Wörlein (Cadolzburg) **V:** DGD (Nürnberg)
Verpackung: Blister
7,50 Euro

Plank (Laaber) 06
mit Logo vor Wolken

Renault Premium Route
H: Top-Style (Ebersdorf) **V:** Allround Service (Wonsees)
Verpackung: Blister
7,50 Euro

Plassenburg (Bad Berneck) 01
Fruchtsäfte

MAN F2000 (Hochdach)
H: Wörlein (Cadolzburg) **V:** DGD (Nürnberg)
Verpackung: Blister
7,50 Euro

Plochinger 01
Aufkleber nur auf Plastschachtel, nackter geriffelter Sattel

Mercedes-Benz klein (NG 80 mittel)
H: keine Angabe **V:** Elastoform (Hersbrück)
Verpackung: Pappschachtel bedruckt oder mit Aufkleber
150,00 Euro **Auflage:** 100

Plochinger 02
Woran sich Schwaben laben, mit Logo

US klassisch (Hauber)
H: Made in China **V:** Hümmer (Teugn)
Verpackung: Blister
150,00 Euro

Pöllinger (Pfeffenhausen) 01
mit Logo

Mercedes-Benz 6600 (Oldtimer)
H: Hümmer **V:** Hümmer (Teugn)
Verpackung: Blister
7,50 Euro

Pöllinger (Pfeffenhausen) 02
Elsbethenquelle, natriumarm, mit Logo

Mercedes-Benz Actros
H: Hümmer **V:** Hümmer (Teugn)
Verpackung: Blister
7,50 Euro

Pollmüller (Schloß Holte) 01

Titanic Premium Ice Beer, mit liegender Flasche

Ford 9000 (Hauber)

H: Highspeed (China) **V:** Grell (Bielefeld)

Verpackung: Blister

7,50 Euro **Auflage:** 2.500

Pollmüller (Schloß Holte) 02

Big Beer (Bier und Cola), mit liegender Flasche

Ford 9000 (Hauber)

H: Highspeed (China) **V:** Grell (Bielefeld)

Verpackung: Blister

7,50 Euro **Auflage:** 2.500

Pölz Fruchtsäfte 01

mit Früchten (von Getränke Meier Töging)

Mercedes-Benz Actros

H: Top-Style (Ebersdorf) **V:** Allround Service (Wonsees)

Verpackung: Blister

7,50 Euro

Pörze (Rudolstadt) 01

Keine Milich - Pörzbier will ich! - mit Logo und Babywiege

US klassisch (Hauber)

H: Made in China **V:** keine Angabe

Verpackung: Plastikschachtel neutral

75,00 Euro

Pörze (Rudolstadt) 02

mit 3 Logos

US klassisch (Hauber)

H: Made in China **V:** keine Angabe

Verpackung: Plastikschachtel neutral

75,00 Euro

P

Pörze (Rudolstadt) 03

Riesen riesig, mit historischen Zeichnungen

IFA W50 (Oldtimer)

H: Grell (Bielefeld-China) **V:** Grell (Bielefeld)

Verpackung: Blister

9,00 Euro

Possmanns Familienkelterei (Frankfurt/M.) 01

Apfelsaft

Mercedes-Benz 6600 (Oldtimer)

H: Hümmer **V:** Hümmer (Teugn)

Verpackung: Blister

7,50 Euro

Post Brauerei Weiler (Allgäu) 01

Post Bier, mit Logo, Glas, Flasche und Mann in historischer Uniform

Mercedes-Benz Actros

H: Wörlein (Cadolzburg) **V:** DGD (Nürnberg)

Verpackung: Blister

7,50 Euro

Postbrauerei Meyer (Nesselwang) 01

mit 7 Fässern, Erstauflage 2000, Blisterrückseite leer

Pferdekutsche 2-Spänner

H: keine Angabe **V:** keine Angabe

Verpackung: Blister

50,00 Euro

Postbrauerei Meyer (Nesselwang) 02

mit Postkutsche und 2 Logos

Mercedes-Benz Actros

H: Wörlein (Cadolzburg) **V:** DGD (Nürnberg)

Verpackung: Blister

7,50 Euro

Postbrauerei Meyer (Nesselwang) 03

mit 7 Fässern, Wiederauflage 2002, Blisterrückseite mit Lauterbach-Aufdruck

Pferdekutsche 2-Spänner

H: keine Angabe **V:** Lauterbach

Verpackung: Blister

7,50 Euro

Pott´s (Oelde) 01

feine Bierspezialitäten, mit schräger Bügelflasche, 3 Achsen, gelochte Felge

Volvo F-12 Globetrotter

H: Golden (ADT-Trucks) **V:** Müller (Chemnitz)

Verpackung: Plastikschachtel neutral

15,00 Euro

Pott´s (Oelde) 02

feine Bierspezialitäten, mit schräger Bügelflasche

Kenworth klassisch (Hauber)

H: Majorette **V:** Müller (Chemnitz)

Verpackung: Plastikschachtel neutral

10,00 Euro

Pott´s (Oelde) 03

feine Bierspezialitäten, mit schräger Bügelflasche

Mercedes-Benz Actros

H: Wörlein (Cadolzburg) **V:** DGD (Nürnberg)

Verpackung: Blister

9,00 Euro

Pott´s (Oelde) 04

Paddy Lagerbier, mit Bügelflasche

Mercedes-Benz Actros

H: Wörlein (Cadolzburg) **V:** DGD (Nürnberg)

Verpackung: Blister

9,00 Euro

Pott´s (Oelde) 05
mit Pastellzeichnung der Brauerei und schräger Bügelflasche
MAN F2000 Aero (Hochdach)
H: Wörlein (Cadolzburg) **V:** Brauerei
Verpackung: Blister
7,50 Euro

Pott´s (Oelde) 06
mit 3 Bügelflaschen
MAN F2000 Aero (Hochdach)
H: Wörlein (Cadolzburg) **V:** Brauerei
Verpackung: Blister
7,50 Euro

Pott´s (Oelde) 07
Landbier, mit 2 liegenden Bügelflaschen
MAN F2000 Aero (Hochdach)
H: Wörlein (Cadolzburg) **V:** Brauerei
Verpackung: Blister
7,50 Euro

Pott´s (Oelde) 08
mit gelben, grünen und schwarzen Kästen
MAN F2000 Aero (Hochdach)
H: Wörlein (Cadolzburg) **V:** Brauerei
Verpackung: Blister
7,50 Euro

Prenzlauer Pils 01
mit Brandenburger Tor und Zeppelin
Freightliner FLD 120 (Hauber)
H: Grell (Bielefeld-China) **V:** Grell (Bielefeld)
Verpackung: Blister
7,50 Euro

Preussen Pils (Pritzwalk) 01

Königl.-Preussischer Biergenuss,
mit schrägem Glas rechts von Schrift

US modern (Hauber) (Kenworth T800)

H: Highspeed (China) **V:** Grell (Bielefeld)

Verpackung: Blister

12,50 Euro

Preussen Pils (Pritzwalk) 02

300 Jahre Preussen, mit schrägem Glas links von Schrift

US modern (Hauber) (Kenworth T800)

H: Highspeed (China) **V:** Grell (Bielefeld)

Verpackung: Blister

10,00 Euro

Preussen Pils (Pritzwalk) 03

Bärenquell, bärenstark, mit Bären und Glas

US modern (Hauber) (Kenworth T800)

H: Highspeed (China) **V:** Grell (Bielefeld)

Verpackung: Blister

9,00 Euro

Preussen Pils (Pritzwalk) 04

Bärenquell

Ford 9000 (Hauber)

H: Highspeed (China) **V:** Grell (Bielefeld)

Verpackung: Blister

7,50 Euro

Preussen Pils (Pritzwalk) 05

300 Jahre Preussen, mit Preussen-Adler, Glas und Flasche

Freightliner FLD 120 (Hauber)

H: Grell (Bielefeld-China) **V:** Grell (Bielefeld)

Verpackung: Blister

7,50 Euro

P

Preussen Pils (Pritzwalk)	06
Bärenquell, Probier´s doch mal..., mit Bierschaum	
Mercedes-Benz Actros	
H: Highspeed (China) **V:** Grell (Bielefeld)	
Verpackung: Blister	
7,50 Euro	

Preussen Pils (Pritzwalk)	07
300 Jahre Preussen, mit Logo (Adler)	
Mercedes-Benz Actros	
H: Highspeed (China) **V:** Grell (Bielefeld)	
Verpackung: Blister	
7,50 Euro	

Preussen Pils (Pritzwalk)	08
Bärenquell, Dunkler Bock (mit VEB Etikett auf Blister)	
IFA W50 (Oldtimer)	
H: Grell (Bielefeld-China) **V:** Grell (Bielefeld)	
Verpackung: Blister	
7,50 Euro	**Auflage:** 3.000

Primator	01
Das Juwel böhmischer Braukunst, mit Schloss	
Mercedes-Benz groß (NG 80 lang)	
H: Made in China **V:** Lauterbach	
Verpackung: Blister	
25,00 Euro	**Auflage:** 2.000

Primator	02
Das Juwel böhmischer Braukunst, mit Schloss	
Mercedes-Benz groß (NG 80 lang)	
H: Made in China **V:** Lauterbach	
Verpackung: Blister	
25,00 Euro	**Auflage:** 2.000

Prinzenburger Felsenquelle 01
mit Reiter

US modern (Hauber) (Kenworth T800)
H: Highspeed (China) **V:** Grell (Bielefeld)
Verpackung: Blister
7,50 Euro

PS-Geflüster 01
2000, Bergt-Bräu

Kenworth klassisch (Hauber)
H: Majorette **V:** Müller (Chemnitz)
Verpackung: Plastikschachtel neutral
12,50 Euro **Auflage:** 500

PS-Geflüster 02
2000, Einsiedler Brauhaus

Kenworth klassisch (Hauber)
H: Majorette **V:** Müller (Chemnitz)
Verpackung: Plastikschachtel neutral
12,50 Euro **Auflage:** 500

PS-Geflüster 03
2000, Bergt-Bräu (links) und Einsiedler (rechts)

Mercedes-Benz O 303 RHD
H: Welly **V:** Müller (Chemnitz)
Verpackung: - ohne
12,50 Euro

PS-Geflüster 04
XXL, 2000, Bergt-Bräu (links) und Einsiedler (rechts)

Renault Premium Route (XXL)
H: Majorette **V:** Müller (Chemnitz)
Verpackung: Plastikschachtel neutral
20,00 Euro

P

PS-Geflüster 05

2001, Bergt Bräu

Kenworth klassisch (Hauber)

H: Majorette **V:** Müller (Chemnitz)

Verpackung: Plastikschachtel neutral

7,50 Euro

PS-Geflüster 06

2001, Einsiedler

Kenworth klassisch (Hauber)

H: Majorette **V:** Müller (Chemnitz)

Verpackung: Plastikschachtel neutral

7,50 Euro

Punica 01

Warum in die Ferne schweifen, LKW: Frau mit Fernglas
Hänger: 3 Flaschen

Mercedes-Benz Actros

H: Hümmer **V:** Hümmer (Teugn)

Verpackung: Blister

17,50 Euro

Punica 02

Cool - Cooler - Cool Cassis, mit Eisbär,
Flasche und gelbem Logo

Mercedes-Benz Actros

H: Highspeed (China) **V:** Grell (Bielefeld)

Verpackung: Blister

15,00 Euro

Punica 03

mit gelbem Logo

IFA W50 (Oldtimer)

H: Grell (Bielefeld-China) **V:** Grell (Bielefeld)

Verpackung: Blister

10,00 Euro

Punica 04
Fruitshot, mit vielen Früchten vor Wassertropfen

Mercedes-Benz Actros
H: Highspeed (China) **V:** Giveaway (Krefeld)
Verpackung: Blister
8,00 Euro

Punica 05
mit Oase in Wüste und 2 * 7 Flaschen

Mercedes-Benz Actros
H: Vierke (Braunschweig) **V:** Giveaway (Krefeld)
Verpackung: Plastikschachtel neutral
7,50 Euro **Auflage:** 3.000

Punica 06
Der fruchtige Durstlöscher, mit vielen Früchten

Mercedes-Benz Actros
H: KamLun **V:** Kamloth (Steinhagen)
Verpackung: Blister
7,50 Euro

Punica 07
Der fruchtige Durstlöscher, mit vielen Früchten, mit Getränkeland auf Rückseite

Mercedes-Benz Actros
H: KamLun **V:** Kamloth (Steinhagen)
Verpackung: Blister
7,50 Euro

Punica 08
rechts: Punica mit 14 Flaschen in Wüste, links: toom markt

Mercedes-Benz Actros
H: Vierke (Braunschweig) **V:** Giveaway (Krefeld)
Verpackung: Plastikschachtel bedruckt oder mit Aufkleber
7,50 Euro

Punica 09
mit 8 verschiedenen Flaschen
Mercedes-Benz Actros
H: KamLun **V:** Kamloth (Steinhagen)
Verpackung: Blister
7,50 Euro

Purzelbaum (Triptis) 01
Die total verrücktre Kneipe, mit Logo
MAN F2000 Aero (Hochdach)
H: Wörlein (Cadolzburg) **V:** Marks
Verpackung: Plastikschachtel bedruckt oder mit Aufkleber
6,50 Euro **Auflage:** 100

Püttner Bräu (Schlammersdorf) 01
Unser Schaum hält, mit Glas und Logo vor Wasserfall
Mercedes-Benz Actros
H: Highspeed (China) **V:** Grell (Bielefeld)
Verpackung: Blister
15,00 Euro

Pyraser 01
Eisbär, mit Logo
US klassisch (Hauber)
H: Made in China **V:** Hümmer (Teugn)
Verpackung: Blister
30,00 Euro

Pyraser 02
Waldquelle, mit gezeichneter Landschaft
MAN F2000 Aero (Hochdach)
H: Wörlein (Cadolzburg) **V:** DGD (Nürnberg)
Verpackung: Blister
9,00 Euro

Pyraser 03

Bier, mit Bauernhof

MAN F2000 Aero (Hochdach)

H: Wörlein (Cadolzburg) **V:** DGD (Nürnberg)

Verpackung: Blister

9,00 Euro

Pyraser 04

Hopfen und Malz, Gott erhalts, mit Hopfen, Gerste und Malz

Mercedes-Benz Actros

H: Wörlein (Cadolzburg) **V:** DGD (Nürnberg)

Verpackung: Blister

7,50 Euro

Pyraser 05

mit vielen Früchten

Scania 164L 6580

H: Wörlein (Cadolzburg) **V:** DGD (Nürnberg)

Verpackung: Blister

7,50 Euro

Pyraser 06

Schwarzbier, schwarz wie die Nacht, mit Mond

MAN TG-A

H: Wörlein (Cadolzburg) **V:** DGD (Nürnberg)

Verpackung: Blister

7,50 Euro

Quenzer Bräu 01

mit Logo und grünem Rahmen

Mercedes-Benz Actros

H: Top-Style (Ebersdorf) **V:** Top-Style (Ebersdorf)

Verpackung: Blister

7,50 Euro

Raab (Untersiemau) 01

Rallye Bier, mit Logo und Oldtimer

Mercedes-Benz Actros

H: Top-Style (Ebersdorf) **V:** keine Angabe

Verpackung: Plastikschachtel neutral

6,50 Euro

Raab (Untersiemau) 02

Rallye Bier, mit Logo und Oldtimer

Mercedes-Benz Actros

H: Top-Style (Ebersdorf) **V:** Allround Service (Wonsees)

Verpackung: Plastikschachtel bedruckt oder mit Aufkleber

6,50 Euro

Rabold Mosterei (Dreitzsch) 01

das Beste aus der Frucht, mit Glas und Baum

Ford 9000 (Hauber)

H: Highspeed (China) **V:** Grell (Bielefeld)

Verpackung: Blister

7,50 Euro

Radeberger 01

und Heiloo, mit Logo

Mercedes-Benz Actros

H: Hümmer **V:** Hümmer (Teugn)

Verpackung: Blister

20,00 Euro

Radeberger 02

mit Logo

Mercedes-Benz Actros

H: Highspeed (China) **V:** Grell (Bielefeld)

Verpackung: Blister

12,50 Euro

Radeberger 03

mit Logo

Mercedes-Benz Actros

H: Highspeed (China) **V:** Grell (Bielefeld)

Verpackung: Blister

12,50 Euro

Radeberger 04

mit Logo (von Getränke-Seidel Thum)

Mercedes-Benz Actros

H: Wörlein (Cadolzburg) **V:** WMS (Thum)

Verpackung: Blister

20,00 Euro **Auflage:** ang. 2.000

Radeberger 05

mit Logo (von Getränke-Seidel Thum)

Mercedes-Benz Actros

H: Wörlein (Cadolzburg) **V:** WMS (Thum)

Verpackung: Showbox - Pappe und Plastik

10,00 Euro **Auflage:** 10.000

Radeberger 06

mit Logo und Schriftzug GELOS auf Tür

MAN F2000 Aero (Hochdach)

H: Grell (Bielefeld-China) **V:** Grell (Bielefeld)

Verpackung: Blister

20,00 Euro

Radebeuler 01

Brauhaus

Garant (Oldtimer)

H: BeKa (Dresden) **V:** Spielwarenhandel

Verpackung: Plastikschachtel bedruckt oder mit Aufkleber

12,50 Euro

Ramona Fruit Drinks (Höllensprudel) 01

Mercedes-Benz Actros
H: Hümmer **V:** Hümmer (Teugn)
Verpackung: Blister
8,00 Euro

Rapp 01
mit liegendem Glas

MAN TG-A
H: Hümmer **V:** Hümmer (Teugn)
Verpackung: Blister
7,50 Euro

Rapp´s Kelterei 01
Fruchtsäfte, mit Früchten

Mercedes-Benz Actros
H: Hümmer **V:** Hümmer (Teugn)
Verpackung: Blister
9,00 Euro

Ratsherrn 01
mir grünem Logo auf Glas

Mercedes-Benz Atego 18T
H: Vierke (Braunschweig) **V:** Vierke (Braunschweig)
Verpackung: Blister
7,50 Euro

Rechenberger 01
mit Logo

Mercedes-Benz Actros
H: Highspeed (China) **V:** Grell (Bielefeld)
Verpackung: Blister
12,50 Euro

Rechenberger 02

Jetzt mit Recht..., mit Logo und 2 Gläsern

Mercedes-Benz Actros

H: Highspeed (China) **V:** Grell (Bielefeld)

Verpackung: Blister

12,50 Euro

Rechenberger 03

mit Brauereizeichnung und Logo

US modern (Hauber) (Kenworth T800)

H: Highspeed (China) **V:** Grell (Bielefeld)

Verpackung: Blister

12,50 Euro

Rechenberger 04

mit Logo

IFA W50 (Oldtimer)

H: Grell (Bielefeld-China) **V:** Grell (Bielefeld)

Verpackung: Blister

10,00 Euro

Rechenberger 05

besonders bevorzugt, mit Logo

Ford Model T 1919 (Oldtimer)

H: Highspeed (China) **V:** Grell (Bielefeld)

Verpackung: Blister

10,00 Euro

Rechenberger 06

Jetzt mit Recht..., mit Logo und 2 Gläsern

Ford 9000 (Hauber)

H: Highspeed (China) **V:** Grell (Bielefeld)

Verpackung: Blister

8,00 Euro

Rechenberger	07
nach alter Brauart	
Pferdekutsche 2-Spänner	
H: Highspeed (China) **V:** Grell (Bielefeld)	
Verpackung: Blister	
8,00 Euro	

Rechenberger	08
Ford Model A mit Kästen (Oldtimer)	
H: Highspeed (China) **V:** Grell (Bielefeld)	
Verpackung: Blister	
8,00 Euro	

Rechenberger	09
3er Set (2 Oldtimer, 1 Kutsche) in Box	
verschiedene Oldtimer	
H: Highspeed (China) **V:** Brauerei	
Verpackung: Showbox - Pappe und Plastik	
25,00 Euro	

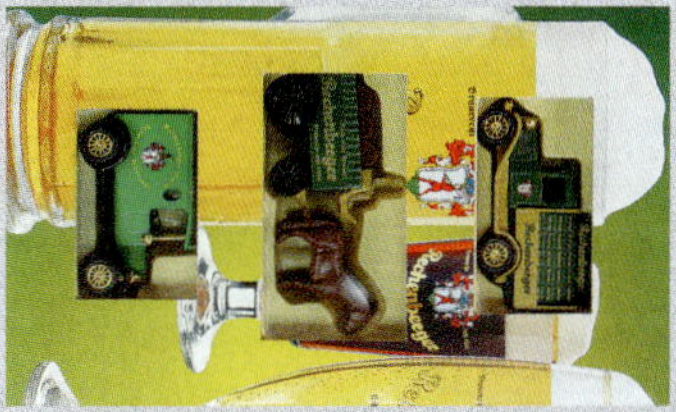

Recken (Reckendorf)	01
Bier, mit Logo	
Mercedes-Benz Actros	
H: Highspeed (China) **V:** Grell (Bielefeld)	
Verpackung: Blister	
15,00 Euro	

Recken (Reckendorf)	02
Lass Dir Recken schmecken! mit Glas, Flasche und Hopfen	
MAN TG-A	
H: Wörlein (Cadolzburg) **V:** DGD (Nürnberg)	
Verpackung: Blister	
7,50 Euro	

Regensburger Bürgerfest 2001 01
Kneitlinger Nr.1/3

Mercedes-Benz Actros
H: Wörlein (Cadolzburg) **V:** DGD (Nürnberg)
Verpackung: Blister
10,00 Euro

Regensburger Bürgerfest 2001 02
Spital Nr.2/3

MAN TG-A
H: Wörlein (Cadolzburg) **V:** DGD (Nürnberg)
Verpackung: Blister
10,00 Euro

Regensburger Bürgerfest 2001 03
Bischofshof Nr.3/3

MAN F2000 Aero (Hochdach)
H: Wörlein (Cadolzburg) **V:** DGD (Nürnberg)
Verpackung: Blister
10,00 Euro

Reh-Bier (Litzendorf) 01
Aus dem Ellertal, mit Logo und Glas

US klassisch (Hauber)
H: Made in China **V:** keine Angabe
Verpackung: Plastikschachtel neutral
15,00 Euro

Reh-Bier (Litzendorf) 02
Aus dem Ellertal, mit Logo

Mercedes-Benz Actros
H: Highspeed (China) **V:** Grell (Bielefeld)
Verpackung: Blister
7,50 Euro

Reichenbrander Bergt-Bräu 01

mit Logo

MAN F90

H: Made in China **V:** keine Angabe

Verpackung: Plastikschachtel neutral

40,00 Euro

Reichenbrander Bergt-Bräu 02

mit 2 kleinen Logos, 3 Achsen, gelochte Felgen

Volvo F-12 Globetrotter

H: Golden (ADT-Trucks) **V:** keine Angabe

Verpackung: Plastikschachtel neutral

10,00 Euro

Reichenbrander Bergt-Bräu 03

mit 2 großen Logos, 3 Achsen, gelochte Felgen

Mercedes-Benz groß (NG 80 lang)

H: Golden (ADT-Trucks) **V:** keine Angabe

Verpackung: Plastikschachtel neutral

10,00 Euro

Reichenbrander Bergt-Bräu 04

mit 2 großen Logos, 2 Achsen, volle Felgen

Mercedes-Benz groß (NG 80 lang)

H: Golden (ADT-Trucks) **V:** keine Angabe

Verpackung: Plastikschachtel neutral

10,00 Euro

Reichenbrander Bergt-Bräu 05

Weihnacht 2001, mit Weihnachtsmann

DAF 95 XF

H: Wörlein (Cadolzburg) **V:** DGD (Nürnberg)

Verpackung: Blister

7,50 Euro

Reichold (Aufseß) 01

R01, fränkisch frisch, mit Logo und schräger Flasche

Mercedes-Benz Actros

H: Wörlein (Cadolzburg) **V:** DGD (Nürnberg)

Verpackung: Blister

10,00 Euro **Auflage:** 6.000

Reichold (Aufseß) 02

R02, Lagerbier, mit schräger Flasche und Logo

Mercedes-Benz Actros

H: Wörlein (Cadolzburg) **V:** Brauerei

Verpackung: Blister

9,00 Euro **Auflage:** 5.000

Reichold (Aufseß) 03

R03, mit Logo

Mercedes-Benz Actros

H: Wörlein (Cadolzburg) **V:** Brauerei

Verpackung: Blister

9,00 Euro **Auflage:** 4.000

Reichold (Aufseß) 04

R04, Frohe Weihnacht 2000, mit Skifahrer

Mercedes-Benz Actros

H: Wörlein (Cadolzburg) **V:** Brauerei

Verpackung: Blister

9,00 Euro **Auflage:** 2.500

Reichold (Aufseß) 05

R05, 95 Jahre, mit Brauereifoto und Logo

Mercedes-Benz Actros

H: Wörlein (Cadolzburg) **V:** Brauerei

Verpackung: Blister

9,00 Euro **Auflage:** 1.500

Reichold (Aufseß) 06
R06, Das 21. Jahrhundert hat begonnen, mit Feuerwerk und Logo

Ford 9000 (Hauber)
H: Highspeed (China) **V:** Grell (Bielefeld)
Verpackung: Blister
7,50 Euro

Reichold (Aufseß) 07
R07, mit Maibaumkranz

MAN F2000 Aero (Hochdach)
H: Grell (Bielefeld-China) **V:** Grell (Bielefeld)
Verpackung: Blister
7,50 Euro

Reichold (Aufseß) 08
R08, Guinness World Records 2001

Scania 124L 420
H: Grell (Bielefeld-China) **V:** Grell (Bielefeld)
Verpackung: Blister
7,50 Euro

Reichold (Aufseß) 09
R09, Durst auf Franken, mit badender Frau und Glas

Freightliner FLD 120 (Hauber)
H: Grell (Bielefeld-China) **V:** Grell (Bielefeld)
Verpackung: Blister
7,50 Euro

Reichold (Aufseß) 10
R10, Lager, mit schräger Flasche vor Brücke mit Wolken

Freightliner FLD 120 (Hauber)
H: Grell (Bielefeld-China) **V:** Grell (Bielefeld)
Verpackung: Blister
7,50 Euro

Reichold (Aufseß) 11

R11, mit Sternen

Scania 124L 420

H: Grell (Bielefeld-China) **V:** Grell (Bielefeld)

Verpackung: Blister

7,50 Euro

Reichold (Aufseß) 12

R01 (02), fränkisch frisch, mit Logo und schräger Flasche

Mercedes-Benz Actros

H: Highspeed (China) **V:** Grell (Bielefeld)

Verpackung: Blister

7,50 Euro

Reichold (Aufseß) 13

R02 (02), Lagerbier, mit schräger Flasche und Logo

Scania 124L 420

H: Grell (Bielefeld-China) **V:** Grell (Bielefeld)

Verpackung: Blister

7,50 Euro

Reichold (Aufseß) 14

R03 (02), mit Logo

Scania 124L 420

H: Grell (Bielefeld-China) **V:** Grell (Bielefeld)

Verpackung: Blister

7,50 Euro

Reichold (Aufseß) 15

R04 (02), Frohe Weihnacht 2000, mit Skifahrer

Mercedes-Benz Actros

H: Highspeed (China) **V:** Grell (Bielefeld)

Verpackung: Blister

7,50 Euro

Reichold (Aufseß) 16
R05 (02), 95 Jahre, mit Brauereifoto und Logo

Mercedes-Benz Actros
H: Highspeed (China) **V:** Grell (Bielefeld)
Verpackung: Blister
7,50 Euro

Reichold (Aufseß) 20
R09 (02), Durst auf Franken, mit badender Frau und Glas

Scania 124L 420
H: Grell (Bielefeld-China) **V:** Grell (Bielefeld)
Verpackung: Blister
7,50 Euro

Reichold (Aufseß) 21
R12, Lagerbier, mit Logo

Scania 124L 420
H: Grell (Bielefeld-China) **V:** Grell (Bielefeld)
Verpackung: Blister
7,50 Euro

Reichold (Aufseß) 22
R13, mit Weihnachtsmann (2001)

Freightliner FLD 120 (Hauber)
H: Grell (Bielefeld-China) **V:** Grell (Bielefeld)
Verpackung: Blister
7,50 Euro

Reichold (Aufseß) 23
mit liegender, nackter Frau

Scania 124
H: Made in China **V:** Pro-Innovation (Fürth)
Verpackung: Plastikschachtel bedruckt oder mit Aufkleber
7,50 Euro

Reichold (Aufseß) 24

R13 (02), mit Weihnachtsmann (2001)

MAN TG-460

H: Grell (Bielefeld-China) **V:** Grell (Bielefeld)

Verpackung: Blister

7,50 Euro

Reichold (Aufseß) 25

R14, Jahr 2002 mit 2 Henkelgläsern

Ford 9000 (Hauber)

H: Highspeed (China) **V:** Grell (Bielefeld)

Verpackung: Blister

7,50 Euro

Reichold (Aufseß) 26

R14 (02), Jahr 2002 mit 2 Henkelgläsern

MAN TG-460

H: Grell (Bielefeld-China) **V:** Grell (Bielefeld)

Verpackung: Blister

7,50 Euro

Reichold (Aufseß) 27

R15a, mit nackter blonder Frau auf Blister

Freightliner FLD 120 (Hauber)

H: Grell (Bielefeld-China) **V:** Grell (Bielefeld)

Verpackung: Blister

7,50 Euro

Reichold (Aufseß) 28

R15b, mit nackter blonder Frau auf Blister

Freightliner FLD 120 (Hauber)

H: Grell (Bielefeld-China) **V:** Grell (Bielefeld)

Verpackung: Blister

7,50 Euro

Reichold (Aufseß) 29

mit Gasthoffoto und Logo

DAF 95 XF

H: Made in China **V:** MaHug (Kulmbach)

Verpackung: Plastikschachtel bedruckt oder mit Aufkleber

7,50 Euro

Rennsteig (Schmiedefeld) 01

Export, mit Logo

Mercedes-Benz Actros

H: Wörlein (Cadolzburg) **V:** Eurosun (Cadolzburg)

Verpackung: Plastikschachtel bedruckt oder mit Aufkleber

10,00 Euro

Retter (Eibau) 01

Pilsener, mit Glas und Logo

US modern (Hauber) (Kenworth T800)

H: Highspeed (China) **V:** Gack

Verpackung: Blister

10,00 Euro

Retter (Eibau) 02

Export, mit Glas und Logo

US modern (Hauber) (Kenworth T800)

H: Highspeed (China) **V:** Grell (Bielefeld)

Verpackung: Blister

10,00 Euro

Retter (Eibau) 03

Schwarzbier, mit Glas und Logo

US modern (Hauber) (Kenworth T800)

H: Highspeed (China) **V:** Grell (Bielefeld)

Verpackung: Blister

10,00 Euro

Retter (Eibau) 04

Pilsener, mit Mann in Wüste

US modern (Hauber) (Kenworth T800)

H: Highspeed (China) **V:** Grell (Bielefeld)

Verpackung: Blister

8,00 Euro

Retter (Eibau) 05

Export, mit Mann in Wüste

US modern (Hauber) (Kenworth T800)

H: Highspeed (China) **V:** Grell (Bielefeld)

Verpackung: Blister

8,00 Euro

Retter (Eibau) 06

Dunkel, mit Mann in Wüste

US modern (Hauber) (Kenworth T800)

H: Highspeed (China) **V:** Grell (Bielefeld)

Verpackung: Blister

8,00 Euro

Retter (Eibau) 07

Pilsener, mit Mann auf Schwimmring und Logo

US modern (Hauber) (Kenworth T800)

H: Highspeed (China) **V:** Grell (Bielefeld)

Verpackung: Blister

7,50 Euro

Retter (Eibau) 08

Export, mit Mann auf Schwimmring und Logo

US modern (Hauber) (Kenworth T800)

H: Highspeed (China) **V:** Grell (Bielefeld)

Verpackung: Blister

7,50 Euro

Retter (Eibau) 09

Schwarzbier, mit Mann auf Schwimmring und Logo

US modern (Hauber) (Kenworth T800)

H: Highspeed (China) **V:** Grell (Bielefeld)

Verpackung: Blister

7,50 Euro

Reudnitzer 01

Pilsner, mit 2 Logos

US klassisch (Hauber)

H: keine Angabe **V:** keine Angabe

Verpackung: Pappschachtel bedruckt oder mit Aufkleber

60,00 Euro

Reudnitzer 02

mit schrägem Schriftzug und Logo

US modern (Hauber) (Kenworth T800)

H: Highspeed (China) **V:** Grell (Bielefeld)

Verpackung: Blister

17,50 Euro

Reudnitzer 03

Pilsner, mit 2 Logos

US modern (Hauber) (Kenworth T800)

H: Highspeed (China) **V:** Grell (Bielefeld)

Verpackung: Blister

17,50 Euro

Reudnitzer 04

Schwarzbier, mit goldenen Längsstreifen auf Sattel

US modern (Hauber) (Kenworth T800)

H: Highspeed (China) **V:** Grell (Bielefeld)

Verpackung: Blister

17,50 Euro

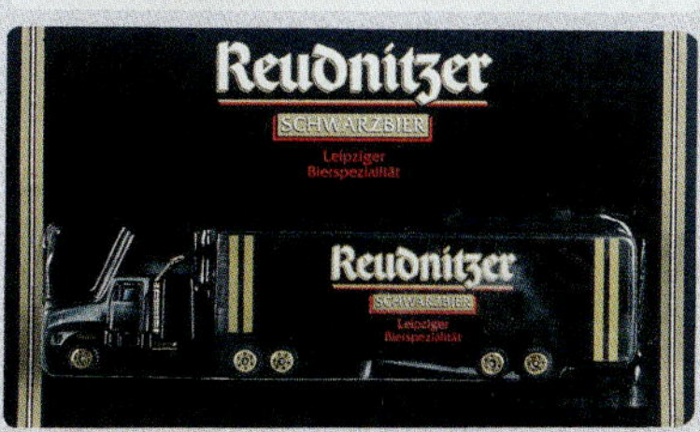

R

Reudnitzer 05

Pilsner, mit 2 Logos, 2 Achsen, gelochte Felgen

Volvo F-12 Globetrotter

H: Made in China **V:** keine Angabe

Verpackung: Plastikschachtel neutral

12,50 Euro

Reudnitzer 06

Pilsner, mit 2 Logos, 3 Achsen, gelochte Felgen

Volvo F-12 Globetrotter

H: Golden (ADT-Trucks) **V:** keine Angabe

Verpackung: Plastikschachtel neutral

12,50 Euro

Reudnitzer 07

mit schrägem Schriftzug und Logo, 2 Achsen, gelochte Felgen

Mercedes-Benz groß (NG 80 lang)

H: Made in China **V:** Müller (Chemnitz)

Verpackung: Plastikschachtel neutral

12,50 Euro

Reudnitzer 08

mit schrägem Schriftzug und Logo, 2 Achsen, volle Felgen

Mercedes-Benz groß (NG 80 lang)

H: Golden (ADT-Trucks) **V:** keine Angabe

Verpackung: Plastikschachtel neutral

12,50 Euro

Reudnitzer 09

Schwarzbier, 2 Achsen, volle Felgen

Mercedes-Benz groß (NG 80 lang)

H: Golden (ADT-Trucks) **V:** keine Angabe

Verpackung: Plastikschachtel neutral

12,50 Euro

Reudnitzer 10
mit schrägem Schriftzug und Logo

Mercedes-Benz Actros
H: Highspeed (China) **V:** Grell (Bielefeld)
Verpackung: Blister
9,00 Euro

Reudnitzer 11
mit schrägem Schriftzug und Logo

Mercedes-Benz Actros
H: Highspeed (China) **V:** Grell (Bielefeld)
Verpackung: Blister
9,00 Euro

Reudnitzer 12
mit 5 schrägen Etiketten

Scania 124L 420
H: Grell (Bielefeld-China) **V:** Grell (Bielefeld)
Verpackung: Blister
7,50 Euro

Reudnitzer 13
mit liegender Flasche

Ford 9000 (Hauber)
H: Highspeed (China) **V:** Grell (Bielefeld)
Verpackung: Blister
7,50 Euro

Reudnitzer 14
Weihnachts Bier (2001), mit schräger Flasche und Sternen

Ford 9000 (Hauber)
H: Highspeed (China) **V:** Grell (Bielefeld)
Verpackung: Blister
7,50 Euro

Rewe 01
Siebdruck

Mercedes-Benz groß (NG 80 lang)
H: Made in China **V:** Melco (Bremen)
Verpackung: Plastikschachtel bedruckt oder mit Aufkleber
7,50 Euro

Rewe 02
LKW: Rewe, Hänger Freigraf Malzfit, Alt, Pilsener, Export, Weizen, Radler

Mercedes-Benz Actros
H: KamLun **V:** Gietzelt (Dresden)
Verpackung: Blister
7,50 Euro

Rex Pils (Potsdam) 01
mit Logo

MAN TG-A
H: Wörlein (Cadolzburg) **V:** DGD (Nürnberg)
Verpackung: Blister
9,00 Euro

Rheinfels Quelle 01
mit 2 schrägen Flaschen

US modern (Hauber) (Kenworth T800)
H: Highspeed (China) **V:** Grell (Bielefeld)
Verpackung: Blister
9,00 Euro

Rheinsberger 01
Kronprinzen Pils, mit Logo und Reiter

Kenworth klassisch (Hauber)
H: Majorette **V:** Müller (Chemnitz)
Verpackung: Plastikschachtel neutral
12,50 Euro

Rhenania Alt 01
Das gute Bier vom Niederrhein, mit 2 Logos

US modern (Hauber) (Kenworth T800)
H: Highspeed (China) **V:** Grell (Bielefeld)
Verpackung: Blister
17,50 Euro

Rhenania Alt 02
Bier gut, Abend gut, mit Glas

Mercedes-Benz Actros
H: Highspeed (China) **V:** Grell (Bielefeld)
Verpackung: Blister
7,50 Euro

Rhenser Mineralbrunnen 01
mit liegender Flasche

MAN M2000
H: Made in China **V:** Active Promotion (Stein)
Verpackung: Plastikschachtel bedruckt oder mit Aufkleber
7,50 Euro

Rhön Sprudel 01
Fiesta - Hier kommt die Power, mit Früchten und 5 Flaschen

Mercedes-Benz Actros
H: Hümmer **V:** Hümmer (Teugn)
Verpackung: Blister
9,00 Euro

Rhön Sprudel 02
Apple Plus, Außen Wasser Innen Plus, mit Flasche und Äpfeln

Mercedes-Benz Actros
H: Made in China **V:** Hümmer (Teugn)
Verpackung: Blister
9,00 Euro

Rhön Sprudel 03
Cherry Plus, Außen Wasser Innen Plus, mit Flasche und Kirschen

Mercedes-Benz Actros
H: Hümmer **V:** Hümmer (Teugn)
Verpackung: Blister
8,00 Euro

Rhön Sprudel 04
mit Etikett und Engel

Mercedes-Benz Actros
H: Hümmer **V:** Hümmer (Teugn)
Verpackung: Blister
10,00 Euro

Rhön Sprudel 05
Hollerblüte, mit Etikett

Ford 9000 (Hauber)
H: Highspeed (China) **V:** Grell (Bielefeld)
Verpackung: Blister
8,00 Euro

Rhön Sprudel 06
XXL, mit Etikett und Engel

Peterbilt Hauber (XXL)
H: Made in China **V:** Hümmer (Teugn)
Verpackung: Blister
45,00 Euro

Rhön Sprudel 07
Außen Leicht - Innen Reich, mit Etikett und 3 Flaschen

Scania 124L 420
H: Grell (Bielefeld-China) **V:** Grell (Bielefeld)
Verpackung: Blister
7,50 Euro

Rhön Sprudel 08

Ihnen blüht was (Hollerblüte), mit Frau, Flasche und Blüten

Scania 124L 420

H: Grell (Bielefeld-China) **V:** Grell (Bielefeld)

Verpackung: Blister

7,50 Euro

Rhön Sprudel 09

Fiesta - Joghurt Power, mit Früchten und schräger Flasche

Scania 124L 420

H: Grell (Bielefeld-China) **V:** Grell (Bielefeld)

Verpackung: Blister

7,50 Euro

Rhön Sprudel 10

Außen Wasser - Innen Reich, mit Etikett vor blauem Wald und Bergen

Mercedes-Benz Actros

H: Hümmer **V:** Hümmer (Teugn)

Verpackung: Blister

7,50 Euro

Rhön Sprudel 11

mit Etikett und Engel

Scania 124L 420

H: Grell (Bielefeld-China) **V:** Grell (Bielefeld)

Verpackung: Blister

7,50 Euro

Rhöner 01

Urtyp Dunkel, mit Logo

US modern (Hauber) (Kenworth T800)

H: Highspeed (China) **V:** Grell (Bielefeld)

Verpackung: Blister

15,00 Euro

Rhöner 02
mit Logo

Mercedes-Benz Actros
H: Wörlein (Cadolzburg) **V:** DGD (Nürnberg)
Verpackung: Blister
12,50 Euro

Rhöner 03
Bierspezialitäten, 125 Jahre Brautradition, mit Logo

IFA W50 (Oldtimer)
H: Wörlein (Cadolzburg) **V:** DGD (Nürnberg)
Verpackung: Blister
12,50 Euro

Rhöner 04
Bierspezialitäten, mit Fliegerdenkmal auf Wasserkuppe und Logo

Mercedes-Benz Actros
H: Wörlein (Cadolzburg) **V:** DGD (Nürnberg)
Verpackung: Blister
8,00 Euro

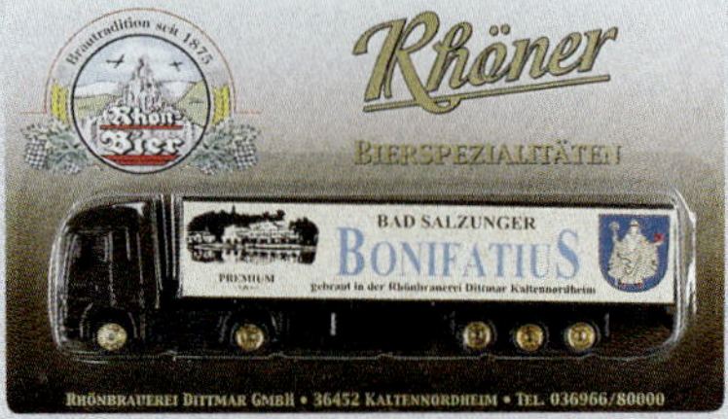

Rhöner 05
Bad Salzunger Bonifatius, mit Schloß und Wappen

Mercedes-Benz Actros
H: Wörlein (Cadolzburg) **V:** DGD (Nürnberg)
Verpackung: Blister
7,50 Euro

Richzenhainer 01
sächsisch - süffig - gut, mit Logo und schräger Flasche vor Tuch

US modern (Hauber) (Kenworth T800)
H: Highspeed (China) **V:** Grell (Bielefeld)
Verpackung: Blister
15,00 Euro

Ricklinger Landbrauerei 01

Zur alten Försterei, mit 2 verschiedenen Logos

Kenworth klassisch (Hauber)

H: Majorette **V:** Müller (Chemnitz)

Verpackung: Plastikschachtel neutral

7,50 Euro

Riebeck 01

und Getränke Zwicker Gebesee, mit Logo

Mercedes-Benz Actros

H: Highspeed (China) **V:** Grell (Bielefeld)

Verpackung: Blister

8,00 Euro

Riebeck 02

Premium Pilsener, Der Original Riebeck Mini-Truck, mit 2 Logos

Mercedes-Benz Actros

H: Wörlein (Cadolzburg) **V:** DGD (Nürnberg)

Verpackung: Blister

8,00 Euro

Riebeck 03

Premium Pilsener, von Zwicker Gebesee

Mercedes-Benz Actros

H: Highspeed (China) **V:** Grell (Bielefeld)

Verpackung: Blister

8,00 Euro

Riebeck 04

mit 2 tanzenden Paaren und Logo

Freightliner FLD 120 (Hauber)

H: Grell (Bielefeld-China) **V:** Grell (Bielefeld)

Verpackung: Blister

7,50 Euro

Riebeck 05

140 Jahre, mit Logo,
2 Gläsern und historischem Brauereifoto

Scania 124L 420

H: Grell (Bielefeld-China) **V:** Grell (Bielefeld)

Verpackung: Blister

7,50 Euro

Riebeck 06

140 Jahre, mit 1 eckigem und 5 runden Etiketten

Ford 9000 (Hauber)

H: Highspeed (China) **V:** Grell (Bielefeld)

Verpackung: Blister

7,50 Euro

Riebeck 07

Zu allen Zeiten lob ich mir..., mit feiernden Leuten und Glas

Scania 124L 400 (Hauber)

H: Grell (Bielefeld-China) **V:** Grell (Bielefeld)

Verpackung: Blister

7,50 Euro

Riedenburger 01

mit kleinem und großen Logo

MAN F2000 Aero (Hochdach)

H: Dickie (China) **V:** NWH

Verpackung: Blister

12,50 Euro

Riegele (Augsburg) 01

mit Logo

US klassisch (Hauber)

H: Made in China **V:** Hümmer (Teugn)

Verpackung: Blister

17,50 Euro

Riegele (Augsburg) 02
mit 3 schrägen Flaschen

Mercedes-Benz Actros
H: Hümmer **V:** Hümmer (Teugn)
Verpackung: Blister
9,00 Euro

Riegeler 01
Felsen Pils, mit Logo, schrägen Flaschen und Glas, gelochte Felgen

US klassisch (Hauber)
H: Made in China **V:** Hümmer (Teugn)
Verpackung: Blister
17,50 Euro

Riegeler 02
Felsen Pils, mit Logo, schrägen Flaschen und Glas, volle Felgen

US klassisch (Hauber)
H: Made in China **V:** Hümmer (Teugn)
Verpackung: Blister
9,00 Euro

Riegeler 03
Felsen Pils, mit Logo, schrägen Flaschen und Glas

Mercedes-Benz Actros
H: Hümmer **V:** Hümmer (Teugn)
Verpackung: Blister
9,00 Euro

Riemhofer (Riedenburg) 01
Der Bräu bürgt für Qualität und Tradition, mit 2 Logos, geriffelter Sattel

Mercedes-Benz klein (NG 80 mittel)
H: Made in China **V:** Hümmer (Teugn)
Verpackung: Plastikschachtel bedruckt oder mit Aufkleber
75,00 Euro

Riemhofer (Riedenburg) 02

Weizenbier, mit 2 Gläsern vor Landschaft

MAN TG-A

H: Gefra (Taunusstein) **V:** Allround Service (Wonsees)

Verpackung: Blister

7,50 Euro

Riesenbräu 01

Der Riesentrunk, mit Riesen

Volvo F-12 Globetrotter

H: Golden (ADT-Trucks) **V:** NWH

Verpackung: Plastikschachtel bedruckt oder mit Aufkleber

10,00 Euro

Rietenauer 01

mit liegender Flasche

MAN M2000

H: Made in China **V:** Active Promotion (Stein)

Verpackung: Plastikschachtel bedruckt oder mit Aufkleber

7,50 Euro

Rilchinger 01

mit Schriftzug auf Wassertropfen

Mercedes-Benz Actros

H: Grell (Bielefeld-China) **V:** Grell (Bielefeld)

Verpackung: Blister

7,50 Euro

Ritter (Eibau) 01
Pilsener (Getränkehandel Bernhardt)
US modern (Hauber) (Kenworth T800)
H: Highspeed (China) **V:** Grell (Bielefeld)
Verpackung: Blister
8,00 Euro

Ritter (Eibau) 02
Export (Getränkehandel Bernhardt)
US modern (Hauber) (Kenworth T800)
H: Highspeed (China) **V:** Grell (Bielefeld)
Verpackung: Blister
8,00 Euro

Ritter (Eibau) 03
Dunkel (Getränkehandel Bernhardt)
US modern (Hauber) (Kenworth T800)
H: Highspeed (China) **V:** Grell (Bielefeld)
Verpackung: Blister
8,00 Euro

Ritter (Wiedergeltingen) 01
Hell, mit Logo
MAN M2000
H: Made in China **V:** keine Angabe
Verpackung: Plastikschachtel neutral
9,00 Euro **Auflage:** 100

Ritter (Wiedergeltingen) 02
Bockbier, mit Logo
MAN M2000
H: Made in China **V:** keine Angabe
Verpackung: Plastikschachtel neutral
9,00 Euro **Auflage:** 100

Ritter (Wiedergeltingen) 03

Der dunkle Ritter, mit 4 R

MAN M2000

H: Made in China **V:** keine Angabe

Verpackung: Plastikschachtel neutral

9,00 Euro **Auflage:** 100

Ritter (Wiedergeltingen) 04

Märzen, mit Logo

MAN M2000

H: Made in China **V:** keine Angabe

Verpackung: Plastikschachtel neutral

9,00 Euro **Auflage:** 100

Ritter (Wiedergeltingen) 05

mit Weihnachtsbaum im Winterwald

Mercedes-Benz Actros

H: Wörlein (Cadolzburg) **V:** DGD (Nürnberg)

Verpackung: Plastikschachtel bedruckt oder mit Aufkleber

9,00 Euro **Auflage:** 100

Ritter Kahlbutz 01

Liebestrank, mit 2 Zeichnungen und Logo

Kenworth klassisch (Hauber)

H: Majorette **V:** Müller (Chemnitz)

Verpackung: Plastikschachtel neutral

12,50 Euro

Ritter Kahlbutz 02

Tafelbier, mit 2 Zeichnungen und Logo

Kenworth klassisch (Hauber)

H: Majorette **V:** Müller (Chemnitz)

Verpackung: Plastikschachtel neutral

12,50 Euro

Ritter Kahlbutz 03

mit Lust genießen, mit 2 Logos

Kenworth klassisch (Hauber)

H: Majorette **V:** Müller (Chemnitz)

Verpackung: Plastikschachtel neutral

12,50 Euro

Ritter Kahlbutz 04

Männerstolz, mit 2 Zeichnungen und Logo

Kenworth klassisch (Hauber)

H: Majorette **V:** Müller (Chemnitz)

Verpackung: Plastikschachtel neutral

12,50 Euro

Ritter Kahlbutz 05

mit Mann, Logo und Glas

Kenworth klassisch (Hauber)

H: Majorette **V:** Müller (Chemnitz)

Verpackung: Plastikschachtel neutral

12,50 Euro

Rittmayer (Aisch) 01

Brauerei und Gasthof, mit Logo

Mercedes-Benz Actros

H: Top-Style (Ebersdorf) **V:** Allround Service (Wonsees)

Verpackung: Blister

7,50 Euro **Auflage:** 2.500

Rittmayer (Hallerndorf) 01

Nr.1, je 3 Flaschen auf LKW und Hänger

Mercedes-Benz Actros

H: Top-Style (Ebersdorf) **V:** Top-Style (Ebersdorf)

Verpackung: Blister

7,50 Euro **Auflage:** 5.000

Rittmayer (Hallerndorf) 02
Big Brauer, Der Nominatortrunk,
mit 2 schrägen Bügelflaschen

Renault Premium Route
H: Top-Style (Ebersdorf) **V:** Allround Service (Wonsees)
Verpackung: Blister
7,50 Euro

Rittweger Getränkeservice (Pössneck) 01
Bier und Brause für Zuhause

Volvo F-12 Globetrotter
H: keine Angabe **V:** Lauterbach
Verpackung: Blister
8,00 Euro **Auflage:** 2.000

Rittweger Getränkeservice (Pössneck) 02
Jubiläumspils 1990 - 2000, mit liegender Flasche

Mercedes-Benz groß (NG 80 lang)
H: Made in China **V:** Lauterbach
Verpackung: Blister
8,00 Euro **Auflage:** 2.000

Rix Biere (Rixdorf) 01
mit Logo

US modern (Hauber) (Kenworth T800)
H: Golden (ADT-Trucks) **V:** Müller (Chemnitz)
Verpackung: Plastikschachtel neutral
7,50 Euro

Rix Biere (Rixdorf) 02
XXL, mit Logo

Renault Premium Route (XXL)
H: Majorette **V:** Müller (Chemnitz)
Verpackung: Plastikschachtel neutral
20,00 Euro

Rix Biere (Rixdorf) 03

mit Logo

Kenworth klassisch (Hauber)

H: Majorette **V:** Müller (Chemnitz)

Verpackung: Plastikschachtel neutral

7,50 Euro

Rodehau und Co. Getränke (Bad Blankenburg) 01

1.Juli 2001, 10 Jahre, mit Wolken im Hintergrund

MAN F2000 Aero (Hochdach)

H: Wörlein (Cadolzburg) **V:** DGD (Nürnberg)

Verpackung: Blister

7,50 Euro

Romina-Quellen (Reutlingen) 01

Eiszeit Quell, mit Flasche in Eishöhle

Scania 124L 420

H: Grell (Bielefeld-China) **V:** Grell (Bielefeld)

Verpackung: Blister

7,50 Euro

Romina-Quellen (Reutlingen) 02

Eiszeit Quell, mit Flasche in Eishöhle

Scania 124L 420

H: Grell (Bielefeld-China) **V:** Grell (Bielefeld)

Verpackung: Blister

7,50 Euro

Rosbacher Quellen 01

Dann löwt´s! mit Löwe und 4 Flaschen

Mercedes-Benz Actros

H: Hümmer **V:** Hümmer (Teugn)

Verpackung: Blister

7,50 Euro

Rosen (Pößneck) 01

Schwarze Rose

MAN F90

H: Made in China **V:** keine Angabe

Verpackung: Highspeed China

Auflage: 100 ?

Rosen (Pößneck) 02

Black Tiger

MAN F90

H: Made in China **V:** keine Angabe

Verpackung: Plastikschachtel neutral

Auflage: 100 ?

Rosen (Pößneck) 03

Nr.01, Schwarze Rose, mit 2 verschiedenen Logos, gelochte Felgen

Mercedes-Benz klein (NG 80 mittel)

H: Made in China **V:** keine Angabe

Verpackung: Blister

125,00 Euro

Rosen (Pößneck) 04

Nr.02, Pils, mit schrägem Glas vor Wasserfall

US modern (Hauber) (Kenworth T800)

H: Highspeed (China) **V:** Grell (Bielefeld)

Verpackung: Blister

35,00 Euro

Rosen (Pößneck) 05

Nr.03, Schwarze Rose, mit schrägem Glas vor dunklem Fluss

US modern (Hauber) (Kenworth T800)

H: Highspeed (China) **V:** Grell (Bielefeld)

Verpackung: Blister

30,00 Euro

Rosen (Pößneck)	06
Nr.04, mit Burg vor Wolken	
US modern (Hauber) (Kenworth T800)	
H: Highspeed (China) **V:** Grell (Bielefeld)	
Verpackung: Blister	
30,00 Euro	

Rosen (Pößneck)	07
Nr.05, mit Mann vor Sonnenaufgang und 2 Logos	
US modern (Hauber) (Kenworth T800)	
H: Highspeed (China) **V:** Grell (Bielefeld)	
Verpackung: Blister	
20,00 Euro	

Rosen (Pößneck)	08
Nr.06, mit schräger Flasche vor rotem Felsen	
Mercedes-Benz Actros	
H: Highspeed (China) **V:** Grell (Bielefeld)	
Verpackung: Blister	
15,00 Euro	

Rosen (Pößneck)	09
Nr.07, mit schräger Flasche vor Wiese und Bergen	
Mercedes-Benz Actros	
H: Wörlein (Cadolzburg) **V:** DGD (Nürnberg)	
Verpackung: Blister	
15,00 Euro	

Rosen (Pößneck)	10
Nr.08, Black Tiger Radler, mit Tigeraugen vor Bergen	
Mercedes-Benz Actros	
H: Wörlein (Cadolzburg) **V:** DGD (Nürnberg)	
Verpackung: Blister	
12,50 Euro	

Rosen (Pößneck) 11

Nr.09, Schwarze Rose, mit schräger Flasche und Logo vor Baumlandschaft

Mercedes-Benz Actros

H: Wörlein (Cadolzburg) **V:** DGD (Nürnberg)

Verpackung: Blister

12,50 Euro

Rosen (Pößneck) 12

Nr.01 (2), Schwarze Rose, mit 2 verschiedenen Logos, volle Felgen, erschienen zum Brauereifest 2000

Mercedes-Benz klein (NG 80 mittel)

H: Made in China **V:** Hümmer (Teugn)

Verpackung: Blister

65,00 Euro

Rosen (Pößneck) 13

Nr.07a, mit schräger Flasche vor Wiese und Bergen, erschienen zum Brauereifest 2000

Kenworth T2000 (Hauber)

H: Made in China **V:** DGD (Nürnberg)

Verpackung: Blister

15,00 Euro

Rosen (Pößneck) 14

Nr.08a, Black Tiger Radler, mit Tigeraugen vor Bergen, erschienen zum Brauereifest 2000

Kenworth T2000 (Hauber)

H: Made in China **V:** DGD (Nürnberg)

Verpackung: Blister

15,00 Euro

Rosen (Pößneck) 15

Nr.09a, Schwarze Rose, mit schräger Flasche und Logo vor Baumlandschaft, erschienen zum Brauereifest 2000

Kenworth T2000 (Hauber)

H: Made in China **V:** DGD (Nürnberg)

Verpackung: Blister

15,00 Euro

Rosen (Pößneck) 16

Nr.10, Brauereifest 12.8.2000, mit Musikern auf beleuchteter Bühne

Kenworth T2000 (Hauber)

H: Made in China **V:** DGD (Nürnberg)

Verpackung: Blister

50,00 Euro

Rosen (Pößneck) 17

Nr.11, mit Sonnenbrille tragendem Frauengesicht, schräger Flasche und Logo

Mercedes-Benz Actros

H: Wörlein (Cadolzburg) **V:** DGD (Nürnberg)

Verpackung: Blister

8,00 Euro

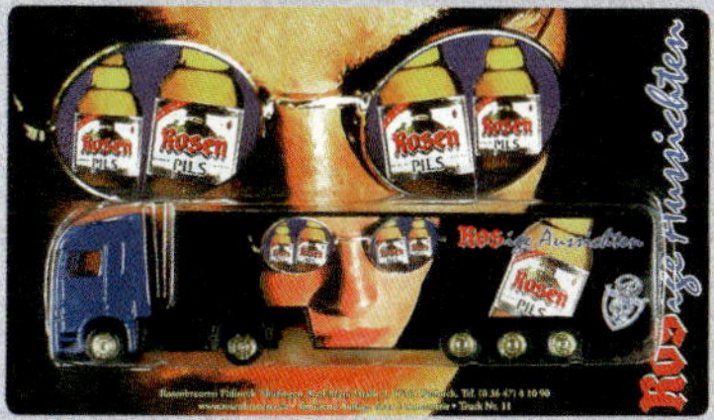

Rosen (Pößneck) 18

Nr.11a, mit Sonnenbrille tragendem Frauengesicht, schräger Flasche und Logo

Kenworth T2000 (Hauber)

H: Made in China **V:** DGD (Nürnberg)

Verpackung: Blister

12,50 Euro **Auflage:** 2.000

Rosen (Pößneck) 19

Nr.12, Auf Rosen gebettet, mit halbnackter, auf Flasche liegender Frau

Mercedes-Benz Actros

H: Wörlein (Cadolzburg) **V:** DGD (Nürnberg)

Verpackung: Blister

8,00 Euro

Rosen (Pößneck) 20

Nr.12a, Auf Rosen gebettet, mit halbnackter, auf Flasche liegender Frau

Kenworth T2000 (Hauber)

H: Made in China **V:** DGD (Nürnberg)

Verpackung: Blister

12,50 Euro **Auflage:** 2.000

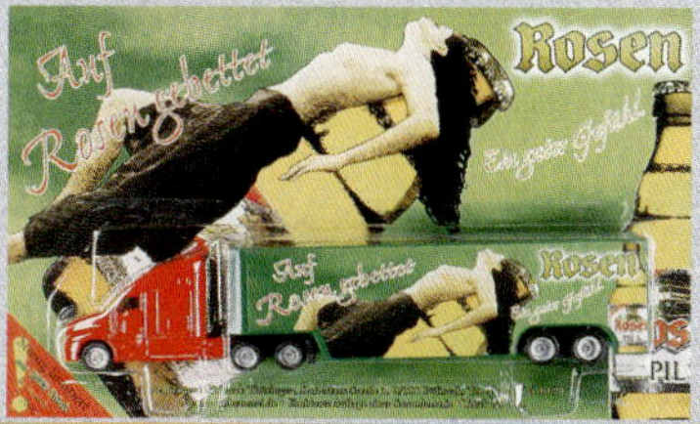

Rosen (Pößneck) 21

Nr.13, mit Sonnenaufgang bei blau bewölktem Himmel

Ford 9000 (Hauber)

H: Highspeed (China) **V:** Grell (Bielefeld)

Verpackung: Blister

8,00 Euro

Rosen (Pößneck) 22

Nr.14, mit Sonnenaufgang bei lila-gelb bewölktem Himmel

Ford 9000 (Hauber)

H: Highspeed (China) **V:** Grell (Bielefeld)

Verpackung: Blister

8,00 Euro

Rosen (Pößneck) 23

Nr.15, mit rot-lila bewölktem Himmel

Ford 9000 (Hauber)

H: Highspeed (China) **V:** Grell (Bielefeld)

Verpackung: Blister

8,00 Euro

Rosen (Pößneck) 24

XXL Nr.01, mit Sonnenaufgang bei orange-schwarz bewölktem Himmel

Peterbilt Hauber (XXL)

H: Made in China **V:** Brauerei

Verpackung: Blister

100,00 Euro **Auflage:** 500

Rosen (Pößneck) 25

XXL Nr.02, mit Sonnenaufgang bei grau-orange bewölktem Himmel (erschienen zum Brauereifest 2001)

Peterbilt Hauber (XXL)

H: Made in China **V:** Brauerei

Verpackung: Blister

35,00 Euro **Auflage:** 1.500

Rosen (Pößneck) 26

XXL Nr.03, mit Sonnenaufgang am See bei orange Himmel (erschienen zum Brauereifest 2001)

Peterbilt Hauber (XXL)

H: Made in China **V:** Brauerei

Verpackung: Blister

35,00 Euro **Auflage:** 1.500

Rosen (Pößneck) 27

Nr.10A, Brauereifest 11.8.2001, mit blau vernebelter Bühne

Freightliner FLD 120 (Hauber)

H: Grell (Bielefeld-China) **V:** Grell (Bielefeld)

Verpackung: Blister

20,00 Euro **Auflage:** 2.000

Rosen (Pößneck) 28

Nr.16, mit Bock vor Sonnenaufgang

Ford 9000 (Hauber)

H: Highspeed (China) **V:** Grell (Bielefeld)

Verpackung: Blister

7,50 Euro

Rosen (Pößneck) 29

Nr.17, mit Sonnenaufgang im Getreide und Pils-Flasche

Ford 9000 (Hauber)

H: Highspeed (China) **V:** Grell (Bielefeld)

Verpackung: Blister

7,50 Euro

Rosen (Pößneck) 30

Nr.18, mit 2 Flaschen vor liegenden Eiszapfen

Freightliner FLD 120 (Hauber)

H: Grell (Bielefeld-China) **V:** Grell (Bielefeld)

Verpackung: Blister

7,50 Euro

Rosen (Pößneck) 31

XXL Nr.04, mit dunklen Wolken

Peterbilt Hauber (XXL)

H: Made in China **V:** Brauerei

Verpackung: Blister

30,00 Euro **Auflage:** 1.500

Rosen (Pößneck) 32

XXL Nr.05, mit 2 spänniger Bierkutsche

Peterbilt Hauber (XXL)

H: Made in China **V:** Brauerei

Verpackung: Blister

30,00 Euro **Auflage:** 1.500

Rosen (Pößneck) 33

Nr.19, mit 2 Logos

Scania CT19 (Hauber)

H: Grell (Bielefeld-China) **V:** Grell (Bielefeld)

Verpackung: Blister

7,50 Euro

Rosenstein (Heubacher) 01

Erfrischungen, mit Logo und 6 schrägen Flaschen

Mercedes-Benz Actros

H: Wörlein (Cadolzburg) **V:** DGD (Nürnberg)

Verpackung: Blister

7,50 Euro

Rostocker 01

Pils - Das Gold der Küste, mit Logo und Glas vor Wolken

US modern (Hauber) (Kenworth T800)

H: Highspeed (China) **V:** Grell (Bielefeld)

Verpackung: Blister

15,00 Euro

Rostocker 02

Pils - Das Gold der Küste, mit Logo und Glas vor Wolken

Mercedes-Benz Actros

H: Highspeed (China) **V:** Grell (Bielefeld)

Verpackung: Blister

10,00 Euro

Rostocker 03

Dunkel - Das süffige der Küste, mit Flasche

Mercedes-Benz Actros

H: Highspeed (China) **V:** Grell (Bielefeld)

Verpackung: Blister

10,00 Euro

Rostocker 04

Prädikat sehr gut, mit DLG Medaille und Glas

Scania 124L 420

H: Grell (Bielefeld-China) **V:** Grell (Bielefeld)

Verpackung: Blister

8,00 Euro

Rostocker 05

Mein Gold der Küste, mit Bierglas haltender Frau am Meer

Mack Hauber

H: Vierke (Braunschweig) **V:** Vierke (Braunschweig)

Verpackung: Blister

7,50 Euro

Roter Eber Bräu 01

Hopfen und Malz-Serie Nr.2/4, mit Glas und Eber

MAN F2000 Aero (Hochdach)

H: Wörlein (Cadolzburg) **V:** Eurosun (Cadolzburg)

Verpackung: Blister

7,50 Euro

Roth Bier (Schweinfurt) 01

Mercedes-Benz Actros
H: Highspeed (China) **V:** Grell (Bielefeld)
Verpackung: Blister
15,00 Euro

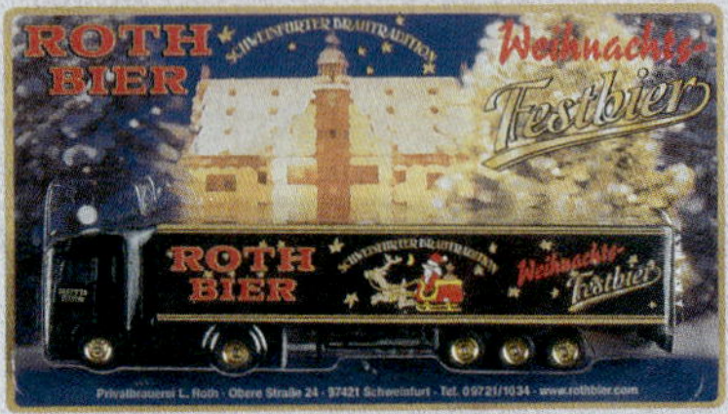

Roth Bier (Schweinfurt) 02
Weihnachts-Festbier, mit Weihnachtsmann auf Rentierschlitten

Mercedes-Benz Actros
H: Highspeed (China) **V:** Grell (Bielefeld)
Verpackung: Blister
15,00 Euro

Roth Bier (Schweinfurt) 03
Nr.01, Pilsner, mit Logo und schräger Flasche

Mercedes-Benz Actros
H: Top-Style (Ebersdorf) **V:** Top-Style (Ebersdorf)
Verpackung: Blister
7,50 Euro

Roth Bier (Schweinfurt) 04
Nr.02, Roth runner - das Original

Mercedes-Benz Actros
H: Top-Style (Ebersdorf) **V:** Top-Style (Ebersdorf)
Verpackung: Blister
7,50 Euro

Roth Bier (Schweinfurt) 05
Nr.03, Bier Brand, mit Logo

Mercedes-Benz Actros
H: Top-Style (Ebersdorf) **V:** Top-Style (Ebersdorf)
Verpackung: Blister
7,50 Euro

Roth Bier (Schweinfurt) 06
Nr.04, Bleifrei - Alkoholfrei

Mercedes-Benz Actros
H: Top-Style (Ebersdorf) **V:** Top-Style (Ebersdorf)
Verpackung: Blister
7,50 Euro

Roth Bier (Schweinfurt) 07
Nr.05, Festbier (Weihnacht 2000), mit schräger Flasche vor Schneeflocken

Mercedes-Benz Actros
H: Top-Style (Ebersdorf) **V:** Top-Style (Ebersdorf)
Verpackung: Blister
7,50 Euro

Roth Bier (Schweinfurt) 08
Nr.06, Volksfestbier, mit Zeichnung eines Jahrmarkts

Mercedes-Benz Actros
H: Top-Style (Ebersdorf) **V:** Top-Style (Ebersdorf)
Verpackung: Blister
7,50 Euro

Roth Bier (Schweinfurt) 09
Nr.07, mit schrägen roten Streifen

Mercedes-Benz Actros
H: Top-Style (Ebersdorf) **V:** Top-Style (Ebersdorf)
Verpackung: Blister
7,50 Euro

Roth Bier (Schweinfurt) 10
Nr.08

Kenworth W900 Flat Top (Hauber)
H: Top-Style (Ebersdorf) **V:** Top-Style (Ebersdorf)
Verpackung: Blister
7,50 Euro

Rothenbücher Kelterei (Schöllkrippen) 01
Da geht im Glas die Sonne auf, mit Logo

Mercedes-Benz Actros
H: Wörlein (Cadolzburg) **V:** DGD (Nürnberg)
Verpackung: Blister
8,00 Euro

Rothenburger 01
Landwehr-Bier, Kultur mit Landwehr, mit 2 Logos, 3 Achsen, gelochte Felgen

Volvo F-12 Globetrotter
H: Made in China **V:** keine Angabe
Verpackung: Plastikschachtel neutral
15,00 Euro

Rothenburger 02
Landwehr-Bier, mit 2 Logos, 3 Achsen, gelochte Felgen

Volvo F-12 Globetrotter
H: Made in China **V:** keine Angabe
Verpackung: Plastikschachtel neutral
15,00 Euro

Rothenburger 03
Landwehr-Bier, mit 2 Logos, graue Felgen

Mercedes-Benz Actros
H: KamLun **V:** keine Angabe
Verpackung: Plastikschachtel neutral
7,50 Euro

Rothenburger 04
Landwehr Radler, mit 3 Feuerwehrmännern auf Rad und 2 Logos, graue Felgen

Mercedes-Benz Actros
H: KamLun **V:** keine Angabe
Verpackung: Plastikschachtel neutral
7,50 Euro

Rothenburger 05
Landwehr-Bier, mit 4 Flaschen und 2 Logos, graue Felgen

Mercedes-Benz Actros
H: KamLun **V:** keine Angabe
Verpackung: Plastikschachtel neutral
7,50 Euro

Rother Bräu 01
mit Logo vor Wolken

US modern (Hauber) (Kenworth T800)
H: Highspeed (China) **V:** Grell (Bielefeld)
Verpackung: Blister
17,50 Euro

Rother Bräu 02
Münnerstädter Kloster Bier, mit 4 Mönchen

US modern (Hauber) (Kenworth T800)
H: Highspeed (China) **V:** Grell (Bielefeld)
Verpackung: Blister
10,00 Euro

Rother Bräu 03
mit Logo

Mercedes-Benz Actros
H: Highspeed (China) **V:** Grell (Bielefeld)
Verpackung: Blister
9,00 Euro

Rother Bräu 04
Augustiner Klosterbräu Münnerstadt, mit Stadtrelief

Framo V 501 (Oldtimer)
H: Wörlein (Cadolzburg) **V:** Eurosun (Cadolzburg)
Verpackung: Blister
9,00 Euro

Rother Bräu 05
mit Logo

Framo V 501 (Oldtimer)
H: Wörlein (Cadolzburg) **V:** Eurosun (Cadolzburg)
Verpackung: Blister
9,00 Euro

Rother Bräu 06
Pilsener Bier, Serie 1, mit brauner Mauer

Volvo FH16
H: Wörlein (Cadolzburg) **V:** DGD (Nürnberg)
Verpackung: Blister
7,50 Euro **Auflage:** 2.500

Rother Bräu 07
mit Kasten, 5 Flaschen und Logo

Ford 9000 (Hauber)
H: Highspeed (China) **V:** Grell (Bielefeld)
Verpackung: Blister
7,50 Euro

Rother Bräu 08
Öko-Urtrunk

Mercedes-Benz Actros
H: Wörlein (Cadolzburg) **V:** DGD (Nürnberg)
Verpackung: Blister
10,00 Euro

Rother Bräu 09
Magnum, mit liegender Flasche

MAN F2000 Aero (Hochdach)
H: Grell (Bielefeld-China) **V:** Grell (Bielefeld)
Verpackung: Blister
9,00 Euro

Rother Bräu 10

Bügelflasche mit Aussicht, mit liegender Bügelflasche vor altem Foto von Leuten

Scania 124L 420

H: Grell (Bielefeld-China) **V:** Grell (Bielefeld)

Verpackung: Blister

7,50 Euro

Rother Bräu 11

Weihnachts-Bier (2001), mit Logo und Weihnachtsmann

MAN TG-460

H: Grell (Bielefeld-China) **V:** Grell (Bielefeld)

Verpackung: Blister

7,50 Euro

Rüdenhäuser Wolf 01

seit 1864 in Familienbesitz, mit 2 Logos

Mercedes-Benz Actros

H: Wörlein (Cadolzburg) **V:** Allround Service (Wonsees)

Verpackung: Plastikschachtel bedruckt oder mit Aufkleber

6,50 Euro **Auflage:** 300

Rüdenhäuser Wolf 02

Bier, mit 2 Logos

Mercedes-Benz Actros

H: Wörlein (Cadolzburg) **V:** Allround Service (Wonsees)

Verpackung: Plastikschachtel bedruckt oder mit Aufkleber

6,50 Euro **Auflage:** 300

Rüdenhäuser Wolf 03

Urtyp Dunkel, mit 2 Logos

Mercedes-Benz Actros

H: Wörlein (Cadolzburg) **V:** Allround Service (Wonsees)

Verpackung: Plastikschachtel bedruckt oder mit Aufkleber

6,50 Euro **Auflage:** 300

Rüdenhäuser Wolf 04

Urtyp Dunkel, mit 2 Logos

Mercedes-Benz Actros

H: Wörlein (Cadolzburg) **V:** Allround Service (Wonsees)

Verpackung: Plastikschachtel bedruckt oder mit Aufkleber

6,50 Euro **Auflage:** 300

Rüdenhäuser Wolf 05

Urtyp Dunkel, mit 2 Logos

MAN F2000 Aero (Hochdach)

H: Wörlein (Cadolzburg) **V:** Allround Service (Wonsees)

Verpackung: Plastikschachtel bedruckt oder mit Aufkleber

6,50 Euro **Auflage:** 300

Rüdenhäuser Wolf 06

mit Foto des Gasthofes und Logo

Mercedes-Benz Actros

H: Wörlein (Cadolzburg) **V:** Allround Service (Wonsees)

Verpackung: Plastikschachtel bedruckt oder mit Aufkleber

6,50 Euro **Auflage:** 300

Rüdenhäuser Wolf 07

Echter fränkischer Obstler, mit Apfel, Birne und Logo

Mercedes-Benz Actros

H: Wörlein (Cadolzburg) **V:** Allround Service (Wonsees)

Verpackung: Plastikschachtel bedruckt oder mit Aufkleber

6,50 Euro **Auflage:** 300

Rüdenhäuser Wolf 08

Bier, mit 2 Logos

MAN F2000 Aero (Hochdach)

H: Wörlein (Cadolzburg) **V:** MaHug (Kulmbach)

Verpackung: Plastikschachtel bedruckt oder mit Aufkleber

6,50 Euro

Rüdenhäuser Wolf 09
Urtyp Dunkel, mit 2 Logos

DAF 95 XF
H: Made in China **V:** keine Angabe
Verpackung: Plastikschachtel neutral
6,50 Euro

Rychtar (Hlinsko, Böhmen, CSR) 01
Nr. HMT001, mit Logo,

MAN F2000 Aero (Hochdach)
H: Grell (Bielefeld-China) **V:** Grell (Bielefeld)
Verpackung: Blister
7,50 Euro

Saalfeld (Bürgerliches Brauhaus) 01
Bürgerliches Brauhaus, mit Logo, schwarzer Grill

MAN F90
H: Made in China **V:** Hümmer (Teugn)
Verpackung: Blister
40,00 Euro

Saalfeld (Bürgerliches Brauhaus) 02
Bürgerliches Brauhaus, mit Logo, silberner Grill

MAN F90
H: Made in China **V:** Hümmer (Teugn)
Verpackung: Blister
30,00 Euro

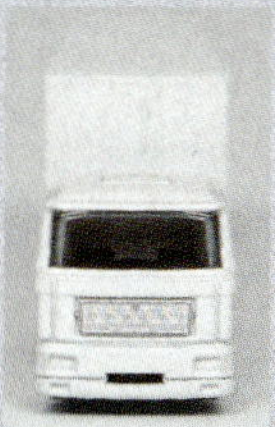

S

Saalfeld (Bürgerliches Brauhaus) 03
Ur-Saalfelder, mit schräger Bügelflasche und Logo

US modern (Hauber) (Kenworth T800)
H: Highspeed (China) **V:** Grell (Bielefeld)
Verpackung: Blister
10,00 Euro

Saalfeld (Bürgerliches Brauhaus) 04
dunkel, mit Logo

US modern (Hauber) (Kenworth T800)
H: Highspeed (China) **V:** Grell (Bielefeld)
Verpackung: Blister
10,00 Euro

Saalfeld (Bürgerliches Brauhaus) 05
Blond, mit schräger Flasche

US modern (Hauber) (Kenworth T800)
H: Highspeed (China) **V:** Grell (Bielefeld)
Verpackung: Blister
10,00 Euro

Saalfeld (Bürgerliches Brauhaus) 06
Bockbier, mit Bockkopf und Logo vor Gerstenfeld

Scania 124L 420
H: Grell (Bielefeld-China) **V:** Grell (Bielefeld)
Verpackung: Blister
8,00 Euro

Saalfeld (Bürgerliches Brauhaus) 07
Pils, mit Logo und Glas vor Fluß im Wald

Scania 124L 420
H: Grell (Bielefeld-China) **V:** Grell (Bielefeld)
Verpackung: Blister
8,00 Euro

Saalfeld (Bürgerliches Brauhaus) 08
Jubiläumsbier, mit Logo (goldene Schrift)

Scania 124L 420
H: Grell (Bielefeld-China) **V:** Grell (Bielefeld)
Verpackung: Blister
8,00 Euro

Saalfeld (Bürgerliches Brauhaus) 09
Nr. B1/4, Gaudi Weizen,
mit schräger Flasche und Logo vor Feld

Ford 9000 (Hauber)
H: Highspeed (China) **V:** Grell (Bielefeld)
Verpackung: Blister
7,50 Euro

Saalfeld (Bürgerliches Brauhaus) 10
Nr. B2/4, mit 4 Gläsern, 4 Flaschen und Logo

Ford 9000 (Hauber)
H: Highspeed (China) **V:** Grell (Bielefeld)
Verpackung: Blister
7,50 Euro

Saalfeld (Bürgerliches Brauhaus) 11
Nr. B3/4, Radler, mit radfahrender Frau

Ford 9000 (Hauber)
H: Highspeed (China) **V:** Grell (Bielefeld)
Verpackung: Blister
7,50 Euro

Saalfeld (Bürgerliches Brauhaus) 12
Nr. B4/4, 1. Saalfelder Truck & Pin Messe 2001,
mit 3 Trucks

Ford 9000 (Hauber)
H: Highspeed (China) **V:** Grell (Bielefeld)
Verpackung: Blister
7,50 Euro

Saalfeld (Bürgerliches Brauhaus) 13

Nr.1/2002, Schnell am Ziel, mit Abfahrtsläufer

Freightliner FLD 120 (Hauber)

H: Grell (Bielefeld-China) **V:** Grell (Bielefeld)

Verpackung: Blister

7,50 Euro

Saarbrücker Grafenpils 01

mit 2 Logos

Kenworth klassisch (Hauber)

H: Majorette **V:** Müller (Chemnitz)

Verpackung: Plastikschachtel neutral

7,50 Euro

Saarfürst - Merziger Brauhaus 01

Edition 1, mit Foto von 2 Braukesseln in Gaststätte

MAN TG-A

H: Hümmer **V:** Hümmer (Teugn)

Verpackung: Blister

7,50 Euro

Sachsen Pils 01

mit 6-spänniger Bierkutsche (lt. WMS Andruckmuster)

Mercedes-Benz Actros

H: Hümmer **V:** WMS (Thum)

Verpackung: Plastikschachtel neutral

20,00 Euro

Sachsen Pils 02

Nr.1, mit 6-spänniger Bierkutsche

MAN F2000 Aero (Hochdach)

H: Wörlein (Cadolzburg) **V:** WMS (Thum)

Verpackung: Blister

10,00 Euro **Auflage:** 5.000

Sachsen Pils 03
Erotischer Sammeltruck Nr.3, Cornelia

Kenworth T2000 (Hauber)
H: Made in China **V:** WMS (Thum)
Verpackung: Blister
10,00 Euro **Auflage:** 5.000

Sachsen Pils 04
Erotischer Sammeltruck Nr.4, Sonja

MAN F2000 Aero (Hochdach)
H: Wörlein (Cadolzburg) **V:** WMS (Thum)
Verpackung: Blister
8,00 Euro **Auflage:** 5.000

Sachsen Pils 05
Nr.5

IFA H6 (Oldtimer)
H: Made in China **V:** WMS (Thum)
Verpackung: Blister
8,00 Euro **Auflage:** 5.000

Sachsen Pils 06
Erotik 1/1, mit blonder, nackter Frau
(Getränke Seidel Thum)

MAN F2000 Aero (Hochdach)
H: Wörlein (Cadolzburg) **V:** WMS (Thum)
Verpackung: Showbox - Pappe und Plastik
10,00 Euro **Auflage:** 500

Sachsen Pils 07
Erotik 2, lt. WMS ohne Genehmigung hergestellt, mit brünetter, nackter Frau im Heu (Getränke Seidel Thum)

MAN F2000 Aero (Hochdach)
H: Wörlein (Cadolzburg) **V:** keine Angabe
Verpackung: Showbox - Pappe und Plastik
10,00 Euro

Sachsen Pils 08

Erotik 3, lt. WMS ohne Genehmigung hergestellt, mit schwarzhaariger, nackter Frau (Getränke Seidel Thum)

MAN F2000 Aero (Hochdach)

H: Wörlein (Cadolzburg) **V:** keine Angabe

Verpackung: Showbox - Pappe und Plastik

10,00 Euro

Sachsen Pils 09

Nr.2, Helles Böcklein, mit Bock

MAN F2000 Aero (Hochdach)

H: Wörlein (Cadolzburg) **V:** WMS (Thum)

Verpackung: Blister

7,50 Euro **Auflage:** 5.000

Sachsen Pils 10

Erotik 4, mit blonder, nackter Frau (Getränke Seidel Thum)

Mercedes-Benz Actros

H: Hümmer **V:** WMS (Thum)

Verpackung: Showbox - Pappe und Plastik

10,00 Euro **Auflage:** 500

Sachsen Pils 11

Erotik 1/2, mit blonder, nackter Frau (Getränke Seidel Thum)

Scania 124L 420

H: Grell (Bielefeld-China) **V:** WMS (Thum)

Verpackung: Showbox - Pappe und Plastik

10,00 Euro **Auflage:** 500

Sachsen Pils 12

Erotischer Sammeltruck Nr.1, Julia

Mercedes-Benz Actros

H: Wörlein (Cadolzburg) **V:** WMS (Thum)

Verpackung: Blister

7,50 Euro **Auflage:** 5.000

Sachsen Pils 13
Erotischer Sammeltruck Nr.9, Nicole

Mercedes-Benz Actros
H: Wörlein (Cadolzburg) **V:** WMS (Thum)
Verpackung: Blister
7,50 Euro **Auflage:** 5.000

Sachsen Pils 14
Erotischer Sammeltruck Nr.2, Sandra

Scania 164L 6580
H: Wörlein (Cadolzburg) **V:** WMS (Thum)
Verpackung: Blister
7,50 Euro

Sachsen Pils 15
Erotischer Sammeltruck Nr.5, Conny

Mercedes-Benz Actros
H: Wörlein (Cadolzburg) **V:** WMS (Thum)
Verpackung: Blister
7,50 Euro

Sachsen Pils 16
Nr.3, mit schrägem Glas und Flasche
vor großem Glas und Logo

MAN Phönix (Hauber)
H: Wörlein (Cadolzburg) **V:** WMS (Thum)
Verpackung: Blister
7,50 Euro

Sachsen Pils 17
Nr.4, mit schrägem Glas vor großem Etikett und Logo

MAN Phönix (Hauber)
H: Wörlein (Cadolzburg) **V:** WMS (Thum)
Verpackung: Blister
7,50 Euro

Sachsen Pils 18

Erotischer Sammeltruck Nr.9, Nicole

MAN TG-A

H: Wörlein (Cadolzburg) **V:** WMS (Thum)

Verpackung: Blister

7,50 Euro

Sachsen Pils 19

Nr.6, Ostalgie Framo, mit UdSSR- und DDR Fahne

Framo V 501 (Oldtimer)

H: Wörlein (Cadolzburg) **V:** WMS (Thum)

Verpackung: Blister

7,50 Euro **Auflage:** 2.500

Sachsen Pils 20

Erotischer Sammeltruck Nr.6, MIT LICHT, Claudia, Schwarzbier

MAN F2000 Aero (Hochdach)

H: Wörlein (Cadolzburg) **V:** WMS (Thum)

Verpackung: Blister

7,50 Euro

Sachsen Pils 21

Erotischer Sammeltruck Nr.7, MIT LICHT, Nicola, Weihnachtstruck 2001

MAN F2000 Aero (Hochdach)

H: Wörlein (Cadolzburg) **V:** WMS (Thum)

Verpackung: Blister

7,50 Euro

Sachsen Pils 22

BMW R1100RT

H: keine Angabe **V:** WMS (Thum)

Verpackung: Showbox - Pappe und Plastik

7,50 Euro

Sachsen Pils - Schwarzes Böcklein 01

Scania 124L 420
H: Grell (Bielefeld-China) **V:** Grell (Bielefeld)
Verpackung: Blister
8,00 Euro

Sachsen Pils - Schwarzes Böcklein 02
Nr. 8/1

Ford Model A mit Kästen (Oldtimer)
H: Highspeed (China) **V:** Grell (Bielefeld)
Verpackung: Blister
8,00 Euro

Sachsen Pils - Schwarzes Böcklein 03

Ahrens-Fox Feuerwehr (1954)
H: Highspeed (China) **V:** Grell (Bielefeld)
Verpackung: Blister
7,50 Euro

Sachsen Pils - Schwarzes Böcklein 04
Feuerwehr 1/6 (Kollektion 2001)

Knox-Martin Feuerwehr (1914)
H: Highspeed (China) **V:** Grell (Bielefeld)
Verpackung: Blister
7,50 Euro

Sachsen Pils - Schwarzes Böcklein 05
Feuerwehr 2/6 (Kollektion 2001)

Pirsch Feuerwehr (1919)
H: Highspeed (China) **V:** Grell (Bielefeld)
Verpackung: Blister
7,50 Euro

Sachsen Pils - Schwarzes Böcklein 06

Feuerwehr 3/6 (Kollektion 2001)

Buffalo Feuerwehr (1924)

H: Highspeed (China) **V:** Grell (Bielefeld)

Verpackung: Blister

7,50 Euro

Sachsen Pils - Schwarzes Böcklein 07

Feuerwehr 4/6 (Kollektion 2001)

Ward Lafrance Feuerwehr (1939)

H: Highspeed (China) **V:** Grell (Bielefeld)

Verpackung: Blister

7,50 Euro

Sachsen Pils - Schwarzes Böcklein 08

Feuerwehr 5/6 (Kollektion 2001)

Task Master Feuerwehr (1948)

H: Highspeed (China) **V:** Grell (Bielefeld)

Verpackung: Blister

7,50 Euro

Sachsen Pils - Schwarzes Böcklein 09

Feuerwehr 6/6 (Kollektion 2001)

Ahrens-Fox Feuerwehr (1954)

H: Highspeed (China) **V:** Grell (Bielefeld)

Verpackung: Blister

7,50 Euro

Sachsen Pils - Schwarzes Böcklein 10

Feuerwehr 7/8 (Kollektion 2001)

Pferdekutsche 2-Spänner-Feuerwehr (1885)

H: Highspeed (China) **V:** Grell (Bielefeld)

Verpackung: Blister

7,50 Euro

Sachsen Pils - Schwarzes Böcklein 11

Feuerwehr 8/8 (Kollektion 2001)

Mack Feuerwehr (1974)

H: Highspeed (China) **V:** Grell (Bielefeld)

Verpackung: Blister

7,50 Euro

Sachsen Pils - Schwarzes Böcklein 12

VEB Getränkekombinat

Framo V 501 (Oldtimer)

H: Wörlein (Cadolzburg) **V:** WMS (Thum)

Verpackung: Blister

7,50 Euro

Sachsen Pilsener 01

Sonderabfüllung zum Tag der Sachsen 1999, Getränke Walther Riesa

US modern (Hauber) (Kenworth T800)

H: Golden (ADT-Trucks) **V:** Getränkemarkt

Verpackung: Plastikschachtel neutral

15,00 Euro

Sachsenland (Wolkenstein) 01

Fruchtquell GmbH

Mercedes-Benz Atego

H: Highspeed (China) **V:** Grell (Bielefeld)

Verpackung: Blister

7,50 Euro

Sachsenland (Wolkenstein) 02

Fruchtquell GmbH

IFA H6 (Oldtimer)

H: Made in China **V:** WMS (Thum)

Verpackung: Blister

7,50 Euro

Sachsenobst (Dürrweitzschen) 01

Nr.1, mit Apfel vor Obstbäumen

Mercedes-Benz Actros

H: Highspeed (China) **V:** Grell (Bielefeld)

Verpackung: Blister

10,00 Euro

Sachsenobst (Dürrweitzschen) 02

Nr.2, Hirschblut, Das Original der 50er, mit kleinen Teufeln

Mercedes-Benz Actros

H: Highspeed (China) **V:** Grell (Bielefeld)

Verpackung: Blister

8,00 Euro

Sachsenobst (Dürrweitzschen) 03

Nr.3, Vitamine sind besser,
mit 2 Äpfeln und schräger Flasche

MAN F2000 Aero (Hochdach)

H: Grell (Bielefeld-China) **V:** Grell (Bielefeld)

Verpackung: Blister

7,50 Euro

Sachsenobst (Dürrweitzschen) 04

Nr.4, Hirschbergers Frucht-Glühwein,
mit 3 Weihnachtsmännern und Fass

MAN TG-460

H: Grell (Bielefeld-China) **V:** Grell (Bielefeld)

Verpackung: Blister

7,50 Euro

Sachsenquell (Kamenz) 01

US klassisch (Hauber)

H: Made in China **V:** keine Angabe

Verpackung: Plastikschachtel neutral

200,00 Euro

Sachsenquell (Kamenz)	02
US klassisch (Hauber)	
H: Made in China	**V:** keine Angabe
Verpackung: Plastikschachtel neutral	
200,00 Euro	

Sachsenquell (Kamenz)	03
US klassisch (Hauber)	
H: Made in China	**V:** keine Angabe
Verpackung: Plastikschachtel neutral	
200,00 Euro	

Sachsenquell (Kamenz)	04
US klassisch (Hauber)	
H: Made in China	**V:** keine Angabe
Verpackung: Plastikschachtel neutral	
200,00 Euro	

Sagasser (Coburg)	01
mit Wassertropfen	
Mercedes-Benz Actros	
H: Made in China	**V:** Grell (Bielefeld)
Verpackung: Blister	
8,00 Euro	

Sagasser (Coburg)	02
mit Weihnachtsmotiv (Weihnacht 2000)	
Mercedes-Benz Actros	
H: Highspeed (China)	**V:** Grell (Bielefeld)
Verpackung: Blister	
7,50 Euro	

Sagasser (Coburg) 03

mit pastellener Zeichnung einer Burg

MAN F2000 Aero (Hochdach)

H: Grell (Bielefeld-China) **V:** Grell (Bielefeld)

Verpackung: Blister

7,50 Euro

Sagasser (Coburg) 04

und Marco, Weihnacht 2001, mit Dorf im Winter

MAN TG-460

H: Grell (Bielefeld-China) **V:** Grell (Bielefeld)

Verpackung: Blister

7,50 Euro

Salvus Mineralwsser 01

Quellfrisch aus dem Münsterland, mit Logo vor Wassertropfen

Mercedes-Benz Actros

H: Wörlein (Cadolzburg) **V:** DGD (Nürnberg)

Verpackung: Blister

9,00 Euro

Sanwald (Stuttgart) 01

mit 2 Joggern in Landschaft und Glas

Ford 9000 (Hauber)

H: Highspeed (China) **V:** Grell (Bielefeld)

Verpackung: Blister

7,50 Euro

Schaffer-Bräu (Schnaittach) 01

mit 2 großen Logos

Mercedes-Benz Actros

H: Wörlein (Cadolzburg) **V:** DGD (Nürnberg)

Verpackung: Blister

7,50 Euro

Schäffler Bräu (Allgäu) 01

Bierspezialitäten aus dem Herzen des Allgäus, mit 2 Logos, geriffelter Sattel

Mercedes-Benz klein (NG 80 mittel)

H: Made in China **V:** keine Angabe

Verpackung: Plastikschachtel neutral

75,00 Euro

Schäffler Bräu (Allgäu) 02

mit Logo

MAN F90

H: Made in China **V:** Hümmer (Teugn)

Verpackung: Plastikschachtel neutral

30,00 Euro

Schäffler Bräu (Allgäu) 03

Bierspezialitäten aus dem Herzen des Allgäus, mit 2 Logos

Mercedes-Benz groß (NG 80 lang)

H: Made in China **V:** Lauterbach

Verpackung: Blister

12,50 Euro

Schäffler Bräu (Allgäu) 04

Bierspezialitäten aus dem Herzen des Allgäus, mit 2 Logos

MAN M2000

H: Made in China **V:** Lauterbach

Verpackung: Blister

8,00 Euro

Schäffler Bräu (Allgäu) 05

Zwickl, mit Etikett und Glas vor Gebirge

Freightliner FLD 120 (Hauber)

H: Grell (Bielefeld-China) **V:** Grell (Bielefeld)

Verpackung: Blister

7,50 Euro

S

Schaumburger Pilsener 01
mit Glas

US klassisch (Hauber)
H: Made in China **V:** Hümmer (Teugn)
Verpackung: Blister
17,50 Euro

Schaumburger Pilsener 02
mit Logo

MAN F90
H: Made in China **V:** Hümmer (Teugn)
Verpackung: Blister
15,00 Euro

Schaumburger Pilsener 03
mit Logo

Mercedes-Benz Actros
H: Hümmer **V:** Hümmer (Teugn)
Verpackung: Blister
8,00 Euro

Schefflenzer (Brauereihof Egolf) 01
Haustrunk

Mercedes-Benz Atego 18T
H: Vierke (Braunschweig) **V:** Vierke (Braunschweig)
Verpackung: Blister
7,50 Euro **Auflage:** 3.499

Schefflenzer (Brauereihof Egolf) 02
Haustrunk, mit Glas

Mercedes-Benz Atego 18T
H: Vierke (Braunschweig) **V:** Vierke (Braunschweig)
Verpackung: Blister
7,50 Euro **Auflage:** 2.999

S

Scheidmantel (Coburg) 01

Was für ein Tag, mit Pantomimen und Logo, Markgrafen Markt Günter auf Satteltür

Mercedes-Benz Actros

H: Top-Style (Ebersdorf) **V:** Allround Service (Wonsees)

Verpackung: Blister

7,50 Euro

Schellenhorst 01

Hopfen und Malz-Serie Nr.3/4, mit Logo

MAN F2000 Aero (Hochdach)

H: Wörlein (Cadolzburg) **V:** Eurosun (Cadolzburg)

Verpackung: Blister

7,50 Euro

Schels Bräu (Tirschenreuth) 01

mit Logo

Mercedes-Benz groß (NG 80 lang)

H: Made in China **V:** Lauterbach

Verpackung: Blister

12,50 Euro

Scherdel (Hof) 01

Mercedes-Benz klein (NG 80 mittel)

H: Made in China **V:** keine Angabe

Verpackung: Plastikschachtel neutral

50,00 Euro

Scherdel (Hof) 02

mit Logo (geriffelter Sattel), Zm mit rot-grünen Streifen

US klassisch (Hauber)

H: Made in China **V:** keine Angabe

Verpackung: Blister

65,00 Euro

Scherdel (Hof) 03

mit blauen Längsstreifen an Rändern

US klassisch (Hauber)

H: Made in China **V:** Hümmer (Teugn)

Verpackung: Blister

65,00 Euro

Scherdel (Hof) 04

MAN F90

H: Made in China **V:** keine Angabe

Verpackung: Blister

15,00 Euro

Scherdel (Hof) 05

Mercedes-Benz Actros

H: Hümmer **V:** Hümmer (Teugn)

Verpackung: Blister

9,00 Euro

Scherdel (Hof) 06

Feuerwehr, mit 2 Logos

Mercedes-Benz Feuerwehr

H: Made in China **V:** Hümmer (Teugn)

Verpackung: Blister

15,00 Euro

Scherdel (Hof) 07

Premium Pilsner, Nr.1/2000

Mercedes-Benz Actros

H: Hümmer **V:** Hümmer (Teugn)

Verpackung: Blister

9,00 Euro

Scherdel (Hof) 08

Lager, Nr.2/2000, mit gezeichneter Landschaft

Mercedes-Benz Actros

H: Hümmer **V:** Hümmer (Teugn)

Verpackung: Blister

9,00 Euro

Scherdel (Hof) 09

Helle Weisse, Nr.3/2000

Mercedes-Benz Actros

H: Hümmer **V:** Hümmer (Teugn)

Verpackung: Blister

9,00 Euro

Scherdel (Hof) 10

Edelhell, Nr.4/2000, mit schräger Bügelflasche

Mercedes-Benz Actros

H: Hümmer **V:** Hümmer (Teugn)

Verpackung: Blister

8,00 Euro

Scherdel (Hof) 11

August der Starke, Nr.5/2000

Mercedes-Benz Actros

H: Hümmer **V:** Hümmer (Teugn)

Verpackung: Blister

8,00 Euro

Scherdel (Hof) 12

Weihnacht 2000, Nr.6/2000,
mit liegender Flasche im Schnee

US klassisch (Hauber)

H: Hümmer **V:** Hümmer (Teugn)

Verpackung: Blister

8,00 Euro

Scherdel (Hof) 13

170 Jahre, Nr.1/2001, mit liegendem Glas und Kronkorken

MAN TG-A

H: Hümmer **V:** Hümmer (Teugn)

Verpackung: Blister

7,50 Euro

Scherdel (Hof) 14

170 Jahre, Nr.2/2001, mit großem, schrägen Glas und Kronkorken

MAN TG-A

H: Hümmer **V:** Hümmer (Teugn)

Verpackung: Blister

7,50 Euro

Scherdel (Hof) 15

170 Jahre, Nr.3/2001, mit 6 bunten Gläsern und Kronkorken

MAN TG-A

H: Hümmer **V:** Hümmer (Teugn)

Verpackung: Blister

7,50 Euro

Scherdel (Hof) 16

170 Jahre, Nr.4/2001, Ein Fest der Sinne (Weihnacht 2001), mit 3 Gläsern und Kronkorken

MAN TG-A

H: Hümmer **V:** Hümmer (Teugn)

Verpackung: Blister

7,50 Euro

Schiele Bräu 01

mit Glas und Flasche

Volvo F-12 Globetrotter

H: Golden (ADT-Trucks) **V:** keine Angabe

Verpackung: Plastikschachtel neutral

10,00 Euro

Schilkin (Berlin) 01

Zielwasser Kräuterlikör, mit 2 Zielscheiben, 3 Achsen, gelochte Felgen

Volvo F-12 Globetrotter

H: Golden (ADT-Trucks) **V:** keine Angabe

Verpackung: Plastikschachtel neutral

9,00 Euro

Schilkin (Berlin) 02

Zarenwodka, mit schräger Flasche, 3 Achsen, gelochte Felgen

Volvo F-12 Globetrotter

H: Golden (ADT-Trucks) **V:** keine Angabe

Verpackung: Plastikschachtel neutral

9,00 Euro

Schilkin (Berlin) 03

Zielwasser Kräuterlikör, mit 2 Zielscheiben

Mercedes-Benz Actros

H: Made in China **V:** keine Angabe

Verpackung: Plastikschachtel neutral

7,50 Euro

Schilkin (Berlin) 04

Zarenwodka, mit schräger Flasche

Mercedes-Benz Actros

H: Made in China **V:** keine Angabe

Verpackung: Plastikschachtel neutral

7,50 Euro

Schimpf (Neustetten) 01

mit Logo und 2 schrägen Gläsern

Mercedes-Benz Actros

H: Wörlein (Cadolzburg) **V:** DGD (Nürnberg)

Verpackung: Blister

7,50 Euro

Schimpf (Neustetten) 02
mit 2 verschiedenen schrägen Bügelflaschen vor Sonnenaufgang

Mercedes-Benz Atego 18T
H: Vierke (Braunschweig) **V:** Vierke (Braunschweig)
Verpackung: Blister
7,50 Euro **Auflage:** 2.999

Schimpfle 01
Bierspezialitäten vom Land, mit liegender Flasche und Logo

Mercedes-Benz Actros
H: Highspeed (China) **V:** Grell (Bielefeld)
Verpackung: Blister
10,00 Euro

Schimpfle 02
Lösch-Zwerg, mit Comic-Feuerwehrmann und schräger Flasche

Ford 9000 (Hauber)
H: Highspeed (China) **V:** Grell (Bielefeld)
Verpackung: Blister
12,50 Euro

Schinner (Bayreuth) 01
mit Logo und grüner Ecke

Mercedes-Benz Actros
H: Highspeed (China) **V:** Gack und Dickie
Verpackung: Blister
12,50 Euro

Schinner (Bayreuth) 02
Edel Weisse, mit Teil einer schrägen Flasche

Mercedes-Benz Actros
H: Highspeed China **V:** keine Angabe
Verpackung: Plastikschachtel neutral
9,00 Euro

Schinner (Bayreuth) 03
Bügel, mit 3 schrägen Bügelflaschen

Mercedes-Benz Actros
H: Highspeed (China) **V:** Gack
Verpackung: Blister
9,00 Euro

Schinner (Bayreuth) 04
Altfranken, Nr.1/5, mit liegender Bügelflasche und Logo

MAN TG-A
H: Wörlein (Cadolzburg) **V:** DGD (Nürnberg)
Verpackung: Blister
7,50 Euro

Schinner (Bayreuth) 05
Edelweisse, Nr.2/5, mit liegender Bügelflasche und Logo

MAN TG-A
H: Wörlein (Cadolzburg) **V:** DGD (Nürnberg)
Verpackung: Blister
7,50 Euro

Schinner (Bayreuth) 06
Edelpils, Nr.3/5, mit liegender Bügelflasche und Logo

MAN TG-A
H: Wörlein (Cadolzburg) **V:** DGD (Nürnberg)
Verpackung: Blister
7,50 Euro

Schinner (Bayreuth) 07
Kellerbier, Nr.4/5, mit liegender Bügelflasche und Logo

MAN TG-A
H: Wörlein (Cadolzburg) **V:** DGD (Nürnberg)
Verpackung: Blister
7,50 Euro

Schladminger (Oesterreich) 01
hopfenfrisch, mit Logo

Kenworth klassisch (Hauber)
H: Majorette **V:** Müller (Chemnitz)
Verpackung: Plastikschachtel neutral
7,50 Euro

Schlappeseppel (Heylands) 01
mit 2 Logos

Mercedes-Benz Actros
H: Highspeed (China) **V:** Grell (Bielefeld)
Verpackung: Blister
12,50 Euro

Schlappeseppel (Heylands) 02
Seit Jahrhunderten in aller Munde,
mit schräger Flasche vor historischem Foto von Mitarbeitern

Scania 124L 420
H: Grell (Bielefeld-China) **V:** Grell (Bielefeld)
Verpackung: Blister
7,50 Euro

Schlettauer Liköre 01
Grubenfeuer, der brennende Kräuter ...

Mercedes-Benz Actros
H: Highspeed (China) **V:** Grell (Bielefeld)
Verpackung: Blister
9,00 Euro

Schlettauer Liköre 02
Schlossbitter, mit Glas vor Zeichnung von Schlettau

Mercedes-Benz Actros
H: Highspeed (China) **V:** Grell (Bielefeld)
Verpackung: Blister
8,00 Euro

Schlettauer Liköre 03

mit schrägem St. Ulrich Etikett

Mercedes-Benz Actros

H: **V:**

Verpackung: Blister

8,00 Euro

Schlettauer Liköre 04

Antonius Kloster Likör, mit Mönch

MAN F2000 Aero (Hochdach)

H: Grell (Bielefeld-China) **V:** Grell (Bielefeld)

Verpackung: Blister

7,50 Euro

Schlichter Winkler Bräu 01

gelb-blaue Schrift

Mercedes-Benz Actros

H: Wörlein (Cadolzburg) **V:** DGD (Nürnberg)

Verpackung: Blister

7,50 Euro

Schlör 01

Ihre Nr. 1 aus Thüringen, mit Flaschen, Apfel und Krone

Mercedes-Benz Actros

H: Highspeed (China) **V:** Grell (Bielefeld)

Verpackung: Blister

8,00 Euro

Schlör 02

Ihre Nr. 1 vom Bodensee, mit Flaschen, Apfel und Krone

Mercedes-Benz Actros

H: Highspeed (China) **V:** Grell (Bielefeld)

Verpackung: Blister

10,00 Euro **Auflage:** 1.000

Schlör 03

Schorle, mit 2 Maskottchen auf Flasche
und Banane vor Wolken

Mercedes-Benz Actros

H: Highspeed (China) **V:** Grell (Bielefeld)

Verpackung: Blister

7,50 Euro

Schloß Trier Sekt 01

mit 2 Flaschen und 2 Gläsern

Ford 9000 (Hauber)

H: Highspeed (China) **V:** Grell (Bielefeld)

Verpackung: Blister

7,50 Euro

Schloss Veldenz 01

Viel Pfalz- viel Frucht, mit Äpfeln vor Fluß

Mercedes-Benz Actros

H: KamLun **V:** Schloss Veldenz Fruchtsäfte

Verpackung: Blister

7,50 Euro

Schloßbrauerei Fattigau 01

mit 2 Logos (Ritter)

Mercedes-Benz Actros

H: Highspeed (China) **V:** Grell (Bielefeld)

Verpackung: Blister

9,00 Euro

Schloßbrauerei Fattigau 02

Schloß-Pils, Serie 4, mit Ritter und Drachen

Kenworth T2000 (Hauber)

H: Made in China **V:** DGD (Nürnberg)

Verpackung: Blister

8,00 Euro **Auflage:** 2.500

Schloßbrauerei Fattigau 03
Rittertrunk, Serie 4

US klassisch (Hauber)
H: Made in China **V:** DGD (Nürnberg)
Verpackung: Blister
8,00 Euro **Auflage:** 2.500

Schloßbrauerei Fattigau 04
Schloß-Pils, Serie 1, mit Mexikanern in Wüste

MAN F2000 Aero (Hochdach)
H: Wörlein (Cadolzburg) **V:** DGD (Nürnberg)
Verpackung: Blister
8,00 Euro **Auflage:** 2.500

Schloßbrauerei Fattigau 05
Schloß-Pils, Serie 2, mit 3 Mönchen und Fass

Mercedes-Benz Actros
H: Wörlein (Cadolzburg) **V:** DGD (Nürnberg)
Verpackung: Blister
8,00 Euro **Auflage:** 2.500

Schloßbrauerei Fattigau 06
Rittertrunk, Serie 3, mit Magier und Hexe

Mercedes-Benz Actros
H: Wörlein (Cadolzburg) **V:** DGD (Nürnberg)
Verpackung: Blister
8,00 Euro **Auflage:** 2.500

Schloßbrauerei Fattigau 07
Rittertrunk, Serie 2, mit saufendem Ritter

MAN F2000 Aero (Hochdach)
H: Wörlein (Cadolzburg) **V:** DGD (Nürnberg)
Verpackung: Blister
8,00 Euro **Auflage:** 2.500

Schloßbrauerei Fattigau 08
mit 2 Logos (Ritter)

Ford 9000 (Hauber)
H: Highspeed (China) **V:** Grell (Bielefeld)
Verpackung: Blister
9,00 Euro

Schloßbrauerei Fattigau 09
Rittertrunk, Serie 1, mit 2 Knaben

MAN F2000 Aero (Hochdach)
H: Wörlein (Cadolzburg) **V:** DGD (Nürnberg)
Verpackung: Blister
8,00 Euro **Auflage:** 2.500

Schloßbrauerei Fattigau 10
Schloß-Pils, Serie 3, mit Logo (Ritter)

Mercedes-Benz Actros
H: Wörlein (Cadolzburg) **V:** DGD (Nürnberg)
Verpackung: Blister
8,00 Euro **Auflage:** 2.500

Schloßbrauerei Fattigau 11
Export, Serie 1, mit Comic-PKW's

MAN Büssing 8000 (Oldtimer)
H: Made in China **V:** DGD (Nürnberg)
Verpackung: Blister
8,00 Euro **Auflage:** 2.500

Schloßbrauerei Fattigau 12
Export, Serie 2, mit Känguru

US klassisch (Hauber)
H: Made in China **V:** DGD (Nürnberg)
Verpackung: Blister
8,00 Euro **Auflage:** 2.500

Schloßbrauerei Fattigau 13

Export, Serie 4, mit Schlange und Flaschen

Mercedes-Benz L322 (Oldtimer)

H: Wörlein (Cadolzburg) **V:** DGD (Nürnberg)

Verpackung: Blister

8,00 Euro **Auflage:** 2.500

Schloßbrauerei Fattigau 14

Rittertrunk, Serie 6, mit Burg

US klassisch (Hauber)

H: Made in China **V:** DGD (Nürnberg)

Verpackung: Blister

8,00 Euro **Auflage:** 2.500

Schloßbrauerei Fattigau 15

Export, Serie 3, mit 3 Kamelreitern in Wüste

Volvo FH16

H: Wörlein (Cadolzburg) **V:** DGD (Nürnberg)

Verpackung: Blister

7,50 Euro **Auflage:** 2.500

Schloßbrauerei Fattigau 16

Schloß-Pils, Serie 5, mit Gewitterwolke
und Schriftzug auf Feuer

US klassisch (Hauber)

H: Made in China **V:** DGD (Nürnberg)

Verpackung: Blister

7,50 Euro **Auflage:** 2.500

Schloßbrauerei Fattigau 17

Schloß-Pils, Serie 6, 2001, mit bunten Sternen

Mercedes-Benz L322 (Oldtimer)

H: Wörlein (Cadolzburg) **V:** DGD (Nürnberg)

Verpackung: Blister

7,50 Euro **Auflage:** 2.500

Schloßbrauerei Fattigau 18

Schloß-Pils, Serie 7, mit schrägem Glas

Mercedes-Benz Actros

H: Top-Style (Ebersdorf) **V:** Allround Service (Wonsees)

Verpackung: Blister

7,50 Euro **Auflage:** 2.500

Schloßbrauerei Fattigau 19

Bierspezialitäten, Nr.1/7, Bio-Gold,
mit schräger Flasche und Logo

Mercedes-Benz Actros

H: Top-Style (Ebersdorf) **V:** Allround Service (Wonsees)

Verpackung: Blister

7,50 Euro

Schloßbrauerei Fattigau 20

Export, mit Logo (Ritter)

MAN F2000 Aero (Hochdach)

H: Wörlein (Cadolzburg) **V:** DGD (Nürnberg)

Verpackung: Blister

8,00 Euro

Schloßbrauerei Fattigau 21

Export, Serie 5, Schloß-Pils mit kleinem und großen Ritter
(falsch geblistert!)

Scania 164L 6580

H: Wörlein (Cadolzburg) **V:** DGD (Nürnberg)

Verpackung: Blister

7,50 Euro

Schloßbrauerei Fattigau 22

Pils, Serie 7, Schloß-Export mit Ritter (falsch geblistert!)

Scania 164L 6580

H: Wörlein (Cadolzburg) **V:** DGD (Nürnberg)

Verpackung: Blister

7,50 Euro

S

Schloßbrauerei Fattigau 23
Urtyp hell, mit blonder Frau in weißer Unterwäsche, Glas und Logo

Mercedes-Benz Actros
H: Wörlein (Cadolzburg) **V:** DGD (Nürnberg)
Verpackung: Blister
7,50 Euro

Schloßbrauerei Fattigau 24
Bio-Gold, mit 2 Männern in gezeichneter Landschaft

Mercedes-Benz Actros
H: Top-Style (Ebersdorf) **V:** Top-Style (Ebersdorf)
Verpackung: Blister
7,50 Euro

Schloßbrauerei Fattigau 25
Urtyp hell, mit Glas vor holzartigem Hintergrund

MAN Phönix (Hauber)
H: Wörlein (Cadolzburg) **V:** Oelschlegel (Heinsdorfergrund)
Verpackung: Blister
7,50 Euro **Auflage:** 2.500

Schloßbrauerei Fattigau 26
Doppelhopfen, mit Logo

Framo V 501 (Oldtimer)
H: Wörlein (Cadolzburg) **V:** DGD (Nürnberg)
Verpackung: Blister
7,50 Euro

Schlossbrauerei Fattigau 27
Urtyp hell

Framo V 501 (Oldtimer)
H: Wörlein (Cadolzburg) **V:** DGD (Nürnberg)
Verpackung: Blister
7,50 Euro

2002

S

Schloßbrauerei Fattigau 28

Für jeden etwas dabei (Silvester 2002), mit vielen verschiedenen Gläsern

Freightliner FLD 120 (Hauber)

H: Grell (Bielefeld-China) **V:** Oelschlegel (Heinsdorfergrund)

Verpackung: Blister

7,50 Euro **Auflage:** 2.500

Schloßbrauerei Fattigau 29

Urtyp hell, mit Logo

Mercedes-Benz Actros

H: Top-Style (Ebersdorf) **V:** Top-Style (Ebersdorf)

Verpackung: Blister

7,50 Euro **Auflage:** 2.500

Schloßbrauerei Reuth 01

mit 4 Flaschen und Logo

Mercedes-Benz Actros

H: Highspeed (China) **V:** Dickie (Fürth)

Verpackung: Blister

10,00 Euro

Schlösser, Das Alt 01

mit 6 Gläser, geriffelter Sattel

Mercedes-Benz klein (NG 80 mittel)

H: Made in China **V:** keine Angabe

Verpackung: Plastikschachtel neutral

50,00 Euro

Schlösser, Das Alt 02

mit 6 Gläsern, ohne Spritzschutz, geriffelter Sattel, Sattelstützen radförmig, geklemmte Hinterachse, mit Türen

US klassisch (Hauber)

H: Made in China **V:** Hümmer?

Verpackung: Plastikschachtel bedruckt oder mit Aufkleber

45,00 Euro

Schlösser, Das Alt 03

mit 6 Gläsern, ohne Spritzschutz, geriffelter Sattel, Sattelstützen wie Platten, genietete Hinterachse, mit Türen

US klassisch (Hauber)

H: Made in China **V:** Elastoform (Hersbrück)

Verpackung: Plastikschachtel bedruckt oder mit Aufkleber

45,00 Euro

Schlösser, Das Alt 04

mit 6 Gläsern, mit Spritzschutz, glatter Sattel, ohne Türen

US klassisch (Hauber)

H: Made in China **V:** Hümmer (Teugn)

Verpackung: Plastikschachtel bedruckt oder mit Aufkleber

50,00 Euro

Schlösser, Das Alt 05

mit schrägem Glas und Flasche

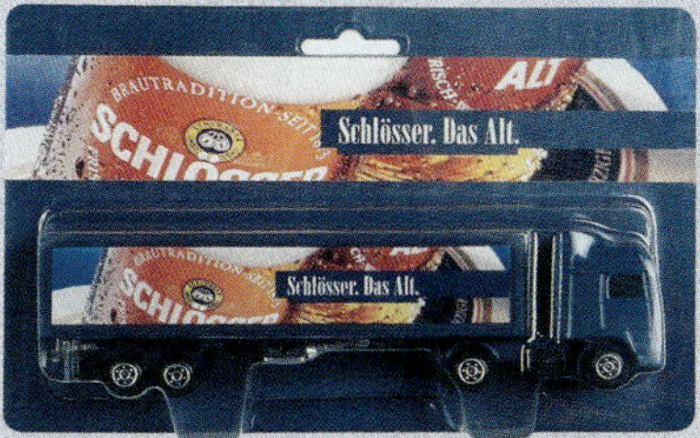

Volvo F-12 Globetrotter

H: Made in China **V:** Brau und Brunnen

Verpackung: Blister

15,00 Euro

Schlösser, Das Alt 06

mit schrägem Glas und Flasche, gelochte Felgen

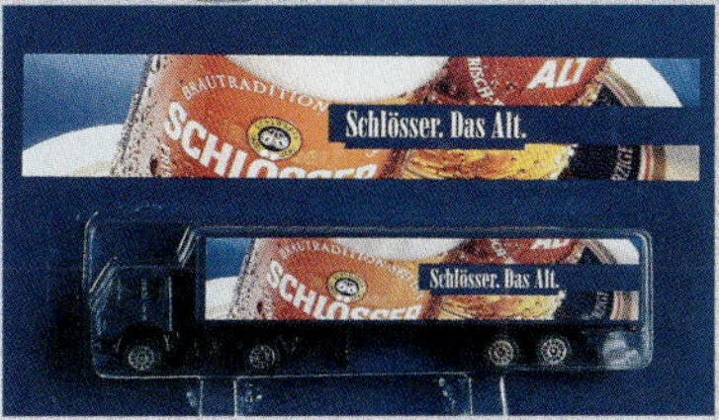

Mercedes-Benz klein (NG 80 mittel)

H: Made in China **V:** Hümmer (Teugn)

Verpackung: Blister

17,50 Euro

Schlösser, Das Alt 07

mit Logo

Framo V 501 (Oldtimer)

H: Wörlein (Cadolzburg) **V:** DGD (Nürnberg)

Verpackung: Blister

7,50 Euro

Schlösser, Das Alt 08

mit schrägem Glas und Flasche, volle Felgen

Mercedes-Benz klein (NG 80 mittel)

H: Made in China **V:** Hümmer (Teugn)

Verpackung: Blister

7,50 Euro

Schlösser, Das Alt 09

mit Düsseldorfer Skyline bei Nacht

Freightliner FLD 120 (Hauber)

H: Grell (Bielefeld-China) **V:** Grell (Bielefeld)

Verpackung: Blister

7,50 Euro

Schlösser, Das Alt 10

mit DEG - Eishockeytorwart und 2 Logos

Freightliner FLD 120 (Hauber)

H: Grell (Bielefeld-China) **V:** Grell (Bielefeld)

Verpackung: Blister

7,50 Euro

Schlumpf 01

alkoholfrei, mit 2 Schlümpfen und Brücke

Kenworth T2000 (Hauber)

H: Made in China **V:** Marks

Verpackung: Plastikschachtel bedruckt oder mit Aufkleber

6,50 Euro **Auflage:** 50

Schmitt (Scheßlitz) 01

mit Giechburg

Mercedes-Benz Actros

H: Wörlein (Cadolzburg) **V:** keine Angabe

Verpackung: Plastikschachtel neutral

20,00 Euro **Auflage:** 250

Schmitt (Singen) 01

Museums-Brauerei, mit Logo

US modern (Hauber) (Kenworth T800)

H: Golden (ADT-Trucks) **V:** Merchandising (Jena)

Verpackung: Plastikschachtel bedruckt oder mit Aufkleber

9,00 Euro

Schmucker (Odenwald) 01

Premium, mit 3 Logos

Mercedes-Benz groß (NG 80 lang)

H: Golden (ADT-Trucks) **V:** Remo (Köln)

Verpackung: Plastikschachtel neutral

15,00 Euro

Schmucker (Odenwald) 02

Premium, mit 3 Logos

US modern (Hauber) (Kenworth T800)

H: Golden (ADT-Trucks) **V:** Remo (Köln)

Verpackung: Plastikschachtel neutral

15,00 Euro

Schmucker (Odenwald) 03

Premium, mit 3 Logos

Volvo F-12 Globetrotter

H: Golden (ADT-Trucks) **V:** Remo (Köln)

Verpackung: Plastikschachtel neutral

15,00 Euro

Schmucker (Odenwald) 04

Schwarzbier, mit 2 Logos

Mercedes-Benz groß (NG 80 lang)

H: Golden (ADT-Trucks) **V:** Remo (Köln)

Verpackung: Plastikschachtel neutral

15,00 Euro

Schmucker (Odenwald) 05

Premium, mit 3 Logos

Mercedes-Benz Actros

H: Golden (ADT-Trucks) **V:** Brauerei

Verpackung: Plastikschachtel neutral

9,00 Euro

Schmucker (Odenwald) 06

Es lebe die Vielfalt, mit 4 schrägen Flaschen, Kühlergrill ohne Stern und Schriftzug

Mercedes-Benz Actros

H: Made in China **V:** keine Angabe

Verpackung: Blister

7,50 Euro

Schnatterbacher 01

mit Logo vor Landschaft

MAN F2000 Aero (Hochdach)

H: Wörlein (Cadolzburg) **V:** WMS (Thum)

Verpackung: Blister

7,50 Euro

Schnatterbacher 02

Nr.2, Erotiktruck, mit Frau in roten Dessous

MAN TG-A

H: Wörlein (Cadolzburg) **V:** WMS (Thum)

Verpackung: Blister

7,50 Euro

Schnatterbacher 03

Nr.3, ErotikTruck, mit Frau in roten Dessous vor Wald

MAN Phönix (Hauber)

H: Wörlein (Cadolzburg) **V:** WMS (Thum)

Verpackung: Blister

7,50 Euro

Schnatterbacher 04

Nr.4, ErotikTruck, mit blonder Frau in roten Dessous

MAN Phönix (Hauber)

H: Wörlein (Cadolzburg) **V:** WMS (Thum)

Verpackung: Blister

7,50 Euro

Schnatterbacher 05

mit 3 nackten Frauen im Gras und Logo (lim. und nummerierte Sonderauflage von 219 Stück)

MAN F2000 Aero (Hochdach)

H: Wörlein (Cadolzburg) **V:** DGD (Nürnberg)

Verpackung: Plastikschachtel bedruckt oder mit Aufkleber

15,00 Euro

Schnatterbacher 06

mit Logo vor Landschaft

Scania 164L 6580

H: Wörlein (Cadolzburg) **V:** WMS (Thum)

Verpackung: Blister

7,50 Euro

Schnatterbacher 07

Nr.5, MIT LICHT!, mit Glas und Logo

MAN F2000 Aero (Hochdach)

H: Wörlein (Cadolzburg) **V:** WMS (Thum)

Verpackung: Blister

7,50 Euro

Schnee Weiße 01

Steirisches Weißenbier (Österreich), mit Logo vor Alpen

Kenworth klassisch (Hauber)

H: Majorette **V:** Müller (Chemnitz)

Verpackung: Plastikschachtel neutral

7,50 Euro

Schneider & Berger (Freiberg) 01

Magenwürze Kräuter-Likör, mit 2 schrägen Flaschen

Mercedes-Benz Actros

H: Highspeed (China) **V:** Grell (Bielefeld)

Verpackung: Blister

7,50 Euro

Schneider Weisse 01

mit Logo

MAN F90

H: Made in China **V:** Hümmer (Teugn)

Verpackung: Plastikschachtel bedruckt oder mit Aufkleber

15,00 Euro

Schneider Weisse 02

seit 1872, mit Logo

Mercedes-Benz Actros

H: Made in China **V:** Hümmer (Teugn)

Verpackung: Plastikschachtel bedruckt oder mit Aufkleber

15,00 Euro

Schneider Weisse 03

seit 1872, mit Logo

US klassisch (Hauber)

H: Made in China **V:** Hümmer (Teugn)

Verpackung: Plastikschachtel bedruckt oder mit Aufkleber

15,00 Euro

Schneider Weisse 04

Mercedes-Benz 6600 (Oldtimer)

H: Hümmer **V:** Hümmer (Teugn)

Verpackung: Blister

8,00 Euro

Schnupp (Altdrossenfeld) 01

Altfränkisches Landbier, mit schräger Flasche

Iveco Eurostar

H: Dickie (China) **V:** Franko (Bad Berneck)

Verpackung: Blister

8,00 Euro

Schönberger (Groß Bieberau) 01

Odenwälder Landbier, mit 2 Logos

Mercedes-Benz klein (NG 80 mittel)

H: Made in China **V:** keine Angabe

Verpackung: Plastikschachtel neutral

40,00 Euro

Schönberger (Groß Bieberau) 02

Odenwälder Landbier, mit 2 Logos

US klassisch (Hauber)

H: Made in China **V:** Hümmer (Teugn)

Verpackung: Plastikschachtel bedruckt oder mit Aufkleber

30,00 Euro

Schönbuch Bräu 01

fetzig weizig, mit 3 Gläsern

US modern (Hauber) (Kenworth T800)

H: Golden (ADT-Trucks) **V:** keine Angabe

Verpackung: Plastikschachtel neutral

12,50 Euro

Schönbuch Bräu 02

Polarweizen, mit 3 Pinguinen

US klassisch (Hauber)

H: Made in China **V:** keine Angabe

Verpackung: Plastikschachtel neutral

7,50 Euro

Schönramer 01

Das große Bier, mit Logo

Mercedes-Benz Actros

H: Hümmer **V:** Hümmer (Teugn)

Verpackung: Plastikschachtel bedruckt oder mit Aufkleber

10,00 Euro

Schremser Bier 01

mit Logo

Kenworth klassisch (Hauber)

H: Majorette **V:** Müller (Chemnitz)

Verpackung: Plastikschachtel bedruckt oder mit Aufkleber

7,50 Euro

Schremser Bier 02

Das Waldviertler, mit Logo

Kenworth klassisch (Hauber)

H: Majorette **V:** Müller (Chemnitz)

Verpackung: Plastikschachtel neutral

7,50 Euro

Schroll (Nankendorf) 01

Brauerei zum Weißen Lamm, mit Logo

MAN F2000 Aero (Hochdach)

H: Grell (Bielefeld-China) **V:** Grell (Bielefeld)

Verpackung: Blister

7,50 Euro

Schroll (Nankendorf) 02

Landbier, mit Foto der Ansiedlung

Ford 9000 (Hauber)

H: Highspeed (China) **V:** Grell (Bielefeld)

Verpackung: Blister

7,50 Euro

Schroll (Nankendorf) 03

Bier aus der fränk. Schweiz,
mit schrägem Glas und Zeichnung

Scania 124L 420

H: Grell (Bielefeld-China) **V:** Grell (Bielefeld)

Verpackung: Blister

7,50 Euro

Schroll (Nankendorf) 04

Landbier, aus der fränk. Schweiz, mit schräger Flasche

Scania 124L 420

H: Grell (Bielefeld-China) **V:** Grell (Bielefeld)

Verpackung: Blister

7,50 Euro

Schroll (Nankendorf) 05

Landbier, aus der fränk. Schweiz, mit schräger Flasche

Freightliner FLD 120 (Hauber)

H: Grell (Bielefeld-China) **V:** Grell (Bielefeld)

Verpackung: Blister

7,50 Euro

Schroll (Nankendorf) 06

Landbier, mit 2 Logos vor Wassertropfen, Blister mit Flasche

Scania 124L 420

H: Grell (Bielefeld-China) **V:** Grell (Bielefeld)

Verpackung: Blister

7,50 Euro

Schroll (Nankendorf) 07

Landbier, mit 2 Logos vor Wassertropfen,
Blister mit Dorffoto

Scania 124L 420

H: Grell (Bielefeld-China) **V:** Grell (Bielefeld)

Verpackung: Blister

7,50 Euro

Schübel (Stadtsteinach) 01

Leonhard Schübel, Edel Weisse, mit Logo auf Bayern Raute

Mercedes-Benz Actros

H: Top-Style (Ebersdorf) **V:** Allround Service (Wonsees)

Verpackung: Plastikschachtel bedruckt oder mit Aufkleber

6,50 Euro

Schuffenhauer Getränkegroßhandel 01

Geyersdorf, mit 2 Logos

Mercedes-Benz Actros

H: Wörlein (Cadolzburg) **V:** WMS (Thum)

Verpackung: Blister

7,50 Euro **Auflage:** 2.000

Schultheiss (Berlin) 01

mit Logo

US klassisch (Hauber)

H: keine Angabe **V:** Brau und Brunnen

Verpackung: Blister

75,00 Euro

Schultheiss (Berlin) 02

Siebdruck, mit Logo

US modern (Hauber) (Kenworth T800)

H: Highspeed (China) **V:** Grell (Bielefeld)

Verpackung: Blister

50,00 Euro

Schultheiss (Berlin) 03

mit Logo, gelb-goldene Längsstreifen,
Aufkleber hinten ohne weißen Rand

US modern (Hauber) (Kenworth T800)

H: Highspeed (China) **V:** Grell (Bielefeld)

Verpackung: Plastikschachtel neutral

30,00 Euro

Schultheiss (Berlin) 04
mit Logo

US modern (Hauber) (Kenworth T800)
H: Highspeed (China) **V:** Grell (Bielefeld)
Verpackung: Blister
17,50 Euro

Schultheiss (Berlin) 05
mit Logo, überklebter Truck von Ocean Cargo mit 2 Walen

US modern (Hauber) (Kenworth T800)
H: Highspeed (China) **V:** Grell (Bielefeld)
Verpackung: Blister
30,00 Euro

Schultheiss (Berlin) 06
mit Logo, überklebter Truck von Freeport Cargo mit Nadelbäumen

US modern (Hauber) (Kenworth T800)
H: Highspeed (China) **V:** Grell (Bielefeld)
Verpackung: Blister
30,00 Euro

Schultheiss (Berlin) 07
mit Logo, überklebter Truck von Uniroyal

US modern (Hauber) (Kenworth T800)
H: Highspeed (China) **V:** Grell (Bielefeld)
Verpackung: Blister
30,00 Euro

Schultheiss (Berlin) 08
Lager schwarz, mit 2 Logos, Siebdruck

US modern (Hauber) (Kenworth T800)
H: Highspeed (China) **V:** Grell (Bielefeld)
Verpackung: Blister
50,00 Euro

Schultheiss (Berlin) 09

Lager schwarz, mit 2 Logos

US modern (Hauber) (Kenworth T800)

H: Highspeed (China) **V:** Grell (Bielefeld)

Verpackung: Blister

17,50 Euro

Schultheiss (Berlin) 10

Mix - Berliner Weisse, mit 3 Dosen vor Wassertropfen

Mercedes-Benz Actros

H: Highspeed (China) **V:** Grell (Bielefeld)

Verpackung: Blister

12,50 Euro

Schultheiss (Berlin) 11

mit Logo

Mercedes-Benz Actros

H: Highspeed (China) **V:** Grell (Bielefeld)

Verpackung: Blister

12,50 Euro

Schultheiss (Berlin) 12

Lager schwarz, mit 3 Logos

Mercedes-Benz Actros

H: Highspeed (China) **V:** Grell (Bielefeld)

Verpackung: Blister

12,50 Euro

Schultheiss (Berlin) 13

Mix - Berliner Weisse, mit Person und Dose in blauem Kreis vor Wassertropfen

Mercedes-Benz Actros

H: Highspeed (China) **V:** Grell (Bielefeld)

Verpackung: Blister

8,00 Euro

Schultheiss (Berlin) 14
Pilsener, mit 2 schrägen Flaschen

Mercedes-Benz Actros
H: Wörlein (Cadolzburg) **V:** DGD (Nürnberg)
Verpackung: Blister
8,00 Euro

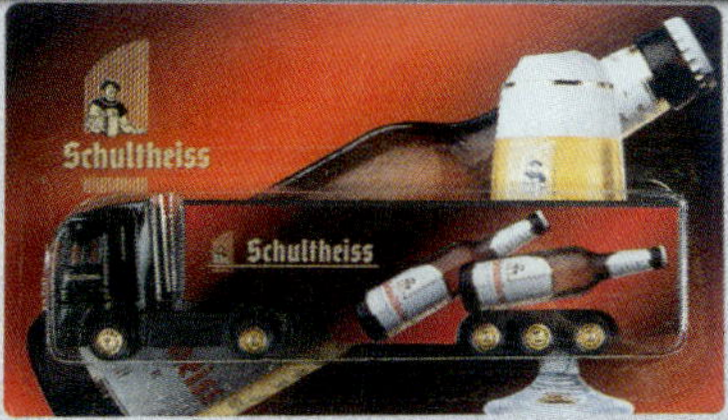

Schultheiss (Berlin) 15
Lager, Die schwarze Kunst, mit Logo,
2 Gläsern und 2 schrägen Flaschen

Ford 9000 (Hauber)
H: Highspeed (China) **V:** Grell (Bielefeld)
Verpackung: Blister
8,00 Euro

Schultheiss (Berlin) 16
Lager, Mild, elegant und unverwechselbar, mit Glas

Ford 9000 (Hauber)
H: Highspeed (China) **V:** Grell (Bielefeld)
Verpackung: Blister
7,50 Euro

Schultheiss (Berlin) 17
Pilsener, mit 2 schrägen Flaschen

Mercedes-Benz Actros
H: Highspeed (China) **V:** Grell (Bielefeld)
Verpackung: Blister
7,50 Euro

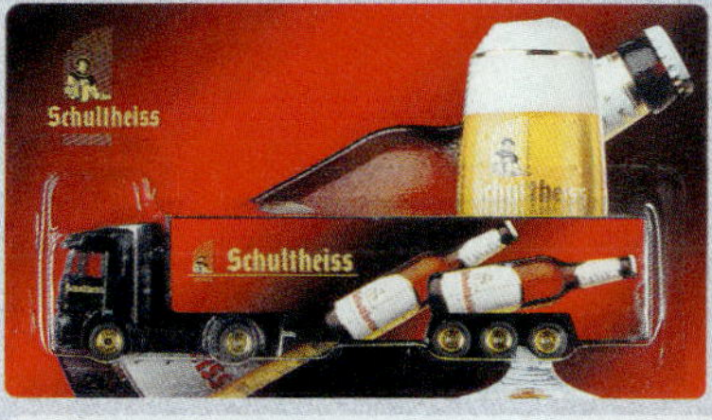

Schussenrieder 01
Die Erlebnisbrauerei, mit schrägem roten Streifen

US modern (Hauber) (Kenworth T800)
H: Highspeed (China) **V:** Grell (Bielefeld)
Verpackung: Blister
20,00 Euro

Schussenrieder	02
mit mehrspänniger Brauereikutsche	
Mercedes-Benz Actros	
H: Highspeed (China) **V:** Grell (Bielefeld)	
Verpackung: Blister	
10,00 Euro	

Schussenrieder	03
mit mehrspänniger Brauereikutsche	
Mercedes-Benz Actros	
H: Highspeed (China) **V:** Grell (Bielefeld)	
Verpackung: Blister	
10,00 Euro	

Schussenrieder	04
mit mehrspänniger Brauereikutsche	
Mercedes-Benz Actros	
H: Highspeed (China) **V:** Grell (Bielefeld)	
Verpackung: Blister	
10,00 Euro	

Schussenrieder	05
Original No.1, mit schräger Flasche	
Pferdekutsche 2-Spänner	
H: Highspeed (China) **V:** Grell (Bielefeld)	
Verpackung: Blister	
8,00 Euro	

Schussenrieder	06
Original No.1, mit schräger Flasche auf Tür	
Ford Model A mit Kästen (Oldtimer)	
H: Highspeed (China) **V:** Grell (Bielefeld)	
Verpackung: Blister	
8,00 Euro	

Schussenrieder 07

Original No.1, mit schräger Flasche

Ford Model T 1919 (Oldtimer)

H: Highspeed (China) **V:** Grell (Bielefeld)

Verpackung: Blister

8,00 Euro

Schussenrieder 08

Original No.1, mit 3 schrägen und 1 geraden Bügelflaschen

Freightliner FLD 120 (Hauber)

H: Grell (Bielefeld-China) **V:** Grell (Bielefeld)

Verpackung: Blister

10,00 Euro

Schützenberger (Frankreich) 01

mit 7 Gläsern und 7 Flaschen

Freightliner FLD 120 (Hauber)

H: Grell (Bielefeld-China) **V:** Grell (Bielefeld)

Verpackung: Blister

7,50 Euro

Schwaben Bräu (Stuttgart) 01

Das Echte, mit halbkreisförmigen Seitenfenster

Ford Model T 1919 (Oldtimer) -

H: Efsi (Holland) **V:** keine Angabe

Verpackung: Showbox - Pappe und Plastik

50,00 Euro

Schwaben Bräu (Stuttgart) 02

mit Logo

Volvo F-12 Globetrotter

H: Golden (ADT-Trucks) **V:** keine Angabe

Verpackung: Plastikschachtel neutral

12,50 Euro

Schwaben Bräu (Stuttgart) 02

mit Logo

Mercedes-Benz klein (NG 80 mittel)

H: Made in China **V:** Hümmer (Teugn)

Verpackung: Blister

40,00 Euro

Schwaben Bräu (Stuttgart) 04

Fließend schwäbisch, mit liegender Bügelflasche

Ford 9000 (Hauber)

H: Highspeed (China) **V:** Grell (Bielefeld)

Verpackung: Blister

7,50 Euro

Schwalm Bräu Friedrich Haaß 01

mit gelbem Logo (Mann mit Bierglas)

Mercedes-Benz Atego 18T

H: Vierke (Braunschweig) **V:** Vierke (Braunschweig)

Verpackung: Blister

8,00 Euro **Auflage:** 2.500

Schwanen Bräu (Wertingen) 01

mit Schriftzug vor Schwan

Mercedes-Benz Atego

H: Made in China **V:** Lauterbach

Verpackung: Blister

7,50 Euro

Schwanenbräu (Ebensfeld) 01

Schwanen Weisse, mit schrägem Glas und Logo

Mercedes-Benz Actros

H: Wörlein (Cadolzburg) **V:** DGD (Nürnberg)

Verpackung: Blister

9,00 Euro

Schwanenbräu (Ebensfeld) 02
Schwanen Weisse, mit schrägem Glas und Logo
MAN F2000 Aero (Hochdach)
H: Wörlein (Cadolzburg) **V:** DGD (Nürnberg)
Verpackung: Blister
9,00 Euro

Schwarzbach 01
Schloßbrauerei, mit Logo und schrägem gelben Streifen
US modern (Hauber) (Kenworth T800)
H: Highspeed (China) **V:** Grell (Bielefeld)
Verpackung: Blister
25,00 Euro

Schwarzbach 02
Raubritter Dunkel, Schloßbrauerei und Sonnenbräu Lichtenberg, mit 2 reitenden Rittern
Mercedes-Benz Actros
H: Highspeed (China) **V:** Grell (Bielefeld)
Verpackung: Blister
8,00 Euro

Schwarzbach 03
Schloßbrauerei, mit Logo
IFA W50 (Oldtimer)
H: Wörlein (Cadolzburg) **V:** DGD (Nürnberg)
Verpackung: Blister
9,00 Euro

Schwarzbräu 01
Dieses Bier ist Premium und übersetzt ..., mit liegender Flasche und Logo
MAN F2000 Aero (Hochdach)
H: Grell (Bielefeld-China) **V:** Grell (Bielefeld)
Verpackung: Blister
9,00 Euro

S

Schwarzenberger 01
Doppelbock, mit schrägem Glas und Flasche vor Bergwiese

Kenworth T2000 (Hauber)
H: Made in China **V:** WMS (Thum)
Verpackung: Blister
8,00 Euro

Schwarzenberger 02
Doppelbock, mit liegender Flasche

Ford 9000 (Hauber)
H: Highspeed (China) **V:** Grell (Bielefeld)
Verpackung: Blister
7,50 Euro

Schwarzer Steiger (Feldschlösschen) 01
mit Glas und Flasche

US klassisch (Hauber)
H: Hümmer **V:** Hümmer (Teugn)
Verpackung: Blister
10,00 Euro

Schwarzer Steiger (Feldschlösschen) 02
mit Glas und Flasche

Peterbilt 378 (Hauber)
H: Made in China **V:** Rather Creativ
Verpackung: Blister
8,00 Euro

Schwarzwaldsprudel 01
mit Logo, geriffelter Auflieger

US klassisch (Hauber)
H: keine Angabe **V:** keine Angabe
Verpackung: Pappschachtel bedruckt oder mit Aufkleber
75,00 Euro

Schwarzwaldsprudel 02
Siebdruck
Ford Cargo
H: Golden (ADT-Trucks) **V:** keine Angabe
Verpackung: Plastikschachtel neutral
40,00 Euro

Schweiger 01
Bier-Spezialitäten vom Feinsten, mit Logo
MAN F90
H: Made in China **V:** keine Angabe
Verpackung: Plastikschachtel neutral
40,00 Euro

Schweiger 02
mit 2 verschiedenen ovalen Logos
Mercedes-Benz Actros
H: Hümmer **V:** Hümmer (Teugn)
Verpackung: Blister
9,00 Euro

Schweiger 03
Brauerei Schweiger
Mercedes-Benz 6600 (Oldtimer)
H: Hümmer **V:** Hümmer (Teugn)
Verpackung: Blister
9,00 Euro

Schweiger 04
vom Feinsten! mit Glas und Logo
MAN F2000 (Hochdach)
H: Wörlein (Cadolzburg) **V:** Eurosun (Cadolzburg)
Verpackung: Blister
7,50 Euro

Schweinfurter Brauhaus 01

Bier, mit 2 Logos

US klassisch (Hauber)

H: Made in China **V:** Elastoform (Hersbrück)

Verpackung: Plastikschachtel bedruckt oder mit Aufkleber

50,00 Euro

Schweinfurter Brauhaus 02

Bier, mit 2 Logos

Mercedes-Benz groß (NG 80 lang)

H: Golden (ADT-Trucks) **V:** keine Angabe

Verpackung: Plastikschachtel neutral

30,00 Euro

Schweinfurter Brauhaus 03

mit 2 Logos

US klassisch (Hauber)

H: Hümmer **V:** Hümmer (Teugn)

Verpackung: Plastikschachtel bedruckt oder mit Aufkleber

25,00 Euro

Schweinfurter Brauhaus 04

mit 4 Gläsern und Logo, 3 Achsen, gelochte Felge

Mercedes-Benz groß (NG 80 lang)

H: Golden (ADT-Trucks) **V:** keine Angabe

Verpackung: Plastikschachtel neutral

20,00 Euro

Schweinfurter Brauhaus 05

mit 4 Gläsern und Logo, 2 Achsen, gelochte Felge

Mercedes-Benz groß (NG 80 lang)

H: Golden (ADT-Trucks) **V:** keine Angabe

Verpackung: Plastikschachtel neutral

20,00 Euro

Schweinfurter Brauhaus 06

mit 2 Logos

US klassisch (Hauber)

H: Hümmer **V:** Hümmer (Teugn)

Verpackung: Blister

9,00 Euro

Schweinfurter Brauhaus 07

Schwarz-Weisse, mit schwarz-weißer Raute

Mercedes-Benz Actros

H: Hümmer **V:** Hümmer (Teugn)

Verpackung: Blister

8,00 Euro

Schweinfurter Brauhaus 08

Schöne Bescherung! (Weihnacht 2000), mit Weihnachtsmann, Flasche und Dose

Mercedes-Benz Actros

H: Hümmer **V:** Hümmer (Teugn)

Verpackung: Blister

8,00 Euro

Schweinfurter Brauhaus 09

Mercedes-Benz 6600 (Oldtimer)

H: Hümmer **V:** Hümmer (Teugn)

Verpackung: Blister

7,50 Euro

Schweinfurter Brauhaus 10

Brauhausbier, mit Turm

US modern (Hauber)

H: Hümmer **V:** Hümmer (Teugn)

Verpackung: Blister

7,50 Euro **Auflage:** 5.000

Schweinfurter Brauhaus 11

Brauhaus Hefe - höllisch gut! mit 2 Gläsern, Logo und Biergarten

MAN TG-A

H: Hümmer **V:** Hümmer (Teugn)

Verpackung: Blister

7,50 Euro **Auflage:** 5.000

Schweinfurter Brauhaus 12

Urkraft Doppelbock, mit 14 blauen Böcken

MAN TG-A

H: Hümmer **V:** Hümmer (Teugn)

Verpackung: Blister

7,50 Euro **Auflage:** 5.000

Schweinfurter Brauhaus 13

Alpha. is beta! mit liegender Flasche

Scania 124L ?

H: Hümmer **V:** Hümmer (Teugn)

Verpackung: Blister

7,50 Euro

Schwelmer (Schwelm) 01

Alt und Pils, mit 2 verschiedenen Logos

Mercedes-Benz Actros

H: Wörlein (Cadolzburg) **V:** DGD (Nürnberg)

Verpackung: Blister

7,50 Euro

Schweppes 01

mit schrägem gelben Schriftzug

US klassisch (Hauber)

H: Made in China **V:** DGD (Nürnberg)

Verpackung: Blister

9,00 Euro

Schweriner Schlossbrauerei 01

Bestes Mecklenburg, mit Logo

Volvo F-12 Globetrotter

H: Majorette **V:** keine Angabe

Verpackung: Plastikschachtel neutral

75,00 Euro

Schweriner Schlossbrauerei 02

mit 3 verschiedenen schrägen Flaschen und Logo

Mercedes-Benz Actros

H: Highspeed (China) **V:** Grell (Bielefeld)

Verpackung: Blister

9,00 Euro

Selters 01

aus Selters an der Lahn, mit wasserförmigem Hintergrund

Mercedes-Benz Actros

H: Hümmer **V:** Hümmer (Teugn)

Verpackung: Plastikschachtel bedruckt oder mit Aufkleber

7,50 Euro

Selters 02

aus Selters an der Lahn, mit wasserförmigem Hintergrund

Mercedes-Benz Actros

H: Hümmer **V:** Hümmer (Teugn)

Verpackung: Blister

7,50 Euro

Selters 03

aus Selters an der Lahn, mit wasserförmigem Hintergrund

Scania 164L 6580

H: Wörlein (Cadolzburg) **V:** Eurosun (Cadolzburg)

Verpackung: Blister

7,50 Euro

Senger (Scheßlitz) 01

mit 2 Logos (halbkreisförmig)

Scania 164L 6580

H: Wörlein (Cadolzburg) **V:** Allround Service (Wonsees)

Verpackung: Plastikschachtel bedruckt oder mit Aufkleber

6,50 Euro

Senger (Scheßlitz) 02

mit 2 ovalen Logos

Scania 164L 6580

H: Wörlein (Cadolzburg) **V:** Allround Service (Wonsees)

Verpackung: Plastikschachtel bedruckt oder mit Aufkleber

6,50 Euro

Senger (Scheßlitz) 03

mit 2 ovalen Logos

Mercedes-Benz Actros

H: Hümmer **V:** Hümmer (Teugn)

Verpackung: Plastikschachtel bedruckt oder mit Aufkleber

6,50 Euro

Senger (Scheßlitz) 04

mit Logo in Geschmiede und Gebäude

MAN TG-A

H: Wörlein (Cadolzburg) **V:** MaHug (Kulmbach)

Verpackung: Plastikschachtel bedruckt oder mit Aufkleber

6,50 Euro

Seven Up 01

mit hellgrünen Punkten

Kenworth klassisch (Hauber)

H: Mattel **V:** keine Angabe

Verpackung: Blister

35,00 Euro

Seven Up 03
mit 3 schrägen Logos
US klassisch (Hauber)
H: Made in China **V:** Tramondi (Friedrichshafen)
Verpackung: Blister
10,00 Euro

Severins Kölsch 01
mit 2 Gläsern vor Kölner Severinbrücke und Skyline
Mercedes-Benz Atego 18T
H: Vierke (Braunschweig) **V:** Vierke (Braunschweig)
Verpackung: Blister
7,50 Euro

Siegel Pils 01
mit großem Glas
US klassisch (Hauber)
H: keine Angabe **V:** keine Angabe
Verpackung: Pappschachtel bedruckt oder mit Aufkleber
50,00 Euro

Siegel Pils 02
Das stolze Bier aus Westfalen, mit Glas vor Luftaufnahme
US klassisch (Hauber)
H: keine Angabe **V:** Brau und Brunnen
Verpackung: Pappschachtel bedruckt oder mit Aufkleber
50,00 Euro

Siegsdorfer Petrusquelle 01
mit Logo vor Gebirge
Mercedes-Benz Actros
H: Hümmer **V:** Hümmer (Teugn)
Verpackung: Blister
10,00 Euro

Silberlandspezialitäten 01
aus dem Erzgebirge, mit gezeichneter Ansiedlung vor Berg
Mercedes-Benz Actros
H: Wörlein (Cadolzburg) **V:** WMS (Thum)
Verpackung: Blister
7,50 Euro **Auflage:** 2.000

Silberlandspezialitäten 02
aus dem Erzgebirge, mit Ansiedlung im Gebirge
Mercedes-Benz Actros
H: Wörlein (Cadolzburg) **V:** WMS (Thum)
Verpackung: Blister
7,50 Euro **Auflage:** 2.000

Silberquell Mineralbrunnen (Bad Harzburg) 01
natriumarm, mit Logo
MAN F2000 Aero (Hochdach)
H: Grell (Bielefeld-China) **V:** Grell (Bielefeld)
Verpackung: Blister
7,50 Euro **Auflage:** 10.000

Silberquell Mineralbrunnen (Bad Harzburg) 02
Harzquell, mit Logo vor stilisiertem See
Mercedes-Benz Atego
H: Highspeed (China) **V:** Grell (Bielefeld)
Verpackung: Blister
7,50 Euro **Auflage:** 10.000

Simonbräu 01
Leisniger Riesenstiefel, Markeninhaber Getränke Finke
Freightliner FLD 120 (Hauber)
H: Grell (Bielefeld-China) **V:** Grell (Bielefeld)
Verpackung: Blister
7,50 Euro

Sinalco 01

Die Sinalco schmeckt, mit Logo, graue Felgen

Mercedes-Benz Actros

H: Top-Style (Ebersdorf) **V:** Top-Style (Ebersdorf)

Verpackung: Blister

9,00 Euro

Sinalco 02

Die Sinalco schmeckt, mit Logo, rote Felgen

Mercedes-Benz Actros

H: Highspeed (China) **V:** Grell (Bielefeld)

Verpackung: Blister

8,00 Euro

Sinalco 03

Die Sinalco schmeckt, mit Logo

VW Beetle

H: Highspeed (China) **V:** Eurosun (Cadolzburg)

Verpackung: Blister

12,50 Euro

Singer Bier (Museums-Brauerei Schmitt) 01

mit 2 Logos (König auf Faß)

US modern (Hauber) (Kenworth T800)

H: Golden (ADT-Trucks) **V:** Merchandising (Jena)

Verpackung: Plastikschachtel bedruckt oder mit Aufkleber

10,00 Euro

Singer Bier (Museums-Brauerei Schmitt) 02

mit 1 Logo (König auf Faß) und Schriftzug Museums-Brauerei Schmitt

US modern (Hauber) (Kenworth T800)

H: Golden (ADT-Trucks) **V:** Merchandising (Jena)

Verpackung: Plastikschachtel bedruckt oder mit Aufkleber

10,00 Euro

Singer Bier (Museums-Brauerei Schmitt) 03
mit 2 Logos (König auf Faß) und Schriftzug auf gelbem Banner

Mercedes-Benz Actros
H: Wörlein (Cadolzburg) **V:** Merchandising (Jena)
Verpackung: Plastikschachtel bedruckt oder mit Aufkleber
10,00 Euro

Singer Bier (Museums-Brauerei Schmitt) 04
seit 1885, mit 2 Logos (Brauereigebäude)

Mercedes-Benz Actros
H: Wörlein (Cadolzburg) **V:** Merchandising (Jena)
Verpackung: Plastikschachtel bedruckt oder mit Aufkleber
10,00 Euro

Singer Bier (Museums-Brauerei Schmitt) 06
LKW: Bier, Hänger: Kräuterhalbbitter

Mercedes-Benz Actros
H: Highspeed (China) **V:** Grell (Bielefeld)
Verpackung: Blister
9,00 Euro

Singer Bier (Museums-Brauerei Schmitt) 07
mit 2 schrägen Bügelflaschen

Mercedes-Benz Actros
H: Wörlein (Cadolzburg) **V:** Brauerei
Verpackung: Plastikschachtel neutral
9,00 Euro

Singer Bier (Museums-Brauerei Schmitt) 08
Prost! mit Wappen (Brauereigebäude)

Mercedes-Benz Actros
H: Wörlein (Cadolzburg) **V:** Brauerei
Verpackung: Plastikschachtel neutral
9,00 Euro

Singer Bier (Museums-Brauerei Schmitt) 09
mit 2 Logos (König auf Fass)
Scania 124L 420
H: Grell (Bielefeld-China) **V:** Grell (Bielefeld)
Verpackung: Blister
8,00 Euro

Singer Bier (Museums-Brauerei Schmitt) 10
mit 2 Logos (König auf Fass)
Ford 9000 (Hauber)
H: Highspeed (China) **V:** Grell (Bielefeld)
Verpackung: Blister
8,00 Euro

Singers Getränkeshop 01
Singers Spezial Premium, mit Logo
US modern (Hauber) (Kenworth T800)
H: Highspeed (China) **V:** Grell (Bielefeld)
Verpackung: Blister
10,00 Euro

Sinzinger 01
US klassisch (Hauber)
H: Made in China **V:** keine Angabe
Verpackung: Plastikschachtel neutral
60,00 Euro

Ski 01
drink Ski, mit schräger Flasche
Mercedes-Benz Actros
H: Top-Style (Ebersdorf) **V:** Marks
Verpackung: Plastikschachtel bedruckt oder mit Aufkleber
6,50 Euro **Auflage:** 50

Smithers Beer (Kanada)	01
mit Indianer vor rotem Felsen	
Freightliner FLD 120 (Hauber)	
H: Grell (Bielefeld-China)	**V:** Grell (Bielefeld)
Verpackung: Blister	
7,50 Euro	

Smithers Beer (Kanada)	02
mit Indianer vor rotem Felsen	
Freightliner FLD 120 (Hauber)	
H: Grell (Bielefeld-China)	**V:** Grell (Bielefeld)
Verpackung: Blister	
9,00 Euro	**Auflage:** 1.000

Söders Fruchtsäfte (Sandberg)	01
mit 3 Äpfeln	
MAN M2000	
H: Made in China	**V:** Lauterbach
Verpackung: Blister	
7,50 Euro	

Sonnen Bräu (Mürsbach)	01
mit Foto der Ansiedlung auf linker Hälfte	
Mercedes-Benz Actros	
H: Highspeed (China)	**V:** Grell (Bielefeld)
Verpackung: Blister	
9,00 Euro	

Sonnenbräu (Lichtenberg)	01
mit Logo	
US modern (Hauber) (Kenworth T800)	
H: Highspeed (China)	**V:** Brauerei
Verpackung: Blister	
35,00 Euro	**Auflage:** 360

S

Sonnenbräu (Lichtenberg) 02

mit Logo

Mercedes-Benz Actros

H: Highspeed (China) **V:** keine Angabe

Verpackung: Blister

15,00 Euro **Auflage:** 400

Sonnenbräu (Lichtenberg) 03

Adelskammer, ältestes Wirtshaus, mit Logo

Mercedes-Benz Actros

H: Highspeed (China) **V:** keine Angabe

Verpackung: Blister

15,00 Euro **Auflage:** 300

Sonnenhain (Zittau) 01

Gaststätte

US modern (Hauber) (Kenworth T800)

H: Golden (ADT-Trucks) **V:** Gaststätte

Verpackung: Plastikschachtel neutral

10,00 Euro

Sonntag Liköre (Neudorf) 01

mit 2 versch. Logos vor Nadelbaum auf Wiese

Scania 164L 6580

H: Wörlein (Cadolzburg) **V:** WMS (Thum)

Verpackung: Blister

7,50 Euro

Souls Lake Bud 01

since 1894 - Hot Girls - cool Beer, mit Schriftzug auf Tür

Ward Lafrance Feuerwehr (1939)

H: Highspeed (China) **V:** Grell (Bielefeld)

Verpackung: Blister

7,50 Euro

Spalter Bier 01
mit Logo
Mercedes-Benz Actros
H: Wörlein (Cadolzburg) **V:** DGD (Nürnberg)
Verpackung: Blister
9,00 Euro

Spalter Bier 02
mit Zeichnung einer Ansiedlung und Feldern
MAN TG-A
H: Wörlein (Cadolzburg) **V:** DGD (Nürnberg)
Verpackung: Blister
7,50 Euro

Spar Markt Nahlik (Vettelschloß) 01
Aufl. 545, davon 200 mit Zertifikat in Hartplastbox
Tempo Dreirad Hanseat
H: Praline **V:** Nahlik
Verpackung: Showbox - Hartplastik (PC-Vitrine)
40,00 Euro **Auflage:** 545

Spar Markt Nahlik (Vettelschloß) 02
links 15 Jahre Nahlik Spar, rechts Stop und Spar
Mercedes-Benz groß (NG 80 lang)
H: Made in China **V:** Nahlik
Verpackung: Plastikschachtel neutral
6,50 Euro **Auflage:** 80

Spar Markt Nahlik (Vettelschloß) 03
Nahlik Lebensmittelmärkte, nur die Frische zählt
Mercedes-Benz Actros
H: KamLun **V:** Nahlik
Verpackung: Plastikschachtel neutral
6,50 Euro **Auflage:** 100

Spaten (München) 01

Lass dir raten, trinke Spaten. mit 2 Gläsern und Logo

US klassisch (Hauber)

H: Made in China **V:** Hümmer (Teugn)

Verpackung: Plastikschachtel bedruckt oder mit Aufkleber

30,00 Euro

Spaten (München) 02

Die Münchner Trambahn

Triebwagen J 1.30 (Heidelberger)

H: HL (Mering) **V:** Brauerei

Verpackung: Blister

20,00 Euro

Spaten (München) 03

Lass dir raten, trinke Spaten. mit Logo

Mercedes-Benz Actros

H: Wörlein (Cadolzburg) **V:** DGD (Nürnberg)

Verpackung: Plastikschachtel bedruckt oder mit Aufkleber

8,00 Euro

Spaten (München) 04

Oktoberfestbier 2000, mit Logo

Mercedes-Benz 6600 (Oldtimer)

H: Hümmer **V:** Hümmer (Teugn)

Verpackung: Blister

8,00 Euro

Spaten (München) 05

mit Gaststätte im Grünen, Sind wir wirklich aus dem Paradies vertrieben worden?

MAN TG-A

H: Hümmer **V:** Hümmer (Teugn)

Verpackung: Blister

8,00 Euro

Spaten (München) 06

mit Brücken am Fluss, Nach ein paar Bier kann man die Welt verändern. Aber wozu?

MAN TG-A

H: Hümmer **V:** Hümmer (Teugn)

Verpackung: Blister

8,00 Euro

Spaten (München) 07

mit Säulen, Von hier aus kommt man schnell nach Italien. Wenn man will.

MAN TG-A

H: Hümmer **V:** Hümmer (Teugn)

Verpackung: Blister

8,00 Euro

Spaten (München) 08

Alkoholfrei, mit Logo vor weißen Wolken an blauem Himmel

MAN TG-A

H: Hümmer **V:** Hümmer (Teugn)

Verpackung: Blister

8,00 Euro

Spaten (München) 09

Oktoberfestzug (2001), mit 4 Gläsern an jeweils 2 Luftballons, Spaten-Schriftzug nur auf Dachspoiler

DAF 95 XF

H: Wörlein (Cadolzburg) **V:** DGD (Nürnberg)

Verpackung: Blister

7,50 Euro

Spaten (München) 10

Helles Export-Bier

Framo V 501 (Oldtimer)

H: Wörlein (Cadolzburg) **V:** DGD (Nürnberg)

Verpackung: Blister

7,50 Euro

Specht (Ehrenfriedersdorf) 01
Bier aus dem Erzgebirge, mit Logo

US modern (Hauber) (Kenworth T800)
H: Highspeed (China) **V:** Grell (Bielefeld)
Verpackung: Blister
12,50 Euro

Specht (Ehrenfriedersdorf) 02
Schwarzer Specht, mit schrägem Glas und Flasche

MAN F2000 Aero (Hochdach)
H: Grell (Bielefeld-China) **V:** Grell (Bielefeld)
Verpackung: Blister
9,00 Euro

Specht (Ehrenfriedersdorf) 03
15 Jahre Radieselschänke Marienberg,
mit Radieschen und Logo

US modern (Hauber) (Kenworth T800)
H: Made in China **V:** Gaststätte
Verpackung: Plastikschachtel neutral
10,00 Euro **Auflage:** 250

Specht (Ehrenfriedersdorf) 04
Greifenssteinquell Landbier, mit Logo

MAN F2000 Aero (Hochdach)
H: Grell (Bielefeld-China) **V:** Grell (Bielefeld)
Verpackung: Blister
7,50 Euro

Specht (Ehrenfriedersdorf) 05
Unser Export, mit Glas und Logo

MAN F2000 Aero (Hochdach)
H: Grell (Bielefeld-China) **V:** Grell (Bielefeld)
Verpackung: Blister
7,50 Euro

Spezi 01

ist Spitze! mit 2 Schriftzügen und Logo

US klassisch (Hauber)

H: Hümmer **V:** Hümmer (Teugn)

Verpackung: Blister

10,00 Euro

Spezi 02

ist Spitze! Frisch von der Jahns Bräu, mit 2 Gläsern, Logo und Maskottchen

Mercedes-Benz Actros

H: Highspeed (China) **V:** Grell (Bielefeld)

Verpackung: Blister

8,00 Euro

Spezi 03

ist Spitze! mit Maskottchen

Mercedes-Benz Actros

H: Wörlein (Cadolzburg) **V:** DGD (Nürnberg)

Verpackung: Blister

7,50 Euro

Spreequell 01

IFA W50 (Oldtimer)

H: Mini Car **V:** keine Angabe

Verpackung: Plastikschachtel neutral

12,50 Euro

Spreequell 02

mit 8 Flaschen vor wasserförmigem Hintergrund

US klassisch (Hauber)

H: keine Angabe **V:** keine Angabe

Verpackung: Pappschachtel bedruckt oder mit Aufkleber

25,00 Euro

Spreequell 03

volle pulle leben! Blister mit Seil springender Frau, Hintergrund mit Wassertropfen

Mercedes-Benz Actros

H: Hümmer **V:** Hümmer (Teugn)

Verpackung: Blister

8,00 Euro

Spreequell 04

volle pulle leben! Blister mit Tropical, Zitrusgrape und Vital, Hintergrund mit Wassertropfen

Mercedes-Benz Actros

H: Hümmer **V:** Hümmer (Teugn)

Verpackung: Blister

7,50 Euro

Spreewälder -

Grundke und Zollweger OHG (Hänchen) 01

Kräuterlikör und Korn, mit Kahnfahrer

Ford 9000 (Hauber)

H: Highspeed (China) **V:** Grell (Bielefeld)

Verpackung: Blister

7,50 Euro

Spreewälder Fruchtsäfte - Mosterei Jank (Burg) 01

mit rotem Banner

US modern (Hauber) (Kenworth T800)

H: Highspeed (China) **V:** Grell (Bielefeld)

Verpackung: Blister

12,50 Euro

Spreewälder Fruchtsäfte - Mosterei Jank (Burg) 02

mit Frau in Tracht vor Bauernhaus

IFA W50 (Oldtimer)

H: Grell (Bielefeld-China) **V:** Grell (Bielefeld)

Verpackung: Blister

9,00 Euro

S

Sprite 01

Trade Mark, mit weißem Streifen

unbekannt

H: Made in Hong Kong **V:** keine Angabe

Verpackung: Plastikschachtel neutral

20,00 Euro

St. Georg (Neukirchen) 01

mit 2 Logos (Andruckmuster)

MAN F2000 Aero (Hochdach)

H: Wörlein (Cadolzburg) **V:** Allround Service (Wonsees)

Verpackung: Blister

St. Georg (Neukirchen) 02

mit 2 Logos vor verschwommenen Wassertropfen

MAN F2000 Aero (Hochdach)

H: Wörlein (Cadolzburg) **V:** MaHug (Kulmbach)

Verpackung: Blister

7,50 Euro

St. Georg (Neukirchen) 03

Nr.2, mit Logo über Schriftzug vor Wassertropfen

Mercedes-Benz Actros

H: Top-Style (Ebersdorf) **V:** Allround Service (Wonsees)

Verpackung: Blister

7,50 Euro

St. Georg (Neukirchen) 04

Nr.3, mit Logo neben Schriftzug vor verschwommenen Wassertropfen

Mercedes-Benz Actros

H: Top-Style (Ebersdorf) **V:** Allround Service (Wonsees)

Verpackung: Blister

7,50 Euro

St. Georg (Neukirchen) 05
Nr.4, Weisse, mit Logo vor Bayernraute

Renault Premium Route
H: Top-Style (Ebersdorf) **V:** Allround Service (Wonsees)
Verpackung: Blister
7,50 Euro

St. Georg (Neukirchen) 06
Nr.5, Seit 1820, mit Urkunde

Renault Premium Route
H: Top-Style (Ebersdorf) **V:** Allround Service (Wonsees)
Verpackung: Blister
7,50 Euro

St. Georg (Neukirchen) 07
Nr.6, Georgi Bock, mit Bock und Logo

Kenworth W900 Flat Top (Hauber)
H: Top-Style (Ebersdorf) **V:** Allround Service (Wonsees)
Verpackung: Blister
7,50 Euro

St. Georg (Neukirchen) 08
Nr.7, Girgl-Weisse, mit Logo

Kenworth W900 Flat Top (Hauber)
H: Top-Style (Ebersdorf) **V:** Allround Service (Wonsees)
Verpackung: Blister
7,50 Euro

St. Georg (Neukirchen) 09
Nr.8, Frohe Weihnachten wünscht... (2001)

Kenworth W900 Flat Top (Hauber)
H: Top-Style (Ebersdorf) **V:** Allround Service (Wonsees)
Verpackung: Blister
7,50 Euro

S

St. Georgen Bräu (Buttenheim) 01
mit Logo

Mercedes-Benz Actros
H: Hümmer **V:** Hümmer (Teugn)
Verpackung: Blister
9,00 Euro

St. Georgen Bräu (Buttenheim) 02
mit Weihnachtsmann (2000), 3 Flaschen und Logo

Mercedes-Benz Actros
H: Hümmer **V:** Hümmer (Teugn)
Verpackung: Blister
8,00 Euro

St. Georgen Bräu (Buttenheim) 03
Keller Bier, mit schräger Bügelflasche und Logo

MAN TG-A
H: Hümmer **V:** Hümmer (Teugn)
Verpackung: Blister
8,00 Euro

St. Georgen Bräu (Buttenheim) 04
Fasching 2001, mit 2 Masken, 2 Flaschen und Logo

MAN TG-A
H: Hümmer **V:** Hümmer (Teugn)
Verpackung: Blister
7,50 Euro

St. Georgen Bräu (Buttenheim) 05
Ostern 2001, mit Hase, 4 Flaschen und Logo

MAN F2000 Aero (Hochdach)
H: Wörlein (Cadolzburg) **V:** DGD (Nürnberg)
Verpackung: Blister
7,50 Euro

St. Georgen Bräu (Buttenheim) 06
mit schrägem Glas und Logo

Volvo FH16
H: Wörlein (Cadolzburg) **V:** DGD (Nürnberg)
Verpackung: Blister
7,50 Euro

St. Georgen Bräu (Buttenheim) 07
mit Logo

MAN F2000 Aero (Hochdach)
H: Wörlein (Cadolzburg) **V:** DGD (Nürnberg)
Verpackung: Blister
8,00 Euro

St. Georgen Bräu (Buttenheim) 08
mit Logo

Scania 164L 6580
H: Wörlein (Cadolzburg) **V:** DGD (Nürnberg)
Verpackung: Blister
8,00 Euro

St. Georgen Bräu (Buttenheim) 09
Kellerbier, mit Logo im Hintergrund

Scania 164L 6580
H: Wörlein (Cadolzburg) **V:** DGD (Nürnberg)
Verpackung: Blister
7,50 Euro

St. Georgen Bräu (Buttenheim) 10
X-Mas Edition (2001), Keller Bier, mit Schneemann

MAN Phönix (Hauber)
H: Wörlein (Cadolzburg) **V:** DGD (Nürnberg)
Verpackung: Blister
7,50 Euro

St. Georgen Bräu (Buttenheim) 11

Fasching 2001, mit Hexe, Maske...

Scania 164L 6580

H: Wörlein (Cadolzburg) **V:** DGD (Nürnberg)

Verpackung: Blister

7,50 Euro

St. Georgen Bräu (Buttenheim) 12

Frohe Ostern (2002), mit 2 Hasen

MAN TG-A

H: Wörlein (Cadolzburg) **V:** DGD (Nürnberg)

Verpackung: Blister

7,50 Euro

St. Medardus Quelle 01

Quell gesund und Sprudel munter, mit schräger Flasche

Mercedes-Benz Actros

H: Hümmer **V:** Hümmer (Teugn)

Verpackung: Blister

7,50 Euro

St. Michaelsberg (Bamberg) 01

Dunkel, mit Logo (Mönch)

US klassisch (Hauber)

H: Hümmer **V:** Hümmer (Teugn)

Verpackung: Blister

10,00 Euro

Stadtbrauerei Roth 01

Grüße aus Franken, mit Logo

MAN F2000 Aero (Hochdach)

H: Wörlein (Cadolzburg) **V:** DGD (Nürnberg)

Verpackung: Blister

9,00 Euro

Stadter (Sachsendorf) 01
mit 2 Zinndeckelgläsern und Logo

Freightliner FLD 120 (Hauber)
H: Grell (Bielefeld-China) **V:** Grell (Bielefeld)
Verpackung: Blister
7,50 Euro

Stadter (Sachsendorf) 02
mit 2 Zinndeckelgläsern und Logo

Scania 124L 420
H: Grell (Bielefeld-China) **V:** Grell (Bielefeld)
Verpackung: Blister
7,50 Euro

Stadter (Sachsendorf) 03
Guinness World Records 2001

Freightliner FLD 120 (Hauber)
H: Grell (Bielefeld-China) **V:** Grell (Bielefeld)
Verpackung: Blister
7,50 Euro

Stadter (Sachsendorf) 04
Guinness World Records 2001

Scania 124L 420
H: Grell (Bielefeld-China) **V:** Grell (Bielefeld)
Verpackung: Blister
7,50 Euro

Staffelberg-Bräu (Lohfeld-Staffelstein) 01
mit Logo, 3 Achsen, gelochte Felgen

Volvo F-12 Globetrotter
H: Golden (ADT-Trucks) **V:** keine Angabe
Verpackung: Plastikschachtel neutral
17,50 Euro

S

2002

Starlight Beer 01

mit Glas

US modern (Hauber)

H: Made in China **V:** Spielwarenhandel

Verpackung: - ohne

12,50 Euro

Starobrno (CSR) 01

Tajemství dobré nálady. Mit Logo und 2 Gläsern

Mercedes-Benz Actros

H: Highspeed (China) **V:** Grell (Bielefeld)

Verpackung: Blister

10,00 Euro

Starobrno (CSR) 02

Tajemství dobré nálady. Mit Logo und 2 Gläsern

Freightliner FLD 120 (Hauber)

H: Grell (Bielefeld-China) **V:** Grell (Bielefeld)

Verpackung: Blister

7,50 Euro

Staropramen (CSR) 01

mit Glas, geriffelter Sattel

US klassisch (Hauber)

H: Made in China **V:** Hümmer (Teugn)

Verpackung: Blister

30,00 Euro

Staropramen (CSR) 02

mit Glas

Mercedes-Benz groß (NG 80 lang)

H: Made in China **V:** Lauterbach

Verpackung: Blister

20,00 Euro

Staropramen (CSR) 03

mit Glas

US modern (Hauber) (Kenworth T800)

H: Golden (ADT-Trucks) **V:** Lauterbach

Verpackung: Blister

17,50 Euro

Staropramen (CSR) 04

mit Logo (Burg)

Mercedes-Benz Actros

H: Highspeed (China) **V:** Grell (Bielefeld)

Verpackung: Blister

9,00 Euro

Staropramen (CSR) 05

mit schrägem Glas und Logo (Burg)

Ford 9000 (Hauber)

H: Highspeed (China) **V:** Grell (Bielefeld)

Verpackung: Blister

8,00 Euro

Staropramen (CSR) 06

mit Logo (S)

Freightliner FLD 120 (Hauber)

H: Grell (Bielefeld-China) **V:** Grell (Bielefeld)

Verpackung: Blister

7,50 Euro

Staropramen (CSR) 07

mit liegender Flasche und Logo

DAF 95 XF

H: Made in China **V:** Lauterbach

Verpackung: Blister

7,50 Euro

Stauder 01

Pils. Die kleine Persönlichkeit, mit Logo

US modern (Hauber) (Kenworth T800)

H: Highspeed (China) **V:** Grell (Bielefeld)

Verpackung: Blister

40,00 Euro

Stauder 02

mit 3 schrägen Flaschen auf Eis und Logo

US modern (Hauber) (Kenworth T800)

H: Highspeed (China) **V:** Grell (Bielefeld)

Verpackung: Blister

25,00 Euro

Stauder 03

mit 3 schrägen Flaschen auf Eis und Logo

Mercedes-Benz Actros

H: Highspeed (China) **V:** Grell (Bielefeld)

Verpackung: Blister

9,00 Euro

Steffens (Linz/Rhein) 01

Pilsener

Hino-LKW

H: Le Hiang Toys **V:** Zündholz (Riesa)

Verpackung: Blister

35,00 Euro

Steffens (Linz/Rhein) 02

Pilsener, mit 2 Logos

Volvo F-12 Globetrotter

H: Golden (ADT-Trucks) **V:** Müller (Chemnitz)

Verpackung: Plastikschachtel neutral

15,00 Euro

Steffens (Linz/Rhein) 03
Pilsener, mit 2 Logos

Kenworth klassisch (Hauber)
H: Majorette **V:** Müller (Chemnitz)
Verpackung: Plastikschachtel neutral
9,00 Euro

Steffens (Linz/Rhein) 04
Pilsener, mit Logo

Mercedes-Benz Actros
H: Highspeed (China) **V:** Grell (Bielefeld)
Verpackung: Blister
10,00 Euro

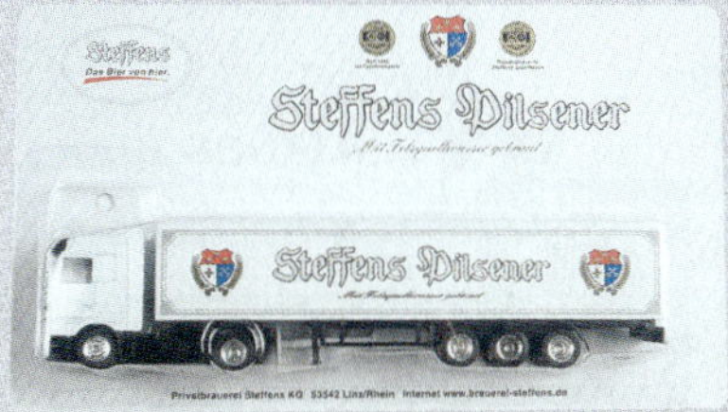

Steffens (Linz/Rhein) 05
mit Flasche und Glas vor spritzendem Wasser

Ford 9000 (Hauber)
H: Highspeed (China) **V:** Grell (Bielefeld)
Verpackung: Blister
7,50 Euro

Steffens (Linz/Rhein) 06
Zitronenradler, mit 6 Flaschen

Ford 9000 (Hauber)
H: Highspeed (China) **V:** Grell (Bielefeld)
Verpackung: Blister
8,00 Euro

Steffens (Linz/Rhein) 07
Malz, mit 6 Flaschen

Ford 9000 (Hauber)
H: Highspeed (China) **V:** Grell (Bielefeld)
Verpackung: Blister
8,00 Euro

Steinach Gold Fruchtsäfte 01
mit Früchten

MAN F2000 Aero (Hochdach)
H: Wörlein (Cadolzburg) **V:** DGD (Nürnberg)
Verpackung: Blister
7,50 Euro **Auflage:** 3.000

Steiner Bier 01
mit 2 Logos

Mercedes-Benz Actros
H: Wörlein (Cadolzburg) **V:** DGD (Nürnberg)
Verpackung: Blister
9,00 Euro

Stern (Essen) 01
Pils, mit schräger Flasche und gelbem Stern

Ford 9000 (Hauber)
H: Highspeed (China) **V:** Grell (Bielefeld)
Verpackung: Blister
7,50 Euro

Sternburg (Leipzig) 01
Export, süffig - würzig, mit Logo

US modern (Hauber) (Kenworth T800)
H: Golden (ADT-Trucks) **V:** keine Angabe
Verpackung: Plastikschachtel neutral
20,00 Euro

Sternburg (Leipzig) 02
Merke Dir - Sternburg Bier! LKW: 1 Etikett, Hänger: 3 Etiketten

Krupp Mustang (Oldtimer)
H: Grell (Bielefeld-China) **V:** Grell (Bielefeld)
Verpackung: Blister
8,00 Euro

Sternquell (Plauen) 01

Mercedes-Benz Actros
H: Highspeed (China) **V:** Grell (Bielefeld)
Verpackung: Blister
12,50 Euro

Sternquell (Plauen) 02
mit 2 Gläsern

Kenworth T2000 (Hauber)
H: Made in China **V:** DGD (Nürnberg)
Verpackung: Blister
10,00 Euro

Sternquell (Plauen) 03
Stadt Plauen-Dunkel, mit schräger Flasche

Mercedes-Benz Atego
H: Highspeed (China) **V:** Grell (Bielefeld)
Verpackung: Blister
12,50 Euro

Sternquell (Plauen) 04

IFA W50 (Oldtimer)
H: Grell (Bielefeld-China) **V:** Grell (Bielefeld)
Verpackung: Blister
8,00 Euro

Sternquell (Plauen) 05
mit 3 schrägen Flaschen

MAN F2000 Aero (Hochdach)
H: Grell (Bielefeld-China) **V:** Grell (Bielefeld)
Verpackung: Blister
8,00 Euro

Sternquell (Plauen) 06

Wo Du leicht geniessen kannst, Diät Pils, mit 5 Kronkorken und Glas

Scania 124L 420

H: Grell (Bielefeld-China) **V:** Grell (Bielefeld)

Verpackung: Blister

8,00 Euro

Sternquell (Plauen) 07

Fasching 2001, mit Masken und Glas

Ford 9000 (Hauber)

H: Highspeed (China) **V:** Grell (Bielefeld)

Verpackung: Blister

7,50 Euro

Sternquell (Plauen) 08

Wo warten belohnt wird, mit liegender Flasche und Glas

MAN TG-460

H: Grell (Bielefeld-China) **V:** Grell (Bielefeld)

Verpackung: Blister

7,50 Euro

Sternquell (Plauen) 09

Brauereifest 10. Juni 2001, Wo gute Stimmung den Ton angibt, mit Blasinstrumenten und Glas

Freightliner FLD 120 (Hauber)

H: Grell (Bielefeld-China) **V:** Grell (Bielefeld)

Verpackung: Blister

10,00 Euro

Sternquell (Plauen) 10

Sachsenring 2001, mit Motorrad, DTM-Mercedes und Glas

Freightliner FLD 120 (Hauber)

H: Grell (Bielefeld-China) **V:** Grell (Bielefeld)

Verpackung: Blister

10,00 Euro

Sternquell (Plauen) 11

Wo es viele Anlässe zum Anstossen gibt: Zittau - 10.Tag der Sachsen 2001, mit 3 Gläsern

MAN TG-460

H: Grell (Bielefeld-China) **V:** Grell (Bielefeld)

Verpackung: Blister

8,00 Euro

Sternquell (Plauen) 12

Wo viele frische Sternquell drin sind! Mit vielen Gläsern

MAN TG-460

H: Grell (Bielefeld-China) **V:** Grell (Bielefeld)

Verpackung: Blister

7,50 Euro

Sternquell (Plauen) 13

Wo Sternquells Neue jetzt im Kasten ist, mit Glas und 8 Flaschen

MAN TG-460

H: Grell (Bielefeld-China) **V:** Grell (Bielefeld)

Verpackung: Blister

7,50 Euro

Sternquell (Plauen) 14

Wo viele frische Sternquell drin sind! Mit vielen Gläsern und Edeka

MAN TG-460

H: Grell (Bielefeld-China) **V:** Grell (Bielefeld)

Verpackung: Blister

8,00 Euro

Sternquell (Plauen) 15

Wo Sternquell Dunkel für helle Freude sorgt, mit schräger Flasche und Glas

MAN TG-460

H: Grell (Bielefeld-China) **V:** Grell (Bielefeld)

Verpackung: Blister

7,50 Euro

Sternquell (Plauen) 16

Wo Du schnell zum Fan wirst, Oldie.fm Nacht..., mit 6 Gläsern

MAN TG-460

H: Grell (Bielefeld-China) **V:** Grell (Bielefeld)

Verpackung: Blister

8,00 Euro

Sternquell (Plauen) 17

Wo schenken Freude macht (Weihnacht 2001)

Scania 164L 6580 mit Stapler

H: Wörlein (Cadolzburg) **V:** DGD (Nürnberg)

Verpackung: Blister

7,50 Euro

Sternquell (Plauen) 18

Wo Du immer gut geniessen kannst, mit 5 Flaschen auf LKW und 2 Gläsern auf Schankwagen

MAN TG-460 mit Schankwagen

H: Grell (Bielefeld-China) **V:** Grell (Bielefeld)

Verpackung: Blister

7,50 Euro

Stifts Pils (Dortmund) 01

mit 3 Schriftzügen und Logo, geriffelter Sattel

US klassisch (Hauber)

H: Made in China **V:** Hümmer (Teugn)

Verpackung: Blister

75,00 Euro

Stolz (Isny im Allgäu) 01

mit Logo

MAN F2000 Aero (Hochdach)

H: Wörlein (Cadolzburg) **V:** Jürgen Bürkle (Lahr)

Verpackung: Plastikschachtel bedruckt oder mit Aufkleber

6,50 Euro

Stolzenbacher	01
Gebirgswasser	
MAN M2000	
H: Made in China	**V:** keine Angabe
Verpackung: Plastikschachtel neutral	
9,00 Euro	**Auflage:** 100

Storchen Bier (Schleicher, Itzgrund)	01
mit Zeichnung von Storch vor Ansiedlung	
Mercedes-Benz Actros	
H: Highspeed (China)	**V:** Grell (Bielefeld)
Verpackung: Blister	
9,00 Euro	

Stöttner	01
Festbier (Weihnacht 2001), mit Rentierschlitten im Schnee vor Haus	
MAN TG-A	
H: Gefra (Taunusstein)	**V:** Allround Service (Wonsees)
Verpackung: Blister	
7,50 Euro	

Stralsunder	01
mit 2 Logos, Glas und Flasche	
Mercedes-Benz Actros	
H: Highspeed (China)	**V:** Grell (Bielefeld)
Verpackung: Blister	
9,00 Euro	

Stralsunder	02
Störtebeker, mit 2 Logos und Kapitänsbecher	
MAN F2000 Aero (Hochdach)	
H: Grell (Bielefeld-China)	**V:** Grell (Bielefeld)
Verpackung: Blister	
9,00 Euro	

Straubinger (Röhrlbräu) 01

Weisse - die schmeckt, mit Logo (Siebdruck), Zm mit Sternen und Streifen

US modern (Hauber) (Kenworth T800)

H: Highspeed (China) **V:** keine Angabe

Verpackung: Pappschachtel neutral

65,00 Euro

Straubinger (Röhrlbräu) 02

Weisse - die schmeckt, mit Logo, Zm mit Sternen und Streifen

US modern (Hauber) (Kenworth T800)

H: Highspeed (China) **V:** keine Angabe

Verpackung: Pappschachtel neutral

65,00 Euro

Straubinger (Röhrlbräu) 03

Weisse

Ford Cargo

H: Golden (ADT-Trucks) **V:** Stechl (Straubing)

Verpackung: Plastikschachtel bedruckt oder mit Aufkleber

15,00 Euro

Straubinger (Röhrlbräu) 04

Kristall Pils, mit Logo

US klassisch (Hauber)

H: keine Angabe **V:** Brauerei

Verpackung: Pappschachtel neutral

25,00 Euro

Straubinger (Röhrlbräu) 05

Weisse - von Meisterhand, mit Logo

Mercedes-Benz groß (NG 80 lang)

H: Made in China **V:** Lauterbach

Verpackung: Blister

10,00 Euro

Straubinger (Röhrlbräu) 06
Weisse - von Meisterhand, mit Logo

Volvo FH16
H: Made in China **V:** Lauterbach
Verpackung: Blister
10,00 Euro

Straubinger (Röhrlbräu) 07
Röhrls Spezialitäten für Kenner, mit 2 Logos

MAN TG-A Kühlzug
H: Vierke (Braunschweig) **V:** Vierke (Braunschweig)
Verpackung: Blister
7,50 Euro

Straubinger (Röhrlbräu) 08
Röhrls Spezialitäten für Kenner, mit 2 Logos

DAF 95 XF
H: Vierke (Braunschweig) **V:** Vierke (Braunschweig)
Verpackung: Blister
7,50 Euro

Straubinger (Röhrlbräu) 09
Weisse - von Meisterhand, mit Logo

MAN M2000
H: Made in China **V:** Lauterbach
Verpackung: Blister
7,50 Euro

Streck-Bräu (Ostheim/Rhön) 01
Burgherren-Pils, mit 2 Logos

MAN TG-A
H: Wörlein (Cadolzburg) **V:** DGD (Nürnberg)
Verpackung: Blister
7,50 Euro

Strup Lager 01
Linos Loos

IFA W50 (Oldtimer)
H: Grell (Bielefeld-China) **V:** Grell (Bielefeld)
Verpackung: Blister
7,50 Euro

Strup Lager 02
Linos Loos

Krupp Mustang (Oldtimer)
H: Grell (Bielefeld-China) **V:** Grell (Bielefeld)
Verpackung: Blister
7,50 Euro

Strup Lager 03
Linos Loos, Hartmannsdorf

Ford Model A mit Kästen (Oldtimer)
H: Highspeed (China) **V:** Grell (Bielefeld)
Verpackung: Blister
7,50 Euro

Strup Lager 04
mit liegender Flasche

Freightliner FLD 120 (Hauber)
H: Grell (Bielefeld-China) **V:** Grell (Bielefeld)
Verpackung: Blister
7,50 Euro

Sturms (Coburg) 01
mit Logo

US modern (Hauber) (Kenworth T800)
H: Highspeed (China) **V:** Grell (Bielefeld)
Verpackung: Blister
17,50 Euro

Sturms (Coburg) 02

mit Logo

Mercedes-Benz Actros

H: Highspeed (China) **V:** Grell (Bielefeld)

Verpackung: Blister

10,00 Euro

Sturms (Coburg) 03

Prince Albert, mit ovalem Portrait und Logo

Scania 124L 420

H: Grell (Bielefeld-China) **V:** Grell (Bielefeld)

Verpackung: Blister

8,00 Euro

Sturms (Coburg) 04

mit großem Glas (zur Tauschbörse Ostern 2001)

Mercedes-Benz Actros

H: Top-Style (Ebersdorf) **V:** Allround Service (Wonsees)

Verpackung: Blister

7,50 Euro **Auflage:** 5.000

Sturms (Coburg) 05

mit 2 Flaschen und Glas in hellblauem Logo
(zur Tauschbörse Ostern 2001)

Mercedes-Benz Actros

H: Top-Style (Ebersdorf) **V:** Allround Service (Wonsees)

Verpackung: Blister

7,50 Euro

Sturms (Coburg) 06

Das einzig echte Coburger, mit 2 Gläsern,
2 Flaschen und Logo

Ford 9000 (Hauber)

H: Highspeed (China) **V:** Grell (Bielefeld)

Verpackung: Blister

7,50 Euro

Sturms (Coburg) 07

Erste Coburger Exportbier Brauerei
(zur 2.Tauschbörse Nov. 2001)

MAN F8-LH (Oldtimer)

H: Wörlein (Cadolzburg) **V:** DGD (Nürnberg)

Verpackung: Blister

7,50 Euro **Auflage:** 5.000

Sturms (Coburg) 08

mit schräger Flasche und Glas vor Wolken

Mercedes-Benz Actros

H: Top-Style (Ebersdorf) **V:** Top-Style (Ebersdorf)

Verpackung: Blister

7,50 Euro

Sturms (Coburg) 09

Wanderfreunde SV Weidach, 3.Okt. 2001

Mercedes-Benz Actros

H: Top-Style (Ebersdorf) **V:** Top-Style (Ebersdorf)

Verpackung: Blister

7,50 Euro

Stuttgarter Hofbräu 01

Mercedes-Benz klein (NG 80 mittel)

H: Made in China **V:** Hümmer (Teugn)

Verpackung: Blister

40,00 Euro

Stuttgarter Hofbräu 02

US modern (Hauber) (Kenworth T800)

H: keine Angabe **V:** HL (Mering)

Verpackung: Blister

30,00 Euro

Stuttgarter Hofbräu 03

Mercedes-Benz Actros

H: Hümmer **V:** Hümmer (Teugn)

Verpackung: Blister

9,00 Euro

Stuttgarter Hofbräu 04

Unsere Nr.1 im Land! mit liegender Flasche

Mercedes-Benz Actros

H: Hümmer **V:** Hümmer (Teugn)

Verpackung: Blister

7,50 Euro

Sünner 01

Kölsch von seiner schönsten Seite, mit Logo

Mercedes-Benz Actros

H: Hümmer **V:** Hümmer (Teugn)

Verpackung: Blister

10,00 Euro

Tag der Sachsen 01

1999, Riesa, mit 3 Affen und Reudnitzer

Mercedes-Benz groß (NG 80 lang)

H: Golden (ADT-Trucks) **V:** keine Angabe

Verpackung: Plastikschachtel neutral

15,00 Euro

Tag der Sachsen 02

1999, Riesa, mit 3 Affen

Mercedes-Benz groß (NG 80 lang)

H: Golden (ADT-Trucks) **V:** keine Angabe

Verpackung: Plastikschachtel neutral

10,00 Euro

T

Tag der Sachsen 03

2001, Zittau, mit Eibauer und div. Wahrzeichen

Kenworth klassisch (Hauber)

H: Majorette **V:** Veranstalter

Verpackung: Plastikschachtel neutral

7,50 Euro

Tasker 01

Premium Lager, mit Frau in roten Dessous und Glas

MAN Phönix (Hauber)

H: Wörlein (Cadolzburg) **V:** WMS (Thum)

Verpackung: Blister

7,50 Euro

Tayler Beer (San Francisco) 01

Org. Black Tayler Beer, Since 1878, mit Adlerkopf

Scania 124L 420

H: Grell (Bielefeld-China) **V:** Grell (Bielefeld)

Verpackung: Blister

7,50 Euro

Teinacher 01

mit Blatt

Mercedes-Benz klein (NG 80 mittel)

H: Efsi (Holland) **V:** keine Angabe

Verpackung: Showbox - Pappe und Plastik

50,00 Euro

Teinacher 02

mit Blatt

MAN F2000 Aero (Hochdach)

H: Wörlein (Cadolzburg) **V:** DGD (Nürnberg)

Verpackung: Blister

7,50 Euro

Tettnanger 01

mit Logo

Kenworth klassisch (Hauber)

H: Majorette **V:** Müller (Chemnitz)

Verpackung: Plastikschachtel neutral

8,00 Euro

Thereser Lammbräu 01

mit 3 verschiedenen Logos

MAN M2000

H: Made in China **V:** Lauterbach

Verpackung: Blister

7,50 Euro

Thier Pils (Dortmund) 01

mit 2 Logos

US klassisch (Hauber)

H: Made in China **V:** Hümmer (Teugn)

Verpackung: Blister

60,00 Euro

Thier Pils (Dortmund) 02

mit 2 Logos, Siebdruck

US modern (Hauber) (Kenworth T800)

H: Highspeed (China) **V:** Grell (Bielefeld)

Verpackung: Blister

50,00 Euro

Thier Pils (Dortmund) 03

mit 2 Logos und 3 gelben Schriftzügen, Siebdruck

US modern (Hauber) (Kenworth T800)

H: Highspeed (China) **V:** Grell (Bielefeld)

Verpackung: Blister

50,00 Euro

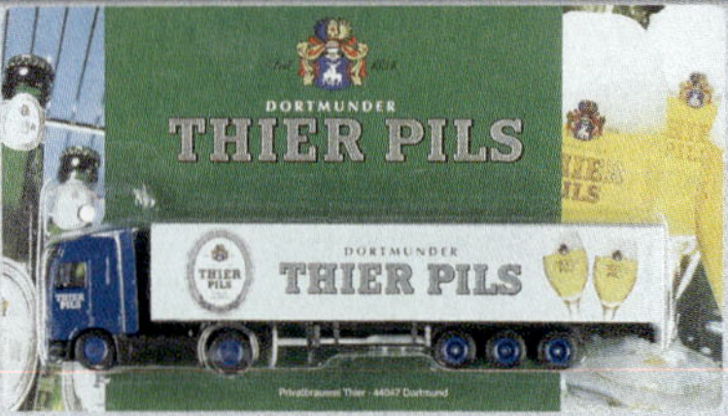

Thier Pils (Dortmund) 04

mit 2 Gläsern und Logo

Mercedes-Benz Actros

H: Highspeed (China) **V:** Grell (Bielefeld)

Verpackung: Blister

9,00 Euro

Thier Pils (Dortmund) 05

Party für Kenner, mit 6 Gläsern

Mercedes-Benz Actros

H: Highspeed (China) **V:** Grell (Bielefeld)

Verpackung: Blister

8,00 Euro

Thorbräu 01

mit 2 Drachen

US modern (Hauber) (Kenworth T800)

H: Highspeed (China) **V:** Grell (Bielefeld)

Verpackung: Blister

15,00 Euro

Thorbräu 02

Dunkel, mit Ornamenten

US modern (Hauber) (Kenworth T800)

H: Highspeed (China) **V:** Grell (Bielefeld)

Verpackung: Blister

10,00 Euro

Thorbräu 03

Celtic Bier, mit Wikinger

US modern (Hauber) (Kenworth T800)

H: Highspeed (China) **V:** Grell (Bielefeld)

Verpackung: Blister

10,00 Euro

Thorbräu 04

Mac Mallow, mit Gobliin, Single Malt Lemon Beer

Freightliner FLD 120 (Hauber)

H: Grell (Bielefeld-China) **V:** Grell (Bielefeld)

Verpackung: Blister

7,50 Euro

Thum, Dampfbrauerei William Böttger 01

IFA H6 (Oldtimer)

H: Made in China **V:** WMS (Thum)

Verpackung: Blister

7,50 Euro **Auflage:** 2.500

Thum, Dampfbrauerei William Böttger 02

Lager

Ford Model T 1919 (Oldtimer)

H: Highspeed (China) **V:** Grell (Bielefeld)

Verpackung: Blister

7,50 Euro

Thuringia (Mühlhausen) 01

Privatbrauerei Steinebach

MAN F90

H: Made in China **V:** keine Angabe

Verpackung: Plastikschachtel neutral

25,00 Euro

Thuringia (Mühlhausen) 02

Privatbrauerei Steinebach

US modern (Hauber) (Kenworth T800)

H: Golden (ADT-Trucks) **V:** keine Angabe

Verpackung: Plastikschachtel neutral

17,50 Euro

T

Thurn und Taxis 01
Prince of the road, mit Logo
US klassisch (Hauber)
H: Made in China **V:** Hümmer (Teugn)
Verpackung: Blister
25,00 Euro

Thurn und Taxis 02
Oldtimer 501 (blau-roter Blister)
Oldtimer Typ: ?
H: Made in China **V:** keine Angabe
Verpackung: Blister
25,00 Euro

Thurn und Taxis 03
Oldtimer 501c (blau-roter Blister)
Oldtimer Typ: ?
H: Made in China **V:** keine Angabe
Verpackung: Blister
25,00 Euro

Thurn und Taxis 05
Oldtimer 503 (schwarz-blau-roter Blister)
Oldtimer Typ: ?
H: Made in China **V:** keine Angabe
Verpackung: Blister
35,00 Euro

Thurn und Taxis 06
Oldtimer 503 (blau-roter Blister)
Oldtimer Typ: ?
H: Made in China **V:** keine Angabe
Verpackung: Blister
25,00 Euro

Thurn und Taxis 07

Oldtimer 503c (blau-roter Blister)

Oldtimer Typ: ?

H: Made in China **V:** keine Angabe

Verpackung: Blister

25,00 Euro

Thurn und Taxis 08

Oldtimer 504 (schwarz-blau-roter Blister), weißer Aufkleber

Oldtimer Typ: ?

H: Made in China **V:** keine Angabe

Verpackung: Blister

50,00 Euro

Thurn und Taxis 09

Oldtimer 504c (blau-roter Blister), gelber Aufkleber

Oldtimer Typ: ?

H: Made in China **V:** keine Angabe

Verpackung: Blister

25,00 Euro

Thurn und Taxis 10

Pilsener, Nr.4

Formel - Rennwagen

H: keine Angabe **V:** keine Angabe

Verpackung: Pappschachtel neutral

30,00 Euro

Thurn und Taxis 11

dem Genuß verpflichtet, mit trinkendem Mann und Logo

US klassisch (Hauber)

H: Hümmer **V:** Hümmer (Teugn)

Verpackung: Blister

15,00 Euro

Thurn und Taxis 12

Pilsener, mit 2 Logos

Mercedes-Benz Actros

H: Hümmer **V:** Hümmer (Teugn)

Verpackung: Blister

9,00 Euro

Thurn und Taxis 13

Pilsener, mit Logo

Mercedes-Benz Actros

H: Hümmer **V:** Hümmer (Teugn)

Verpackung: Blister

9,00 Euro

Thurn und Taxis 14

Winter Festbier (2000), mit schräger Flasche vor verschneiten Bäumen

Mercedes-Benz Actros

H: Hümmer **V:** Hümmer (Teugn)

Verpackung: Blister

9,00 Euro

Thurn und Taxis 15

Hell, mit 3 Flaschen und Logo

Mercedes-Benz Actros

H: Hümmer **V:** Hümmer (Teugn)

Verpackung: Blister

7,50 Euro

Thurn und Taxis 16

Pilsner, mit 3 Flaschen und Logo

Mercedes-Benz Actros

H: Hümmer **V:** Hümmer (Teugn)

Verpackung: Blister

7,50 Euro

Thurn und Taxis	17
Winter Festbier (2001), mit schräger Flasche vor verschneiten Bäumen	
US modern (Hauber)	
H: Hümmer	**V:** Hümmer (Teugn)
Verpackung: Blister	
7,50 Euro	

ThüSa	01
Fruchtsäfte und Spirituosen, R. Wächter Meiningen	
Mercedes-Benz Atego	
H: Highspeed (China)	**V:** Grell (Bielefeld)
Verpackung: Blister	
7,50 Euro	

Tobbräu	01
mit 2 Logos	
US modern (Hauber) (Kenworth T800)	
H: Golden (ADT-Trucks)	**V:** keine Angabe
Verpackung: Plastikschachtel neutral	
10,00 Euro	

Toom Getränkemarkt	01
MAN F2000 Aero (Hochdach)	
H: Wörlein (Cadolzburg)	**V:** DGD (Nürnberg)
Verpackung: Plastikschachtel bedruckt oder mit Aufkleber	
6,50 Euro	

Torgauer	01
Landbier, mit schräger Bügelflasche und Logo	
US klassisch (Hauber)	
H: Made in China	**V:** Hümmer (Teugn)
Verpackung: Blister	
17,50 Euro	

Torgauer 02

Landbier, mit liegender Bügelflasche und Logo

Mercedes-Benz Actros

H: Hümmer **V:** Hümmer (Teugn)

Verpackung: Blister

12,50 Euro

Torgauer 03

LKW: Landbier, Hänger Landpils, je mit liegender Bügelflasche

Mercedes-Benz Actros

H: Hümmer **V:** Hümmer (Teugn)

Verpackung: Blister

9,00 Euro

Torgauer 04

Weihnachtsbier (2000), mit schräger Bügelflasche vor Wintermotiv

US klassisch (Hauber)

H: Hümmer **V:** Hümmer (Teugn)

Verpackung: Blister

9,00 Euro

Torgauer 05

Doppelcaramel, mit schräger Bügelflasche und Logo

Mercedes-Benz Actros

H: Hümmer **V:** Hümmer (Teugn)

Verpackung: Blister

8,00 Euro

Torgauer 06

XXL, mit 10 Bügelflaschen und Logo

Peterbilt Hauber (XXL)

H: Made in China **V:** Brauerei

Verpackung: Blister

40,00 Euro

Torgauer 07
Zille´s Fassbrause, mit Zille-Figuren, 5 schrägen Bügelflaschen und Logo

US modern (Hauber)
H: Hümmer **V:** Hümmer (Teugn)
Verpackung: Blister
7,50 Euro

Torgauer 08
Landbiere, mit 3 schrägen Bügelflaschen und Logo vor Landschaft

MAN TG-A
H: Hümmer **V:** Hümmer (Teugn)
Verpackung: Blister
7,50 Euro

Torgauer 09
Doppel Caramel, mit 3 schrägen Bügelflaschen und Logo

IFA H6 (Oldtimer)
H: Hümmer **V:** Hümmer (Teugn)
Verpackung: Blister
7,50 Euro

Trabi DeLuxe Bier 01
Frisch ab Werk Zwickau

IFA Trabant 601 Limousine
H: Maisto **V:** Lauterbach
Verpackung: Blister
12,50 Euro

Trachtler 01
Fest-Bier, mit Weihnachtsmann

IFA W50 (Oldtimer)
H: Wörlein (Cadolzburg) **V:** Allround Service (Wonsees)
Verpackung: Plastikschachtel bedruckt oder mit Aufkleber
10,00 Euro **Auflage:** 100

T

Trachtler 02

Süffel-Pils

Mercedes-Benz Actros

H: Wörlein (Cadolzburg) **V:** DGD (Nürnberg)

Verpackung: Plastikschachtel bedruckt oder mit Aufkleber

9,00 Euro **Auflage:** 100

Trassl Bräu (Warmensteinbach) 01

mit Ritter und Logo

US modern (Hauber) (Kenworth T800)

H: Golden (ADT-Trucks) **V:** Lauterbach

Verpackung: Blister

30,00 Euro

Trassl Bräu (Warmensteinbach) 02

mit Ritter und Logo

Mercedes-Benz groß (NG 80 lang)

H: Golden (ADT-Trucks) **V:** Lauterbach

Verpackung: Blister

30,00 Euro

Trassl Bräu (Warmensteinbach) 03

Steinachtaler Lagerbier hell, mit Logo

US modern (Hauber) (Kenworth T800)

H: Highspeed (China) **V:** Grell (Bielefeld)

Verpackung: Blister

12,50 Euro

Trassl Bräu (Warmensteinbach) 04

Gebirgs-Export, mit Logo

Mercedes-Benz Actros

H: Highspeed (China) **V:** Grell (Bielefeld)

Verpackung: Blister

12,50 Euro

Trassl Bräu (Warmensteinbach) 05
Gebigsweisse hell, mit Logo

Mercedes-Benz Actros
H: Highspeed (China) **V:** Grell (Bielefeld)
Verpackung: Blister
12,50 Euro

Trassl Bräu (Warmensteinbach) 06
Gebigsweisse dunkel, mit Logo

Mercedes-Benz Actros
H: Highspeed (China) **V:** Grell (Bielefeld)
Verpackung: Blister
12,50 Euro

Trassl Bräu (Warmensteinbach) 07
LKW: Gebigsweisse hell, Hänger: Gebirgsweisse dunkel, mit Logo

Mercedes-Benz Actros
H: Highspeed (China) **V:** Grell (Bielefeld)
Verpackung: Blister
25,00 Euro

Trassl Bräu (Warmensteinbach) 08
Steinachtaler Radler, mit Logo

US modern (Hauber) (Kenworth T800)
H: Highspeed (China) **V:** Grell (Bielefeld)
Verpackung: Blister
9,00 Euro

Trassl Bräu (Warmensteinbach) 09
Gebirgs-Pils, mit Logo

Mercedes-Benz Actros
H: Highspeed (China) **V:** Grell (Bielefeld)
Verpackung: Blister
9,00 Euro

T

2002

T

Trassl Bräu (Warmensteinbach) 10

Sachsentrunk Bockbier, mit Logo

IFA W50 (Oldtimer)

H: Grell (Bielefeld-China) **V:** Grell (Bielefeld)

Verpackung: Blister

12,50 Euro

Trassl Bräu (Warmensteinbach) 11

Steinachtaler Export, mit Logo

IFA W50 (Oldtimer)

H: Grell (Bielefeld-China) **V:** Grell (Bielefeld)

Verpackung: Blister

8,00 Euro

Trassl Bräu (Warmensteinbach) 12

Dark Light, mit Logo vor Bayern Raute

Ford 9000 (Hauber)

H: Highspeed (China) **V:** Grell (Bielefeld)

Verpackung: Blister

9,00 Euro

Trassl Bräu (Warmensteinbach) 13

Gebirgs-Festbier, mit Logo

Ford 9000 (Hauber)

H: Highspeed (China) **V:** Grell (Bielefeld)

Verpackung: Blister

8,00 Euro

Trassl Bräu (Warmensteinbach) 14

Kaiser Rudolf, mit Logo

Mercedes-Benz Atego

H: Highspeed (China) **V:** Grell (Bielefeld)

Verpackung: Blister

8,00 Euro

Trassl Bräu (Warmensteinbach) 15
Steinachtaler Pils, mit Logo

Scania 124L 420
H: Grell (Bielefeld-China) **V:** Grell (Bielefeld)
Verpackung: Blister
7,50 Euro

Trassl Bräu (Warmensteinbach) 16
Pils, mit 2 Gläsern und Logo vor Wasserfall im Wald

MAN F2000 Aero (Hochdach)
H: Grell (Bielefeld-China) **V:** Grell (Bielefeld)
Verpackung: Blister
7,50 Euro

Trassl Bräu (Warmensteinbach) 17
Kaiser Rudolf, mit schräger Bügelflasche
vor Wasserfall im Wald

Scania 124L 420
H: Grell (Bielefeld-China) **V:** Grell (Bielefeld)
Verpackung: Blister
7,50 Euro

Trassl Bräu (Warmensteinbach) 18
Kaiser Rudolf, mit schräger Bügelflasche
vor Wasserfall im Wald

Ford 9000 (Hauber)
H: Highspeed (China) **V:** Grell (Bielefeld)
Verpackung: Blister
7,50 Euro

Trassl Bräu (Warmensteinbach) 19
Urwürze, mit 2 Gläsern und Logo vor alter Papierrolle

GMC General (Hauber)
H: Highspeed (China) **V:** Grell (Bielefeld)
Verpackung: Blister
7,50 Euro

Trassl Bräu (Warmensteinbach) 20

Kaiser Rudolf, mit schräger Bügelflasche vor Wasserfall im Wald

MAN F2000 Aero (Hochdach)

H: Grell (Bielefeld-China) **V:** Grell (Bielefeld)

Verpackung: Blister

7,50 Euro

Trassl Bräu (Warmensteinbach) 21

mit 2 Logos

Krupp Mustang (Oldtimer)

H: Grell (Bielefeld-China) **V:** Grell (Bielefeld)

Verpackung: Blister

7,50 Euro

Trassl Bräu (Warmensteinbach) 22

Kaiser Rudolf, mit schräger Bügelflasche und Logo

Krupp Mustang (Oldtimer)

H: Grell (Bielefeld-China) **V:** Grell (Bielefeld)

Verpackung: Blister

7,50 Euro

Trassl Bräu (Warmensteinbach) 23

Kaiser Rudolf, mit schräger Bügelflasche vor Wasserfall im Wald

Scania 124L 420

H: Grell (Bielefeld-China) **V:** Grell (Bielefeld)

Verpackung: Blister

7,50 Euro

Trassl Bräu (Warmensteinbach) 24

mit Logo und 4 Gläsern vor Wasserfall im Wald

Freightliner FLD 120 (Hauber)

H: Grell (Bielefeld-China) **V:** Grell (Bielefeld)

Verpackung: Blister

7,50 Euro

Trassl Bräu (Warmensteinbach) 25

Ritter-Weisse, mit Logo vor Bayernraute

MAN TG-460

H: Grell (Bielefeld-China) **V:** Grell (Bielefeld)

Verpackung: Blister

7,50 Euro

Trassl Bräu (Warmensteinbach) 26

Kaiser Rudolf, mit 2 schrägen Bügelflaschen und Logo

MAN TG-460

H: Grell (Bielefeld-China) **V:** Grell (Bielefeld)

Verpackung: Blister

7,50 Euro

Trassl Bräu (Warmensteinbach) 27

Nr.01, Rudi Ritter, mit Ritter auf Bierkutsche

MAN Büssing 7500S (Oldtimer)

H: Grell (Bielefeld-China) **V:** Grell (Bielefeld)

Verpackung: Blister

7,50 Euro

Trassl Bräu (Warmensteinbach) 28

Nr.02, Rudi Ritter, mit Ritter auf Planenwagen

Renault Magnum

H: Grell (Bielefeld-China) **V:** Grell (Bielefeld)

Verpackung: Blister

7,50 Euro

Traugott Simon 01

mit liegender Flasche, (Exklusiv bei Trinkgut)

Mercedes-Benz Actros

H: Hümmer **V:** Hümmer (Teugn)

Verpackung: Blister

7,50 Euro

Traugott Simon 02
mit 2 Dosen, liegender Flasche und Fass
(Exklusiv bei Trinkgut)

Mercedes-Benz Actros
H: Hümmer **V:** Hümmer (Teugn)
Verpackung: Blister
7,50 Euro

Traunstein 01
Hofbräuhaus, mit Logo, 2 Achsen, volle Felgen

Mercedes-Benz groß (NG 80 lang)
H: keine Angabe **V:** keine Angabe
Verpackung: Plastikschachtel neutral
25,00 Euro

Traunstein 02
Hofbräuhaus, mit Logo, 2 Achsen, gelochte Felgen

Mercedes-Benz groß (NG 80 lang)
H: Golden (ADT-Trucks) **V:** keine Angabe
Verpackung: Plastikschachtel neutral
25,00 Euro

Traunstein 03
Hofbräuhaus, mit Logo

Mercedes-Benz Actros
H: Highspeed (China) **V:** keine Angabe
Verpackung: Plastikschachtel neutral
20,00 Euro

Traunstein 04
Hofbräuhaus, mit Logo

Scania 164L 6580
H: Wörlein (Cadolzburg) **V:** keine Angabe
Verpackung: Plastikschachtel neutral
6,50 Euro

Tretenburger	01
Premium	
Freightliner FLD 120 (Hauber)	
H: Grell (Bielefeld-China) **V:** Grell (Bielefeld)	
Verpackung: Blister	
7,50 Euro	

Tretenburger	02
XXL, Premium	
Peterbilt Hauber (XXL)	
H: Made in China **V:** Hümmer (Teugn)	
Verpackung: Blister	
25,00 Euro	

Treuener Biere	01
Vogtland Bräu Spezial, mit 2 Logos	
Mercedes-Benz Actros	
H: Hümmer **V:** Hümmer (Teugn)	
Verpackung: Blister	
7,50 Euro	

Trink Paradies (Crimmitschau)	01
Mercedes-Benz groß (NG 80 lang)	
H: Made in China **V:** keine Angabe	
Verpackung: Plastikschachtel neutral	
6,50 Euro	

Truck of the World	001
Nr. 2001, Saranac (New York)	
Kenworth T2000 (Hauber)	
H: Made in China **V:** Lauterbach	
Verpackung: Blister	
7,50 Euro	

T

Truck of the World 002

Nr. 2002, Bully Porter (Montana)

Kenworth T2000 (Hauber)

H: Made in China **V:** Lauterbach

Verpackung: Blister

7,50 Euro

Truck of the World 003

Nr. 2003, Crazy Horse

Volvo FH16

H: keine Angabe **V:** Lauterbach

Verpackung: Blister

7,50 Euro

Truck of the World 004

Nr. 2004, Alaskan ...

Mercedes-Benz Actros

H: keine Angabe **V:** Lauterbach

Verpackung: Blister

7,50 Euro

Truck of the World 005

Nr. 2005, Independence Ale

Kenworth T2000 (Hauber)

H: Made in China **V:** DGD (Nürnberg)

Verpackung: Blister

7,50 Euro

Truck of the World 006

Nr. 2006, Mendocino Brewing

US klassisch (Hauber)

H: Made in China **V:** DGD (Nürnberg)

Verpackung: Blister

7,50 Euro

Truck of the World 007
Nr. 2007, Wanker

MAN F2000 Aero (Hochdach)
H: Wörlein (Cadolzburg) **V:** DGD (Nürnberg)
Verpackung: Blister
7,50 Euro

Truck of the World 008
Nr. 2008, Goose Island Chicago

Mercedes-Benz Actros
H: Wörlein (Cadolzburg) **V:** DGD (Nürnberg)
Verpackung: Blister
7,50 Euro

Truck of the World 009
Nr. 2009, Mississippi Mud

Kenworth T2000 (Hauber)
H: Made in China **V:** DGD (Nürnberg)
Verpackung: Blister
7,50 Euro

Truck of the World 010
Nr. 2010, Sea Dog

MAN F2000 Aero (Hochdach)
H: Wörlein (Cadolzburg) **V:** DGD (Nürnberg)
Verpackung: Blister
7,50 Euro

Truck of the World 011
Nr. 2011, Sierra Nevada

MAN F2000 Aero (Hochdach)
H: Wörlein (Cadolzburg) **V:** DGD (Nürnberg)
Verpackung: Blister
7,50 Euro

Truck of the World 012
Nr. 2012, Cave Creek Chili Beer

US klassisch (Hauber)
H: Made in China **V:** DGD (Nürnberg)
Verpackung: Blister
7,50 Euro

Truck of the World 013
Nr. 2013, Pete´s Wicked

US klassisch (Hauber)
H: Made in China **V:** DGD (Nürnberg)
Verpackung: Blister
7,50 Euro

Truck of the World 014
Nr. 2014, Barley Boys

Mercedes-Benz Actros
H: Wörlein (Cadolzburg) **V:** DGD (Nürnberg)
Verpackung: Blister
7,50 Euro

Truck of the World 015
Nr. 2015, Heckler Bräu

Mercedes-Benz Actros
H: Wörlein (Cadolzburg) **V:** DGD (Nürnberg)
Verpackung: Blister
7,50 Euro

Truck of the World 016
Nr. 2016, Yellow Belly

Kenworth T2000 (Hauber)
H: Made in China **V:** DGD (Nürnberg)
Verpackung: Blister
7,50 Euro

T

2002

Truck of the World 017

Nr. 2017, Kona Brewing Company Hawaii

Mercedes-Benz Actros

H: Wörlein (Cadolzburg) **V:** DGD (Nürnberg)

Verpackung: Blister

7,50 Euro

Truck of the World 018

Nr. 2018, Blue Hen Company Newark

MAN F2000 Aero (Hochdach)

H: Wörlein (Cadolzburg) **V:** DGD (Nürnberg)

Verpackung: Blister

7,50 Euro

Truck of the World 019

Nr. 2019, Rogue Brewing Company Oregon

Volvo FH16

H: Wörlein (Cadolzburg) **V:** DGD (Nürnberg)

Verpackung: Blister

7,50 Euro

Truck of the World 020

Nr. 2020, Left Hand Brewing Company Colorado

MAN F2000 Aero (Hochdach)

H: Wörlein (Cadolzburg) **V:** DGD (Nürnberg)

Verpackung: Blister

7,50 Euro

Truck of the World 021

Nr. 2021, Happy Christmas (2000),
mit 6 US-Weihnachtsbier-Logos

MAN F2000 Aero (Hochdach)

H: Wörlein (Cadolzburg) **V:** DGD (Nürnberg)

Verpackung: Blister

7,50 Euro

Truck of the World 022

Nr. 2022, Rock Creek, Virginia

Scania 124L 420

H: Grell (Bielefeld-China) **V:** Grell (Bielefeld)

Verpackung: Blister

7,50 Euro

Truck of the World 023

Nr. 2023, Leinen kugel, Wisconsin

Ford 9000 (Hauber)

H: Highspeed (China) **V:** Grell (Bielefeld)

Verpackung: Blister

7,50 Euro

Truck of the World 024

Nr. 2024, Odell Brewing Co., Utah

Scania 124L 420

H: Grell (Bielefeld-China) **V:** Grell (Bielefeld)

Verpackung: Blister

7,50 Euro

Truck of the World 025

Nr. 2025, McNeill´s Brewery, Vermont

MAN F2000 Aero (Hochdach)

H: Grell (Bielefeld-China) **V:** Grell (Bielefeld)

Verpackung: Blister

7,50 Euro

Truck of the World 026

Nr. 2026, Crested Butte Brewery, Colorado

Ford 9000 (Hauber)

H: Highspeed (China) **V:** Grell (Bielefeld)

Verpackung: Blister

7,50 Euro

Truck of the World 027
Nr. 2027, Pyramid-Brewery, Washington

MAN F2000 Aero (Hochdach)
H: Grell (Bielefeld-China) **V:** Grell (Bielefeld)
Verpackung: Blister
7,50 Euro

Truck of the World 028
Nr. 2028, Widmer Brothers, Oregon

Ford 9000 (Hauber)
H: Highspeed (China) **V:** Grell (Bielefeld)
Verpackung: Blister
7,50 Euro

Truck of the World 029
Nr. 2029, Abita Brewing Co., Louisiana

Ford 9000 (Hauber)
H: Highspeed (China) **V:** Grell (Bielefeld)
Verpackung: Blister
7,50 Euro

Truck of the World 030
Nr. 2030, AriZona Beverages Company
(Eistee und Cocktails)

Scania 124L 420
H: Grell (Bielefeld-China) **V:** Grell (Bielefeld)
Verpackung: Blister
7,50 Euro

Truck of the World 031
Nr. 2031, Boston Beer Works

MAN F2000 Aero (Hochdach)
H: Grell (Bielefeld-China) **V:** Grell (Bielefeld)
Verpackung: Blister
7,50 Euro

Truck of the World 032

Nr. 2032, Capital Brewery Company, Wisconsins

Mercedes-Benz Actros

H: Highspeed (China) **V:** Grell (Bielefeld)

Verpackung: Blister

7,50 Euro

Truck of the World 033

Nr. 2033, Oaken Barrel Brewing Company, Greenwood

Ford 9000 (Hauber)

H: Highspeed (China) **V:** Grell (Bielefeld)

Verpackung: Blister

7,50 Euro

Truck of the World 034

Nr. 2034, Hill Country Brewing Company, Austin (Texas)

Ford 9000 (Hauber)

H: Highspeed (China) **V:** Grell (Bielefeld)

Verpackung: Blister

7,50 Euro

Truck of the World 035

Nr. 2035, Oldenberg Brewing Company,
bei Cincinnati (Kentucky)

Ford 9000 (Hauber)

H: Highspeed (China) **V:** Grell (Bielefeld)

Verpackung: Blister

7,50 Euro

Truck of the World 036

Nr. 2036, Highland Brewing Company,
Ashville (North Carolina)

Scania 124L 420

H: Grell (Bielefeld-China) **V:** Grell (Bielefeld)

Verpackung: Blister

7,50 Euro

Truck of the World 037
Nr. 2037, August Schell Brewing Company, New Ulm

Ford 9000 (Hauber)
H: Highspeed (China) **V:** Grell (Bielefeld)
Verpackung: Blister
7,50 Euro

Truck of the World 038
Nr. 2038, Bad Frog Brewery, Rose City, Michigan

Ford 9000 (Hauber)
H: Highspeed (China) **V:** Grell (Bielefeld)
Verpackung: Blister
7,50 Euro

Truck of the World 039
Nr. 2039, William & Scott, Rhino Chasers, Huntington

Freightliner FLD 120 (Hauber)
H: Grell (Bielefeld-China) **V:** Grell (Bielefeld)
Verpackung: Blister
7,50 Euro

Truck of the World 040
Nr. 2040, SOBE, South Beach Beverages, Connecticat

Ford 9000 (Hauber)
H: Highspeed (China) **V:** Grell (Bielefeld)
Verpackung: Blister
7,50 Euro

Truck of the World 041
Nr. 2041, Iron City Beer, Pittsburgh Brewing Company

Freightliner FLD 120 (Hauber)
H: Grell (Bielefeld-China) **V:** Grell (Bielefeld)
Verpackung: Blister
7,50 Euro

Truck of the World 042

XXL-Sondermodell, Coors, Golden (Denver)

Peterbilt Hauber (XXL)

H: Made in China **V:** New World Labels (Jessen)

Verpackung: Showbox - Pappe und Plastik

25,00 Euro

Truck of the World 043

Nr. 2042, Wanker Californien, mit brünetter Frau im Bikini

Ford 9000 (Hauber)

H: Highspeed (China) **V:** Grell (Bielefeld)

Verpackung: Blister

7,50 Euro

Truck of the World 044

Nr. 2043, Wanker Californien,
mit brünetter Frau im Bikini (auf Blister)

Ford Model T 1919 (Oldtimer)

H: Highspeed (China) **V:** Grell (Bielefeld)

Verpackung: Blister

7,50 Euro

Truck of the World 045

Nr. 2044, Wanker Californien,
mit blonder Frau im Bikini (auf Blister)

Ford Model T 1919 (Oldtimer)

H: Highspeed (China) **V:** Grell (Bielefeld)

Verpackung: Blister

7,50 Euro

Truck of the World 046

Nr. 2045, Wanker Californien,
mit blonder Frau im Body (auf Blister)

Ford Model T 1919 (Oldtimer)

H: Highspeed (China) **V:** Grell (Bielefeld)

Verpackung: Blister

7,50 Euro

Truck of the World	047
Nr. 2046, OASIS Brewery, Boulder (Colorado)	
Scania 124L 420	
H: Grell (Bielefeld-China)	**V:** Grell (Bielefeld)
Verpackung: Blister	
7,50 Euro	

Truck of the World	048
Nr. 2047, Mad Monk Beer Company, Birmingham (Alabama), mit 5 liegenden Flaschen	
Ford 9000 (Hauber)	
H: Highspeed (China)	**V:** Grell (Bielefeld)
Verpackung: Blister	
7,50 Euro	

Truck of the World	049
Nr. 2048, Minnesota Brewing Company, St. Paul	
Freightliner FLD 120 (Hauber)	
H: Grell (Bielefeld-China)	**V:** Grell (Bielefeld)
Verpackung: Blister	
7,50 Euro	

Truck of the World	050
Nr. 2049, De Block, Belgien, mit Teufel vor Flammen	
MAN F2000 Aero (Hochdach)	
H: Grell (Bielefeld-China)	**V:** Grell (Bielefeld)
Verpackung: Blister	
7,50 Euro	

Truck of the World	051
Nr. 2050, Savuti (Cider), Südafrika, mit Frau im Leopardendress	
Freightliner FLD 120 (Hauber)	
H: Grell (Bielefeld-China)	**V:** Grell (Bielefeld)
Verpackung: Blister	
7,50 Euro	

T

2002

Truck of the World 052

Nr. 2051, Savuti (Cider), Südafrika, mit Frau im Zebradress

Ford 9000 (Hauber)

H: Highspeed (China) **V:** Grell (Bielefeld)

Verpackung: Blister

7,50 Euro

Truck of the World 053

Nr. 2052, Mc. Ewans Brewers, Schottland

Mercedes-Benz Actros

H: Highspeed (China) **V:** Grell (Bielefeld)

Verpackung: Blister

7,50 Euro

Truck of the World 054

Nr. 2053, Schutzenberger, Frankreich, mit Gläsern auf Tisch

Freightliner FLD 120 (Hauber)

H: Grell (Bielefeld-China) **V:** Grell (Bielefeld)

Verpackung: Blister

7,50 Euro

Truck of the World 055

Nr. 2054, Hubert von Zwickle, Österreich

Framo V 501 (Oldtimer)

H: Wörlein (Cadolzburg) **V:** DGD (Nürnberg)

Verpackung: Blister

7,50 Euro

Truck of the World 056

Nr. 2055, Bosteels, Belgien

Krupp Mustang (Oldtimer)

H: Grell (Bielefeld-China) **V:** Grell (Bielefeld)

Verpackung: Blister

7,50 Euro

Truck of the World 057

Nr. 2056, Bosteels, Belgien, LKW: Tripel Karmeliet, Hänger: Kwak

Mercedes-Benz Actros

H: Highspeed (China) **V:** Grell (Bielefeld)

Verpackung: Blister

7,50 Euro

Truck of the World 058

Nr. 2057, Niagara Falls Brewing Co. & Unibroue Brewery, Canada, mit geflügeltem Teufel und 4 Logos

Freightliner FLD 120 (Hauber)

H: Grell (Bielefeld-China) **V:** Grell (Bielefeld)

Verpackung: Blister

7,50 Euro

Truck of the World 059

Nr. 2058, Pete Wicked Brewing Co., Palo Alto (Californien), mit Dart und 4 Gläsern

Ford 9000 (Hauber)

H: Highspeed (China) **V:** Grell (Bielefeld)

Verpackung: Blister

7,50 Euro

Truck of the World 060

Nr. 2059, Grimbergen, Belgien, Abteibiere, mit Glas und Flasche

Freightliner FLD 120 (Hauber)

H: Grell (Bielefeld-China) **V:** Grell (Bielefeld)

Verpackung: Blister

7,50 Euro

Truck of the World 061

Nr. 2060, Anheuser-Busch Budweiser, St.Louis

Framo V 501 (Oldtimer)

H: Wörlein (Cadolzburg) **V:** DGD (Nürnberg)

Verpackung: Blister

7,50 Euro

Truck of the World 062

Nr. 2061, Anheuser-Busch Budweiser

Ford Model A mit Kästen (Oldtimer)

H: Highspeed (China) **V:** Grell (Bielefeld)

Verpackung: Blister

7,50 Euro

Truck of the World 063

Nr. 2062, Anheuser-Busch Budweiser, Steins Sammlerstücke, mit Bierkrügen

Ford 9000 (Hauber)

H: Highspeed (China) **V:** Grell (Bielefeld)

Verpackung: Blister

7,50 Euro

Truck of the World 064

Nr. 2063, Anheuser-Busch Budweiser, mit Kröte

Freightliner FLD 120 (Hauber)

H: Grell (Bielefeld-China) **V:** Grell (Bielefeld)

Verpackung: Blister

7,50 Euro

Truck of the World 065

Nr. 2064, Grimbergen Abteibiere (Belgien), mit Logo, Flasche und Glas

Scania 124L 420

H: Grell (Bielefeld-China) **V:** Grell (Bielefeld)

Verpackung: Blister

7,50 Euro

Truck of the World 066

Nr. 2065, Grimbergen Abteibiere, Judas (Belgien), mit Flasche, Glas und Logo

Freightliner FLD 120 (Hauber)

H: Grell (Bielefeld-China) **V:** Grell (Bielefeld)

Verpackung: Blister

7,50 Euro

Truck of the World 067

Nr. 2066, Grimbergen Abteibiere (Belgien), mit Logo, Flasche und Glas

MAN F2000 Aero (Hochdach)

H: Grell (Bielefeld-China) **V:** Grell (Bielefeld)

Verpackung: Blister

7,50 Euro

Truck of the World 068

Nr. 2067, Grimbergen Abteibiere, (Belgien), mit 4 Gläsern und 4 Flaschen

Ford 9000 (Hauber)

H: Highspeed (China) **V:** Grell (Bielefeld)

Verpackung: Blister

7,50 Euro

Truck of the World 069

Nr. 2068, Anchor Brewing Co., San Francisco, mit US-Flagge und Skyline

Freightliner FLD 120 (Hauber)

H: Grell (Bielefeld-China) **V:** Grell (Bielefeld)

Verpackung: Blister

7,50 Euro

Truck of the World 070

Nr. 2069, Neptune Brewery (New York), mit Freiheitsstatue

Freightliner FLD 120 (Hauber)

H: Grell (Bielefeld-China) **V:** Grell (Bielefeld)

Verpackung: Blister

7,50 Euro

Truck of the World 071

Nr. 2070, Hürlimann Samichlaus Bier, Schweiz, mit 3 Flaschen vor Alpen

Freightliner FLD 120 (Hauber)

H: Grell (Bielefeld-China) **V:** Grell (Bielefeld)

Verpackung: Blister

7,50 Euro

T

Truck of the World 072

Nr. 2071, Ceres Red Erik, Dänemark, Wikinger

Ford 9000 (Hauber)

H: Highspeed (China) **V:** Grell (Bielefeld)

Verpackung: Blister

7,50 Euro

Truck of the World 073

Nr. 2072, New Castle Brown Ale, England, mit Logo

Krupp Mustang (Oldtimer)

H: Grell (Bielefeld-China) **V:** Grell (Bielefeld)

Verpackung: Blister

7,50 Euro

Truck of the World 074

Nr. 2073, La Trappe Trappistenbier, Niederlande, mit Logo

IFA W50 (Oldtimer)

H: Grell (Bielefeld-China) **V:** Grell (Bielefeld)

Verpackung: Blister

7,50 Euro

Truck of the World 075

Nr. 2074, Odell Brewing Co. (Utah), Olympia 2001, Salt Lake City, mit 4 Logos

Freightliner FLD 120 (Hauber)

H: Grell (Bielefeld-China) **V:** Grell (Bielefeld)

Verpackung: Blister

7,50 Euro

Truck of the World 076

Nr. 2075, Guinness Harp Lager, Irland

Pferdekutsche 2-Spänner

H: Highspeed (China) **V:** Grell (Bielefeld)

Verpackung: Blister

7,50 Euro

Truck of the World 077

Nr. 2076, Black Mountain Mint (Minnesota) und Fußball-WM 2002 (Korea)

Mercedes-Benz Actros

H: Highspeed (China) **V:** Grell (Bielefeld)

Verpackung: Blister

7,50 Euro

Truck of the World 078

Nr. 2077, Cannabia dupetit, der Hanftrunk, Frankreich

IFA W50 (Oldtimer)

H: Grell (Bielefeld-China) **V:** Grell (Bielefeld)

Verpackung: Blister

7,50 Euro

Truck of the World 079

Nr. 2078, Cobra, Indien, mit 2 Palmen

Ford 9000 (Hauber)

H: Highspeed (China) **V:** Grell (Bielefeld)

Verpackung: Blister

7,50 Euro

Truck of the World 080

Nr. 2079, Classic Beers in Australien, mit 4 versch. Etiketten

GMC General (Hauber)

H: Highspeed (China) **V:** Grell (Bielefeld)

Verpackung: Blister

7,50 Euro

Truck of the World 081

Nr. 2080, Cruzcampo, Spanien, mit Logo

Freightliner FLD 120 (Hauber)

H: Grell (Bielefeld-China) **V:** Grell (Bielefeld)

Verpackung: Blister

7,50 Euro

T

2002

Truck of the World 082

Nr. 2081, Steinlager, Neuseeland, mit altem Brauereifoto

Mercedes-Benz Actros

H: Highspeed (China) **V:** Grell (Bielefeld)

Verpackung: Blister

7,50 Euro

Truck of the World 083

Nr. 2082, Tommy Knocker Brewery (Idaho Springs), mit 2 Etiketten

Freightliner FLD 120 (Hauber)

H: Grell (Bielefeld-China) **V:** Grell (Bielefeld)

Verpackung: Blister

7,50 Euro

Truck of the World 084

Nr. 2083, Postbrauerei Nesselwang (Bayern), mit Logo

IFA W50 (Oldtimer)

H: Grell (Bielefeld-China) **V:** Grell (Bielefeld)

Verpackung: Blister

7,50 Euro

Truck of the World 085

Nr. 2084, Postbrauerei Nesselwang (Bayern), mit liegender Flasche

Freightliner FLD 120 (Hauber)

H: Grell (Bielefeld-China) **V:** Grell (Bielefeld)

Verpackung: Blister

7,50 Euro

Truck of the World 086

Nr. 2085, Postbrauerei Nesselwang (Bayern), mit 18 Flaschen

Mack Hauber

H: keine Angabe **V:** Grell (Bielefeld)

Verpackung: Blister

7,50 Euro

Brauerei- & Werbefahrzeuge

Truck of the World 087

Nr. 2086, Postbrauerei Nesselwang (Bayern), mit Logo

Pferdekutsche 2-Spänner

H: Highspeed (China) **V:** Grell (Bielefeld)

Verpackung: Blister

7,50 Euro

Truck of the World 088

Nr. 2087, Postbrauerei Nesselwang (Bayern)

Ford Model A mit Kästen (Oldtimer)

H: Highspeed (China) **V:** Grell (Bielefeld)

Verpackung: Blister

7,50 Euro

Truck of the World 089

Nr. 2088, Postbrauerei Nesselwang (Bayern)

Krupp Mustang (Oldtimer)

H: Grell (Bielefeld-China) **V:** Grell (Bielefeld)

Verpackung: Blister

7,50 Euro

Truck of the World 090

Nr. 2089, Belzebuth, Frankreich, der Teufel im Tank

GMC General (Hauber)

H: Highspeed (China) **V:** Grell (Bielefeld)

Verpackung: Blister

7,50 Euro

Truck of the World 091

Nr. 2090, Moosehead, Canada, mit Elch

Ford 9000 (Hauber)

H: Highspeed (China) **V:** Grell (Bielefeld)

Verpackung: Blister

7,50 Euro

T

Truck of the World 092

Nr. 2091, Desperados, Frankreich, mit schräger Flasche und Echse

Freightliner FLD 120 (Hauber)

H: Grell (Bielefeld-China) **V:** Grell (Bielefeld)

Verpackung: Blister

7,50 Euro

Truck of the World 093

Nr. 2092, Okocim, Polen, mit Logo

Scania 124L 420

H: Grell (Bielefeld-China) **V:** Grell (Bielefeld)

Verpackung: Blister

7,50 Euro

Truck of the World 094

Nr. 2093, Schutzenberger, Frankreich, mit Gläsern

Ford 9000 (Hauber)

H: Highspeed (China) **V:** Grell (Bielefeld)

Verpackung: Blister

7,50 Euro

Truck of the World 095

Nr. 2094, Samuel Adams, Boston, mit Logo

Freightliner FLD 120 (Hauber)

H: Grell (Bielefeld-China) **V:** Grell (Bielefeld)

Verpackung: Blister

7,50 Euro

Truck of the World 096

Nr. 2095, Coors, Golden (Denver), mit 2 Logos

GMC General (Hauber)

H: Highspeed (China) **V:** Grell (Bielefeld)

Verpackung: Blister

7,50 Euro

Truck of the World	097
Nr. 2096, Castlemaine, Australien, mit Logos	
Freightliner FLD 120 (Hauber)	
H: Grell (Bielefeld-China)	**V:** Grell (Bielefeld)
Verpackung: Blister	
7,50 Euro	

Truck of the World	098
Nr. 2097, Marathon, Griechenland, mit 2 Logos	
Scania 124L 420	
H: Grell (Bielefeld-China)	**V:** Grell (Bielefeld)
Verpackung: Blister	
7,50 Euro	

Truck of the World	099
Nr. 2098, Harpoon, Boston, mit Logo	
MAN F2000 Aero (Hochdach)	
H: Grell (Bielefeld-China)	**V:** Grell (Bielefeld)
Verpackung: Blister	
7,50 Euro	

Truck of the World	100
Nr. 2099, Adelscott, Frankreich, mit Logo	
Pferdekutsche 2-Spänner	
H: Highspeed (China)	**V:** Grell (Bielefeld)
Verpackung: Blister	
7,50 Euro	

Truck of the World	101
Nr. 2100, Molson, Canada, mit Logo	
Ward Lafrance Feuerwehr (1939)	
H: Highspeed (China)	**V:** Grell (Bielefeld)
Verpackung: Blister	
7,50 Euro	

Truck of the World	102
Nr. 2101, Casablanca, Marokko	
Freightliner FLD 120 (Hauber)	
H: Grell (Bielefeld-China)	**V:** Grell (Bielefeld)
Verpackung: Blister	
7,50 Euro	

Truck of the World	103
Nr. 2102, Brahma, Brasilien, mit Flagge	
Ford 9000 (Hauber)	
H: Highspeed (China)	**V:** Grell (Bielefeld)
Verpackung: Blister	
7,50 Euro	

Truck of the World	104
Nr. 2103, Boon Rawd (Singha), Thailand, mit Logo	
GMC General (Hauber)	
H: Highspeed (China)	**V:** Grell (Bielefeld)
Verpackung: Blister	
7,50 Euro	

Truck of the World	105
Nr. 2104, Red Stripe, Jamaica, mit Logo	
Scania 124L 420	
H: Grell (Bielefeld-China)	**V:** Grell (Bielefeld)
Verpackung: Blister	
7,50 Euro	

Truck of the World	106
Nr. 2105, Red Dog, Plank Road Brewery Milwaukee, Wisconsin, mit Hundekopf	
MAN TG-460	
H: Grell (Bielefeld-China)	**V:** Grell (Bielefeld)
Verpackung: Blister	
7,50 Euro	

Truck of the World 107

Nr. 2106, Corona Extra

Renault Magnum

H: Grell (Bielefeld-China) **V:** Grell (Bielefeld)

Verpackung: Blister

7,50 Euro

Truck- & Country Treffen Dresden 01

1999 (links: Feldschlösschen, rechts: Eibauer)

US modern (Hauber) (Kenworth T800)

H: Golden (ADT-Trucks) **V:** Müller (Chemnitz)

Verpackung: Plastikschachtel neutral

15,00 Euro **Auflage:** 390

Truckfestival Oschersleben 01

24.- 26.Aug. 2001

US modern (Hauber) (Kenworth T800)

H: Highspeed (China) **V:** Grell (Bielefeld)

Verpackung: Plastikschachtel auf Pappe aufgeklebt

7,50 Euro

Tuborg 01

Pilsener

US modern (Hauber) (Kenworth T800)

H: Highspeed (China) **V:** Grell (Bielefeld)

Verpackung: Blister

15,00 Euro

Tuborg 02

Weihnachts-Pilsener (1999)

Mercedes-Benz Actros

H: Highspeed (China) **V:** Grell (Bielefeld)

Verpackung: Blister

12,50 Euro

Tuborg 03

mit schrägem Schriftzug vorn

Scania Typ: ?

H: Made in China **V:** Brauerei

Verpackung: Blister

9,00 Euro

Tuborg 04

Weihnachts-Pilsener (2000), mit Winterwald

US modern (Hauber) (Kenworth T800)

H: Made in China **V:** keine Angabe

Verpackung: Blister

8,00 Euro

Tuborg 05

auf Box Aufkleber: kein Verkauf an Personen unter 18 Jahren

VW Bulli

H: City (Made in China) **V:** Vitesse Group

Verpackung: Showbox - Hartplastik (PC-Vitrine)

40,00 Euro

Tuborg 06

mit schrägem Schriftzug hinten unten

Mercedes-Benz Actros

H: keine Angabe **V:** keine Angabe

Verpackung: Blister

7,50 Euro

Tuborg 07

Weihnachts-Pilsener (2001), mit Glas, Flasche und Weihnachtsmann vor Winterwald

Mercedes-Benz Atego

H: Gabotex (Lüdenscheid) **V:** Gabotex (Lüdenscheid)

Verpackung: Blister

7,50 Euro

Tucher 01

Pilsener, mit Logo, geriffelter Sattel

Mercedes-Benz klein (NG 80 mittel)

H: keine Angabe **V:** Hümmer (Teugn)

Verpackung: Plastikschachtel bedruckt oder mit Aufkleber

100,00 Euro

Tucher 02

Weizenbier, mit Zeppelin am Himmel, Glas und Flasche

US modern (Hauber)

H: Made in China **V:** Brauerei

Verpackung: Pappschachtel bedruckt oder mit Aufkleber

35,00 Euro

Tucher 03

mit schrägem Schriftzug

US klassisch (Hauber)

H: Made in China **V:** Hümmer (Teugn)

Verpackung: Blister

20,00 Euro

Tucher 04

mit Logo (Mohr)

US klassisch (Hauber)

H: Made in China **V:** Hümmer (Teugn)

Verpackung: Blister

15,00 Euro

Tucher 05

Privatbrauerei Tucher Nürnberg seit 1672, mit Etikett

US klassisch (Hauber)

H: Made in China **V:** Hümmer (Teugn)

Verpackung: Blister

15,00 Euro

Tucher 06

mit Logo (Mohr)

MAN F90

H: Made in China **V:** Hümmer (Teugn)

Verpackung: Blister

15,00 Euro

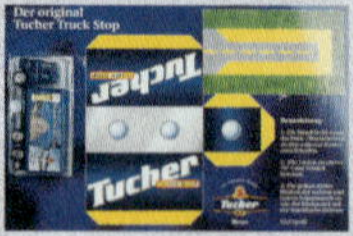

Tucher 07

Nimm Dir die Zeit, Helles Hefe Weizen, mit Glas und Etikett

MAN kurze Kabine

H: Made in China **V:** Brauerei

Verpackung: Blister

25,00 Euro

Tucher 08

Schriftzug mit Wassertropfen

Mercedes-Benz Actros

H: Made in China **V:** Hümmer (Teugn)

Verpackung: Blister

15,00 Euro

Tucher 09

mit Logo (Mohr)

Mercedes-Benz Actros

H: Made in China **V:** Hümmer (Teugn)

Verpackung: Blister

15,00 Euro

Tucher 10

mit Logo (Mohr) und Schriftzug auf Tür

Mercedes-Benz Actros

H: Wörlein (Cadolzburg) **V:** Brauerei

Verpackung: Blister

9,00 Euro

Tucher 11
zum Glück gibt´s Tucher Pilsener, mit Etikett
Mercedes-Benz Actros
H: Wörlein (Cadolzburg) **V:** Brauerei
Verpackung: Blister
9,00 Euro

Tucher 12
zum Glück gibt´s Tucher Pilsener, mit mehreren Flaschen
Mercedes-Benz Actros
H: Wörlein (Cadolzburg) **V:** Brauerei
Verpackung: Blister
9,00 Euro

Tucher 13
BMW Z3 - Cabrio
H: Wörlein (Cadolzburg) **V:** Brauerei
Verpackung: Blister
7,50 Euro

Tucher 14
helles Hefeweizen, mit schräger Flasche und Etikett
Mercedes-Benz Actros
H: Wörlein (Cadolzburg) **V:** Brauerei
Verpackung: Blister
9,00 Euro

Tucher 15
Christkindlmarkt 2000 (1/4),
mit schräger Flasche und Etikett
Mercedes-Benz Actros
H: Wörlein (Cadolzburg) **V:** Brauerei
Verpackung: Blister
9,00 Euro

Tucher 16

Christkindlmarkt 2000 (2/4), mit Logo (Mohr)

Mercedes-Benz Actros

H: Wörlein (Cadolzburg) **V:** Brauerei

Verpackung: Blister

9,00 Euro

Tucher 17

Christkindlmarkt 2000 (3/4),
mit Flasche und Etikett vor Christmarkt

MAN F2000 Aero (Hochdach)

H: Wörlein (Cadolzburg) **V:** Brauerei

Verpackung: Blister

9,00 Euro

Tucher 18

Christkindlmarkt 2000 (4/4), mit Schriftzug Christkindles-Markt Bier und Wappen vor Christmarkt

MAN F2000 Aero (Hochdach)

H: Wörlein (Cadolzburg) **V:** Brauerei

Verpackung: Blister

9,00 Euro

Tucher 19

100 Jahre 1. FCN, mit Vereins- und Brauereilogo

MAN F2000 Aero (Hochdach)

H: Wörlein (Cadolzburg) **V:** DGD (Nürnberg)

Verpackung: Plastikschachtel bedruckt oder mit Aufkleber

30,00 Euro **Auflage:** 1.000

Tucher 20

Fränkisches Weidefestival 2000, mit Reitern in Viehherde

Mercedes-Benz Actros

H: Wörlein (Cadolzburg) **V:** DGD (Nürnberg)

Verpackung: Plastikschachtel bedruckt oder mit Aufkleber

15,00 Euro **Auflage:** 2.000

Tucher	21
Wintertruck 2000 (1/ 2), mit Mohr und Schneeflocken	
Mercedes-Benz Actros	
H: Wörlein (Cadolzburg) **V:** Brauerei	
Verpackung: Blister	
9,00 Euro	

Tucher	22
Wintertruck 2000 (2/2), mit Etikett vor Christmarkt und Schneeflocken	
Mercedes-Benz Actros	
H: Wörlein (Cadolzburg) **V:** Brauerei	
Verpackung: Blister	
9,00 Euro	

Tucher	23
Nr.01/2001, 1. FCN, mit Vereins- und Brauereilogo	
MAN F2000 Aero (Hochdach)	
H: Wörlein (Cadolzburg) **V:** Brauerei	
Verpackung: Blister	
12,50 Euro	

Tucher	24
Nr.02/2001, 1. FCN, mit 4 Spielern und Vereinslogo	
MAN TG-A	
H: Wörlein (Cadolzburg) **V:** Brauerei	
Verpackung: Blister	
12,50 Euro	

Tucher	25
Nr.03/2001, CoolKeg-Tankzug	
MAN F2000 Aero (Hochdach)	
H: Wörlein (Cadolzburg) **V:** Brauerei	
Verpackung: Blister	
12,50 Euro	

Tucher 26

Nr.04/2001, Tank mit Chrom-Schriftzug

MAN F2000 Aero (Hochdach)

H: Wörlein (Cadolzburg) **V:** Brauerei

Verpackung: Blister

15,00 Euro

Tucher 27

Nr.05/2001, CoolKeg

MAN TG-A

H: Wörlein (Cadolzburg) **V:** Brauerei

Verpackung: Blister

8,00 Euro

Tucher 28

Nr.06/2001, CoolKeg, mit 5 Partyfässern

MAN F2000 Aero (Hochdach)

H: Wörlein (Cadolzburg) **V:** Brauerei

Verpackung: Blister

8,00 Euro

Tucher 29

1.FCN - 1.Liga - wir kommen (2001)! mit 5 Spielern

MAN TG-A

H: Wörlein (Cadolzburg) **V:** DGD (Nürnberg)

Verpackung: Plastikschachtel bedruckt oder mit Aufkleber

15,00 Euro

Tucher 30

Bardentreffen Nürnberg 2001, mit Musikern

MAN TG-A

H: Wörlein (Cadolzburg) **V:** DGD (Nürnberg)

Verpackung: Plastikschachtel bedruckt oder mit Aufkleber

10,00 Euro

Tucher 31
Beach Cup 2001
MAN TG-A
H: Wörlein (Cadolzburg) **V:** DGD (Nürnberg)
Verpackung: Plastikschachtel bedruckt oder mit Aufkleber
10,00 Euro

Tucher 32
Erlanger Bergkirchweih 2001, mit Riesenrad
MAN TG-A
H: Wörlein (Cadolzburg) **V:** DGD (Nürnberg)
Verpackung: Plastikschachtel bedruckt oder mit Aufkleber
10,00 Euro

Tucher 33
Franken Knights, Knights move! Mit Footballspieler
MAN TG-A
H: Wörlein (Cadolzburg) **V:** DGD (Nürnberg)
Verpackung: Plastikschachtel bedruckt oder mit Aufkleber
10,00 Euro

Tucher 34
Fränkisches Weidefestival 2001, mit Reitern
MAN TG-A
H: Wörlein (Cadolzburg) **V:** DGD (Nürnberg)
Verpackung: Plastikschachtel bedruckt oder mit Aufkleber
10,00 Euro

Tucher 35
Fürth Festival 2001, mit bunten Häusern
MAN TG-A
H: Wörlein (Cadolzburg) **V:** DGD (Nürnberg)
Verpackung: Plastikschachtel bedruckt oder mit Aufkleber
10,00 Euro

Tucher 36

Norisring Nürnberg 2001

MAN TG-A

H: Wörlein (Cadolzburg) **V:** DGD (Nürnberg)

Verpackung: Plastikschachtel bedruckt oder mit Aufkleber

10,00 Euro

Tucher 37

Nürnberger Altstattfest 2001

MAN TG-A

H: Wörlein (Cadolzburg) **V:** DGD (Nürnberg)

Verpackung: Plastikschachtel bedruckt oder mit Aufkleber

10,00 Euro

Tucher 38

Radrennen Nürnberger Altstadt 2001, mit Radfahrern

MAN TG-A

H: Wörlein (Cadolzburg) **V:** DGD (Nürnberg)

Verpackung: Plastikschachtel bedruckt oder mit Aufkleber

10,00 Euro

Tucher 39

Ritterspiele Nürnberg 2001

MAN TG-A

H: Wörlein (Cadolzburg) **V:** DGD (Nürnberg)

Verpackung: Plastikschachtel bedruckt oder mit Aufkleber

10,00 Euro

Tucher 40

Rock im Park 2001

MAN TG-A

H: Wörlein (Cadolzburg) **V:** DGD (Nürnberg)

Verpackung: Plastikschachtel bedruckt oder mit Aufkleber

10,00 Euro

Tucher 41

We are cool, we are tigers! Mit 3 Eishockeyspielern

MAN TG-A

H: Wörlein (Cadolzburg) **V:** DGD (Nürnberg)

Verpackung: Plastikschachtel bedruckt oder mit Aufkleber

10,00 Euro

Tucher 42

Nr.07/2001, Christkindels Collection 2001 (1/4), mit schräger Flasche im Schnee und Etikett

MAN TG-A

H: Wörlein (Cadolzburg) **V:** Brauerei

Verpackung: Blister

7,50 Euro

Tucher 43

Nr.08/2001, Christkindels Collection 2001 (2/4), Christkindelmarkt Bier, mit 2 liegenden Flaschenhälsen

MAN TG-A

H: Wörlein (Cadolzburg) **V:** Brauerei

Verpackung: Blister

7,50 Euro

Tucher 44

Nr.09/2001, Christkindels Collection 2001 (3/4), Fröhliche Weihnachten, mit Etikett und Wintermotiv

MAN TG-A

H: Wörlein (Cadolzburg) **V:** Brauerei

Verpackung: Blister

7,50 Euro

Tucher 45

Nr.10/2001, Christkindels Collection 2001 (4/4), Christkindelmarkt-Bier, mit Etikett vor Wintermotiv

MAN TG-A

H: Wörlein (Cadolzburg) **V:** Brauerei

Verpackung: Blister

7,50 Euro

Tucher	46
1/4 (2002), Icetigers, EHC 80	
Scania 164L 6580	
H: Wörlein (Cadolzburg) **V:** Brauerei	
Verpackung: Blister	
7,50 Euro	

Tucher	47
Ice Tiger Edition (1/4), mit Tucher Logo (Etikett), Blister bierkastengroß	
Renault Magnum	
H: keine Angabe **V:** Tucher	
Verpackung: Blister	
7,50 Euro	

Tucher	48
Ice Tiger Edition (2/4), mit Tucher Logo (Mohr), Blister bierkastengroß	
Renault Magnum	
H: keine Angabe **V:** Tucher	
Verpackung: Blister	
7,50 Euro	

Tucher	49
Ice Tiger Edition (3/4), Blister bierkastengroß	
Scania 164L 6580	
H: Wörlein (Cadolzburg) **V:** Tucher	
Verpackung: Blister	
7,50 Euro	

Tucher	50
Ice Tiger Edition (4/4), EHC 80, Blister bierkastengroß	
Scania 164L 6580	
H: Wörlein (Cadolzburg) **V:** Tucher	
Verpackung: Blister	
7,50 Euro	

Turmherren Bier 01
(Weiss Rössl Brauerei)

US klassisch (Hauber)
H: Made in China **V:** DGD (Nürnberg)
Verpackung: Blister
8,00 Euro

Tyskie (Polen) 01
Gronie, Polskie piwo numer 1

MAN F2000 Aero (Hochdach)
H: Wörlein (Cadolzburg) **V:** MaHug (Kulmbach)
Verpackung: Plastikschachtel bedruckt oder mit Aufkleber
7,50 Euro

Überkinger 01
mit Schriftzug vor Wassertropfen

Scania 164L 6580
H: Wörlein (Cadolzburg) **V:** DGD (Nürnberg)
Verpackung: Blister
7,50 Euro

Uckermärker Brauerei 01
Choriner Biere

Volvo F-12 Globetrotter
H: Made in China **V:** Müller (Chemnitz)
Verpackung: Plastikschachtel neutral
7,50 Euro

Uckermärker Brauerei 02
Choriner Biere

Kenworth klassisch (Hauber)
H: Majorette **V:** Müller (Chemnitz)
Verpackung: Plastikschachtel neutral
7,50 Euro

Ueberkinger 01

mit rotem Schriftzug vor Wassertropfen

MAN F2000 Aero (Hochdach)

H: Wörlein (Cadolzburg) **V:** DGD (Nürnberg)

Verpackung: Blister

7,50 Euro

Uhr-Zeit-Bier (Eibau) 01

Nr.01, mit Saurier

US modern (Hauber) (Kenworth T800)

H: Highspeed (China) **V:** Grell (Bielefeld)

Verpackung: Blister

7,50 Euro

Uhr-Zeit-Bier (Eibau) 02

Nr.02, mit Saurier

US modern (Hauber) (Kenworth T800)

H: Highspeed (China) **V:** Grell (Bielefeld)

Verpackung: Blister

7,50 Euro

Uhr-Zeit-Bier (Eibau) 03

Nr.03, mit Saurier

US modern (Hauber) (Kenworth T800)

H: Highspeed (China) **V:** Grell (Bielefeld)

Verpackung: Blister

7,50 Euro

Uhr-Zeit-Bier (Eibau) 04

Nr.04, mit Saurier

US modern (Hauber) (Kenworth T800)

H: Highspeed (China) **V:** Grell (Bielefeld)

Verpackung: Blister

7,50 Euro

Uhr-Zeit-Bier (Eibau) 05
Nr.05, mit Saurier

US modern (Hauber) (Kenworth T800)
H: Highspeed (China) **V:** Grell (Bielefeld)
Verpackung: Blister
7,50 Euro

Uhr-Zeit-Bier (Eibau) 06
Nr.06, mit Saurier

US modern (Hauber) (Kenworth T800)
H: Highspeed (China) **V:** Grell (Bielefeld)
Verpackung: Blister
7,50 Euro

Uhr-Zeit-Bier (Eibau) 07
Nr.07, mit Saurier

US modern (Hauber) (Kenworth T800)
H: Highspeed (China) **V:** Grell (Bielefeld)
Verpackung: Blister
7,50 Euro

Uhr-Zeit-Bier (Eibau) 08
Nr.08, mit Saurier

US modern (Hauber) (Kenworth T800)
H: Highspeed (China) **V:** Grell (Bielefeld)
Verpackung: Blister
7,50 Euro

Uhr-Zeit-Bier (Eibau) 09
Nr.09, mit Saurier

US modern (Hauber) (Kenworth T800)
H: Highspeed (China) **V:** Grell (Bielefeld)
Verpackung: Blister
7,50 Euro

Uhr-Zeit-Bier (Eibau) 10
Nr.10, mit Saurier

US modern (Hauber) (Kenworth T800)
H: Highspeed (China) **V:** Grell (Bielefeld)
Verpackung: Blister
7,50 Euro

Uhr-Zeit-Bier (Eibau) 11
Nr.11, mit Saurier

US modern (Hauber) (Kenworth T800)
H: Highspeed (China) **V:** Grell (Bielefeld)
Verpackung: Blister
7,50 Euro

Uhr-Zeit-Bier (Eibau) 12
Nr.12, mit Saurier

US modern (Hauber) (Kenworth T800)
H: Highspeed (China) **V:** Grell (Bielefeld)
Verpackung: Blister
7,50 Euro

Ulmer Münster Bier 01
Lager, cold filtered, mit 2 Logos

Mercedes-Benz Actros
H: Top-Style (Ebersdorf) **V:** Top-Style (Ebersdorf)
Verpackung: Blister
7,50 Euro

Ulmer Münster Bier 02
Fasnetsbier, mit 9 Masken

Mercedes-Benz Actros
H: Hümmer **V:** Hümmer (Teugn)
Verpackung: Blister
9,00 Euro

Unser Wasser 01
LKW: Spritzig, Hänger: Medium

Mercedes-Benz Actros
H: Highspeed (China) **V:** Grell (Bielefeld)
Verpackung: Blister
7,50 Euro

Unterbaarer Schlossbrauerei 01
Anno 2000..., mit schräger Flasche

Mercedes-Benz Actros
H: Highspeed (China) **V:** Grell (Bielefeld)
Verpackung: Blister
9,00 Euro

Ur-Krostitzer 01
mit 2 Gläsern

US klassisch (Hauber)
H: Made in China **V:** Hümmer (Teugn)
Verpackung: Blister
40,00 Euro

Ur-Krostitzer 02
mit 2 Gläsern

US modern (Hauber) (Kenworth T800)
H: Highspeed (China) **V:** Grell (Bielefeld)
Verpackung: Blister
25,00 Euro

Ur-Krostitzer 03
mit 2 Logos und 2 schmalen grünen Streifen,
Aufkleber kleiner wie Sattel

Mercedes-Benz Actros
H: Highspeed (China) **V:** Grell (Bielefeld)
Verpackung: Blister
12,50 Euro

U

Ur-Krostitzer 04
mit 2 Logos und 2 breiten grünen Streifen
Mercedes-Benz Actros
H: Highspeed (China) **V:** Grell (Bielefeld)
Verpackung: Blister
12,50 Euro

Ur-Krostitzer 05
Schwarzes, mit 2 schrägen Gläsern
Mercedes-Benz Actros
H: Highspeed (China) **V:** Grell (Bielefeld)
Verpackung: Blister
9,00 Euro

Ur-Krostitzer 06
mit Glas vor Schloß
MAN F90
H: Made in China **V:** keine Angabe
Verpackung: Plastikschachtel neutral
40,00 Euro

Ur-Krostitzer 07
mit 7 Etiketten
Mercedes-Benz Actros
H: Hümmer **V:** Hümmer (Teugn)
Verpackung: Blister
8,00 Euro

Ur-Krostitzer 08
mit 2 Flaschen
Mercedes-Benz Actros
H: Hümmer **V:** Hümmer (Teugn)
Verpackung: Blister
8,00 Euro

Ur-Krostitzer 09

mit 5 Gläsern

Mercedes-Benz Actros

H: Hümmer **V:** Hümmer (Teugn)

Verpackung: Blister

7,50 Euro

Ur-Krostitzer 10

Pilsner, mit Landsmann vom Logo

Mercedes-Benz Actros

H: Hümmer **V:** Hümmer (Teugn)

Verpackung: Blister

7,50 Euro

Ur-Krostitzer 11

XXL, mit Glas und Flasche vor Gebäude

Peterbilt Hauber (XXL)

H: Made in China **V:** Hümmer (Teugn)

Verpackung: Blister

40,00 Euro

Ur-Krostitzer 12

Schwarzbier, mit Landsmann vom Logo

Mercedes-Benz Actros

H: Hümmer **V:** Hümmer (Teugn)

Verpackung: Blister

7,50 Euro

Ur-Krostitzer 13

mit gelber Schrift auf Plane

IFA W50 (Oldtimer)

H: Grell (Bielefeld-China) **V:** Grell (Bielefeld)

Verpackung: Blister

15,00 Euro **Auflage:** 10.000

Ur-Krostitzer 14

mit Schriftzug

Scania CT19 (Hauber)

H: Grell (Bielefeld-China) **V:** Grell (Bielefeld)

Verpackung: Blister

7,50 Euro

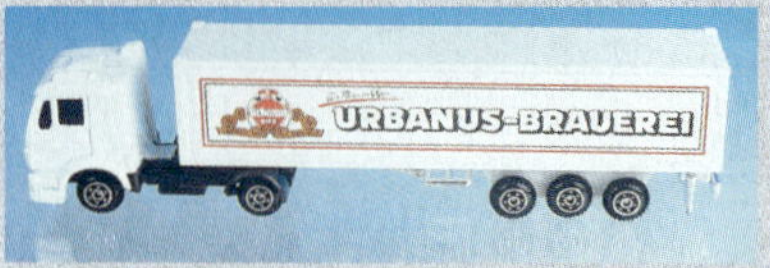

Urbanus-Brauerei 01

mit Logo

Mercedes-Benz groß (NG 80 lang)

H: Golden (ADT-Trucks) **V:** keine Angabe

Verpackung: Plastikschachtel neutral

12,50 Euro

Urbanus-Brauerei 02

Hell Urtyp, mit Logo

Mercedes-Benz Actros

H: Highspeed (China) **V:** Grell (Bielefeld)

Verpackung: Blister

10,00 Euro

Urbanus-Brauerei 03

Hopfen Stoff, mit 2 Logos

Mercedes-Benz Actros

H: Highspeed (China) **V:** Grell (Bielefeld)

Verpackung: Blister

7,50 Euro

Ustersbacher 01

Bier, mit Logo

Mercedes-Benz Actros

H: Highspeed (China) **V:** Grell (Bielefeld)

Verpackung: Blister

12,50 Euro

Ustersbacher 02

Brauherren-Bier, mit Schrift (hinten) und Bäumen (vorn) in Landschaft

Mercedes-Benz Actros

H: Wörlein (Cadolzburg) **V:** Eurosun (Cadolzburg)

Verpackung: Blister

9,00 Euro

Ustersbacher 03

Ustator Weizen Doppelbock, mit 2 Böcken

Mercedes-Benz Actros

H: Wörlein (Cadolzburg) **V:** Eurosun (Cadolzburg)

Verpackung: Blister

9,00 Euro

Ustersbacher 04

Brauherren-Bier, mit Schrift (vorn) und Bäumen (hinten) in Landschaft

Mercedes-Benz Actros

H: Wörlein (Cadolzburg) **V:** Eurosun (Cadolzburg)

Verpackung: Blister

9,00 Euro

Vasold & Schmitt 01

mit Logo

Mercedes-Benz Actros

H: Wörlein (Cadolzburg) **V:** DGD (Nürnberg)

Verpackung: Blister

10,00 Euro **Auflage:** 2.500

Vasold & Schmitt 02

mit 4 Flaschen und Logo

Mercedes-Benz Actros

H: Wörlein (Cadolzburg) **V:** DGD (Nürnberg)

Verpackung: Blister

10,00 Euro **Auflage:** 2.500

U

V

2002

V

Vasold & Schmitt 03

Festbier, mit schräger Flasche und Logo vor Winterwald

MAN F2000 Aero (Hochdach)

H: Wörlein (Cadolzburg) **V:** DGD (Nürnberg)

Verpackung: Blister

10,00 Euro

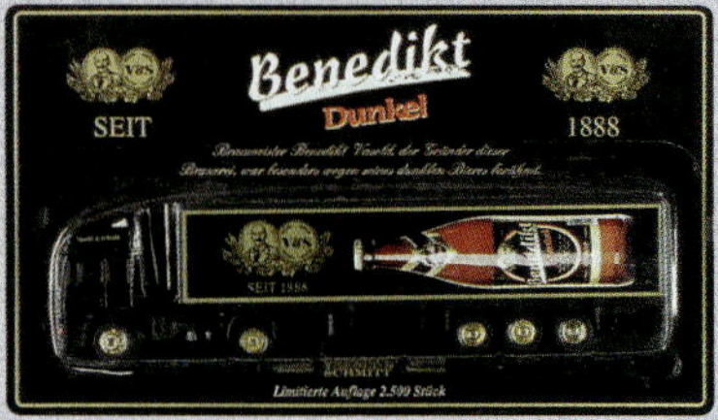

Vasold & Schmitt 04

Benedikt Dunkel, mit liegender Flasche und Logo

MAN F2000 Aero (Hochdach)

H: Wörlein (Cadolzburg) **V:** DGD (Nürnberg)

Verpackung: Blister

10,00 Euro **Auflage:** 2.500

Veldensteiner 01

Kaiser Pils, mit Logo

Mercedes-Benz klein (NG 80 mittel)

H: Made in China **V:** keine Angabe

Verpackung: Plastikschachtel neutral

75,00 Euro

Veldensteiner 02

Kaiser, mit Logo

MAN F90

H: Made in China **V:** keine Angabe

Verpackung: Plastikschachtel neutral

75,00 Euro

Veldensteiner 03

Kaiser, mit Logo

MAN F90

H: Made in China **V:** Hümmer (Teugn)

Verpackung: Blister

45,00 Euro

Veldensteiner 04

Kaiser, mit Logo

MAN F90

H: Made in China **V:** Hümmer (Teugn)

Verpackung: Blister

50,00 Euro

Veldensteiner 05

Kaiser mit PS

VW Käfer

H: keine Angabe **V:** Hümmer (Teugn)

Verpackung: Blister

50,00 Euro

Veldensteiner 06

Kaiser Pils, mit Logo

US modern (Hauber) (Kenworth T800)

H: Golden (ADT-Trucks) **V:** Brauerei

Verpackung: Blister

25,00 Euro

Veldensteiner 07

Kaiser Pils, mit Logo

Mercedes-Benz Actros

H: Wörlein (Cadolzburg) **V:** DGD (Nürnberg)

Verpackung: Blister

15,00 Euro

Veldensteiner 08

Lager, mit liegender Flasche

Mercedes-Benz Actros

H: Wörlein (Cadolzburg) **V:** DGD (Nürnberg)

Verpackung: Blister

15,00 Euro

Veldensteiner 09

Kaiser Pils, mit Logo

MAN F2000 Aero (Hochdach)

H: Wörlein (Cadolzburg) **V:** DGD (Nürnberg)

Verpackung: Blister

9,00 Euro

Veldensteiner 10

Landbier, mit liegender Flasche

MAN F2000 Aero (Hochdach)

H: Wörlein (Cadolzburg) **V:** DGD (Nürnberg)

Verpackung: Blister

9,00 Euro

Veldensteiner 11

mit schräger Bügelflasche und Logo

Volvo FH16

H: Wörlein (Cadolzburg) **V:** Eurosun (Cadolzburg)

Verpackung: Blister

8,00 Euro

Veldensteiner 12

Kaiser Pils, mit Logo

Volvo FH16

H: Wörlein (Cadolzburg) **V:** Eurosun (Cadolzburg)

Verpackung: Blister

8,00 Euro

Veldensteiner 13

mit Logo

MAN F2000 (Hochdach)

H: Wörlein (Cadolzburg) **V:** Eurosun (Cadolzburg)

Verpackung: Blister

7,50 Euro

Veldensteiner 14

Kaiser Pils, mit Logo

MAN F2000 Aero (Hochdach)

H: Wörlein (Cadolzburg) **V:** Eurosun (Cadolzburg)

Verpackung: Blister

7,50 Euro

Veldensteiner 15

Kaiser, mit Logo, Glas und Flasche

Freightliner FLD 120 (Hauber)

H: Grell (Bielefeld-China) **V:** Grell (Bielefeld)

Verpackung: Blister

7,50 Euro

Veldensteiner 16

bierisch gut, mit schräger Flasche und Logo

Freightliner FLD 120 (Hauber)

H: Grell (Bielefeld-China) **V:** Grell (Bielefeld)

Verpackung: Blister

7,50 Euro

Veltins 02

mit Logo

Mercedes-Benz groß (NG 80 lang)

H: keine Angabe **V:** MB Bruckner

Verpackung: Showbox - Pappe und Plastik

40,00 Euro

Veltins 03

Racing, F1 - Winfield - 1998,
mit rotem F1-Rennwagen und Logo

US modern (Hauber) (Kenworth T800)

H: Highspeed (China) **V:** Grell (Bielefeld)

Verpackung: Blister

20,00 Euro

Veltins 04

175 Jahre, mit Logo

Mercedes-Benz Actros

H: Highspeed (China) **V:** Grell (Bielefeld)

Verpackung: Blister

10,00 Euro

Veltins 05

mit Logo

Mercedes-Benz Actros

H: Highspeed (China) **V:** Grell (Bielefeld)

Verpackung: Blister

9,00 Euro

Veltins 06

BMW Williams F1 Team, mit F1-Rennwagen

Mercedes-Benz Actros

H: Highspeed (China) **V:** Grell (Bielefeld)

Verpackung: Blister

12,50 Euro

Veltins 07

BMW Williams F1 Team, mit R. Schumacher und F1-Rennwagen

Scania 124L 420

H: Grell (Bielefeld-China) **V:** Grell (Bielefeld)

Verpackung: Blister

10,00 Euro

Veltins 08

Auflage 2001, mit Logo

Scania 124L 420

H: Grell (Bielefeld-China) **V:** Grell (Bielefeld)

Verpackung: Blister

7,50 Euro

Veltins 09

FC Schalke 04, DFB Pokalsieger 2001, mit Pokal und Logo

Scania 124L 420

H: Grell (Bielefeld-China) **V:** Grell (Bielefeld)

Verpackung: Blister

7,50 Euro

Veltins 10

Auflage 2001, 175 Jahre, mit Logo

Scania 124L 420

H: Grell (Bielefeld-China) **V:** Grell (Bielefeld)

Verpackung: Blister

7,50 Euro

Victoria (Lahnstein) 01

Natürliches Mineralwasser, mit Logo, geriffelter Sattel mit durchsichtigem Aufkleber

US klassisch (Hauber)

H: Made in China **V:** Elastoform (Hersbrück)

Verpackung: Plastikschachtel bedruckt oder mit Aufkleber

100,00 Euro

Victoria (Lahnstein) 02

Natürliches Mineralwasser, mit Logo

Mercedes-Benz Actros

H: Highspeed (China) **V:** Grell (Bielefeld)

Verpackung: Blister

7,50 Euro

Video-Theke (Meiningen) 01

Geister-Truck (Muster)

Mercedes-Benz Actros

H: Made in China **V:** Gaststätte

Verpackung: Plastikschachtel neutral

6,50 Euro **Auflage:** 140

V

2002

Vilsa Brunnen 01

mit 2 schrägen Flaschen vor Wasserlandschaft

Mercedes-Benz Actros

H: Wörlein (Cadolzburg) **V:** DGD (Nürnberg)

Verpackung: Blister

9,00 Euro

Vina Santa Rita 01

Chilenischer Wein, mit Logo

US klassisch (Hauber)

H: Hümmer **V:** Hümmer (Teugn)

Verpackung: Blister

8,00 Euro

Vita Cola 01

mit schräger Flasche, grüne Sonnenblende

Mercedes-Benz Actros

H: Wörlein (Cadolzburg) **V:** DGD (Nürnberg)

Verpackung: Blister

8,00 Euro

Vita Cola 02

mit schräger Flasche, schwarze Sonnenblende

Mercedes-Benz Actros

H: Highspeed (China) **V:** Grell (Bielefeld)

Verpackung: Blister

8,00 Euro

Vita Cola 03

mit grünen Spiralen

Mercedes-Benz Actros

H: Wörlein (Cadolzburg) **V:** DGD (Nürnberg)

Verpackung: Blister

7,50 Euro

Vitamalz 01

mit Logo

MAN F2000 Aero (Hochdach)

H: Wörlein (Cadolzburg) **V:** Eurosun (Cadolzburg)

Verpackung: Blister

9,00 Euro

Vogelbräu 01

Haus Bräu, Ein Bier wie Kino! mit Logo, 3 Achsen, gelochte Felgen

Volvo F-12 Globetrotter

H: Golden (ADT-Trucks) **V:** Müller (Chemnitz)

Verpackung: Plastikschachtel neutral

12,50 Euro

Vogelbräu 02

Das unfiltrierte Original seit 1985, mit Logo

US modern (Hauber) (Kenworth T800)

H: Golden (ADT-Trucks) **V:** Müller (Chemnitz)

Verpackung: Plastikschachtel neutral

12,50 Euro

Vogt Bier 01

mit 2 Logos

Kenworth T2000 (Hauber)

H: Made in China **V:** keine Angabe

Verpackung: Plastikschachtel neutral

8,00 Euro

Vogtland Fahrzeugfestival 01

(12.-13.5.2001) Sternquell

IFA H6 (Oldtimer)

H: Made in China **V:** DGD (Nürnberg)

Verpackung: Blister

8,00 Euro

Brauerei- & Werbefahrzeuge

Vogtland Fahrzeugfestival 02
(12.-13.5.2001) VEB Getränkekombinat Karl Marx Stadt, mit Logo

IFA H6 (Oldtimer)
H: Made in China **V:** DGD (Nürnberg)
Verpackung: Blister
9,00 Euro

Vogtland Fahrzeugfestival 03
(12.-13.5.2001) Bad Brambacher, mit Logo

IFA H6 (Oldtimer)
H: Made in China **V:** DGD (Nürnberg)
Verpackung: Blister
8,00 Euro

Vogtland Fahrzeugfestival 04
Mylauer Fruchtsäfte - Fruchtweine, mit Logo

IFA W50 (Oldtimer)
H: Grell (Bielefeld-China) **V:** Grell (Bielefeld)
Verpackung: Blister
7,50 Euro

Vogtland Fahrzeugfestival 06
Hasseröder

IFA H6 (Oldtimer)
H: Hümmer **V:** Hümmer (Teugn)
Verpackung: Blister
8,00 Euro

Vruhten (Oberröblingen) 01
Qualitätsfruchtsäfte aus dem Harzvorland, mit Logo

US modern (Hauber) (Kenworth T800)
H: Highspeed (China) **V:** Grell (Bielefeld)
Verpackung: Blister
10,00 Euro

Wächtersbacher 01

Fürstenpils, mit schräger Flasche, Logo uns 2 Personen

Mercedes-Benz Actros

H: Highspeed (China) **V:** Grell (Bielefeld)

Verpackung: Blister

15,00 Euro

Wächtersbacher 02

Fürstenpils, Millennium 2000, Auf die Zukunft, mit Logo

Mercedes-Benz Actros

H: Wörlein (Cadolzburg) **V:** DGD (Nürnberg)

Verpackung: Plastikschachtel bedruckt oder mit Aufkleber

10,00 Euro

Wächtersbacher 03

Fürstenpils, mit Logo und Wappen auf Tür

Ford Model T 1919 (Oldtimer)

H: Golden (ADT-Trucks) **V:** keine Angabe

Verpackung: in Folie eingeschweißt

10,00 Euro

Wächtersbacher 04

Fürst Ysenburg Schwarzbier, mit 4 Gläsern und Flasche

Scania 164L 6580

H: Wörlein (Cadolzburg) **V:** DGD (Nürnberg)

Verpackung: Blister

7,50 Euro

Wagner (Merkendorf) 01

mit Logo, Schwungrad

LKW

H: Made in China **V:** keine Angabe

Verpackung: - ohne

40,00 Euro

W

2002

Wagner (Merkendorf) 02

mit Logo

Volvo F-12 Globetrotter

H: Golden (ADT-Trucks) **V:** Brauerei

Verpackung: Plastikschachtel neutral

10,00 Euro

Wagner (Merkendorf) 03

mit Logo

Volvo F-12 Globetrotter

H: Golden (ADT-Trucks) **V:** keine Angabe

Verpackung: Plastikschachtel neutral

10,00 Euro

Wagner-Bräu (Kemmern) 01

Unser Bier, mit Logo (Siegel)

Mercedes-Benz Actros

H: Hümmer **V:** Allround Service (Wonsees)

Verpackung: Plastikschachtel bedruckt oder mit Aufkleber

6,50 Euro

Wagner-Bräu (Kemmern) 02

mit 2 Logos (Siegel)

US modern (Hauber)

H: Hümmer **V:** Hümmer (Teugn)

Verpackung: Plastikschachtel bedruckt oder mit Aufkleber

6,50 Euro

Wagner-Bräu (Kemmern) 03

mit 2 Logos (Siegel)

MAN F2000 Aero (Hochdach)

H: Wörlein (Cadolzburg) **V:** MaHug (Kulmbach)

Verpackung: Plastikschachtel bedruckt oder mit Aufkleber

6,50 Euro

Waidbauer	01
Pils, mit Logo und 2 schrägen Flaschen	
Mercedes-Benz Actros	
H: Hümmer	**V:** keine Angabe
Verpackung: Plastikschachtel neutral	
10,00 Euro	

Waidbauer	02
Pils, mit Logo und 2 schrägen Flaschen	
Mercedes-Benz Actros	
H: Wörlein (Cadolzburg)	**V:** WMS (Thum)
Verpackung: Blister	
9,00 Euro	

Waidbauer	03
Malz, mit liegender Flasche und Logo	
Ford 9000 (Hauber)	
H: Highspeed (China)	**V:** Grell (Bielefeld)
Verpackung: Blister	
9,00 Euro	

Waidbauer	04
Pils, mit schräger Flasche und Logo	
Mercedes-Benz Actros	
H: Highspeed (China)	**V:** Grell (Bielefeld)
Verpackung: Blister	
9,00 Euro	

Waidbauer	05
Export, mit liegender Flasche und Logo	
Mercedes-Benz Actros	
H: Highspeed (China)	**V:** Grell (Bielefeld)
Verpackung: Blister	
9,00 Euro	

W

2002

Waidbauer 06

mit schräger Flasche vor Seelandschaft

Ford Cargo

H: Golden (ADT-Trucks) **V:** keine Angabe

Verpackung: Plastikschachtel neutral

9,00 Euro

Waidbauer 07

Radler, mit liegender Flasche und Logo

MAN F2000 Aero (Hochdach)

H: Grell (Bielefeld-China) **V:** Grell (Bielefeld)

Verpackung: Blister

9,00 Euro

Waidbauer 08

Export, mit schräger Flasche vor Sonnenaufgang, Nr.2/6

Mercedes-Benz Actros

H: Wörlein (Cadolzburg) **V:** WMS (Thum)

Verpackung: Blister

8,00 Euro **Auflage:** 5.000

Waidbauer 09

Hefe Weizen, mit schräger Flasche und Logo

MAN F2000 Aero (Hochdach)

H: Grell (Bielefeld-China) **V:** Grell (Bielefeld)

Verpackung: Blister

9,00 Euro

Waidbauer 10

mit Logo und Flasche, Nr.3/6

MAN TG-A

H: Wörlein (Cadolzburg) **V:** WMS (Thum)

Verpackung: Blister

7,50 Euro

Waldberg Fruchtsäfte 01

Mit der Natur im Bunde, mit gelben Blüten vorn und hinten

Mercedes-Benz Actros

H: Hümmer **V:** Hümmer (Teugn)

Verpackung: Blister

7,50 Euro

Waldershofer Brauhaus 01

mit liegender Bügelflasche

Mercedes-Benz Actros

H: Highspeed (China) **V:** Grell (Bielefeld)

Verpackung: Blister

15,00 Euro

Waldershofer Brauhaus 02

Anno 1872, mit historischen Bildern

Mercedes-Benz Actros

H: Highspeed (China) **V:** Grell (Bielefeld)

Verpackung: Blister

9,00 Euro

Waldershofer Brauhaus 03

Nr.3, mit historischem Brauerei Zubehör

Freightliner FLD 120 (Hauber)

H: Grell (Bielefeld-China) **V:** Grell (Bielefeld)

Verpackung: Blister

7,50 Euro

Waldhaus Erfurt 01

Gasthausbrauerei, mit Logo

Mercedes-Benz Actros

H: Highspeed (China) **V:** Grell (Bielefeld)

Verpackung: Blister

7,50 Euro

Waldhaus Erfurt 02

mit Logo und 3 Flaschen

Ford 9000 (Hauber)

H: Highspeed (China) **V:** Grell (Bielefeld)

Verpackung: Blister

7,50 Euro

Waldschloss-Bräu (Frammersbach) 01

mit Wappen

MAN F2000 Aero (Hochdach)

H: Wörlein (Cadolzburg) **V:** DGD (Nürnberg)

Verpackung: Blister

10,00 Euro

Warsteiner 01

mit 2 Logos, 5 Loch Felgen, beige Unterbau

Mercedes-Benz klein (NG 80 mittel)

H: Made in China **V:** keine Angabe

Verpackung: Blister

50,00 Euro

Warsteiner 02

mit 2 Logos, 5 Loch Felgen, schwarzer Unterbau

Mercedes-Benz klein (NG 80 mittel)

H: Made in China **V:** Hümmer (Teugn)

Verpackung: Blister

40,00 Euro

Warsteiner 03

mit 2 Logos, 12 Loch Felgen, schwarzer Unterbau

Mercedes-Benz klein (NG 80 mittel)

H: Made in China **V:** Hümmer (Teugn)

Verpackung: Blister

40,00 Euro

Warsteiner 04
mit 2 Logos, 5 Loch Felgen, beige Unterbau, großer Sattel mit Spritzschutz

Mercedes-Benz klein (NG 80 mittel)
H: Made in China **V:** Hümmer (Teugn)
Verpackung: Blister
40,00 Euro

Warsteiner 05
Modell Nr.2, mit 2 Logos

Mercedes-Benz Actros
H: Hümmer **V:** Brauerei
Verpackung: Blister
9,00 Euro

Warsteiner 06
mit 2 Logos, volle Felgen, schwarzer Unterbau

Mercedes-Benz klein (NG 80 mittel)
H: Made in China **V:** Brauerei
Verpackung: Blister
9,00 Euro

Warsteiner 07
Pilsener

VW T1 (Bully)
H: Wiking **V:** Brauerei
Verpackung: Showbox - Pappe und Plastik
25,00 Euro

Warsteiner 08
Modell Nr.3, mit 2 Logos

Mercedes-Benz Actros
H: Hümmer **V:** Brauerei
Verpackung: Blister
8,00 Euro

Warsteiner 09

AMG-Mercedes, mit Tourenwagen Nr. 6 vor Zielflagge

Mercedes-Benz Actros

H: keine Angabe **V:** Brauerei

Verpackung: Blister

8,00 Euro

Warsteiner 10

West McLaren Mercedes, mit Formel 1 Rennwagen

Mercedes-Benz Actros

H: keine Angabe **V:** Brauerei

Verpackung: Blister

8,00 Euro

Watzdorfer 01

Die Erlebnisbrauerei, mit Siegel

US modern (Hauber) (Kenworth T800)

H: Highspeed (China) **V:** Grell (Bielefeld)

Verpackung: Blister

40,00 Euro

Watzdorfer 02

Die Erlebnisbrauerei, mit Siegel

US modern (Hauber) (Kenworth T800)

H: Highspeed (China) **V:** Grell (Bielefeld)

Verpackung: Blister

25,00 Euro

Watzdorfer 03

LKW: Flaschenhals, Hänger: Glas

Mercedes-Benz Actros

H: Highspeed (China) **V:** Grell (Bielefeld)

Verpackung: Blister

12,50 Euro

Watzdorfer 04

und nach der Vorstellung ein freundliches Helles, mit Mann auf Hänger

IFA W50 (Oldtimer)

H: Grell (Bielefeld-China) **V:** Grell (Bielefeld)

Verpackung: Blister

10,00 Euro

Watzdorfer 05

Schwarzbier, mit Siegel

Mercedes-Benz Actros

H: Highspeed (China) **V:** Grell (Bielefeld)

Verpackung: Blister

9,00 Euro

Watzdorfer 06

www.watzdorfer.de

Ford 9000 (Hauber)

H: Highspeed (China) **V:** Grell (Bielefeld)

Verpackung: Blister

8,00 Euro

Watzdorfer 07

Frühlingsmodell Nr.1, mit nackter Frau auf schräger Flasche liegend

Scania 124L 420

H: Grell (Bielefeld-China) **V:** Grell (Bielefeld)

Verpackung: Blister

8,00 Euro

Watzdorfer 08

Sommermodell Nr.2, mit 2 Frauen am Waldfluss

Freightliner FLD 120 (Hauber)

H: Grell (Bielefeld-China) **V:** Grell (Bielefeld)

Verpackung: Blister

7,50 Euro

W

Watzdorfer 09

Herbstmodell Nr.3, Exportbier, mit Logo

MAN F2000 Aero (Hochdach)

H: Grell (Bielefeld-China) **V:** Grell (Bielefeld)

Verpackung: Blister

7,50 Euro

Watzdorfer 10

Wintermodell Nr.4, mit Frauenbusen

Scania 124L 420

H: Grell (Bielefeld-China) **V:** Grell (Bielefeld)

Verpackung: Blister

7,50 Euro

Wedi Getränkevertrieb 01

Pepsi

Mercedes-Benz Actros

H: Dickie (China) **V:** Gräf (Lichtenfels)

Verpackung: Blister

8,00 Euro

Wedi Getränkevertrieb 02

Leikeim

Mercedes-Benz Actros

H: Dickie (China) **V:** Gräf (Lichtenfels)

Verpackung: Blister

8,00 Euro

Wedi Getränkevertrieb 03

Kulmbacher, mit schrägem Glas

Mercedes-Benz Actros

H: Highspeed (China) **V:** Grell (Bielefeld)

Verpackung: Blister

7,50 Euro

Weihenstephan 01
mit Logo

Mercedes-Benz Actros
H: Highspeed (China) **V:** Grell (Bielefeld)
Verpackung: Blister
15,00 Euro

Weihenstephan 02
Älteste Brauerei der Welt, mit Logo und 3 Gläsern

Mercedes-Benz Actros
H: Highspeed (China) **V:** Grell (Bielefeld)
Verpackung: Blister
9,00 Euro

Weihenstephan 03
Staatsbrauerei, ohne Plane

MAN F8-LH (Oldtimer)
H: Hümmer **V:** Hümmer (Teugn)
Verpackung: Blister
7,50 Euro

Weiherer Bier (Brauerei Kundmüller) 01
mit schräger Flasche und Logo

US klassisch (Hauber)
H: Made in China **V:** DGD (Nürnberg)
Verpackung: Blister
9,00 Euro

Weilburger 01
Pils, mit Logo

Mercedes-Benz Actros
H: Top-Style (Ebersdorf) **V:** Allround Service (Wonsees)
Verpackung: Blister
7,50 Euro

W

2002

Weilburger 02

Lord Pils, mit 2 schwarzen Lords

Mercedes-Benz Actros

H: Top-Style (Ebersdorf) **V:** Allround Service (Wonsees)

Verpackung: Blister

7,50 Euro

Weingärtner Ilsfeld 01

mit 4 verschiedenen schrägen Flaschen

Mercedes-Benz Actros

H: Top-Style (Ebersdorf) **V:** Top-Style (Ebersdorf)

Verpackung: Blister

7,50 Euro

Weingärtner Willsbach 01

mit Logo

Mercedes-Benz Actros

H: Top-Style (Ebersdorf) **V:** Top-Style (Ebersdorf)

Verpackung: Blister

7,50 Euro

Weismainer Püls-Bräu 01

Püls-Bräu, mit Foto des Originals auf Blister

Ford Model T 1919 (Oldtimer)

H: Made in China **V:** keine Angabe

Verpackung: Blister

35,00 Euro

Weismainer Püls-Bräu 02

Püls-Bräu, mit Logo

Mercedes-Benz Actros

H: Made in China **V:** Hümmer (Teugn)

Verpackung: Blister

12,50 Euro

Weismainer Püls-Bräu 03
fröhlich - fränkisch - frisch, mit Glas und Flasche
Mercedes-Benz Actros
H: Hümmer **V:** Hümmer (Teugn)
Verpackung: Blister
10,00 Euro

Weismainer Püls-Bräu 04
Radler, mit Radfahrer
Mercedes-Benz Actros
H: Hümmer **V:** Hümmer (Teugn)
Verpackung: Blister
8,00 Euro

Weismainer Püls-Bräu 05
und Getränke Heitmann, goldene Felgen
Mercedes-Benz Actros
H: Wörlein (Cadolzburg) **V:** DGD (Nürnberg)
Verpackung: Blister
8,00 Euro

Weismainer Püls-Bräu 06
mit Logo auf Blister
Ford Model T 1919 (Oldtimer)
H: Golden (ADT-Trucks) **V:** Hümmer (Teugn)
Verpackung: Blister
10,00 Euro

Weismainer Püls-Bräu 07
Volle DrehZahl! mit 5 schrägen Flaschen
MAN TG-A
H: Hümmer **V:** Hümmer (Teugn)
Verpackung: Blister
7,50 Euro

W
2002

Weismainer Püls-Bräu 08

mit DLG - Medaille, Logo, Glas und Flasche

Scania 124L ?

H: Hümmer **V:** Hümmer (Teugn)

Verpackung: Blister

7,50 Euro

Weismainer Püls-Bräu 09

LaVit (Wasser), mit 2 schrägen Flaschen (still und spritzig)

Scania 124L ?

H: Hümmer **V:** Hümmer (Teugn)

Verpackung: Blister

7,50 Euro

Weiss Rössl Bier 01

Ferrari 308 GTB

H: keine Angabe **V:** Hümmer (Teugn)

Verpackung: Blister

50,00 Euro

Weiss Rössl Bier 02

Mercedes-Benz

H: keine Angabe **V:** Hümmer (Teugn)

Verpackung: Blister

50,00 Euro

Weiss Rössl Bier 03

Porsche 911 Cabrio, Dach zu

H: keine Angabe **V:** Hümmer (Teugn)

Verpackung: Blister

50,00 Euro

Weiss Rössl Bier 04

Porsche 911 Cabrio, Dach offen
H: keine Angabe **V:** Hümmer (Teugn)
Verpackung: Blister
50,00 Euro

Weiss Rössl Bier 05

VW Käfer Cabrio, Dach zu
H: keine Angabe **V:** Hümmer (Teugn)
Verpackung: Blister
50,00 Euro

Weiss Rössl Bier 06

Mercedes-Benz
H: keine Angabe **V:** Hümmer (Teugn)
Verpackung: Blister
50,00 Euro

Weiss Rössl Bier 07

BMW
H: keine Angabe **V:** Hümmer (Teugn)
Verpackung: Blister
50,00 Euro

Weiss Rössl Bier 08

BMW
H: keine Angabe **V:** Hümmer (Teugn)
Verpackung: Blister
50,00 Euro

Weiss Rössl Bier 09
Altfränkische Braukunst, mit Logo, geschwungene Schrift

US klassisch (Hauber)
H: Made in China **V:** TRI PLEX (Gaukönigshofen)
Verpackung: Blister
35,00 Euro

Weiss Rössl Bier 10
Altfränkische Braukunst, mit Logo, kantige Schrift

US klassisch (Hauber)
H: Made in China **V:** Hümmer (Teugn)
Verpackung: Blister
25,00 Euro

Weiss Rössl Bier 11
Altfränkische Braukunst, mit Logo

Mercedes-Benz Actros
H: Wörlein (Cadolzburg) **V:** DGD (Nürnberg)
Verpackung: Blister
12,50 Euro

Weiss Rössl Bier 12
Altfränkische Braukunst, mit Logo

MAN F2000 Aero (Hochdach)
H: Wörlein (Cadolzburg) **V:** DGD (Nürnberg)
Verpackung: Blister
9,00 Euro

Weiss Rössl Bier 13
Altfränkische Braukunst, mit Logo

Volvo FH16
H: Wörlein (Cadolzburg) **V:** Eurosun (Cadolzburg)
Verpackung: Blister
8,00 Euro

Weiss Rössl Bier 14
Altfränkische Braukunst, mit Logo

MAN F2000 (Hochdach)
H: Wörlein (Cadolzburg) **V:** Eurosun (Cadolzburg)
Verpackung: Blister
8,00 Euro

Weiss Rössl Bier 15
Altfränkische Braukunst, mit Logo

Freightliner FLD 120 (Hauber)
H: Grell (Bielefeld-China) **V:** Grell (Bielefeld)
Verpackung: Blister
7,50 Euro

Weißenfelser Fels-Bräu 01
Biere mit langer Tradition, mit Logo, 3 Achsen, gelochte Felgen

US modern (Hauber) (Kenworth T800)
H: Golden (ADT-Trucks) **V:** Müller (Chemnitz)
Verpackung: Plastikschachtel neutral
12,50 Euro

Weißenfelser Fels-Bräu 02
Odin-Trunk, Honigbräu, mit Logo

Kenworth klassisch (Hauber)
H: Majorette **V:** Müller (Chemnitz)
Verpackung: Plastikschachtel neutral
8,00 Euro

Weißenfelser Fels-Bräu 03
Biere mit langer Tradition, mit Logo vor Wasserfall

Mercedes-Benz Actros
H: Hümmer **V:** Hümmer (Teugn)
Verpackung: Blister
12,50 Euro

Weißenfelser Fels-Bräu 04

Doppelbock, mit Böcken vor tiefstehendem Mond und Logo

Kenworth klassisch (Hauber)

H: Majorette **V:** Müller (Chemnitz)

Verpackung: Plastikschachtel neutral

10,00 Euro

Weißenfelser Fels-Bräu 05

mit umranktem Logo und Brauereibild

Mercedes-Benz Actros

H: Top-Style (Ebersdorf) **V:** Top-Style (Ebersdorf)

Verpackung: Blister

7,50 Euro

Weißenfelser Fels-Bräu 06

Doppelbock, mit Logo und Böcken vor Vollmond

Mercedes-Benz Actros

H: Top-Style (Ebersdorf) **V:** Top-Style (Ebersdorf)

Verpackung: Blister

7,50 Euro

Weitra Bräu (Österreich) 01

aus der ältesten Braustadt Österreichs, mit 2 Logos

Kenworth klassisch (Hauber)

H: Majorette **V:** Müller (Chemnitz)

Verpackung: Plastikschachtel neutral

7,50 Euro

Weldebräu 01

Aus Lust und Laune, mit 2 Gläsern

Mercedes-Benz klein (NG 80 mittel)

H: Made in China **V:** Brauerei

Verpackung: Plastikschachtel neutral

125,00 Euro **Auflage:** 200

Weldebräu 02

Bierspecialitäten, mit 2 Logos

Mercedes-Benz klein (NG 80 mittel)

H: Made in China **V:** Brauerei

Verpackung: Plastikschachtel neutral

125,00 Euro **Auflage:** 200

Weldebräu 13

mein Laster, mit liegender Flasche

Ford 9000 (Hauber)

H: Highspeed (China) **V:** Grell (Bielefeld)

Verpackung: Blister

10,00 Euro

Weltenburger Kloster Bier 01

mit 2 Logos

Mercedes-Benz klein (NG 80 mittel)

H: Made in China **V:** Hümmer (Teugn)

Verpackung: Blister

60,00 Euro

Weltenburger Kloster Bier 02

mit Logo

Mercedes-Benz Actros

H: Hümmer **V:** Hümmer (Teugn)

Verpackung: Blister

15,00 Euro

Weltenburger Kloster Bier 03

mit Logo

Mercedes-Benz 6600 (Oldtimer), große Plane

H: Hümmer **V:** Hümmer (Teugn)

Verpackung: Blister

7,50 Euro

Wernecker 01

mit 4 Bügelflaschen

US klassisch (Hauber)

H: Made in China **V:** Hümmer (Teugn)

Verpackung: Blister

20,00 Euro

Wernecker 02

Ploppel (Limonade), mit Comicsaurier

Mercedes-Benz Actros

H: Hümmer **V:** Hümmer (Teugn)

Verpackung: Blister

10,00 Euro

Wernecker 03

Plopp mit 4 schrägen Bügelflaschen und Logo

MAN F90

H: Made in China **V:** Hümmer (Teugn)

Verpackung: Plastikschachtel neutral

25,00 Euro

Wernecker 04

Bayerisch Hell und Dunkel, mit 2 Bügelflaschen und Logo

Mercedes-Benz Actros

H: Wörlein (Cadolzburg) **V:** DGD (Nürnberg)

Verpackung: Blister

9,00 Euro

Wernecker 05

Laurentius Kellerbier, mit 2 Bügelflaschen und Logo

Mercedes-Benz Actros

H: Wörlein (Cadolzburg) **V:** DGD (Nürnberg)

Verpackung: Blister

9,00 Euro

Wernecker	06
Weihnachtsbier (1999), mit Weihnachtsmann, 2 Bügelflaschen und Sternen	
Mercedes-Benz Actros	
H: Wörlein (Cadolzburg) **V:** DGD (Nürnberg)	
Verpackung: Blister	
9,00 Euro	

Wernecker	07
Plopp, mit 7 Bügelflaschen und Logo	
Kenworth T2000 (Hauber)	
H: Made in China **V:** DGD (Nürnberg)	
Verpackung: Blister	
8,00 Euro	

Wernecker	08
Balthasar Neumann Hefe Weisse, mit Gebäude, Portrait und Logo	
Kenworth T2000 (Hauber)	
H: Made in China **V:** DGD (Nürnberg)	
Verpackung: Blister	
8,00 Euro	

Wernecker	09
Edle Biere aus Franken, mit 3 Bügelflaschen und Logo hinter Zeichnung eines Dorfes	
Kenworth T2000 (Hauber)	
H: Made in China **V:** DGD (Nürnberg)	
Verpackung: Blister	
8,00 Euro	

Wernecker	10
Laurentius, mit großer und 3 kleinen Bügelflaschen neben Zeichnung des Schützenhofes	
MAN F90	
H: Made in China **V:** Hümmer (Teugn)	
Verpackung: Blister	
8,00 Euro	

W

2002

Wernecker 11

Edle Biere aus Franken, mit rot-weißer Fahne vor und 4 Bügelflaschen hinter Zeichnung eines Dorfes

MAN F90

H: Made in China **V:** Hümmer (Teugn)

Verpackung: Blister

7,50 Euro

Wernecker 12

Prost! Mit 4 Bügelflaschen

MAN F90

H: Made in China **V:** Hümmer (Teugn)

Verpackung: Blister

7,50 Euro

Wernecker 13

Laurentius, mit großer und 3 kleinen Bügelflaschen neben Zeichnung des Schützenhofes

MAN F90

H: Made in China **V:** Hümmer (Teugn)

Verpackung: Blister

7,50 Euro

Wernecker 14

Radler, mit Radfahrer im Wald

Mercedes-Benz Actros

H: Highspeed (China) **V:** keine Angabe

Verpackung: Plastikschachtel neutral

12,50 Euro **Auflage:** 150

Wernecker 15

mit 5 gelben Sternen und schrägen Streifen

Freightliner FLD 120 (Hauber)

H: Grell (Bielefeld-China) **V:** Grell (Bielefeld)

Verpackung: Blister

7,50 Euro

Wernecker 16

Eine fränkische Großfamilie. mit 18 versch. Bügelflaschen

Freightliner FLD 120 (Hauber)

H: Grell (Bielefeld-China) **V:** Grell (Bielefeld)

Verpackung: Blister

7,50 Euro

Wernecker 17

Ploppel + Pils = Radler, mit 3 Flaschen

Freightliner FLD 120 (Hauber)

H: Grell (Bielefeld-China) **V:** Grell (Bielefeld)

Verpackung: Blister

7,50 Euro

Wernecker 18

Das 7 Sterne Bier, mit 7 gelben Sternen und schrägen Streifen

Mack Hauber

H: Highspeed (China) **V:** Grell (Bielefeld)

Verpackung: Blister

7,50 Euro

Wernecker 19

Bier-Elf, mit 11 Bügelflaschen

Mack Hauber

H: Highspeed (China) **V:** Grell (Bielefeld)

Verpackung: Blister

7,50 Euro

Wernecker 21

Laurentius, mit 2 schrägen Flaschen vor Schützenhof

Mack Hauber

H: Highspeed (China) **V:** Grell (Bielefeld)

Verpackung: Blister

7,50 Euro

W

2002

Wernecker 22

Balthasar Neumann Hefe Weisse, mit Gebäude, Portrait und Logo

Mack Hauber

H: Highspeed (China) **V:** Grell (Bielefeld)

Verpackung: Blister

7,50 Euro

Wernecker 23

Das schmeckt nach Franken, mit rot-weißer Fahne vor und 3 Bügelflaschen hinter Zeichnung eines Dorfes

Mack Hauber

H: Highspeed (China) **V:** Grell (Bielefeld)

Verpackung: Blister

7,50 Euro

Werner 01

Wir wollen Werner! mit Glas

MAN F90

H: Made in China **V:** keine Angabe

Verpackung: Plastikschachtel neutral

40,00 Euro

Werner 02

Wir wollen Werner! mit Glas

US modern (Hauber) (Kenworth T800)

H: Highspeed (China) **V:** Grell (Bielefeld)

Verpackung: Blister

40,00 Euro

Werner 03

Wir wollen Werner! mit Glas

US modern (Hauber) (Kenworth T800)

H: Highspeed (China) **V:** Grell (Bielefeld)

Verpackung: Blister

17,50 Euro

Werner 04

Nr.2, Wir wollen Werner! mit Glas

Mercedes-Benz Actros

H: Highspeed (China) **V:** Grell (Bielefeld)

Verpackung: Blister

12,50 Euro

Werner 05

Nr.3, Freunde fürs Leben, mit Glas

Mercedes-Benz Actros

H: Highspeed (China) **V:** Grell (Bielefeld)

Verpackung: Blister

10,00 Euro

Werner 06

Nr.4, Freunde fürs Leben, mit Glas

IFA W50 (Oldtimer)

H: Grell (Bielefeld-China) **V:** Grell (Bielefeld)

Verpackung: Blister

17,50 Euro

Werner 07

Starker Stoff, neuer Look. mit schräger und 4 geraden Flaschen

MAN F2000 Aero (Hochdach)

H: Wörlein (Cadolzburg) **V:** DGD (Nürnberg)

Verpackung: Blister

8,00 Euro

Werner 08

mit 2 Logos

Ford Model T 1919 (Oldtimer)

H: Golden (ADT-Trucks) **V:** keine Angabe

Verpackung: in Folie eingeschweißt

10,00 Euro

Werner 09
Hefe Weisse, mit 3 Flaschen und Glas

Mercedes-Benz Actros
H: Wörlein (Cadolzburg) **V:** DGD (Nürnberg)
Verpackung: Blister
7,50 Euro

Werner 10
Pilsener, mit 2 schrägen Flaschen

MAN TG-A
H: Wörlein (Cadolzburg) **V:** DGD (Nürnberg)
Verpackung: Blister
7,50 Euro

Werner 11
1.FC.Schweinfurt 05, Aufsteiger des Jahres, mit Wappen, Fußball und Flaschenhals

MAN TG-A
H: Wörlein (Cadolzburg) **V:** DGD (Nürnberg)
Verpackung: Blister
7,50 Euro

Wernesgrüner 01
Pils Legende, mit schrägem Glas

US klassisch (Hauber)
H: Made in China **V:** DGD (Nürnberg)
Verpackung: Blister
12,50 Euro

Wernesgrüner 03
mit 2 schrägen Gläsern, von Getränke Winkler Rodewisch

Mercedes-Benz Actros
H: Highspeed (China) **V:** Grell (Bielefeld)
Verpackung: Blister
17,50 Euro **Auflage:** 5.000

Wernesgrüner 04

mit schrägem Glas

Framo V 501 (Oldtimer)

H: Wörlein (Cadolzburg) **V:** DGD (Nürnberg)

Verpackung: Blister

9,00 Euro

Wernesgrüner 05

Goliath Dreirad (Oldtimer)

H: Hümmer **V:** Hümmer (Teugn)

Verpackung: Blister

7,50 Euro

Wernesgrüner 06

mit 2 schrägen Gläsern und 2 Logos

Mercedes-Benz Actros

H: Highspeed (China) **V:** Grell (Bielefeld)

Verpackung: Blister

7,50 Euro

Wernesgrüner 07

mit 2 schrägen Gläsern, von Getränke Winkler Rodewisch

Scania 124L 420

H: Grell (Bielefeld-China) **V:** Grell (Bielefeld)

Verpackung: Blister

8,00 Euro **Auflage:** 2.500

Wernesgrüner 08

Weihnachtstruck 2001, mit schrägem Glas und Sternenschweif

US klassisch (Hauber)

H: Hümmer **V:** Hümmer (Teugn)

Verpackung: Blister

7,50 Euro

W

2002

Wernesgrüner 09

mit Logo

Garant (Oldtimer)

H: Hümmer **V:** Hümmer (Teugn)

Verpackung: Blister

7,50 Euro

Werntal-Bräu (Gänheim) 01

Ein Bier für Kenner, mit Logo

MAN Büssing 8000 (Oldtimer)

H: Wörlein (Cadolzburg) **V:** DGD (Nürnberg)

Verpackung: Blister

8,00 Euro

Werra Gold (Bad Salzungen) 01

Fruchtsaftkelterei, mit Früchten

Mercedes-Benz Actros

H: Highspeed (China) **V:** Grell (Bielefeld)

Verpackung: Blister

8,00 Euro

WeserGold 01

mit Apfelsine, Zm links (riha Hertinger Getränkeindustrie)

Mercedes-Benz Actros Kühlzug

H: Vierke (Braunschweig) **V:** Vierke (Braunschweig)

Verpackung: Blister

7,50 Euro **Auflage:** 2.499

WeserGold 02

mit Apfel, Zm rechts (riha Hertinger Getränkeindustrie)

Mercedes-Benz Actros Kühlzug

H: Vierke (Braunschweig) **V:** Vierke (Braunschweig)

Verpackung: Blister

7,50 Euro **Auflage:** 2.499

Westheimer 01
Spitzenbier mit Tradition, mit Logo

Mercedes-Benz klein
H: Made in China **V:** Hümmer (Teugn)
Verpackung: Blister
75,00 Euro

Westheimer 02
Spitzenbier mit Tradition, mit Logo

US klassisch (Hauber)
H: Made in China **V:** Hümmer (Teugn)
Verpackung: Blister
75,00 Euro

Westheimer 03
Graf Stolberg Dunkel, mit Logo

US modern (Hauber) (Kenworth T800)
H: Highspeed (China) **V:** Grell (Bielefeld)
Verpackung: Blister
25,00 Euro

Westheimer 04
Premium Pilsener, mit Logo

US modern (Hauber) (Kenworth T800)
H: Highspeed (China) **V:** Grell (Bielefeld)
Verpackung: Blister
25,00 Euro

Westheimer 05
Lager macht Laune, mit Frau, Flasche und Herta Schön Logo, erschienen zur Tauschbörse Gröbzig 2000, mit Zertifikat

Mercedes-Benz Actros
H: Highspeed (China) **V:** Grell (Bielefeld)
Verpackung: Blister
10,00 Euro **Auflage:** 2.500

Westheimer 06

Radler, Lieber´n Radler als zu Fuß gehen, mit radfahrender Frau und Logo

Mercedes-Benz Actros

H: Highspeed (China) **V:** Grell (Bielefeld)

Verpackung: Blister

10,00 Euro

Westheimer 07

Graf Stolberg Dunkel, Das dunkle Geheimnis, mit Portrait

Mercedes-Benz Actros

H: Highspeed (China) **V:** Grell (Bielefeld)

Verpackung: Blister

7,50 Euro

Westheimer 08

Dem Sauerland sein Bier, mit Frau und Logo

Mercedes-Benz Actros

H: Highspeed (China) **V:** Grell (Bielefeld)

Verpackung: Blister

9,00 Euro

Westheimer 09

Premium Pilsener, mit Logo

Mercedes-Benz Atego 18T

H: Vierke (Braunschweig) **V:** Vierke (Braunschweig)

Verpackung: Blister

7,50 Euro **Auflage:** 2.999

Westheimer 10

Lager macht Laune, mit Frau, Flasche und Westheimer Lager Logo

Mercedes-Benz Actros

H: Highspeed (China) **V:** Grell (Bielefeld)

Verpackung: Blister

7,50 Euro

Wichert (Oberwallenstadt) 01
mit Logo

Mercedes-Benz Actros
H: Top-Style (Ebersdorf) **V:** Allround Service (Wonsees)
Verpackung: Plastikschachtel bedruckt oder mit Aufkleber
6,50 Euro

Wicküler 01
Männer wie wir..., mit 3 Flaschen

Scania 124L 420
H: Grell (Bielefeld-China) **V:** Grell (Bielefeld)
Verpackung: Blister
7,50 Euro

Wicküler 02
Männer wie wir..., mit 3 Flaschen, und Logo-Getränkefachmarkt (auf Blister)

Scania 124L 420
H: Grell (Bielefeld-China) **V:** Grell (Bielefeld)
Verpackung: Blister
7,50 Euro

Wieninger Bier 01
mit 2 Logos und gezeichneter Landschaft

Mercedes-Benz groß (NG 80 lang)
H: Made in China **V:** Lauterbach
Verpackung: Blister
12,50 Euro

Wieninger Bier 02
mit Logo und gezeichneter Landschaft

Mercedes-Benz Actros
H: Hümmer **V:** Hümmer (Teugn)
Verpackung: Blister
7,50 Euro

Wieselburger Bier 01

mit Glas, Flasche und historischem LKW

Kenworth klassisch (Hauber)

H: Majorette **V:** keine Angabe

Verpackung: Plastikschachtel neutral

7,50 Euro **Auflage:** 250

Wiesener 01

Bierspezialitäten, mit Logo

MAN F90

H: Made in China **V:** keine Angabe

Verpackung: Plastikschachtel neutral

25,00 Euro

Wiesener 02

Bierspezialitäten, mit Logo

Mercedes-Benz Actros

H: Highspeed (China) **V:** Grell (Bielefeld)

Verpackung: Blister

12,50 Euro

Wiesener 03

Räuber Weisse, mit Glas und Logo

Scania 164L 6580

H: Wörlein (Cadolzburg) **V:** Eurosun (Cadolzburg)

Verpackung: Plastikschachtel bedruckt oder mit Aufkleber

7,50 Euro

Wieser (Wiesmühl) 01

mit Logo

MAN Büssing 8000 (Oldtimer)

H: Wörlein (Cadolzburg) **V:** DGD (Nürnberg)

Verpackung: Blister

8,00 Euro

Wiethaler (Lauf-Neunhof)	01
mit 4 Gläsern und Haus vor Wolken	
Volvo F-12 Globetrotter	
H: Made in China **V:** keine Angabe	
Verpackung: Pappschachtel neutral	
30,00 Euro	

Wildbräu (Grafing)	01
mit 2 Logos, grüne Schrift, 3 Achsen, gelochte Felgen	
Mercedes-Benz groß (NG 80 lang)	
H: Golden (ADT-Trucks) **V:** keine Angabe	
Verpackung: Plastikschachtel neutral	
15,00 Euro	

Wildbräu (Grafing)	02
mit 2 Logos, gelbe Schrift, 3 Achsen, gelochte Felgen	
Mercedes-Benz groß (NG 80 lang)	
H: Golden (ADT-Trucks) **V:** keine Angabe	
Verpackung: Plastikschachtel neutral	
15,00 Euro	

Wildbräu (Grafing)	03
bärig bierig, mit Logo	
US modern (Hauber) (Kenworth T800)	
H: Highspeed (China) **V:** Grell (Bielefeld)	
Verpackung: Blister	
12,50 Euro	

Wildbräu (Grafing)	04
bärig bierig, mit Logo	
MAN M2000	
H: Made in China **V:** Lauterbach	
Verpackung: Blister	
7,50 Euro	

Wilke Säfte 01

natürlich Brandenburg, mit schrägem braunen Streifen

US modern (Hauber) (Kenworth T800)

H: Highspeed (China) **V:** Grell (Bielefeld)

Verpackung: Blister

10,00 Euro

Will Bräu 01

Bayerisch Weizen und Original Bayerisch Malz, mit 2 Logos, 3 Achsen, gelochte Felgen

Volvo F-12 Globetrotter

H: Golden (ADT-Trucks) **V:** Brauerei

Verpackung: Plastikschachtel neutral

20,00 Euro

Will Bräu 04

Bayerisch Weizen und Original Bayerisch Malz, mit 2 Logos, 2 Achsen, gelochte Felgen

US modern (Hauber) (Kenworth T800)

H: Golden (ADT-Trucks) **V:** keine Angabe

Verpackung: Plastikschachtel neutral

20,00 Euro

Will Bräu 05

Bayerisch Weizen und Original Bayerisch Malz, mit 2 Logos, 2 Achsen, volle Felgen

Mercedes-Benz groß (NG 80 lang)

H: Golden (ADT-Trucks) **V:** keine Angabe

Verpackung: Plastikschachtel neutral

20,00 Euro

Will Bräu 06

Schederndorf, mit Foto einer Ansiedlung und Logo

MAN F2000 Aero (Hochdach)

H: Wörlein (Cadolzburg) **V:** MaHug (Kulmbach)

Verpackung: Blister

8,00 Euro

Will Bräu 07

mit Glas und Logo vor Haus im Feld

Mercedes-Benz Actros

H: Wörlein (Cadolzburg) **V:** Eurosun (Cadolzburg)

Verpackung: Blister

7,50 Euro

Will Bräu 08

Pils de luxe, mit liegender Flasche

MAN TG-A

H: Wörlein (Cadolzburg) **V:** DGD (Nürnberg)

Verpackung: Blister

7,50 Euro

Willhelm Grever Getränkegroßhandel 01

90 Jahre (2000), mit 2 Logos

Mercedes-Benz Actros

H: Highspeed (China) **V:** Grell (Bielefeld)

Verpackung: Blister

7,50 Euro

Willinger Brauhaus 01

mit Schriftzug vor Brauerei

MAN M2000

H: Made in China **V:** Lauterbach

Verpackung: Blister

7,50 Euro

Wilthener Weinbrennerei 01

und Großhandel Zimmermann

US modern (Hauber) (Kenworth T800)

H: Golden (ADT-Trucks) **V:** Müller (Plessa)

Verpackung: Plastikschachtel neutral

20,00 Euro

Wilthener Weinbrennerei 02
Likör und Mint, mit 2 schrägen Flaschen (von Zwicker Gebesee)

Mercedes-Benz Actros
H: Highspeed (China) **V:** Grell (Bielefeld)
Verpackung: Blister
7,50 Euro

Wilthener Weinbrennerei 03
Goldkrone, mit liegender Flasche (von Zwicker Gebesee)

MAN F2000 Aero (Hochdach)
H: Grell (Bielefeld-China) **V:** Grell (Bielefeld)
Verpackung: Blister
7,50 Euro

Wilthener Weinbrennerei 04
Brillanz, mit liegender Flasche (von Zwicker Gebesee)

Mercedes-Benz Actros
H: Highspeed (China) **V:** Grell (Bielefeld)
Verpackung: Blister
7,50 Euro

Wilthener Weinbrennerei 05
Helios, mit liegender Flasche (von Zwicker Gebesee)

Scania 124L 420
H: Grell (Bielefeld-China) **V:** Grell (Bielefeld)
Verpackung: Blister
7,50 Euro

Wilthener Weinbrennerei 06
mit 3 versch. Weinbrandflaschen (von Zwicker Gebesee)

Mercedes-Benz Actros
H: Highspeed (China) **V:** Grell (Bielefeld)
Verpackung: Blister
7,50 Euro

Winkler (Amberg) 01
mit 14 Flaschen und 1 Glas
Mercedes-Benz Actros
H: Wörlein (Cadolzburg) **V:** DGD (Nürnberg)
Verpackung: Blister
9,00 Euro

Winkler (Melkendorf) 01
mit 2 Logos
Mercedes-Benz Actros
H: Wörlein (Cadolzburg) **V:** Allround Service (Wonsees)
Verpackung: Plastikschachtel bedruckt oder mit Aufkleber
6,50 Euro **Auflage:** 300

Winkler (Melkendorf) 02
mit 2 Logos
MAN M2000
H: Made in China **V:** Allround Service (Wonsees)
Verpackung: Plastikschachtel bedruckt oder mit Aufkleber
6,50 Euro **Auflage:** 300

Winkler (Melkendorf) 03
mit Logo
Mercedes-Benz Actros
H: Hümmer **V:** Allround Service (Wonsees)
Verpackung: Plastikschachtel bedruckt oder mit Aufkleber
6,50 Euro **Auflage:** 300

Winkler (Melkendorf) 04
mit 2 Logos
Volvo FH16
H: Wörlein (Cadolzburg) **V:** Allround Service (Wonsees)
Verpackung: Plastikschachtel bedruckt oder mit Aufkleber
6,50 Euro **Auflage:** 300

Winkler (Melkendorf) 05

mit 2 Logos

Kenworth klassisch (Hauber)

H: Majorette **V:** keine Angabe

Verpackung: Plastikschachtel neutral

7,50 Euro

Winkler (Melkendorf) 06

Mercedes-Benz Actros

H: Wörlein (Cadolzburg) **V:** DGD (Nürnberg)

Verpackung: Plastikschachtel bedruckt oder mit Aufkleber

7,50 Euro

Wißkeefer-Kräuterlikör 01

von Getränke Zwicker Gebesee

US modern (Hauber) (Kenworth T800)

H: Highspeed (China) **V:** Grell (Bielefeld)

Verpackung: Blister

9,00 Euro

Wittichenauer 01

Pils, mit Logo

US modern (Hauber) (Kenworth T800)

H: Highspeed (China) **V:** Grell (Bielefeld)

Verpackung: Blister

25,00 Euro

Wittichenauer 02

Das Premium der Lausitz, mit Glas und Flasche vor Luftaufnahme

US modern (Hauber) (Kenworth T800)

H: Highspeed (China) **V:** Grell (Bielefeld)

Verpackung: Blister

20,00 Euro

Wittichenauer 03

St. Marienstern Klosterbräu, mit Kloster in ovalem Logo

US modern (Hauber) (Kenworth T800)

H: Highspeed (China) **V:** Grell (Bielefeld)

Verpackung: Blister

15,00 Euro

Wittichenauer 04

Premium Pils, mit Logo auf grünem Streifen

Mercedes-Benz Actros

H: Highspeed (China) **V:** Grell (Bielefeld)

Verpackung: Blister

9,00 Euro

Wittichenauer 05

Drei Trümpfe, mit 3 Flaschen und Skatkartensymbolen

Mercedes-Benz Actros

H: Highspeed (China) **V:** Grell (Bielefeld)

Verpackung: Blister

8,00 Euro

Wittichenauer 06

Pils, mit schrägem Glas vor Ansiedlung (Zeichnung)

MAN TG-A

H: Wörlein (Cadolzburg) **V:** DGD (Nürnberg)

Verpackung: Blister

7,50 Euro

Wittinger Premium 01

und Gaststätte Zum Salzhut Staßfurt,
mit Steinen im Wasser und 2 Logos

Mercedes-Benz Actros

H: Highspeed (China) **V:** Gaststätte

Verpackung: Plastikschachtel neutral

6,50 Euro **Auflage:** 50

W

2002

Wittinger Premium 02

und 10 Jahre Gaststätte Zum Salzhut Staßfurt, mit Steinen im Wasser und 2 Logos

Mercedes-Benz Actros

H: Highspeed (China) **V:** Gaststätte

Verpackung: Plastikschachtel neutral

6,50 Euro **Auflage:** 50

Wittinger Premium 03

mit 2 Logos

Mercedes-Benz Actros

H: Wörlein (Cadolzburg) **V:** Eurosun (Cadolzburg)

Verpackung: Blister

7,50 Euro

Wittmann (Landshut) 01

mit vielen gelben Kästen und Logo

Mercedes-Benz Actros

H: Hümmer **V:** Hümmer (Teugn)

Verpackung: Blister

9,00 Euro

Wittmann (Landshut) 02

immer gleich gut, mit schräger Flasche und Logo

MAN TG-A

H: Wörlein (Cadolzburg) **V:** Eurosun (Cadolzburg)

Verpackung: Blister

7,50 Euro

Wodka Energy 01

mit Dose

Mercedes-Benz Actros

H: Wörlein (Cadolzburg) **V:** DGD (Nürnberg)

Verpackung: Blister

7,50 Euro

Wohn Bier 01

mit 2 Logos

Mercedes-Benz klein (NG 80 mittel)

H: Made in China **V:** Hümmer (Teugn)

Verpackung: Blister

35,00 Euro

Wohn Bier 02

mit 2 Logos

US modern (Hauber) (Kenworth T800)

H: Highspeed (China) **V:** Grell (Bielefeld)

Verpackung: Blister

15,00 Euro

Wohn Bier 03

Alt Nailaer Dunkel, mit 2 Logos

Mercedes-Benz Actros

H: Highspeed (China) **V:** Grell (Bielefeld)

Verpackung: Blister

9,00 Euro

Woinemer Hausbrauerei (Weinheim) 01

mit Logo und 2 Gläsern

Mercedes-Benz Atego 18T

H: Vierke (Braunschweig) **V:** Vierke (Braunschweig)

Verpackung: Blister

7,50 Euro **Auflage:** 3.999

Wolferstetter 01

Bier, mit 2 Logos

Mercedes-Benz Actros

H: Wörlein (Cadolzburg) **V:** DGD (Nürnberg)

Verpackung: Blister

12,50 Euro

Wolferstetter 02
Bier

Mercedes-Benz Actros
H: Wörlein (Cadolzburg) **V:** DGD (Nürnberg)
Verpackung: Blister
17,50 Euro

Wolferstetter 03
Bier, mit Logo

US modern (Hauber)
H: Hümmer **V:** Hümmer (Teugn)
Verpackung: Blister
7,50 Euro

Wolferstetter 04
Export Hefe Weizen, mit Logo

US modern (Hauber)
H: Hümmer **V:** Hümmer (Teugn)
Verpackung: Blister
7,50 Euro

Wolferstetter 05
mit 4 bunten Bildern

US modern (Hauber)
H: Hümmer **V:** Hümmer (Teugn)
Verpackung: Blister
7,50 Euro

Wolferstetter 06
Leichtes Weizen, mit Logo

US modern (Hauber)
H: Hümmer **V:** Hümmer (Teugn)
Verpackung: Blister
7,50 Euro

Wolfra Fruchtsäfte 01

Bayern trinkt Wolfra, mit Äpfeln

Mercedes-Benz Actros

H: Hümmer **V:** Hümmer (Teugn)

Verpackung: Blister

8,00 Euro

Wolfshöher 01

Pilsner, mit Logo

MAN F90

H: Made in China **V:** Hümmer (Teugn)

Verpackung: Plastikschachtel bedruckt oder mit Aufkleber

35,00 Euro

Wolfshöher 02

Pilsner, mit Logo

MAN F90

H: Made in China **V:** Hümmer (Teugn)

Verpackung: Blister

25,00 Euro

Wolfshöher 03

Pilsner, ein Hochgenuss, mit Logo, geriffelter Sattel

US klassisch (Hauber)

H: Made in China **V:** Hümmer (Teugn)

Verpackung: Blister

30,00 Euro

Wolfshöher 04

Millenium Truck 1999/2000,

mit 3 Logos vor blauer Landschaft

Mercedes-Benz Actros

H: Wörlein (Cadolzburg) **V:** DGD (Nürnberg)

Verpackung: Blister

12,50 Euro

2002

W

Wolfshöher 05

Höher im Namen, mit schrägem Glas und Flasche vor Wald

Kenworth T2000 (Hauber)

H: Made in China **V:** DGD (Nürnberg)

Verpackung: Blister

8,00 Euro

Wolfshöher 06

Premium, mit schräger Flasche vor Wald und Logo vor dunklem Hintergrund

Kenworth T2000 (Hauber)

H: Made in China **V:** DGD (Nürnberg)

Verpackung: Blister

8,00 Euro

Wolfshöher 07

Vollmondbier, mit heulendem Wolf und Glas

MAN F2000 Aero (Hochdach)

H: Wörlein (Cadolzburg) **V:** DGD (Nürnberg)

Verpackung: Blister

12,50 Euro

Wolfshöher 08

mit 6 fliegenden Flaschen

MAN F2000 Aero (Hochdach)

H: Wörlein (Cadolzburg) **V:** DGD (Nürnberg)

Verpackung: Blister

8,00 Euro

Wolfshöher 09

mit Segelboot in stürmiger See

MAN F2000 Aero (Hochdach)

H: Wörlein (Cadolzburg) **V:** DGD (Nürnberg)

Verpackung: Blister

7,50 Euro

Wolfshöher 10

mit Comiczeichnung und Logo

MAN F2000 Aero (Hochdach)

H: Wörlein (Cadolzburg) **V:** DGD (Nürnberg)

Verpackung: Blister

7,50 Euro

Wolfshöher 11

Airbrush 1/3, mit Schloss Neuschwanstein

MAN F2000 Aero (Hochdach)

H: Wörlein (Cadolzburg) **V:** DGD (Nürnberg)

Verpackung: Blister

7,50 Euro

Wolfshöher 12

Airbrush 2/3, mit Segelschiffen, Mann und Huskys im Eismeer

MAN F2000 Aero (Hochdach)

H: Wörlein (Cadolzburg) **V:** DGD (Nürnberg)

Verpackung: Blister

7,50 Euro

Wolfshöher 13

Airbrush 3/3, mit 2 Segelschiffen im Sturm

MAN F2000 Aero (Hochdach)

H: Wörlein (Cadolzburg) **V:** DGD (Nürnberg)

Verpackung: Blister

7,50 Euro

Wolters (Braunschweig) 01

Pilsener, mit Schild über Frontscheibe

Ford Model T 1919 (Oldtimer)

H: Made in China **V:** Brauerei

Verpackung: Plastikschachtel neutral

60,00 Euro **Auflage:** 200

Wolters (Braunschweig) 02
Pilsener

Ford Model T 1919 (Oldtimer)
H: Golden (ADT-Trucks) **V:** Brauerei
Verpackung: Plastikschachtel neutral
35,00 Euro **Auflage:** 200

Wolters (Braunschweig) 03
Schwarzer Herzog, mit Logo

Mercedes-Benz Actros
H: Highspeed (China) **V:** Grell (Bielefeld)
Verpackung: Blister
12,50 Euro

Wolters (Braunschweig) 04
Pilsener, mit 4 Gläsern

MAN F2000 Aero (Hochdach)
H: Grell (Bielefeld-China) **V:** Grell (Bielefeld)
Verpackung: Blister
7,50 Euro

Wolters (Braunschweig) 05
Geschmack kommt immer an... oder was,
mit 4 + 3 Flaschen vor Skyline

MAN F2000 Aero (Hochdach)
H: Wörlein (Cadolzburg) **V:** Eurosun (Cadolzburg)
Verpackung: Blister
7,50 Euro

Wolters (Braunschweig) 06
Schwarzer Herzog, mit Logo und 6 schrägen Flaschen

MAN F2000 Aero (Hochdach)
H: Wörlein (Cadolzburg) **V:** Eurosun (Cadolzburg)
Verpackung: Blister
7,50 Euro

Wolters (Braunschweig) 07

Pilsener, mit Logo

MAN TG-460

H: Grell (Bielefeld-China) **V:** Grell (Bielefeld)

Verpackung: Blister

7,50 Euro

Wolters (Braunschweig) 08

Schwarzer Herzog, mit 2 Gläsern und 2 Flaschen

Ford 9000 (Hauber)

H: Highspeed (China) **V:** Grell (Bielefeld)

Verpackung: Blister

7,50 Euro

Wörlitzer Bier 01

mit 2 Logos

Volvo F-12 Globetrotter

H: Golden (ADT-Trucks) **V:** Müller (Chemnitz)

Verpackung: Plastikschachtel neutral

15,00 Euro

Wüllner´s Braumeister 01

Pilsener, mit 2 schrägen Flaschen und Logo

Mercedes-Benz Actros

H: Hümmer **V:** Hümmer (Teugn)

Verpackung: Blister

12,50 Euro

Wüllner´s Braumeister 02

Schwarz-Bier, mit schräger Flasche und Logo

Mercedes-Benz Actros

H: Hümmer **V:** Hümmer (Teugn)

Verpackung: Blister

12,50 Euro

Wüllner´s Braumeister 03

Weissbier Hell, mit schräger Flasche, Glas und Logo vor Landschaft

Mercedes-Benz Actros

H: Hümmer **V:** Hümmer (Teugn)

Verpackung: Blister

12,50 Euro

Wüllner´s Braumeister 04

Jubiläums-Oldtimer 75 Jahre, mit Logo

MAN Büssing 8000 (Oldtimer)

H: Wörlein (Cadolzburg) **V:** DGD (Nürnberg)

Verpackung: Blister

9,00 Euro

Wüllner´s Braumeister 05

mit Logo

Framo V 501 (Oldtimer)

H: Wörlein (Cadolzburg) **V:** WMS (Thum)

Verpackung: Blister

9,00 Euro

Wüllner´s Braumeister 06

Landbier, mit Logo, schräger Flasche und Glas

Mercedes-Benz Actros

H: Hümmer **V:** Hümmer (Teugn)

Verpackung: Blister

7,50 Euro

Wüllner´s Braumeister 07

Pilsener, mit Logo, schräger Flasche und Glas

Mercedes-Benz Actros

H: Hümmer **V:** Hümmer (Teugn)

Verpackung: Blister

7,50 Euro

Würzburger Hofbräu 01
Julius Echter, mit 2 verschiedenen Logos

MAN F90
H: Made in China **V:** keine Angabe
Verpackung: Plastikschachtel neutral
35,00 Euro

Würzburger Hofbräu 02
mit Logo

Mercedes-Benz klein (NG 80 mittel)
H: Made in China **V:** Hümmer (Teugn)
Verpackung: Blister
30,00 Euro

Würzburger Hofbräu 04
mit Logo

US klassisch (Hauber)
H: Made in China **V:** keine Angabe
Verpackung: Plastikschachtel neutral
25,00 Euro

Würzburger Hofbräu 05
350 Jahre, mit Logo

US klassisch (Hauber)
H: Made in China **V:** Hümmer (Teugn)
Verpackung: Blister
25,00 Euro

Würzburger Hofbräu 06
Ein Zug voller Genuß, mit schrägen Flaschen

Mercedes-Benz Actros
H: Highspeed (China) **V:** Grell (Bielefeld)
Verpackung: Blister
12,50 Euro

Würzburger Hofbräu 07

1643 - Das Gute kommt wieder, mit schräger Bügelflasche

Mercedes-Benz Actros

H: Highspeed (China) **V:** Grell (Bielefeld)

Verpackung: Blister

9,00 Euro

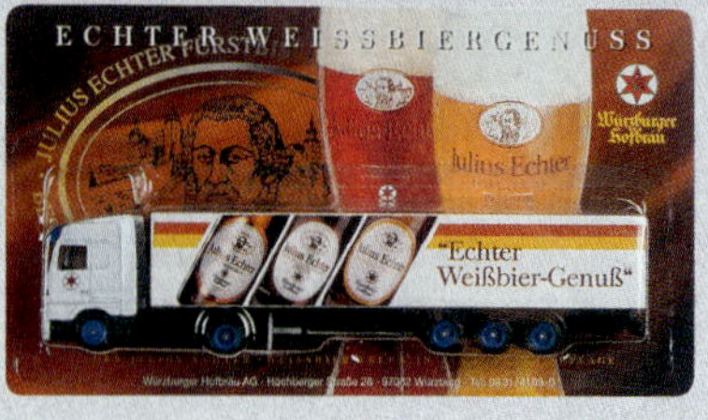

Würzburger Hofbräu 08

Julius Echter, Echter Weißbier-Genuß,
mit 3 schrägen Flaschen

Mercedes-Benz Actros

H: Highspeed (China) **V:** Grell (Bielefeld)

Verpackung: Blister

9,00 Euro

Würzburger Hofbräu 09

Millennium 2000, Auf die Zukunft, mit Logo

Mercedes-Benz Actros

H: Wörlein (Cadolzburg) **V:** DGD (Nürnberg)

Verpackung: Plastikschachtel bedruckt oder mit Aufkleber

8,00 Euro

Würzburger Hofbräu 10

Premium Biere, mit 2 Logos

Ford Model T 1919 (Oldtimer)

H: Golden (ADT-Trucks) **V:** keine Angabe

Verpackung: in Folie eingeschweißt

9,00 Euro

Würzburger Hofbräu 11

mit Würdenträger, Burg, Sternen und Logo

Mercedes-Benz Actros

H: Wörlein (Cadolzburg) **V:** DGD (Nürnberg)

Verpackung: Blister

7,50 Euro

Würzburger Hofbräu 12

mit schräger Flasche und Logo

Mercedes-Benz Actros

H: Wörlein (Cadolzburg) **V:** DGD (Nürnberg)

Verpackung: Blister

7,50 Euro

Würzburger Hofbräu 13

Julius Echter, mit 2 verschiedenen Logos

MAN F90

H: Made in China **V:** keine Angabe

Verpackung: Blister

35,00 Euro

Würzburger Hofbräu 14

Julius Echter, mit 3 Flaschen und SW-Bild von 3 fassrollenden Männern

MAN TG-A

H: Wörlein (Cadolzburg) **V:** DGD (Nürnberg)

Verpackung: Blister

7,50 Euro

Würzburger Hofbräu 15

Das Gute bewahrt. Seit 1643. Mit Etikett und Glas

MAN Phönix (Hauber)

H: Wörlein (Cadolzburg) **V:** DGD (Nürnberg)

Verpackung: Blister

7,50 Euro

Würzburger Hofbräu 16

mit Schloss und Glas

Scania 164L 6580

H: Wörlein (Cadolzburg) **V:** DGD (Nürnberg)

Verpackung: Blister

7,50 Euro

Würzburger Hofbräu 17

Peterbilt 379 Ultracab

H: keine Angabe **V:** DGD (Nürnberg)

Verpackung: Blister

7,50 Euro

Würzburger Hofbräu 18

XXL, Premium Biere, mit 2 Logos

US modern (Hauber) (XXL)

H: Golden (ADT-Trucks) **V:** TRI PLEX (Gaukönigshofen)

Verpackung: Pappschachtel bedruckt oder mit Aufkleber

65,00 Euro

Wüteria Schlossbrunnen 01

mit 2 Achsen, volle Felgen

Mercedes-Benz groß (NG 80 lang)

H: Golden (ADT-Trucks) **V:** keine Angabe

Verpackung: Plastikschachtel neutral

12,50 Euro

Zabel 01

Getränke von Zabel - immer akzeptabel, mit 2 Logos

US klassisch (Hauber)

H: Made in China **V:** keine Angabe

Verpackung: Plastikschachtel neutral

25,00 Euro

Zahnaer Mineralbrunnen 01

mit kleinem Bild einer Ansiedlung

Mercedes-Benz Actros

H: Hümmer **V:** Hümmer (Teugn)

Verpackung: Blister

7,50 Euro

Zaunbier (Chemnitz) 01
Auf gute Nachbarschaft, mit Mann, Glas und Flasche

Freightliner FLD 120 (Hauber)
H: Grell (Bielefeld-China) **V:** Grell (Bielefeld)
Verpackung: Blister
7,50 Euro

Zedersdorfer Brauerei Höllein 01
Uriges Landbier, mit Haus und Logo

MAN F2000 Aero (Hochdach)
H: Wörlein (Cadolzburg) **V:** DGD (Nürnberg)
Verpackung: Blister
8,00 Euro

Zedersdorfer Brauerei Höllein 02
Uriges Landbier, mit Haus und Logo

MAN F2000 Aero (Hochdach)
H: Wörlein (Cadolzburg) **V:** DGD (Nürnberg)
Verpackung: Blister
8,00 Euro

Zedersdorfer Brauerei Höllein 03
Uriges Landbier, mit Haus und Logo

Mercedes-Benz L322 (Oldtimer)
H: Wörlein (Cadolzburg) **V:** DGD (Nürnberg)
Verpackung: Blister
8,00 Euro

Zedersdorfer Brauerei Höllein 04
Uriges Landbier, mit Haus und Logo

MAN F2000 Aero (Hochdach)
H: Wörlein (Cadolzburg) **V:** DGD (Nürnberg)
Verpackung: Blister
10,00 Euro **Auflage:** 500

Zedersdorfer Brauerei Höllein 05

Uriges Landbier, mit Glas vor Landschaft

Scania 164L 6580

H: Wörlein (Cadolzburg) **V:** DGD (Nürnberg)

Verpackung: Blister

7,50 Euro

Zedersdorfer Brauerei Höllein 06

Uriges Landbier

MAN Phönix (Hauber)

H: Wörlein (Cadolzburg) **V:** DGD (Nürnberg)

Verpackung: Blister

7,50 Euro

Zedersdorfer Brauerei Höllein 07

Uriges Märzen, mit Logo

MAN F2000 Aero (Hochdach)

H: Wörlein (Cadolzburg) **V:** DGD (Nürnberg)

Verpackung: Blister

7,50 Euro

Zedersdorfer Brauerei Höllein 08

Märzen, mit Zeichnung von 6-spänniger Bierkutsche

Mercedes-Benz Actros

H: Top-Style (Ebersdorf) **V:** Allround Service (Wonsees)

Verpackung: Blister

7,50 Euro **Auflage:** 5.000

Zeitzer 01

Grottenbräu, mit 2 verschiedenen Logos

Kenworth klassisch (Hauber)

H: Majorette **V:** Müller (Chemnitz)

Verpackung: Plastikschachtel neutral

8,00 Euro

Zeller Münster 01

Pils und Weizen, mit 2 Gläsern und 2 Flaschen vor Waldwiese und 2 verschiedenen Etiketten

Mercedes-Benz Actros

H: Hümmer **V:** Hümmer (Teugn)

Verpackung: Blister

9,00 Euro

Zeller Münster 02

LKW: Pils, Hänger: Weizen,
je mit Glas und Flasche vor Waldwiese

Mercedes-Benz Actros

H: Top-Style (Ebersdorf) **V:** Top-Style (Ebersdorf)

Verpackung: Blister

7,50 Euro

Zeller Münster 03

Pils und Weizen, mit 2 Gläsern und 2 Flaschen vor Waldwiese und 2 verschiedenen Etiketten

Scania 124L 420

H: Grell (Bielefeld-China) **V:** Grell (Bielefeld)

Verpackung: Blister

7,50 Euro

Zeltbräu (Hof) 01

mit Logo

Mercedes-Benz Actros

H: Highspeed (China) **V:** Grell (Bielefeld)

Verpackung: Blister

12,50 Euro

Zeltbräu (Hof) 02

Schlappenbier, mit 2 Logos

Mercedes-Benz Actros

H: Highspeed (China) **V:** Grell (Bielefeld)

Verpackung: Blister

9,00 Euro

2002 Z

Zeltbräu (Hof) 03

mit Logo

Scania 124L 420

H: Grell (Bielefeld-China) **V:** Grell (Bielefeld)

Verpackung: Blister

7,50 Euro

Zillertal (Österreich) 01

Quellfrisch. mit Kronkorken

Mercedes-Benz Actros

H: Hümmer **V:** Hümmer (Teugn)

Verpackung: Blister

7,50 Euro

Zipfer Bier (Österreich) 02

mit Glas und 2 Logos

Mercedes-Benz Actros

H: Highspeed (China) **V:** Grell (Bielefeld)

Verpackung: Blister

17,50 Euro

Zipfer Bier (Österreich) 03

Offizieller Sponsor des österr. Olympia-Teams, mit Glas und Tennisspieler

Ford 9000 (Hauber)

H: Highspeed (China) **V:** Grell (Bielefeld)

Verpackung: Blister

7,50 Euro

Zittauer (Brau- und Getränke GmbH) 01

Das edle Zittauer, mit Logo auf Dach

Garant (Oldtimer)

H: BeKa (Dresden) **V:** Brauerei

Verpackung: Plastikschachtel bedruckt oder mit Aufkleber

12,50 Euro

Zittauer Bürgerbräu 01

US klassisch (Hauber)
H: Made in China **V:** keine Angabe
Verpackung: Plastikschachtel neutral
200,00 Euro

Zittauer Bürgerbräu 02

US klassisch (Hauber)
H: Made in China **V:** keine Angabe
Verpackung: Plastikschachtel neutral
200,00 Euro

Zittauer Bürgerbräu 03

US klassisch (Hauber)
H: Made in China **V:** keine Angabe
Verpackung: Plastikschachtel neutral
200,00 Euro

Zittauer Bürgerbräu 04

US klassisch (Hauber)
H: Made in China **V:** keine Angabe
Verpackung: Plastikschachtel neutral
200,00 Euro

Zittauer Bürgerbräu 05
Wir nehmen Braukunst ernst, mit Logo

MAN F90
H: Made in China **V:** keine Angabe
Verpackung: Plastikschachtel neutral
45,00 Euro

Zittauer Bürgerbräu 06

Wir nehmen Braukunst ernst, mit Logo

US modern (Hauber) (Kenworth T800)

H: Highspeed (China) **V:** Grell (Bielefeld)

Verpackung: Blister

17,50 Euro

Zittauer Bürgerbräu 07

Lausitzer Häuselbier, mit 2 Gläsern, 2 Flaschen und Logo

Mercedes-Benz Actros

H: Highspeed (China) **V:** Grell (Bielefeld)

Verpackung: Blister

12,50 Euro

Zittauer Bürgerbräu 08

Klosterfestbier, frisch, süffig, klosterhaft, mit Logo

Mercedes-Benz Actros

H: Highspeed (China) **V:** Grell (Bielefeld)

Verpackung: Blister

12,50 Euro

Zittauer Bürgerbräu 09

Wir nehmen Braukunst ernst, mit Logo

Mercedes-Benz Actros

H: Highspeed (China) **V:** Grell (Bielefeld)

Verpackung: Blister

12,50 Euro

Zittauer Bürgerbräu 10

Wir nehmen Braukunst ernst, mit Logo

IFA W50 (Oldtimer)

H: Grell (Bielefeld-China) **V:** Grell (Bielefeld)

Verpackung: Blister

10,00 Euro

Zittauer Bürgerbräu 11
mit Logo

IFA H6 (Oldtimer)
H: Hümmer **V:** Hümmer (Teugn)
Verpackung: Blister
7,50 Euro

Zlatopramen 01
tschechisch beschriftet, mit 2 verschiedenen Logos

Mercedes-Benz Actros
H: Highspeed (China) **V:** Grell (Bielefeld)
Verpackung: Blister
9,00 Euro **Auflage:** 2.500

Zoller-Hof Bier 01
mit Logo

Mercedes-Benz klein (NG 80 mittel)
H: Made in China **V:** keine Angabe
Verpackung: Plastikschachtel neutral
50,00 Euro

Zoller-Hof Bier 02
Brauerei Zoller-Hof

Mercedes-Benz klein (NG 80 mittel)
H: Made in China **V:** keine Angabe
Verpackung: Plastikschachtel neutral
50,00 Euro

Zoller-Hof Bier 03
Guter Geschmack setzt sich durch, mit Logo

MAN F90
H: Made in China **V:** Hümmer (Teugn)
Verpackung: Plastikschachtel neutral
40,00 Euro

Zoller-Hof Bier 04

mit liegende Flasche

Mercedes-Benz Actros

H: Hümmer **V:** Hümmer (Teugn)

Verpackung: Blister

9,00 Euro

Zötler Bier (Rettenberg) 01

mit bunten Karos

US klassisch (Hauber)

H: Made in China **V:** Hümmer (Teugn)

Verpackung: Plastikschachtel bedruckt oder mit Aufkleber

35,00 Euro

Zötler Bier (Rettenberg) 02

mit Logo

Mercedes-Benz Actros

H: Hümmer **V:** Hümmer (Teugn)

Verpackung: Blister

9,00 Euro

Zötler Bier (Rettenberg) 03

frisch aus dem Allgäu, mit 2 schrägen Gläsern und Flasche

Mercedes-Benz Actros

H: Hümmer **V:** Hümmer (Teugn)

Verpackung: Blister

7,50 Euro

Zum Giesser, Brauhaus (Pirna) 01

mit Denkmal und Brauerei vor Landschaft

Kenworth klassisch (Hauber)

H: Majorette **V:** Müller (Chemnitz)

Verpackung: Plastikschachtel neutral

8,00 Euro

Zum Schlüssel (Düsseldorf) 01
Original Schlüssel

Ford Model T 1919 (Oldtimer)
H: Highspeed (China) **V:** Grell (Bielefeld)
Verpackung: Blister
20,00 Euro

Zur Post (Krölpa) 01
mit Gaststätte und Sternen

Iveco Eurostar
H: Dickie (China) **V:** Gaststätte
Verpackung: Plastikschachtel neutral
6,50 Euro

Zwettler (Oesterreich) 01
Waldviertel pur

Mercedes-Benz Atego 18T
H: Vierke (Braunschweig) **V:** Vierke (Braunschweig)
Verpackung: Blister
7,50 Euro

Zwickauer Kneipenfest 01
und Mauritius, wir sind dabei, mit schräger Flasche,
3 Achsen, gelochte Felgen

US modern (Hauber) (Kenworth T800)
H: Golden (ADT-Trucks) **V:** keine Angabe
Verpackung: Plastikschachtel neutral
40,00 Euro **Auflage:** 200

Zwickauer Kneipenfest 02
und Mauritius, wir sind dabei, mit schräger Flasche,
3 Achsen, volle Felgen

US modern (Hauber) (Kenworth T800)
H: Golden (ADT-Trucks) **V:** keine Angabe
Verpackung: Plastikschachtel neutral
40,00 Euro **Auflage:** 200

Zwickauer Sachsen Quellen (Getränke Zschau) 01

Tag der Sachsen 2000, mit Glückauf Bier

US klassisch (Hauber)

H: Hümmer **V:** Hümmer (Teugn)

Verpackung: Blister

10,00 Euro

Zwickauer Sachsen Quellen (Getränke Zschau) 02

und Mauritius, mit schräger Flasche

Mercedes-Benz Actros

H: Hümmer **V:** Hümmer (Teugn)

Verpackung: Blister

10,00 Euro

Zwickl (Bayreuther Bierbrauerei) 01

forever young! mit Mann und Frau vor Bierkeller

Mercedes-Benz Actros

H: Highspeed (China) **V:** Grell (Bielefeld)

Verpackung: Blister

15,00 Euro

Zwickl (Bayreuther Bierbrauerei) 02

forever young!, mit Logo, Gerste, Mann und Frau

Krupp Mustang (Oldtimer)

H: Grell (Bielefeld-China) **V:** Grell (Bielefeld)

Verpackung: Blister

8,00 Euro

Zwiefalter 01

ein Bier setzt neue Maßstäbe, mit schräger Flasche

Mercedes-Benz groß (NG 80 lang)

H: Golden (ADT-Trucks) **V:** Brauerei

Verpackung: Blister

15,00 Euro

Zwiefalter 02
ein Bier setzt neue Maßstäbe, mit schräger Flasche
Mercedes-Benz Actros
H: KamLun **V:** Brauerei
Verpackung: Blister
7,50 Euro

Zwiefalter 03
Klosterbräu, mit 2 Logos
Mercedes-Benz Actros
H: KamLun **V:** Brauerei
Verpackung: Blister
7,50 Euro

Zwönitzer Feuerteufel 01
Kräuterschnaps, seit 2000, mit Logo vorn
Kenworth klassisch (Hauber)
H: Majorette **V:** Müller (Chemnitz)
Verpackung: Plastikschachtel neutral
7,50 Euro **Auflage:** 330

Zwönitzer Feuerteufel 02
Kräuterschnaps, seit 2000, mit Logo hinten
Kenworth klassisch (Hauber)
H: Majorette **V:** Müller (Chemnitz)
Verpackung: Plastikschachtel neutral
7,50 Euro

Zwönitzer Pilsener 01
1. Brauerei-Gasthof im Erzgebirge, mit Logo und Glas
US modern (Hauber) (Kenworth T800)
H: Highspeed (China) **V:** Grell (Bielefeld)
Verpackung: Blister
17,50 Euro **Auflage:** 1.000

Z

Zywiec (Polen) 01

mit Logo auf Hänger

MAN F2000 (Hochdach)

H: Wörlein (Cadolzburg) **V:** MaHug (Kulmbach)

Verpackung: Plastikschachtel bedruckt oder mit Aufkleber

6,50 Euro

Sonstige Werbefahrzeuge

Alex´s Homepagesammeltruck 01

lim. und nummerierte Auflage

DAF 95 XF

H: Wörlein (Cadolzburg) **V:** Alexander Philipp

Verpackung: Plastikschachtel bedruckt oder mit Aufkleber

5,00 Euro **Auflage:** 50

Allround Service 01

Frohe Weihnacht 2001

Scania 124L ?

H: Gefra (Taunusstein) **V:** Allround Service (Wonsees)

Verpackung: Blister

6,50 Euro

Allround Service 02

Jahr 2002

Scania 124L ?

H: Gefra (Taunusstein) **V:** Allround Service (Wonsees)

Verpackung: Blister

6,50 Euro

Bahr Baumarkt 01

...für mich der Beste!

Scania Typ: ?

H: Made in China **V:** Baumarkt

Verpackung: Blister

7,50 Euro

Bäko (Bad Honnef) 01
Frisch vom Bäcker, mit verschiedenen Broten
Mercedes-Benz Actros
H: Hümmer **V:** Hümmer (Teugn)
Verpackung: Blister
6,00 Euro

Bärenmarke (Kaffesahne) 01
mit Bär auf Grashügel
MAN F2000 Aero (Hochdach)
H: Schuco **V:** keine Angabe
Verpackung: Showbox - Pappe und Plastik
20,00 Euro

Baur Versand 01
Das mag ich !
MAN F90
H: Made in China **V:** Hümmer (Teugn)
Verpackung: Blister
7,50 Euro

Bergader Privatkäserei 01
Bavaria Blu
MAN F2000 Aero (Hochdach)
H: Grell (Bielefeld-China) **V:** Grell (Bielefeld)
Verpackung: Blister
8,00 Euro

Burgfest Bad Liebenstein 08
mit Minesänger, Ritter, Zelten...
Iveco Eurostar
H: Dickie (China) **V:** Truck Stop (Bad Liebenstein)
Verpackung: Plastikschachtel bedruckt oder mit Aufkleber
6,50 Euro **Auflage:** 200

Clasani Tankstellenausstatter	01
Renault Premium Route	
H: Top-Style (Ebersdorf) **V:** Allround Service (Wonsees)	
Verpackung: Blister	
7,00 Euro	

Crunchips	01
New Taste, mit 2 Tüten und Frauenmund	
US klassisch (Hauber)	
H: Hümmer **V:** Hümmer (Teugn)	
Verpackung: Blister	
7,50 Euro	

D-Mark Truck	01
mit aufgeklebter 1 Pfennig Münze	
Kenworth klassisch (Hauber)	
H: Majorette **V:** Müller (Chemnitz)	
Verpackung: Plastikschachtel neutral	
7,50 Euro	

Erotik-Serie	01
Christkind Feuer, 2000, mit geflügelter nackter Frau und Planet, schneebeflockt	
Kenworth klassisch (Hauber)	
H: Majorette **V:** Müller (Chemnitz)	
Verpackung: Plastikschachtel neutral	
15,00 Euro	**Auflage:** 1.500

Erotik-Serie	02
Feenrausch, mit nackter Frau	
Kenworth klassisch (Hauber)	
H: Majorette **V:** Müller (Chemnitz)	
Verpackung: Plastikschachtel neutral	
7,50 Euro	

Erotik-Serie 03

Grubengeist, mit nackter Frau, Dach mit aufgeklebter Kohle

Kenworth klassisch (Hauber)

H: Majorette **V:** Müller (Chemnitz)

Verpackung: Plastikschachtel neutral

7,50 Euro

Erotik-Serie 04

Trabbi-Power, mit halbnackter Frau und Trabants

Kenworth klassisch (Hauber)

H: Majorette **V:** Müller (Chemnitz)

Verpackung: Plastikschachtel neutral

7,50 Euro

Erotik-Serie 05

Eiertraum, mit 3 nackten Frauen und Ostermotiv, mit aufgeklebtem Gras an der Seite

Kenworth klassisch (Hauber)

H: Majorette **V:** Müller (Chemnitz)

Verpackung: Plastikschachtel neutral

12,50 Euro

Erotik-Serie 06

Hexenfeuer 2001, mit Feuer und nackter Frau

Kenworth klassisch (Hauber)

H: Majorette **V:** Müller (Chemnitz)

Verpackung: Plastikschachtel neutral

7,50 Euro

Erotik-Serie 07

Männergeist, mit 2 nackten Frauen

Kenworth klassisch (Hauber)

H: Majorette **V:** Müller (Chemnitz)

Verpackung: Plastikschachtel neutral

7,50 Euro

Erotik-Serie 08

Männergeist, mit nackter Frau in Flasche

Kenworth klassisch (Hauber)

H: Majorette **V:** Müller (Chemnitz)

Verpackung: Plastikschachtel neutral

25,00 Euro **Auflage:** 100

Erotik-Serie 09

Teufels-Sud, mit nacktem Mann im Feuer

Kenworth klassisch (Hauber)

H: Majorette **V:** Müller (Chemnitz)

Verpackung: Plastikschachtel neutral

7,50 Euro

Erotik-Serie 10

Feuer-Geist, mit liegender nackter Frau

Kenworth klassisch (Hauber)

H: Majorette **V:** Müller (Chemnitz)

Verpackung: Plastikschachtel neutral

7,50 Euro

Erotik-Serie 11

Wintergeist, mit Frau in Dessous vor Winterwald, schneebeflockt

Kenworth klassisch (Hauber)

H: Majorette **V:** Müller (Chemnitz)

Verpackung: Plastikschachtel neutral

7,50 Euro

Fantasy-Truck 01

1/6 Graffiti

Mercedes-Benz Actros

H: Top-Style (Ebersdorf) **V:** Allround Service (Wonsees)

Verpackung: Blister

7,50 Euro

Fantasy-Truck 02
6/6 Paris

Mercedes-Benz Actros
H: Top-Style (Ebersdorf) **V:** Allround Service (Wonsees)
Verpackung: Blister
7,50 Euro

Fantasy-Truck 03
2/6 Graffiti

Scania 124L ?
H: Gefra (Taunusstein) **V:** Allround Service (Wonsees)
Verpackung: Blister
7,50 Euro

Fantasy-Truck 04
5/6 San Francisco, mit Brücke

Scania 124L ?
H: Gefra (Taunusstein) **V:** Allround Service (Wonsees)
Verpackung: Blister
7,50 Euro

Fußballserie 01
1.FC Magdeburg, wir rollen für..., mit 2 Logos und Ball

Kenworth klassisch (Hauber)
H: Majorette **V:** Müller (Chemnitz)
Verpackung: Plastikschachtel neutral
10,00 Euro

Fußballserie 02
FC Energie Cottbus, mit Mannschaftsfoto (2001)

Kenworth klassisch (Hauber)
H: Majorette **V:** Müller (Chemnitz)
Verpackung: Plastikschachtel neutral
10,00 Euro

Fußballserie 03

1.FC Union Berlin, mit Mannschaftsfoto (2001)

Kenworth klassisch (Hauber)

H: Majorette **V:** Müller (Chemnitz)

Verpackung: Plastikschachtel neutral

10,00 Euro

Fußballserie 04

FC Hansa Rostock, mit Stadtbild, Logo und Fahne

Kenworth klassisch (Hauber)

H: Majorette **V:** Müller (Chemnitz)

Verpackung: Plastikschachtel neutral

10,00 Euro

Fußballserie 05

Chemnitzer FC, FCK, mit Logos, Terminen und Ergebnissen von Europacupspielen

Kenworth klassisch (Hauber)

H: Majorette **V:** Müller (Chemnitz)

Verpackung: Plastikschachtel neutral

10,00 Euro

Hagebaumarkt 01

Siebdruck mit rot-grünen Streifen

US klassisch (Hauber)

H: keine Angabe **V:** Getex (Geesthacht)

Verpackung: Blister

15,00 Euro

Hagebaumarkt 02

Leistung durch..., mit rot-grünem Streifen

Kenworth W900B (Hauber)

H: Welly **V:** Getex (Geesthacht)

Verpackung: Blister

10,00 Euro

Harley-Davidson 01
Made in USA, mit orange Streifen und Logo

US modern (Hauber)
H: Made in China **V:** Hermey (Hamburg)
Verpackung: Blister
7,50 Euro

Heiloo 088
Superoil, Ohne Laster..., Nr. 1

Freightliner FLD 120 (Hauber)
H: Grell (Bielefeld-China) **V:** KHG (Mühlau)
Verpackung: Blister
9,00 Euro

Heiloo 093
Jarno Müller, Motorrad 125 ccm GP 2001

Scania 124L 420
H: Grell (Bielefeld-China) **V:** Grell (Bielefeld)
Verpackung: Blister
7,50 Euro

Herkules 01
25 Jahre, Wir feiern Geburtstag

Freightliner FLD 120 (Hauber)
H: Grell (Bielefeld-China) **V:** Grell (Bielefeld)
Verpackung: Blister
7,50 Euro

JET Kunststofftechnik 01

US modern (Hauber)
H: Highspeed (China) **V:** Grell (Bielefeld)
Verpackung: Blister
6,00 Euro

Lekkerland tobaccoland 01

Mercedes-Benz Atego 18T
H: Vierke (Braunschweig) **V:** Vierke (Braunschweig)
Verpackung: Blister
7,50 Euro **Auflage:** 5.000

Lledo - De Boer 01
Spezial Edition De Boer, Holland

Ford 3 Ton Articulated Truck (1935)
H: Lledo (London) **V:** keine Angabe
Verpackung: Showbox - Pappe und Plastik
25,00 Euro

Lledo - De Boer 02
Spezial Edition De Boer, Holland

Morris LD 150 Van
H: Lledo (London) **V:** keine Angabe
Verpackung: Showbox - Pappe und Plastik
25,00 Euro

Lledo - Snickers 01

Packard
H: Lledo (London) **V:** keine Angabe
Verpackung: Showbox - Pappe und Plastik
25,00 Euro

Milka 01
mit Kuh neben Schriftzug

Mercedes-Benz Actros
H: Highspeed (China) **V:** Simba
Verpackung: Showbox - Pappe und Plastik
12,50 Euro

Milka 02

150 001, 100 Jahre, mit Kuh und Logo, ohne bunte Blisterrückseite

Mercedes-Benz Actros

H: Wörlein (Cadolzburg) **V:** Albedo

Verpackung: Blister

10,00 Euro

Milka 03

150 002, Merry Christmas, mit Weihnachtmann auf Rentierschlitten vor Schneemotiv, ohne bunte Blisterrückseite

Mercedes-Benz Actros

H: Wörlein (Cadolzburg) **V:** Albedo

Verpackung: Blister

25,00 Euro

Milka 04

150 001, 100 Jahre, mit Kuh und Logo, Neuauflage mit bunter Blisterrückseite

Mercedes-Benz Actros

H: Wörlein (Cadolzburg) **V:** Albedo

Verpackung: Blister

7,50 Euro

Milka 05

150 003, Alpenmilch, mit Kuh und Logo

Mercedes-Benz Actros

H: Wörlein (Cadolzburg) **V:** Albedo

Verpackung: Blister

7,50 Euro

Milka 06

150 004, Weihnachten 2001, mit Weihnachtsmännern im Schnee

Mercedes-Benz Actros

H: Wörlein (Cadolzburg) **V:** Albedo

Verpackung: Blister

7,50 Euro

2002

Milka 07

150 005, Lila Pause Erdbeere

Mercedes-Benz Actros

H: Wörlein (Cadolzburg) **V:** Albedo

Verpackung: Blister

7,50 Euro

Milka 08

150 006, Lila Pause Nuss

Mercedes-Benz Actros

H: Wörlein (Cadolzburg) **V:** Albedo

Verpackung: Blister

7,50 Euro

Milka 09

150 007, Trauben-Nuss

Mercedes-Benz Actros

H: Wörlein (Cadolzburg) **V:** Albedo

Verpackung: Blister

7,50 Euro

Milka 10

150 008, Montelino

Mercedes-Benz Actros

H: Wörlein (Cadolzburg) **V:** Albedo

Verpackung: Blister

7,50 Euro

Milka 11

150 009, Luflee

Mercedes-Benz Actros

H: Wörlein (Cadolzburg) **V:** Albedo

Verpackung: Blister

7,50 Euro

Milka 12

150 010, Alpenlandschaft, mit lila Kuh

Mercedes-Benz Actros

H: Wörlein (Cadolzburg) **V:** Albedo

Verpackung: Blister

7,50 Euro

Nokia 01

mit Skateboardfahrer

Ford 9000 (Hauber)

H: Highspeed (China) **V:** Grell (Bielefeld)

Verpackung: Blister

12,50 Euro

Orion 01

mit nackten Frauen

Kenworth klassisch (Hauber)

H: Majorette **V:** Orion

Verpackung: Plastikschachtel neutral

20,00 Euro

Orion 02

Orion.de, mit 2 Damen in Dessous

Kenworth klassisch (Hauber)

H: Majorette **V:** Orion

Verpackung: Plastikschachtel neutral

20,00 Euro

Phantasy-Truck 01

Surrealserie 1/6, Dolphin

Mercedes-Benz Actros

H: Wörlein (Cadolzburg) **V:** DGD (Nürnberg)

Verpackung: Blister

17,50 Euro **Auflage:** 3.000

Phantasy-Truck 02

Surrealserie 2/6, Freedom

MAN F2000 Aero (Hochdach)

H: Wörlein (Cadolzburg) **V:** DGD (Nürnberg)

Verpackung: Blister

17,50 Euro **Auflage:** 3.000

Phantasy-Truck 03

Surrealserie 3/6, Red Indian

MAN Phönix (Hauber)

H: Wörlein (Cadolzburg) **V:** DGD (Nürnberg)

Verpackung: Blister

10,00 Euro **Auflage:** 3.000

Phantasy-Truck 04

Realserie 1/6, Sahara

MAN F2000 Aero (Hochdach)

H: Wörlein (Cadolzburg) **V:** DGD (Nürnberg)

Verpackung: Blister

10,00 Euro **Auflage:** 3.000

Phantasy-Truck 05

Realserie 2/6, Caribic

MAN TG-A

H: Wörlein (Cadolzburg) **V:** DGD (Nürnberg)

Verpackung: Blister

10,00 Euro **Auflage:** 3.000

Phantasy-Truck 06

Surrealserie 4/6, Internet

MAN TG-A

H: Wörlein (Cadolzburg) **V:** DGD (Nürnberg)

Verpackung: Blister

10,00 Euro **Auflage:** 3.000

Brauerei- & Werbefahrzeuge

Phantasy-Truck 07
Realserie 3/6, Jungel

Scania 164L 6580
H: Wörlein (Cadolzburg) **V:** DGD (Nürnberg)
Verpackung: Blister
10,00 Euro **Auflage:** 3.000

Phantasy-Truck 08
Surrealserie 5/6, Dragon

Scania 164L 6580
H: Wörlein (Cadolzburg) **V:** DGD (Nürnberg)
Verpackung: Blister
10,00 Euro **Auflage:** 3.000

Rotkäppchen Camembert Oldtimer 01
mit Logo

Ford Model T 1919 (Oldtimer)
H: Made in China **V:** keine Angabe
Verpackung: Blister
20,00 Euro

Sachsen Lotto, Stark wie August 01

MAN F90
H: Made in China **V:** Hümmer (Teugn)
Verpackung: Plastikschachtel bedruckt oder mit Aufkleber
6,50 Euro

Sammler-Point (Augsburg) 01

Mercedes-Benz Actros
H: Wörlein (Cadolzburg) **V:** DGD (Nürnberg)
Verpackung: Plastikschachtel bedruckt oder mit Aufkleber
6,50 Euro

Schrag Transport GmbH (Geislingen) 01
Getränkelogistik - Europaverkehre

Mercedes-Benz Actros
H: Top-Style (Ebersdorf) **V:** Allround Service (Wonsees)
Verpackung: Blister
7,50 Euro

Sortimo 01

US klassisch (Hauber)
H: Hümmer **V:** Sortimo
Verpackung: Blister
7,50 Euro

Sparkasse 01
Knax, mit Comicfiguren

Peterbilt 378 (Hauber)
H: Made in China **V:** DSV (Stuttgart)
Verpackung: Plastikschachtel bedruckt oder mit Aufkleber
6,50 Euro

Steinwiesener Brauerei-LKW-Tauschbörse 01
01.09.2000

Kenworth T2000 (Hauber)
H: Made in China **V:** Veranstalter
Verpackung: Plastikschachtel neutral
6,50 Euro

Tesa 01
Go

US klassisch (Hauber)
H: Made in China **V:** Hümmer (Teugn)
Verpackung: Plastikschachtel bedruckt oder mit Aufkleber
8,00 Euro

Truckshop Birgit Schneider (Hohwald) 01

Kenworth klassisch (Hauber)
H: Majorette **V:** Truckshop Schneider (Hohwald)
Verpackung: Plastikschachtel bedruckt oder mit Aufkleber
7,50 Euro **Auflage:** 100

Uniroyal 01
Der Regenreifen

US modern (Hauber)
H: Highspeed (China) **V:** Grell (Bielefeld)
Verpackung: Blister
6,50 Euro

Vogtland Fahrzeugfestival 05
Plauener Spitze

IFA W50 (Oldtimer)
H: Grell (Bielefeld-China) **V:** Grell (Bielefeld)
Verpackung: Blister
7,50 Euro

www.truckshop24.de 01
mit 2 Abbildungen von Erotiktrucks der Fa. Müller Chemnitz

MAN F2000 Aero (Hochdach)
H: Wörlein (Cadolzburg) **V:** Eurosun (Cadolzburg)
Verpackung: Plastikschachtel bedruckt oder mit Aufkleber
6,50 Euro

www.truckshop24.de 02
mit 2 Abbildungen von Erotiktrucks der Fa. Müller Chemnitz

Mercedes-Benz Actros
H: Wörlein (Cadolzburg) **V:** Eurosun (Cadolzburg)
Verpackung: Plastikschachtel bedruckt oder mit Aufkleber
6,50 Euro

Modell 1:6

Modell 1:18

Holsten	12
Auf die Freundschaft , (gibts auch als Sondermodell 1:6 nur für Verlosungsaktion in Getränkemärkten)	
BMW Cruiser R1200C	
H: Welly **V:** Holsten	
Verpackung: Showbox - Pappe und Plastik	
10,00 Euro	

Getränke Fellmeyer (Hernau)	05
4er Set (Frühling, Sommer, Herbst, Winter) in Box	
verschiedene Trucks	
H: Wörlein (Cadolzburg) **V:** Eurosun (Cadolzburg)	
Verpackung: Showbox - Pappe und Plastik	
30,00 Euro	

Vergrößerte Abb. von S. 252

Vergrößerte Abb. von S. 50

Sie können uns auch im Internet unter **www.platzbecker.com** besuchen und zum Beispiel die aktuellsten Börsentermine abrufen!!

Vergrößerte Abb. von S. 452

Bambergs Brauereien	01
9er Set (Kloster, Schlenkerla, Herren, Kaiserdom, Maisel, Mahrs, Spezial. Greifenklau, Fässla) in Box	
verschiedene Trucks und Oldtimer verschiedene	
H: Wörlein (Cadolzburg) **V:** DGD (Nürnberg)	
Verpackung: Showbox - Pappe und Plastik	
80,00 Euro	

Krombacher	12
4er Set (Formel 1, Fußball, Sport, Promotion)	
verschiedene Trucks	
H: Grell (Bielefeld-China) **V:** Grell (Bielefeld)	
Verpackung: Blister	
30,00 Euro	

Sammler Kataloge Neuerscheinungen

Der ultimative Preisführer für alle Beanie-Freunde und die es werden wollen. In diesem komplettesten aller Nachschlagewerke auf diesem Gebiet erfährt der Beanie-Fan einfach alles. Beanies, Buddies, Teenie Beanies, Attics, Jingle Beanies und Beanie Boppers mit allen wichtigen Daten: Aktueller Preis, Geburtstag, Generation, Retired, Bestell-Nr.
464 Seiten, durchgehend Farbabbildungen, 14,8 x 10,5 cm, gebunden.

Erhältlich im Fach- und Buchhandel unter:
ISBN 3-933863-14-7
für 10,50 € oder direkt beim Verlag gegen Vorkasse oder Scheck 13,- € incl. Versandkosten Inland.

Oft kopiert - Nie erreicht! Der Preisführer für alle Überraschungsei-Freunde. Der seit 1993 weltweit meist verkaufte Preisführer in diesem Segment beinhaltet alles, was das Sammlerherz begehrt. Alle Informationen rund um´s Ü-Ei, selbstverständlich mit den aktuellen Preisen. Hier bleiben keine Wünsche offen. Börsentermine und Händleradressen sind hier seit 1994 Standard. 672 Seiten, durchgehend Farbabbildungen, 14,8 x 10,5 cm, gebunden, 17. überarbeitete Auflage.

Erhältlich im Fach- und Buchhandel unter:
ISBN 3-933863-13-9
für 9,- € oder direkt beim Verlag gegen Vorkasse oder Scheck 12,- € incl. Versandkosten Inland.

Der Sammlerkatalog für den Diddlfreund & Sammler.
272 Seiten, durchgehend Farbabbildungen, 14,8 x 10,5 cm, gebunden. 2. komplett überarbeitete Auflage, mit den neuesten Bewertungen der Sammelschätze in €.
Der Preisführer beinhaltet:
Blockblätter DIN A6/ A5/ A4 Postkarten, Käseblätter u. Sonderkarten, Photocards, Plz-Karten, Rubbelies, Weihnachtspostkarten, Sammelfiguren und Sternzeichen-Sticker+Poster
Erhältlich im Fach- und Buchhandel unter:
ISBN 3-933863-12-0
ür 8,50 € oder direkt beim Verlag gegen Vorkasse oder Scheck 11,50 € incl. Versandkosten Inland.

WMS Werbung
St. Schöne
Wiesenstraße 23
09419 Thum / Erzgeb.
☎ 03 72 97 / 26 51, Fax 27 78
E-mail: WMS-Thum@T-Online.de
Ihre Firma, wenn´s um Trucks geht !
http://www.wms-thum.de
Waldbauer
Sachsenland Fruchtquell GmbH

GETRÄNKE SEIDEL THUM
GROSS- UND EINZELHANDEL
TRUCKS & GETRÄNKE SIND UNSER BIER
WIESENSTR. 16 • 09419 THUM
TEL. 037297 / 4277 • FAX 4214
www.getraenke-seidel.de